CHARLOTTE BARTMANN

Das Beweisrecht in den Verfahren
vor dem Bundesverfassungsgericht

Schriften zum Öffentlichen Recht

Band 1437

Das Beweisrecht in den Verfahren vor dem Bundesverfassungsgericht

Von

Charlotte Bartmann

Duncker & Humblot · Berlin

Die Juristische Fakultät
der Ruprecht-Karls-Universität Heidelberg
hat diese Arbeit im Jahr 2019
als Dissertation angenommen.

Bibliografische Information der Deutschen Nationalbibliothek

Die Deutsche Nationalbibliothek verzeichnet diese Publikation in
der Deutschen Nationalbibliografie; detaillierte bibliografische Daten
sind im Internet über http://dnb.d-nb.de abrufbar.

D 16

© 2020 Duncker & Humblot GmbH, Berlin
Satz: Fotosatz Voigt, Berlin
Druck: CPI buchbücher.de gmbh, Birkach
Printed in Germany

ISSN 0582-0200
ISBN 978-3-428-18026-4 (Print)
ISBN 978-3-428-58026-2 (E-Book)

Gedruckt auf alterungsbeständigem (säurefreiem) Papier
entsprechend ISO 9706 ⊗

Internet: http://www.duncker-humblot.de

Vorwort

Die vorliegende Arbeit wurde im Wintersemester 2019/2020 von der Juristischen Fakultät der Ruprecht-Karls-Universität Heidelberg als Dissertation angenommen.

Herzlich danken möchte ich meinem Doktorvater, Herrn Prof. Dr. Dr. h. c. Wolfgang Kahl, M. A., der mich nicht nur zu dem Thema meiner Arbeit, sondern bereits zur Promotion selbst motiviert hat. Auch danke ich Herrn Prof. Kahl für die vertrauensvolle Betreuung der Arbeit sowie die gewinnbringende Zeit als Mitarbeiterin an seinem Lehrstuhl.

Herrn Prof. Dr. Bernd Grzeszick, LL.M., möchte ich für die Erstellung des Zweitgutachtens sowie seine hilfreichen Anregungen danken. Herrn Prof. Dr. Peter Axer danke ich für die angenehme Leitung der Disputation, die für mich ob der interessanten Diskussion eine Freude war.

Mein größter Dank gebührt meiner Familie, die mich in jeder Lebensphase unbedingt begleitet und auf die ich zutiefst stolz bin. Ohne die Unterstützung insbesondere meines Ehemanns und meiner Eltern wäre die vorliegende Arbeit nicht zustande gekommen. Ihnen ist diese Arbeit gewidmet.

München, im März 2020   *Charlotte Bartmann*

Inhaltsverzeichnis

Vierter Teil

Quellen des Beweisrechts und allgemeine Beweisgrundsätze   93

Fünfter Teil

Beweisbedürftigkeit von Tatsachen im Verfassungsprozess 129

Sechster Teil

Mitwirkungslasten Dritter im Kontext gerichtlicher Sachaufklärung 211

Siebter Teil

Verfahren der Beweiserhebung

Achter Teil

Beweiswürdigung   312

Neunter Teil

Entscheidung bei Nichterweislichkeit der erheblichen Tatsache   333

Zehnter Teil

Schlussbetrachtung 344

Abkürzungsverzeichnis

a. A.	andere(r) Ansicht
a. a. O.	am angegebenen Ort
abw. M.	abweichende Meinung
AcP	Archiv für die civilistische Praxis
a. E.	am Ende
a. F.	alte Fassung
AGB	Allgemeine Geschäftsbedingungen
allg.	allgemein
allg. M.	allgemeine Meinung
a. M.	am Main
amtl. Begr.	amtliche Begründung
amtl. Slg.	amtliche Sammlung
Anm.	Anmerkung
AO	Abgabenordnung
AöR	Archiv des öffentlichen Rechts
Arg.	Argument(e)
Art.	Artikel
AsylbLG	Asylbewerberleistungsgesetz
AsylG	Asylgesetz
AtG	Gesetz über die friedliche Verwendung der Kernenergie und den Schutz gegen ihre Gefahren (Atomgesetz)
BAG	Bundesarbeitsgericht
BB	Betriebs-Berater
BBG	Bundesbeamtengesetz
Bd.	Band
B/D/S	Burkiczak, Christian/Dollinger, Franz-Wilhelm/Schorkopf, Frank, Bundesverfassungsgerichtsgesetz
Begr.	Begründer
Beil.	Beilage
Beschl.	Beschluss
betr.	betreffend
BFH	Bundesfinanzhof
BFHE	Entscheidungen des Bundesfinanzhofs
BGB	Bürgerliches Gesetzbuch
BGBl.	Bundesgesetzblatt
BGH	Bundesgerichtshof

BMAS	Bundesministerium für Arbeit und Soziales
BMinG	Bundesministergesetz
BNatSchG	Bundesnaturschutzgesetz
BRAGO	Bundesgebührenordnung für Rechtsanwälte
BSG	Bundessozialgericht
BSGE	Entscheidungen des Bundessozialgerichts
Bsp.	Beispiel(e)
BStBl.	Bundessteuerblatt
BT-Drs.	Bundestags-Drucksache
BVerfG	Bundesverfassungsgericht
BVerfGE	Entscheidungen des Bundesverfassungsgerichts
BVerfGG	Bundesverfassungsgerichtsgesetz
BVerfGG-E	Entwurf zum Bundesverfassungsgerichtsgesetz
BVerfGK	Kammerentscheidungen des Bundesverfassungsgerichts
BVerwG	Bundesverwaltungsgericht
BVerwGE	Entscheidungen des Bundesverwaltungsgerichts
BWahlG	Bundeswahlgesetz
BWO	Bundeswahlordnung
bzgl.	bezüglich
C.B.V.	Christliche Bayerische Volkspartei
ders.	derselbe
d.h.	das heißt
dies.	dieselbe(n)
DJT	Deutscher Juristentag e.V.
DÖV	Die Öffentliche Verwaltung
DStR	Deutsches Steuerrecht
DVBl.	Deutsches Verwaltungsblatt
ebd.	ebenda
EGGVG	Einführungsgesetz zum Gerichtsverfassungsgesetz
EGZPO	Gesetz, betreffend die Einführung der Zivilprozessordnung
Einl.	Einleitung
EMRK	Europäische Menschenrechtskonvention
ErbbauRG	Gesetz über das Erbbaurecht
EU	Europäische Union
EuGRZ	Europäische Grundrechte-Zeitschrift
EuWG	Europawahlgesetz
f.	folgende(r)
FamFG	Gesetz über das Verfahren in Familiensachen und in den Angelegenheiten der freiwilligen Gerichtsbarkeit
FamGKG	Gesetz über Gerichtskosten in Familiensachen
FamRZ	Zeitschrift für das gesamte Familienrecht
ff.	fortfolgende

FGG	Gesetz über die Angelegenheiten der freiwilligen Gerichtsbarkeit
FGO	Finanzgerichtsordnung
Fn.	Fußnote
FS	Festschrift
GG	Grundgesetz
ggf.	gegebenenfalls
GKV-WSG	Gesetz zur Stärkung des Wettbewerbs in der gesetzlichen Kranken-versicherung (GKV-Wettbewerbsstärkungsgesetz)
GO-BVerfG	Geschäftsordnung des Bundesverfassungsgerichts
GRCh	Charta der Grundrechte der Europäischen Union
grds.	grundsätzlich
GVG	Gerichtsverfassungsgesetz
GVwR	Grundlagen des Verwaltungsrechts
HK	Handkommentar
h. L.	herrschende Lehre
h. M.	herrschende Meinung
Hrsg.	Herausgeber
Hs.	Halbsatz
HStR	Handbuch des Staatsrechts
i. a. R.	in aller Regel
i. d. R.	in der Regel
i. d. S.	in diesem Sinne
i. Erg.	im Ergebnis
i. e. S.	im engeren Sinne
insb.	insbesondere
insg.	insgesamt
i. R. d.	im Rahmen der (des)
i. S. d.	im Sinne der (des)
i. Ü.	im Übrigen
i. V. m.	in Verbindung mit
i. w. S.	im weiteren Sinne
JA	Juristische Arbeitsblätter
jew.	jeweils
JöR	Jahrbuch des öffentlichen Rechts der Gegenwart
JurA	Juristische Analysen
jurisPR-HaGesR	juris PraxisReport Handels- und Gesellschaftsrecht
jurisPR-UmwR	juris PraxisReport Umwelt- und Planungsrecht
JuS	Juristische Schulung
JZ	Juristenzeitung
KPD	Kommunistische Partei Deutschlands
Lit.	Literatur
Ls.	Leitsatz

LSG	Landessozialgericht
LVwVfG	Landesverwaltungsverfahrensgesetz
MietNovG	Mietrechtsnovellierungsgesetz
MiStra	Anordnung über Mitteilungen in Strafsachen
MüKo	Münchener Kommentar
m.w.N.	mit weiteren Nachweisen
n.F.	neue Fassung
NJOZ	Neue Juristische Online-Zeitschrift
NJW	Neue Juristische Wochenschrift
NJW-RR	Neue Juristische Wochenschrift Rechtsprechungs-Report
NPD	Nationaldemokratische Partei Deutschlands
Nr.	Nummer(n)
NSA	National Security Agency
NStZ	Neue Zeitschrift für Strafrecht
NVwZ	Neue Zeitschrift für Verwaltungsrecht
NZFam	Neue Zeitschrift für Familienrecht
NZS	Neue Zeitschrift für Sozialrecht
NZV	Neue Zeitschrift für Verkehrsrecht
o.Ä.	oder Ähnliche(s)
OMT	Outright Monetary Transactions
OVG	Oberverwaltungsgericht
PartG	Parteiengesetz
PKGrG	Gesetz über die parlamentarische Kontrolle nachrichtendienstlicher Tätigkeit des Bundes (Kontrollgremiumgesetz)
PUAG	Gesetz zur Regelung der Untersuchungsausschüsse des Deutschen Bundestages (Untersuchungsausschussgesetz)
RdA	Recht der Arbeit
RegE	Regierungsentwurf
RiStBV	Richtlinien für das Strafverfahren und das Bußgeldverfahren
Rn.	Randnummer(n)
Rspr.	Rechtsprechung
RVG	Gesetz über die Vergütung der Rechtsanwältinnen und Rechtsanwälte (Rechtsanwaltsvergütungsgesetz)
S.	Seite(n)
s.	siehe
SGG	Sozialgerichtsgesetz
sog.	sogenannt(e)
StGB	Strafgesetzbuch
StPO	Strafprozessordnung
str.	streitig
ThürVerfGH	Thüringer Verfassungsgerichtshof
TKG	Telekommunikationsgesetz
u.a.	unter anderem(n)

U/C/D	Umbach, Dieter/Clemens, Thomas/Dollinger, Franz-Wilhelm, Bundesverfassungsgerichtsgesetz, Mitarbeiterkommentar und Handbuch
v.	von(m)
v. a.	vor allem
Verf.	Verfasserin
VerfGH	Verfassungsgerichtshof
VerwArch	Verwaltungsarchiv
VfGHG	Gesetz über den Bayerischen Verfassungsgerichtshof
vgl.	vergleiche
VorsRiBVerwG i.R.	Vorsitzender Richter am Bundesverwaltungsgericht im Ruhestand
VVDStRL	Veröffentlichungen der Vereinigung der Deutschen Staatsrechtslehrer
VwGO	Verwaltungsgerichtsordnung
VwVfG	Verwaltungsverfahrensgesetz
WahlPrG	Wahlprüfungsgesetz
z. B.	zum Beispiel
ZPO	Zivilprozessordnung
ZRP	Zeitschrift für Rechtspolitik

Erster Teil

Einleitung

A. Bedeutung, Ziel und Gegenstand der Untersuchung

Auf den ersten Blick mag es einem seltsam anmuten, das Bundesverfassungsgericht und damit das oberste Rechtsprechungsorgan der Bundesrepublik Deutschland mit der vergleichsweise schlichten Aufgabe der Tatsachenermittlung zu konfrontieren. Schließlich „hütet" es nicht weniger als die deutsche Verfassung.[1] Dies tut das Gericht, indem es sämtliche zur Überprüfung vorgelegten staatlichen[2] Akte an den rechtlichen Verbürgungen der Verfassung misst. Die vorrangige Aufgabe des Spruchkörpers liegt damit in der Beantwortung von *Rechts*fragen,[3] zumal solchen mit über den konkreten Einzelfall hinausreichender Tragweite für die gesamte Rechtsgemeinschaft:[4] Nicht nur haben die Entscheidungen des Bundesverfassungsgerichts eine die Rechtfolgen des allgemeinen prozessrechtlichen Instituts der Rechtskraft weit übersteigende Bindungswirkung, welche in den Fällen des § 31 Abs. 2 S. 1, 2 BVerfGG gar erga omnes eintritt, sondern werden mit der verfassungsrechtlichen Würdigung insbesondere einfa-

---

[1] Das Bundesverfassungsgericht selbst postulierte seine Rolle als „Hüter der Verfassung" erstmals in 1952 ausdrücklich, vgl. BVerfGE 1, 184 (195); s. seither etwa BVerfGE 1, 396 (408 f.); 2, 124 (131); 40, 88 (93); BVerfG, NJW 2015, 3361 (3363); vgl. auch Bundesverfassungsgericht, in: JöR 1957, S. 144 (144 f.). S. zudem *Leibholz,* in: JöR 1957, S. 120 (126 ff.), dessen Statusbericht vom 21.03.1952 maßgeblich zur Etablierung dieser Rolle beitrug; *ders.,* Demokratie, S. 31 f. Kritisch hierzu etwa *Knies,* in: FS Stern, S. 1155 (1161); *Lepsius,* in: Entgrenztes Gericht, S. 159 (263 ff.), der von einer „Selbstermächtigung [des Gerichts] zum Hüter der Verfassung" (264) spricht; sowie *Jarass/Pieroth,* GG, Art. 93 Rn. 3. Zur Entwicklung dieser Rolle auch *Jestaedt,* in: Entgrenztes Gericht, S. 77 (96 ff.).

[2] Mittelbar überprüft es freilich auch privatrechtliche Akte, grundlegend dazu BVerfGE 7, 198 (204 ff.); s. auch 81, 242 (254 ff.); 89, 214 (229 f.); aus jüngerer Zeit z. B. BVerfG, NVwZ 2018, 813 (814 f.).

[3] Dies entspricht auch dem Selbstverständnis des Bundesverfassungsgerichts; früh dazu BVerfGE 18, 186 (192): „[Dem Gericht ist] in erster Linie die Klärung verfassungsrechtlicher Fragen, nicht die Ermittlung von Tatsachen aufgegeben"; ebenso *Leibholz/Rupprecht,* BVerfGG, § 80 Anm. 21; jüngst *Voßkuhle,* NJW 2013, 1329 (1333). *Lepsius,* in: Entgrenztes Gericht, S. 156 (206 f.), stellt pointiert fest, dass das Bundesverfassungsgericht seine Fälle *„vorzugsweise* [...] als Rechtsfrage bewältigt", was er insbesondere mit dem „Kompetenzanspruch" des Gerichts begründet (Kursivsetzung durch Verf.).

[4] In diesem Sinne früh *Geiger,* Besonderheiten, S. 8; vgl. auch *Leibholz,* JöR 1957, S. 120 (123).

cher Gesetze häufig zugleich die Weichen für tiefgreifende rechts- und gesell-
schaftspolitische Entwicklungen gestellt.[5] Angesichts dieser Verantwortung kann
die zumindest scheinbar untergeordnete Frage nach dem zugrunde liegenden
Lebenssachverhalt leicht als dem hohen Gericht unwürdiger, glanzloser „Stören-
fried" empfunden werden, den es, wenn möglich, an die Fachgerichte zu „ver-
frachten" gilt. In diese Richtung scheint denn auch das Bundesverfassungsgericht
selbst zu weisen, wenn es etwa in den sog. Vorlageverfahren die Aufgabe der
Fachgerichte, den Tatsachenstoff hinreichend aufzubereiten, betont[6] oder sich in
Verfassungsbeschwerdeverfahren auf den eigens aus § 90 Abs. 2 BVerfGG entwickelten Grundsatz der Subsidiarität beruft[7]. Manch einer möchte (zumindest
de lege ferenda) der Zuständigkeit des Bundesverfassungsgerichts zur Feststellung von Tatsachen gar grundsätzlich eine Absage erteilen.[8]

Vergisst man einmal, dass das Bundesverfassungsgericht (auch) zu etwas
„Höherem" berufen ist, entsteht Raum für die angenehm nüchterne Frage, wie
dieses faktisch mit denjenigen Tatsachen umgeht respektive umzugehen hat, die
seiner Entscheidung im Einzelfall zugrunde liegen.

---

[5] Man denke nur an prominente Entscheidungen zum Familien- oder Steuerrecht,
etwa in 2017 zum „dritten Geschlecht" (BVerfGE 147, 1) oder in 2008 zur Pendler-
pauschale (BVerfGE 122, 210), wobei dieses Urteil in der Presse z. B. als „kleines Kon-
junkturprogramm" mit Auswirkungen auf 16 Millionen Pendler beschrieben wurde,
s. http://www.spiegel.de/wirtschaft/bundesverfassungsgericht-millionen-berufstaetige-
bekommen-alte-pendlerpauschale-zurueck-a-595285.html, zuletzt aufgerufen am 02.02.
2020. Ausführlich zur „besonderen Breitenwirkung" verfassungsgerichtlicher Entscheidungen *Schulze-Fielitz*, in: 50 Jahre BVerfG I, S. 385 ff.

[6] S. statt aller BVerfGE 17, 135 (138 f.); 18, 186 (192); 50, 108 (113 f.). Vgl. auch
Leibholz/Rupprecht, BVerfGG, § 80 Anm. 21, die diesbezüglich von einer „Subsidiarität der Vorlageberechtigung gegenüber der [fach-]gerichtlichen Ermittlungspflicht"
sprechen.

[7] Grundlegend dazu BVerfGE 22, 287 (290 f.); *Lechner/Zuck*, § 90 Rn. 157 ff. *Voßkuhle*, NJW 2013, 1329 (1333), bescheinigt der Beweiserhebung über individuelle Sachverhalte i. Ü. anschaulich „Schwarzbrotcharakter".

[8] Dies mag nicht selten dem Wunsch geschuldet sein, eigene Kompetenzen zu sichern, vgl. etwa den Vorstoß des damaligen Bundestagsabgeordneten *Dichgans* zur Bindung des Bundesverfassungsgerichts an die Tatsachenfeststellungen des Gesetzgebers
i. R. d. Beratungen zum Vierten Gesetz zur Änderung des BVerfGG in 1970, BT-Drs.
VI/1471, S. 2 (dazu ausführlich *Ossenbühl*, in: Festgabe BVerfG I, S. 458 [462]; s.
auch unten S. 179); aus jüngerer Zeit z. B. (VorsRiBVerwG i. R.) *Kley*, VerwArch 2016,
359 (372), der das Bundesverfassungsgericht jedenfalls an gewisse tatsächliche Feststellungen der Fachgerichte gebunden sieht; ebenso *Bethge*, in: Maunz u. a., § 90 Rn. 322
(Stand: Februar 2018). S. ferner *Lepsius*, in: Entgrenztes Gericht, S. 159 (207), der
schlicht der Meinung ist, das Bundesverfassungsgericht sei „keine Tatsacheninstanz"
bzw. wolle keine sein (so *ders.*, JZ 2005, 1 [2]); *Starck*, JZ 1996, 1033 (1038), attestiert
dem Gericht jedenfalls mangelnde Eignung im Bereich der Tatsachenermittlung. Zur
„weit verbreitete[n] Ansicht [...], daß das BVerfG auf eine reine Verfassungsrechtskontrolle beschränkt ist", die „Vornahme eigenständiger Tatsachenwürdigung [...] dementsprechend als Kompetenzüberschreitung [...] kritisiert" werde, auch *Kluth*, NJW 1999,
3513 (3513).

Der Umgang des Bundesverfassungsgerichts mit Tatsachen wurde in der Rechtswissenschaft im Laufe der Jahrzehnte zwar mehrfach (wenn auch in teils „marginaler" Art und Weise[9]) – in rechtstatsächlicher und/oder -theoretischer Stoßrichtung – thematisiert. Nach der 1971 erschienenen empirischen Arbeit „Tatsachenfeststellungen durch das Bundesverfassungsgericht" von *Philippi*[10] bemerkte *Ossenbühl* in 1976, dass eine „*verfassungsrechtlich[e]* Würdigung und Systematisierung der Entscheidungspraxis" insofern noch immer ausstünde.[11] Dieser Aufgabe widmete sich *Ossenbühl* – in einem ersten Zugriff – in Form eines Beitrags über „die Kontrolle von Tatsachenfeststellungen sowie Prognoseentscheidungen durch das Bundesverfassungsgericht", wobei er seinen Beitrag selbst als „Vorstufe und Rahmen einer zu entwickelnden *Dogmatik der verfassungsgerichtlichen Tatsachenfeststellung*"[12] begriff. In den darauffolgenden (nunmehr gut vierzig) Jahren wurde die „verfassungsgerichtliche Tatsachenfeststellung" im weiteren Sinne vereinzelt Thema – durchaus instruktiver – Beiträge (etwa von *Kluth*[13] in 1999, *Bryde*[14] in 2001, *Brink*[15] in 2009, *Bull*[16] in 2014 oder *Haberzettl*[17] in 2015). Auch sind in jüngerer Zeit Werke erschienen, die sich vertieft mit Teilaspekten im Kontext des „Realbereichs"[18] der richterlichen Entscheidungen, etwa der Kontrolle der tatsächlichen Grundlagen parlamentarischer Gesetze durch das Bundesverfassungsgericht[19], beschäftigen.[20] Überwiegend wurde der Tatsachenbezug der Entscheidungen des Gerichts dabei indes aus einer primär „materiell-rechtlichen" Perspektive betrachtet: So wurde insbesondere die materielle „Kontrollkompetenz"[21] des Gerichts im Verhältnis zu den übrigen

---

[9] So bereits früh die Kritik von *Ossenbühl*, in: 25 J. BVerfG I, S. 458 (463), die auch heute noch zutrifft.

[10] *Philippi*, Tatsachen. Das Werk umfasst die ersten 25 Bände der amtl. Slg. des Bundesverfassungsgerichts (1951–1969).

[11] *Ossenbühl*, in: 25 J. BVerfG I, S. 458 (463) (Zitat ebd.).

[12] *Ossenbühl*, in: 25 J. BVerfG I, S. 458 (464).

[13] *Kluth*, NJW 1999, 3513 ff.

[14] *Bryde*, in: 50 Jahre BVerfG I, S. 533 ff.

[15] *Brink*, in: Linien, S. 3 ff.

[16] *Bull*, in: FS Koch, S. 29 ff.

[17] *Haberzettl*, NVwZ-Extra 2015, 1 ff.

[18] *Voßkuhle*, NJW 2013, 1329 (1333).

[19] So *Stuttmann*, Gestaltungsfreiheit; dazu auch bereits *Bickenbach*, Einschätzungsprärogative; *Sanders/Preisner*, DÖV 2015, 761 ff.

[20] *Kley*, VerwArch 2016, 359 ff., widmet sich wiederum ausschließlich der Frage nach der „Bindung" des Bundesverfassungsgerichts an die Tatsachenfeststellungen des jeweiligen Fachgerichts bei Urteilsverfassungsbeschwerden; *Augsberg/Augsberg*, VerwArch 2007, 290, behandeln ferner gezielt die „prognostischen Elemente" in der Rechtsprechung des Gerichts.

[21] Der Begriff der Kontrollkompetenz wird hier, synonym zur „Kontrollbefugnis", als Oberbegriff des gesetzlich garantierten Prüfungsumfangs des Gerichts betreffend Akte anderer Staatsorgane verwendet, vgl. zur Terminologie aber auch *Schlaich/Korioth*, Rn. 281.

Staatsorganen untersucht und damit eine Abgrenzung der Kompetenzen der Staatsgewalten zueinander vorgenommen.[22]

Die – insofern nachgelagerte – Frage, wie das Gericht Tatsachen zu ermitteln hat, die *im Rahmen seiner Kontrollbefugnis* gemäß dem danach einschlägigen materiellen Recht entscheidungserheblich sind, blieb jedoch weitestgehend unbeachtet; eine systematische (problemübergreifende) Analyse der verfassungsgerichtlichen Tatsachenfeststellung als solches, das heißt aus *prozessrechtlicher* Sicht, blieb aus.[23]

Dies verwundert, wecken doch jedenfalls zwei Aspekte das Bedürfnis nach zuverlässigen Regeln im Umgang auch und gerade des Bundesverfassungsgerichts mit den *seiner Entscheidung zugrunde liegenden Tatsachen:*

Zum einen besteht ein unmittelbarer Zusammenhang zwischen der Tatsachenfeststellung und der Sachentscheidung des Gerichts. Zwar mag in den Verfahren vor dem Bundesverfassungsgericht weit weniger häufig Streit über Tatsachen bestehen[24] bzw. deren Klärungsbedürftigkeit weniger offenkundig sein[25], als dies vor den als „Tatsachengerichte" konzipierten Instanzgerichten, etwa den Amtsgerichten, der Fall ist. Dennoch sind es auch hier in aller Regel[26] Lebenssachverhalte, die zur Entscheidung stehen, und wird mithin nahezu jede Entscheidung auch des Bundesverfassungsgerichts anhand einer – zumindest implizit durch das Gericht anerkannten – Tatsachenbasis getroffen.[27] Ist diese Tatsachenbasis fehlerhaft ermittelt, verliert die Entscheidung ihre Legitimität[28] – führt doch die Subsumtion eines der Wahrheit nicht entsprechenden Sachverhalts unter einen

---

[22] So etwa *Bryde,* in: 50 Jahre BVerfG I, S. 533 (540 ff.); *Haberzettl,* NVwZ-Extra 2015, 1 (3, 6 ff.); *Kley,* VerwArch 2016, 359 ff.; *Ossenbühl,* in: 25 J. BVerfG I, S. 458 ff.; *Stuttmann,* Gestaltungsfreiheit.

[23] Ähnlich *Sanders/Preisner,* DÖV 2015, 761 (768): „Fragen der Tatsachenfeststellung im Verfassungsprozess sind insg. dogmatisch bisher nur unzureichend geklärt."; vgl. auch *Bickenbach,* Einschätzungsprärogative, S. 483 f. Bedarf für eine wissenschaftliche Untersuchung sieht ferner *Brink,* in: Linien, S. 3 (30).

[24] So bereits *Geiger,* Besonderheiten, S. 8, 21; s. auch *Bull,* in: FS Koch, S. 29 (29).

[25] Dies dürfte jedenfalls für entscheidungserhebliche generelle Tatsachen gelten, s. dazu unten S. 50 ff.

[26] Einzige Ausnahme bildet das sog. Divergenzverfahren vor dem Bundesverfassungsgericht gem. Art. 100 Abs. 3 GG, §§ 13 Nr. 13, 85 BVerfGG, s. dazu unten S. 80.

[27] S. hierzu den Dritten Teil der Untersuchung. Schon an dieser Stelle sei bemerkt, dass selbst Revisionsgerichte keineswegs „blind" die Tatsachenfeststellungen der Vorinstanz übernehmen, zudem müssen sie ggf. auch neuen Tatsachenvortrag berücksichtigen, vgl. für den Zivilprozess – insofern stellvertretend für sämtliche Prozessordnungen – *Rosenberg,* Zivilprozess, § 144 Rn. 7 ff.

[28] Ähnlich *Benzing,* Beweisrecht, S. 18 f., für Entscheidungen internationaler Gerichte. Vgl. auch die „übertragbaren" Ausführungen von *André,* Beweisführung, S. 1 ff., zur Bedeutung der Tatsachenermittlung durch den Europäischen Gerichtshof für die Erfüllung seiner primären Aufgabe, der Wahrung des Rechts.

Rechtssatz (in aller Regel)[29] auch zu einem rechtlich unzutreffenden (obschon in Gestalt eines Gerichtsurteils häufig unanfechtbaren) Ergebnis.[30] Folglich kann allein derjenige Richter ein „solides Urteil [...] fällen, [der] auch die entscheidungserheblichen tatsächlichen Fragen aufklärt"[31].[32] Werden die rechtlich zu beurteilenden Lebenssachverhalte nicht richtig erkannt, „gehen selbst noch so scharfsinnige juristische Überlegungen ins Leere"[33]. Der damit umschriebene unüberwindbare Zusammenhang zwischen rechtlichen und tatsächlichen Fragen, auch vor dem Bundesverfassungsgericht, begründet also bereits aus rechtsstaatlicher Sicht (vgl. Art. 20 Abs. 3 GG) das Bedürfnis nach einer rechtsdogmatischen Durchdringung der spezifisch verfassungsgerichtlichen Tatsachenfeststellung. Denn obgleich es letztlich kein unbedingt durchsetzbares „Recht auf eine fehlerfreie Rechtsprechung" gibt – das Risiko falscher Rechtsauslegung sowie -anwendung ist dem Rechtsprechungsauftrag vielmehr immanent und damit „vorbehaltlich eines einfach-gesetzlich eröffneten Instanzenzuges [...] als sozialadäquat hinzunehmen"[34] –, verlangt das Rechtsstaatsprinzip, insbesondere in seiner Ausprägung als Gebot materieller Gerechtigkeit[35] sowie als Gebot wirksamen Rechtsschutzes[36], nach verfahrensrechtlichen Vorgaben, die die Findung der materiell *richtigen* Entscheidung prozessual sicherstellen. Soweit die verfassungsgerichtlichen Tatsachenfeststellungen die materiell-rechtliche Entscheidung determinieren, müssen mithin auch diese klaren Regeln unterliegen.

---

[29] Ausgenommen mögen seltene Fälle sein, in denen der tatsächliche Sachverhalt die gleiche rechtliche Wertung erfahren hätte wie der behauptete; in diese Richtung weisen etwa die Fälle der sog. unechten Wahlfeststellung im Strafrecht, hierzu *Fischer,* StGB, § 1 Rn. 38 ff.

[30] Hat etwa der Angeklagte den Geschädigten entgegen der Annahme des Strafgerichts tatsächlich nicht geohrfeigt, ist auch die rechtliche Schlussfolgerung dieser Annahme – die Verurteilung wegen vollendeter Körperverletzung gem. § 223 Abs. 1 StGB – im konkreten Einzelfall unrechtmäßig. Darüber vermag weder die Rechtmäßigkeit des Rechtssatzes an sich, noch die hypothetische Richtigkeit der Schlussfolgerung (bei tatsächlichem Vorliegen des irrig angenommenen Sachverhalts) hinwegzutäuschen.

[31] *Voßkuhle,* NJW 2013, 1329 (1333).

[32] Vgl. auch *Brink,* in: Linien, S. 3 (29); *Brunn,* NJOZ 2011, 1873 (1879): „unerlässliche Vorbedingung einer gelungenen Subsumtion und Entscheidungsfindung"; *Redeker,* NJW 1976, 2111 (2113); sowie *Breidenstein,* Verfahrensrechtsvergleichung, S. 179, der die Bedeutung der Tatsachenbasis für jegliche materiell-rechtliche Wertung im behördlichen wie gerichtlichen Verfahren betont. Grundsätzlich zur Verflechtung von Tatsachengrundlage und Entscheidungsergebnis *Larenz,* Methodenlehre, S. 278 ff.

[33] *Bull,* in: FS Koch, S. 29 (29).

[34] *Huber,* in: v. Mangoldt/Klein/Starck, GG, Art. 19 Rn. 508; ebenso *Kahl,* Entmachtung, S. 30. Vgl. auch BVerfGE 97, 298 (315 f.).

[35] S. dazu unten S. 127.

[36] Hierzu unten S. 123 ff. Zur „Rechtsschutzgewährung durch Sachverhaltsfeststellung" auch *Berchtold,* in: ders./Richter, Sozialsachen, § 6 Rn. 417 f. m.w.N.

Die Bedeutung der Richtigkeit der tatsächlichen Annahmen gerade des Bundesverfassungsgerichts ist dabei auch deshalb kaum zu überschätzen,[37] weil dessen Entscheidungen neben ihrer besonderen rechtlichen Reichweite wie gesellschaftspolitischen Dimension regelmäßig die Grundrechte der Bürger und damit den Schutz fundamentaler Werte der Rechtsgemeinschaft betreffen. Letztlich besteht also ein direkter Zusammenhang auch zwischen der richtigen Erfassung des Sachverhalts durch das Bundesverfassungsgericht und dem durch dieses gewährten Grundrechtsschutz.

Zum anderen wird das Bedürfnis nach zuverlässiger Tatsachenarbeit in Hinblick auf den hier in Rede stehenden Spruchkörper aufgrund des Kräfteverhältnisses innerhalb der gewaltengliedrigen Verfassungsordnung verstärkt: Schließlich hängt die eigentliche Durchschlagskraft der Entscheidungen des Bundesverfassungsgerichts – in einigen Verfahren bereits mangels vollstreckbarer Inhalte, im Übrigen mangels eigener Exekutivmittel[38] – in besonderem Maße von der *Akzeptanz* der anderen Verfassungsorgane sowie Gerichte und Behörden ab.[39] Diese sind es, die rechtlich ausnahmslos an die Entscheidungen des Gerichts gebunden (§ 31 Abs. 1 BVerfGG) und damit dazu verpflichtet sind, ihr gesamtes künftiges Handeln danach auszurichten; sie müssen selbige Entscheidungen (im Rahmen ihrer Zuständigkeiten) also sowohl im Einzelfall durchsetzen als auch in Wiederholungs- oder Parallelfällen, sprich in mit dem konkret abgeurteilten Lebenssach-

---

[37] Der Tatsachenfeststellung durch den Richter „mindestens ebenso große Bedeutung wie [der] „Rechtsfindung" im engeren Sinne" zuschreibend *Bull,* in: FS Koch, S. 29 (29); vgl. auch *Bickenbach,* Einschätzungsprärogative, S. 482 f.; *Schlaich/Korioth,* Rn. 534.

[38] Hierzu *Maurer,* Staatsrecht, § 20 Rn. 33. Vgl. auch § 35 BVerfGG sowie zur – weiten – Auslegung dieser Norm durch das Bundesverfassungsgericht BVerfGE 6, 300 (303 f.).

[39] Statt aller *Hillgruber/Goos,* Rn. 31 ff.; *Maurer,* Staatsrecht, § 20 Rn. 10; vgl. auch *Barczak,* in: ders., Einl. Rn. 3 f. Dass das Gericht wenig Handlungsspielraum besitzt, wenn etwa der Gesetzgeber seiner Aufforderung, eine gesetzliche Neuregelung zu treffen, nicht nachkommt, hat sich in jüngerer Zeit am Beispiel der Erbschaftsteuer gezeigt, vgl. BVerfG-Pressemitteilung Nr. 41/2016 vom 14.07.2016, 1 BvL 21/12. Die in derartigen Fällen nicht ganz unübliche Betätigung des Gerichts als „Ersatzgesetzgeber" (so etwa in BVerfGE 39, 1 [2 f., 68] sowie 88, 203 [209 ff., 334 ff.] betreffend Schwangerschaftsabbrüche, in E 102, 197 [223] betreffend das Betreiben von Spielbanken oder E 143, 216 [Rn. 72] betreffend Rechtsschutz im Regulierungsrecht) fordert angesichts des mit ihr verbundenen „Kompetenzübertritts" gar eine besondere Akzeptanz der Betroffenen; kritisch dazu etwa *H.-P. Schneider,* NJW 1994, 2590 (2593 ff.). Ein besonders drastisches Exempel mangelnder Durchsetzungskraft lieferte i. Ü. der Beschl. des Gerichts v. 24.03.2018, 1 BvQ 18/18 (NVwZ 2018, 819), betreffend einen NPD-Auftritt in Wetzlar, den die Stadt Wetzlar schlicht ignorierte, vgl. BVerfG-Pressemitteilungen Nr. 16/2018 v. 26.03.2018 und Nr. 26/2018 v. 20.04.2018, dazu auch *Hecker,* NVwZ 2018, 787 (787 ff.). Prominente Missachtung erfuhr auch der sog. Kruzifix-Beschluss des Gerichts (BVerfGE 93, 1), dessen Nichtbeachtung einige Politiker gar öffentlich forderten, vgl. dazu *Petersen,* Verhältnismäßigkeit, S. 2; mit analytischem Ansatz *Schaal,* in: Ooyen/Möllers, S. 261 (261 ff.); s. auch *Knies,* in: FS Stern, S. 1155 (1156 f.).

verhalt im Wesentlichen vergleichbaren Fällen, gemäß den verfassungsrichterlichen Direktiven agieren.[40]

Hinzu kommt, dass es häufig gerade die im Verfahren *unterlegenen* staatlichen Organe sind, die die richterlichen Entscheidungen umzusetzen haben[41], etwa durch die Neuregelung eines Gesetzes, das das Bundesverfassungsgericht zuvor für verfassungswidrig erklärt hat.[42] Primäre (gar einzige) Veranlassung, sich derart weitreichenden Bindungen zu beugen, wird häufig die sog. Verfassungsorgantreue sein,[43] welche jedoch – zumal in Zeiten unruhiger Politik – ins Wanken geraten kann.[44]

Somit gilt es aus Sicht des Bundesverfassungsgerichts in besonderem Maße, Akzeptanz hinsichtlich seiner Urteile und Beschlüsse zu schaffen.[45] Dies setzt nicht nur eine profunde Rechtsanwendung seitens des Gerichts, sondern auch einen *nachvollziehbaren* – weil transparenten und verrechtlichten – Umgang mit den der jeweiligen Rechtsfrage zugrunde liegenden Tatsachen voraus.[46] Denn erst mit der eindeutigen, vernünftige Zweifel ausschließenden Feststellung des Sachverhalts seitens des Gerichts ist davon auszugehen, dass auch derjenige Verfahrensbeteiligte, der den Sachverhalt bislang anders eingeschätzt hat, sich nicht schlicht „missverstanden" fühlen, sondern die rechtliche Schlussfolgerung *im konkreten Fall* tatsächlich anerkennen wird.

Wurde der abgeurteilte Sachverhalt dagegen nicht eindeutig festgestellt, besteht zudem die Gefahr, dass die sachliche Reichweite der Bindungen der jeweiligen Entscheidung – welche wie dargelegt grundsätzlich über den Einzelfall

---

[40] So bereits die Bundesregierung zu § 27 BVerfGG-Entwurf, dem § 31 BVerfGG in seiner jetzigen Fassung im Wesentlichen entspricht; s. BT-Drs. I/788, S. 27. Ausführlich zur Bindungswirkung nach § 31 BVerfGG *Schulze-Fielitz*, in: 50 Jahre BVerfG I, S. 385 (387 ff.); s. auch *Heusch*, in: B/D/S, § 31 Rn. 67 ff., m.w.N.

[41] Dieses „Dilemma" für das insoweit Parallelen aufweisende Verfahren vor internationalen Gerichten aufzeigend *Benzing*, Beweisrecht, S. 18 f.

[42] Vgl. für einen ausdrücklichen Handlungsauftrag an den Gesetzgeber, eine verfassungskonforme Neuregelung zu schaffen, aus jüngster Zeit auch BVerfG, NJW 2018, 2619 (2619) – Patientenfixierung; sowie BVerfG, NJW 2018, 1451 (1451) – Einheitsbewertung.

[43] Zu dieser grundlegend *Schenke*, Verfassungsorgantreue, S. 37 ff., 115 ff.; in hiesigem Zusammenhang *Barczak*, in: ders., Einl. Rn. 3; *Hillgruber/Goos*, Rn. 31.

[44] Vgl. zur derzeitigen Lage, in der sich Fälle, in denen Behörden Gerichtsentscheidungen missachten, jedenfalls nach subjektiver Wahrnehmung mehren, etwa den Kommentar von *Prantl* in der Süddeutschen Zeitung vom 22.07.2018, abrufbar unter https://www.sueddeutsche.de/politik/die-abschiebebehoerde-und-sami-a-leck-mich-gericht-1.4062809, zuletzt aufgerufen am 02.02.2020.

[45] Zu diesem Zweck plädierte jüngst auch *Voßkuhle* dafür, dass „[die] Justiz [...] ihre Urteile, aber auch ihre Arbeitsweise besser [erläutert]", vgl. sein Interview in der Süddeutschen Zeitung v. 26.07.2018, S. 2.

[46] I.d.S. schon *Benzing*, Beweisrecht, S. 18 f., betreffend das Verfahren vor internationalen Gerichten.

hinausreichen (§ 31 Abs. 1, 2 BVerfGG) – offenbleibt.[47] Insbesondere Wieder-
holungs- und Parallelfälle, auf die sich die genannte Bindungswirkung, wie dargelegt, gerade erstrecken soll, lassen sich nämlich überhaupt nur dann identifizieren, wenn der den Vergleichsmaßstab bildende konkret abgeurteilte Lebenssachverhalt zuvor klar bestimmt wurde.[48] Im Falle eines in tatsächlicher Hinsicht
unklaren Verfahrensgegenstands droht die verfassungsgerichtliche Entscheidung
sonach nicht erst mangels Akzeptanz, sondern bereits mangels praktischer Um-
setzbarkeit zu scheitern.

Zugleich schafft die fehlende richterliche „Klarstellung" der tatsächlichen
Umstände des konkreten Falles einen Hebel, der sich gar zur vorsätzlichen Umgehung der Entscheidung durch die anderen staatlichen Stellen instrumentalisieren lässt: Denn die Nichtbefolgung einer Entscheidung in Parallelfällen wird bei
fehlender „Fixierung" des Ausgangssachverhalts kaum als solche zu erkennen,
jedenfalls nicht zu belegen sein. Mithin kann sich die handelnde Stelle hier leicht
darauf berufen, die Bindungswirkung der fraglichen Entscheidung betreffe diesen
oder jenen Sachverhalt gar nicht.[49]

Damit erscheint das Erreichen der „nächsten Stufe" auf dem Weg zu einer
„Dogmatik der verfassungsgerichtlichen Tatsachenfeststellung" durchaus ange-
zeigt, zumal das Bundesverfassungsgericht selbst die Ermittlung sowie Würdigung der entscheidungserheblichen Tatsachen im Prozess – aufgrund zunehmen-
der Komplexität sowie Verschränkungen der einzelnen Lebensbereiche heute
möglicherweise mehr denn je seit seiner Gründung in 1951 – als Schwierigkeit
erkennt. Dies belegt nicht zuletzt die Einschätzung des ehemaligen Präsidenten
des Bundesverfassungsgerichts, *Voßkuhle,* der den Umgang mit dem „Realbe-
reich" in 2013 ausdrücklich als eine der aktuellen Herausforderungen des Gerichts bezeichnet hat.[50]

---

[47] Zur Kongruenz von sachlicher Reichweite der Prüfungskompetenz und Bindungswirkung *Heusch,* in: B/D/S, § 31 Rn. 56.

[48] Vgl. zur grundsätzlichen Schwierigkeit, derartige Parallelfälle auszumachen,
Heusch, in: B/D/S, § 31 Rn. 67.

[49] I. Erg. so geschehen in Wetzlar (s. Fn. 39), wo sich die Stadtverwaltung der Anordnung des Bundesverfassungsgerichts, ihre Stadthalle für einen NPD-Auftritt zu
öffnen, widersetzte, dies anschließend aber nicht als „willentliche Missachtung" der
Entscheidung des Gerichts verstanden wissen wollte, sondern damit begründete, der
konkrete Sachverhalt hätte sich anders dargestellt als im verfassungsgerichtlichen Verfahren, sodass die gerichtliche Entscheidung ihn nicht erfasst habe (konkret: die Partei
habe bis zuletzt keinen ausreichenden Versicherungsschutz und keinen Sanitätsdienst
vorgewiesen, also in tatsächlicher Hinsicht schlicht nicht alle Bedingungen für den Abschluss des Mietvertrags erfüllt), s. hierzu etwa die Berichterstattung unter https://
www.lto.de/recht/hintergruende/h/bverfg-wetzlar-npd-versammlung-stadthalle-verbot-
widersetzt/, zuletzt aufgerufen am 02.02.2020.

[50] S. *Voßkuhle,* NJW 2013, 1329 (1333 f.); erhellende Kritik an dem Fehlen eines
„spezifisch verfassungsprozessualen Beweisrechts" übt ferner *Gärditz,* in: FS Puppe,
S. 1557 (1561 f.).

Die vorliegende Arbeit sucht nun, das genannte Bedürfnis durch Herausarbeitung grundlegender *beweisrechtlicher Regeln* in den Verfahren vor dem Bundesverfassungsgericht zu befriedigen. Da das Thema des verfassungsprozessualen Beweisrechts bisher nahezu keine Beachtung im Schrifttum gefunden hat respektive bereits die Grundlagen nicht hinreichend geklärt sind, widmet sich die Untersuchung der systematischen Darstellung und Analyse eben dieser *Grundlagen*.

Als *Beweisrecht* wird hier in Anlehnung an das allgemeine Prozessrecht „die Gesamtheit der Regeln und Prozesse [verstanden], anhand derer ein [Gericht in einem Gerichtsverfahren] Aussagen über die Existenz oder Nichtexistenz von Tatsachen trifft"[51]. Es determiniert somit den Umgang des Gerichts mit denjenigen Tatsachen, die die Grundlage seiner Rechtsanwendung bilden. Anders gewendet regelt es „das Verfahren und die Kompetenzen [...], etwas als bewiesen anzuerkennen"[52]. Demgemäß ist das Beweisrecht „zentrale Materie jedweden Prozessrechts"[53] und enthält es Regelungen insbesondere betreffend folgende Fragen: Ist der entscheidungserhebliche Sachverhalt gerichtlich von Amts wegen zu erforschen? Bestehen dabei Mitwirkungslasten Dritter? Welche Mittel und welches Verfahren zur Erforschung des Sachverhalts stehen dem Gericht zur Verfügung? Wann kann eine Tatsache als „wahr" – und damit bewiesen – anerkannt werden? Zu wessen Lasten geht die Nichterweislichkeit einer erheblichen Tatsache (sog. non liquet)?

Wenngleich das Bundesverfassungsgericht von der Möglichkeit der klassischen justizförmigen Beweisaufnahme nur recht „stiefmütterlich" Gebrauch macht[54] und seine „Informationsbeschaffung" auch im Übrigen selten ausdrücklich als Beweiserhebung bezeichnet, unterfallen die Rechtsgrundlagen jener Informationsbeschaffung – soweit selbige dazu dient, dem Gericht Erkenntnisse über die im jeweiligen Prozess entscheidungserheblichen Tatsachen zu verschaffen – systematisch also ohne Weiteres dem (verfassungsprozessualen) Beweisrecht.[55]

---

[51] Definition nach *Benzing,* Beweisrecht, S. 1 f. In diesem Sinne auch *Nierhaus,* Beweismaß, S. 45 u. *Ohletz,* Beweisrecht, S. 93 m.w.N., wobei beide einen noch weitergehenden Ansatz vertreten und das Beweisrecht als die Gesamtheit der Regeln zur Bestimmung des entscheidungserheblichen Sachverhalts durch den Rechtsanwender (der nicht zwangsläufig ein Gericht sein muss) begreifen. Vgl. auch *Klein/Bethge,* in: Maunz u.a., § 30 Rn. 10 (Stand: September 1979).

[52] *Gärditz,* in: FS Puppe, S. 1557 (1573).

[53] *Vierhaus,* Beweisrecht, S. V.

[54] S. dazu insb. unten S. 277 ff. und S. 292 f. Vgl. auch bereits *Voßkuhle,* NJW 2013, 1329 (1333); sowie *Haberzettl,* in: B/D/S, § 26 Rn. 10, der dem Gericht gar eine rückläufige Bereitschaft konstatiert, Tatsachen im förmlichen Beweisverfahren zu ermitteln, was durchaus zuzutreffen scheint.

[55] Vgl. hierzu auch unten S. 277 ff. Zur Entscheidungserheblichkeit einer Tatsache S. 61 und S. 129 f.

Entspricht der dieser Arbeit zugrunde gelegte *beweisrechtliche* Ansatz respektive die Beurteilung der Tatsachenermittlung seitens des Bundesverfassungsgerichts nach den Grundsätzen eines – in Teilen möglicherweise erst zu etablierenden – „verfassungsprozessualen Beweisrechts" mithin der Systematik des allgemeinen Prozessrechts, ermöglicht jener Ansatz zugleich einen Erkenntnis schöpfenden Blick und unter Umständen einen Rückgriff auf das etablierte Beweisrecht anderer Prozessordnungen, namentlich der ZPO sowie VwGO. Dies kann der Findung sachgerechter Lösungen im Umgang mit Tatsachen auch durch das Bundesverfassungsgericht dienlich sein, zumal auf das Zivilprozessrecht „als der für die Entwicklung des deutschen Verfahrensrechts grundlegenden und einflußreichsten Verfahrensordnung"[56] wesentliche Institute der gerichtsförmigen Tatsachenermittlung zurückgehen.

Bestehende Fragen in Zusammenhang mit der „Tatsachenarbeit" durch das Bundesverfassungsgericht, z. B. die Frage nach der diesbezüglichen Kompetenzabgrenzung zwischen Bundesverfassungsgericht und Instanzgerichten bzw. Bundesverfassungsgericht und Gesetzgeber, werden sonach im Folgenden aus einer beweisrechtlichen Perspektive beleuchtet und anhand beweisrechtlicher Grundsätze (unter Zugrundelegung beweisrechtlicher Topoi) beantwortet.

Dass in den zitierten Abhandlungen zur verfassungsgerichtlichen Tatsachenfeststellung ganz überwiegend kein – jedenfalls kein expliziter oder stringenter – beweisrechtlicher Ansatz gewählt wurde,[57] und auch im Übrigen konkrete Fragestellungen in Zusammenhang mit der Tatsachenfeststellung durch das Bundesverfassungsgericht immer wieder rein „materiell-rechtlich" betrachtet werden, verwundert angesichts der klaren systematischen Zuordnung der Tatsachenarbeit eines jeden Gerichts zu der Materie des Beweisrecht. Zudem verstellt der in der Rechtswissenschaft mehrheitlich gewählte materiell-rechtliche Zugang zu den Fragen im Kontext der Tatsachenarbeit des Bundesverfassungsgerichts in teilweise gravierender Weise den Blick auf die prozessuale bzw. prozessrechtliche „Wirklichkeit".[58]

---

[56] *Engelmann,* Prozeßgrundsätze, S. 19.

[57] Eine gewisse Ausnahme bilden die Aufsätze von *Brink,* in: Linien, S. 3 ff.; *Bull,* in: FS Koch, S. 29 ff.; sowie *Kluth,* NJW 1999, 3513 ff., wobei Letzterer ungeachtet des thematischen Bezugs zur „Beweiserhebung und Beweiswürdigung durch das Bundesverfassungsgericht" im Wesentlichen die materielle Kontrolldichte des Gerichts in Urteilsverfassungsbeschwerdeverfahren thematisiert (a. a. O., S. 3517 ff.) und seine Ausführungen auch insofern systematisch nicht voll überzeugen. Vereinzelt wurden darüber hinaus zumindest Bezüge zum Beweisrecht hergestellt, so etwa durch *Augsberg/ Augsberg,* VerwArch 2007, 290 (292 ff.).

[58] Vgl. nur die Diskussion um die verfassungsgerichtlich festgestellte „Obliegenheit" des Gesetzgebers zur Ermittlung und Offenlegung der tatsächlichen Grundlagen seiner Gesetze, welche hauptsächlich unter dem Vorzeichen der sog. verfassungsrechtlichen Gesetzgebungslehre geführt wird; mithin wird die Frage aufgeworfen, ob der Gesetzgeber *materiell-rechtlich* zur Tatsachenermittlungen *im Gesetzgebungsverfahren* verpflichtet sei; die Rechtsprechung des Bundesverfassungsgerichts wird insofern auf weiten

Letztlich dürfte der fehlende beweisrechtliche Bezug vor allem in der erwähnten mangelnden Praxis klassischer Beweiserhebung und -würdigung durch das Bundesverfassungsgericht und damit einhergehenden Unsicherheiten bezüglich der Einordnung der richterlichen Tatsachenarbeit insgesamt begründet sein.[59] Es wurden indes in sämtlichen zitierten Beiträgen in der Sache auch „beweisrechtliche" Fragestellungen aufgeworfen, sodass die (terminologische wie systematische) Verknüpfung derselben mit dem Beweisrecht insoweit nicht nur naheliegt, sondern gar erforderlich erscheint – und zwar sowohl um den Umgang der Verfahrensbeteiligten mit den genannten Fragestellungen (anders gewendet mit dem entscheidungserheblichen Sachverhalt) im Prozess zu erleichtern, indem etwa die Einordnung eines Tatbestandsmerkmals als dem Beweis zugängliche „Tatsache" und die dazugehörige Beweismöglichkeit offenbar werden, als auch um überhaupt systemgerechte Lösungen der bestehenden Herausforderungen des Bundesverfassungsgerichts im Umgang mit Tatsachen auffinden zu können. Mit der systematischen Analyse gerade des Beweisrechts vor dem Bundesverfassungsgericht soll sonach ein Beitrag geleistet werden, der sowohl den Verfahrensbeteiligten als auch der verfassungsrichterlichen Rechtsfindung an sich zuträglich sein kann.

Hinsichtlich des Untersuchungsgegenstands sind zuletzt drei Einschränkungen zu formulieren: Der Umgang mit Tatsachen wird hier wie dargelegt aus einer beweisrechtlichen Perspektive – als Teil des Prozessrechts – betrachtet und daher allein in Zusammenhang mit der *rechtsprechenden* Tätigkeit des Bundesverfassungsgerichts erörtert. Ausgenommen sind damit insbesondere Tatsachenfeststellungen im Rahmen gerichtsinterner[60] oder exekutiver Tätigkeiten des Gerichts,

---

Strecken analysiert, ohne dessen Rolle als „Tatsachengericht" – und damit die Möglichkeit der *prozessualen* Mitwirkungsobliegenheit des Gesetzgebers *bei der Sachaufklärung des Verfassungsgerichts* – auch nur ansatzweise zu bedenken, s. aus jüngster Zeit etwa *Wieckhorst*, DÖV 2018, 845 (insb. 851 ff.): Die einseitig materiell-rechtliche Perspektive *Wieckhorsts* wird deutlich, wenn er bemerkt, dass das Gericht „bereit" sei, „die lückenhafte gesetzgeberische Sachaufklärung notfalls durch umfassende eigene Tatsachenermittlungen zu ersetzen", und dies als „undeutliche Verquickung materieller Maßstäbe mit verfahrensbezogenen Folgerungen" kritisiert. Erhellend insofern *Sanders/Preisner*, DÖV 2015, 761 (insb. 769 ff.), die profund auf die prozessuale Natur der verfassungsgerichtlich festgestellten Obliegenheit des Gesetzgebers hinweisen. Zum Ganzen unten S. 263 ff.

[59] *Sanders/Preisner*, DÖV 2015, 761 (770), hielten es denn auch für „wünschenswert, wenn das Bundesverfassungsgericht prozessualen Fragen der Tatsachenfeststellung mehr Aufmerksamkeit schenken würde". Vgl. zu den Unsicherheiten respektive Unklarheiten im Schrifttum insb. unten S. 163 ff. sowie S. 174 ff.

[60] Vgl. etwa das in § 105 BVerfGG geregelte Verfahren zur Versetzung von Richtern des Bundesverfassungsgerichts in den Ruhestand bzw. zu deren Entlassung; dies weist nach vorzugswürdiger Auffassung lediglich gerichtsinternen Charakter auf, denn das Gericht trifft hier gerade keine abschließende Sachentscheidung, sondern bereitet lediglich eine Maßnahme des Bundespräsidenten vor (vgl. § 105 Abs. 1 Hs. 1); es beseitigt in einer Art „Vorverfahren" den Schutz seiner Richter vor Entlassung oder zwangsweiser Versetzung; so treffend *Lenz/Hansel*, § 13 Rn. 2; ähnlich *Burkiczak*, in: B/D/S, § 13

beispielsweise bei der Aufstellung seines Haushaltsplans (vgl. § 1 Abs. 2 GO-BVerfG, § 28 Abs. 3 BHO) oder dem Erlass seiner Geschäftsordnung (§ 1 Abs. 3 BVerfGG)[61].

Weiterhin soll der hier gewählte beweisrechtliche Bezug die Fragestellung ausgrenzen, wie die Wirklichkeitsvorstellungen des Bundesverfassungsgerichts die *Auslegung der Verfassungsnormen* beeinflussen.[62] Dem zur Entscheidung stehenden Lebenssachverhalt ist an dieser Stelle der Inhalt der auf den Sachverhalt anzuwendenden Norm gegenüberzustellen: Zwar wird auch der Inhalt der Norm durch die Gerichte nicht frei von Bestandteilen der „Wirklichkeit" ermittelt,[63] diese sind aber nicht mit den Merkmalen des abzuurteilenden Sachverhalts gleichzusetzen.[64] Erstere „lassen [die] fallgebundene[n] Gegebenheiten [des Sachverhalts] typologisch hinter sich und bestimmen die Konkretisierung der Rechtsnorm mit".[65] Diese Einbindung tatsächlicher Entwicklungen in die Verfassungsinterpretation, die sich etwa in der bundesverfassungsgerichtlichen Begründung des Grundrechts auf informationelle Selbstbestimmung[66] sowie des Grundrechts

---

Rn. 11 u. § 105 Rn. 1. A. A. *Bethge*, in: Maunz u. a., § 13 Nr. 15 Rn. 18 (Stand: Oktober 2018); *Voßkuhle*, in: v. Mangoldt/Klein/Starck, GG, Art. 93 Rn. 217.

[61] Dazu statt aller *Burkiczak*, in: B/D/S, § 1 Rn. 25, 103.

[62] Hierzu anschaulich *Bryde*, in: 50 Jahre BVerfG I, S. 533 (538 f., 557 ff.), der die fehlende Nachvollziehbarkeit dieses Einflusses in den bundesverfassungsgerichtlichen Entscheidungen konstatiert. S. zu der in diesen Kontext gehörenden „Verfassungswirklichkeit" etwa *H. Klein*, Staatsraison, S. 16 ff.; nach *Lepsius*, JZ 2005, 1 (2 f.), nimmt diese eine „normative Hilfsfunktion" zur Ergänzung rechtlicher Regelungen ein (Zitat S. 3); s. auch *Müller/Christensen*, Methodik I, Rn. 32 ff., 84 ff.

[63] *Müller*, Normstruktur, S. 114, stellt hierzu treffend fest, dass die Rechtsprechung Momente der Wirklichkeit zumeist „unausgesprochen zu integralen Bestandteilen der [Rechtskonkretisierung] macht". Auch das Bundesverfassungsgericht erklärte früh ausdrücklich, dass „eine Verfassungsbestimmung einen Bedeutungswandel erfahren [kann], wenn in ihrem Bereich neue, nicht vorausgesehene Tatbestände auftauchen oder bekannte Tatbestände durch ihre Einordnung in den Gesamtablauf einer Entwicklung in neuer Beziehung oder Bedeutung erscheinen" (BVerfGE 2, 380 [401]); vgl. ferner BVerfGE 142, 25 (65 f.) – Oppositionsfraktionsrecht: „Selbst wenn man den Wortlaut nicht als Grenze anerkennte, könnte ein Verfassungswandel allenfalls vorliegen, wenn die Quoren ursprünglich dem allgemeinen verfassungsrechtlichen Grundsatz effektiver Opposition entsprachen, sich die tatsächlichen Verhältnisse jedoch im Laufe der Zeit derart geändert hätten, dass die bestehenden Quoren ihren Sinn verloren hätten."; zum einfachen Recht BVerfGE 7, 342 (351): „[Eine] Gesetzesbestimmung [kann] bei gleichbleibendem Wortlaut durch Veränderung der Verhältnisse einen Bedeutungswandel erfahren. Art. 55 EGBGB ist als eine Norm mit wechselndem Inhalt auszulegen, die zu ihrem inhaltlichen Bestandteil die sich wandelnde Wirklichkeit hat." S. aus grundsätzlicher Sicht *Müller/Christensen*, Methodik I, Rn. 86.

[64] So schon *Müller/Christensen*, Methodik I, Rn. 34.

[65] *Müller/Christensen*, Methodik I, Rn. 34. *Rosenberg*, Zivilprozess, § 111 Rn. 5, beschreiben diese als „zur Konkretisierung der Rechtsnormen erforderlich"; vgl. auch *Lepsius*, JZ 2005, S. 1 (1).

[66] Dieses und weitere Bsp. aus der Verfassungsrechtsprechung finden sich bei *Bryde*, in: 50 Jahre BVerfG I, S. 533 (534, 558 ff.); zum Recht auf informationelle Selbstbestimmung: BVerfGE 65, 1 (41 ff.).

auf Gewährleistung der Vertraulichkeit und Integrität informationstechnischer Systeme[67] aus Art. 2 Abs. 1 GG plastisch vollzogen hat, ist also gewissermaßen der „primären" Aufgabe des Bundesverfassungsgerichts, sprich der Auslegung von Verfassungsrecht zuzuordnen. Hier soll es dementgegen einzig um die von der Rechtsauslegung (zumindest theoretisch) klar abzugrenzende Frage der Ermittlung und Bewertung derjenigen Tatsachen gehen, die den Sachverhalt der gerichtlichen Entscheidung bilden, die also letztlich unter die bereits – wirklichkeitsorientiert – ausgelegte (Verfassungs-)Norm subsumiert werden (sog. Subsumtionstatsachen[68]). Aus Sicht des (die Rechtsanwendung freilich vergröbernden, zu Zwecken der Veranschaulichung in hiesigem Zusammenhang aber besonders geeigneten) sog. Justizsyllogismus[69] bedeutet dies, diejenigen Tatsachen zu untersuchen, die dem syllogistischen Untersatz, d.h. der „Sachverhaltsbeschreibung", zugeordnet sind, nicht aber die Tatsachen, die sich auf Ebene des Obersatzes, ergo des normativen Tatbestands zuweilen finden (sog. Normtatsachen[70]).[71]

Zwar ist es keineswegs ausgeschlossen, die Frage nach dem Einfluss tatsächlicher Gegebenheiten auf die richterliche Rechtsauslegung wie -fortbildung (auch) als ein beweisrechtliches Problem zu verstehen – und entsprechende Regeln für die Ermittlung und Würdigung von Normtatsachen einzufordern[72]; es handelt sich hierbei allerdings um eine Thematik, mit der sich das Beweisrecht im klassischen Sinne nicht befasst: Dieses dient grundsätzlich allein der Aufklärung des *zur Entscheidung stehenden* Sachverhalts; auf selbige ist es zugeschnit-

---

[67] BVerfGE 120, 274 (302 ff.) – Online-Durchsuchung.

[68] *Seiter,* in: FS Baur, S. 573 (574). Die Terminologie ist insoweit nicht einheitlich; wie hier etwa *Hergenröder,* Rechtsfortbildung, S. 348 ff.; *Kokott,* Beweislast, S. 41; *Lames,* Rechtsfortbildung, S. 55 f. Es sei bereits an dieser Stelle bemerkt, dass der Begriff der „Subsumtionstatsache" in der vorliegenden Untersuchung nicht dem Begriff der „Einzeltatsache" entspricht, zu diesem unten S. 51.

[69] Dieser geht von der Subsumtion des Sachverhaltes (Untersatz) unter die Rechtsnorm (Obersatz) aus. Allgemein zu der Figur des (Justiz-)Syllogismus *Hergenröder,* Rechtsfortbildung, S. 125 ff.; *Larenz,* Methodenlehre, 271 ff. Dass der Syllogismus als Rechtsanwendungsmodell insbesondere angesichts nicht (mehr) ausschließlich konditional formulierter Rechtssätze „hinkt" und entsprechend scharfer Kritik ausgesetzt ist, kann hier außer Acht gelassen werden (vgl. dazu nur *Nierhaus,* Beweismaß, S. 120 ff.), da das Rekurrieren auf selbigen jedenfalls geeignet ist, aus beweisrechtlicher Sicht die unterschiedlichen „Einflussbereiche" des Tatsächlichen im Rahmen der (Verfassungs-)Rechtsanwendung zu verdeutlichen.

[70] Die Terminologie ist insoweit nicht einheitlich. In der Fachliteratur finden sich verschiedene, synonym verwendete Begriffe, die indes nach hier vertretener Auffassung abzulehnen sind; ausführlich dazu S. 56 f.

[71] Vgl. hierzu *Müller/Christensen,* Methodik I, Rn. 24; *Seiter,* in: FS Baur, S. 573 (574 f.). Gleichfalls differenzierend *Ossenbühl,* in: 25 J. BVerfG I, S. 458 (466, s. auch 460).

[72] Den Beweis von Normtatsachen (dort: „Rechtsfortbildungstatsachen") ausdrücklich fordernd *G. Schneider,* Rechtsfortbildungstatsachen, S. 71 f. (vgl. zur Ausgestaltung desselben a.a.O., S. 73 ff.); ebenso *Hergenröder,* Rechtsfortbildung, passim, insb. S. 363 ff.; in diese Richtung wohl auch *Bryde,* in: 50 Jahre BVerfG I, S. 533 (539).

ten.[73] Inhaltlich lassen sich die beweisrechtlichen Topoi, etwa die Grundsätze zur Mitwirkungslast, Zulässigkeit von Beweisanträgen oder zur Behandlung eines „non liquet"[74], daher jedenfalls nicht ohne Weiteres auf die Ermittlung von Normtatsachen übertragen;[75] besondere Bedeutung kommt schließlich (allein) auf Ebene des Normprogramms dem Grundsatz „iura novit curia"[76] zu. Im Ergebnis erscheint eine Ausklammerung der Thematik daher – ungeachtet der Tatsache, dass die Differenzierung zwischen Subsumtions- und Normtatsachen gerade in *verfassungsrechtlichen* Verfahren angesichts des hier häufig fließenden Übergangs der Einzelfalllösung zur Rechtskonkretisierung bzw. -fortbildung (sowohl des Verfassungs- als auch des einfachen Rechts) praktische Schwierigkeiten aufweist[77] – sachdienlich.[78]

Aus ähnlichen Erwägungen wird zuletzt der „Beweis von Rechtsnormen" aus hiesiger Untersuchung ausgenommen. Zwar spielen Rechtsnormen gerade auf Ebene des syllogistischen Untersatzes im Verfassungsprozess (namentlich in Nor-

---

[73] In diesem Sinne, obgleich aus Sicht des Zivilprozessrechts, *Hergenröder,* Rechtsfortbildung, S. 129, 366; *Seiter,* in: FS Baur, S. 573 (577).

[74] Beweislastentscheidungen bezüglich Normtatsachen scheinen der Rechtsfindung nahezu diametral entgegenzustehen; jedenfalls bergen sie die besondere Gefahr, zulasten von Rechtseinheit und -klarheit zu gehen; vgl. dazu *Hergenröder,* Rechtsfortbildung, S. 416 ff., für die verschiedenen Lösungsansätze aus zivilprozessualer Sicht gegenübergestellt. *Nierhaus,* Beweismaß, S. 120, geht demgemäß davon aus, dass „das Beweislastproblem nur im Untersatz des richterlichen Syllogismus angesiedelt ist".

[75] Da das Bild der Wirklichkeit des jeweiligen Richters dessen Rechtsauslegung vielfach unbewusst beeinflussen wird, erscheint etwa auch die Bestimmung der jeweils beweisbedürftigen Tatsachen praktisch kaum möglich.

[76] Vgl. dazu nur *Larenz/Canaris,* Methodenlehre, S. 128; s. auch *M. Stürner,* in: FS R. Stürner, S. 1071 (1077).

[77] Zu bedenken ist dabei zum einen, dass *einfachgesetzliche* Normtatsachen vor dem Bundesverfassungsgericht regelmäßig den Charakter von Subsumtionstatsachen erhalten. Dies gilt in sämtlichen (auch inzidenten) Fällen der Normenkontrolle durch das Bundesverfassungsgericht: Die Normtatsachen des an der Verfassung zu messenden einfachen Rechts werden hier zu Subsumtionstatsachen der konkret maßstabsetzenden Verfassungsnorm; anhand eines Beispiels hierzu *Müller/Christensen,* Methodik I, Rn. 37 f. *Seiter,* in: FS Baur, S. 573 (585 f.), leitet aus diesem Umstand ab, dass sich der Umgang des Bundesverfassungsgerichts mit Tatsachen als Exempel für die Behandlung von Normtatsachen durch die Fachgerichtsbarkeiten eigne. Zum anderen kommt dem relevanten Sachverhalt im Verfassungsprozess häufig sogar eine „Doppelrolle" sowohl auf Ebene des syllogistischen Untersatzes als auch des Obersatzes zu; vgl. dazu etwa *von Aswege,* Quantifizierung, S. 191 f. Derartige „Übergänge" gibt es freilich nicht nur im Verfassungsprozess. Auch vor den Fachgerichten kommt dem konkreten Sachverhalt häufig zugleich Bedeutung für die Auslegung und Fortbildung des Rechts zu, in diesem Sinne wohl auch *Lames,* Rechtsfortbildung, S. 56 Fn. 22.

[78] Dass die hier ausgeklammerte Thematik besonderer Aufmerksamkeit bedarf, verdeutlichen spezielle Beiträge wie etwa von *Lames,* Rechtsfortbildung, insb. S. 56 ff.; oder *Seiter,* in: FS Baur, S. 573 (insb. 587 ff.); s. auch *Hergenröder,* Rechtsfortbildung, insb. S. 369 ff. Eigene Regeln für die Gewinnung von Normtatsachen fordern (für den Zivilprozess) ferner *Foerste,* in: Musielak/Voit, ZPO, § 284 Rn. 3; und *Prütting,* in: MüKo-ZPO, § 284 Rn. 48.

menkontrollverfahren) eine nicht unerhebliche Rolle und kommen damit nach zuvor Gesagtem als Gegenstand des Beweises durchaus in Betracht.[79] Allerdings weist der Beweis einer Rechtsnorm als solches naturgemäß nicht weniger Besonderheiten auf als der Beweis von Normtatsachen. Deren Behandlung würde den Rahmen der vorliegenden Bearbeitung schlicht überschreiten. Im Folgenden wird die besondere Rolle, die Rechtsnormen im Verfassungsprozess als „Beweisgegenstand" spielen, daher nur am Rande – zu Zwecken der Abgrenzung – dargestellt.[80]

B. Gang der Untersuchung

In Anbetracht ihres Gegenstandes sowie Ziels widmet sich die vorliegende Untersuchung im Folgenden zunächst der „Tatsache" als dem hauptsächlichen Gegenstand des Beweises im Verfassungsprozess (Zweiter Teil, A.). Dabei gilt es, mittels terminologischer Klärung des Tatsachenbegriffs (unter Ausräumung bestehender Missverständnisse) den Bezugspunkt verfassungsgerichtlicher Ermittlungsmaßnahmen und damit des – im weiteren Verlauf der Arbeit herauszubildenden – verfassungsgerichtlich zwingend zu beachtenden Beweisrechts als solchem zu fixieren. Zugunsten einer gesteigerten Übersichtlichkeit werden sodann weitere, wesentliche Grundbegriffe des Beweisrechts definiert (Zweiter Teil, B.).

Im Dritten Teil der Arbeit folgt eine überblicksartige Betrachtung der verschiedenen Verfahrensarten vor dem Bundesverfassungsgericht, wobei diese neben der Frage nach möglichen staatlichen „Vorinstanzen" – welche noch vor dem Bundesverfassungsgericht mit dem jeweiligen Verfahrensgegenstand und damit auch mit der Sachaufklärung befasst sein können – vor allem den spezifischen Tatsachenbezug der verschiedenen Verfahrensarten fokussiert. Dabei dient diese „Vorprüfung" primär der Beurteilung der, noch immer streitigen, Frage, ob und inwieweit die konkreten Zuständigkeiten des Verfassungsgerichts überhaupt die Feststellung von Tatsachen einschließen.

Der anschließende Vierte Teil der Untersuchung behandelt zunächst die Quellen des verfassungsprozessualen Beweisrechts (A.), aus denen sodann in sämt-

---

[79] So denn auch (ohne nähere Behandlung) *Klein/Bethge*, in: Maunz u. a., § 30 Rn. 10 (Stand: September 1979); *Kluth*, NJW 1999, 3513 (3514). In diese Richtung weist ferner BVerfGE 76, 143 (161). Anders als etwa im Zivil- oder Verwaltungsprozessrecht kommen nicht allein „ausländisches Recht, Gewohnheitsrecht und Statuten" (vgl. § 293 ZPO) als dergestalt potentieller „Beweisgegenstand" in Betracht; vielmehr gilt dies auch und gerade für das inländische einfachgesetzliche Recht (str., schweigsam dazu etwa *Lechner/Zuck*, insb. § 26 Rn. 2 ff.; gegen die Möglichkeit der Beweisaufnahme betreffend inländisches Recht indes *Benda/Klein*, Rn. 299; wohl auch *Kluth*, NJW 1999, 3513 [3514]); vgl. auch *Kranenpohl*, Schleier, S. 102, der einen Verfassungsrichter mit den Worten zitiert: „Wobei beim BVerfG auch die rechtliche Aufklärung aus dem Fachgebiet heraus die Funktion hat, die bei den einfachen Gerichten die Sachaufklärung hat."

[80] S. unten S. 57 ff.

lichen Verfahren vor dem Bundesverfassungsgericht geltende Beweisgrundsätze abgeleitet werden (B.).

Im folgenden „Herzstück" der Untersuchung werden auf den zuvor ermittelten, allgemeinen Beweisgrundsätzen fußende, konkrete Rechtsregeln in Bezug auf die verfassungsgerichtliche Feststellung entscheidungserheblicher Tatsachen aufgestellt: Diese betreffen, in chronologischer Abbildung des Verfahrens der gerichtlichen Sachverhaltsfeststellung, die Frage der Beweisbedürftigkeit konkret entscheidungserheblicher Tatsachen (Fünfter Teil), Mitwirkungslasten Dritter bei der Sachaufklärung durch das Bundesverfassungsgericht (Sechster Teil), das Verfahren der Beweiserhebung (Siebter Teil), die richterliche Beweiswürdigung (Achter Teil) sowie die Sachentscheidung bei Nichterweislichkeit einer erheblichen Tatsache (Neunter Teil). Dabei werden die aufgefundenen Ergebnisse der Untersuchung fortlaufend mit der Rechtsprechungspraxis des Bundesverfassungsgerichts abgeglichen.

Es schließt eine wertende Zusammenfassung der Ergebnisse (Zehnter Teil).

Zweiter Teil

Begriffsklärung

A. Der Begriff der Tatsache als Gegenstand des Beweises und ihre Erscheinungsformen

I. Vorklärungen

Beschäftigt sich die vorliegende Arbeit mit der gerichtlichen Feststellung von Tatsachen im Verfassungsprozess respektive dem Tatsachenbeweis, ist ihr eine sachgültige Definition des Begriffs der Tatsache zugrunde zu legen. Diese Definition lässt sich nicht konsensuell und damit allgemeingültig für sämtliche (rechts)wissenschaftliche Bereiche finden.[81] Vielmehr ist angesichts einer Vielzahl von (teilweise widersprüchlichen) Begriffsbestimmungen[82] eine Definition zu entwickeln, die im gegebenen *beweisrechtlichen* und *gerichtsbezogenen*[83] Kontext sachdienlich erscheint.[84] Sowohl aufgrund der beweis- als auch gerichtsspezifischen Ausrichtung der Untersuchung können sich dabei Unterschiede auch gegenüber anderen Bereichen des Rechts, gar des Prozessrechts, ergeben.[85]

---

[81] In diesem Sinne schon die Einschätzung von *Ossenbühl*, in: 25 J. BVerfG I, S. 458 (464); ebenso *Hergenröder*, Rechtsfortbildung, S. 348; vgl. auch *Haberzettl*, NVwZ-Extra 2015, 1 (2).

[82] Definitionen aus der Rechtswissenschaft finden sich insb. zu sämtlichen Prozessordnungen, vgl. zum ArbGG *Prütting*, in: Germelmann u. a., ArbGG, § 58 Rn. 10; zur FGO *Herbert*, in: Gräber, FGO, § 81 Rn. 3; zum SGG *Berchtold*, in: ders./Richter, Sozialsachen, § 6 Rn. 421; zur StPO *Temming*, in: Gercke u. a., StPO, § 359 Rn. 14; zur VwGO *Rudisile*, in: Schoch/Schneider/Bier, VwGO, § 96 Rn. 8 (Stand: Juni 2011); zur ZPO *Bacher*, in: Vorwerk/Wolf, ZPO, § 284 Rn. 2; *Foerste*, in: Musielak/Voit, § 284 Rn. 2. Für Definitionen aus den Bereichen der Philosophie und speziell der Wissenschaftstheorie sei verwiesen auf *Engisch*, Studien², S. 39 ff. m.w.N.; und *Philippi*, Tatsachen, S. 4 ff. Vgl. dafür auch *Hilgendorf*, Tatsachenaussagen, S. 115 f., der zudem eine lesenswerte Darstellung der historischen Entwicklung des Begriffs der Tatsache liefert, wobei er von einer „terminologische[n] Verwirrung, die bis heute andauert", spricht (a. a. O., S. 43 ff., Zitat S. 47).

[83] Auf die Unterschiede zwischen den verschiedenen Gerichtsbarkeiten weist in diesem Zusammenhang schon *Ossenbühl*, in: 25 J. BVerfG I, S. 458 (465), hin.

[84] Treffend *Hilgendorf*, Tatsachenaussagen, S. 144: „Die Wahl einer bestimmten Terminologie ist eine Frage der Zweckmäßigkeit [...]."

[85] *Gottwald*, Revisionsinstanz, S. 20, betont insoweit treffend, dass der „vom positiven Recht verwendete Tatsachenbegriff [...] Rechtsbegriff" ist und daher „verschiedene Inhalte und nur relative Gültigkeit für einen Problemkreis haben" kann; vgl. auch die Darstellung des Tatsachenbegriffs in verschiedenen Normzusammenhängen bei *Hilgendorf*, Tatsachenaussagen, S. 72 ff.

Zur Verdeutlichung mögen zunächst folgende Überlegungen dienen: Während z. B. der materiell-rechtliche Tatsachenbegriff im Strafrecht der Abgrenzung zwischen Tatsachenbehauptungen und Werturteilen[86] und damit im Ergebnis verschiedenen Straftatbeständen[87] dient – eben diese Abgrenzung wird auch relevant bei der Bestimmung des Schutzbereichs der Meinungsfreiheit, Art. 5 Abs. 1 GG[88] –, verfolgt die Begriffsbestimmung im beweisrechtlichen Kontext den Zweck, Tatsachenfragen (auf Ebene des Untersatzes) von Rechtsfragen (grundsätzlich auf Ebene des Obersatzes der anzuwendenden Norm) abzugrenzen und so den hauptsächlichen[89] Gegenstand des richterlichen Beweises zu fixieren.[90] Dabei stehen die durch die jeweilige Definition des Tatsachenbegriffs determinierten Bereiche ihrerseits völlig unabhängig nebeneinander, was folgendes Beispiel verdeutlicht: Lässt sich A aus Verachtung der B zu der Aussage: „B, du bist eine Schlampe!" hinreißen, hat er sich materiell-rechtlich wegen Beleidigung gemäß § 185 StGB strafbar gemacht. Denn die Äußerung stellt (inhaltlich) – in Abgrenzung zur Tatsachenbehauptung – ein Werturteil dar.[91] Davon unabhängig ist dieses Urteil, sprich die Beurteilung als solches, aus strafprozessualer Sicht eine Tatsache respektive ist ihre Ermittlung im Prozess nicht als Rechts-, sondern als Tatsachenfrage einzustufen.[92] Demgemäß gelten auch die Definitionen des Tatsachenbegriffs grundsätzlich isoliert voneinander; sie erfordern keine Kongru-

---

[86] Hierzu ausführlich *Hilgendorf,* Tatsachenaussagen, S. 13 ff.

[87] Vornehmlich des § 185 (i. d. R. Werturteile) einerseits und der §§ 186 f. StGB (Tatsachenbehauptungen) andererseits; relevant auch für § 263 StGB; vgl. hierzu etwa *Fischer,* StGB, § 186 Rn. 2 f., s. auch § 263 Rn. 9; *Lackner/Kühl,* StGB, § 186 Rn. 3.

[88] Vgl. dazu jüngst BVerfG, NJW-RR 2017, 1003 (1003 f.); s. auch *Rühl,* Tatsachen, S. 65 ff., m. w. N.

[89] Ausnahmsweise können auch Rechtssätze Gegenstand des Beweises sein. Diese Möglichkeit sehen die Prozessordnungen der Fachgerichtsbarkeiten ausdrücklich vor, vgl. § 293 S. 1 ZPO, entsprechend angewendet über § 155 S. 1 FGO, § 173 VwGO, § 46 Abs. 2 ArbGG sowie mittels Analogie im Verfahren der freiwilligen Gerichtsbarkeit (dazu etwa BGH, NJW 2013, 3656 [3658]). Aus Sicht des Zivilprozessrechts ausführlich zum Ganzen *Pfeiffer,* in: FS Leipold, S. 283 ff.; vgl. für das Verwaltungsprozessrecht etwa *Rudisile,* in: Schoch/Schneider/Bier, VwGO, § 96 Rn. 10 (Stand: Juni 2011). Weiterer möglicher Gegenstand des Beweises sind das Gewohnheitsrecht sowie Statuten (vgl. § 293 ZPO); für das Verfassungsprozessrecht so zumindest *Klein/Bethge,* in: Maunz u. a., § 30 Rn. 10 (Stand: September 1979); *Kluth,* NJW 1999, 3513 (3514). Aus der hiesigen Untersuchung ist der Beweis von Rechtsnormen indes thematisch ausgenommen (vgl. S. 32 f.).

[90] Vgl. bereits oben S. 19 ff., insb. 31 f.

[91] A wollte seine Verachtung gegenüber B ausdrücken (Werturteil) und nicht etwa sagen, dass B unordentlich sei (Tatsachenbehauptung). S. die Erläuterungen bei *Hilgendorf,* Tatsachenaussagen, S. 173 ff.

[92] Danach ist im Wege der Beweisaufnahme insb. zu ermitteln, was A konkret gesagt hat und was er damit zum Ausdruck bringen wollte: seine Verachtung gegenüber B oder Bs Schlampigkeit. Der Inhalt des Werturteils ist i. Ü. weder Rechts- noch Tatsachenfrage. Er verkörpert die rein subjektive Meinung des A; Ermittlungen eines „Wahrheitskerns" dieser Meinung scheiden im Prozess von vornherein als unmöglich aus; auch sind an die Meinung selbst keine rechtlichen Folgen geknüpft.

enz. Dies spricht gegen die (unbedingte) Übertragung etwa des strafrechtlichen Tatsachenbegriffs auf die vorliegende Untersuchung.

Wollte man den hiesigen Tatsachenbegriff, anders gewendet die hier angestrebte Differenzierung von Tatsachen- und Rechtsfragen, wiederum der vielfach (streitig) diskutierten Trennung von „Tat- und Rechtsfragen"[93] im *fachgerichtlichen* Prozessrecht[94] unterordnen – ergo diesbezüglich entwickelte Definitionen des Tatbegriffs „blindlings" für den *verfassungsgerichtlichen* Prozess übernehmen –, griffe dies ebenfalls zu kurz. Denn das zitierte Begriffspaar dient ebendort auch und gerade der Abgrenzung von irrevisiblen Tat- zu revisiblen Rechtsfragen.[95] Damit spiegelt es letztlich die *funktionelle* Trennung von Tatsachen- und Revisionsinstanz wider, deren Zuständigkeiten es zu umreißen sucht; es hat also primär „kompetenz-einhegende" Funktion.[96] In der Folge werden z.B. Erfahrungssätze (wie der Erfahrungssatz, dass eine erhebliche Verminderung der Steuerungsfähigkeit ab einer Blutalkoholkonzentration von 2 Promille naheliegt[97] oder dass es regelmäßig der Auffahrende eines Verkehrsunfalls ist, der die entscheidende Unachtsamkeit begangen hat[98]) häufig wie Rechtssätze behandelt, um Verstöße gegen jene bei der Feststellung des Einzelsachverhalts (also z.B. bei der Feststellung, dass der Angeklagte tatsächlich steuerungsfähig war oder dass der Beklagte schuldlos auf das klägerische Fahrzeug aufgefahren ist) revisionsrechtlich überprüfbar zu machen, obgleich dies letztlich bedeutet, die Grenzen zwischen Unter- und Obersatz der jeweiligen Rechtsnorm zu verwischen.[99] Um eine derartige Abgrenzung von Kompetenzen geht es in Hinblick auf das Verfassungsprozessrecht nicht. Da das Bundesverfassungsgericht als „selbständiger und unabhängiger Gerichtshof" (§ 1 BVerfGG) gerade keine (auf die Beantwortung

---

[93] Zur „spezifisch juristisch-teleologischen" Grenzziehung zwischen „Tat- und Rechtsfrage", die variieren kann, „je nach dem um welchen rechtlichen Zusammenhang es sich handelt", und unter Nennung verschiedener Anwendungsfälle schon *Engisch, Studien*[3], S. 83 f. (beide Zitate ebd.).

[94] S. für das fachgerichtliche Prozessrecht – mit jeweils unterschiedlichen Ansätzen zur Abgrenzung von Tat- und Rechtsfragen – nur *Gottwald,* Revisionsinstanz, S. 20, 138 ff.; *Hamm,* Revision, Rn. 1272 ff.; *Heßler,* in: Zöller, ZPO, § 546 Rn. 1; *Hilgendorf,* Tatsachenaussagen, S. 85. Grundlegend hierzu *Engisch, Studien*[3], S. 82 ff.

[95] Vgl. aus strafprozessualer Sicht *Hilgendorf,* Tatsachenaussagen, S. 85, m.w.N.; s. demgemäß auch den teleologischen Ansatz zur Abgrenzung der Tatfrage im Zivilprozessrecht bei *Heßler,* in: Zöller, ZPO, § 546 Rn. 1: „Das Revisionsgericht soll der Notwendigkeit, Beweise zu erheben, entbunden sein, so dass als nicht revisible Tatfrage insb. alles das zu gelten hat, was eine neue Beweisaufnahme erfordern wüde [...]."

[96] In diesem Sinne dezidiert *Ossenbühl,* in: 25 J. BVerfG I, S. 458 (465).

[97] Dazu etwa BGHSt 37, 231.

[98] Hierzu statt aller *Laumen,* in: Prütting/Gehrlein, ZPO, § 286 Rn. 28 m.w.N.

[99] In diesem Sinne schon *Puppe,* JZ 1994, 1147 (1150); vgl. auch *Gärditz,* in: FS Puppe, S. 1557 (1559); sowie grundlegend zur Einordnung des Erfahrungssatzes (als Tatsache, Rechtssatz oder in der syllogistischen Struktur letztlich zwischen Tatsache und Rechtssatz tretender „tatsächlicher Obersatz") *Engisch, Studien*[2], S. 43 ff.

von „Rechtsfragen" beschränkte) Revisionsinstanz ist,[100] lässt sich das Tatsächliche hier bestimmen, ohne zugleich die gewünschte Revisibilität bestimmter
(fachgerichtlicher) Feststellungen durch das Bundesverfassungsgericht zu „gefährden".

Im vorliegenden Kontext erscheint es daher sachgerecht, eine Definition zu
wählen, die den *syllogistischen Sachverhalt* gerade in den Verfahren vor dem
Bundesverfassungsgericht respektive das der Subsumtion unter den (verfassungs-)
gesetzlichen Tatbestand *in tatsächlicher Hinsicht* Zugängliche vollumfänglich
einschließt. Nur sofern jene Definition sämtliche, gerade aus Sicht des *verfassungsrechtlichen* Prüfprogramms dem syllogistischen Untersatz zugehörige
tatsächliche Fragen einbeziehen kann, vermag sie auch die aus Sicht des Bundesverfassungsgerichts im Verfassungsprozess *beweisbedürftigen*[101] Tatsachen umfassend zu umschreiben.

Als Ausgangspunkt der Begriffsbestimmung bietet es sich daher an, den Tatsachenbegriff so abstrakt, ergo weit wie möglich zu definieren.[102] In diese Richtung weist denn auch die Fachliteratur, soweit sie das Tatsächliche als „realen
Sachverhalt" beschreibt[103], wobei die Begriffe „Sachverhalt" und „Umstand" sowie „real" und „existent" oder „wirklich" synonym verwendet werden können.[104]
Das Gleiche zum Ausdruck bringend, indes noch präziser erscheint die Definition der Tatsache als ein „objektiv klärbarer Umstand". Selbige findet sich auch
in der Rechtsprechung des Bundesverfassungsgerichts, obgleich sich dieser keine
gefestigte oder explizite Definition des Begriffs der „Tatsache" als Beweisgegenstand entnehmen lässt.[105] Jedenfalls *bejahte* das Gericht in einer auf eine Erinne-
rung gegen einen Kostenfestsetzungsbeschluss ergangenen Entscheidung aus dem
Jahre 1988, die die Entstehung einer (damals noch gesetzlich vorgesehenen) Beweisgebühr des Rechtsanwalts im verfassungsgerichtlichen Verfahren betraf, die
Frage, ob sich die Anhörung eines Sachverständigen in dem dem Erinnerungs-
verfahren vorausgegangenen Verfassungsbeschwerdeverfahren „auf ‚Tatsachen'

---

[100] Zur Selbständigkeit des Verfassungsgerichts (auch) gegenüber anderen Gerichten
Lechner/Zuck, § 1 Rn. 8; BVerfGE 70, 35 (69) – Sondervotum *Steinberger.* S. dazu
auch S. 153 f.

[101] Ausführlich zur Beweisbedürftigkeit einer Tatsache im Verfassungsprozess Fünfter Teil, S. 129 ff.

[102] Dass der weitere Gang der Untersuchung nicht durch eine zu enge Definition ab-
geschnitten werden dürfe, mahnte schon *Ossenbühl,* in: 25 J. BVerfG I, S. 458 (464),
an.

[103] So bereits *Philippi,* Tatsachen, S. 5; ihm folgend *Ossenbühl,* in: 25 J. BVerfG I,
S. 458 (466); aus jüngerer Zeit *Stuttmann,* Gestaltungsfreiheit, Rn. 36.

[104] Diese Begriffe entsprechen dem allg. Sprachverständnis und nicht etwa der Lehre
der (Existenz-)Philosophie; dazu *Engisch,* Studien², S. 39 ff., m.w.N. aus der Philosophie.

[105] Hieran hat sich seit dem Befund von *Philippi,* Tatsachen, S. 5 f., in 1971 nichts
geändert; ebenso aus jüngerer Zeit *Stuttmann,* Gestaltungsfreiheit, Rn. 36.

im Sinn des Beweisrechts" bezogen hatte, mit dem Hinweis, jener habe sich zu „objektiv klärbare[n] Umstände[n]" geäußert.[106]

Nicht eindeutig entnehmen lässt sich dieser Definition, ob der so bezeichnete „reale" bzw. „objektiv klärbare Umstand" etwa konkret sowie sinnlich wahrnehmbar sein muss oder aber im Verborgenen liegen kann und ob er an ein zeitliches Moment geknüpft ist. Da sowohl im Schrifttum als auch in der Rechtsprechung anhand jener Merkmale Differenzierungen respektive Eingrenzungen des Tatsachenbegriffs vorgenommen werden,[107] stellt sich die Frage, ob – namentlich in zeitlicher oder sachlicher Hinsicht – Ausnahmen von dem gefundenen, weiten Tatsachenbegriff zu formulieren sind. Zur Beantwortung dieser Frage werden im Folgenden verschiedene „Tatsachenkategorien" gebildet und auf ihre Gültigkeit betreffend die Verfahren vor dem Bundesverfassungsgericht untersucht. Auch dient jene Kategorisierung der Klärung gewisser Unschärfen hinsichtlich der Verwendung des Tatsachenbegriffs im (Verfassungs-)Prozessrecht.

II. Zeitliche Unterscheidung:
Historische, gegenwärtige und zukünftige Tatsachen

In zeitlicher Hinsicht kann zunächst unterschieden werden zwischen vergangenen, gegenwärtigen und zukünftigen realen Sachverhalten. Aus der Rechtsprechung des Bundesverfassungsgerichts seien insofern folgende Beispiele genannt: die Europawahl in 2009[108], eine getätigte Äußerung[109] sowie ein geschehener Boykottaufruf[110] – sämtlich vergangene reale Sachverhalte –, die derzeitigen Lebenshaltungskosten[111], die Staatsangehörigkeit des Beschwerdeführers[112] – als gegenwärtige Sachverhalte –, sowie die Preisentwicklungen kommender Jahre[113], die künftigen Auswirkungen einer aktuellen Gesetzesänderung auf den Umsatz eines Unternehmens[114] und das nächste Wahlergebnis[115] als zukünftige Tatsachen.

---

[106] BVerfGE 77, 360 (Zitate 362 f.).

[107] S. dazu sogleich die Nachweise auf S. 39 ff. und S. 50 ff.

[108] S. etwa BVerfGE 129, 300: Mit dem Wahlergebnis aus 2009 begründete das Gericht in 2011 die mit der 5 %-Sperrklausel einhergehende Ungleichbehandlung der Wählerstimmen (a. a. O., 319 f.).

[109] Etwa der Bundesregierung (vgl. BVerfGE 105, 279 [283, 292 ff.], hier ging es um die Bezeichnung der sog. Osho-Bewegung in amtlichen Verlautbarungen der Bundesregierung als „Psychosekte" und „pseudoreligiös") oder des Bundespräsidenten (in BVerfGE 136, 323 [324 ff.] – Spinner, prüfte das Gericht Äußerungen des damaligen Bundespräsidenten Gauck zur NPD auf ihre Vereinbarkeit mit dem Recht politischer Parteien auf Chancengleichheit, Art. 21 Abs. 1 GG).

[110] So der Antragsgegenstand im viel zitierten Lüth-Urteil, BVerfGE 7, 198.

[111] Hierzu etwa BVerfGE 125, 175 (234 ff.) – Hartz IV.

[112] Diese Frage wurde z. B. in BVerfGE 8, 81 (85 ff.), relevant.

[113] Angesprochen in BVerfGE 125, 175 (244) – Hartz IV.

[114] In BVerfGE 14, 19 (24), ging es um die zukünftigen Auswirkungen einer gesetzlichen Befreiung von Warenautomaten von der Ladenschlussregelung a. F. auf konkur-

Dass sowohl der vergangene als auch der gegenwärtige reale Sachverhalt unter den Rechtsbegriff der „Tatsache" fällt, ist allgemein anerkannt.[116] Schwieriger gestaltet sich insoweit die Einordnung zukünftiger Sachverhalte. Gewiss können einst erdachte Umstände künftig zu Tatsachen erstarken und somit aus jetziger Perspektive als „zukünftige Tatsachen" bezeichnet werden; streitig ist jedoch, ob sie ihrerseits „Tatsachen" im Rechtssinne – und als solche beweisbar – sind.

Die wohl herrschende Meinung lehnt es jedenfalls für das Zivilprozessrecht, wohl auch für das Strafprozessrecht, ab, Zukünftiges als Tatsache im Rechtssinne zu betrachten.[117] Zur Begründung wird (recht apodiktisch) angeführt, Tatsachen seien beweisbar[118], Zukünftiges dagegen nicht.[119] Entsprechend werden Tatsachen definiert als „konkrete, nach Zeit und Raum bestimmte, der Vergangenheit oder Gegenwart angehörige Geschehnisse oder Zustände der Außenwelt und des menschlichen Seelenlebens"[120]. Nicht beweisbar und damit nicht als Tatsache anzusehen seien „Geschehnisse oder Zustände, die in der Zukunft liegen"[121]. Diese Auffassung verwundert – ungeachtet der Frage, ob sie überzeugen kann – nicht; schließlich besteht aus Sicht vieler Fachgerichtsbarkeiten praktisch keine

---

rierende Ladengeschäfte und in E 18, 315 (339), um die Auswirkungen einer (nach alter Rechtslage) für Hersteller bestimmter Milcherzeugnisse bestehenden Pflicht zur Ausgleichszahlung auf deren Betriebe.

[115] In der bereits zitierten BVerfGE 129, 300 (325 ff.) – 5 %-Sperrklausel EuWG, thematisierte das Gericht auch den zukünftigen Wahlausgang respektive die zukünftige Zusammensetzung des Europäischen Parlaments bei Abschaffung der 5 %-Hürde.

[116] Vgl. nur sämtliche Nachweise in Fn. 82.

[117] Vgl. statt aller zum Zivil(prozess)recht BGH NJW 1998, 1223 (1224), m.w.N.; *Bacher*, in: Vorwerk/Wolf, ZPO, § 284 Rn. 2.1. Anders dagegen *Laumen*, in: Prütting/ Gehrlein, ZPO, § 284 Rn. 7; *Prütting*, in: MüKo-ZPO, 4. Aufl. 2013, § 284 Rn. 41. Kritisch zur „herrschenden Meinung im Zivilprozess" auch *Brunn*, NJOZ 2014, 361 (361). Aus dem Straf(prozess)recht für die wohl h.M. etwa *Wessels/Hettinger/Engländer*, § 11 Rn. 482: „Zukünftiges kann nicht Tatsache sein"; *Eisele/Schittenhelm*, in: Schönke/ Schröder, StGB, § 186 Rn. 3 m.w.N.; anders dagegen *Fischer*, StGB, § 186 Rn. 2; *Momsen*, in: Satzger u.a., StPO, § 337 Rn. 29.

[118] Dass ein Wesensmerkmal der Tatsache ihre Beweisbarkeit ist, ist, soweit ersichtlich, allgemeine Meinung; so bereits früh *W. Sauer*, Grundlagen, S. 60 f.: Tatsache ist „das Beweisbare"; ebenso *Engisch*, Studien³, S. 53; *Larenz/Canaris*, Methodenlehre, S. 128. Davon geht auch das Bundesverfassungsgericht selbst aus, s. nur BVerfGE 77, 360 (362). Vgl. etwa für das Strafprozessrecht *Singelnstein*, in: Graf, StPO, § 359 Rn. 20; (kritisch) *Hilgendorf*, Tatsachenaussagen, S. 123. Zum Zivilprozessrecht *Bacher*, in: Vorwerk/Wolf, ZPO, § 284 Rn. 2.1.

[119] Generell gegen die Beweisbarkeit des Zukünftigen wohl auch *Stuttmann*, Gestaltungsfreiheit, Rn. 36, 38.

[120] BGH NJW 1998, 1223 (1224). Vgl. statt aller *Rosenberg*, Zivilprozess, § 112 Rn. 3; aus Sicht des Strafprozesses *Singelnstein*, in: Graf, StPO, § 359 Rn. 20 m.w.N.; kritisch zu jener „allgemein akzeptierten Definition" *Hilgendorf*, Tatsachenaussagen, S. 114 (Zitat ebd.), 143 ff.

[121] *Bacher*, in: Vorwerk/Wolf, ZPO, § 284 Rn. 2.1 (der Begriff „Zukunft" findet sich im Original in Fettdruck); vgl. auch *Stuttmann*, Gestaltungsfreiheit, Rn. 36; exemplarisch aus der Rspr. BGH NJW 1998, 1223 (1224).

Notwendigkeit, zukünftige Sachverhalte rechtlich zu beurteilen: So sind es namentlich in zivil- wie auch strafgerichtlichen Verfahren in aller Regel vergangene oder noch andauernde Lebenssachverhalte, die einer rechtlichen Prüfung unterzogen werden.[122] Grund hierfür sind die jeweils einschlägigen Normen, welche grundsätzlich vergangene sowie gegenwärtige Umstände zur Voraussetzung einer Rechtswirkung machen.[123]

Aus Sicht des *Verfassungsprozessrechts* gestaltet sich die Problemlage dagegen deutlich anders. Hier bedingt die Anwendung der einschlägigen Rechtssätze vielerorts auch die Beurteilung zukünftiger Entwicklungen; anders gewendet wird das Verfassungsgericht regelmäßig mit zukünftigen Sachverhalten konfrontiert.[124] Die Verfassungsmäßigkeit eines einfachen Gesetzes etwa hängt grundsätzlich auch davon ab, dass sich dieses *tatsächlich* in der vom Gesetzgeber prognostizierten Art und Weise auf die geregelten Lebenssachverhalte *auswirken wird*. Nur in diesem Fall wird das Gesetz insbesondere „geeignet" und „erforderlich" sein zur Erreichung des angestrebten Zwecks (im Sinne eines in der Zukunft liegenden tatsächlichen Zustands) respektive kann es dem der Rechtsprüfung insoweit stets zugrunde liegenden Verfassungsprinzip der Verhältnismäßigkeit genügen.[125]

Lediglich exemplarisch verwiesen sei insofern auf die frühe Entscheidung des Bundesverfassungsgerichts zum bayerischen Gesetz über das Apothekenwesen (sog. Apothekenurteil)[126]: Dieser lag die Rechtsfrage zugrunde, ob das Gesetz,

---

[122] So bereits die Einschätzung *Ossenbühls*, in: 25 J. BVerfG I, S. 458 (S. 466); vgl. auch *Gärditz*, in: FS Puppe, S. 1557 (1558); *Haberzettl*, NVwZ-Extra 2015, 1 (2).

[123] Aus dem Zivilrecht genannt seien exemplarisch die Mangelhaftigkeit einer Sache (vgl. etwa § 437 BGB: „*Ist* die Sache *mangelhaft*, kann der Käufer […]."), die Geburt eines Kindes (s. § 1591 BGB: „Mutter eines Kindes *ist* die Frau, die es *geboren hat*.") oder der Tod einer Person (vgl. § 1922 Abs. 1 BGB: „*Mit dem Tode* einer Person […] geht deren Vermögen [auf die Erben] über."). Kursivsetzungen sämtlich durch Verf.

[124] So schon *Ossenbühl*, in: 25 J. BVerfG I, S. 458 (S. 466): Das BVerfG judiziere „in einer Linie mit Blick in die Zukunft". Ähnlich *Klein*, in: Maunz u.a., § 26 Rn. 8 (Stand: Januar 1987); vgl. für die ersten 18 Jahre der Tätigkeit des Bundesverfassungsgerichts auch die eingehende Untersuchung von *Philippi*, Tatsachen, S. 28 ff., s. ferner S. 10 f. Auf diese „sich aus der Funktion des Bundesverfassungsgerichts ergebende Besonderheit" weist das Gericht selbst hin in BVerfGE 77, 360 (362, Zitat ebd.). Ähnliches gilt für das Verwaltungsprozessrecht, s. dazu *Dawin*, in: Schoch/Schneider/Bier, VwGO, § 108 Rn. 10 (Stand: April 2013); *Kreuter-Kirchhof*, in: Gärditz, VwGO, § 96 Rn. 5 f.; *Nierhaus*, Beweismaß, S. 31; anders dagegen *Unger*, in: Gärditz, VwGO, § 108 Rn. 4: Zum Sachverhalt gehörten „nicht […] erst zukünftig eintretende Tatsachen".

[125] Deutlich bereits *Zuck*, JZ 2008, 287 (292 f.). Vgl. zur Bedeutung zukünftiger Tatsachen für die Verhältnismäßigkeitsprüfung auch *Petersen*, Verhältnismäßigkeit, S. 78 ff., 150 ff., 170, der i. Ü. feststellt, dass die „Kontrolle der Passgenauigkeit zwischen Maßnahme und Ziel" auch im Rahmen der richterlichen Abwägung, also Verhältnismäßigkeitsprüfung i. e. S., Bedeutung erlangt und es sich bei jener „im Kern um die Überprüfung der empirischen [Prognosen] des Gesetzgebers" handelt (S. 151).

[126] BVerfGE 7, 377. Vgl. ferner aus jüngster Zeit BVerfGE 143, 216 (Rn. 56 ff.): Hier hielt das Gericht nach dem Ergebnis seiner Ermittlungen ein Gesetz (konkret: § 35

welches die Errichtung einer neuen Apotheke von einer behördlichen Betriebser-
laubnis abhängig machte, mit der in Art. 12 Abs. 1 GG garantierten Berufsfreiheit
vereinbar war. Verfassungsrechtlich setzte dies insbesondere voraus, dass das Gesetz erforderlich war, um den gesetzgeberischen Zweck, ein „Überangebot" an
Apotheken zugunsten der Volksgesundheit zu vermeiden,[127] zu erreichen. Damit
galt es ex ante zu beurteilen, ob es ohne eine entsprechende Niederlassungsbeschränkung zu einer „,hemmungslosen' Vermehrung"[128] von Apotheken kommen, die Leistungsfähigkeit der Apotheken und damit die Berufsmoral der Apo-
theker in der Folge drastisch sinken[129] und so die Volksgesundheit durch ein
Überangebot an Arzneimitteln geschädigt werden würde[130] – wie seitens des Gesetzgebers vorgetragen[131]. Die zukünftige Entwicklung des Apothekerstandes bei
Wegfall der gesetzlichen Niederlassungsbeschränkung war mithin Dreh- und Angelpunkt der richterlichen Entscheidung.[132]

Danach liegt es zumindest nahe, Zukünftiges jedenfalls im Verfassungsprozessrecht als „Tatsache" im Rechtssinne anzuerkennen respektive grundsätzlich
nicht anders zu behandeln als Vergangenes oder Gegenwärtiges, zukünftige Tatsachen also insbesondere auch dem Beweis im Prozess zu öffnen.

Das Bundesverfassungsgericht verhält sich zu dieser Fragestellung nicht ausdrücklich, wenngleich Entscheidungen wie das Apothekenurteil darauf hindeuten, dass jenes aus beweisrechtlicher Sicht nicht per se zwischen Tatsachen und
zukünftigen Gegebenheiten unterscheidet.[133] Soweit sich die Rechtswissenschaft
hierzu äußert, scheint sie einer Subsumtion des Zukünftigen unter den Rechtsbegriff der Tatsache indes zu widersprechen.[134] Jedenfalls findet sich im Schrifttum

---

TKG) für nicht (mehr) erforderlich, wobei namentlich zukünftige Entwicklungen relevant wurden.

[127] BVerfGE 7, 377 (414 f.).

[128] BVerfGE 7, 377 (423).

[129] BVerfGE 7, 377 (423 f., 428 ff.).

[130] BVerfGE 7, 377 (431 f.).

[131] BVerfGE 7, 377 (414).

[132] BVerfGE 7, 377 (415).

[133] Vgl. auch BVerfGE 77, 360 (362): „[Die Sachverständigenanhörung] bezog sich
auf ‚Tatsachen' im Sinn des Beweisrechts. Dem steht nicht entgegen, daß die den Sachverständigen unterbreiteten Fragen auch prognostische Elemente enthielten. Während
die Prozeßordnungen der Fachgerichte auf Einzeltatsachen zugeschnitten sind, tritt in
der Rechtsprechung des Bundesverfassungsgerichts insbesondere im Normenkontrollverfahren die Feststellung von Einzeltatsachen gegenüber der Feststellung genereller
Tatsachen (legislative facts) in den Hintergrund."; in diese Richtung auch BVerfGE
106, 62 (150 f.), s. dazu unten S. 184 f.

[134] In diesem Sinne ausdrücklich *Benda/Klein,* Rn. 299 sowie 310; *Stuttmann,* Gestaltungsfreiheit, S. 33 f.; *Weber-Grellet,* Beweislast, S. 69; so wohl auch *Ossenbühl,*
in: 25 J. BVerfG I, S. 458 (466). Anders wohl *Haberzettl,* NVwZ-Extra 2015, 1 (2),
der immerhin davon spricht, dass „generelle *Tatsachen* [häufig] Prognosen erfordern"
(Kursivsetzung durch Verf.).

seit einer entsprechenden Untersuchung *Ossenbühls*[135] überwiegend die Unterscheidung zwischen (der verfassungsgerichtlichen Kontrolle von) Tatsachenfeststellungen einerseits und Prognosen bzw. Prognoseentscheidungen andererseits,[136] welche einen qualitativen Unterschied zwischen Tatsachen und zukünftigen Sachverhalten, auf die sich Prognosen naturgemäß beziehen[137], auch aus prozessualer Sicht im Mindesten suggeriert. Dabei wird jene Differenzierung maßgeblich mit der Notwendigkeit begründet, Prognoseentscheidungen auf der Grundlage von *Wertungen* zu treffen. Dieser Umstand rechtfertige es, die richterlichen Kompetenzen in Ansehung einer solchen Entscheidung anders zu bewerten als betreffend eine Tatsachenfeststellung.[138]

Vergleicht man den zukünftigen realen Sachverhalt mit gegenwärtigen wie vergangenen Tatsachen, zeigt sich jedoch, dass die unterschiedliche Behandlung derselben weder logisch vorgegeben noch aus (prozess-)rechtlicher Sicht sachlich begründet ist. Vielmehr fordert das materielle Recht selbst die Einordnung des Zukünftigen als Tatsache im prozessualen Sinne:

Zwar stellen zukünftige Sachverhalte aus heutiger Perspektive eine nur *gedachte* Wirklichkeit dar. Ausgehend von der Definition der „Tatsache" als einem realen Sachverhalt scheint also bereits der Versuch einer Subsumtion den Denkgesetzen zu widersprechen.[139] Dieser Eindruck täuscht jedoch. So sagt der Begriff der „Realität" an sich sprachwissenschaftlich nichts aus über den Zeitpunkt ihres Entstehens; er gestattet damit auch einen auf die Zukunft gerichteten, perspektivischen Blick zur Annahme von Existenz.[140] Dies im Grundsatz anzuer-

---

[135] *Ossenbühl,* in: 25 J. BVerfG I, S. 458 ff.

[136] Vgl. nur *Bickenbach,* Einschätzungsprärogative, S. 131; *Bryde,* in: 50 Jahre BVerfG I, S. 533 (553 ff.); *Bull,* in: FS Koch, S. 29, passim; *Gusy,* Gesetzgeber, S. 166 ff.; *Klein,* in: Maunz u. a., § 26 Rn. 7 f. (Stand: Januar 1987); *Meßerschmidt,* Ermessen, S. 930 ff.; *Weber-Grellet,* Beweislast, S. 69; in diese Richtung auch *Bethge,* in: Maunz u. a., Vor § 17 Rn. 41 (Stand: Juni 2019); s. ferner *Stuttmann,* Gestaltungsfreiheit, S. 33 ff., der sich i. Erg. aber von dieser Differenzierung distanziert (S. 186).

[137] So ausdrücklich denn auch *Ossenbühl,* in: 25 J. BVerfG I, S. 458 (466).

[138] I. d. S. *Ossenbühl,* in: 25 J. BVerfG I, S. 458 (501 ff.); deutlich auch *Klein,* in: Maunz u. a., § 26 Rn. 7 f. (Stand: Januar 1987). Zu beachten ist, dass sich das Schrifttum an dieser Stelle überwiegend nicht zur Beweisbarkeit im Prozess äußert, sondern aus der Notwendigkeit der Wertung bereits Folgen für die *materielle Kontrollkompetenz* des Gerichts ableitet: Dieses sei danach insbesondere nur bedingt befugt, die Prognoseentscheidungen des Gesetzgebers materiell-rechtlich zu kontrollieren; s. dazu unten S. 179 ff.

[139] So denn auch dezidiert *Engisch,* Studien², S. 42: „Tatsache, wirklich, real ist niemals, was erst der *Zukunft* angehört"; *Stuttmann,* Gestaltungsfreiheit, S. 33; wohl auch *Ossenbühl,* in: 25 J. BVerfG I, S. 458 (466).

[140] Vgl. in diesem Zusammenhang auch *Philippi,* Tatsachen, der ohne Weiteres konstatiert, die Definition der Tatsache als „realer Sachverhalt" umfasse auch zukünftige Sachverhalte (S. 5), und i. Ü. darauf verweist, dass „Realität" nicht „explizit" (also ausdrücklich, vgl. a. a. O., S. 3 Fn. 2) definiert werden könne (a. a. O., S. 4); sowie aus dem Verwaltungsprozessrecht *Dawin* in: Schoch/Schneider/Bier, VwGO, § 108 Rn. 12, 62

kennen, ist übrigens auch Voraussetzung für die – unbestrittene – Subsumtion vergangener Sachverhalte unter den Oberbegriff der „Tatsache", sprich des „realen Sachverhalts":[141] Schließlich ist Vergangenes heute naturgemäß gerade nicht mehr real und damit ebenfalls nur (noch) Teil unserer Gedankenwelt.[142] Es besteht ferner kein Zweifel, dass in der Zukunft liegende Ereignisse *tatsächlicher Natur* sein können sowie dass sie schon heute in eben dieser Weise beschrieben – und von zukünftigen Gegebenheiten rechtlichen oder wertenden Charakters abgegrenzt – werden können. So ist gegenwärtig klar, dass die zukünftige Geburt eines Menschen ein tatsächliches Ereignis darstellen wird. Die Frage nach dem für diesen Menschen zu zahlenden Unterhalt wird dementgegen auch in Zukunft eine Rechtsfrage sein. Ob dieser Mensch sympathisch sein wird, wird sich wiederum nur mittels Wertung beurteilen lassen. Es ist danach durchaus möglich, einen zukünftigen Umstand *ob seiner Natur* bereits ex ante als realen Sachverhalt zu begreifen. Zukünftig ist insofern allein das „Sein" bzw. „Wirklichkeit Werden" dieses Umstands im Sinne der Ontologie.

Aus prozessrechtlicher Sicht erscheint es darüber hinaus auch *sachgerecht,* das Tatsächliche nach seiner Natur zu beurteilen und nicht etwa auf das „Seiende" im ontologischen Sinne zu reduzieren[143].[144] Denn soweit das spezifische Normprogramm auf in der Zukunft liegende Entwicklungen abstellt als Voraussetzung für eine bestimmte Rechtsfolge, bedarf es einer Feststellung auch dieser Entwicklungen, um die Subsumtion unter die in Rede stehende Norm vollziehen zu können. Wird, anders gewendet, durch das einschlägige Gesetz ein zukünftiges Ereignis zum *Kriterium der Rechtmäßigkeit bzw. Rechtswidrigkeit* des prozessual ange-

---

(Stand: April 2013), der zukünftige Ereignisse, obgleich sie nicht der Realität angehörten, als Tatsachen i. S. d. Prozessrechts versteht.

[141] Dieser Umstand wird von Kritikern der Einordnung des Zukünftigen unter den (Rechts-)Begriff der Tatsache zuweilen übersehen, vgl. etwa *Stuttmann,* Gestaltungsfreiheit, S. 33, der Zukünftiges keineswegs – was noch vertretbar wäre – mangels „Beweisbarkeit" vom Tatsachenbegriff ausnimmt (s. hierzu sogleich im Text), sondern gerade mit der fehlenden Existenz des Zukünftigen „vom Status quo her betrachtet" argumentiert.

[142] Geht es z. B. im Strafprozess um die Frage, ob der Angeklagte A das Opfer O geschlagen hat, dann ist diese Handlung freilich längst abgeschlossen. Wenn *Engisch,* Studien², S. 42, argumentiert: „Was vergangen ist, ist an sich nicht mehr wirklich, aber es gehört doch dem historischen Wirklichkeitszusammenhang an, ist „Tatsache" […].", spricht er jenen Umstand zwar an. Für Zukünftiges lässt er einen ähnlichen Schluss dann aber nicht zu, obgleich es doch ohne Weiteres heißen könnte: Zukünftiges ist noch nicht wirklich, gehört aber dem künftigen Wirklichkeitszusammenhang an – ist „Tatsache".

[143] A. A. etwa *Holterhus,* Beweisführung, S. 26; *Stuttmann,* Gestaltungsfreiheit, S. 33. Ähnlich auch BGH NJW 1998, 1223 (1224).

[144] Die reine „Natur" des Umstandes genügt übrigens zuweilen auch im materiellen Recht zur Bestimmung einer Tatsache, vgl. etwa die Möglichkeit der Feststellung „unwahrer Tatsachen" gem. §§ 186, 187, 263 StGB (dazu etwa *Regge/Pegel,* MüKo-StGB, § 186 Rn. 24).

griffenen Handelns, ist jenes im Einzelfall „entscheidungserheblich" und muss also auch zur Überzeugung des Gerichts feststehen, ehe dieses eine Sachentscheidung treffen kann (vgl. § 30 Abs. 1 S. 1 BVerfGG).[145] Dies lässt es nicht nur aus Gründen der Rechtsstaatlichkeit[146] notwendig erscheinen, zukünftige Sachverhalte im Verfassungsprozess im Grundsatz nicht anders zu behandeln als sonstige Tatsachen, sondern macht zugleich deutlich, dass bereits der (Verfassungs-)Gesetzgeber (bzw. das Bundesverfassungsgericht, soweit dieses das konkrete Prüfprogramm der Verfassungsnormen angesichts deren Abstraktheit richterrechtlich bestimmt[147]) jene Sachverhalte den Tatsachen i. S. d. (Prozess-)Rechts zugeordnet hat.[148]

Der hiernach befürworteten Subsumtion zukünftiger Sachverhalte unter den Rechtsbegriff der Tatsache lässt sich zudem nicht entgegenhalten, diese könnten im Prozess mangels *Beweisbarkeit* nicht wie (vergangene und gegenwärtige) Tatsachen behandelt werden.[149] Richtigerweise sind auch zukünftige Tatsachen beweisbar:

Zwar lässt sich ex ante keine absolute Gewissheit über den Eintritt zukünftiger Tatsachen erlangen. Verstünde man unter Beweisbarkeit die zumindest theoretische[150] *gegenwärtige* Möglichkeit, eine Hypothese mit absoluter Gewissheit zu verifizieren bzw. falsifizieren, ergo als wahr oder unwahr zu erkennen,[151] wären zukünftige Sachverhalte mithin nicht beweisbar. Jedoch kann die der Beweisführung vorgelagerte Frage der (grundsätzlichen) Beweisbarkeit eines Umstands nicht davon abhängen, ob dieser Umstand *gegenwärtig,* mithin noch im Prozess,

---

[145] Vgl. zur Bedeutung der Überzeugungsbildung des Gerichts *Laumen,* in: Prütting/Gehrlein, ZPO, § 284, Rn. 2. Zur Entscheidungserheblichkeit einer Tatsache S. 61 und S. 129 f.

[146] Zu nennen sind hier insb. sowohl das Gebot materieller Richtigkeit als auch das Gebot wirksamen Rechtsschutzes, wonach es nicht zuletzt der durch die Behauptung der zukünftigen Tatsache belasteten Partei möglich sein muss, einen Beleg für diese Behauptung einzufordern bzw. umgekehrt einen Beleg zu liefern. Ähnlich (aus Sicht des fachgerichtlichen Prozessrechts) bereits *Brunn,* NJOZ 2014, 361 (361 f.); s. dazu auch unten S. 123 ff. und S. 127.

[147] Vgl. zur Verfassung als einem zu konkretisierenden Normenwerk etwa *Lerche,* in: 50 Jahre BVerfG I, S. 334 (342 ff.); und auch *Lepsius,* JZ 2005, 1 (1 ff.).

[148] So für das Verwaltungsprozessrecht eindrücklich *Dawin,* in: Schoch/Schneider/Bier, VwGO, § 108 Rn. 12 (Stand: April 2013); vgl. auch *Kreuter-Kirchhof,* in: Gärditz, VwGO, § 96 Rn. 6.

[149] S. zu dieser im Zivilprozessrecht herrschenden Rechtsauffassung die entsprechenden Nachweise in Fn. 118. So aus Sicht des Verfassungs(prozess)rechts auch *Benda/Klein,* Rn. 310; *Bickenbach,* Einschätzungsprärogative, S. 483 (der von der mangelnden Beweisbarkeit von Prognosen spricht) und wohl *Stuttmann,* Gestaltungsfreiheit, S. 33, 36.

[150] Auf den grundsätzlich bestehenden Unterschied zwischen theoretischer und praktischer Beweisbarkeit weist etwa *Stuttmann,* Gestaltungsfreiheit, S. 33, hin.

[151] In diesem Sinne etwa *Stuttmann,* Gestaltungsfreiheit, S. 33.

(wenngleich nur theoretisch) als Wahrheit erforscht werden kann.[152] Andernfalls hinge es gewissermaßen vom Zufall ab, welche tatsächlichen Fragen des syllogistischen Untersatzes im Prozess als solche behandelt respektive in einem Beweisverfahren erforscht werden würden und welche nicht. So können z. B. diejenigen zukünftigen Ereignisse, die bereits als solche Teil des entscheidungserheblichen Sachverhalts sind, während des – zuweilen mehrere Jahre andauernden[153] – Verfahrens vor dem Bundesverfassungsgericht ohne weiteres Zutun insbesondere der Verfahrensbeteiligten, schlicht durch Zeitablauf, zu gegenwärtigen Tatsachen erstarken. Da gegenwärtige Tatsachen, soweit sie entscheidungserheblich sind, unstreitig seitens des Gerichts erforscht werden müssen, entstünde also (erst) in diesem Moment die Notwendigkeit, sie zum Gegenstand eines möglichen Beweisverfahrens zu machen. Behielte die Tatsache dagegen bis zur richterlichen Endentscheidung ihren Charakter als „zukünftig", bliebe sie von dem Versuch einer Sachverhaltsermittlung möglicherweise bis zuletzt ausgeschlossen.

Dabei steht dem Beweis zukünftiger Tatsachen auch nicht etwa das Telos der Beweisführung, die *Wahrheit* zu erforschen (vgl. insbesondere § 26 Abs. 1 S. 1 BVerfGG), entgegen.[154] Da zukünftige Tatsachen, wie dargelegt, ex post betrachtet gegenwärtige (oder vergangene) Tatsachen darstellen, sind sie vielmehr als solche bereits ex ante „wahr".[155] Die Beweisbarkeit zukünftiger Tatsachen zu bejahen, steht folglich in Einklang mit dem Beweisziel.

Dass sich zum jetzigen Zeitpunkt keine absolute Gewissheit über den Eintritt zukünftiger Tatsachen erlangen lässt, begründet letztlich also nicht deren mangelnde Beweisbarkeit, sondern „schlicht" *Beweisschwierigkeiten* im Prozess. Insofern ist zu beachten, dass der Wahrheitsfindung (praktisch) auch in Bezug auf vergangene oder gegenwärtige Tatsachen häufig unüberwindbare Hürden entgegenstehen. Der Beleg der Wahrheit ist in gerichtlichen Verfahren – die stets nur eine (zeitlich) begrenzte Sicht der Dinge zutage fördern können – nicht uneinge-

---

[152] So wohl auch *Fischer,* StGB, § 186 Rn. 2.

[153] Vgl. etwa die Statistik des Bundesverfassungsgerichts zur Verfahrensdauer von Verfassungsbeschwerden in den Jahren 2009–2018, wonach 23,9 % zwei Jahre und immerhin 2,4 % der Verfahren mehr als vier Jahre andauerten, https://www.bundesver fassungsgericht.de/DE/Verfahren/Jahresstatistiken/2018/gb2018/A-IV-3.pdf?__blob= publicationFile&v=3, zuletzt aufgerufen am 02.02.2020.

[154] So aber wohl (obschon nicht zum Verfassungsprozess) *Holterhus,* Beweisführung, S. 26 ff.

[155] Betrachtet man etwa die Behauptung, 2060 werde jeder dritte in Deutschland lebende Bürger mindestens 65 Jahre alt sein, lässt sich diese Behauptung im Jahr 2060 (zumindest theoretisch) mit absoluter Gewissheit verifizieren bzw. falsifizieren. Dabei kann (rückblickend) auch und gerade die Richtigkeit der Behauptung zur jetzigen Zeit festgestellt werden: Denn wenn in 2060 jeder dritte in Deutschland lebende Bürger mindestens 65 Jahre ist, dann war es schon heute eine Tatsache, dass in 2060 jeder Dritte mindestens 65 Jahre alt sein *wird* – jene Behauptung mithin „wahr". I. Erg. so auch *Stuttmann,* Gestaltungsfreiheit, S. 35.

schränkt zu erlangen. Insbesondere vergangene Kausalzusammenhänge lassen sich häufig nicht mehr mit Sicherheit rekonstruieren angesichts einer Vielzahl an möglichen Faktoren, die auf ein konkretes Ereignis eingewirkt haben können,[156] sowie nicht belegter Wechselwirkungen zwischen diesen Faktoren.[157] Die Vernichtung bzw. der Verfall von Beweismitteln erledigt zuweilen den Rest. Auch vergangene wie gegenwärtige *innere* Vorgänge[158], etwa die Gedanken einer Person, erscheinen *im Prozess* letztlich „unbeweisbar"[159]. In solchen Fällen ermöglichen es Beweiserleichterungen, namentlich Indizienbeweise (einschließlich der Zulässigkeit, Rückschlüsse aus Erfahrungssätzen zu ziehen)[160] sowie (gesetzliche) Vermutungsregeln, den Beleg der Wahrheit gewissermaßen zu fingieren und so die jeweilige Hypothese im Prozess als Tatsache anzuerkennen.[161] Danach stehen Beweisschwierigkeiten der grundsätzlichen Beweisbarkeit bestimmter Umstände nicht entgegen. Selbiges sollte mithin für zukünftige Tatsachen gelten.

Hinzu kommt, dass der Tatsachenfeststellung als einer gedanklichen Schlussfolgerung[162] stets – auch in Bezug auf vergangene wie gegenwärtige Tatsachen – Elemente des *Wertens* innewohnen, ist doch „objektive Erkenntnis […] mit menschlichem Maß nicht zu haben"[163] angesichts der nur „begrenzten Gabe des Menschen", die Wirklichkeit zu erkennen.[164] Dem Umstand, dass sich zukünftige Tatsachen ex ante nicht ohne *Wertungen* feststellen lassen, kommt mithin ebenfalls kein „Alleinstellungsmerkmal" zu respektive rechtfertigt es dieser Umstand nicht, dem Gericht die Feststellung derselben nicht in der gleichen Weise zu überantworten wie betreffend vergangene oder gegenwärtige Tatsachen.[165]

Ein erster Vergleich ihrer rechtlichen Bedeutung sowie prozessualen Handhabbarkeit zeigt, dass sich historische wie gegenwärtige Tatsachen nicht wesentlich

---

[156] Vgl. hierzu anschaulich BVerfGE 129, 300 (344 f.), die sich mit der Frage beschäftigt, wie die Europawahl 2009 ausgefallen wäre, wenn es keine Fünf-Prozent-Hürde gegeben hätte.

[157] Allgemein zur Schwierigkeit des Kausalitätsbeweises *Mummenhoff*, Erfahrungssätze, S. 1 ff.

[158] S. zu diesen sog. inneren Tatsachen unten S. 51.

[159] So schon *Fischer*, StGB, § 186 Rn. 2.

[160] Grundsätzlich zu diesem „Mittel" der Beweiserleichterung *Larenz*, Methodenlehre, S. 305 f.

[161] S. dazu S. 298 ff. sowie S. 313 ff. u. 325 ff. Instruktiv zu Erfahrungssätzen als Mittel der Beweiserleichterung im Kontext des Kausalitätsnachweises ferner *Mummenhoff*, Erfahrungssätze, S. 117 ff.

[162] Diese ist naturgemäßer Bestandteil einer jeden Beweiswürdigung; zu selbiger Achter Teil, S. 312 ff.

[163] *Gärditz*, in: FS Puppe, S. 1557 (1571).

[164] *Stuttmann*, Gestaltungsfreiheit, S. 33. Vgl. zur erkenntnistheoretischen Ungewissheit auch *Scherzberg*, in: Wissen, S. 113 (114 f.).

[165] Nicht gefolgt werden kann daher den Ausführungen von *Klein*, in: Maunz u. a., § 26 Rn. 8 (Stand: Januar 1987), soweit dieser aus dem Wertungselement stets einen Einschätzungsspielraum des Gesetzgebers ableiten will; s. dazu i. Ü. unten S. 185 ff.

von zukünftigen Tatsachen unterscheiden. Dies gilt umso mehr als zukünftige Tatsachen zuweilen ebenso treffsicher belegt werden können wie sonstige Tatsachen. Das wohl plakativste Beispiel hierfür dürfte der Tod eines jeden Menschen sein.[166] Zumindest nach heutigem Wissensstand – der hier als Maßstab genügen muss, will man sich nicht in philosophische Sphären oder reine Fiktion verirren – ist dieser keinesfalls zu umgehen, wird er also zukünftig eintreten. Namentlich mathematische wie physikalische Naturgesetzlichkeiten (als ihrerseits generelle Tatsachen[167]) ermöglichen ferner (gar in zeitlicher Hinsicht) gesicherte Vorhersagen in nahezu sämtlichen Lebensbereichen.[168] Danach erscheint die Ermittlung des Zukünftigen im Prozess nicht *per se* weniger zuverlässig als etwa die Ermittlung des Täters eines jahrzehntelang zurückliegenden Mordes oder der genauen Ursache einer eingetretenen Gesundheitsschädigung[169].

Demgemäß ist denn auch der Begriff der Beweisbarkeit nach hier vertretener Auffassung zu verstehen als die (auch und gerade zeitlich) nicht an ein Gerichtsverfahren geknüpfte (zumindest theoretische) Möglichkeit, eine Hypothese mit absoluter Gewissheit als wahr oder unwahr zu erkennen. Zukünftige Tatsachen sind nach diesem Verständnis ebenso dem Beweis zugänglich wie sonstige Tatsachen.[170]

---

[166] Beispiel nach *Philippi*, Tatsachen, S. 5.

[167] Vgl. dazu sogleich auf S. 50 ff.

[168] Es lässt sich z. B. bestimmen, wann eine Flüssigkeit eine bestimmte Temperatur erreicht haben oder welchen Weg ein fallengelassener Kugelschreiber zurücklegen wird (dieses Beispiel findet sich in ähnlicher Form bei *Hilgendorf*, Tatsachenaussagen, S. 147); auch das Wetter der nächsten Tage lässt sich aufgrund entsprechender Formeln sowie meteorologischer Kenntnisse mittlerweile immer präziser vorhersagen. Ohne zuverlässige Voraussagen betreffend biologische Abläufe würde sich wiederum kaum ein Patient einer Operation unterziehen. Nicht zuletzt wird die Sonne jedenfalls in unserer Region der Erde morgen und an den darauffolgenden Tagen sowohl auf- als auch untergehen (Beispiel nach *Brunn*, NJOZ 2014, S. 361 [362]); dieser Umstand (insb. resultierend aus der ihrerseits prognostizierbaren Bewegung der Erde) lässt sich mittlerweile für sämtliche Gebiete der Erde auf die Minute genau vorhersagen, ebenso wie eine Vielzahl weiterer astronomischer Ereignisse, etwa das Datum bevorstehender Meteorströme, einer totalen Mondfinsternis oder die Koordinaten der Planeten.

[169] Vgl. exemplarisch BGHSt 37, 106, in dem es um die Frage ging, wann ein Gericht einen Ursachenzusammenhang (hier: zwischen der Benutzung eines Ledersprays und konkreten Erkrankungen des Atemtrakts) feststellen darf, obgleich dieser naturwissenschaftlich nicht exakt aufzuklären ist.

[170] In diesem Sinn auch *Brunn*, NJOZ 2014, 361 (361 f.); *Kreuter-Kirchhof*, in: Gärditz, VwGO, § 96 Rn. 5; *Nierhaus*, Beweismaß, S. 31 f. Aus Sicht des materiellen Strafrechts (betreffend die Abgrenzung von Tatsachenbehauptungen zu Werturteilen) geht auch *Hilgendorf*, Tatsachenaussagen, S. 125, davon aus, dass „nicht auf die faktische, sondern […] auf die prinzipielle Beweisbarkeit abgestellt werden" müsse, vgl. auch S. 147 f.: Ausschlaggebend sei, dass ein Umstand „grundsätzlich empirisch [überprüft]" werden könne, nicht dagegen die „forensische Beweisbarkeit hic et nunc". Vgl. auch *Fischer*, StGB, § 186 Rn. 2, der davon spricht, dass „Tatsache alles [ist], was […] der Nachprüfbarkeit grds. zugänglich sein könnte, ohne dass es auf die konkrete Möglichkeit des Beweises ankommt".

In der Konsequenz lässt sich der Einordnung des „Zukünftigen" unter den Begriff der Tatsachen im Sinne des (Verfassungs-)Prozessrechts kein stichhaltiges Argument entgegensetzen. Anders gewendet: Zukünftige Tatsachen können anhand ihrer tatsächlichen Natur von rechtlichen Sachverhalten (ebenso wie von reinen Wertungen) abgegrenzt werden und sind jedenfalls aus (verfassungs-)prozessualer Sicht beweisbar; sie lassen sich damit ohne Weiteres unter den hier gewählten Rechtsbegriff der Tatsache subsumieren.[171] Folglich liegt dieses Begriffsverständnis nicht nur nahe, sondern erscheint es aus rechtsstaatlichen Gründen zwingend, um der Rolle zukünftiger Sachverhalte als Tatbestandsmerkmale einzelner Verfassungsnormen gerecht zu werden. Dass konkrete Beweisregeln (wie etwa das Beweismaß[172]) hinsichtlich zukünftiger und sonstiger Tatsachen differieren können, ist insoweit unerheblich, wenngleich im Folgenden zu berücksichtigen.

Mit dem terminologischen Gleichlauf zukünftiger wie sonstiger Tatsachen wird im Übrigen die erwähnte, in der Literatur aufzufindende Unterscheidung zwischen „Tatsachenfeststellungen" und „Prognoseentscheidungen"[173] obsolet.[174] Auch die teilweise postulierte Unterscheidung zwischen dem „Beweis von Tatsachen" und dem „Beweis von Prognosen"[175] ist hinfällig, wobei diese ohnehin nicht überzeugen konnte, setzt sie doch die Prognose, und damit den *Akt der Vorhersage* einer (zukünftigen) Tatsache, der Tatsache selbst gleich.[176] Nicht die Prognose wird bewiesen, sondern die zukünftige Tatsache an sich (also das Prognoseergebnis). Damit spielt die Prognose zwar für die Feststellung zukünftiger Tatsachen eine erhebliche Rolle und muss sich daher gewiss spezifischen Beweisregeln unterwerfen.[177] Sämtliche Differenzierungen dieser Art lassen sich aber als Differenzierungen im Rahmen des „Beweises von Tatsachen" betrachten. Eine Gegenüberstellung von Tatsachenfeststellungen und Prognoseentscheidungen erscheint im Rahmen dieser Untersuchung folglich sachlich nicht begründet.

---

[171] So i. Erg. wohl auch das Bundesverfassungsgericht selbst, vgl. BVerfGE 77, 360 (362).

[172] S. dazu unten S. 327 ff.

[173] Vgl. die Nachweise in Fn. 135 und 136.

[174] Vgl. auch *Stuttmann*, Gestaltungsfreiheit, S. 186, 203, der hinsichtlich der Unterscheidung zwischen Tatsachenfeststellungen und -bewertungen einerseits sowie Prognosen andererseits die Suggestion einer kategorialen Unterschiedlichkeit erkennt, welche sich praktisch nicht auswirke (nicht gefolgt werden kann *Stuttmann*, soweit er Zukünftiges dennoch aus dem Tatsachenbegriff ausnimmt, a. a. O., S. 33).

[175] So etwa *Holterhus*, Beweisführung, S. 25 ff.

[176] Ohne Weiteres abzulehnen ist damit freilich auch die direkte Gegenüberstellung von Tatsachen und Prognosen; so aber *Bickenbach*, Einschätzungsprärogative, S. 131; *Weber-Grellet*, Beweislast, S. 69 f.

[177] Dazu insb. unten S. 296 ff., 315 sowie S. 327 ff.

III. Sachliche Unterscheidung:
Konkrete und generelle Tatsachen

In sachlicher Hinsicht lassen sich ferner konkrete von generellen Tatsachen unterscheiden.[178] Da dieses Begriffspaar in der Rechtswissenschaft nicht einheitlich verstanden wird, bedarf es zunächst einer terminologischen Klärung, ehe die Frage nach einer dergestalt „sachlichen" Eingrenzung des Tatsachenbegriffs im Verfassungsprozessrecht beantwortet werden kann.

In Anlehnung an das US-amerikanische Recht[179] werden mit dem Begriff der konkreten Tatsache (auch Einzeltatsache oder – unter Zugrundelegung der amerikanischen Terminologie – „adjudicative fact", „brute fact" sowie „administrative fact" genannt[180]) teilweise diejenigen Tatsachen umschrieben, die „den konkreten Lebenssachverhalt [bilden], über den gestritten wird"[181]; bei generellen Tatsachen oder „legislative facts"[182] handele es sich dagegen um „über den Einzelfall hinausweisende Tatsachen"[183], die als solche den Gesetzen zugrunde lägen, mithin (ausschließlich) bei der Kontrolle von Rechtssätzen aufzuklären seien.[184]

Zuweilen wird der Begriff der generellen Tatsache dabei noch beschränkt auf die dem Obersatz der im jeweiligen Prozess einschlägigen Norm zugehörigen Tatsachen: In dieser Variante entsprechen generelle Tatsachen den bereits umrissenen „Normtatsachen"[185]; „Einzeltatsachen" lassen sich hier synonym zu den „Subsumtionstatsachen" begreifen.[186]

---

[178] Zu dieser Unterscheidung schon *Philippi,* Tatsachen, S. 6 ff.; s. auch *Haberzettl,* NVwZ-Extra 2015, 1 (2).

[179] Dazu grundlegend *Davis,* Harvard Law Review 1942, S. 364 ff., auf den auch die Unterscheidung von „adjudicative facts" und „legislative facts" im amerikanischen Recht zurückgeht, a. a. O., S. 402.

[180] S. etwa *Bryde,* in: FS 50 Jahre BVerfG I, S. 533 (533); *Lames,* Rechtsfortbildung, S. 55; *Lepsius,* JZ 2005, 1 (1).

[181] *Kley,* VerwArch 2016, 359 (371); *Bull,* in: FS Koch, S. 29 (30), spricht aus verfassungsprozessualer Sicht von denjenigen Tatsachen, die bei der gerichtlichen Überprüfung „einzelner Rechtsakte" (in Abgrenzung zu Rechtssätzen) festzustellen seien.

[182] Beide Begriffe werden zumeist synonym verwendet. S. zur Herkunft des Begriffs der „legislative facts" Fn. 179.

[183] *Lepsius,* JZ 2005, 1 (1).

[184] In diesem Sinne etwa *Kley,* VerwArch 2016, 359 (371); *Lepsius* JZ 2005, 1 (1); ähnlich *Benda/Klein,* Rn. 311, die legislative facts definieren als „Umstände, auf deren Eintritt oder Ausbleiben der Gesetzgeber seine Gesetzgebung gründet".

[185] S. S. 30 ff.

[186] In diesem Sinne für das Zivilprozessrecht *Hergenröder,* Rechtsfortbildung, S. 350 f., der die Begriffe „generelle Tatsache", „legislative fact", „Rechtstatsache", „Normtatsache" und „Rechtsfortbildungstatsache" in seiner Arbeit im Grunde gleichsetzt, s. insb. S. 349 ff. m. w. N.; so i. Erg. – ohne explizite Verwendung dieser Begriffe – wohl auch *Schmidt,* in: FS Wassermann, S. 807 (808 ff.). Im Kontext des Revisionsrechts der VwGO so auch *Neumann/Korbmacher,* in: Sodan/Ziekow, VwGO, § 137 Rn. 132 ff.

Im Ergebnis können beide Begriffsbestimmungen indes nicht überzeugen: Letztere Auffassung verkennt, dass es sowohl generelle Tatsachen auf Ebene des Untersatzes geben kann – im Verfassungsprozess gehören namentlich die der einfachen Gesetzgebung zugrundliegenden Tatsachen gar grundsätzlich dem durch das Gericht anzuwendenden (Verfassungsnorm-)Untersatz an –,[187] als auch Einzeltatsachen Einfluss auf die Rechtsauslegung sowie -fortbildung nehmen können.[188] Mithin weisen jene Begriffspaare (konkrete/generelle Tatsachen einerseits sowie Subsumtions-/Normtatsachen andererseits) Schnittmengen auf, ohne sich jedoch vollständig zu decken. Ihre Gleichsetzung griffe daher zu kurz.

Auch die zuerst genannte Definition erscheint indes im Mindesten unscharf. Denn Tatsachen, die „über den Einzelfall hinausweisen", werden längst nicht nur im Rahmen der Gesetzgebung respektive bei der gerichtlichen Normenkontrolle relevant. Auch im Übrigen, etwa bei der Überprüfung „schlichter" Gesetzesanwendung vonseiten Dritter, bedarf es zuweilen der Feststellung selbiger.[189] Eine Differenzierung von Tatsachen anhand der Frage, ob jene der Gesetzgebung (oder der Gesetzesanwendung) zugrunde liegen, erweist sich insoweit insgesamt als nicht ergiebig.

In hiesigem Kontext ist daher von folgendem Begriffsverständnis auszugehen: Konkrete Tatsachen (im Folgenden auch „Einzeltatsachen" genannt[190]) betreffen bestimmte (einzelne[191]) Personen, Sachen oder Geschehnisse.[192] Sie sind grundsätzlich sinnlich wahrnehmbar, wenngleich insoweit Ausnahmen bestehen:[193] Insbesondere stellen auch sog. innere Tatsachen, das heißt die inneren Beweggründe oder Motive eines Menschen,[194] konkrete Tatsachen dar. Beispiele aus

---

[187] Vgl. *Gärditz*, in: FS Puppe, S. 1557 (1557); dies erkennt i. Ü. auch *Hergenröder*, Rechtsfortbildung, S. 350, an.

[188] Ähnlich *Lames*, Rechtsfortbildung, S. 55 f. mit Fn. 22.

[189] Und dies gilt keinesfalls nur im Verfassungsprozess; i. Erg. erfordert etwa jede Prüfung der adäquaten Kausalität oder der Fahrlässigkeit die (oft implizite) Feststellung von Erfahrungssätzen, die ihrerseits generelle Tatsachen bilden (vgl. auch *Sauer*, Grundlagen, S. 68). Auch werden z. B. im Regulierungsrecht vermehrt Marktanalysen erforderlich. Insg. dazu (auch zu Erfahrungssätzen) sogleich im Text und exemplarisch auf S. 65 f. betreffend die auf der Ermittlung genereller Tatsachen fußende verfassungsgerichtliche Prüfung in Parteiverbotsverfahren.

[190] Auf die Begriffe „administrative" oder „adjudicative facts" wird im Folgenden zur Vermeidung von Missverständnissen weitgehend verzichtet.

[191] So etwa *Philippi*, Tatsachen, S. 6 f.

[192] In diesem Sinne statt vieler *Bryde*, in: 50 Jahre BVerfG I, S. 533 (533); *Haberzettl*, NVwZ-Extra 2015, 1 (2). *Hergenröder*, Rechtsfortbildung, S. 351, versteht den Begriff der Einzeltatsachen enger im Sinne nur vergangener konkret-individueller Sachverhalte; dies lässt sich mit der zivilprozessualen Ausrichtung seiner Arbeit begründen.

[193] *Philippi*, Tatsachen, S. 7. Nicht sinnlich wahrnehmbar sind etwa auch zukünftige Einzeltatsachen.

[194] Z. B. die Motive eines Wehrpflichtigen, der den Kriegsdienst verweigert (in BVerwG, Urt. v. 01.06.1987 – 6 C 122/83 –, juris, ging es etwa um die Feststellung der „‚innere[n] Tatsache' einer Gewissensentscheidung gegen den Kriegsdienst mit der

der Rechtsprechung des Bundesverfassungsgerichts bilden etwa die Äußerung des Bundespräsidenten im Rahmen einer öffentlichen Gesprächsrunde[195], die Resozialisierung eines Häftlings nach der Haft[196], die Fixierung eines Patienten in einer psychiatrischen Klinik[197] oder die Herkunft des von Abschiebung bedrohten Beschwerdeführers[198].

Generelle Tatsachen[199] sind dementgegen „allgemeine Sachverhalte"[200], insbesondere sozialwissenschaftliche, technische oder wirtschaftliche Umstände und Wirkzusammenhänge, die angesichts ihrer Generalität in aller Regel nicht sinnlich wahrnehmbar sind.[201] Sie beschränken sich nicht auf einen Einzelfall, sondern bilden generelle Daten ab.[202]

Beispiele finden sich gerade in der Rechtsprechung des Bundesverfassungsgerichts in großer Zahl: So beschäftigte sich das Gericht unter anderem mit dem (vermeintlichen) Unterschied zwischen männlicher und weiblicher Homosexualität[203], den Entwicklungen des Apothekerstandes[204], der Marktrelevanz verschiedener Milchprodukte[205], der Gliederung des Schulwesens in der DDR[206], den

---

Waffe" [a. a. O., Rn. 15]; Bsp. nach *Vierhaus,* Beweisrecht, Rn. 57), oder die Motive, die hinter einer bestimmten Äußerung stehen (vgl. oben Fn. 91). Synonym zur „inneren Tatsache" wird der Begriff der „subjektiven Tatsache" verwendet, s. *Vierhaus,* ebd. „Äußere Tatsachen" sind dementgegen Geschehnisse und Zustände der Außenwelt, s. *Rosenberg,* Zivilprozess, § 112 Rn. 3.

[195] Diese Einzeltatsache (i. S. einer inneren Tatsache) war z. B. Thema in BVerfGE 136, 323. S. auch BVerfGE 43, 130; 85, 1; oder jüngst BVerfG, NJW 2018, 2861, in denen sämtlich konkrete Meinungsäußerungen zu beurteilen waren.

[196] Diese – zukünftige – konkrete Tatsache wurde relevant in BVerfGE 35, 202 (240 ff.).

[197] Diese war Gegenstand der in NZFam 2018, 724, abgedruckten Entscheidung des Gerichts.

[198] Selbige stellte eine der vielen Einzeltatsachen in BVerfG, NJW 2018, 1390, dar.

[199] Auf die Verwendung des Begriffs der legislative facts wird im Folgenden zur Vermeidung von Missverständnissen weitestgehend verzichtet, wenngleich das Bundesverfassungsgericht beide Termini, soweit ersichtlich, selbst synonym gebraucht (freilich ohne sie zu definieren), vgl. BVerfGE 77, 360 (362); *Petersen,* Verhältnismäßigkeit, S. 78, verwendet an dieser Stelle den Begriff der „generischen Tatsachen".

[200] *Haberzettl,* NVwZ-Extra 2015, 1 (2) m. w. N.; vgl. auch bereits *Philippi,* Tatsachen, S. 7 f.

[201] S. *Haberzettl,* NVwZ-Extra 2015, 1 (2); *Kokott,* Beweislast, S. 45; *Philippi,* Tatsachen, S. 7 f.

[202] *Bryde,* in: 50 Jahre BVerfG I, S. 533 (533); *Gärditz,* in: FS Puppe, S. 1557 (1557). Vgl. auch *Meskouris,* in: Barczak, § 26 Rn. 4. Dabei können generelle Tatsachen sämtlichen wissenschaftlichen Fachdisziplinen entstammen, etwa der Technik oder Medizin.

[203] BVerfGE 6, 389 (insb. 398 ff.) – Homosexualitätsurteil.

[204] BVerfGE 7, 377 (413 ff.) – Apothekenurteil; s. dazu bereits oben im Text auf S. 41 f.

[205] BVerfGE 18, 315 (324 ff.) – Marktordnung.

[206] BVerfGE 96, 152 (165 ff.) – Kündigung von Lehrern.

Auswirkungen bestimmter Steuerbelastungen auf Unternehmen[207], dem Verbraucherverhalten einzelner Bevölkerungsgruppen[208], dem Verkehrswert bebauter wie unbebauter Grundstücke[209], dem Einfluss von Medizinal-Cannabis auf Cluster-Kopfschmerzen[210] sowie der Bedeutung einer Partei im Bundesgebiet[211].

Wie die genannten Beispiele zeigen, kann es sowohl konkrete als auch generelle Tatsachen der Vergangenheit, Gegenwart und Zukunft geben.

Dabei ist es insbesondere das Verfassungsgericht, das regelmäßig – gar mehrheitlich – mit der Feststellung genereller Tatsachen befasst ist.[212] Diese spielen bei der Kontrolle von Gesetzen, die grundsätzlich allgemeine Sachverhalte regeln,[213] aber auch im Übrigen, etwa für die Frage der Verfassungsmäßigkeit einer Partei[214] oder der Bundestagswahl[215], eine entscheidende Rolle.[216] In den Verfahren vor den Fachgerichten geht es dagegen noch immer weit überwiegend um die Ermittlung konkreter Tatsachen,[217] sind jene doch namentlich dazu be-

---

[207] Dazu, obschon das Gericht hier nicht selbst ermittelte: BVerfGE 17, 135 (137 ff.), betreffend die Auswirkungen einer Vergnügungssteuer auf die Rentabilität des Betreibens von Gewinnautomaten. Vgl. auch BVerfGE 116, 164 (188 f.).

[208] BVerfGE 125, 175 (insb. 245 ff.) – Hartz IV, hier ging es um die Methode der „Bedarfsermittlung" und damit die Berücksichtigung verschiedener genereller Tatsachen wie der Lebenshaltungskosten, gewisser existenznotwendiger Aufwendungen und des Verbraucherverhaltens.

[209] BVerfG, NJW 2018, 1451 (1454 ff.) – Einheitsbewertung.

[210] Vgl. BVerfG, NVwZ 2018, 1467 (1468).

[211] BVerfGE 144, 20 (325 ff.) – NPD-Verbotsverfahren.

[212] Dieser Befund hat sich seit der Untersuchung von *Philippi*, Tatsachen, S. 10, nicht geändert; so auch die eigene Einschätzung des Gerichts in BVerfGE 77, 360 (362); ebenso *Gärditz*, in: FS Puppe, S. 1557 (1560); *Kokott*, Beweislast, S. 45; *Petersen*, Verhältnismäßigkeit, S. 78; ähnlich *Haberzettl*, in: B/D/S, § 26 Rn. 5. Vgl. dazu außerdem unten S. 64 ff.

[213] Ähnlich *Petersen*, Verhältnismäßigkeit, S. 83. Vgl. zur Allgemeinheit des Gesetzes auch *Gärditz*, in: FS Puppe, S. 1557 (1558). Ausnahmen gelten insoweit allenfalls für das höchst seltene „Einzelfallgesetz".

[214] Dazu unten S. 64 ff.

[215] S. unten S. 69 ff.

[216] Einhellig *Haberzettl*, NVwZ-Extra 2015, 1 (2); *Ossenbühl*, in: 25 J. BVerfG I, S. 458 (465 f.); *Petersen*, Verhältnismäßigkeit, S. 78; *Philippi*, Tatsachen, S. 11; *Sanders/Preisner*, DÖV 2015, 761 (761). Hier zeigt sich deutlich die Schwäche der zuvor dargestellten Auffassung, generelle Tatsachen seien immer zugleich „legislativ", also gesetzesbezüglich.

[217] So schon *Philippi*, Tatsachen, S. 9. Ebenso *Haberzettl*, NVwZ-Extra 2015, 1 (2). Dennoch spielen generelle Tatsachen auch hier, insb. im Strafrecht und im Verwaltungsrecht, eine nicht unwesentliche Rolle, vgl. zum Strafrecht etwa *Puppe*, JZ 1994, 1147 (1147 ff.). Im Verwaltungsprozess wird es namentlich in den Bereichen des Umwelt-, Technik- oder Regulierungsrechts erforderlich, komplexe Risikobewertungen oder Marktanalysen vorzunehmen, die sich aus einer Vielzahl relevanter Informationen ergeben und dabei namentlich naturwissenschaftliche Makrosachverhalte betreffen. Zur Bedeutung genereller Tatsachen im Umwelt- und Technikrecht anschaulich *Gärditz*, in: FS Puppe, S. 1557 (1566 ff.); speziell zu den beweisrechtlichen Folgen der Notwendigkeit,

rufen, einzelnen Bürgern in konkret-individuellen Angelegenheiten Rechtsschutz zu gewähren.[218] Diesem Befund entspricht es, wenn die bereits zitierte, etwa im Zivilprozessrecht herrschende Definition der „Tatsache" – als einem *konkreten, nach Zeit und Raum bestimmten, der Vergangenheit oder Gegenwart angehörigen Zustand der Außenwelt oder des menschlichen Seelenlebens*[219] – neben den zukünftigen, auch generelle Sachverhalte ausschließt.[220]

Ein derart enges Begriffsverständnis erweist sich aus verfassungsprozessualer Sicht indes auch an dieser Stelle als nicht sachgerecht. Neben dem Zukünftigen ist auch das Generelle hier als „Tatsache" anzuerkennen, wobei sich die Argumente insoweit decken: Wie dargelegt bilden generelle Tatsachen nicht selten einen Teil des verfassungsrechtlichen Untersatzes ab; außerdem betreffen sie nach obigem Verständnis *reale Sachverhalte* und sind sie theoretisch eindeutig verifizierbar – wenngleich es zu ihrer Feststellung nicht konkret-individueller, sondern genereller Aussagen tatsächlicher Natur bedarf. Freilich können damit Beweisschwierigkeiten verbunden sein: Als vom Einzelfall abstrahierte Sachverhalte[221] setzen sich generelle Tatsachen aus einer (zuweilen kaum greifbaren) Vielzahl an Einzeltatsachen zusammen und scheidet ihre sinnliche Wahrnehmung, wie bereits erwähnt, in aller Regel aus. In der Konsequenz lassen sie sich grundsätzlich nur durch einen zusätzlichen gedanklichen Schritt, insbesondere durch Induktion, feststellen.[222] Diese Problematik wird im Verfassungsprozess dadurch verschärft, dass die jeweils entscheidungserheblichen generellen Tatsachen häufig zukunftsbezogen sind.[223] Vor allem betrifft die Frage nach den Auswirkungen eines allgemeinen Gesetzes, welche im Rahmen der Verhältnismäßigkeitsprüfung von entscheidender Bedeutung sind, grundsätzlich zukünftige generelle Tatsachen.[224] In Hinblick auf die damit angesprochenen Beweisschwierigkeiten gilt indes abermals: Ihrer ist mit Mitteln des Beweisrechts respektive Beweiserleichterungen „habhaft" zu werden.[225] Die grundsätzliche Beweisbarkeit genereller Sachver-

---

Risikoverwaltungsentscheidungen im Umfeld komplexer Kausalverläufe und Schadenswahrscheinlichkeiten zu treffen, auch *Glaser,* in: Risiko, S. 61 (69 ff.).

[218] *Kokott,* Beweislast, S. 40 f., spricht treffend davon, dass das Feststellen von Einzeltatsachen in den „genuinen Aufgabenbereich der Judikative" fällt; so für den Zivilprozess früh *Schmidt,* in: FS Wassermann, S. 807 (807).

[219] Vgl. die Nachweise in Fn. 120.

[220] Wobei dem Richter auch in zivilrechtlichen Verfahren generelle Tatsachen begegnen können, z. B. in Zusammenhang mit der Auslegung von AGB, vgl. hierzu *Schmidt,* in: FS Wassermann, S. 807 (811).

[221] *Gärditz,* in: FS Puppe, S. 1557 (1557).

[222] Vgl. *Kokott,* Beweislast, S. 45; *Philippi,* Tatsachen, S. 8.

[223] Statt vieler *Gärditz,* in: FS Puppe, S. 1557 (1557); *Seiter,* in: FS Baur, S. 573 (581). Insoweit verstärken sich die Beweisschwierigkeiten also noch.

[224] Dazu bereits oben S. 41 f. *Petersen,* Verhältnismäßigkeit, S. 78, stellt gar fest, „[drei] der vier Stufen der Verhältnismäßigkeit beinhalten empirische Prognosen".

[225] Vgl. bereits *Gärditz,* in: FS Puppe, S. 1557 (1557). S. exemplarisch auch die Analyse der geltenden Beweiserleichterungen zu Zwecken der Kausalitätsfeststellung insb.

halte lässt sich mit bestehenden Beweisschwierigkeiten ebenso wenig in Frage stellen, wie deren Einordnung als „Tatsachen" im (verfassungs-)prozessualen Sinne.

Hingewiesen sei insofern noch darauf, dass nach hiesigem Begriffsverständnis auch sog. Erfahrungssätze generelle Tatsachen darstellen. Jene lassen sich beschreiben als „die Regeln der allgemeinen Lebenserfahrung [ebenso wie] einer besonderen Fach- und Sachkunde in Kunst und Wissenschaft, Handwerk und Gewerbe, Handel und Verkehr"; insbesondere Verkehrssitten, Verkehrsauffassungen sowie Handelsbräuche sind danach Erfahrungssätze.[226] In der Prozessrechtstheorie ist die rechtliche Behandlung der Erfahrungssätze seit jeher umstritten.[227] Im Zivilprozess etwa nehmen diese eine Sonderstellung ein, indem sie zwar nicht als Tatsachen[228], sondern „ähnlich den Rechtsnormen"[229] betrachtet werden, jedoch dem Beweis zugänglich sein sollen[230]. Nach dem hiesigen Begriffsverständnis entfällt jene Sonderstellung: Betrachtet man etwa den bereits erwähnten allgemein anerkannten Erfahrungssatz, im Falle einer Kollision im Straßenverkehr sei es regelmäßig der Auffahrende, der die Kollision durch regelwidriges Verhalten verursacht habe,[231] steckt in dieser Annahme – zumindest theoretisch – die empirisch belegte, tatsächliche Erkenntnis, dass in der weit überwiegenden Zahl aller bisher in Deutschland passierten Auffahrunfälle der Auffahrende eindeutig als Schuldiger ermittelt werden konnte (die Aussage der Gesetzmäßigkeit erfolgt sodann mittels Induktion).[232] Demgemäß handelt es sich bei Erfahrungssätzen letztlich um das jedenfalls theoretisch eindeutig verifizierbare Ergebnis einer empirischen, insbesondere

---

im Umwelt- und Gentechnikhaftungsprozess von *Stecher,* Ursachen, passim, insb. 78 ff., sowie 181 ff. zur bereichsspezifischen Problematik des Kausalitätsnachweises.

[226] *Rosenberg,* Zivilprozess, § 112 Rn. 10 (Zitat ebd.); vgl. auch *W. Sauer,* Grundlagen, S. 66.

[227] Vgl. dazu bereits *W. Sauer,* Grundlagen, S. 66 ff. (insb. 70), der sich im Ergebnis für eine Einordnung der Erfahrungssätze als Tatsachen ausspricht, soweit jene der Sachverhaltsfeststellung dienen; aus zivilprozessualer Sicht ausführlich dazu *Diakonis,* Beweiserhebung, S. 143 ff.; s. auch *Bacher,* in: Vorwerk/Wolf, ZPO, § 293 Rn. 7 m.w.N. Vgl. auch die Streitdarstellung bei *Engisch,* Studien², S. 43 f., der Erfahrungssätze im Ergebnis wohl als Teil der Wirklichkeit erfasst, S. 59 Fn. 3, S. 60.

[228] Vgl. nur *Diakonis,* Beweiserhebung, S. 144, m.w.N.

[229] *Prütting,* in: MüKo-ZPO, § 284 Rn. 44; vgl. auch *Rosenberg,* Zivilprozess, § 112 Rn. 10.

[230] Vgl. statt aller *Bacher,* in: Vorwerk/Wolf, ZPO, § 284 Rn. 6; *Rosenberg,* Zivilprozess, § 112 Rn. 10, jew. m.w.N.

[231] S. dazu S. 37.

[232] Ein instruktives Exempel der Beweiserhebung in Bezug auf einen behaupteten Erfahrungssatz liefert i.Ü. BGH, NJW 2014, 2493 (2494 f.): Das Gericht gelangte hier unter Berücksichtigung repräsentativer Verkehrsbeobachtungen zu der Feststellung, dass ein „allgemeines Verkehrsbewusstsein", wonach für Radfahrer das Tragen von Schutzhelmen zum eigenen Schutz erforderlich sei, jedenfalls bis 2011 nicht bestand.

durch soziologische Daten belegten Studie,[233] mithin um generelle Tatsachen. Mit der hier vertretenen Einordnung genereller Tatsachen unter den prozessualen Tatsachenbegriff werden sonach auch Erfahrungssätze zu Tatsachen im Prozess.

IV. Syllogistische Unterscheidung: Subsumtions- und Normtatsachen

Tatsachen können, wie bereits erwähnt, aus Sicht des juristischen Syllogismus, der von der Subsumtion des Sachverhaltes (Untersatz) unter die Rechtsnorm (Obersatz) ausgeht,[234] sowohl auf der Ebene des Untersatzes als auch auf der Ebene des Obersatzes zu berücksichtigen sein; terminologisch spiegelt sich diese Unterscheidung nach hier vertretener Auffassung abschließend in den Begriffen der Subsumtionstatsachen einerseits bzw. Normtatsachen andererseits wider.[235]

Synonym zu dem Terminus der „Normtatsache" wird zuweilen zwar sowohl der Begriff der sog. „Rechtstatsache" verwendet[236] als auch der Begriff der „Rechtsfortbildungstatsache"[237]. Dies ist jedoch – mit Blick auf die ihrerseits überaus heterogene Verwendung des Ausdrucks der „Rechtstatsache"[238] – als ir-

---

[233] Vgl. auch bereits *W. Sauer*, Grundlagen, S. 66, der darauf verweist, dass Erfahrungssätze allgemein verstanden würden als *„durch Induktion aus der Beobachtung von Einzelfällen gewonnen[e] Sätze* der allgemeinen Lebenserfahrung und Bildung wie der besonderen Sachkunde in Kunst, Wissenschaft, Verkehr, Handel, Gewerbe usw. [...]" (Kursivsetzung durch Verf.).

[234] Vgl. hierzu *Larenz*, Methodenlehre, S. 271 ff.; *Hergenröder*, Rechtsfortbildung, S. 125 ff.

[235] S. bereits oben S. 30 ff.

[236] So wohl *Hergenröder*, Rechtsfortbildung, insb. S. 348 ff.; vgl. auch BGH, NJW 1993, 1481 (1482).

[237] So gar mehrheitlich im Zivilprozessrecht, vgl. etwa *Hergenröder*, Rechtsfortbildung, S. 350; *Kokott*, Beweislast, S. 41 (unter Hinweis auf die Terminologie im ausländischen Recht); *Lames*, Rechtsfortbildung, S. 55 f.; *Prütting,* in: MüKo-ZPO, § 284 ZPO Rn. 48 sowie § 291 ZPO Rn. 20; *Seiter,* in: FS Baur, S. 573 (574 f.); anders *Rosenberg*, Zivilprozess, § 112 Rn. 21 f.

[238] Im Rahmen der sog. Rechtstatsachenforschung etwa werden insb. solche Tatsachen als Rechtstatsachen verstanden, die die sozialen, politischen und sonstigen Wirkungen jener Normen abbilden (vgl. *Nußbaum*, Rechtstatsachenforschung, S. 67; exemplarisch zur Rechtstatsachenforschung im Arbeits- und Sozialrecht auch *Alewell*, Rechtstatsachen); es geht mithin um die tatsächlichen Verhältnisse der Rechtswirklichkeit. So verstanden weisen Rechtstatsachen in aller Regel den Charakter *genereller Tatsachen* auf (vgl. aus der Rspr. etwa BVerfGE 116, 164 [188 f.], für die Ermittlung der Gewerbesteuer-Hebesätze in sämtlichen Gemeinden zu Zwecken der Beurteilung der behaupteten Ungleichbehandlung [Art. 3 Abs. 1 GG] verschiedener Gewerbetreibender durch § 32c EStG a. F.; sowie E 133, 168 [194 ff., 233 ff.]: Hier erforschte das Gericht die Praxis der Verständigung im Strafverfahren mittels empirischer Studien, um beurteilen zu können, ob das sog. Gesetz zur Regelung der Verständigung im Strafverfahren defizitär vollzogen wurde). Dementgegen wird der Begriff der „Rechtstatsache" (oder „juristischen Tatsache") in der Prozessrechtswissenschaft auch verwendet, um Rechtsbegriffe zu umschreiben, die „im alltäglichen Leben gebraucht [werden] und jedermann geläufig [sind]", wie „Kauf", „Schenkung" oder „Kündigung" (*Jäckel*, Beweisrecht,

reführend bzw. – mit Blick auf die „Rechtsfortbildungstatsache" – als unscharf abzulehnen. „Rechtsfortbildungstatsachen" stellen richtigerweise einen Unterfall der „Normtatsachen" dar.[239] Schließlich beeinflussen (bewusste wie unbewusste) tatsächliche Erwägungen auf Ebene des Obersatzes respektive Normtatsachen nicht erst die Fortbildung des Rechts, sondern bereits seine Auslegung.[240]

Auch die teilweise[241] angenommene Identität von Normtatsachen und generellen Tatsachen bzw. Subsumtionstatsachen und Einzeltatsachen wird in dieser Arbeit, wie bereits dargelegt, abgelehnt.[242]

Ob in einem Gerichtsprozess Tatsachen in Rede stehen, die der Subsumtion unter den Tatbestand einer bestehenden Norm dienen (sog. Subsumtionstatsachen), oder aber solche, die Bestandteil der Interpretation (bzw. Fortbildung) dieser Rechtsregel – anders gewendet: Bestandteil der „Erzeugung" des rechtlichen Obersatzes – sind (sog. Normtatsachen),[243] spielt für ihren Charakter als Tatsachen nach dem hier zugrunde gelegten Begriffsverständnis keine Rolle.[244] Allerdings ist jene syllogistische Unterscheidung aus methodischer Sicht zu beachten, sind es doch allein die Subsumtionstatsachen, die den Gegenstand dieser Untersuchung bilden.

V. Die Einordnung der Rechtsnorm als solches

Namentlich in Fällen, in denen dem Bundesverfassungsgericht (im Rahmen einer Normenkontrolle) die Beurteilung der Verfassungsmäßigkeit eines einfachgesetzlichen Rechtssatzes obliegt, ist dessen dezidierte Kenntnis zwingende Voraussetzung der richterlichen Rechtsanwendung (des Verfassungsrechts!).[245] So-

---

Rn. 161; s. auch *Laumen,* in: Prütting/Gehrlein, ZPO, § 284, Rn. 8); letztlich werden hier Tatsachen mit ihrer juristischen Einkleidung gleichgesetzt (in diesem Sinne schon BGH, NJW 1998, 2058 [2060]).

[239] So überzeugend *Schmidt,* in: FS Wassermann, S. 807 (809 ff., 811), der die Normtatsachen, wie hier, den Subsumtionstatsachen gegenüberstellt, wobei er jene aber ähnlich den in dieser Arbeit als generelle Tatsachen bezeichneten Sachverhalten und die Subsumtionstatsachen als „singuläre Fakten" (a.a.O., S. 808), umschreibt. Dies lässt sich mit der zivilprozessualen Ausrichtung seiner Arbeit begründen.

[240] Vgl. dazu früh *H. Klein,* Staatsraison, S. 16 ff. S. exemplarisch BVerfGE 125, 175 (224).

[241] S. Nachweise in Fn. 186.

[242] S. hierzu zuvor S. 50 ff.

[243] In diesem Sinne beschreibt *Seiter,* in: FS Baur, S. 573 (574), die beiden Tatsachenkategorien.

[244] Ähnlich *Hergenröder,* Rechtsfortbildung, S. 350. Da die Ermittlung von Normtatsachen im Prozess, wie auf S. 30 ff. dargelegt, im Mindesten besonderen Regeln unterliegen muss (wenn Normtatsachen als Aspekte der Rechtsauslegung nach geltendem Rechtsverständnis überhaupt als „beweisbedürftig" betrachtet werden), lassen sich die Beweisregeln der vorliegenden Untersuchung allerdings nicht (jedenfalls nicht undifferenziert) auf jene übertragen.

[245] Vgl. nur BVerfGE 133, 168 (Rn. 65 ff.) – Deal im Strafprozess: Der Prüfung, ob das sog. Gesetz zur Regelung der Verständigung im Strafverfahren die verfassungsrecht-

weit das Gericht nicht über die nötige Kenntnis verfügt, hat es sich diese mithin zu verschaffen, wobei sich jegliche „Ermittlungen" insofern auf Ebene des syllogistischen *Untersatzes* vollziehen.[246] In diesen Fällen scheint der „Ermittlung" der Rechtsnorm danach der Charakter einer Tatsachenfeststellung zuzukommen respektive stellt sich die Frage, ob die Norm als solches hier ausnahmsweise „Tatsache" im Rechtssinne ist.

Obschon es Stimmen im Fachprozessrecht gibt, die dergleichen betreffend ausländische Normen nahelegen,[247] ist dies im Ergebnis zu verneinen. Ungeachtet der Frage, in welchem Zusammenhang und auf welche Weise Recht zu ermitteln ist, ist selbiges nach den Grundsätzen des positiven Rechts nie Tatsache.[248] Soweit das Gericht zur Ermittlung einer Norm eine eigene rechtliche Wertung vornimmt, handelt es sich nicht um Tatsachenfeststellung, sondern Rechtsauslegung.

Diese Auffassung deckt sich im Übrigen mit der herrschenden Meinung im Fachprozessrecht: Zwar wird hier aus *revisionsrechtlicher* Sicht überwiegend die Auffassung vertreten, die Ermittlung ausländischen Rechts sei „nicht dem Bereich der Rechtserkenntnis zuzuordnen, sondern [...] wie eine Tatsachenfeststellung zu behandeln".[249] Die Sonderstellung, die ausländische Normen danach einnehmen, dient indes allein dem Zweck, die Revisibilität eben dieser Normen auszuschließen.[250] Ihre Natur als Rechtssätze verlieren sie damit auch aus Sicht der Fachgerichte sowie der herrschenden Lehre nicht.[251]

---

lichen Anforderungen an die Ausgestaltung des Strafprozesses erfüllt, hatte hier die verfassungsrichterliche Auslegung dieses einfachen Gesetzes vorauszugehen. S. auch BVerfGE 118, 277 (358 ff.) – Nebeneinkünfte von Abgeordneten.

[246] Auch ausländisches Recht kann vor dem Bundesverfassungsgericht entscheidungserheblich werden; vgl. etwa BVerfGE 140, 317 (Rn. 109 ff.) – Europäischer Haftbefehl, betreffend die Auslieferung eines in seiner Abwesenheit verurteilten US-Amerikaners nach Italien; BVerfGE 76, 143 (146 ff.) – Ahmadiyya.

[247] In diesem Sinne für das Zivilprozessrecht, soweit hier ausländische Rechtsnormen festzustellen sind, *Sommerlad/Schrey,* NJW 1991, 1377 (1377 f.), die vertreten, dass ausländisches Recht, das Tatbestandsvoraussetzung einer nationalen Norm ist, im Prozess eine durch den Kläger zu beweisende Tatsache sei; vgl. auch *M. Stürner,* in: FS R. Stürner, S. 1071 (1077 ff.), der auch auf die Einordnung ausländischen Rechts als „question of fact" nach englischem Recht hinweist.

[248] In diesem Sinne aus steuer(prozess)rechtlicher Sicht BFHE 140, 2; aus zivilprozessualer Sicht *Prütting,* in: MüKo-ZPO, § 284 Rn. 43. Vgl. aber *M. Stürner,* in: FS R. Stürner, S. 1071 (1077 f.), der darauf hinweist, dass dies von verschiedenen Rechtsordnungen unterschiedlich beurteilt wird. Vgl. auch *Sommerlad/Schrey,* NJW 1991, 1377 (1377 f.).

[249] So die st. Rspr. im Verwaltungsprozessrecht, vgl. statt aller BVerwG, NJW 2012, 3461 (3463; Zitat ebd.) m.w.N. In diesem Sinne z.B. für Verfahren nach dem FamFG BGHZ 198, 14 (Rn. 19).

[250] Dazu etwa BGHZ 198, 14 (Rn. 19 ff.). Vgl. auch die Darstellung der verschiedenen Rechtsauffassungen in diesem Zusammenhang bei *Geimer,* Zivilprozessrecht, Rn. 2610 ff.

[251] Vgl. aus der Rspr. nur BGHZ 198, 14 (Rn. 19): „Ausländische Rechtsnormen sind für deutsche Gerichte Rechtssätze, nicht Tatsachen."; aus der Lehre zum Verwaltungs-

Hingewiesen sei an dieser Stelle darauf, dass das Recht durchaus „tatsächliche Züge" aufweist.[252] So kann es Tatsachen über Rechtsnormen geben und ist ihr „gegenständliches Substrat" stets Tatsache. Z. B. können die der Existenz einer Rechtsnorm zugrunde liegenden Umstände, insbesondere also der Ausfertigungs- und Verkündungsakt eines Gesetzes, sowie ihr Wortlaut objektiv eindeutig als wahr oder unwahr festgestellt werden und ist es möglich, im Anschluss an eine richterliche Rechtsauslegung diese als einen realen Sachverhalt zu beschreiben. Auch die Motive des historischen Gesetzgebers[253] sind per definitionem Tatsachen – obschon „der Gesetzgeber" als solcher keine Einzelperson ist, es sich hierbei also weniger um eine innere als vielmehr um eine äußere (generelle) Tatsache im Sinne eines Einverständnisses der am Gesetzgebungsprozess beteiligten Abgeordneten handelt. Soweit derartige Fakten im Prozess relevant werden, geht es also durchaus um die Feststellung von Tatsachen.[254]

VI. Fazit:
Tatsache als objektiv klärbarer Sachverhalt

Am Ende der begrifflichen Untersuchung steht ihr Anfang: Tatsachen sind „reale" bzw. „objektiv klärbare" Sachverhalte. Diese Definition ermöglicht einen umfassenden, insbesondere auch perspektivischen Blick auf das Tatsächliche. Damit wird sie zum einen dem Umstand gerecht, dass in verfassungsrechtlichen

---

prozessrecht *Wimmer,* in: Gärditz, VwGO, § 86 Rn. 25; für das Zivilprozessrecht aus- drücklich *Laumen,* in: Prütting/Gehrlein, ZPO, § 293 Rn. 1; s. auch *Geimer,* in: Zöller, ZPO, § 293 Rn. 14; *M. Stürner,* in: FS R. Stürner, S. 1071 (1084). Vgl. auch *Sommer- lad/Schrey,* NJW 1991, 1377 (1377 f.). Obschon auch das verfassungsrichterlich zu Subsumtionszwecken auszulegende einfache Recht damit keine Eingliederung als „Tatsache" im Sinne des Verfassungsprozessrechts erfährt – selbiges wäre wesensfremd –, kommt jenem Recht doch eine Sonderrolle im Verfassungsprozess zu, die aufgrund ihrer Funktion im Gefüge des syllogistischen Untersatz eigener rechtlicher „*beweisrechtlicher"* Determinanten bedarf; s. schon S. 32 f.

[252] So früh *Peters,* JZ 1954, 182 (S. 182 f.). In diesem Punkt zutreffend, wenngleich insg. zu indifferent *Klein/Bethge,* in: Maunz u. a., § 30 Rn. 10 (Stand: September 1979): „Auch das Bestehen eines Rechtes oder Rechtssatzes kann eine Tatsache sein". Nicht gemeint sind damit i. Ü. die sog. Rechtstatsachen, die die Wirklichkeit der Normanwen- dung, nicht hingegen die Norm beschreiben, s. Fn. 238.

[253] Exemplarisch verwiesen sei nur auf BVerfGE 145, 171 (215, 219 f.): Hier ermit- telte das Gericht die subjektive Zielsetzung des einfachen Gesetzgebers bei der Einfüh- rung der sog. Kernbrennstoffsteuer; sowie jüngst BVerfG, NVwZ 2019, 223 (227), zu der „für die Beurteilung der Zulässigkeit einer besoldungsrechtlichen Regelung bedeut- same[n] Absicht des Gesetzgebers"; BVerfG, Beschl. v. 29.01.2019 – 2 BvC 62/14 –, juris Rn. 89 ff., zu den Motiven betreffend § 13 Nr. 2 u. 3 BWahlG.

[254] Aus der Bestimmung der Motive, genauer dem gesetzgeberischen Willen, leitet das Gericht insb. ab, ob eine Norm einen „legitimen Zweck" verfolgt. Dies bezeichnet etwa *Zuck,* JZ 2008, 287 (293), nicht zu Unrecht als „Weichenstellung" der Entschei- dung und befürwortet insofern weitreichendere Tatsachenermittlungen des Bundesver- fassungsgerichts.

Verfahren sowohl Tatsachen jeden zeitlichen Ursprungs als auch konkrete sowie generelle Tatsachen einen Teil des unter die einschlägige Verfassungsnorm zu subsumierenden Sachverhalts darstellen können. Zum anderen führt sie jedenfalls aus verfassungsprozessualer Sicht zu einer überzeugenden Abgrenzung desselben gegenüber rechtlichen Fragestellungen sowie reinen Wertungen.

Trotz beweisrechtlicher Schwierigkeiten im Umgang mit ihren verschiedenen Erscheinungsformen lassen sich Eingrenzungen des Begriffs der Tatsache als dem Gegenstand des Beweises im Verfassungsprozess weder in zeitlicher noch in sonstiger Hinsicht rechtfertigen. Insbesondere darf die Sachaufklärung des Bundesverfassungsgerichts nicht bei vergangenen oder gegenwärtigen Einzeltatsachen Halt machen, wenn die Rechtsanwendung im konkreten Fall von zukünftigen (generellen) Tatsachen abhängt (Art. 20 Abs. 3 GG).

Das dieser Arbeit zugrunde gelegte weite Begriffsverständnis schließt reale Sachverhalte auf Ebene des syllogistischen Untersatzes (sog. Subsumtionstatsachen) ebenso ein wie solche auf Ebene des Obersatzes (sog. Normtatsachen). Letztere sind jedoch aus systematischen Gründen (zu Zwecken der Darstellung des klassischen Beweisrechts) von hiesigem Untersuchungsgegenstand ausgenommen.[255]

Nicht dem Tatsachenbegriff unterfallen Rechtssätze. Diese gelten unter Umständen zwar als dem Beweis zugänglich und bilden gerade in den Verfahren vor dem Bundesverfassungsgericht nicht selten einen Teil des syllogistischen, unter die einschlägige Verfassungsnorm zu subsumierenden Untersatzes, stellen als das Ergebnis rechtlicher Wertungen aber gerade keinen realen Sachverhalt dar.

B. Weitere Grundbegriffe des Beweisrechts

Die nachfolgende Untersuchung bedient sich neben dem Begriff der Tatsache weiterer Termini des allgemeinen Beweisrechts[256], deren Definition daher ebenfalls „vor die Klammer" gezogen werden soll.[257]

Dies gilt zunächst für den Begriff der *Beweiserhebung*, welcher die Tätigkeit, die dem Gericht die Überzeugung von der Wahrheit oder Unwahrheit einer entscheidungserheblichen (Tatsachen-)Behauptung vermitteln soll, umschreibt.[258] Vielfach – und auch im Folgenden – synonym zum Terminus der Beweiserhe-

---

[255] S. S. 30 ff.; auch S. 56 f.

[256] Zum Begriff des Beweisrechts bereits oben S. 27.

[257] An dieser Stelle sei auch noch einmal darauf hingewiesen, dass der Begriff der *Beweisbarkeit* nach hier vertretener Auffassung die zeitlich *nicht* an ein Gerichtsverfahren geknüpfte (zumindest theoretische) Möglichkeit, eine Hypothese mit absoluter Gewissheit als wahr oder unwahr zu erkennen, meint. S. dazu oben S. 48 mit Fn. 170.

[258] In diesem Sinne für das Zivilprozessrecht *Rosenberg*, Zivilprozess, § 111 Rn. 1.

bung werden die Begriffe des *Beweises*[259] sowie der *Beweisaufnahme*[260] verwendet, wobei dies die förmliche ebenso wie die formlose Beweisaufnahme einschließt. Im Ergebnis ist jener Rechtsbegriff mithin *funktional* zu verstehen: Umfasst wird grundsätzlich jede Form entscheidungserheblicher „Stoffsammlung", ungeachtet ihrer konkreten Ausgestaltung.[261]

Entscheidungserheblich ist eine Tatsache weiter, sofern sie dem Verfahrensgegenstand zugrunde liegt, sonach nicht hinweggedacht werden kann, ohne die gerichtliche Entscheidung ihrer Begründung zu berauben.[262]

Der Begriff des *Beweisführers* bezeichnet denjenigen Verfahrensbeteiligten, der ein Beweismittel angibt; die Angabe von Beweismitteln wiederum verkörpert den sog. „*Beweisantritt*".[263]

Das *Beweismittel* ist das Mittel der Überzeugungsbildung des Gerichts, mithin etwa der Zeuge, der Sachverständige, die Urkunde oder der Verfahrensbeteiligte.[264]

Als *Beweisbeschluss* wird die richterliche Anordnung der Beweisaufnahme bezeichnet (wobei dies sowohl durch förmlichen als auch formlosen Beschluss geschehen kann).[265]

Das *Beweisergebnis* wird verstanden als das Ergebnis der Beweisaufnahme, das anschließend in Bezug auf dessen Überzeugungskraft richterlich erst noch zu würdigen ist (vgl. § 30 Abs. 1 S. 1 BVerfGG).

---

[259] So *Klein/Bethge*, in: Maunz u.a., § 30 Rn. 10 (Stand: September 1979); *Ohletz*, Beweisrecht, S. 92.

[260] So etwa *Klein*, in: Maunz u.a., § 26 Rn. 11 (Stand: Januar 1987); vgl. zum Begriff der Beweisaufnahme auch *Rosenberg*, Zivilprozess, § 111 Rn. 38, der diesen als die Entgegennahme der durch das jeweilige Beweismittel ermöglichten oder vermittelten Wahrnehmung umschreibt.

[261] Vgl. zur – umstrittenen – Definition der Beweiserhebung und damit verbundenen Abgrenzungsschwierigkeiten im Verfassungsprozessrecht unten S. 279 ff.

[262] So schon *Lechner/Zuck*, § 26 Rn. 3; ähnlich BVerfGE 1, 299 (316) (mit der hier angesprochenen Offizialmaxime meint das Gericht ersichtlich den Untersuchungsgrundsatz); BVerfGE 107, 339 (388) – Sondervotum *Sommer, Jentsch, Di Fabio* und *Mellinghoff*; zum Zivilprozess *Rosenberg*, Zivilprozess, § 112 Rn. 7; vgl. auch *Gusy*, Gesetzgeber, S. 166: „[Entscheidungserhebliche Tatsachen] sind solche Fakten und Prognosen, welche vom Grundgesetz als Kriterium der Verfassungsmäßigkeit oder Verfassungswidrigkeit [...] einbezogen werden."; allgemein zu den Verfahren der öffentlich-rechtlichen Gerichtsbarkeit *H. Müller*, JuS 2014, 324 (326). Dieses Begriffsverständnis ergibt sich i. Ü. aus den Geboten wirksamen Rechtsschutzes sowie materieller Gerechtigkeit, vgl. S. 123 ff. und S. 127.

[263] So bereits früh *Klein/Bethge*, in: Maunz u.a., § 30 Rn. 10.1 (Stand: September 1979).

[264] Vgl., wenngleich aus zivilprozessualer Sicht und damit nur hinsichtlich des grundsätzlichen Begriffsverständnisses übertragbar, *Rosenberg*, Zivilprozess, § 111 Rn. 19.

[265] *Rosenberg*, Zivilprozess, § 111 Rn. 37.

Die *Beweiswürdigung* meint sodann das Verfahren der Prüfung, ob die entscheidungserhebliche Tatsache erwiesen ist.[266] Das Kriterium für das „Erwiesensein" bildet dabei das *Beweismaß,* welches den erforderlichen Grad der inneren Überzeugung des Richters von der fraglichen Tatsache festlegt. Demgemäß hat das Gericht in der Beweiswürdigung „nach Art einer Subsumtion" zu prüfen, ob der Kenntnisstand, den es erlangt hat, das Beweismaß erfüllt und damit der fragliche Sachverhalt erwiesen ist.[267]

Der *Beweiswert* (auch *Beweiskraft* genannt) bezeichnet die „Substanz" des einzelnen Beweismittels respektive dessen Eignung, die Überzeugungsbildung des Richters zu beeinflussen. Jener Wert beruht auf Hilfstatsachen, die nach der Lebenserfahrung auf die Zuverlässigkeit des Beweismittels schließen lassen, so wie die Unversehrtheit eines Augenscheinsobjekts, die Echtheit einer Urkunde, die Glaubwürdigkeit eines Zeugen bzw. eines Verfahrensbeteiligten oder die Fachkenntnis und Unbefangenheit eines Sachverständigen.[268]

Die sog. *objektive* (oder *materielle*) *Beweislast* bestimmt, zu wessen Lasten das Gericht im Falle eines *non liquet*[269] entscheidet.[270] Von jener Last zu unterscheiden sind sowohl die sog. *Darlegungslast* (auch *Behauptungslast* genannt)[271] als auch die *Beweisführungslast* (auch *subjektive* oder *formelle Beweislast* genannt)[272]. Erstere drückt aus, welche Partei die entscheidungserheblichen Tatsachen durch Vortrag in den Prozess einzuführen hat. Letztere weist einer Partei die Obliegenheit zu, (mittels Bestreiten bzw. Zugeständnis) über die Feststellungsbedürftigkeit im Prozess zu entscheiden sowie anschließend feststellungsbedürftige Tatsachen im Wege des Beweisantritts auch „festzustellen".[273]

Mit dem Begriff der *Beweisregel* werden in dieser Untersuchung im Übrigen, in Anlehung an den Begriff des Beweisrechts, sämtliche Rechtsregeln umschrieben, die die Ermittlung und Feststellung von Tatsachen im Prozess betreffen; selbige Regeln beziehen sich mithin (anders als im fachgerichtlichen Prozessrecht) nicht lediglich auf die Beweiswürdigung.

---

[266] S. nur *Dawin,* in: Schoch/Schneider/Bier, VwGO, § 108 Rn. 38 (Stand: April 2013); *Prütting,* in: MüKo-ZPO, § 286 Rn. 7.

[267] So präzise *Dawin,* in: Schoch/Schneider/Bier, VwGO, § 108 Rn. 38 (Stand: April 2013).

[268] *Rosenberg,* Zivilprozess, § 111 Rn. 28; ebenso *Benzing,* Beweisrecht, S. 550.

[269] Das heißt bei Nichterweislichkeit einer entscheidungserheblichen Tatsache (s. S. 27).

[270] S. ausführlich dazu unten Neunter Teil, S. 333 ff.

[271] Ausführlich hierzu *Rosenberg,* Zivilprozess, § 116 Rn. 37 ff. m.w.N.

[272] Dazu etwa *Laumen,* in: Prütting/Gehrlein, ZPO, § 286 Rn. 60 f., unter Verweis auf eine „zT sehr uneinheitlich[e] und unpräzise" Terminologie (a.a.O., Rn. 58); *Vierhaus,* Beweisrecht, Rn. 354.

[273] *Rosenberg,* Zivilprozess, § 77 Rn. 14; vgl. dazu auch *Grunsky,* Verfahrensrecht, S. 170 ff.

Dritter Teil

Der Tatsachenbezug der einzelnen Verfahrensarten

A. Die Frage nach dem entscheidungserheblichen Sachverhalt und ihre Bedeutung

Nachdem insbesondere der Begriff der Tatsache hinreichend bestimmt ist, werden im Folgenden als weitere Vorstufe auf dem Weg zur Erfassung des „verfassungsprozessualen Beweisrechts" die verschiedenen Verfahrensarten vor dem Bundesverfassungsgericht unter besonderer Berücksichtigung ihres Tatsachenbezugs überblicksartig dargestellt. Angesichts überaus heterogener Zuständigkeiten – die insbesondere sowohl kontradiktorische als auch objektive (Beanstandungs-) Verfahren einschließen und dabei die Überprüfung unterschiedlichster staatlicher Akte bedingen – gestalten sich die prozessualen Vorgaben in den verschiedenen Verfahren vor dem Bundesverfassungsgericht ihrerseits ebenfalls heterogen.[274] Auch aus beweisrechtlicher Perspektive lassen sind sonach zumindest partiell Unterschiede zwischen den einzelnen Verfahrensarten erwarten.[275] Die Untersuchung des Tatsachenbezugs dient dabei primär der Beurteilung der Frage, ob und inwieweit die konkreten Zuständigkeiten des Gerichts überhaupt die Feststellung von Tatsachen einschließen. Ungeachtet der spezifischen rechtlichen Ausgestaltung des Beweisrechts (sprich von Art und Umfang der richterlich anzustellenden Tatsachenermittlung) ist das Verfassungsgericht nämlich nur insoweit mit Sachverhaltsfragen konfrontiert und damit „Tatsacheninstanz", als es gemäß seinem Rechtsprechungsauftrag (Art. 92 i.V.m. 93, 100 GG) über einen Lebenssachverhalt zu urteilen hat, der nicht bereits durch ein anderes unabhängiges Gericht im Sinne des Revisionsrechts verbindlich festgestellt wurde, respektive nicht lediglich Rechtsfragen zu beantworten hat.[276] Soweit jener Lebenssachver-

---

[274] Vgl. nur die §§ 36 ff. BVerfGG, in denen die besonderen, an die einzelnen Verfahrensarten gestellten Voraussetzungen normiert sind; exemplarisch sei insoweit verwiesen auf die ausschließlich für die Verfassungsbeschwerde geltenden Annahmevoraussetzungen des § 93a Abs. 2 BVerfGG.

[275] So hängt namentlich die Frage der Zuständigkeiten von Gericht und Dritten betreffend die Sachverhaltsaufklärung im Prozess von den nach der jeweiligen Verfahrensart (im weiteren Sinne) „Beteiligten" ab; vgl. insb. unten S. 211 ff. Zwischen den Verfahrensarten differenziert bereits *Ossenbühl*, in: 25 J. BVerfG I, S. 458 (474 ff.).

[276] Dass das Gericht, soweit es mit Sachverhaltsfragen konfrontiert ist, diese zu beantworten hat, ergibt sich ganz grundsätzlich aus dem Gebot wirksamen Rechtsschutzes, dazu unten S. 123 ff.

halt *entscheidungserheblich*[277] ist, hat ihn das Gericht (ungeachtet der Frage des „Wie") wiederum vor seiner Entscheidung zwingend festzustellen.[278] Im Folgenden gilt es sonach, insbesondere den im Einzelnen entscheidungserheblichen Lebenssachverhalt aufzuzeigen und zu ermitteln, inwieweit es eventuell vorbereitende Sachverhaltsfeststellungen anderer Gerichte gibt.

Dies erscheint auch deshalb erforderlich, da sich im Schrifttum immer wieder Stimmen finden, die die Kompetenz bzw. den Auftrag des Verfassungsgerichts, auch Sachverhaltsfragen zu klären, ganz grundsätzlich anzweifeln.[279] Grund hierfür mag nicht zuletzt die in weiten Teilen der Literatur ersichtlich fehlende Kenntnis bzw. fehlende Beachtung der *für den jeweiligen Verfassungsprozess, das heißt nach dem einschlägigen Recht entscheidungserheblichen Tatsachen* sein; wie noch zu zeigen sein wird, führt dies zu Fehlanalysen des Verfassungsprozessrechts bzw. der verfassungsgerichtlichen Rechtsprechung.[280]

B. Verfahrensarten

I. Quasi-strafrechtliche Verfahren

Als quasi-strafrechtliche Verfahren[281] lassen sich diejenigen Verfahrensarten vor dem Bundesverfassungsgericht zusammenfassen, die materiell-rechtlich die *Ahndung* unzulässiger Verhaltensweisen bezwecken. Dies sind die Präsidentenanklage (Art. 93 Abs. 1 Nr. 5, 61 GG, §§ 13 Nr. 4, 49 ff. BVerfGG), die Richteranklage (Art. 93 Abs. 1 Nr. 5, 98 Abs. 2, 5 GG, §§ 13 Nr. 9, 58 ff. BVerfGG),

---

[277] S. für die Definition der Entscheidungserheblichkeit oben S. 61.

[278] Vgl. dazu unten S. 129 f. S. auch *Bickenbach,* Einschätzungsprärogative, S. 488; *Brink,* in: Linien, S. 3 (29 f.); sowie früh *Redeker,* NJW 1976, 2111 (2113).

[279] So konstatiert etwa *Lepsius,* in: Entgrenztes Gericht, S. 156 (207), ausdrücklich, das Bundesverfassungsgericht sei „keine Tatsacheninstanz"; auch *Zöbeley/Dollinger,* in: U/C/D, § 26 Rn. 6, bemerken, das verfassungsgerichtliche Verfahren sei ganz überwiegend „kein tatsachengerichtliches Verfahren"; vgl. ferner *Bryde,* in: 50 Jahre BVerfG I, S. 533 (535, 541 ff.), der dem Gericht nur in einzelnen Verfahrensarten die Rolle der Tatsacheninstanz zuspricht und selbigem darüber hinaus „Zurückhaltung" attestiert, „Tatsacheninstanz zu werden". Zu der „apodiktischen Feststellung", das Gericht sei keine Tatsacheninstanz, mit der sich viele Untersuchungen „begnügen", auch *Brink,* in: Linien, S. 3 (4). Gar die 1. Kammer des 2. Senats erklärte in einem Nichtannahmebeschl. v. 09.09.1999 – 2 BvR 1343/99 –, juris Rn. 5: „[...] abgesehen davon ist das Bundesverfassungsgericht kein Tatsachengericht und trifft mithin keine eigenen Sachverhaltsfeststellungen." Soweit die Kompetenz des Gerichts zur Tatsachenfeststellung nicht grundsätzlich bestritten wird, geht die wohl h. M. i. Ü. davon aus, dass sich jenes selbst „nicht als Tatsachengericht [verstehe]", so statt vieler *Lenz/Hansel,* § 26 Rn. 5. Vgl. in diesem Kontext zudem die übrigen Nachweise in Fn. 8.

[280] Vgl. dazu unten S. 152 ff., 163 ff. und 174 ff.

[281] Begriff nach *Lechner/Zuck,* § 13 Rn. 3; *Waldhoff,* in: ders./Grünewald, § 49 Rn. 3, weist indes zu Recht darauf hin, dass aus der Nähe des Verfahrens zum Strafrecht „keine juristischen Schlüsse gezogen werden [dürfen], denn der Streitgegenstand ist ausschließlich verfassungsrechtlicher Natur".

das Grundrechtsverwirkungsverfahren (Art. 93 Abs. 1 Nr. 5, 18 Abs. 2 GG, §§ 13 Nr. 1, 36 ff. BVerfGG), Parteiverbotsverfahren (Art. 93 Abs. 1 Nr. 5, 21 Abs. 2 u. 4 GG, §§ 13 Nr. 2, 43 ff. BVerfGG) sowie das Verfahren zum Ausschluss von Parteien von staatlicher Finanzierung (Art. 93 Abs. 1 Nr. 5, 21 Abs. 4 GG, §§ 13 Nr. 2a, 43 ff. BVerfGG)[282]. Sämtliche dieser Verfahrensarten lassen sich als „erstinstanzlich" begreifen; das heißt das Bundesverfassungsgericht ist die *erste (im Übrigen zugleich letzte) gerichtliche Instanz zur verbindlichen Klärung* der vorgelegten Rechtsfragen. In der Konsequenz muss das Bundesverfassungsgericht den zugrunde liegenden Tatsachenstoff hier zwangsläufig selbst ermitteln, also z. B. der Frage nachgehen, ob durch individuelle bzw. kollektive Betätigung die freiheitlich-demokratische Grundordnung der Bundesrepublik gefährdet wird (vgl. Art. 18 S. 1[283], Art. 21 Abs. 2 sowie Abs. 3 S. 1 GG) oder ob der Bundespräsident willentlich und wissentlich eine Rechtsverletzung begangen hat (Art. 61 Abs. 1 S. 1 GG), um „Recht" sprechen zu können. Praktisch spielen diese Verfahren zwar eine nur ganz untergeordnete Rolle. Seit Gründung des Gerichts in 1951 verzeichnete dieses bis Ende 2018 lediglich vier Eingänge in Grundrechtsverwirkungsverfahren sowie neun Eingänge in Parteiverbotsverfahren.[284] Gerade in quasi-strafrechtlichen Verfahren wird der Tatsachenstoff aber in aller Regel streitig sein und damit in besonderem Maße die Notwendigkeit der Beweisaufnahme bestehen.[285] Zudem stehen z. B. in Hinblick auf das in Art. 21 Abs. 2 GG normierte Tatbestandsmerkmal der „Ziele der Partei", welches auf die parteiliche „Gesamttendenz" abstellt[286], komplexe generelle Tatsachen in Rede[287];

---

[282] Dieses Verfahren wurde im Anschluss an BVerfGE 144, 20 – NPD-Verbotsverfahren, insb. durch Änderung des Art. 21 GG (vgl. Gesetz zur Änderung des Grundgesetzes v. 13.07.2017, BGBl. I 2017, S. 2346) eingeführt. Über den Ausschluss bestimmter verfassungsfeindlicher Parteien von staatlicher Finanzierung sowie von steuerlichen Begünstigungen entscheidet danach ausschließlich das Bundesverfassungsgericht in einem gesonderten Verfahren (Art. 21 Abs. 3, 4 GG n. F., § 46a BVerfGG n. F.); vgl. zu den Hintergründen der Einführung des Verfahrens den Gesetzentwurf v. 16.05.2017, BT-Drs. 18/12358.

[283] Dazu etwa BVerfGE 38, 23: In dem gegen den Verleger und Chefredakteur der sog. Deutsche National-Zeitung geführten Grundrechtsverwirkungsverfahren verneinte das Bundesverfassungsgericht diese Gefahr mangels politisch bedeutsamer Resonanz der in der Zeitung propagierten Auffassungen (d. h. aufgrund Tatsachenfeststellung); ähnlich bereits BVerfGE 11, 282.

[284] Das heißt weniger als 0,006 % der insg. 238.048 Verfahrenseingänge beim Bundesverfassungsgericht bis 2019. Zahlen abrufbar unter: https://www.bundesverfassungs gericht.de/DE/Verfahren/Jahresstatistiken/2018/gb2018/A-I-4.pdf?__blob=publication File&v=2; zuletzt aufgerufen am 02.02.2020.

[285] Vgl. etwa die umfassenden Beweisaufnahmen in BVerfGE 144, 20 (Rn. 350 ff.) – NPD-Verbotsverfahren, sowie E 5, 85 (208 ff.) – KPD-Verbot.

[286] So BVerfGE 5, 85 (143 f.) – KPD-Verbot; in diesem Sinne auch BVerfGE 144, 20 (Rn. 576, 635): „Grundtendenz"; s. hierzu ferner *Ipsen*, in: Sachs, GG, Art. 21 Rn. 155 f.

[287] *Ipsen*, in: Sachs, GG, Art. 21 Rn. 155 f., verweist i. Ü. zu Recht darauf, dass Parteien etwa ihre verfassungswidrigen Ziele regelmäßig nicht offen verkünden werden,

gleiches gilt für das Tatbestandsmerkmal des „Ausgehens auf die Beseitigung oder Beeinträchtigung der freiheitlich-demokratischen Grundordnung" (Art. 21 Abs. 2 GG), welches neben planvollem, aktivem Handeln der Partei in ihrer Gesamtheit weiter voraussetzt, dass konkrete (= tatsächliche) Anhaltspunkte den Erfolg dieses Handelns zumindest möglich erscheinen lassen[288]. Insofern kann es aus Sicht des Bundesverfassungsgerichts etwa erforderlich werden, zu ermitteln, ob eine Partei im parlamentarischen Bereich über die Aussicht verfügt, bei Wahlen eigene Mehrheiten zu gewinnen, oder über die Option, sich durch die Beteiligung an Koalitionen eigene Gestaltungsspielräume zu verschaffen[289], ob sie aktions- und mobilisierungsfähig ist[290], über eine besondere Wirkkraft in der Gesellschaft verfügt[291] sowie ob sich der Partei eine konkret feststellbare Gesamtentwicklung z. B. im Bereich ausländerfeindlicher Straftaten aufgrund Billigung oder gar Beteiligung ihrerseits zurechnen lässt[292].

II. Kontradiktorische Verfahren

In den kontradiktorischen Verfahren obliegt dem Gericht die Lösung von Meinungsverschiedenheiten zwischen verschiedenen „Akteuren des Verfassungslebens"[293] (Staatsorganen bzw. Staaten) betreffend ihre Rechte und Pflichten. Hierunter fallen das Bundesorganstreitverfahren (Art. 93 Abs. 1 Nr. 1 GG, §§ 13 Nr. 5, 63 ff. BVerfGG), der grundgesetzbezogene Bund-Länder-Streit[294] (Art. 93 Abs. 1 Nr. 3 GG sowie Art. 84 Abs. 4 S. 2 GG, §§ 13 Nr. 7, 68 ff. BVerfGG), die sonstigen öffentlich-rechtlichen Bund-Länder-Streitigkeiten (Art. 93 Abs. 1 Nr. 4 Var. 1 GG, §§ 13 Nr. 8, 71 f. BVerfGG), Zwischenländerstreitverfahren (Art. 93 Abs. 1 Nr. 4 Var. 2 GG, §§ 13 Nr. 8, 71 f. BVerfGG), Landesorganstreitverfahren[295] (Art. 93 Abs. 1 Nr. 4 Var. 3 GG, §§ 13 Nr. 8, 71 f. BVerfGG) sowie teilweise (je nach Streitgegenstand) die landesgesetzlich zugewiesenen Landesverfassungsstreitigkeiten (Art. 93 Abs. 1 Nr. 5, 99 GG, §§ 13 Nr. 10, 73 ff. BVerfGG).

---

was die Ermittlung zudem erschwert. Vorsichtige Kritik an der Notwendigkeit „schwieriger Feststellungen tatsächlicher Art" i. R. d. Art. 21 Abs. 2 GG üben etwa *Benda/Klein,* Rn. 1169.

[288] Dazu dezidiert BVerfGE 144, 20 (Rn. 570 ff.) – NPD-Verbotsverfahren, die Subsumtion der die NPD betreffenden Fakten unter dieses Tatbestandsmerkmal findet sich unter Rn. 845 ff.

[289] BVerfGE 144, 20 (Rn. 898 ff.).

[290] BVerfGE 144, 20 (Rn. 913 ff.).

[291] BVerfGE 144, 20 (Rn. 916 ff.).

[292] BVerfGE 144, 20 (Rn. 952).

[293] *Sachs,* Verfassungsprozessrecht, Rn. 107.

[294] Eine instruktive Darstellung der verschiedenen Bund-Länder-Streitverfahren liefert i. Ü. *Selmer,* in: 50 Jahre BVerfG I, S. 563.

[295] Auch Landesinnenstreitverfahren genannt, vgl. *Detterbeck,* in: Sachs, GG, Art. 93 Rn. 67.

Kontradiktorischen Charakter haben zudem die gemäß § 14 PKGrG i.V.m. Art. 93 Abs. 3 GG, § 13 Nr. 15 BVerfGG dem Bundesverfassungsgericht zugewiesenen Streitigkeiten zwischen dem Parlamentarischen Kontrollgremium und der Bundesregierung.[296] Zusammengefasst bilden diese Verfahren die „eigentlichen Verfassungsstreitigkeiten"[297] vor dem Bundesverfassungsgericht. Sie haben ebenfalls *erstinstanzlichen Charakter*[298]; auch hier obliegt es also dem Bundesverfassungsgericht als in der Sache ausschließlich zuständigem Gericht, die entscheidungserheblichen Tatsachen festzustellen. Die Frage, ob eine bestimmte Maßnahme oder Unterlassung des Antragsgegners Rechte des Antragstellers verletzt, kann schließlich nicht entschieden werden, ohne zuvor im Mindesten die gerügte Maßnahme bzw. Unterlassung eindeutig festgestellt zu haben. Zwar mag die möglicherweise rechtsverletzende Handlung als staatlicher Akt regelmäßig hinlänglich dokumentiert respektive weniger häufig streitig sein.[299] Ausgeschlossen ist dies jedoch nicht.[300] Ferner können die tatsächlichen Umstände in Zusammenhang mit der konkreten Handlung des Antragsgegners unklar sein.[301]

Dies gilt um so mehr, als den Antragsgegenstand des kontradiktorischen Verfahrens „nicht nur ein punktueller Einzelakt [...], sondern auch der Erlass eines Gesetzes [gleich welchen Ranges] oder die Mitwirkung an einem Normsetzungs-

---

[296] S. dazu auch *Schlaich/Korioth,* Rn. 97b.

[297] *Sachs,* Verfassungsprozessrecht, Rn. 107.

[298] So schon *Ossenbühl,* in: 25 J. BVerfG I, S. 458 (475).

[299] In diesem Sinne die Einschätzung von *Bryde,* in: 50 Jahre BVerfG I, S. 533 (542); jedenfalls für den einstweiligen Rechtsschutz in Organstreitverfahren so auch *Schneider,* in: B/D/S, § 32 Rn. 103. Exemplarisch anführen lässt sich insoweit BVerfGE 142, 25 (Rn. 110), in der keine einzige entscheidungserhebliche Tatsache streitig (und auch i. Ü. nicht aufklärungsbedürftig) war; s. dazu die Dokumentation der Schriftsätze des Verfahrens in *Schneider/Schwarz,* Opposition, passim.

[300] Z. B. kann eine Äußerung des Bundespräsidenten, die das Recht einer bestimmten Partei auf Chancengleichheit (Art. 21 Abs. 1 GG) tangiert, sogar wörtlich dokumentiert sein, über die dieser Äußerung innewohnende Motivation des Bundespräsidenten als „innere Tatsache" aber dennoch Uneinigkeit bestehen. Vgl. etwa BVerfGE 136, 323 (Rn. 8, 32) – „Spinner": In dem dieser Entscheidung zugrunde liegenden Bundesorganstreitverfahren vertrat die antragstellende Partei die Auffassung, der Bundespräsident habe mit einer – an sich unstreitigen – öffentlichen Äußerung gewaltsame Proteste gegen diese Partei gutgeheißen, was das Gericht im Ergebnis jedoch nicht feststellen konnte.

[301] Vgl. nur BVerfGE 142, 123 (215 ff.) – OMT-Programm: Hier musste das Gericht im Bundesorganstreitverfahren auf Antrag einer Bundestagsfraktion u. a. die Rechtsfrage klären, ob der Bundestag zum Schutz seiner haushaltspolitischen Gesamtverantwortung verpflichtet war, auf eine Aufhebung des sog. OMT-Beschlusses der Europäischen Zentralbank hinzuwirken (a. a. O., Rn. 174); dass er dies nicht getan hatte, war unstreitig. Unklar in tatsächlicher Hinsicht war jedoch, welche Auswirkungen der Beschluss auf den Haushalt des Bundestages haben würde. Bereits im Ansatz unzutreffend ist insofern die Einschätzung von *Benda/Klein,* Rn. 307, wonach in den Verfahren des „Organ- und Bund-Länder-Streits [...] der Sachverhalt in aller Regel klar [sei] und keiner weiteren Aufklärung [bedürfe]; ‚gefragt' [sei] allein die Rechtsentscheidung".

akt"[302] bilden kann – ist doch nicht ausgeschlossen, dass der spätere Antragsteller durch die Schaffung einer Norm seitens des späteren Antragsgegners in seinen Rechten verletzt wird.[303] In derartigen Fällen obliegt dem Bundesverfassungsgericht also inzidenter die (verfassungs-)rechtliche Überprüfung des jeweiligen Gesetzes (ggf. beschränkt auf Verstöße gegen solche Verfassungsnormen, die eigene Rechte des Antragstellers sichern[304]), was die Notwendigkeit begründen kann, sämtliche, insbesondere generelle (auch zukünftige) Tatsachen zu ermitteln, die jenem zugrunde liegen respektive den gesetzlich geregelten Lebenssachverhalt darstellen.[305]

Die Feststellung des entscheidungserheblichen Sachverhalts weist eine Besonderheit auf in Bund-Länder-Streitverfahren, die ihrerseits auf das sog. *Mängelrügeverfahren vor dem Bundesrat* nach Art. 84 Abs. 4 S. 1 GG folgen (vgl. Art. 84 Abs. 4 S. 2 GG oder Art. 93 Abs. 1 Nr. 3 GG[306]): Dieses – auf Antrag der Bundesregierung oder eines Bundeslandes eingeleitete – Verfahren ist dem verfassungsgerichtlichen Verfahren betreffend Mängel bei der verwaltungsmäßigen Ausführung von Bundesrecht durch das Bundesland zwingend vorgeschaltet.[307] Es schließt mit einer eigenen Sachentscheidung des Bundesrates darüber, ob das gerügte Land beim Vollzug eines Bundesgesetzes das Recht verletzt hat.[308] Selbige Entscheidung kann letztlich nur auf der Grundlage auch eigener Sachverhaltsfeststellungen ergehen. Der Bundesrat fungiert hier also als eine

---

[302] BVerfGE 118, 277 (317) – Nebeneinkünfte von Abgeordneten, m.w.N.

[303] In diesem Sinne für die Verfahren in föderalen Streitigkeiten etwa *Hillgruber/ Goos*, Rn. 434; *Meister*, in: B/D/S, § 71 Rn. 12; *Schorkopf*, in: B/D/S, §§ 68, 69, Rn. 22. Vgl. exemplarisch für den Landesverfassungsstreit nach Art. 93 Abs. 1 Nr. 5, 99 GG i.V.m. Landesrecht BVerfGE 4, 144 (147 f.): Antragsteller war hier ein Abgeordneter des Schleswig-Holsteinischen Landtags, Antragsgegner war dieser selbst; für das Bundesorganstreitverfahren nach Art. 93 Abs. 1 Nr. 1 GG BVerfGE 24, 300 (334 f.): Antragstellerin war die NPD, Antragsgegner waren Bundestag und Bundesrat sowie E 118, 277 (317 ff.): Antragsteller waren Abgeordnete des Bundestages, Antragsgegner waren der Bundestag und dessen Präsident; allg. zu den möglichen Angriffsgegenständen in Organstreitverfahren *Pietzcker*, in: 50 Jahre BVerfG I, S. 587 (606 ff.).

[304] Zum – streitigen – Prüfungsumfang im Bundesorganstreitverfahren *Walter*, in: Maunz/Dürig, GG, Art. 93 Rn. 227 m.w.N. (Stand: Juni 2017); *Benda/Klein*, Rn. 1058 ff. Zu der ebenfalls umstrittenen Frage, ob das Bundesverfassungsgericht i.R.d. unter Art. 93 Abs. 1 Nr. 4 GG fallenden Verfahrens auch die Verletzung von Rechten prüft, die lediglich einfachrechtlicher Natur sind, respektive des Prüfungsmaßstabs *Meister*, in: B/D/S, § 71 Rn. 6 ff., 45. Beide Rechtsfragen sind aus Sicht der hiesigen Untersuchung zu vernachlässigen.

[305] Hier ergeben sich dieselben „Fragestellungen" bzgl. Kompetenzkonflikten wie im Rahmen der abstrakten Normenkontrolle, s. dazu insb. die Ausführungen auf S. 75.

[306] Zu den verschiedenen Verfahrenskonstellationen in diesem Zusammenhang etwa *Dittmann/Winkler*, in: Sachs, GG, Art. 84 Rn. 48 ff.

[307] Statt aller *Wolff*, in: Hömig/ders., GG, Art. 84 Rn. 22.

[308] Ausführlich dazu *F. Kirchhof*, in: Maunz/Dürig, GG, Art. 84 Rn. 212 ff. (Stand: Januar 2011); s. auch *Wolff*, in: Hömig/ders., GG, Art. 84 Rn. 22.

dem Bundesverfassungsgericht – wenngleich nicht gerichtlich, so doch faktisch – vorgelagerte „Tatsacheninstanz"[309], sodass sich die (im weiteren Verlauf der Untersuchung zu klärende) Frage stellt, inwieweit das Gericht auf deren Feststellungen zurückgreifen darf oder sogar muss.[310] Relevant wird diese Fragestellung freilich nur, soweit der im Bund-Länder-Streit entscheidungserhebliche Sachverhalt demjenigen des Mängelrügeverfahrens entspricht; andernfalls fehlt es bereits faktisch an aus Sicht des Verfassungsgerichts übernahmefähigen Beweisergebnissen der „Vorinstanz".[311]

Eine Sonderrolle nehmen ferner diejenigen Organstreitverfahren ein, die einer parlamentarischen Untersuchung folgen. Auch hier kann das Bundesverfassungsgericht zumindest theoretisch auf eine „externe" Sachverhaltsermittlung durch das Parlament (bzw. einen mit eigenen Rechten ausgestatteten Teil des Parlaments) zurückgreifen und stellt sich sonach die Frage nach dem Verhältnis der Tatsachenfeststellungen verschiedener (verfassungsrechtlich berufener) „Kontrollorgane" zueinander.[312] Denkbar ist dies etwa in Fällen, in denen das Organstreitverfahren Bezug zu den Untersuchungen eines Untersuchungsausschusses i. S. d. Art. 44 Abs. 1 GG i. V. m. PUAG aufweist.[313]

III. Wahlprüfungsverfahren

Nach Art. 93 Abs. 1 Nr. 5, 41 Abs. 2 GG, §§ 13 Nr. 3, 48 BVerfGG obliegt dem Bundesverfassungsgericht die Entscheidung über Wahlprüfungsbeschwerden. Diese dienen dem Zweck, die wahlrechtsgemäße Zusammensetzung des Bundestages zu gewährleisten.[314] Dabei hängt die richterliche Entscheidung

---

[309] Von einer „gerichtsähnlichen Funktion" des Bundesrates spricht etwa *F. Kirchhof,* in: Maunz/Dürig, GG, Art. 84 Rn. 219 (Stand: Januar 2011).

[310] S. *Ossenbühl,* in: 25 J. BVerfG I, S. 458 (476 f.), der diese Verfahrenskonstellation bereits aufgreift. Dazu S. 205 f.

[311] Vgl. zur Beschränkung des Prüfungsrahmens etwa BVerfGE 99, 19 (34 f.) – Gysi.

[312] S. dazu S. 205 f.

[313] Schließlich hat dieser als spezifisches Instrument parlamentarischer Kontrolle gerade die Aufgabe, Sachverhalte von öffentlichem Interesse mittels Beweiserhebung aufzuklären (s. nur *Magiera,* in: Sachs, GG, Art. 44 Rn. 1, 26 m. w. N.). Das Bundesverfassungsgericht entscheidet im Organstreitverfahren (vgl. BVerfGE 124, 78 [129 ff.]) etwa über die Rechtmäßigkeit der Ablehnung eines konkreten Ersuchens des Untersuchungsausschusses, sächliche Beweismittel vorzulegen (vgl. § 18 Abs. 1, 3 PUAG), wobei der Sachverhalt des Untersuchungsauftrags hier aber allenfalls *mittelbar* relevant wird). S. i. Ü., auch zur Abgrenzung der Zuständigkeiten des Bundesgerichtshofs gem. § 36 PUAG gegenüber der des Bundesverfassungsgerichts in verfassungsrechtlichen Streitigkeiten betreffend Untersuchungsausschüsse, BVerfGE 113, 113 (122 f.). Zur Sonderzuständigkeit des Bundesverfassungsgerichts bei Streitigkeiten über die *Einsetzung* eines Untersuchungsausschusses hier auf S. 86.

[314] St. Rspr., s. statt aller BVerfGE 122, 304 (305 f.) – Berliner Zweitstimmen, m. w. N.

grundsätzlich von der Beantwortung zweier Sachverhaltsfragen ab: Sind bei der vergangenen Bundestagswahl Wahlfehler aufgetreten und hatten diese (möglicherweise) Einfluss auf die konkrete Mandatsverteilung?[315] Beide Fragen werden sich in aller Regel erst nach entsprechenden Ermittlungen seitens des Bundesverfassungsgerichts überzeugend beantworten lassen. Die rechtliche Beurteilung hängt also auch in Wahlprüfungsverfahren maßgeblich von den tatsächlichen Feststellungen des Gerichts – zumal solchen komplexer Wechselwirkungen bzw. Kausalitäten – ab.

Dies gilt um so mehr, als das Gericht in Wahlprüfungsverfahren im Vorfeld der Beurteilung der fraglichen Wahlhandlung am Maßstab des geltenden Wahlrechts[316] zu prüfen hat, ob das jeweils einschlägige einfachgesetzliche Wahlrecht seinerseits überhaupt verfassungskonform ist,[317] was letztlich einer inzidenten Normenkontrolle gleichkommt. Insofern können also Feststellungen erforderlich werden, die über die einzelnen Wahlhandlungen hinausgehen, nämlich sämtliche „gesetzesrelevante" (generelle) Tatsachen betreffen.[318]

Da das Verfahren der Wahlprüfung zweistufig ausgestaltet ist – dem Verfahren vor dem Bundesverfassungsgericht geht ein Wahlprüfungsverfahren vor dem Bundestag gem. Art. 41 Abs. 1 GG, §§ 1 ff. Wahlprüfungsgesetz (WahlPrG) voraus (vgl. Art. 41 Abs. 1, Abs. 2 GG) –, faktisch also eine Art „tatsachenfeststellende Vorinstanz" existiert[319], stellt sich hier, ebenso wie in den auf das Mängelrügeverfahren folgenden Bund-Länder-Streitigkeiten bzw. in denjenigen Organstreitverfahren, die Bezug zu parlamentarischen Untersuchungen aufweisen, zudem die Frage nach etwaigen „Fortwirkungen" der tatsächlichen Feststellungen eines anderen Verfassungsorgans, hier des Bundestags, auf das verfassungsgerichtliche Verfahren. Dabei gilt freilich auch hier, dass jegliche Art der Fortwirkung (in Form von Bindungen oder „Beweiserleichterungen") überhaupt nur dort entstehen kann, wo aus Sicht des Verfassungsprozesses „entscheidungserhebliche" Tatsachenfeststellungen des Bundestages vorliegen.[320] Insbesondere

---

[315] So schon *Lechner/Zuck,* Vor § 48 Rn. 6. Indes sei bemerkt, dass sich das Gericht die Ermittlung von Wahlfehlern zuweilen unter Verweis auf ihre ohnehin „fehlende Mandatsrelevanz" „erspart", s. BVerfGE 4, 370 (372 f.); vgl. auch E 89, 291 (302 f.): „Auf den Beweis dieser vom Bundeswahlleiter bestrittenen Behauptung kommt es nicht an, weil eine nicht öffentliche Beratung zwar ein Wahlfehler wäre (a), dieser aber auf das Ergebnis der Wahl und die Mandatsverteilung keinen Einfluß hätte (b)." Kritisch dazu z. B. *Bryde,* in: 50 Jahre BVerfG I, S. 533 (544).

[316] Insb. Bundeswahlgesetz (BWahlG) und Bundeswahlordnung (BWO).

[317] BVerfGE 16, 130 (135 f.) – Wahlkreiseinteilung; vgl. auch *Lechner/Zuck,* BVerfGG, Vor § 48 Rn. 10.

[318] Hierzu sowie zu Kompetenzfragen in diesem Zusammenhang S. 73 ff.

[319] Zu der „quasirichterlichen" Funktion des Bundestages bei der Wahlprüfung und der Pflicht, den entscheidungserheblichen Sachverhalt i. d. R. von Amts wegen zu ermitteln, *Klein,* in: Maunz/Dürig, GG, Art. 41 Rn. 71 f. (Stand: Januar 2013).

[320] In diesem Sinne schon *Ossenbühl,* in: 25 J. BVerfG I, S. 458 (478).

fehlen diese von vorneherein in Bezug auf die Prüfung der Verfassungsmäßigkeit der Wahlgesetze, da der Bundestag selbige Prüfung gerade nicht vornimmt.[321]

IV. Nichtanerkennungsbeschwerde

Im Rahmen der – erst Mitte 2012 in den Zuständigkeitskatalog des Art. 93 GG aufgenommenen – Nichtanerkennungsbeschwerde (Art. 93 Abs. 1 Nr. 4c, §§ 13 Nr. 3a, 96a ff. BVerfGG, § 18 Abs. 4a BWahlG) prüft das Bundesverfassungsgericht die Verfassungsmäßigkeit der Nichtanerkennung einer Vereinigung oder Partei als wahlvorschlagsberechtigte Partei im Vorfeld der Bundestagswahl durch den Bundeswahlausschuss gem. § 18 Abs. 4 BWahlG.[322] Diese Prüfung setzt die Feststellung sämtlicher i.R.d. § 18 Abs. 4 BWahlG entscheidungserheblicher Tatsachen voraus, wobei dies sowohl konkrete – etwa in Zusammenhang mit der Feststellung der ununterbrochenen Vertretung einer Partei mit mindestens fünf Abgeordneten im Bundestag oder einem Landtag seit deren letzter Wahl (§ 18 Abs. 4 S. 1 Nr. 1 BWahlG)[323] – als auch generelle Tatsachen umfasst. Denn geht es um die Prüfung der Erfüllung der Voraussetzungen der Parteieigenschaft durch eine Vereinigung (vgl. § 18 Abs. 4 S. 1 BWahlG, § 2 PartG), gilt es insbesondere deren tatsächliche Strukturen sowie Ziele, mithin (v. a. gegenwärtige) generelle Tatsachen zu ermitteln.[324]

Auch die Entscheidung einer Nichtanerkennungsbeschwerde obliegt dem Gericht im ersten (und letzten) Rechtszug und sonach kommt diesem die Rolle einer Tatsacheninstanz zu.[325] Allerdings geht dem Beschwerdeverfahren hier

---

[321] S. dazu BVerfGE 122, 304 (307) – Berliner Zweitstimmen; auch *Klein,* in: Maunz/Dürig, GG, Art. 41 Rn. 73 (Stand: Januar 2013).

[322] Nach seinem Telos ermöglicht es dieser Rechtsbehelf einer Vereinigung, Rechtsschutz gegen ihren Ausschluss von der Bundestagswahl nicht erst *nach* (wie bisher im Wege der Wahlprüfung), sondern bereits *vor* Durchführung der Wahl zu erlangen, s. BT-Drs. 17/9392, S. 4. Allgemein dazu *Bechler/Neidhardt,* NVwZ 2013, 1438 ff.; *P. Klein,* DÖV 2013, 584 ff. S. zu dem – nicht ganz eindeutigen – Beschwerdegegenstand auch *Grünewald,* in: Walter/ders., BVerfGG, § 96a Rn. 5 f.

[323] Schwierigkeiten werden in Zusammenhang mit der Feststellung dieser Tatsache allenfalls dann auftreten, wenn Zusammenschlüsse oder Abspaltungen in der Partei zu verzeichnen sind; dabei geht es letztlich jedoch um die Rechtsfrage der Rechtsnachfolge in die Stellung der Partei. Vgl. dazu auch *Bechler/Neidhardt,* NVwZ 2013, 1438 (1440); *Morlok/Bäcker,* NVwZ 2011, 1153 (1154).

[324] Vgl. exemplarisch BVerfGE 134, 124 (128 ff.) – „Deutsche Nationalversammlung"; sowie, wenngleich im Rahmen einer Wahlprüfungsbeschwerde ergangen (bis 2012 bestand für nicht zugelassene „Parteien" einzig die Möglichkeit derartigen nachträglichen Rechtsschutzes) BVerfGE 89, 266 (270 ff.). Instruktiv dazu m.w.N. aus der jüngsten Rspr. *Frau,* DÖV 2018, 152 (155 f.); zu den Anforderungen an den Vortrag des Beschwerdeführers in diesem Zusammenhang auch *Grünewald,* in: Walter/ders., § 96a Rn. 17.

[325] Kritisch dazu *Hummel,* in: B/D/S, § 96a Rn. 6, s. auch Rn. 23 (zum gerichtlichen Kontrollumfang).

zwingend eine (negative) Entscheidung des Bundeswahlausschusses zu der Eigenschaft des Beschwerdeführers als wahlvorschlagsberechtigter Partei gem. § 18 Abs. 4 BWahlG voraus.[326] Folglich wird seitens des Bundesverfassungsgerichts jedenfalls faktisch die Möglichkeit bestehen, auf entsprechende Feststellungen einer – hier exekutiven[327] – „Vorinstanz" zurückzugreifen.[328] Denn der im Nichtanerkennungsbeschwerdeverfahren entscheidungserhebliche Sachverhalt deckt sich grundsätzlich mit den seitens des Bundeswahlausschusses i.R.d. § 18 Abs. 4 BWahlG zu ermittelnden Tatsachen, prüft dieser doch dieselbe Rechtsfrage. Wenngleich es insofern Ausnahmen geben kann, nämlich in Fällen, in denen konkrete Sachverhaltsfeststellungen erst im verfassungsgerichtlichen Verfahren relevant werden,[329] stellt sich an dieser Stelle also die Frage nach der Bedeutung der Tatsachenfeststellungen der Exekutive (hier des Bundeswahlausschusses) in Verfahren vor dem Bundesverfassungsgericht.[330]

Die Tatsachenermittlung durch das Bundesverfassungsgericht ist in Verfahren der Nichtanerkennungsbeschwerde überdies dadurch erschwert, dass jene (obschon es sich gerade nicht um vorläufigen Rechtsschutz handelt, vgl. § 96a Abs. 3 BVerfGG) in engstem zeitlichen Rahmen zu erfolgen hat.[331] Das Verfahren ist hier auf „rasche und damit rechtzeitige Entscheidung in der Hauptsache angelegt"[332]. Demgemäß wurde mit dessen Einführung zwar keine explizite gesetzliche Frist für die verfassungsgerichtliche Entscheidung statuiert, vermittelt der Regelungszusammenhang aber doch die „normative Erwartung" einer beschleunigten Entscheidung seitens des Gerichts, die im Zweifel zwischen dem

---

[326] Diese stellt den eigentlichen Beschwerdegegenstand des Verfahrens dar (vgl. nur § 18 Abs. 4a BWahlG).

[327] Der Bundeswahlausschuss setzt sich zusammen aus dem Bundeswahlleiter als Vorsitzendem, welcher vom Bundesministerium des Innern ernannt wird, sowie acht von jenem berufenen Wahlberechtigten als Beisitzern und zwei Richtern des BVerwG (§ 9 Abs. 1, Abs. 2 Satz 1 BWahlG).

[328] *Hummel*, in: B/D/S, § 96a Rn. 6, geht mangels ausführlicher Begründungen der Entscheidung des Ausschusses gem. § 33 Abs. 3 S. 1 BWahlO indes davon aus, dass das Gericht hier nicht „auf das Fundament eines hinreichend aufbereiteten Tatsachenmaterials [zu bauen vermag]". Kritik an der Art und Weise der Tatsachenermittlung durch den Ausschuss üben auch *Morlok/Bäcker*, NVwZ 2011, 1153 (1156 f.).

[329] So können bestimmte Sachverhaltsfragen aus Sicht des Ausschusses unerheblich gewesen sein, die es aus Sicht des Gerichts nicht sind (etwa wenn jener die Anerkennung als wahlvorschlagsberechtigte Partei bereits aus formalen Gründen versagt und deshalb keine Feststellungen zur Parteieigenschaft getroffen hat, das Gericht dieser Auffassung aber nicht folgt), so treffend *Bechler/Neidhardt*, NVwZ 2013, 1438 (1441).

[330] Vgl. zur Frage der Bindungswirkung S. 205 ff. S. bereits hier *Bechler/Neidhardt*, NVwZ 2013, 1438 (1441), die eine Bindung des Gerichts an die Feststellungen des Ausschusses ablehnen.

[331] Dies konstatiert schon *Hummel*, in: B/D/S, § 96a Rn. 6, der insofern weiter fragt, ob nicht ein anderes, „der Funktion als Tatsacheninstanz näherstehendes Gericht" besser geeignet gewesen wäre für diese Verfahrensart; s. dazu auch *Hillgruber/Goos*, Rn. 67e, 793a; *Schlaich/Korioth*, Rn. 345j.

[332] *Schneider*, in: B/D/S, § 32 Rn. 23.

79. und 58. Tag vor der Bundestagswahl zu ergehen hat (vgl. § 18 Abs. 4 S. 1 Hs. 1, Abs. 4a S. 2 BWahlG).[333]

V. Normbezogene Verfahren

„Normbezogene Verfahren"[334] vor dem Bundesverfassungsgericht sind objektive Beanstandungsverfahren, die – unabhängig von möglichen Verletzungen subjektiver Rechte – die rechtliche Beurteilung von Normen zum Gegenstand haben.[335] Dies sind die abstrakte Normenkontrolle (Art. 93 Abs. 1 Nr. 2 GG, §§ 13 Nr. 6, 76 ff. BVerfGG), das Kompetenzkontrollverfahren (Art. 93 Abs. 1 Nr. 2a i. V. m. Art. 72 Abs. 2 GG, §§ 13 Nr. 6a, 76 ff. BVerfGG), die konkrete Normenkontrolle (Art. 100 Abs. 1 GG, §§ 13 Nr. 11, 80 ff. BVerfGG), das Kompetenzfreigabeverfahren (Art. 93 Abs. 2 GG i. V. m. Art. 72 Abs. 2, 4 bzw. Art. 125a Abs. 2 S. 1 GG, §§ 13 Nr. 6b, 96 BVerfGG), das Divergenzverfahren (Art. 100 Abs. 3 GG, §§ 13 Nr. 13, 85 BVerfGG), das völkerrechtliche Verifikationsverfahren (Art. 93 Abs. 1 Nr. 5, 100 Abs. 2 GG, §§ 13 Nr. 12, 83 f. BVerfGG) sowie das Normenqualifikationsverfahren (Art. 126 GG, §§ 13 Nr. 14, 86 ff. BVerfGG). Hinsichtlich ihres Tatsachenbezugs sowie tatsachenfeststellender „Vorinstanzen" (i. w. S.) ist weiter zu differenzieren.[336]

1. Normenkontrollverfahren

a) Abstrakte Normenkontrolle

Im Rahmen der abstrakten Normenkontrolle gem. Art. 93 Abs. 1 Nr. 2 GG, §§ 13 Nr. 6, 76 ff. BVerfGG prüft das Bundesverfassungsgericht die fragliche Rechtsnorm (Bundes- oder Landesrecht jeder Rangstufe[337]) umfassend auf ihre Verfassungskonformität. Es misst die Rechtsnorm sowohl formell als auch materiell an der Verfassung. Der entscheidungserhebliche Sachverhalt beschränkt sich in diesen Verfahren mithin nicht auf diejenigen – zumeist ohnehin offenkundigen[338] – Tatsachen, die den *Erlass* des fraglichen Gesetzes betreffen[339] und als

---

[333] Ausführlich hierzu *Hummel,* in: B/D/S, § 96a Rn. 19 f. m.w.N. (Zitat: Rn. 19); *Lenz/Hansel,* §96a Rn. 7 ff., insb. Rn. 10. Diese Besonderheit könnte sich auf die Beweiserhebung auswirken, vgl. insb. S. 127 ff., 295 f. sowie 326 f.

[334] Begriff nach *Sachs,* Verfassungsprozessrecht, Rn. 107.

[335] Für einen instruktiven Überblick über das Verfahren der Normenkontrolle s. auch *Heun,* in: 50 Jahre BVerfG I, S. 615.

[336] Allgemein dazu früh *Gusy,* Gesetzgeber, S. 164 ff.: „Tatsachen und Prognosen" spielen in Normenkontrollverfahren eine Rolle, soweit sie das Verfassungsrecht als Maßstab einbezieht (a. a. O., S. 165).

[337] S. statt aller *Detterbeck,* in: Sachs, GG, Art. 93 Rn. 55.

[338] S. zum Wegfall der Beweisbedürftigkeit einer Tatsache wegen Offenkundigkeit i. Ü. unten S. 131 ff.

[339] Instruktiv zur Kontrolle des Gesetzgebungsverfahrens durch das Bundesverfassungsgericht *Lechner/Zuck,* Einl Rn. 229 ff.

solche regelmäßig konkrete Tatsachen darstellen (wie etwa der Umstand, dass die Mehrheit der abgegebenen Stimmen im Bundestag für das streitige Gesetz gestimmt hat, vgl. Art. 78, 42 Abs. 2 GG, oder dessen Erscheinen im Bundesgesetzblatt, vgl. Art. 82 Abs. 1 S. 1 GG).[340] Bevor das Gericht entscheiden kann, ob eine Norm (materiell-rechtlich) verfassungskonform ist oder nicht, muss es vielmehr auch diejenigen Tatsachen feststellen, die die Grundlage der legislativen Entscheidung bilden, sprich den Gesetzgeber zu dem konkreten Regelungsinhalt bewogen haben respektive diesen begründen (sollen). So lässt sich, wie bereits dargelegt, zum Beispiel die Frage, ob ein Gesetz verhältnismäßig ist, nur beantworten, wenn die tatsächlichen (auch zukünftigen) Auswirkungen des Gesetzes auf der einen Seite sowie die Lebenswirklichkeit ohne entsprechende gesetzliche Regelung auf der anderen Seite (zur Überzeugung des Gerichts) feststehen.[341] Ferner setzt etwa die Annahme einer nach Art. 3 Abs. 1 GG verfassungswidrigen Ungleichbehandlung durch ein einfaches Gesetz zunächst voraus, dass das Vergleichspaar „wesentlich gleich" ist, was tatsächliche Erwägungen jedenfalls zu den betroffenen Personengruppen als Ganzes bedingt.[342] Ein rückwirkendes Gesetz kann wiederum ausnahmsweise mit dem Verfassungsgrundsatz des Vertrauensschutzes in Einklang stehen, wenn *tatsächliche* Belange des Gemeinwohls vorliegen, die eben diese Rückwirkung erfordern.[343]

Die Beispiele zeigen, dass die richterliche Kontrolle der Verfassungsmäßigkeit eines Gesetzes regelmäßig von der Feststellung komplexer Wirkungszusammenhänge und allgemeiner Sachverhalte abhängen wird; den entscheidungserheblichen Sachverhalt im Prozess bilden insofern generelle Tatsachen, wobei diese außerdem häufig zukunftsbezogen sind.[344]

---

[340] Ein Beispiel für eine (konkrete) Normenkontrolle, in deren Rahmen das Bundesverfassungsgericht die entscheidungserheblichen tatsächlichen Umstände des Gesetzgebungsverfahrens (hier der Zusammenarbeit der Gesetzgebungsorgane) wohl als offenkundig betrachtete, liefert BVerfGE 120, 56 (76 ff.).

[341] S. oben S. 41 f., 53 ff. Dazu mit Beispielen auch *Petersen,* Verhältnismäßigkeit, S. 78 ff.

[342] Genannt seien nur: BVerfGE 6, 389 (398 ff.), hier befasste sich das Gericht mit der Frage, ob ein genereller Unterschied zwischen männlicher und weiblicher Sexualität besteht, der das alleinige unter Strafe Stellen männlicher Homosexualität gem. § 175 f. StGB a. F. rechtfertigen könne; BVerfGE 88, 5 (12 ff.), hier verneinte das Gericht einen Unterschied zwischen einkommensschwachen Arbeitnehmern und anderen einkommensschwachen Rechtssuchenden in Bezug auf diesen zugängliche rechtliche Beratungsmöglichkeiten. Vgl. i. Ü. BVerfG, Beschl. v. 29.01.2019 – 2 BvC 62/14 –, juris Rn. 100 ff., zur in tatsächlicher Hinsicht fehlerhaften gesetzlichen Unterscheidung zwischen Personen, die unter sog. Vollbetreuung stehen, und sonstigen Personen, die zur Besorgung aller eigenen Angelegenheiten faktisch nicht in der Lage sind (betreffend den Wahlrechtsausschluss gem. § 13 Nr. 2 BWahlG).

[343] S. etwa BVerfGE 101, 239 (268) – Stichtagregelung im Vermögensgesetz.

[344] Dies zeigten bereits früh die Forschungsergebnisse von *Philippi,* Tatsachen, S. 2, 193. So auch *Brink,* in: Linien, S. 3 (12); *Petersen,* Verhältnismäßigkeit, S. 78 ff. S. zudem oben S. 53 ff. Unzutreffend ist insofern die Einschätzung von *Benda/Klein,* Rn. 307,

Neben praktischen Schwierigkeiten, denen das Bundesverfassungsgericht bei der Feststellung der Tatsachenbasis legislativer Entscheidungen folglich ausgesetzt ist, bewegt sich das Gericht hier in einem „verfassungsrechtlich wie politisch brisanten Spannungsverhältnis zu den Kompetenzen des Gesetzgebers"[345]. Zwar agiert das Bundesverfassungsgericht bei der abstrakten Normenkontrolle als *erste (und letzte) gerichtliche Instanz,* eine vorgelagerte Tatsacheninstanz im prozessualen Sinne existiert somit nicht. Dennoch liegen dem Gericht hier regelmäßig Tatsachenfeststellungen vor. Schließlich wird der Gesetzgeber selbst die maßgeblichen Fakten in irgendeiner Weise festgestellt haben, bevor er das betreffende Gesetz erlassen hat.[346] Trifft das Gericht nun eigene Feststellungen in diesem Bereich, kommt das *faktisch* einer Kontrolle der legislativen Feststellungen auf Fehlerhaftigkeit oder Lückenhaftigkeit gleich.[347] Ob dies kompetenz-rechtlich zulässig ist, ob sich das Bundesverfassungsgericht im Rahmen der abstrakten Normenkontrolle auf die legislativen Tatsachenfeststellungen stützen darf oder gar muss, gilt es im Folgenden genauer zu untersuchen.[348]

b) Spezielle Normenkontrolle

Sowohl das Kompetenzkontrollverfahren (Art. 93 Abs. 1 Nr. 2a i.V.m. Art. 72 Abs. 2 GG, §§ 13 Nr. 6a, 76 ff. BVerfGG) als auch das Kompetenzfreigabeverfahren (Art. 93 Abs. 2 GG i.V.m. Art. 72 Abs. 2, 4 bzw. Art. 125a Abs. 2 S. 1 GG, §§ 13 Nr. 6b, 96 BVerfGG) dienen der speziellen Normenkontrolle durch das Bundesverfassungsgericht am Maßstab des Art. 72 Abs. 2 GG.[349] Der Prüfungsmaßstab ist damit gegenüber der abstrakten Normenkontrolle deutlich eingeschränkt, dennoch bestehen hinsichtlich des Tatsachenbezugs in der Sache keine wesentlichen Unterschiede. Die Frage, ob eine bundeseinheitliche Regelung zur Herstellung gleichwertiger Lebensverhältnisse oder zur Wahrung der Rechts- und Wirtschaftseinheit im gesamtstaatlichen Interesse (noch) erforderlich ist (Art. 72 Abs. 2 GG), kann nur aufgrund der Feststellung entsprechender Tat-

---

wonach in den Verfahren der abstrakten Normenkontrolle „der Sachverhalt in aller Regel klar [sei] und keiner weiteren Aufklärung [bedürfe]; „gefragt" [sei] allein die Rechtsentscheidung".

[345] *Haberzettl,* NVwZ-Extra 2015, 1 (3).

[346] *Petersen,* Verhältnismäßigkeit, S. 82, weist freilich zu Recht darauf hin, dass der Gesetzgeber nicht in jeder Situation einen Anreiz haben wird, die erforderlichen Aufklärungen vorzunehmen; vgl. dazu auch S. 202 f.

[347] Insofern konstatieren denn auch *Ossenbühl,* in: 25 J. BVerfG I, S. 458 (467 ff.), und mit ihm etwa *Brink,* in: Linien, S. 3 (14); *Bryde,* in: 50 Jahre BVerfG I, S. 533 (540); sowie *Gärditz,* in: FS Puppe, S. 1557 (1561), der Umgang mit den erheblichen Tatsachen sei hier „Kompetenzfrage".

[348] S. unten S. 174 ff.

[349] Weder im Kompetenzkontrollverfahren noch im Kompetenzfreigabeverfahren wurden bisher Eingänge beim Bundesverfassungsgericht verzeichnet; s. https://www.bundesverfassungsgericht.de/DE/Verfahren/Jahresstatistiken/2018/gb2018/A-I-4.pdf?__blob=publicationFile&v=2, zuletzt aufgerufen am 02.02.2020.

sachen beantwortet werden. Diese sind komplexer genereller Natur, darüber hinaus teilweise – in Bezug auf die Eignung der bundeseinheitlichen Regelung zur Verwirklichung der Zielvorgaben bzw. die ohne betreffende Regelung befürchteten Entwicklungen[350] – zukünftig. Soweit es im Kompetenzkontrollverfahren um den *Wegfall* der Erforderlichkeit nach den oben genannten Kriterien geht, haben sich die Entwicklungen dagegen bereits vollzogen, es stehen also verstärkt vergangene oder noch andauernde generelle Tatsachen in Rede.

Im Wesentlichen kann hier, auch bezüglich etwaiger Kompetenzkonflikte mit dem (konkret: Bundes-)Gesetzgeber, auf die Ausführungen zur abstrakten Normenkontrolle verwiesen werden.

c) Konkrete Normenkontrolle

Das Verfahren der konkreten Normenkontrolle (Art. 100 Abs. 1 GG, §§ 13 Nr. 11, 80 ff. BVerfGG) entspricht inhaltlich im Wesentlichen der abstrakten Normenkontrolle: Es dient der umfassenden Prüfung der Verfassungsmäßigkeit einer Rechtsnorm (wobei der Prüfungsgegenstand insoweit eingeschränkt ist, als nur formelle Gesetze vorlagefähig sind). Dabei weist es allerdings eine prozessuale Besonderheit auf, die Auswirkungen auch auf den gerichtlichen Umgang mit den zugrunde liegenden Tatsachen haben kann: Da die konkrete Normenkontrolle im Rahmen eines anhängigen (i. a. R.) fachgerichtlichen Verfahrens auf Vorlage des zuständigen Fachgerichts eingeleitet wird, stellt sie sich als „Zwischenverfahren" dar. Sie dient der verbindlichen Klärung der Verfassungsmäßigkeit eines für das Ausgangsverfahren entscheidungserheblichen formellen Gesetzes, welches das Ausgangsgericht seinerseits *für verfassungswidrig hält* (vgl. Art. 100 Abs. 1 S. 1 GG). Dies macht es aus Sicht des Ausgangsgerichts erforderlich, die fragliche Rechtsnorm zunächst selbst auf ihre Verfassungsmäßigkeit hin zu überprüfen, ehe es das Bundesverfassungsgericht im Wege des Vorlageverfahrens anruft.[351] Dabei hat sich jenes Gericht grundsätzlich – soweit entscheidungserheblich – auch mit den *gesetzesrelevanten* Tatsachen zu befassen. Obgleich das Bundesverfassungsgericht im konkreten Normenkontrollverfahren nicht als Berufungs- oder Revisionsinstanz über den dem Ausgangsverfahren zugrunde liegenden Rechtsstreit entscheidet, erweist sich das Ausgangsgericht hier also als eine Art „gerichtliche Vorinstanz".

In der Konsequenz scheint zumindest nicht ausgeschlossen, dass das Bundesverfassungsgericht (ähnlich einem Revisionsgericht[352]) an die Tatsachenfest-

---

[350] Vgl. zur Feststellung dieser Entwicklungen anhand von Prognosen etwa *Degenhart,* in: Sachs, GG, Art. 72 Rn. 20.

[351] Hierbei handelt es sich um eine zwingende Voraussetzung der Zulässigkeit der Richtervorlage, Art. 100 Abs. 1 S. 1 GG; dazu *Dollinger,* in: B/D/S, § 80 Rn. 56 ff.

[352] Vgl. nur § 552 Abs. 2 ZPO; § 337 Abs. 1 StPO; zu letzterem etwa *Momsen,* in: Satzger u. a., StPO, § 337 Rn. 26 ff.

stellungen des vorlegenden Gerichts gebunden ist; jedenfalls wird das Verhältnis der Gerichte zueinander in Hinblick auf die Tatsachenermittlung durch das Bundesverfassungsgericht im weiteren Verlauf der Arbeit genauer zu beleuchten sein.[353]

Dabei gilt es indes stets zu beachten, dass im Verfahren der konkreten Normenkontrolle zwei Bereiche der Tatsachenermittlung scharf voneinander zu trennen sind:[354] Zum einen ist dies die Ermittlung derjenigen (i. d. R. Einzel-)Tatsachen, die dem beim Fachgericht anhängigen konkret-individuellen Rechtsstreit zugrunde liegen. Stellt sich etwa die Frage nach einem Anspruch aus Verwaltungsvertrag gem. § 54 (L)VwVfG, hat das zuständige Verwaltungsgericht (§ 40 Abs. 1, 2 S. 1 VwGO) sämtliche Einzeltatsachen, die den Vertragsschluss sowie -inhalt betreffen (insbesondere also die äußeren wie inneren Umstände der Abgabe der Willenserklärungen der Vertragsparteien), zu ermitteln. Jene Tatsachenbasis wäre für die seitens des Bundesverfassungsgerichts in einem Normkontrollverfahren zu beurteilende Rechtsfrage, nämlich die Frage der Verfassungsmäßigkeit des nach Art. 100 Abs. 1 GG vorgelegten Gesetzes, naturgemäß nicht entscheidungserheblich.[355]

Zum anderen geht es um die Feststellung der (vornehmlich generellen) Tatsachen, die zu der Regelung eben dieses (vorgelegten) Gesetzes geführt haben. Wollte das Verwaltungsgericht in obigem Beispiel die Bestimmung des § 54 (L)VwVfG auf ihre Verfassungsmäßigkeit hin überprüfen lassen, setzte dies grundsätzlich – unabhängig von den zuvor genannten, einzig die Beteiligten im verwaltungsgerichtlichen Prozess betreffenden Tatsachen – die Ermittlung der dem Regelungsbereich des § 54 (L)VwVfG zugehörigen „legislativen" Tatsachen durch das Fachgericht voraus. Anders als erstere bilden letztere den Sachverhalt der Entscheidung des Bundesverfassungsgerichts im konkreten Normenkontrollverfahren.

2. Normenqualifikationsverfahren

Im Rahmen des Normenqualifikationsverfahrens (Art. 126 GG, §§ 13 Nr. 14, 86 ff. BVerfGG) geht es vornehmlich um die Frage, ob fortgeltendes *vorkonstitutionelles* Recht gem. Art. 124 oder 125 GG als Bundesrecht zu qualifizieren ist.[356] Die praktische Bedeutung dieses Verfahrens hat mit dem Fortschreiten des Rechts in den Jahren seit dem ersten Zusammentritt des Bundestages zwar stetig

---

[353] S. unten S. 141 ff., 173 f. sowie 255 ff.

[354] So schon *Ossenbühl,* in: 25 J. BVerfG I, S. 458 (489), m. w. N.; aus jüngerer Zeit *Haberzettl,* NVwZ-Extra 2015, 1 (5 f.).

[355] Vgl. *Ossenbühl,* in: 25 J. BVerfG I, S. 458 (490).

[356] Zu dem – streitigen – Prüfungsumfang bzw. -gegenstand des Normenqualifikationsverfahrens ausführlich *Preisner,* in: B/D/S, § 86 Rn. 4 ff., 15 ff.

abgenommen.[357] Dennoch ist auch weiterhin entsprechendes Altrecht in Geltung, sodass das Verfahren keineswegs obsolet geworden ist.[358]

Da es bei der Frage, ob fortgeltendes Recht gem. Art. 124 oder 125 GG als Bundesrecht zu qualifizieren ist, um die rechtliche Einordnung einer Gesetzesmaterie als Gegenstand der ausschließlichen oder konkurrierenden Gesetzgebung i. S. d. Art. 71 bzw. Art. 72 GG geht,[359] werden in tatsächlicher Hinsicht regelmäßig Feststellungen betreffend den „Charakter" des einfachgesetzlich geregelten Lebensbereichs relevant. Hierbei handelt es sich um die Ermittlung genereller Tatsachen.[360]

Obwohl das Normenqualifikationsverfahren nicht der Normenkontrolle dient,[361] prüft das Bundesverfassungsgericht hier zudem als „Vorfrage", ob die Rechtsnorm, deren Qualität als Bundesrecht streitig ist, noch gilt.[362] Dabei geht es insbesondere um die Prüfung eines möglichen Außerkrafttretens der Norm wegen Widerspruchs zum Grundgesetz (vgl. Art. 123 Abs. 1 GG), sodass das Verfahren letztlich „um eine inzidente Normenkontrolle angereichert"[363] ist. Demgemäß können diejenigen (v. a. generellen) Tatsachen, auf die der streitige Rechtssatz gemünzt ist, grundsätzlich auch hier einen Teil der richterlich zu ermittelnden Subsumtionstatsachen bilden. An dieser Stelle sei jedoch bemerkt, dass die Ermittlung selbiger in der Regel dadurch erleichtert sein wird, dass sich die zunächst prognostizierten Auswirkungen des streitigen Rechtssatzes aufgrund

---

[357] Vgl.   https://www.bundesverfassungsgericht.de/DE/Verfahren/Jahresstatistiken/2018/gb2018/A-I-4.pdf?__blob=publicationFile&v=2, zuletzt aufgerufen am 02.02.2020.

[358] Dies gilt umso mehr, sofern angenommen wird, dass auch Meinungsverschiedenheiten über die Frage, ob ein Gesetz nach den Art. 125a, 125b und 125c GG fortgilt, in den Anwendungsbereich des Normenqualifikationsverfahrens fällt, so etwa *Benda/ Klein,* Rn. 889; *Kirn,* in: v. Münch/Kunig, GG, Art. 126 Rn. 1b; a. A. *Preisner,* in: B/D/ S, § 86 Rn. 31 (m.w.N.), vgl. dort auch Rn. 47 f. zu der praktischen Bedeutung des Verfahrens an sich.

[359] Vgl. *Rühmann,* in: U/C/D, § 86 Rn. 9.

[360] In BVerfGE 28, 119 (144 ff.) – Spielbank, stellte das Gericht etwa fest, dass der Betrieb einer Spielbank als solcher insbesondere deshalb nicht als „wirtschaftlich" zu charakterisieren sei, da er sich generell nicht mit der „Erzeugung, Herstellung oder Verteilung von Gütern des wirtschaftlichen Bedarfs [befasse]" und der „Gewinn der Spielbank [nicht] das Ergebnis der Tätigkeit des Unternehmers [sei], sondern das Zufallsprodukt des wechselnden Spielverlaufs, der nur dadurch [zustande komme], daß die Bank gegenüber der Gesamtheit der Spieler, aus deren Einsätzen sich das Spielkapital zusammensetzt, die besseren Chancen [habe]". Damit ließ sich die streitige Regelung des Spielbankrechts nicht unter den Rechtsbegriff des „Rechts der Wirtschaft" i. S. d. Art. 74 Nr. 11 GG subsumieren und betraf im Ergebnis weder einen Gegenstand der ausschließlichen noch der konkurrierenden Gesetzgebung.

[361] Vgl. nur BVerfGE 4, 214 (217).

[362] St. Rspr., BVerfGE 2, 341 (345 f.); 8, 186 (190); 16, 82 (89).

[363] *Preisner,* in: B/D/S, § 86 Rn. 20; vgl. exemplarisch auch BVerfGE 28, 119 (139 ff.) – Spielbank.

dessen langjähriger Geltung bei Anhängigwerden des Normenqualifikationsverfahrens bereits in irgendeiner Form realisiert haben werden; anders gewendet werden sich diejenigen Tatsachen, die aus Sicht des die jeweilige Norm erlassenden Gesetzgebers noch zukünftig waren, im Prozess regelmäßig als vergangen (bzw. noch andauernd) erweisen.

Eine weitere Besonderheit bezüglich der Tatsachenermittlung im Normenqualifikationsverfahren resultiert daraus, dass dieses auch (vgl. § 86 Abs. 1, 2 BVerfGG) durch Vorlage eines im Rahmen eines anhängigen Verfahrens mit der zu qualifizierenden Norm befassten Fachgerichts eröffnet werden kann (§ 86 Abs. 2 BVerfGG, sog. konkrete Normenqualifikation[364]). Zulässigkeitsvoraussetzung dieses „Zwischenverfahrens" ist grundsätzlich, dass das vorlegende Fachgericht von der Gültigkeit der Norm ausgeht, über deren Einstufung als Bundesrecht es jedoch ernstliche Zweifel hat.[365] Sonach wird das Fachgericht die entsprechende Prüfung, ähnlich einer gerichtlichen Vorinstanz, vorgenommen haben, bevor das Bundesverfassungsgericht in der Sache entscheidet. Auch hier können sich also „Kompetenzkonflikte" respektive Abgrenzungsfragen bei der Tatsachenfeststellung ergeben. Insofern wird – auch hinsichtlich der Notwendigkeit, zwischen den verschiedenen tatsächlichen Bereichen beider Gerichtsverfahren zu unterscheiden – auf die Ausführungen zur konkreten Normenkontrolle verwiesen.[366]

3. Völkerrechtsverifikationsverfahren

Das völkerrechtliche Verifikationsverfahren gem. Art. 93 Abs. 1 Nr. 5, 100 Abs. 2 GG, §§ 13 Nr. 12, 83 f. BVerfGG ist keine Normenkontrolle: Es geht gerade nicht um die Prüfung der Vereinbarkeit einer niederrangigen mit einer höherrangigen Norm,[367] sondern um die Frage nach der *Existenz* einer allgemeinen Regel des Völkerrechts (was die Bestimmung ihrer Tragweite respektive ihres Inhalts einschließt).[368] Derartige Regeln sind naturgemäß nicht das Ergebnis formalisierter Rechtserzeugung, sondern werden von Verfassungs wegen Bestandteil des Bundesrechts (Art. 25 GG). Somit geht es hier um „Normenverifikation".[369] Auch diese lässt sich jedoch nur auf der Grundlage verschiedener Tatsachenfeststellungen treffen. Schließlich stellen das Bestehen einer überwiegenden Staatenpraxis – die sich in einem konkreten Verhalten von Staaten bzw. Staatsorganen vollzieht – sowie der allgemeine Konsens, zu dieser Praxis von Völkerrechts we-

---

[364] *Preisner*, in: B/D/S, § 86 Rn. 36.

[365] Vgl. statt aller *Preisner*, in: B/D/S, § 86 Rn. 43, 40.

[366] S. oben S. 76 f.

[367] *Benda/Klein*, Rn. 927; *Detterbeck*, in: Sachs, GG, Art. 100 Rn. 26; *Löwer*, in: HStR, Bd. III, § 70 Rn. 130.

[368] Vgl. statt aller BVerfGE 15, 25 (34 ff.); E 16, 27 (33 ff.); sowie die differenzierte Auseinandersetzung des Prüfungsgegenstands von *Benda/Klein*, Rn. 935 ff.

[369] *Wieland*, in: Dreier, GG, Art. 100 Rn. 38; *Benda/Klein*, Rn. 925.

gen verpflichtet zu sein, als Voraussetzungen für die Annahme allgemeinen Völkerrechts[370] an sich reale Sachverhalte (genauer: generelle Tatsachen) dar.[371] In den insgesamt dreizehn Entscheidungen in Völkerrechtsverifikationsverfahren, die das Bundesverfassungsgericht seit 1951 getroffen hat, finden sich denn auch dezidierte Untersuchungen dieser tatsächlichen Gegebenheiten durch das Gericht.[372]

Da ferner auch das Völkerrechtsverifikationsverfahren auf Vorlage eines (i. a. R. Fach-)Gerichts im Rahmen eines bei diesem anhängigen Verfahrens eingeleitet wird (vgl. Art. 100 Abs. 2 GG), sprich als „Zwischenverfahren" ausgestaltet ist, stellt sich auch hier die Frage nach dem „Zusammenspiel" der (tatsächlichen) Feststellungen des – sonach eine Art gerichtliche „Vorinstanz" darstellenden – Ausgangsgerichts einerseits sowie des Bundesverfassungsgerichts andererseits, sodass diesbezüglich erneut auf die Ausführungen zur konkreten Normenkontrolle verwiesen werden kann.[373]

4. Divergenzverfahren

In Divergenzverfahren (Art. 100 Abs. 3 GG, §§ 13 Nr. 13, 85 BVerfGG) entscheidet das Bundesverfassungsgericht auf Vorlage eines Landesverfassungsgerichts über die Auslegung des Grundgesetzes.[374] Die Anwendung der ausgelegten Norm auf einen konkreten Fall obliegt dem Bundesverfassungsgericht in diesem Verfahren dagegen nicht.[375] Sonach spielt auch die Ermittlung von Subsumtionstatsachen hier ausnahmsweise keine Rolle und nimmt das Divergenzverfahren vor dem Hintergrund des hiesigen Untersuchungsgegenstandes also eine beispiellose Sonderrolle ein.

VI. Verfassungsbeschwerdeverfahren

Im Wege der Verfassungsbeschwerdeverfahren werden Verletzungen von Grundrechten oder grundrechtsgleichen Rechten (sog. Individualverfassungsbeschwerde nach Art. 93 Abs. 1 Nr. 4a GG, §§ 13 Nr. 8a, 90 ff. BVerfGG) bzw.

---

[370] Zu den Voraussetzungen etwa BVerfG, NJW 1988, 1462 (1464); BVerfGE 96, 68 (86 f.).

[371] Zur Ermittlung selbiger m.w. N. aus der Rspr. *Benda/Klein,* Rn. 959.

[372] Vgl. nur BVerfGE 15, 25 (35 ff.); 16, 27 (34 ff.); 46, 342 (365 ff.); 92, 277 (320 ff.); 96, 68 (86 ff.); s. zu den Verfahrenszahlen https://www.bundesverfassungs gericht.de/DE/Verfahren/Jahresstatistiken/2018/gb2018/A-I-5.pdf?__blob=publication File&v=2, zuletzt aufgerufen am 02.02.2020.

[373] S. oben S. 76 f.

[374] Vgl. BVerfGE 18, 407; 36, 342.

[375] S. zum Prüfungsgegenstand des Verfahrens *Benda/Klein,* Rn. 981; *Dederer,* in: Maunz/Dürig, GG, Art. 100 Rn. 352 f., 364 ff. (Stand: Dezember 2013); exemplarisch BVerfGE 96, 345 (360 ff.).

Verletzungen der kommunalen Selbstverwaltungsgarantie der Gemeinden (sog. kommunale Verfassungsbeschwerde gem. Art. 93 Abs. 1 Nr. 4b GG, §§ 13 Nr. 8a, 91 ff. BVerfGG) durch Übergriffe der Staatsgewalt gerügt.[376] Der Tatsachenbezug der Verfassungsbeschwerdeverfahren richtet sich insofern vor allem nach dem konkreten Beschwerdegegenstand.

1. Verfassungsbeschwerden gegen Urteile

Im Verfahren der Urteilsverfassungsbeschwerde (welche im Übrigen nur in Form der Individualverfassungsbeschwerde zulässig ist, vgl. Art. 93 Abs. 1 Nr. 4b GG, § 91 S. 1 BVerfGG, argumentum e contrario) entscheidet das Bundesverfassungsgericht über die Verfassungsmäßigkeit eines zuvor ergangenen Richterspruchs (vgl. § 95 Abs. 2, Abs. 1 S. 1 BVerfGG). Jenes Verfahren folgt mithin – wenngleich „außerordentlich"[377] – auf das Verfahren einer (ihrerseits tatsachenfeststellenden) gerichtlichen „Vorinstanz"[378] und zwar, um das Handeln eben dieser Vorinstanz einer rechtlichen Überprüfung zu unterziehen, sodass es im Ergebnis dem Rechtsbehelf der Revision im fachgerichtlichen Rechtszug am nächsten kommt.

Folglich entsteht auch[379] hier ein „Spannungsverhältnis" zwischen den Tatsachenfeststellungen der Vorinstanz(en)[380] und des Bundesverfassungsgerichts,[381] wobei insofern abermals zu beachten ist, dass die Verfahrensgegenstände von „Ausgangsverfahren" sowie Verfassungsprozess nicht identisch sind: Im Rahmen der Urteilsverfassungsbeschwerde prüft das Bundesverfassungsgericht ausschließlich, ob die angegriffene gerichtliche Entscheidung *spezifisches Verfassungsrecht* verletzt,[382] sodass es hier gerade nicht um eine vollständige (rechtliche wie tat-

---

[376] Einen instruktiven Überblick über die Verfahrensart der Verfassungsbeschwerde liefert auch *Gusy,* in: 50 Jahre BVerfG I, S. 641.

[377] Verfassungsbeschwerde als „außerordentlicher Rechtsbehelf": BVerfGE 17, 395 (413); 18, 315 (325); hierzu statt aller aus der Literatur *Benda/Klein,* Rn. 430 f.

[378] Vgl. BVerfGE 18, 85 (92); *Ossenbühl,* in: 25 J. BVerfG I, S. 458 (492), der von einer „Fortsetzung des Vorprozesses unter einem eingeengten Blickwinkel" spricht.

[379] Vgl. schon oben S. 76 f., 77 ff. und 79 f.

[380] Die Zulässigkeit der Urteilsverfassungsbeschwerde hängt gemäß § 90 Abs. 2 S. 1 BVerfGG grundsätzlich vom vollständigen Durchlaufen des Instanzenzugs ab.

[381] Deutlich *Haberzettl,* NVwZ-Extra 2015, 1 (5).

[382] Sog. Heck'sche Formel des Bundesverfassungsgerichts; mit dem Anspruch auf Generalität wohl erstmals in BVerfGE 18, 85 (92); ungeachtet verschiedener Präzisierungsversuche bestätigt in st. Rspr., vgl. nur E 30, 173 (196 f.); 34, 384 (397); 42, 143 (147 f.); 84, 382 (386); 111, 54 (84); in Bezug auf das einfache Strafrecht so bereits 1952 in BVerfGE 1, 418 (420); Ansätze dieser Formel finden sich überdies auch schon in E 1, 4 (5); 1, 7 (8). Hierzu statt vieler *Bethge,* in: Maunz u. a., BVerfGG, § 90 Rn. 316 ff.; krit. *Kenntner,* NJW 2005, 785 (786 f.) m.w.N.; *Roth,* AöR 1996, 544 (548 ff.).

sächliche) Nachprüfung der Ausgangsentscheidung geht.[383] Nur soweit für die konkrete verfassungsrechtliche Prüfung dennoch solche Tatsachen erheblich sind, die auch im Ausgangsverfahren eine Rolle spielen, stellt sich letztlich also die Frage nach der Auflösung jenes Spannungsverhältnisses respektive ob sich das Bundesverfassungsgericht auf die Tatsachenermittlungen des Ausgangsgerichts stützen darf oder sogar muss.[384] An dieser Stelle gilt es, weiter zu differenzieren:

Richtet sich die Urteilsverfassungsbeschwerde in *materieller* Hinsicht gegen die Entscheidung des Fachgerichts – etwa mit der Begründung, das Fachgericht habe eine verfassungswidrige Norm angewendet[385] oder aber bei der Rechtsanwendung insbesondere Bedeutung und Tragweite einschlägiger Grundrechte verkannt[386] –, kommt durchaus häufiger in Betracht, dass sich die Tatsachengrundlagen beider Gerichtsverfahren teilweise decken, so z.B. wenn bereits das Ausgangsgericht die Verfassungsmäßigkeit des streitigen Rechtssatzes geprüft[387] oder die einschlägigen – womöglich aber in ihrer Tragweite verkannten – Grundrechte angewendet[388] hat. Der erstgenannte Fall stellt im Übrigen eine „verschleierte"[389] Normenkontrolle dar und wirft somit zudem die bereits angerissenen Fragestellungen auf.[390]

Rügt der Beschwerdeführer dagegen das *Verfahren* vor dem Ausgangsgericht als solches, also die Verletzung von Verfahrensgrundrechten (z.B. Art. 101 Abs. 1 S. 2, 103 Abs. 1, Abs. 3 GG), weicht der entscheidungserhebliche Sachverhalt in aller Regel vollständig von der Tatsachenbasis des Ausgangsverfahrens ab:[391] Letztere betrifft den konkret-individuellen Lebenssachverhalt der Streitparteien des Ausgangsverfahrens, wohingegen der für die Verfassungsbeschwerde maßgebliche Sachverhalt in dem tatsächlichen Ablauf des Verfahrens vor dem

---

[383] (Nur) dieser Umstand wird mit der gängigen Formulierung, das Bundesverfassungsgericht sei keine „Superrevisions-" bzw. „Superberufungsinstanz", umschrieben, vgl. nur *Brink,* in: Linien, S. 1 (16); *Detterbeck,* in: Sachs, GG, Art. 93 Rn. 90; *Haberzettl,* NVwZ-Extra 2015, 1 (5); deutlich auch *Kluth,* NJW 1999, 3513 (3514 und 3517).

[384] Dazu S. 141 ff. sowie S. 173 f.

[385] Hierzu *Benda/Klein,* Rn. 653; *Detterbeck,* in: Sachs, GG, Art. 93 Rn. 90; *Schlaich/Korioth,* Rn. 326 f.

[386] S. etwa BVerfGE 30, 173 (182 ff.); 99, 145 (160 ff.); 100, 214 (222 ff.); 101, 361 (388 f.); 108, 282 (294 ff., insb. 306 f.).

[387] Auf diese Möglichkeit weist auch *Kley,* VerwArch 2016, 359 (371 f.), hin. Keine Prüfung der Verfassungsmäßigkeit der angewendeten Normen durch die Fachgerichte fand dagegen z.B. im Vorfeld des verfassungsgerichtlichen Urt. v. 24.07.2018 betreffend die Patientenfixierung statt, vgl. NZFam 2018, 724 (725 Rn. 11 ff.).

[388] Vgl. etwa die Nachweise in Fn. 386.

[389] *Ossenbühl,* in: 25 J. BVerfG I, S. 458 (492).

[390] S. oben S. 73 f.; dazu auch sogleich auf S. 83 f.

[391] Vgl. *Ossenbühl,* in: 25 J. BVerfG I, S. 458 (492); ebenso *Haberzettl,* in: B/D/S, § 26 Rn. 15; *ders.,* NVwZ-Extra 2015, 1 (5).

Ausgangsgericht besteht.[392] Derartige Urteilsverfassungsbeschwerden lassen sich somit ohne Einschränkungen als „erstinstanzliche" Verfahren begreifen.[393] In der Konsequenz ist das Bundesverfassungsgericht hier gezwungen, den erheblichen Tatsachenstoff selbständig festzustellen (sprich etwa zu ermitteln, ob der Beschwerdeführer im Prozess gehört wurde oder das Gericht Tatsachen ignoriert hat).[394] Eine Besonderheit bildet außerdem der Charakter der in den zuletzt genannten Urteilsverfassungsbeschwerdeverfahren entscheidungserheblichen Tatsachen: Da sich der gerügte Verfahrensverstoß grundsätzlich aus Einzeltatsachen ergeben wird, sind es hier ausnahmsweise nicht generelle, sondern konkrete Tatsachen, die das Bundesverfassungsgericht ganz überwiegend festzustellen hat.

2. Verfassungsbeschwerden gegen Rechtssätze

Die Rechtssatzverfassungsbeschwerde (dies sind insbesondere sämtliche kommunale Verfassungsbeschwerden, vgl. Art. 93 Abs. 1 Nr. 4b GG, § 91 S. 1 BVerfGG,[395] wenngleich sich auch Individualverfassungsbeschwerden gegen Gesetze richten können, vgl. nur §§ 94 Abs. 4, 95 Abs. 3 BVerfGG) lässt sich im Grunde als eine besondere Form der Normenkontrolle[396] begreifen: Den Beschwerdegegenstand bildet hier grundsätzlich[397] eine Außenwirkung entfaltende Rechtsnorm gleich welcher Rangstufe[398], die – im Falle der *zulässigen* Verfassungsbeschwerde – ebenso wie in Normenkontrollverfahren vollständig auf ihre Vereinbarkeit mit der Verfassung hin überprüft wird.[399] Mithin kann die Notwendigkeit der Feststellung insbesondere (zukünftiger) genereller, die gesetzliche Regelung „stützender" Tatsachen hier in gleicher Weise bestehen, wie im Verfahren der abstrakten bzw. konkreten Normenkontrolle. Dementsprechend herrscht auch

---

[392] Gewisse Überschneidungen kann es dagegen auch hier geben, wenn der Ablauf konkret der *Tatsachenermittlungen* durch das Fachgericht gerügt wird; s. dazu unten S. 148 ff.

[393] Treffend *Ossenbühl*, in: 25 J. BVerfG I, S. 458 (492).

[394] Vgl. etwa BVerfGE 48, 206 (208 f.) zu fehlenden Ermittlungen des Ausgangsgerichts bzgl. einer versäumten Berufungsbegründungsfrist, die insofern seitens des Bundesverfassungsgerichts nachzuholen waren (a. a. O., 208); BVerfG, Beschl. v. 24.01.2012 – 1 BvR 1819/10 –, juris Rn. 18 ff., betreffend das ungerechtfertigte Übergehen eines Beweisangebots im Zivilprozess.

[395] S. BVerfGE 107, 1 (8) m.w. N.; *Benda/Klein,* Rn. 647; *Detterbeck*, in: Sachs, GG, Art. 93 Rn. 100.

[396] Die kommunale Verfassungsbeschwerde wird überwiegend als „Normenkontrolle mit gegenständlich begrenzter Antragsbefugnis" bezeichnet, statt aller *Schlaich/Korioth*, Rn. 192 m.w. N.

[397] Ausnahmsweise kommt auch ein Unterlassen des Normgebers in Betracht, vgl. dazu *Bethge*, in: Maunz u. a., § 90 Rn. 218 ff. (Stand: Februar 2018).

[398] S. nur *Lenz/Hansel*, § 90 Rn. 161 m.w. N.

[399] Grundsätzlich zum Prüfungsmaßstab in Verfassungsbeschwerdeverfahren BVerfGE 53, 366 (390); 54, 53 (66 f.); 70, 138 (162); s. aus der Literatur *Schlaich/Korioth*, Rn. 224.

hier ein Spannungsverhältnis zwischen Bundesverfassungsgericht und „tatsachenfeststellendem Gesetzgeber".

Im Rahmen der Rechtssatzverfassungsbeschwerde ist das Gericht mit der Prüfung der gerügten Rechtsnorm erstinstanzlich betraut. Es ist jedoch zu bemerken, dass jene Beschwerde angesichts ihrer restriktiven Sachentscheidungsvoraussetzungen (genauer: des Erfordernisses der unmittelbaren Betroffenheit des Beschwerdeführers sowie des Grundsatzes der Rechtswegerschöpfung und der Subsidiarität, vgl. §§ 90 Abs. 2 S. 1, 91 S. 2 BVerfGG) regelmäßig[400] in *mittelbarer* Form erhoben wird: Dies bedeutet, dass eine auf der für verfassungswidrig gehaltenen Norm beruhende Entscheidung eines anderen (i. d. R. Fach-)Gerichts zum unmittelbaren Gegenstand der (dann *Urteils-*)Verfassungsbeschwerde gemacht wird, um die Norm – mittelbar – angreifen zu können.[401]

Die Entscheidung des Fachgerichts bildet dabei die Anwendung der Rechtsnorm auf einen bestimmten Einzelfall ab, betrifft also einen anderen Verfahrensgegenstand als die Entscheidung des Bundesverfassungsgerichts im Verfassungsbeschwerdeverfahren. Dennoch ist in dieser Konstellation wie dargelegt[402] zumindest nicht ausgeschlossen, dass sich das Fachgericht, häufig gar in mehreren Instanzen, auch mit der Frage der Verfassungsmäßigkeit des betreffenden Rechtssatzes beschäftigt und zu diesem Zweck das insofern entscheidungserhebliche Tatsachenmaterial (partiell) ermittelt hat, bevor das Bundesverfassungsgericht im Beschwerdeverfahren mit dieser Rechtsfrage betraut wird. Sonach kann auch hier aus Sicht des Bundesverfassungsgerichts zuweilen die *Möglichkeit* bestehen, auf fachgerichtlich geprüftes Tatsachenmaterial zuzugreifen.[403]

3. Verfassungsbeschwerden gegen Handeln der Exekutive

Auch (Individual-)Verfassungsbeschwerden, die sich unmittelbar gegen Akte der Exekutive richten, kommen angesichts der nach geltendem Prozessrecht – in Umsetzung der Rechtsschutzgarantie des Art. 19 Abs. 4 GG grundsätzlich umfassend – gewährten Möglichkeit, entsprechenden Rechtsschutz vor den Fachgerichten (i. d. R. den Verwaltungsgerichten, vgl. § 40 Abs. 1 S. 1 VwGO) zu erlangen, in Verbindung mit den restriktiven Sachentscheidungsvoraussetzungen des § 90 Abs. 2 S. 1 BVerfGG praktisch selten in Betracht.[404] Der Beschwerdeführer ist

---

[400] Ein Beispiel für eine unmittelbar zulässige Verfassungsbeschwerde gegen eine Rechtsverordnung liefert BVerfGE 95, 173 (180) – Warnhinweise für Tabakerzeugnisse.

[401] So treffend *Benda/Klein,* Rn. 550.

[402] S. zuvor S. 82, insb. Fn. 387.

[403] S. zur Zulässigkeit dessen insb. S. 141 ff.

[404] In diesem Sinne statt aller *Benda/Klein,* Rn. 551; *Bethge,* in: Maunz u. a., § 90 Rn. 184 (Stand: Februar 2018); *Löwer,* in: HStR, Bd. III, § 70 Rn. 184. Ein Beispiel für eine mangels fachgerichtlicher Rechtsschutzmöglichkeit ausnahmsweise unmittelbar zulässige Verfassungsbeschwerde gegen den Erlass einer Rechtsverordnung findet sich in BVerfGE 95, 173 (180) – Warnhinweise für Tabakerzeugnisse.

danach grundsätzlich gehalten, Maßnahmen der Verwaltung zunächst mittels fachgerichtlicher Rechtsschutzmöglichkeiten zu begegnen.

Werden derartige Akte in der Folge „akzessorischer Bestandteil"[405] einer im Vordergrund stehenden *Urteils*verfassungsbeschwerde[406], erscheint das betreffende Fachgericht abermals als faktische „Vorinstanz" des Bundesverfassungsgerichts und stellt sich also die Frage der gerichtlichen „Zuständigkeiten" in Bezug auf die Ermittlung der jeweils entscheidungserheblichen Tatsachen (soweit diese deckungsgleich sind).

Im Übrigen ist auch die unmittelbare Anfechtung von Exekutivakten mittels Verfassungsbeschwerde nicht ausgeschlossen. Dies ist insbesondere zulässig, wenn die Verfassungsbeschwerde „von allgemeiner Bedeutung ist oder wenn dem Beschwerdeführer ein schwerer und unabweisbarer Nachteil entstünde, falls er zunächst auf den Rechtsweg verwiesen würde" (§ 90 Abs. 2 S. 2 BVerfGG).[407] In derartigen Fällen entscheidet das Bundesverfassungsgericht mithin ohne Einschränkungen „erstinstanzlich".

Soweit die administrative Normsetzung den Beschwerdegegenstand im Verfassungsbeschwerdeverfahren bildet, gilt ferner das zur Rechtsatzverfassungsbeschwerde Gesagte unmittelbar.[408] Insbesondere besteht auch hier ein Spannungsverhältnis zwischen den Tatsachenfeststellungen des Bundesverfassungsgerichts einerseits sowie des Gesetzgebers (hier: der Exekutive) andererseits.

VII. Sonstige Verfahren

Die sonstigen, dem Bundesverfassungsgericht durch Bundesgesetz i.V.m. Art. 93 Abs. 3 GG, § 13 Nr. 15 BVerfGG zugewiesenen Verfahren sind – ebenso wie bereits der Katalog des Art. 93 Abs. 1 GG – äußerst heterogen ausgestaltet. Der zu ermittelnde Tatsachenstoff ist entsprechend vielseitig, es bestehen insofern jedoch keine Besonderheiten gegenüber den bereits geschilderten Verfahren.

§ 26 Abs. 3 EuWG i.V.m. Art. 93 Abs. 3 GG, § 13 Nr. 15 BVerfGG etwa normiert die Zuständigkeit des Bundesverfassungsgerichts für die Prüfung der Wahl des Europäischen Parlaments, wobei das Gericht hier, wie auch bei der Prüfung der Bundestagswahl, im Anschluss an einen Beschluss des Bundestages tätig wird (§ 26 Abs. 2, 3 EuWG). Das zur Wahlprüfungsbeschwerde Gesagte gilt entsprechend.[409]

---

[405] *Bethge,* in: Maunz u. a., § 90 Rn. 184 (Stand: Februar 2018).

[406] S. zu (materiellen) Gesetzen als Exekutivakte bereits oben S. 82, 83 f.

[407] Vgl. etwa BVerfGE 7, 99 (105), für eine Verfassungsbeschwerde gegen eine Entscheidung betreffend Wahlkampfsendezeiten; sowie E 101, 54 (74), für eine unmittelbare Rechtsatzverfassungsbeschwerde.

[408] S. oben S. 83 f.

[409] S. oben S. 69 ff.

Mit dem Wahlprüfungsverfahren vergleichbar sind ferner die verfassungsgerichtlichen Verfahren nach dem Gesetz über das Verfahren bei Volksentscheid, Volksbegehren und Volksbefragung nach Artikel 29 Abs. 6 des Grundgesetzes.[410]

Gem. § 14 Abs. 4a S. 1 EuWG i.V.m. Art. 93 Abs. 3 GG, §§ 13 Nr. 15 BVerfGG ist das Gericht darüber hinaus zuständig für Beschwerden betreffend die Nichtzulassung von Wahlvorschlägen zur Wahl des Europäischen Parlaments durch den Bundeswahlausschuss. Dieser Verfahrensgegenstand entspricht dem Gegenstand der Nichtanerkennungsbeschwerde in Bundestagswahlsachen.[411]

Die Verfahren gem. § 32 Abs. 4 S. 2, 3 sowie § 33 Abs. 2 PartG i.V.m. Art. 93 Abs. 3 GG, § 13 Nr. 15 BVerfGG stehen wiederum in unmittelbarem Zusammenhang mit bereits rechtskräftig abgeschlossenen Parteiverbotsverfahren gem. Art. 93 Abs. 1 Nr. 5, 21 Abs. 2 u. 4 GG, §§ 13 Nr. 2, 43 ff. BVerfGG und sind ebenfalls erstinstanzlicher Natur.[412]

Eine Sonderzuständigkeit des Bundesverfassungsgerichts normieren ferner § 36 Abs. 2 S. 1 PUAG i.V.m. Art. 93 Abs. 3 GG, §§ 13 Nr. 11a, 82a BVerfGG. Demgemäß entscheidet das Gericht auf Vorlage des Bundesgerichtshofs über die Verfassungsmäßigkeit des Beschlusses des Bundestages über die Einsetzung eines Untersuchungsausschusses. Es handelt sich formell um ein gerichtliches Zwischenverfahren ähnlich der konkreten Normenkontrolle:[413] Auch in Verfahren nach § 36 Abs. 2 PUAG hat das vorlageberechtigte Fachgericht (konkret der Bundesgerichtshof) die Verfassungsmäßigkeit des Vorlagegegenstandes (wenngleich es sich bei diesem nicht um ein Gesetz, sondern den parlamentarischen Einsetzungsbeschluss handelt) zu prüfen, ehe es dem Bundesverfassungsgericht eben diese (Verfassungsrechts-)Frage vorlegt.[414] Dies lässt den Bundesgerichtshof gewissermaßen (faktisch) zu einer „tatsachenfeststellenden Vorinstanz" des Verfassungsgerichts werden.[415]

---

[410] S. dazu auch *Burkiczak,* in: B/D/S, § 13 Rn. 45.

[411] S. oben S. 71 ff. Die für dieses Verfahren geltenden Normen (§§ 96a ff. BVerfGG, ausgenommen § 96a Abs. 1) finden demgemäß ausdrücklich entsprechende Anwendung auf das Verfahren nach § 14 Abs. 4a S. 1 EuWG.

[412] § 32 PartG betrifft die Vollstreckung eines Parteienverbots, § 33 PartG Ersatzorganisationen der verbotenen Partei. Nur bei dem Verfahren gem. § 32 Abs. 4 S. 2 PartG handelt es sich um ein Zwischenverfahren respektive wird die verfassungsgerichtliche Entscheidung im Rahmen eines bei einem Verwaltungsgericht anhängigen Verfahrens eingeholt, sodass das Verfassungsgericht möglicherweise auf die Feststellungen des Fachgerichts zurückgreifen kann.

[413] Deren Verfahrensrecht wird hier dementsprechend für sinngemäß anwendbar erklärt, vgl. § 82a BVerfGG.

[414] Vgl. dazu nur *Dollinger,* in: B/D/S, § 82a Rn. 11.

[415] Auch hier mag also das Verhältnis des Bundesverfassungsgerichts zu den sonstigen Gerichten für die Tatsachenermittlung relevant werden; es kann auf die Ausführungen zur konkreten Normenkontrolle verwiesen werden; s. oben S. 76 f.

Ähnliches gilt für die verfassungsgerichtlichen Verfahren gem. § 39 Abs. 2 S. 2 SGG sowie § 50 Abs. 3 VwGO, jeweils i.V.m. Art. 93 Abs. 3 GG, § 13 Nr. 15 BVerfGG, die ebenfalls auf Vorlage eines Bundesgerichts – konkret des Bundessozialgerichts bzw. des Bundesverwaltungsgerichts – eröffnet werden,[416] wobei insofern jedoch eine Besonderheit hinsichtlich des Verfahrensgegenstands besteht: Materiell wird hier nicht die Verfassungsmäßigkeit eines Rechtsakts geprüft, sondern geht es – zumindest zunächst – allein um die Frage, ob eine beim Bundessozialgericht bzw. Bundesverwaltungsgericht anhängige öffentlich-rechtliche Streitigkeit zwischen dem Bund und den Ländern oder zwischen einzelnen Ländern verfassungsrechtlichen Charakter hat. Soweit das Bundesgericht zu dieser Auffassung gelangt, hat es den Rechtsstreit gem. § 39 Abs. 2 S. 2 SGG bzw. § 50 Abs. 3 VwGO dem Bundesverfassungsgericht vorzulegen. Selbiges bestimmt daraufhin verbindlich die Rechtsnatur des anhängigen Streites, welche sich maßgeblich nach dem Charakter des zwischen den Parteien bestehenden Rechtsverhältnisses richtet.[417] Den zu subsumierenden Sachverhalt bilden damit die äußeren Umstände dieses Rechtsverhältnisses.[418] Nur soweit das Bundesverfassungsgericht in diesem Zwischenverfahren zu dem Ergebnis kommt, es handele sich um eine verfassungsrechtlich zu beurteilende Streitigkeit, entscheidet es diese im Folgenden auch in der Sache abschließend (indem es die verfassungsrechtlichen Normen auf den Einzelfall anwendet).[419] In diesem Fall nimmt das Verfahren den Charakter eines verfassungsprozessualen Bund-Länder-Streits an.[420] Das vorlegende Bundesgericht fungiert insofern insbesondere nicht mehr als „Vorinstanz".

Ein verfassungsprozessuales „Novum"[421] stellt die Verzögerungsbeschwerde dar, die 2011 ins Bundesverfassungsgerichtsgesetz eingeführt wurde (§§ 97a bis 97d BVerfGG).[422] Nach der Gesetzessystematik handelt es sich um ein allen anderen bundesverfassungsgerichtlichen Verfahrensarten akzessorisches Verfahren.[423] Dessen Tatsachenbasis stimmt jedoch mit dem Sachverhalt des jeweils

---

[416] Insg. dazu *Burkiczak,* in: B/D/S, § 13 Rn. 44. Zu § 39 Abs. 2 SGG *Berchtold,* in: ders./Richter, Sozialsachen, § 8 Rn. 52 f.; zu § 50 Abs. 3 VwGO *v. Albedyll,* in: Bader u. a., VwGO, § 50 Rn. 13.

[417] BVerfGE 109, 1 (6), m.w.N.

[418] Indes werden regelmäßig nicht jene Umstände, sondern die im konkreten Fall einschlägigen Normen streitig sein. Die Ermittlung des Sachverhalts wird sich sonach grundsätzlich aus den Gerichtsakten ergeben.

[419] BVerfGE 109, 1 (8 f.). Zu dem mittlerweile beigelegten Meinungsstreit betreffend die Prüfungskompetenz des Bundesverfassungsgerichts in diesem Kontext m.w.N. *Bier,* in: Schoch/Schneider/ders., VwGO, § 50 Rn. 24 (Stand: Juli 2019).

[420] Dies bedeutet, dass sämtliche Sachentscheidungsvoraussetzungen dieser Verfahrensart gegeben sein müssen, vgl. zu dem insofern ggf. entstehenden Fristenproblem BVerfGE 109, 1 (10). Zum Bund-Länder-Streit oben S. 66 ff.

[421] *Bethge,* in: Maunz u. a., § 13 Rn. 19 (Stand: Mai 2017).

[422] Ausführlich zu dieser *T. I. Schmidt,* in: FS Klein, S. 485 ff. (insb. 502 ff.).

[423] Ebenso *Bethge,* in: Maunz u. a., § 13 Rn. 19 (Stand: Mai 2017).

vorhergehenden Verfassungsprozesses nicht überein. Vielmehr bilden insbesondere die Dauer des der Beschwerde vorausgehenden Verfahrens sowie die Ursachen eben dieser Dauer die Subsumtionstatsachen der Verzögerungsbeschwerde, welche das Bundesverfassungsgericht – als erste (und letzte) Instanz – zu ermitteln hat. Sonach wird es hier, ähnlich der Urteilsverfassungsbeschwerde betreffend Verfahrensverstöße[424], überwiegend um die Feststellung *konkreter* Tatsachen gehen.

VIII. Verfahren im einstweiligen Rechtsschutz

Nach § 32 BVerfGG ist das Bundesverfassungsgericht ferner in *allen* verfassungsgerichtlichen Verfahren (sofern nicht ausnahmsweise anderes bestimmt ist[425]) zuständig für die Gewährung einstweiligen Rechtsschutzes, „wenn dies zur Abwehr schwerer Nachteile, zur Verhinderung drohender Gewalt oder aus einem anderen wichtigen Grund zum gemeinen Wohl dringend geboten ist" (Abs. 1).[426]

Im einstweiligen Rechtsschutz richtet sich der mehr oder weniger umfangreiche und komplexe Tatsachenbezug des Verfahrens zunächst nach dem jeweiligen Streitgegenstand der Hauptsache. Gleichermaßen hängt die Frage, ob bereits eine staatliche „Vorinstanz" (i. w. S.) mit dem einstweilen zu regelnden Sachverhalt betraut war respektive entsprechende Ermittlungen vorliegen, von dem konkreten Streitgegenstand ab.

Darüber hinaus erfordert die Prüfung des § 32 BVerfGG nicht selten spezifische Feststellungen betreffend besondere (generelle wie konkrete) *zukünftige* Tatsachen: Denn sofern das Hauptsacheverfahren nicht ausnahmsweise offensichtlich unzulässig oder unbegründet ist, wägt das Gericht in Eilverfahren diejenigen Nachteile, die einträten, wenn eine einstweilige Anordnung nicht erginge, das Hauptsacheverfahren gleichwohl Erfolg hätte, mit denjenigen Nachteilen ab, die entstünden, wenn selbige Anordnung erlassen würde, dem Verfahren in der Hauptsache der Erfolg aber zu versagen wäre (sog. Doppelhypothese).[427] Die im Rahmen dieser speziellen Folgenabwägung beachtlichen *zu erwartenden tatsächlichen Folgen* der verschiedenen „Handlungsvarianten" gilt es hier folglich –

---

[424] S. oben S. 82 f.

[425] Dazu *Lenz/Hansel*, § 32 Rn. 1. Ausgeschlossen ist vorläufiger Rechtsschutz im Verfahren der Nichtanerkennungsbeschwerde gem. § 96 a Abs. 3.

[426] Eine besondere Zuständigkeit für den Erlass einstweiliger Anordnungen normiert darüber hinaus § 16 Abs. 3 WahlPrG i. V. m. Art. 93 Abs. 3 GG, § 13 Nr. 15 BVerfGG betreffend die Entscheidung des Bundestages über den Verlust der Mitgliedschaft eines Abgeordneten.

[427] Statt aller BVerfGE 106, 369 (373); 122, 342 (361); 131, 47 (55); 143, 65 (87); sowie aus der Literatur *Schoch*, in: 50 Jahre BVerfG I, S. 695 (703 ff.); *Walter*, in: ders./Grünewald, § 32 Rn. 42 ff. Zur Kritik an der Doppelhypothese *Hillgruber/Goos*, Rn. 875 ff. m.w.N.

erstinstanzlich – seitens des Bundesverfassungsgerichts festzustellen.[428] Dabei aufgrund des rein prognostischen Blickwinkels der Prüfung bestehende praktische Herausforderungen werden durch den Eilzweck des Verfahrens, mithin in zeitlicher Hinsicht potenziert.

Insbesondere das enge zeitliche „Korsett" des einstweiligen Rechtsschutzes mag es im Übrigen rechtfertigen, in diesen Verfahren hinsichtlich des gesamten entscheidungserheblichen Sachverhalts beweisrechtliche Erleichterungen bei der Tatsachenfeststellung durch das Gericht zu implementieren; dies wird im weiteren Verlauf der Arbeit zu berücksichtigen sein.[429]

C. Fazit: Das Bundesverfassungsgericht als Tatsacheninstanz

Die vorangegangene Untersuchung des Tatsachenbezugs der verfassungsgerichtlichen Verfahren hat zunächst gezeigt, dass das Bundesverfassungsgericht neben Rechtsfragen *in aller Regel* auch mit Tatsachenfragen konfrontiert ist, obliegt diesem doch in nahezu sämtlichen Verfahren nach der Verfassung die Aufgabe der (zumeist Verfassungs-)Rechts*anwendung* auf einen spezifischen (feststellungsbedürftigen) Sachverhalt.[430] Einzig im Rahmen des sog. Divergenzverfahrens beschränkt sich der Gegenstand der richterlichen Prüfung auf die Beantwortung der vorgelegten Verfassungsrechtsfrage respektive kommt dem Gericht die isolierte Aufgabe der Rechts*auslegung* zu, ohne die ausgelegte Verfassungsnorm anschließend auch auf einen bestimmten (und insofern feststellungsbedürftigen) Fall anwenden zu müssen.

Weiter wurde deutlich, dass das Bundesverfassungsgericht aufgrund der konkreten Ausgestaltung seiner Zuständigkeiten grundsätzlich „erstinstanzlich" tätig wird,[431] sprich als *erstes* (im Übrigen zugleich letztes) *Gericht* mit Blick auf die spezifische Rechtsfrage über den jeweiligen Sachverhalt entscheidet. Wenngleich es wie dargelegt Stimmen in der Literatur gibt, die das Bundesverfassungsgericht nicht als eine solche bezeichnen wollen,[432] kann sonach kein begründeter Zweifel daran bestehen, dass selbiges eben auch „Tatsacheninstanz"[433] ist.

---

[428] Eine reine Tatsachen-Folgenabwägung findet sich z.B. in BVerfGE 106, 369 (377 f.); s. auch E 80, 360 (363 ff.). Vgl. ferner *Walter,* in: ders./Grünewald, § 32 Rn. 36; *Zuck,* Verfassungsbeschwerde, Rn. 1149.

[429] Vgl. etwa S. 151 f., 235 sowie 239 f.

[430] S. auch *Bryde,* in: 50 Jahre BVerfG I, S. 533 (533).

[431] So schon die Einschätzung von *Kluth,* NJW 1999, 3513 (3514).

[432] S. oben Fn. 8, 279.

[433] Ebenso *Hergenröder,* Rechtsfortbildung, S. 369; *Korioth,* in: 50 Jahre BVerfG I, S. 55 (63); *Mahrenholz,* in: Lehre S. 167 (168); *Redeker,* NJW 1999, 2111 (2113); *Walter,* in: ders./Grünewald, § 26 Rn. 1; s. auch *Bickenbach,* Einschätzungsprärogative, S. 488. In diesem Sinne ferner *Kluth,* NJW 1999, 3513 (3514) sowie *Bryde,* in: 50 Jahre BVerfG I, S. 533 (533), der diese Feststellung indes unzutreffend auf einzelne

Versteht man den Begriff des Instanzenzugs eng, gilt der Befund, das Bundes-verfassungsgericht sei „erste Instanz", gar ausnahmslos, ist dieses als außer-ordentlicher Spruchkörper gerichtsorganisatorisch doch gerade nicht in einen solchen Zug eingegliedert (vgl. § 1 Abs. 1 BVerfGG).

Versteht man jenen Begriff „untechnisch" weit, herrschen insoweit zwar Aus-nahmen: Zum einen wird das Verfahren vor dem Bundesverfassungsgericht zu-weilen durch Vorlage eines anderen Gerichts eröffnet (so im Falle der konkreten Normenkontrolle, zu Teilen des Normenqualifikationsverfahrens, des Völker-rechtsverifikationsverfahrens und der Verfahren nach §§ 36 Abs. 2 S. 1 PUAG, 39 Abs. 2 S. 2 SGG sowie 50 Abs. 3 VwGO). Zum anderen ist in Urteilsverfas-sungsbeschwerdeverfahren über die Entscheidung eines anderen Gerichts zu ur-teilen. In den genannten Fällen ist der dem Bundesverfassungsgericht vorgelegte Sachverhalt zuvor also (untechnisch gesprochen) Gegenstand eines unabhängigen Gerichtsverfahrens gewesen respektive jedenfalls theoretisch durch ein anderes (i. a. R. Fach-)Gericht aufbereitet worden. Auch soweit der Blick auf eben diese Verfahrensarten gelenkt wird, gilt jedoch, dass sie in Bezug auf die Zuständigkei-ten des Gerichts die Minderzahl bilden. Zudem geht dem Verfassungsprozess hier nur scheinbar eine tatsachenfeststellende gerichtliche Instanz voraus. Denn die Verfahrensgegenstände der „ersten" und „zweiten" Instanz sind in diesen Fällen, wie dargelegt, gerade nicht (jedenfalls nicht stets und auch nicht vollständig) deckungsgleich. Damit erweisen sich einzelne Tatsachen nur möglicherweise als in beiden Verfahren entscheidungserheblich. (Nur) dann stellt sich aber die Frage, ob sich das Bundesverfassungsgericht hinsichtlich des erheblichen Tatsachenma-terials auf die Feststellungen der gerichtlichen „Vorinstanz" stützen darf oder gar muss. Ungeachtet ihrer Häufigkeit wird diese Konstellation (anders gewendet das Verhältnis zwischen den Tatsachenfeststellungen des Bundesverfassungsgerichts einerseits sowie der „Ausgangsgerichte" andererseits) im Folgenden aus beweis-rechtlicher Sicht zu untersuchen sein.[434]

Darüber hinaus ist zu konstatieren, dass den Entscheidungen des Bundes-verfassungsgerichts in bestimmten Verfahren diesbezügliche Sachentscheidungen anderer – wenngleich nicht gerichtlicher, so doch staatlicher – „Instanzen" vor-ausgehen, die aufgrund eigener Tatsachenfeststellungen ergehen und damit Aus-wirkungen auf die Tatsachenfeststellung des Gerichts respektive das Beweisrecht haben können. Auch hierauf gilt es im weiteren Verlauf der Arbeit einzugehen.[435]

Als entsprechende „Vorinstanz" in Betracht kommen zunächst der Bundesrat sowie der Bundestag in „gerichtsähnlicher Funktion", nämlich in Ansehung des

---

Verfahrensarten beschränkt (a. a. O., 535, 541 ff.). *Bethge,* in: Maunz u. a., § 90 Rn. 322 (Stand: Februar 2018), versteht das Gericht wiederum als Tatsachengericht mit „Ein-schränkungen".

[434] S. insb. S. 141 ff., 173 f. und 255 ff.
[435] S. insb. S. 174 ff., 205 ff., 263 ff. und 322 f.

Mängelrügeverfahrens bzw. des Wahlprüfungsverfahrens[436]. Beide Verfahren dienen der rechtlichen Prüfung im Vorfeld eines Verfassungsprozesses und betreffen dabei den gleichen Verfahrensgegenstand wie dieser. Somit liegt dem außergerichtlichen wie gerichtlichen Verfahren hier derselbe Sachverhalt zugrunde und lassen sich entsprechende Feststellungen des Bundesrates bzw. des Bundestages zumindest theoretisch vonseiten des Gerichts „übernehmen".

Auch die Exekutive tritt im Verfassungsprozess als tatsachenfeststellende staatliche „Vorinstanz" in Erscheinung und zwar soweit exekutives Handeln der konkreten richterlichen Kontrolle unterliegt (insbesondere also im Verfassungsbeschwerdeverfahren gegen Verwaltungshandeln, aber auch in Normenkontrollverfahren betreffend administrative Normsetzung sowie in gegen den Beschluss des Bundeswahlausschusses gerichteten Nichtanerkennungsbeschwerdeverfahren).

Eine besondere Rolle spielen zuletzt die den verfassungsgerichtlichen Verfahren vorausgehenden Sachverhaltsfeststellungen des formellen Gesetzgebers. Diese werden stets relevant, wenn das Bundesverfassungsgericht eine einfachgesetzliche (formelle) Norm auf ihre Verfassungsmäßigkeit hin prüft, was nicht nur in sämtlichen Normenkontrollverfahren der Fall sein kann, sondern inzidenter auch in den Verfahren der Normenqualifikation, der Wahlprüfung, der Verfassungsbeschwerden sowie den kontradiktorischen Verfahren. Da der Gesetzgeber den für die (unmittelbare wie mittelbare) Normenkontrolle entscheidungserheblichen Sachverhalt, sprich die der Norm zugrunde liegenden Tatsachen, noch vor deren Erlass ermittelt haben wird, liegen dem Gericht in den genannten Verfahren entsprechende Tatsachenfeststellungen vor. Antagonistische Tatsachenfeststellungen des Bundesverfassungsgerichts bergen hier im Mindesten politisches Konfliktpotential.

Trotz des erstinstanzlichen Charakters der verfassungsgerichtlichen Verfahren lässt sich mithin feststellen, dass die in diesen Verfahren entscheidungserheblichen Subsumtionstatsachen *regelmäßig* (zumindest partiell) durch eine andere staatliche Stelle festgestellt worden sein werden, ehe das Bundesverfassungsgericht mit dem betreffenden Sachverhalt betraut wird. Etwas anderes mag allein in denjenigen Verfahren gelten, denen keine staatliche Sachentscheidung vorausgeht, grundsätzlich also nur in den sog. quasi-strafrechtlichen Verfahren. Nicht zuletzt hieran zeigt sich deutlich der spezifische Charakter des Verfassungsprozesses in Zusammenhang mit der Ermittlung von Tatsachen.

Vorstehendes Kapitel hat ferner die These, das Bundesverfassungsgericht werde in seinen Verfahren vornehmlich mit generellen Tatsachen konfrontiert,[437] bestätigt: Die Mehrzahl der Verfahrensarten erfordert angesichts der spezifischen

---

[436] Gemeint sind hier sowohl das Wahlprüfungsverfahren nach Art. 41 Abs. 1 S. 1 GG i.V.m. WahlPrG als auch § 26 EuWG.

[437] S. oben S. 53 ff. (und auch bereits S. 41 ff.).

Verfahrensgegenstände sowie Prüfungsmaßstäbe respektive des besonderen Prüfprogramms der Verfassungsnormen die Feststellung komplexer, oftmals zukünftiger genereller Tatsachen. Einzeltatsachen spielen dagegen eine nur untergeordnete Rolle.[438] Lediglich in Urteilsverfassungsbeschwerden, die sich gegen Verfahrensverstöße eines Fachgerichts richten, sowie in Verfahren der Verzögerungsbeschwerde hat das Gericht überwiegend konkrete Tatsachen zu ermitteln. Dieser Befund lässt Besonderheiten im Beweiserhebungsverfahren vor dem Bundesverfassungsgericht, der Beweiswürdigung sowie rechtliche Anpassungen des geltenden Beweismaßes erwarten.[439]

Zuletzt ist darauf hinzuweisen, dass das Beweisrecht außerdem dort besondere Regelungen erfordern wird, wo die verfassungsgerichtlichen Verfahren in zeitlicher Hinsicht stark eingeschränkt sind, mithin vor allem[440] im einstweiligen Rechtsschutz.

---

[438] So schon das Ergebnis der (die Jahre 1951 bis 1969 erfassenden) rechtspraktischen empirischen Untersuchung von *Philippi,* Tatsachen, S. 10.

[439] Dazu S. 277 ff., 312 ff. und 323 ff.

[440] Denkbar auch in Verfahren der Nichtanerkennungsbeschwerde; vgl. zudem das „Zügigkeitsgebot" in Wahlprüfungsverfahren, dazu m.w.N. *Klein,* in: Maunz/Dürig, GG, Art. 41 Rn. 75 (Stand: Januar 2013).

Vierter Teil

Quellen des Beweisrechts
und allgemeine Beweisgrundsätze

Vor dem Hintergrund des dargelegten Tatsachenbegriffs sowie der Zuständigkeit des Bundesverfassungsgerichts als Tatsacheninstanz stellt sich die Frage, wie das Gericht im Rahmen seiner Zuständigkeit mit eben jenen Tatsachen umzugehen hat, die den Sachverhalt der jeweiligen Rechtsfrage bilden (sog. Subsumtionstatsachen). Um diese Frage beantworten zu können, bedarf es im Folgenden zunächst der Klärung sowohl der einschlägigen Rechtsquellen als auch der geltenden allgemeinen Beweisgrundsätze.

A. Quellen des Beweisrechts

Als zentrale Materie des Verfassungsprozessrechts[441] findet sich das gesetzlich kodifizierte Beweisrecht des Bundesverfassungsgerichts, entsprechend dem übrigen Verfassungsprozessrecht, primär im Bundesverfassungsgerichtsgesetz (BVerfGG). Ferner zählen zu den geschriebenen Rechtsquellen des Beweisrechts sowohl das Grundgesetz als auch die Geschäftsordnung des Bundesverfassungsgerichts. Zudem existieren punktuelle Verweisungen auf Vorschriften anderer Prozessordnungen. Darüber hinaus kommt der Rechtsprechung des Bundesverfassungsgerichts als eigenständige Rechtsquelle[442] des Beweisrechts Bedeutung zu. Im Folgenden werden die genannten Rechtsquellen des verfassungsgerichtlichen Beweisrechts genauer dargelegt.

I. Einfachgesetzliche Rechtsgrundlagen

1. Bundesverfassungsgerichtsgesetz

Das in den Verfahren vor dem Bundesverfassungsgericht geltende Beweisrecht hat seinen einfachgesetzlichen Niederschlag, wie dargelegt, namentlich im

---

[441] Das Verfassungsprozessrecht setzt sich aus sämtlichen Rechtsnormen zusammen, die dasjenige Verfahren vor dem Verfassungsgericht regeln, in dem materielle Verfassungsfragen verbindlich entschieden werden sollen; so schon *Benda/Klein,* Rn. 29. Zur Rolle des Beweisrechts als einer zentralen Materie des Prozessrechts bereits oben S. 27 mit Fn. 53.

[442] So für das Verfassungsprozessrecht in seiner Gesamtheit *Benda/Klein,* Rn. 33; vgl. auch anhand von Beispielen *E. Klein,* in: 50 Jahre BVerfG I, S. 507 (521 ff.).

BVerfGG gefunden. Dieses regelt die „Verfassung und das Verfahren" des Bundesverfassungsgerichts in Umsetzung der gleichlautenden Regelungsermächtigung des Bundesgesetzgebers in Art. 94 Abs. 2 GG, ohne jedoch eine abschließende Prozessordnung zu enthalten. Vielmehr „beschränkt [es] sich auf wenige, unbedingt erforderliche, den Besonderheiten des verfassungsgerichtlichen Verfahrens angepasste Bestimmungen"[443].

Angelpunkt des verfassungsgerichtlichen *Beweisrechts* ist § 26 Abs. 1 S. 1 BVerfGG, demgemäß „das Bundesverfassungsgericht [...] den zur Erforschung der Wahrheit erforderlichen Beweis [erhebt]" und der – entsprechend der Systematik des Bundesverfassungsgerichtsgesetzes – (ebenso wie §§ 17–35c im Übrigen) für sämtliche Verfahrensarten gemeinhin gilt[444]. Für das Beweisrecht in allgemeiner Form relevant werden außerdem namentlich die §§ 20, 23 Abs. 1 S. 2 und Abs. 2, 25 Abs. 1, 26 Abs. 1 S. 1, 2 und Abs. 2, 27, 27a, 28, 29, 30 Abs. 1 S. 1, 32 Abs. 1 und 2, 33 Abs. 2 BVerfGG.

Der, untechnisch gesprochen, „Besondere Teil" des BVerfGG enthält darüber hinaus verschiedene spezielle, grundsätzlich[445] nur für einzelne Verfahrensarten geltende beweisrechtlich relevante Regelungen.[446]

Bereits an dieser Stelle sei bemerkt, dass Regelungen betreffend Beweisanträge[447], Fragerechte der Beteiligten bei der Anhörung (i. w. S.) Sachkundiger[448], Mitwirkungslasten der Verfahrensbeteiligten bzw. Dritter bei der gerichtlichen Sachaufklärung[449] sowie die Ermittlung und Würdigung *genereller* Tatsachen[450] im BVerfGG gänzlich fehlen.

---

[443] BVerfGE 1, 108 (110). Vgl. zur Unvollständigkeit des BVerfGG aus der Lit. statt aller *Bethge,* in: Maunz u. a., Vor § 17 Rn. 1 (Stand: Juni 2019); *Schlaich/Korioth,* Rn. 54.

[444] Die §§ 36 ff. BVerfGG enthalten besondere, nur für einzelne Verfahrensarten geltende verfassungsprozessuale Regelungen.

[445] Eine Ausnahme bildet insofern insb. § 82 Abs. 4 BVerfGG, der über § 22 Abs. 4 S. 2 GO-BVerfG für sämtliche Verfahren Geltung beansprucht.

[446] Vgl. (für auch nur mittelbar beweisrechtliche Bezüge) §§ 38, 47, 48 Abs. 1 Hs. 2, Abs. 2, 49 Abs. 3, 54, 55, 58 Abs. 1, 64 Abs. 1, 66a, 80 Abs. 2, 82, 82a, 83 Abs. 2, 86 Abs. 2, 92, 94, 95, 96, 96a Abs. 2, 96b, 96c BVerfGG.

[447] S. dazu unten S. 306 ff. Vgl. dementgegen z. B. § 244 Abs. 3–6 StPO für den Strafprozess.

[448] S. dazu S. 306. Auch fehlen Regelungen betreffend die Leitung des bereits eingeleiteten Verfahrens durch das Gericht oder richterliche Hinweispflichten, wie sie etwa § 139 ZPO für den Zivilprozess normiert.

[449] Hierzu unten S. 211 ff.

[450] Dazu *Sanders/Preisner,* DÖV 2015, 761 (767): „Allerdings scheint die Handhabung dieser Kontrolle durch das Gericht keinen klaren Regeln zu folgen, sondern sie erfolgt pragmatisch einzelfallbezogen. Dies mag damit zusammenhängen, dass das Beweisrecht, wie es im BVerfGG ausgeformt ist, der Behandlung von legislative facts nicht hinreichend Rechnung trägt."; krit. auch *Bryde,* in: FS 50 Jahre BVerfG, S. 533 (536); *Gärditz,* in: FS Puppe, S. 1557 (1561 f.). S. dazu S. 296 ff., 313 ff. u. 327 f.

2. Andere Prozessordnungen

Einen Generalverweis auf andere Prozessordnungen kennt das BVerfGG (anders als etwa die VwGO in § 173 S. 1) nicht. Allerdings verweist es in einzelnen Bereichen ausdrücklich auf bestimmte beweisrechtliche Normen sowohl der StPO als auch ZPO (vgl. die Verweise in § 28 Abs. 1 BVerfGG betreffend die Vernehmung von Zeugen und Sachverständigen sowie §§ 38 Abs. 1, 47 BVerfGG hinsichtlich Beschlagnahmen und Durchsuchungen). Diese Bestimmungen der StPO bzw. ZPO werden damit (in entsprechender Anwendung) Bestandteil auch des verfassungsprozessualen Beweisrechts.

3. Geschäftsordnung des Bundesverfassungsgerichts

Normenhierarchisch unterhalb der Regelungen des BVerfGG sowie der in Bezug genommenen Bestimmungen der StPO bzw. ZPO rangiert die Geschäftsordnung des Bundesverfassungsgerichts (GO-BVerfG[451]).[452] Diese wird gem. § 1 Abs. 3 BVerfGG durch das Plenum, sprich die Gesamtheit der Bundesverfassungsrichter beider Senate[453], beschlossen und ist ihrer Rechtsnatur nach als *Binnenrecht* zu qualifizieren, welches Rechtswirkungen gegenüber Dritten (insbesondere den Verfahrensbeteiligten) sonach nicht (zumindest nicht unmittelbar[454]) begründet.[455] Dennoch „lenkt" die Geschäftsordnung – soweit sie in Einklang sowohl mit dem Grundgesetz als auch dem einfachen Recht steht, in rechtlich nicht zu beanstandender Weise – das Tätigwerden des Gerichts (im Wege einer Selbstbindung) und spielt damit in der Verfahrenspraxis eine nicht unerhebliche Rolle.[456] Soweit die zuvor genannten beweisrechtlichen Regelungen des BVerfGG eine besondere Ausgestaltung in der GO-BVerfG erfahren haben, ist also auch diese grundsätzlich zu berücksichtigen.[457]

II. Verfassungsrecht

Obschon das Grundgesetz keine ausdrückliche Regelung betreffend das (verfassungsprozessuale) Beweisrecht kennt, wirkt es „unmittelbar und substanti-

---

[451] Geschäftsordnung des Bundesverfassungsgerichts vom 19.11.2014, BGBl. 2015 I, S. 286.

[452] H. M., vgl. nur *Burkiczak,* in: B/D/S, § 1 Rn. 105 m. w. N; *Detterbeck,* in: Sachs, GG, Art. 94 Rn. 9. A. A. (Gleichordnung) *T. I. Schmidt,* AöR 2003, 608 (636 ff.).

[453] Vgl. zum Plenum § 16 Abs. 1, 2 BVerfGG sowie BVerfGE 2, 79 (90).

[454] Mittelbare Außenwirkung entfaltet die GO-BVerfG freilich dadurch, dass sie eine Selbstbindung des Gerichts erzeugt; ebenso *Burkiczak,* in: B/D/S, § 1 Rn. 105.

[455] Ebenso *Bethe,* in: Maunz u. a., BVerfGG, § 1 Rn. 65, 79 (Stand: Oktober 2018); *Burkiczak,* in: B/D/S, § 1 Rn. 105. In diesem Sinne auch *Benda/Klein,* Rn. 32.

[456] Diese Einschätzung teilen *Benda/Klein,* Rn. 32. Krit. zu Regelungen der GO-BVerfG, die den äußeren Verfahrensgang betreffen und Rechte der Beteiligten gestalten, *Kunze,* in: U/C/D, Vor §§ 17 ff.

[457] Dies gilt namentlich für die §§ 22 Abs. 4, Abs. 5, 24 sowie 41 GO-BVerfG.

ell"[458] auf den gesamten Verfassungsprozess ein[459] und zeichnet damit zugleich das verfassungsgerichtliche Beweisrecht vor. Soweit die entsprechenden verfassungsrechtlichen Vorgaben einer einfachgesetzlichen Ausformung ermangeln, binden diese das Bundesverfassungsgericht im Prozess unmittelbar. Im Übrigen sind sie bei der Auslegung und Anwendung des einfachgesetzlichen Verfassungsprozessrechts zu berücksichtigen.

Durch das Bundesverfassungsgericht dergestalt zu beachtende beweisrechtliche Direktiven lassen sich namentlich dem *Rechtsstaatsprinzip* (Art. 20 Abs. 3 GG)[460] als der „Basis der Justizgewährung"[461] sowie den sog. *Verfahrensgrundrechten* (genauer Art. 19 Abs. 4 GG, 101 Abs. 1 S. 2 und 103 Abs. 1 GG) entnehmen. So verbriefen insbesondere die „Grundelemente"[462] des Rechtsstaatsprinzips bestimmte Mindeststandards[463] für den richterlichen Umgang mit Tatsachen im Prozess (betreffend z. B. Amtsermittlungspflichten oder Beweisantragsrechte), die auch das Verfassungsgericht binden.[464]

Der Einfluss des Grundgesetzes auf das Verfassungsprozessrecht – und mit ihm auf das verfassungsgerichtliche Beweisrecht – geht angesichts dessen besonderer Funktionen jedoch noch über die Beachtung derartiger „allgemeiner Rechtsschutzstandards"[465] hinaus[466]: Da das Verfassungsprozessrecht der „Realisierung [gerade] des materiellen Verfassungsrechts"[467] zu dienen bestimmt ist, befindet sich ersteres gar in „existentieller Abhängigkeit"[468] von letzterem. Auch das Beweisrecht muss sich sonach jedenfalls im Grundsatz an den konkret entscheidungserheblichen materiellen Verfassungsnormen ausrichten bzw. diesen durch sachdienliche Regelungen im Prozess zur Durchsetzung verhelfen.[469] Demgemäß zeichnen

---

[458] *E. Klein,* in: 50 Jahre BVerfG I, S. 507 (507).

[459] In diesem Sinne geht auch das Bundesverfassungsgericht davon aus, dass das Verfassungsprozessrecht (neben dem BVerfGG) durch das Grundgesetz ausgeformt ist, s. nur BVerfGE 67, 26 (34). Zustimmend *E. Klein,* in: 50 Jahre BVerfG I, S. 507 (507); ebenso *Voßkuhle,* in: v. Mangoldt/Klein/Starck, GG, Art. 94 Rn. 25.

[460] Vgl. dazu sogleich S. 121–128. Allg. zur verfahrensrechtlichen Bedeutung des Rechtsstaatsprinzip *Bethge,* in: Maunz u. a., Vor § 17 Rn. 13 (Stand: Juni 2019).

[461] *Schmidt-Aßmann,* in: Maunz/Dürig, GG, Art. 19 Abs. 4 Rn. 16 (Stand: Juli 2014).

[462] *Schmidt-Aßmann,* in: Maunz/Dürig, GG, Art. 19 Abs. 4 Rn. 18 (Stand: Juli 2014). Vgl. auch *Prütting,* in: ders./Gehrlein, ZPO, Einl. Rn. 36.

[463] Zu den daraus resultierenden allg. Beweisgrundsätzen ausführlich S. 100 ff.

[464] Zu verfassungsrechtlichen Vorgaben für die Tatsachenermittlung durch das Bundesverfassungsgericht auch *Kluth,* NJW 1999, 3513 (3517 f.).

[465] *Schmidt-Aßmann,* in: Maunz/Dürig, GG, Art. 19 Abs. 4 Rn. 18 (Stand: Juli 2014).

[466] In diesem Sinne schon die Einschätzung von *E. Klein,* in: 50 Jahre BVerfG I, S. 507 (507).

[467] *Benda/Klein,* Rn. 35; s. auch BVerfGE 107, 339 (395) – Sondervotum *Sommer, Jentsch, Di Fabio, Mellinghoff.*

[468] *Benda/Klein,* Rn. 35.

[469] Insb. die Regeln der objektiven Beweislast sind daher nach überzeugender Auffassung aus dem materiellen Verfassungsrecht abzuleiten, s. dazu unten S. 333 ff.

insbesondere die *materiellen Grundrechte* das verfassungsprozessuale Beweisrecht vor, wenn und soweit der Prozess dem Schutz eben dieser dient.[470]

Einwirkungen der Verfassung auf das verfassungsgerichtliche Beweisrecht ergeben sich zuletzt über die *„gewaltenteilende Kompetenzordnung"*[471]: Da das Verfassungsprozessrecht als „Kompetenz- und Statusrecht" neben der Realisierung des materiellen Verfassungsrechts zugleich der Abgrenzung des verfassungsgerichtlichen Funktionsbereichs von den Funktionsbereichen der übrigen Verfassungsorgane dient,[472] lässt sich jenes vernünftigerweise nur unter Berücksichtigung auch der Kompetenzzuweisungen des Grundgesetzes (vgl. etwa Art. 77, 92 f. GG) – denen es zuweilen auch durch eine Beschränkung der richterlichen Befugnisse Rechnung zu tragen hat – bestimmen. Dementsprechend determiniert die grundgesetzliche Kompetenzordnung die im jeweiligen Verfahren zulässige Kontrolldichte bezüglich des gerügten staatlichen Handelns durch das Bundesverfassungsgericht und damit *mittelbar* auch das Ausmaß von dessen Tatsachenermittlungen.[473]

III. Richterrecht

Als eigenständige Rechtsquelle des Verfassungsprozessrechts lässt sich zuletzt die Rechtsprechung des Bundesverfassungsgerichts begreifen.[474]

Dies gilt zum einen aufgrund der Kompetenz des Bundesverfassungsgerichts, auch das geschriebene Verfassungsprozessrecht letztverbindlich auszulegen. Diese (nicht unbestrittene[475]) Kompetenz, welche das Bundesverfassungsgericht selbst in ständiger Rechtsprechung für sich in Anspruch nimmt[476], wird flankiert durch die gesetzgeberische Entscheidung, den (Prozess-)Entscheidungen des Bundesverfassungsgerichts kein Rechtsmittel entgegenzusetzen, und ist damit bei der Bestimmung des verfassungsprozessualen Beweisrechts zumindest faktisch zu berücksichtigen.

Zum anderen kommt der Rechtsprechung des Bundesverfassungsgerichts hier ob der Lückenhaftigkeit des geschriebenen verfassungsprozessualen Beweisrechts

---

[470] Dazu grundsätzlich *Schmidt-Aßmann,* in: Maunz/Dürig, GG, Art. 19 Abs. 4 Rn. 21 (Stand: Juli 2014), der indes zu Recht auch darauf hinweist, dass „gegenüber einzelgrundrechtlichen Dogmatiken Vorsicht geboten [sei], damit die Rechtsklarheit des allgemeinen Prozessrechts nicht verloren geht". Vgl. ferner *Benda/Klein,* Rn. 35.

[471] Allgemein zu dieser vor dem Hintergrund einer befürchteten „Hypertrophie" des Bundesverfassungsgerichts *Knies,* in: FS Stern, S. 1155 ff.

[472] So treffend *Benda/Klein,* Rn. 35 (Zitat ebd.); vgl. auch *E. Klein,* AöR 1983, 410 (415 ff.); *ders.,* in: 50 Jahre BVerfG I, S. 507 (513).

[473] Vgl. dazu etwa *Neutz,* Verfassungsprozessrecht, S. 129 ff. S. auch S. 185 ff. u. 206.

[474] In diesem Sinne schon *Benda/Klein,* Rn. 33.

[475] Krit. hierzu etwa *Benda/Klein,* Rn. 33 m. w. N.

[476] Statt aller BVerfGE 67, 26 (34); 72, 1 (6). Dazu, die Kompetenz i. Erg. bejahend, auch *Hillgruber/Goos,* Rn. 25 f.

besondere Bedeutung als Rechtsquelle zu. Zwar lässt sich auf einen durch den demokratisch legitimierten Bundesgesetzgeber erteilten „spezifischen Rechtsfortbildungsauftrag" des Bundesverfassungsgerichts zur Schließung bestehender Lücken nicht allein aus deren Existenz schließen.[477] Allerdings entspricht ein solcher Auftrag durchaus dem Willen des Bundesgesetzgebers, der ausweislich der Gesetzesmaterialien „bloß die Hauptgrundsätze des Verfahrens [festlegen] und [im Übrigen] auf den Vorteil einer schriftlichen Fixierung des Prozessrechts zugunsten der Möglichkeit sachgerechter Verfahrensfindung im Einzelfall [verzichten] und damit den historisch immer wieder bewährten Weg der gewohnheitsrechtlichen Durchbildung des Verfahrensrechts [beschreiten]"[478] wollte.[479] Dementsprechend geht auch das Bundesverfassungsgericht in ständiger Rechtsprechung davon aus, dass es ihm überlassen sei, über die genannten „Hauptgrundsätze" des Verfahrens hinaus „die Rechtsgrundlagen für eine zweckentsprechende Gestaltung seines Verfahrens im Wege der Analogie zum sonstigen deutschen Verfahrensrecht zu finden"[480].[481]

Die dem Gericht danach eingeräumte Möglichkeit, bestehende Lücken des Prozessrechts durch die eigene Spruchpraxis auszufüllen respektive richterliche Rechtsfortbildung zu betreiben[482], bedeutet indes weder die uneingeschränkte „Verfahrensautonomie"[483] des Bundesverfassungsgerichts noch die „Eigenständigkeit des Verfassungsprozessrechts"[484].[485] Wenngleich sich das Bundesverfas-

---

[477] Unter Verweis auf dieses „Argument" krit. gegenüber richterlicher Rechtsfortbildung betreffend den Verfassungsprozess *Sauer*, in: Walter/Grünewald, § 17 Rn. 6; ebenfalls krit. *Hillgruber/Goos*, Rn. 22.

[478] So die Begründung des Berichterstatters des Rechtsausschusses, *Wahl*, in der 112. Sitzung des Deutschen Bundestages am 18.01.1951, Plenarprotokoll, S. 4195 (4224). Vgl. zur Entstehungsgeschichte des BVerfGG ausführlich *Kunze*, in: U/C/D, Vor §§ 17 ff. Rn. 2 ff.

[479] Für einen (wenngleich nicht unbegrenzten) „Rechtsfortbildungsauftrag" denn auch die wohl h.L.; s. nur *Benda/Klein*, Rn. 192; *Geiger*, BVerfGG, Vorbem. vor § 17 Anm. 2; *Kunze*, in: U/C/D, Vor §§ 17 ff. Rn. 2, 7 f.; *Neutz*, Verfassungsprozessrecht, S. 64, 79; *Voßkuhle*, in: v. Mangoldt/Klein/Starck, GG, Art. 94 Rn. 25; unklar *Schlaich/Korioth*, Rn. 54: „(bewusst) lückenhaft gehalten", Rn. 56: „Lückenhaftigkeit des BVerfGG ist ein Mangel".

[480] BVerfGE 1, 109 (110 f.).

[481] Statt aller BVerfGE 2, 79 (84); 33, 247 (261); 50, 381 (384). Vgl. auch BVerfGE 88, 382 (383).

[482] Die „Lückenfüllung" durch das Bundesverfassungsgericht als Rechtsfortbildung qualifizierend *Sauer*, in: Walter/Grünewald, § 17 Rn. 6.

[483] Allgemein hierzu *Benda/Klein*, Rn. 191 ff.; *Neutz*, Verfassungsprozessrecht, S. 77 ff., insb. 95 ff.; vgl. auch *Engelmann*, Prozeßgrundsätze, S. 109 Fn. 99.

[484] Die These der Eigenständigkeit des Verfassungsprozessrechts, die von der „Emanzipation des Verfassungsprozessrechts von dem sonstigen Prozessrecht" ausgeht, wurde begründet von *Häberle*, vgl. ders., JZ 1973, 451 ff. Ihr tendenziell folgend *Engelmann*, Prozeßgrundsätze, S. 92 f. Ablehnend hierzu *E. Klein*, in: 50 Jahre BVerfG I, S. 507 (512 ff.); ebenso *Benda/ders.*, Rn. 197 ff.; *Bethge*, in: Maunz u. a., Vor § 17 Rn. 14

sungsgericht immer wieder – und dies zumindest *faktisch* zutreffend[486] – als „Herr seiner Verfahren" bezeichnet hat[487], unterliegt der Verfassungsprozess und mit ihm das Verfassungsprozessrecht, das wie dargelegt eben auch „Kompetenzrecht" ist, bestimmten Schranken. Insbesondere ist das Verfassungsprozessrecht Teil des allgemeinen Prozessrechts[488] und verbietet die funktionelle Stellung des Bundesverfassungsgerichts als Rechtsprechungsorgan (Art. 92 Hs. 2 GG) sonach unter dem Gesichtspunkt der Gewaltenteilung einen uneingeschränkten „Zugriff" desselben auf die allgemeinen prozessualen Regeln.[489] Demgemäß nimmt auch das Bundesverfassungsgericht kein „freies Selbstbestimmungsrecht hinsichtlich seiner Verfahrensgestaltung" für sich in Anspruch, sondern entwickelt das Verfahrensrecht (wie erwähnt) primär durch einen Rückgriff auf das geltende sonstige Prozessrecht (Analogie).[490]

Der Rückgriff auf einzelne Grundsätze der anderen Prozessordnungen „kann [dabei freilich] kein schematischer, sondern nur ein durch die Besonderheiten des verfassungsgerichtlichen Verfahrens begrenzter sein"[491], will man den gesetzgeberischen Willen, „sachgerechte Verfahrensfindung im Einzelfall" zu ermöglichen, nicht in sein Gegenteil verkehren. Anders gewendet setzt die Berufung auf mögliche Analogien die Prüfung voraus, ob die Besonderheiten des verfassungsgerichtlichen Verfahrens eine Übernahme der Regelungen anderer Verfahrensgesetze zulassen.[492] „Die Lücken des Bundesverfassungsgerichtsgesetzes sind [letztlich also] unter Beachtung der Eigenart des Verfassungsprozessrechts in Analogie zum sonstigen deutschen Verfahrensrecht zu schließen"[493].

(Stand: Juni 2019); vgl. auch *Voßkuhle*, in: v. Mangoldt/Klein/Starck, GG, Art. 94 Rn. 26.

[485] In diesem Sinne überzeugend *Kunze*, in: U/C/D, Vor §§ 17 ff. Rn. 2; *Schlaich/Korioth*, Rn. 57; *Voßkuhle*, in: v. Mangoldt/Klein/Starck, GG, Art. 94 Rn. 26.

[486] So schon *Sauer*, in: Walter/Grünewald, § 17 Rn. 7; vgl. auch *Hillgruber/Goos*, Rn. 23 ff.

[487] BVerfGE 13, 54 (94); 36, 342 (357); 60, 175 (213). Seit BVerfGE 60, 175, meidet das Gericht diese Formulierung jedoch; so schon *Voßkuhle*, in: v. Mangoldt/Klein/Starck, GG, Art. 94 Rn. 26.

[488] Ebenso etwa *Benda/Klein*, 194 f.; *Bethge*, in: Maunz u. a., Vor § 17 Rn. 14 (Stand: Juni 2019); vgl. auch *Voßkuhle*, in: v. Mangoldt/Klein/Starck, GG, Art. 94 Rn. 26.

[489] In diesem Sinne überzeugend *E. Klein*, in: 50 Jahre BVerfG I, S. 507 (513 f.); ähnlich *Voßkuhle*, in: v. Mangoldt/Klein/Starck, GG, Art. 94 Rn. 26.

[490] Ebenso die Einschätzung von *Kunze*, in: U/C/D, Vor §§ 17 ff. Rn. 7 (Zitat ebd.). S. zur Rspr. des Gerichts nur die Nachweise in Fn. 480 und 481.

[491] BVerfGE 46, 321 (323); vgl. auch E 33, 247 (261); 88, 382 (383).

[492] So treffend *Schlaich/Korioth*, Rn. 54. Demgemäß lehnt das Gericht die Übernahme bestimmter Prozessrechtsinstitute aus anderen Prozessordnungen zuweilen unter Hinweis auf die Besonderheiten des Verfassungsprozesses ab, vgl. exemplarisch BVerfGE 103, 195 (196): kein Recht auf Tatbestandsberichtigung wegen unterlassener Aufnahme der Ablehnung von in der mündlichen Verhandlung gestellten Beweisanträgen in den Tatbestand seiner Entscheidung.

[493] *Bethge*, in: Maunz u. a., Vor § 17 Rn. 14 (Stand: Juni 2019).

Von der danach – freilich nur in den Grenzen der Verfassung sowie des einfachen Rechts anzuerkennenden[494] – grundsätzlichen Zulässigkeit der Fortbildung des Verfassungsprozessrechts seitens des Bundesverfassungsgerichts hat dieses ferner behutsam Gebrauch zu machen, will es nicht Gefahr laufen, die (wie dargelegt in besonderem Maße erforderliche[495]) Akzeptanz seiner Entscheidungen zu verlieren. Letztlich hängt die Überzeugungskraft der verfassungsrichterlichen Tätigkeit von der Einhaltung „möglichst eindeutiger, präziser und voraussehbarer Regeln der Entscheidungsfindung" ab.[496] Dabei spricht die „besondere Natur des Verfassungsrechts als rechtliche Grundlegung einer alle staatlichen und gesellschaftlichen Bereiche [...] erfassenden Ordnung, deren Elemente der Ausformung und Konkretisierung in der Zeit noch in stärkerem Maße als das „einfache Recht" bedürfen", entschieden dafür, „das Verfassungsprozessrecht so weitgehend wie möglich im Rahmen des allgemeinen, einen „geordneten Rechtsgang" gewährleistenden Prozeßrechts zu halten"[497].

B. Allgemeine Beweisgrundsätze

Sämtliche Verfahrensordnungen, die über den Einzelfall hinaus Geltung beanspruchen, fußen auf sog. Verfahrensgrundsätzen.[498] Diese verkörpern – dem Prinzip der Gerechtigkeit folgende – Grundentscheidungen des Gesetzgebers hinsichtlich der Ausgestaltung des Verfahrens[499] und sind jedenfalls in ihrer Existenz allgemein anerkannt[500]. Insofern kommt ihnen auch bei der Schließung von Gesetzeslücken im Prozessrecht eine herausgehobene Bedeutung zu.[501]

Angesichts der zuvor festgestellten nur rudimentären Regelung des verfassungsgerichtlichen Verfahrens, konkret des verfassungsgerichtlichen Beweisrechts,

---

[494] Diese Bindung betont auch *E. Klein*, in: 50 Jahre BVerfG I, S. 507 (531), ebenso *Benda/ders.*, Rn. 193.

[495] S. S. 24 ff.

[496] So überzeugend *Voßkuhle*, in: v. Mangoldt/Klein/Starck, GG, Art. 94 Rn. 26; ebenso *Benda/Klein*, Rn. 200; *E. Klein*, AöR 1983, 561 (623 f.); *Sauer*, in: Walter/Grünewald, § 17 Rn. 6; *Schlaich/Korioth*, Rn. 57.

[497] *E. Klein*, in: 50 Jahre BVerfG I, S. 507 (512).

[498] So bereits *Benzing*, Beweisrecht, S. 115. S. auch *Prütting*, in: ders./Gehrlein, ZPO, Einl. Rn. 23: „fundamentale Positionen jedes Verfahrensrechts". Synonym verwendet werden die Begriffe *Verfahrensmaxime, Prozessgrundsatz* oder *Prozessmaxime*. Zur Begrifflichkeit *Engelmann*, Prozeßgrundsätze, S. 19 ff.

[499] Vgl. *Engelmann*, Prozeßgrundsätze, S. 23; *Prütting*, in: ders./Gehrlein, ZPO, Einl. Rn. 23. Zum Gerechtigkeitsgedanken allgemeiner Rechtsgrundsätze *Stober*, in: Wolff/Bachof, § 25 Rn. 6.

[500] Vgl. nur (für den Zivilprozess) *Prütting*, in: ders./Gehrlein, ZPO, Einl. Rn. 23.

[501] So grundlegend bereits *Grunsky*, Verfahrensrecht, S. 115 (m.w.N.); ebenso *Benzing*, Beweisrecht, S. 115; *Kunze*, in: U/C/D, Vor §§ 17 ff. Rn. 11. I. Ü. baut „die methodische Fortentwicklung einer Verfahrensordnung" auf derartigen „Strukturelementen" auf, so treffend *Prütting*, in: ders./Gehrlein, ZPO, Einl. Rn. 23.

können jene allgemeingültigen Prozessmaxime mithin gerade hier als „Lösungs-
hilfe"[502] für in der Praxis auftretende, jedoch nicht normierte Verfahrenspro-
bleme fungieren. Demgemäß hebt auch das Bundesverfassungsgericht zur Begründung prozessualer Entscheidungen zuweilen ausdrücklich auf die Geltung
von Verfahrensgrundsätzen ab.[503]

Im Folgenden gilt es sonach, diejenigen Verfahrensgrundsätze des Verfassungsprozessrechts[504], die für das Beweisrecht relevant werden können bzw. diesem
insgesamt zugrunde liegen und hier als „allgemeine Beweisgrundsätze"[505] bezeichnet werden sollen, herauszuarbeiten.

I. Dispositionsmaxime versus Offizialmaxime

Die Verfahrensgrundsätze der Dispositions- sowie Offizialmaxime geben Auskunft darüber, wem der Gesetzgeber die „*Verfahrensherrschaft*" zuweist.[506]

Für das Beweisrecht ist die Einordnung des jeweiligen Verfahrens in den Geltungsbereich der Dispositions- oder Offizialmaxime nur insofern – mittelbar –
relevant, als sämtliche gerichtliche Tatsachenermittlungen schon aus Gründen der
Rechtsstaatlichkeit stets eines (bereits und noch) anhängigen Verfahrens bedürfen
und dabei auf den konkreten Verfahrensgegenstand gemünzt sein müssen. Beherrschen danach die Verfahrensbeteiligten den Gegenstand des Prozesses, beherrschen sie mit dem Umfang der richterlichen Prüfung auch den Umfang der
richterlichen Tatsachenermittlung. Das Gericht darf (bzw. muss) hier nur *innerhalb* des vom Antragsteller fixierten Verfahrensgegenstands tatsachenermittelnd
und -feststellend tätig werden.[507]

Im Wesentlichen unstreitig ist, dass die Dispositionsmaxime den Verfassungsprozess zumindest insoweit beherrscht, als selbigen allein der Antrag eines An-
tragsberechtigten in Gang setzen kann (sog. Antragsprinzip).[508] Hierin zeigt sich

---

[502] *Kunze,* in: U/C/D, Vor §§ 17 ff. Rn. 11.

[503] So bereits *Kunze,* in: U/C/D, Vor §§ 17 ff. Rn. 11. Vgl. aus der Rspr. exemplarisch BVerfGE 1, 184 (197 ff.); 1, 396 (414 f.) betreffend die Offizialmaxime.

[504] Zu diesen bereits früh (wenngleich nicht umfassend) *Wolf,* DVBl. 1966, 884 ff.

[505] *Glaser,* in: Risiko, S. 61 (75).

[506] Beherrscht die Dispositionsmaxime (auch *Verfügungsgrundsatz* genannt) den Prozess, besitzen die Verfahrensbeteiligten die Befugnis, das Verfahren einzuleiten, den
Verfahrensgegenstand festzulegen sowie die unstreitige Beendigung des Verfahrens zu
bestimmen. Die Offizialmaxime weist die genannten Kompetenzen dagegen dem Gericht oder einer sonstigen gesetzlich dazu bestimmten Institution zu. Dazu etwa *Kunze,*
in: U/C/D, Vor §§ 17 ff. Rn. 12, 25; *Prütting,* in: ders./Gehrlein, ZPO, Einl. Rn. 24.

[507] In diesem Sinne treffend *Benzing,* Beweisrecht, S. 153, s. auch S. 120.

[508] Dies belegen insb. die §§ 36, 43, 48, 49, 58, 63, 68, 71, 73, 76, 80, 85, 86, 90, 91,
96, 96a Abs. 2, 97b BVerfGG, die für sämtliche Verfahrensarten die Verfahrenseinleitung
durch konkret bezeichnete Verfahrensbeteiligte vorsehen, sowie § 23 Abs. 1 BVerfGG,
der das allgemeine Erfordernis der schriftlichen Einreichung von Anträgen normiert.

zum einen die gesetzgeberische Entscheidung *gegen* eine von Amts wegen aus-
zuübende Überwachungstätigkeit des Bundesverfassungsgerichts.[509] Selbiges
darf gerade nicht durch eigenständige Tatsachenermittlungen und anschließende
Sachentscheidung aktiv in den politischen Prozess eingreifen, sondern bleibt zur
Neutralität verpflichteter Teil der rechtsprechenden Gewalt.[510] Zum anderen
kommt dem Antragsprinzip aus beweisrechtlicher Sicht insofern (mittelbar) Bedeutung im Verfassungsprozess zu, als mit diesem Substantiierungslasten des Antragstellers korrelieren können, die ihrerseits Einfluss auf etwaige Ermittlungspflichten des Gerichtes haben.[511]

In einer gewissen „Fortwirkung" des Antragsprinzips ist das Bundesverfassungsgericht darüber hinaus auch während des Verfahrens grundsätzlich dazu
verpflichtet, bei seinen Ermittlungen strikt von den gestellten Anträgen auszugehen (sog. ne ultra petita-Grundsatz).[512]

Ob die Dispositionsmaxime den Verfassungsprozess auch hinsichtlich des *Ver-
fahrensgangs* beherrscht,[513] ist dagegen aus beweisrechtlicher Sicht nicht zu ver-
tiefen.[514]

I. d. S. aus der Lehre statt aller *Benda/Klein,* Rn. 202; aus der Rspr. BVerfGE 1, 184
(196); 21, 52 (53 f.); BVerfG, NVwZ 2002, 1499 (1499). Eine Ausnahme gilt nach
h. M. allein im einstweiligen Rechtsschutz; vgl. dazu etwa *Barczak,* in: ders., § 32
Rn. 19; *E. Klein,* AöR 1983, 561 (616 f.). Obschon das Antragsprinzip Bestandteil der
Dispositionsmaxime ist, bedeutet dessen Geltung i. Ü. nicht zugleich die Geltung sämtlicher Aspekte der Dispositionsmaxime im Verfahren; vgl. dazu *Kunze,* in: U/C/D, Vor
§§ 17 ff. Rn. 25.

[509] So ausdrücklich BVerfGE 1, 184 (196); i. d. S. auch *Bethge,* in: Maunz u. a., Vor
§ 17 Rn. 21 (Stand: Juni 2019); *E. Klein,* AöR 1983, 410 (416); *Neutz,* Verfassungsprozessrecht, S. 147.

[510] Vgl. Art. 92 GG. I. d. S. bereits *Kunze,* in: U/C/D, Vor §§ 17 ff. Rn. 26. Allgemein zu der ein richterliches Initiativrecht ausschließenden Unabhängigkeit der Gerichte *Rennert,* JZ 2015, 529 (535).

[511] S. dazu S. 218 f. Den Zusammenhang von Antragsprinzip und Substantiierungslast benennt auch *Bethge,* in: Maunz u. a., BVerfGG Vor § 17 Rn. 21 (Stand: Juni
2019), explizit.

[512] So auch *Puttler,* in: B/D/S, § 23 Rn. 24; zum ne ultra petita-Grundsatz ferner
BVerfGE 54, 1 (7). Ausnahmen sind grds. nur in den gesetzlich ausdrücklich geregelten
Fällen zulässig. Namentlich sind dies die §§ 67 S. 3, 78 S. 2, 95 Abs. 1 S. 2, Abs. 3
S. 2 BVerfGG (dazu statt aller *Bethge,* in: HStR, Bd. IX, § 203 Rn. 192). I. Ü. bedürfen
Lockerungen der richterlichen Bindung an den Antrag stets einer verfassungsrechtlichen Rechtfertigung (ähnlich *Bethge,* in: Maunz u. a., Vor § 17 Rn. 21 [Stand: Juni
2019]; wohl insg. *gegen* die Zulässigkeit ungeschriebener Ausnahmen *Benda/Klein,*
Rn. 214). Soweit jene Lockerungen aus einer konkreten *beweisrechtlichen* Regelung
(betreffend den zulässigen Sachvortrag) resultieren bzw. resultieren können – dies gilt
etwa für sog. innerprozessuale Präklusionsregeln (dazu S. 246 ff., insb. 254 f.) – muss
ihre Rechtfertigung im Folgenden also gesondert untersucht werden.

[513] Dies kann nur differenziert anhand der Verfahrensarten und nicht für alle Prozess-
handlungen einheitlich beurteilt werden. H. M., s. nur *Benda/Klein,* Rn. 35 f., 327 ff.;
von Häfen, in: B/D/S, § 17 Rn. 29 ff.; a. A. *Geiger,* Besonderheiten, S. 12: „Herr des
einmal anhängig gewordenen Verfahrens ist das Gericht".

II. Verhandlungsgrundsatz versus Untersuchungsgrundsatz

1. Begriffsbestimmung und beweisrechtliche Relevanz

Besondere Bedeutung für das Verständnis sowie die Fortbildung der Rechtsregeln des verfassungsgerichtlichen Beweisrechts kommt der Frage zu, ob die Verfahren vor dem Bundesverfassungsgericht durch den *Verhandlungsgrundsatz* (auch *Beibringungsgrundsatz* genannt) oder *Untersuchungsgrundsatz* (auch *Amtsermittlungsgrundsatz* oder *Inquisitionsmaxime* genannt) beherrscht werden.[515] Diese Grundsatzentscheidung determiniert *unmittelbar* Umfang und Ausgestaltung der Tatsachenarbeit des Gerichts.

Konkret sind es unter Geltung des Verhandlungsgrundsatzes die Parteien, die den Tatsachenstoff substantiiert vortragen (sog. *Darlegungslast*[516]) und ggf. unter Beweis stellen müssen (sog. *Beweisführungslast*[517]).[518] In der Konsequenz ist es dem Gericht hier namentlich verwehrt, Tatsachen zu berücksichtigen, die von den Parteien nicht selbst vorgetragen wurden (es sei denn, selbige sind offenkundig).[519]

Dagegen hat das Gericht in Verfahren, die durch den Untersuchungsgrundsatz beherrscht werden, die allgemeine Pflicht, unabhängig von den Parteien (amts-

---

[514] I. Erg. ist aber wohl von einer grundsätzlich eingeschränkten Geltung der Dispositionsmaxime auszugehen. Die Dispositionsbefugnis des Antragstellers bezüglich der Streitsache wird danach mit Einreichung des Antrags je nach Verfahrensart (bzw. Funktion des Verfahrens) durch teilweise geschriebene, teilweise ungeschriebene Verfahrensregeln mehr oder weniger stark beschnitten. Vgl. *Benda/Klein,* Rn. 215; *Kunze,* in: U/C/D, Vor §§ 17 ff. Rn. 15; *Lechner/Zuck,* Vor § 17 Rn. 9. S. auch BVerfGE 98, 218 (242 f.).

[515] Jene Begriffe werden nicht immer sauber von dem Begriffspaar der Offizial- und Dispositionsmaxime abgegrenzt. Verhandlungs- wie Untersuchungsgrundsatz regeln, wem die Sammlung des Prozessstoffs obliegt; sie gelten mithin überhaupt nur nach Maßgabe der Dispositions- bzw. Offizialmaxime, d. h. *innerhalb* der von den Beteiligten bzw. dem Gericht gesteckten Verfahrensgrenzen (so auch deutlich *Detterbeck,* Streitgegenstand, S. 19). Vgl. für eine ungenaue Abgrenzung beispielhaft *Geiger,* BVerfGG, § 26 Anm. 1, der die richterliche Verantwortung für die Tatsachenerforschung als Ausfluss der „Offizialmaxime" behandelt, damit aber den Untersuchungsgrundsatz anspricht; selbst das Bundesverfassungsgericht hat den Terminus der Offizialmaxime in dieser Hinsicht in den Anfangsjahren seiner Rspr. wiederholt unzutreffend verwendet, vgl. nur BVerfGE 1, 299 (316); 1, 433 (436); 48, 127 (203); dazu klarstellend bereits *Wolf,* DVBl. 1966, 884 (886 f.); sowie *Zöbeley/Dollinger,* in: U/C/D, § 26 Rn. 5.

[516] Zur Terminologie bereits oben S. 62.

[517] Zum Begriff der Beweisführungslast oben S. 62.

[518] Statt aller *Wimmer,* in: Gärditz, VwGO, § 86 Rn. 4 f.

[519] Das heißt, nicht vorgetragene oder aber später zurückgenommene Tatsachen(-vorträge) dürfen nicht Entscheidungsgrundlage sein, selbst wenn sie bei Gelegenheit einer Beweisaufnahme bekannt wurden. Ausführlich dazu *Rosenberg,* Zivilprozess, § 77 Rn. 8 ff., insb. 13; s. auch BGH, NJW-RR 1990, 507 (507).

wegig) alle relevanten Tatsachen in das Verfahren einzuführen und die Wahrheit durch sämtliche verfügbaren Beweismittel zu erforschen.[520] Den Parteien kommt insofern keinerlei „Last"[521] zu. Auch Mitwirkungslasten der Beteiligten bei der Sachverhaltsermittlung, die als solche eng mit Darlegungs- und Beweisführungslasten verbunden sind, bestehen also unter Geltung der Untersuchungsmaxime grundsätzlich nicht.[522] Mit dem Nichtvorliegen entsprechender Lasten korrespondiert ferner, dass weder Verfahrensbeteiligte noch Dritte im Rahmen des Untersuchungsgrundsatzes ein „Recht" haben, mit tatsächlichen Feststellungen den Prozessverlauf zu lenken. *Bindungen* des Gerichts an Feststellungen der Beteiligten bzw. sonstiger Dritter sind danach im Allgemeinen ausgeschlossen, was gerade im Verfassungsprozess Bedeutung erlangen kann – liegen dem Gericht hier doch regelmäßig Tatsachenfeststellungen anderer (zuweilen am Verfahren beteiligter) Staatsorgane vor[523]. Da das Parteiverhalten im Ergebnis bei Geltung des Untersuchungsgrundsatzes keine unmittelbaren Auswirkungen auf den Prozessverlauf oder die richterliche Entscheidungsgrundlage hat,[524] steht den Parteien hier indes zwingend ein Recht auf Beweisanträge[525] zu.[526]

Nur klargestellt werden soll an dieser Stelle, dass die Entscheidung für den Untersuchungs- oder Verhandlungsgrundsatz unmittelbar weder Einfluss auf die *Beweiswürdigung* durch das Gericht[527] noch auf die Regeln der *objektiven Beweislast* hat.[528]

---

[520] Statt aller *Diakonis,* Beweiserhebung, S. 108 f.; *Haberzettl,* in: B/D/S, § 26 Rn. 4; *Zöbeley/Dollinger,* in: U/C/D, § 26 Rn. 5 f.

[521] S. zur (mangelnden) *subjektiven* Beweislast im Verwaltungsprozess etwa *Vierhaus,* Beweisrecht, Rn. 355; zum Verfassungsprozess BVerfGE 1, 299 (316) (das Gericht meint mit der in dieser Entscheidung angesprochenen „Beweislast" offenkundig nicht die objektive, sondern subjektive bzw. formelle Beweislast).

[522] Ausführlich zur Vereinbarkeit von Untersuchungsgrundsatz und Mitwirkungslasten im Verwaltungsprozess *Nierhaus,* Beweismaß, S. 258 ff.; s. zu Mitwirkungslasten im Verfassungsprozess S. 211 ff.

[523] S. oben S. 64 ff., 90 f.

[524] Vgl. auch *Diakonis,* Beweiserhebung, S. 108.

[525] S. zum Verhältnis von Amtsermittlungspflicht und Beweisantragsrechten beispielhaft *Eisenberg,* Beweisrecht, Rn. 3 ff.

[526] So auch *Eisenberg,* Beweisrecht, Rn. 3. Das Beweisantragsrecht folgt hier letztlich aus dem Anspruch auf rechtliches Gehör (Art. 103 Abs. 1 GG), dazu S. 112 ff.; zum Beweisantragsrecht im Verfassungsprozess ferner S. 306 ff.

[527] Deutlich so auch *Rosenberg,* Zivilprozess, § 77 Rn. 9.

[528] Erstere obliegt unabhängig von Untersuchungs- und Verhandlungsgrundsatz dem Richter; vgl. zur freien richterlichen Beweiswürdigung S. 313 ff. Letzterer Regeln bedarf es auch in Verfahren mit Geltung des Untersuchungsgrundsatzes, da es auch hier zu einem non liquet kommen kann; zur objektiven Beweislast unten S. 333 ff.

2. Geltung im Verfassungsprozess

a) Im Allgemeinen: Untersuchungsgrundsatz

Ob der Verfassungsprozess dem Untersuchungs- oder Verhandlungsgrundsatz unterliegt, ist streitig. Zwar normiert der bereits seit Inkrafttreten des BVerfGG in 1951 unverändert gültige § 26[529] ausdrücklich: „Das Bundesverfassungsgericht erhebt den zur Erforschung der Wahrheit erforderlichen Beweis" (Abs. 1 S. 1). Dies deutet zumindest auf die Geltung des Untersuchungsgrundsatzes hin – und zwar, ob der systematischen Stellung der Norm, in sämtlichen Verfahren vor dem Bundesverfassungsgericht. Soweit § 26 Abs. 1 S. 1 BVerfGG dem Rechtsanwender überhaupt geläufig ist,[530] wird denn auch weit überwiegend diese Auffassung vertreten.[531]

Indes vertritt etwa *Meskouris* die These, jener Paragraph normiere „nicht so sehr den Untersuchungsgrundsatz als vielmehr eine fallbezogen eingesetzte Untersuchungskompetenz"[532]. Diese Auslegung, die letztlich die (relative) Geltung der Verhandlungsmaxime – nämlich unter Anerkennung der Befugnis, nach richterlichem Ermessen auch amtswegige Ermittlungen einzuleiten – bedeutet, bewegt sich dabei auf einer Linie mit dem (jedenfalls vormaligen) Selbstverständnis zumindest mancher Richter des Bundesverfassungsgerichts, die das Gericht

---

[529] Vgl. BGBl. I, Nr. 17 v. 16.04.1951, S. 243 (246).

[530] Dies scheint (selbst in der Verfassungsrechtspraxis) keineswegs die Regel zu sein. Vgl. nur den – Unkenntnis implizierenden – apodiktischen Hinweis von *Hippeli*, juris PR-HaGesR 9/2018, Anm. 1: „Schließlich kennt das BVerfGG keinen Amtsermittlungsgrundsatz." Selbst unter den Richtern wie wissenschaftlichen Mitarbeitern des Bundesverfassungsgerichts scheint § 26 Abs. 1 BVerfGG nicht immer bekannt; nur so lässt sich der Nichtannahmebeschluss der 1. Kammer des 2. Senats v. 09.09.1999 – 2 BvR 1343/99 –, juris Rn. 5, erklären, soweit es dort heißt: „[...] abgesehen davon ist das Bundesverfassungsgericht kein Tatsachengericht und trifft mithin keine eigenen Sachverhaltsfeststellungen."

[531] Vgl. *Benda/Klein*, Rn. 299 f.; *Bickenbach*, Einschätzungsprärogative, S. 482 ff.; *Brink*, in: Linien, S. 3 (5); *Haberzettl*; in: B/D/S, § 26 Rn. 4; *Janz/Rademacher*, NVwZ 2004, 186 (187); *Klein*, in: Maunz u.a., § 26 Rn. 1 (Stand: Januar 1987); *Kluth*, NJW 1999, 3513 (3514); *Lange*, Substantiierungspflichten, S. 65; *Sanders/Preisner*, DÖV 2015, 761 (767); *Schlaich/Korioth*, Rn. 60; *Ulsamer/Müller-Terpitz*, in: Maunz u.a., § 81 Rn. 17 (Stand: Januar 2017): „unbeschränkte[r] Untersuchungsgrundsatz"; *Walter*, in: ders./Grünewald, § 26 Rn. 1. Unklar dagegen *Lechner/Zuck*, § 26 Rn. 1 und 5 mit Fn. 9; sowie *Zöbeley/Dollinger*, in: U/C/D, § 26 Rn. 5 und 11. *Meskouris*, in: Barczak, § 26 Rn. 2 f., spricht zwar zunächst von „allgemeiner Meinung" (ebd., Fn. 3), setzt sich zu dieser dann aber selbst in Widerspruch (ebd., Rn. 20).

[532] *Meskouris*, in: Barczak, § 26 Rn. 20. In diese Richtung auch *Arndt*, NJW 1962, 783 (784) (zumindest betreffend Verfassungsbeschwerdeverfahren); *Schick*, NJW 1965, 730 (731). Vgl. ferner *Philippi*, Tatsachen, S. 12: „Insgesamt gesehen hat der Gesetzgeber dem Bundesverfassungsgericht gewissermaßen einen ‚Blankoscheck' für Tatsachenermittlungen ausgestellt.", wobei sich dies ebenso gut nur (und insofern überzeugend) auf die Art und Weise der Ermittlungen beziehen kann. Ausdrücklich *gegen* die Annahme einer bloßen Kompetenz *Brink*, in: Linien, S. 3 (5).

als „Herr seiner Verfahren"[533] verstehen[534]. Zudem scheint die Ablehnung einer Untersuchung*pflicht* der Rechtsprechung des Bundesverfassungsgerichts selbst zu entsprechen. Immerhin lässt dieses vielfach keine (amtswegigen) Tatsachenermittlungen erkennen[535] und nimmt es nahezu keinen Bezug auf § 26 Abs. 1 BVerfGG[536]. Zugleich erklärte es in einer Entscheidung aus dem Jahr 1963 ausdrücklich, das Bundesverfassungsgericht „*könnte* [...] nach § 26 Abs. 1 BVerfGG den [...] erforderlichen Beweis selbst erheben", wobei diese Vorschrift „sinnvoll und ökonomisch gehandhabt" werden müsse, und schien damit seinen Untersuchungsauftrag jedenfalls deutlich zu „relativieren".[537]

Im Ergebnis ist die Auslegung des § 26 Abs. 1 BVerfGG als bloße Kompetenznorm jedoch *abzulehnen*. Zuzugestehen ist *Meskouris*, dass der Wortlaut der Norm „*auch* diese Lesart [...] her[gibt]"[538], heißt es in § 26 Abs. 1 doch, das Gericht „erhebt", nicht „hat [...] zu erheben".[539] Freilich ist dies kein Argument *für* selbige Lesart.[540]

---

[533] S. die Nachweise in Fn. 487.

[534] So betonte denn auch der ehemalige Verfassungsrichter, *Willi Geiger,* ausdrücklich, das Gericht sei grds. „völlig Herr aller Entschließungen [...], die die Beweiserhebung und ihre Grenzen betreffen" (*ders.,* Besonderheiten, S. 22). Dieses „Diktum" bezeichnet *Bickenbach,* Einschätzungsprärogative, S. 484, als „symptomatisch" für die richterliche Sachaufklärung im Verfassungsprozess.

[535] Bereits an dieser Stelle sei festgehalten, dass das Gericht den Sachverhalt tatsächlich äußerst selten im Wege der *förmlichen* Beweisaufnahme ermittelt, wobei dies keineswegs bedeutet, dass es gar keine Ermittlungen anstellt, vgl. zur Beweiserhebung des Gerichts (namentlich im Freibeweisverfahren) unten S. 277 ff.

[536] Die mangelnde Bezugnahme des Gerichts auf § 26 BVerfGG begünstigt freilich die erwähnte Unkenntnis der Norm seitens des Rechtsanwenders. Zur fehlenden Bezugnahme bereits *Meskouris,* in: Barczak, § 26 Rn. 18. Eine Ausnahme bilden BVerfGE 17, 135 (138) (dazu sogleich im Text); 77, 360 (361); sowie verschiedene Sondervoten des Gerichts, s. nur BVerfGE 107, 339 (378 ff., insb. 382 ff.) – Sondervotum *Sommer, Jentsch, Di Fabio* und *Mellinghoff* (auch dazu sogleich im Text). Vgl. in diesem Kontext ferner die – noch heute zutreffende – Beobachtung von *Mahrenholz,* in: Lehre, S. 167 (168), wonach es gerade die Sondervoten seien, die „Defizite in der Ermittlung des „Sachverhalts der Verfassungsfrage" benennen; s. exemplarisch neben BVerfGE 107, 339 (382 ff.), die E 70, 35 (69) – Sondervotum *Steinberger*; 93, 248 (258 ff.) – Sondervotum *Sommer*; 94, 115 (158) – Sondervotum *Limbach*.

[537] BVerfGE 17, 135 (138, Zitate ebd.) (Kursivsetzung durch Verf.). Dies wertet denn auch *Brink,* in: Linien S. 3 (10), als Beleg dafür, dass das Gericht § 26 BVerfGG „weniger als Pflichtprogramm [...], denn als Kür" verstehe. *Träger,* in: FS Geiger, S. 762 (778), stilisiert die sinnvolle und ökonomische Handhabung des § 26 Abs. 1 BVerfGG gar zum „allgemeinen Grundsatz", wobei er eine Begründung schuldig bleibt.

[538] *Meskouris,* in: Barczak, § 26 Rn. 20 (Kursivsetzung durch Verf.). Ähnlich *Lechner/Zuck,* § 26 Rn. 1.

[539] A. A. *Bickenbach,* Einschätzungsprärogative, S. 485: Der Wortlaut spreche „eindeutig" für die uneingeschränkte Geltung des Untersuchungsgrundsatzes; dass der Indikativ in einer Norm „die stärkste Befehlsform" sei (*Bickenbach,* ebd.), ist indes grammatikalisch wie rechtstatsächlich unzutreffend (vgl. statt unzähliger Normen aus allen Rechtsgebieten nur Art. 29 Abs. 2 S. 2 GG: „sind [...] zu hören").

Auch der Rückgriff auf die vermeintliche Rolle des Bundesverfassungsgerichts als Herr seiner Verfahren scheitert bereits im Ansatz als Argument für eine bloße Untersuchungskompetenz. Denn „Herr der Verfahren" kann das Gericht zulässigerweise allenfalls im Rahmen der geltenden Gesetze sein (Art. 20 Abs. 3 GG). Gerade dieser – durch § 26 Abs. 1 BVerfGG gespannte – Rahmen ist in Bezug auf die richterliche Sachverhaltsermittlung erst zu ermitteln.

Weiter lässt sich auch die Rechtsprechung des Bundesverfassungsgerichts nicht *für* eine Auslegung des § 26 Abs. 1 BVerfGG als Kompetenznorm ins Feld führen: Insbesondere bezog sich das Gericht in der zitierten Entscheidung aus 1963 allein auf die Handhabung des § 26 BVerfGG in Verfahren der konkreten Normenkontrolle.[541] Eine generelle Aussage zu § 26 Abs. 1 BVerfGG traf es darin mithin nicht. Ferner findet sich in der Rechtsprechung des Bundesverfassungsgerichts soweit ersichtlich auch im Übrigen keine entsprechende verfahrensübergreifende Deutung des § 26 BVerfGG. Vielmehr erklärt das Gericht zuweilen durchaus deutlich, dass es seine Aufgabe sei, selbst für die notwendige Aufklärung des Sachverhalts zu sorgen. So heißt es etwa in dem – in diesem Punkt unstreitigen – Sondervotum der Richter *Sommer, Jentsch, Di Fabio* und *Mellinghoff* zu dem das erste NPD-Parteiverbotsverfahren einstellenden Beschluss des Gerichts aus 2003: „§ 26 Abs. 1 Satz 1 BVerfGG bestimmt, dass das Bundesverfassungsgericht den zur Erforschung der Wahrheit erforderlichen Beweis erhebt. Dieser Untersuchungsgrundsatz begründet für das Gericht nicht nur das Recht, sondern auch die Pflicht, den entscheidungserheblichen Sachverhalt zu ermitteln."[542] Danach lassen sich Entscheidungen wie jene aus 1963 möglicherweise zwar als *partielle Einschränkung* der Untersuchungsmaxime begreifen, nicht jedoch als eine grundsätzlich abweichende Auslegung des § 26 Abs. 1 BVerfGG.[543]

---

[540] Vielmehr lässt sich der Wortlaut ebenso gut *gegen* eine bloße Ermittlungskompetenz ins Feld führen – schließlich heißt es auch nicht „kann [...] erheben".

[541] Vgl. BVerfGE 17, 135 (138): „Jedoch muß diese Vorschrift *im Verfahren der Normenkontrolle auf Vorlage eines Gerichts (Art. 100 Abs. 1 GG)* sinnvoll und ökonomisch gehandhabt werden." (Kursivsetzung durch Verf.). Letztlich handelt es sich hier um einen – i. Ü. wenig überzeugenden – Anwendungsfall der in Vorlageverfahren gemäß § 80 Abs. 2 S. 1 BVerfGG dem vorlegenden Gericht obliegenden Begründungslast, dazu unten S. 256 ff. mit Fn. 1295 und auch sogleich auf S. 110 f. In diese Richtung auch *Lechner/Zuck,* § 26 Rn. 1 Fn. 6: „Man darf deshalb die Aussage des BVerfG nicht verallgemeinern. Sie hat etwas mit dem Zugang zum BVerfG im Rahmen eines konkreten Normenkontrollverfahrens zu tun, behandelt also eine Kompetenzfrage und nicht die Aufgaben des Gerichts nach Bejahung seiner Zuständigkeit".

[542] BVerfGE 107, 339 (388). Die Richter berufen sich hier i. Ü. auf BVerfGE 93, 248 (256 f.) sowie die gleichlautende Rechtsauffassung von *Sommer,* in dessen Sondervotum in BVerfGE 93, 248 (258 ff., insb. 259) – Sudanesen. Vgl. auch BVerfGE 77, 360 (Rn. 8): „Soweit vom Untersuchungsgrundsatz auszugehen ist, der auch das Verfahren vor dem Bundesverfassungsgericht beherrscht (vgl. § 26 Abs. 1 Satz 1 BVerfGG), [...]".

[543] Die Frage der Zulässigkeit dessen ist im Einzelfall zu klären. Vgl. insb. zur Zulässigkeit solcher Einschränkungen, die aus Begründungslasten Dritter im Prozess resultieren, unten S. 211 ff.

Dass § 26 Abs. 1 BVerfGG *keine* schlichte Kompetenznorm ist, ergibt sich zudem maßgeblich aus folgenden Gesichtspunkten: Zunächst lässt sich den Gesetzesmaterialien die klare Entscheidung des Gesetzgebers für die Geltung des Untersuchungsgrundsatzes in sämtlichen Verfahren vor dem Bundesverfassungsgericht entnehmen. So wurde in § 26 Abs. 1 BVerfGG bewusst nicht auf ein richterliches „Ermessen" rekurriert[544] und begründete der zuständige Rechtsausschuss diese Entscheidung klar mit dem Ansinnen, (unzweideutig) die Geltung des Untersuchungsgrundsatzes zu kodifizieren.[545]

Ferner bestätigen gesetzlich normierte Ausnahmen von der amtswegigen Untersuchungspflicht des Bundesverfassungsgerichts – z. B. die dem Gericht eingeräumte Möglichkeit, auf die Beiziehung bestimmter Beweismittel zu verzichten (§§ 26 Abs. 2, 28 Abs. 2 BVerfGG) oder seiner Entscheidung die tatsächlichen Feststellungen bestimmter anderer Urteile zugrunde zu legen (§ 33 Abs. 2 BVerfGG) – bei systematischer Auslegung die „Regel" des Untersuchungsgrundsatzes.

Weiter lässt sich der Verhandlungsgrundsatz (ungeachtet richterlicher Untersuchungskompetenzen) auch nach seinem Telos nicht auf den Verfassungsprozess übertragen. Dieser ist als prozessuales Korrelat der zwischen Privatrechtssubjekten geltenden Privatautonomie vielmehr traditionell dem Zivilprozess vorbehalten.[546] Grund hierfür ist die Annahme, dass „der Egoismus der Parteien und die Gegensätzlichkeit ihrer Interessen"[547], anders gewendet der im Zivilprozess herrschende „Kampf" der Parteien, *besser* als eine staatliche Untersuchung zur Aufklärung des Streitmaterials führen.[548] Soweit *objektive Beanstandungsverfahren* vor dem Bundesverfassungsgericht in Rede stehen, fehlt es indes schon an einem streitigen Führen des Prozesses respektive jenem wahrheitsfördernden Kampf.[549]

---

[544] Im RegE hieß es noch: „Das Bundesverfassungsgericht erhebt den nach seinem Ermessen erforderlichen Beweis", RegE v. 28.03.1950, BT-Drs. I/788, S. 8 (dort § 22 BVerfGG-E). Wenngleich auch diese Formulierung den Untersuchungsgrundsatz normieren sollte (so auch die Einschätzung von *Geiger*, BVerfGG, § 26 Anm. 1), erwies sie sich ob des Ermessensbezugs als nicht eindeutig.

[545] S. die Ausführungen des Berichterstatters des Rechtsausschusses, *Wahl*, Plenarprotokoll der 112. Sitzung des Bundestages v. 18.01.1951, S. 4195 (4225), demzufolge es „in § 26 zur Pflicht des Gerichtshofes erhoben [werde], von sich aus die Wahrheit zu erforschen".

[546] Dazu statt aller *Grunsky*, Verfahrensrecht, S. 166 ff. Vgl. auch *Wahl*, Plenarprotokoll der 112. Sitzung des Bundestages v. 18.01.1951, S. 4195 (4225).

[547] *Rosenberg*, Zivilprozess, § 77 Rn. 3.

[548] Gerade im Kampf der Parteien (s. zur Konzeption des Zivilprozesses als Kampf zweier Parteien *Diakonis*, Beweiserhebung, S. 111 ff.) werde ein zutreffendes und umfassendes Bild von den streitigen Vorgängen gezeichnet. Vgl. nur *Rosenberg*, Zivilprozess, § 77 Rn. 3.

[549] S. auch *Benda/Klein*, Rn. 300: Das Verfassungsgericht kann nicht an das tatsächliche Vorbringen der Prozessbeteiligten gebunden sein, zumal „häufig gar keine Verfahrensbeteiligten vorhanden sind".

Darüber hinaus sieht sich der Antragsteller in diesen Verfahren – ungeachtet des Fehlens eines prozessualen Gegners – nicht selten einem ungleich stärkeren Gegengewicht gegenüber,[550] sodass auch ein möglicherweise *faktisch* ausgetragener Kampf der „Beteiligten" dem Leitbild des Verhandlungsgrundsatzes hier letztlich nicht entspricht.[551] Soweit es um *kontradiktorische Verfahren* geht, weisen diese zwar Parallelen zum Zivilprozess auf; die beteiligten Staatsorgane bzw. Staaten verfolgen dabei jedoch anders als Zivilparteien keine privaten, sondern öffentlichen Interessen. Mithin verbietet hier bereits der Verfahrenszweck die „willkürliche" – das Risiko bewusster wie unbewusster Selektion einschließende – Stoffsammlung durch die Beteiligten.[552]

Hinzu kommt, dass letztlich ungeachtet des spezifischen Verfahrenszwecks der jeweiligen Verfahrensart ein *besonderes öffentliches Interesse* an der Aufklärung der Wahrheit im Verfassungsprozess besteht. Dieses Interesse ergibt sich schon aus der dargelegten weitreichenden Bindungswirkung verfassungsrichterlicher Entscheidungen[553] und spricht maßgeblich *für* die generelle Geltung des Untersuchungsgrundsatzes in Verfahren vor dem Bundesverfassungsgericht. Denn eine Entscheidung „mit Wirkung gegenüber allen" zuzulassen, die ausschließlich auf der Grundlage der Herrschaft der jeweiligen Verfahrensbeteiligten über den Verfahrensstoff getroffen wurde, wäre aus rechtsstaatlicher Sicht schlicht „unerträglich".[554] Da gerade die amtswegige Sachverhaltsaufklärung durch das Bundes-

---

[550] Namentlich in Individualverfassungsbeschwerden (vgl. zum objektiven Charakter dieses Verfahrens etwa *Bethge*, in: Maunz u. a., § 90 Rn. 440 [Stand: Februar 2018]) hat sich der beschwerdeführende Bürger gegen staatliches Handeln zu verteidigen und besteht hier regelmäßig ein Machtgefälle zwischen jenem und dem für das gerügte Handeln zuständigen Staatsorgan. So zu verwaltungsgerichtlichen Verfahren, in denen ein ähnliches Ungleichgewicht besteht, bereits *Kahl*, Entmachtung, S. 25; *Nolte*, Eigenart, S. 161 ff.

[551] Gerade in Verfassungsbeschwerdeverfahren ist daher jenes ungleiche Kräfteverhältnis mittels Übertragung der Sachverhaltsverantwortung auf das Gericht aufzulösen. Denn ungeachtet der Frage, ob der Untersuchungsgrundsatz *prozessuale Waffengleichheit* schaffen kann (so etwa *Stelkens*, NVwZ 1982, 81 (83); a. A. *Rixen*, in: Sodan/Ziekow, VwGO, § 86 Rn. 9), dient er doch – insb. im Fall „überforderter" Antragsteller – der (im objektiven Interesse liegenden) Möglichkeit der Wahrheitsfindung an sich.

[552] Aus diesem Grund hat sich der Gesetzgeber auch i. Ü. in Verfahren, in denen ein öffentliches Interesse an der Aufklärung der Wahrheit besteht, wie etwa im Strafprozess (§ 244 Abs. 2 StPO), Verwaltungsprozess (§ 86 Abs. 1 S. 1 Hs. 1 VwGO) oder in Kindschaftssachen (§ 28 FamFG), für die Geltung des Untersuchungsgrundsatzes entschieden. Vgl. dazu etwa *Rosenberg*, Zivilprozess, § 77 Rn. 4.

[553] Diese erstreckt sich im Mindesten auf alle Verfassungsorgane des Bundes und der Länder sowie alle deutschen Gerichte und Behörden (vgl. § 31 Abs. 1, Abs. 2 S. 1 BVerfGG). Dazu oben S. 19 f.

[554] So bereits der Berichterstatter des Rechtsausschusses, *Wahl*, Plenarprotokoll der 112. Sitzung des Bundestages v. 18.01.1951, S. 4195 (4225, Zitate ebd.). Ähnlich *Engelmann*, Prozeßgrundsätze, S. 56. Vgl. zudem *Benda/Klein*, Rn. 300: „Das BVerfG könnte seine Funktion als oberster ‚Hüter der Verfassung' nicht wahrnehmen, wäre es an das tatsächliche Vorbringen der Prozessbeteiligten gebunden"; so auch *Janz/Rademacher*, NVwZ 2004, 186 (187).

verfassungsgericht die Findung einer Entscheidung ermöglicht, „die nicht bloß
für die [Verfahrensbeteiligten], sondern für alle tauglich ist"[555], muss der Verfassungsprozess also auch aus diesem Grund der Untersuchungsmaxime unterliegen.[556]

Im Ergebnis ist § 26 Abs. 1 BVerfGG mithin als Kodifikation des Untersuchungsgrundsatzes auszulegen und im Übrigen auch nicht anzunehmen, dass das
Bundesverfassungsgericht insofern eine andere – dem Willen des Gesetzgebers
widersprechende – Rechtsauffassung vertritt.[557] Freilich ist in hohem Maße un-
glücklich, dass das Gericht in seinen Entscheidungen nahezu keinen Bezug auf
§ 26 BVerfGG nimmt. Dies steht einer sauberen Anwendung der Norm durch
das Gericht selbst im Wege[558] und führt zu Unklarheiten auch und gerade in Bezug auf die Ermittlungskompetenz des Gerichts, die genauer gewendet nämlich
seine allgemeine Pflicht ist.[559]

b) Einschränkungen

Wie bereits erwähnt gilt der Untersuchungsgrundsatz in den Verfahren vor
dem Bundesverfassungsgericht nicht uneingeschränkt. Ausnahmen finden sich
zunächst im BVerfGG selbst.[560] Ferner hat das Gericht seine Ermittlungspflicht
im Wege des Richterrechts weiter gelockert.[561] Darüber hinaus schränkt dieses
den Untersuchungsgrundsatz auch *mittelbar* ein, soweit es „(Selbst-)Bindungen"

---

[555] *Wahl,* Plenarprotokoll der 112. Sitzung des Bundestages v. 18.01.1951, S. 4195
(4225).

[556] Darüber hinaus lässt sich mit *Bickenbach,* Einschätzungsprärogative, S. 486, vertreten, dass die „grundrechtlich induzierte Pflicht [des Verfassungsgerichts] zur Sachverhaltsaufklärung [...] ihre staatsorganisationsrechtliche Grundlage im Grundsatz der
Gewaltenteilung als Teil des Rechtsstaatsprinzips" findet, setzt doch die wirksame Kontrolle der übrigen Gewalten die Erforschung der Wahrheit zwingend voraus.

[557] Auch eine bloß partielle Geltung des Untersuchungsgrundsatzes in Abhängigkeit
der jeweiligen Verfahrensart, wie sie wohl *Lechner* und *Zuck* bevorzugen (*dies.,* § 26
Rn. 1), scheidet danach zwingend aus.

[558] Vgl. nur BVerfGE 93, 248 (256 f.) – Sudanesen, mit dem insoweit notwendig gewordenen Sondervotum von *Sommer* (a. a. O., 258 ff.); dazu auch unten insb. Fn. 999.

[559] S. dazu insb. auch unten S. 163 ff., 179 ff. und 200 ff.

[560] Neben den bereits zitierten §§ 26 Abs. 2, 28 Abs. 2 sowie § 33 Abs. 2 sind hier
namentlich die §§ 23 Abs. 1. S. 2, 48 Abs. 1 Hs. 2, 92 BVerfGG zu nennen, welche den
Antragstellern (im Allgemeinen: § 23 Abs. 1 S. 2, im Speziellen: §§ 48 Abs. 1 Hs. 2,
92 BVerfGG) mit der Begründung ihrer verfahrenseinleitenden Anträge konkrete
„Substantiierungslasten" betreffend den entscheidungserheblichen Sachverhalt auferle-
gen. Gleiches gilt in Ansehung des § 80 Abs. 2 S. 1 BVerfGG, der das vorlegende Gericht im konkreten Normenkontrollverfahren zur Begründung seiner Vorlage verpflichtet.

[561] So geschehen durch die Erweiterung der in Fn. 560 genannten Substantiierungs-
bzw. Begründungslasten in st. Rspr. Ein Bsp. liefert auch die bereits zitierte Entscheidung des Gerichts aus 1963 (BVerfGE 17, 135 [138]); krit. dazu unten S. 258 ff. mit
Fn. 1295. S. insg. zu den Mitwirkungslasten der Beteiligten im Prozess S. 211 ff.

an Tatsachenfeststellungen des Gesetzgebers und anderer Verfassungsorgane annimmt.[562]

Ungeachtet der rechtlichen Beurteilung *konkreter* „Lockerungen" der Untersuchungspflicht[563] verbieten sich diese jedenfalls nicht generell.[564] Weder besitzt § 26 Abs. 1 BVerfGG Verfassungsrang[565] noch garantiert die Verfassung die uneingeschränkte Geltung des Untersuchungsgrundsatzes im Verfassungsprozess.[566] Das Gebot der Untersuchungsmaxime ist insofern keine eindeutige grundgesetzliche Vorgabe, sondern das Ergebnis einer Abwägung verschiedener verfassungsrechtlicher Interessen. Demgemäß obliegt es dem Gesetzgeber, die gerichtlichen Ermittlungspflichten nach prozessualer Sachgerechtigkeit zu gestalten.[567] Wenngleich die Geltung des Untersuchungsgrundsatzes, wie dargelegt, als „funktionsgerechter Ausdruck der Stellung der Verfassungsgerichtsbarkeit unter dem GG"[568] betrachtet werden kann, mag es danach durchaus Konstellationen geben, in denen auch und gerade die Lockerung der gerichtlichen Ermittlungspflicht funktionsgerecht erscheint.

Vor diesem Hintergrund ist es denn auch nicht grundsätzlich unzulässig, wenn das Bundesverfassungsgericht seine Verpflichtung zur amtswegigen Tatsachenermittlung im Wege des Richterrechts „lockert". Aufgrund der, wie dargelegt, in § 26 Abs. 1 S. 1 BVerfGG *gesetzlich normierten* Untersuchungspflicht mutet dies auf den ersten Blick zwar als klarer Rechtsverstoß an.[569] Letztlich steht die Möglichkeit der richterlichen Gestaltung eben dieser Pflicht jedoch in Einklang mit der Natur des Untersuchungsgrundsatzes als allgemeinem Leitprinzip des Ver-

---

[562] Auf diesen Zusammenhang spielt wohl auch *Bickenbach,* Einschätzungsprärogative, S. 484, an, wenn er von „vorauseilende[r] Reduktion" der Inquisition spricht. Vgl. zu jenen – materiell-rechtlich verorteten – „(Selbst-)Bindungen" des Gerichts insb. unten S. 173 ff. (zur Formel des „spezifischen Verfassungsrechts" und der Rechtsfigur der tatsachenbezogenen Einschätzungsspielräume).

[563] S. zu konkreten Lockerungen etwa S. 130 ff. u. 211 ff.

[564] Ebenso *Schmidt-Aßmann,* in: Maunz/Dürig, GG, Art. 19 Abs. 4 Rn. 220 (Stand: Juli 2014); zum Verwaltungsprozess *Ortloff/Riese,* in: Schoch/Schneider/Bier, VwGO, § 87 b Rn. 15 (Stand: Februar 2007).

[565] Anders dagegen *Engelmann,* Prozeßgrundsätze, S. 56, der insofern jedoch kein tragfähiges Argument liefert, sondern pauschal darauf verweist, die Geltung der Verhandlungsmaxime bedeute „eine Verkürzung des Entscheidungsspielraums, die für ein Verfassungsgericht nicht hingenommen werden [könne]".

[566] So aus Sicht der dem Amtsermittlungsgrundsatz unterliegenden fachgerichtlichen Prozesse *Gärditz,* in: DJT 2016, Bd. I, D 1 (D 75 f.); *Krumm* in: Tipke/Kruse, AO/FGO, § 76 FGO Rn. 4 (Stand: Februar 2018); anders wohl *Schoch,* in: GVwR, § 50 Rn. 242: verfassungsrechtliche Fundierung in Art. 19 Abs. 4 S. 1 GG und dem Rechtsstaatsprinzip, jeweils m.w. N.

[567] *Schmidt-Aßmann,* in: Maunz/Dürig, GG, Art. 19 Abs. 4 Rn. 219 (Stand: Juli 2014). Ebenso *Kahl,* Entmachtung, S. 25.

[568] *Engelmann,* Prozeßgrundsätze, S. 56.

[569] In diese Richtung denn auch *Bickenbach,* Einschätzungsprärogative, S. 483 ff.

fahrens.[570] Als solches lässt es naturgemäß Abweichungen zu, die (wie angedeutet) sogar verfassungsrechtlich indiziert sein können, nämlich soweit sie einen schonenderen Ausgleich der widerstreitenden Verfassungsgrundsätze bedeuten. Darüber hinaus ist auch der Untersuchungsgrundsatz vor dem Hintergrund der Entscheidung des Gesetzgebers zu sehen, mit dem BVerfGG die „Möglichkeit sachgerechter Verfahrensfindung im Einzelfall" aufrechtzuerhalten[571]. Eine Untersuchungspflicht, die vom Grundsatz zum starren Prinzip mutierte und sich damit jeder Möglichkeit richterlicher Verfahrensgestaltung im Einzelfall verwehrte, liefe sonach der Zielsetzung des Gesetzgebers bei Ausgestaltung der verfassungsprozessualen Verfahrensordnung zuwider. Die Zulässigkeit richterrechtlicher Einschränkungen des Untersuchungsgrundsatzes lässt sich damit ebenfalls nicht allgemein, sondern allenfalls im Einzelfall verneinen.

Vor diesem Hintergrund sei indes betont, dass die insoweit bestehenden Gestaltungsmöglichkeiten keineswegs die (faktische) Aufgabe der Unterscheidung zwischen Verhandlungs- und Untersuchungsgrundsatz im Prozess bedeuten respektive bedeuten dürfen.[572] Unabhängig davon, in welchem Ausmaß Einschränkungen bestehen, ist der Verfassungsprozess seiner Grundstruktur nach also „Richterprozess".[573] Im Allgemeinen gilt hier die Untersuchungsmaxime, wenngleich – rechtfertigungsbedürftige – Begrenzungen dieser sowohl durch den Gesetzgeber als auch das Bundesverfassungsgericht zulässig sein können.

III. Grundsatz des rechtlichen Gehörs

Art. 103 Abs. 1 GG gewährleistet als grundrechtsgleiches Recht jedermann, das heißt allen an einem gerichtlichen Verfahren förmlich Beteiligten sowie Dritten, gegenüber denen die gerichtliche Entscheidung materiell-rechtlich wirkt und

---

[570] Zumindest in diese Richtung *Schmidt-Aßmann,* in: Maunz/Dürig, GG, Art. 19 Abs. 4 Rn. 219 (Stand: Juli 2014), der im Kontext die Untersuchungspflicht drosselnder Mitwirkungslasten der Verfahrensbeteiligten annimmt, dass diese von Verfassungs wegen nicht ausdrücklich gesetzlich vorgesehen sein müssen, sondern in richterlicher Rechtsfortbildung entwickelt oder im Wege der Rechtsanalogie übertragen werden können.

[571] S. dazu oben S. 98.

[572] Vielmehr bedingt die jeweilige Grundsatzentscheidung, dass entsprechende Ausnahmen tatsächlich Ausnahmen bleiben und als solche eine spezielle rechtsdogmatische Rechtfertigung erfahren. Gleiches muss i. Ü. für die in den Prozessordnungen allg. stattfindende Entwicklung hin zu einer größeren Kooperation von Gericht und Parteien bei der Sachverhaltsermittlung gelten (zu der in diesem Kontext namentlich im Zivilrecht diskutierten Anerkennung einer sog. „Kooperationsmaxime" – i. Erg. ablehnend – *Diakonis,* Beweiserhebung, S. 108 ff. [insb. 110 f.], m.w.N.; s. auch *Nierhaus,* Beweismaß, S. 270 ff.).

[573] So für den insoweit ähnlich ausgestalteten Verwaltungsprozess *Nierhaus,* Beweismaß, S. 277.

die deshalb von dem Verfahren unmittelbar rechtlich betroffen sind[574], einen Anspruch auf rechtliches Gehör vor Gericht.[575] Dieser allgemeine, das heißt auch sämtliche Verfahren vor dem Bundesverfassungsgericht beherrschende Prozessgrundsatz besitzt Verfassungsrang. Er verkörpert gleichermaßen ein „prozessuales Urrecht" des Menschen sowie „objektivrechtliches Verfahrensprinzip".[576] Nach seinem Telos sichert Art. 103 Abs. 1 GG dem Einzelnen im gerichtlichen Verfahren einerseits die Möglichkeit zu, vor einer Entscheidung, deren Objekt er ist, zu Wort zu kommen und so, als Subjekt, Einfluss auf das Verfahren sowie sein Ergebnis zu nehmen, und fördert andererseits im Interesse eines wirkungsvollen Rechtsschutzes die Klärung der tatsächlichen Grundlagen der Entscheidung. In der Folge gewährt Art. 103 Abs. 1 GG den Verfahrensbeteiligten *Rechte auf Information, Äußerung und Berücksichtigung* im Prozess.[577] Diese Rechte sind in den Verfahren des Bundesverfassungsgerichts ungeachtet des dort herrschenden Untersuchungsgrundsatzes zu wahren.[578]

Aus beweisrechtlicher Sicht ergeben sich mithin zahlreiche Implikationen durch das Gebot rechtlichen Gehörs.[579] Diese betreffen sowohl die Ermittlung als auch Würdigung des entscheidungserheblichen Sachverhalts. So folgt aus dem *Recht auf Information* zunächst die Verpflichtung des Gerichts, die Beteiligten über sämtliche für entscheidungserheblich gehaltene Tatsachen[580] und den diesbezüglichen Ermittlungsstand einschließlich aller Erkenntnisquellen (Beweismittel), auf die sich das Gericht stützen will,[581] zu unterrichten[582] sowie Akteneinsicht bei Gericht zu gewähren[583].

---

[574] St. Rspr., zum persönlichen Schutzbereich des Art. 103 Abs. 1 GG statt aller BVerfGE 7, 95 (98); 21, 132 (137); 89, 381 (390 f.); 101, 397 (404).

[575] St. Rspr., s. nur BVerfGE 7, 95 (98); 21, 132 (137); 86, 133 (144 f.); zum Ganzen aus der Literatur *Wolff*, in: Hömig/ders., GG, Art. 103 Rn. 3. Das Gebot rechtlichen Gehörs ist darüber hinaus im Anspruch auf ein faires Verfahren gemäß Art. 6 Abs. 1 EMRK und Art. 47 Abs. 2 EU-Grundrechtecharta enthalten, dazu *Unger*, in: Gärditz, VwGO, § 108 Rn. 49 m. w. N.

[576] St. Rspr., vgl. statt aller den Plenumsbeschluss in BVerfGE 107, 395 (408) – fachgerichtlicher Rechtsschutz (Zitate ebd.), m. w. N.

[577] BVerfGE 107, 395 (409); vgl. auch BVerfGE 9, 89 (95). Aus der Lit. statt aller *Unger*, in: Gärditz, VwGO, § 108 Rn. 53 ff.; *Wolff*, in: Hömig/ders., GG, Art. 103 Rn. 6 ff.

[578] S. zur Geltung des Art. 103 Abs. 1 GG in Verfahren, die von der Untersuchungsmaxime beherrscht werden, deutlich BVerfGE 75, 201 (215); 89, 381 (390).

[579] Vgl. dazu aus völkerrechtlicher Sicht *Benzing*, Beweisrecht, S. 118 f. Zum Verwaltungsprozessrecht *Nierhaus*, Beweismaß, S. 342: Die beweisrechtliche Relevanz des Art. 103 Abs. 1 GG sei „evident".

[580] Vgl. zur umstrittenen Frage, ob dies auch für „allgemeinkundige" Tatsachen gilt, die zur Grundlage der Entscheidungsfindung gemacht werden sollen, unten S. 133.

[581] Auch die Information über entscheidungserhebliche Beweismittel gehört zum Anspruch auf Gehör vor Gericht; so, obschon zum Strafprozess, BVerfGK 7, 211 (211 ff.); 12, 116 (116 ff.).

[582] Ebenso etwa *Wolff*, in: Hömig/ders., GG, Art. 103 Rn. 6.

Das *Recht auf Äußerung* bedingt weiter, dass sich die Verfahrensbeteiligten zu dem der Entscheidung zugrunde liegenden Sachverhalt[584], auch soweit er sich aus dem Vortrag der Gegenseite ergibt[585], vor[586] Erlass der Entscheidung äußern und Anträge stellen können müssen.[587] Insbesondere ist den Beteiligten also nach jeder Maßnahme der Beweiserhebung die Möglichkeit der Stellungnahme einzuräumen[588] und haben jene das Recht, eigene Beweisanträge zu stellen.[589] Ferner haben die Beteiligten grundsätzlich einen Anspruch auf Anhörung (= Befragung) gerichtlicher Auskunftspersonen (insb. Sachverständiger).[590]

Aus dem Recht auf Äußerung ergeben sich überdies spezielle Anforderungen betreffend die sog. *innerprozessualen Präklusionsvorschriften*. Selbige Vorschriften begrenzen auch und gerade den zulässigen *Sach*vortrag der Beteiligten im Prozess zeitlich und vermögen es im Ergebnis (mittelbar), eine diesbezügliche richterliche Ermittlung(-spflicht) auszuschließen.[591] Zwar verbietet Art. 103 Abs. 1 GG jene Vorschriften nicht generell, soweit sie der Prozessbeschleunigung, das heißt ihrerseits der rechtsstaatlichen Verfahrensgestaltung dienen.[592] Das Recht auf Äußerung weist ihnen ob ihrer einschneidenden Folgen für die säumige Partei jedoch strengen *Ausnahmecharakter* zu[593] – zumal im Verfassungsprozess, in dem Auslegung und Anwendung von Präklusionsnormen durch das Bundesverfassungsgericht keiner Rechtskontrolle unterliegen.

---

[583] Das Recht auf Akteneinsicht sichert insb. das gerichtliche Verbot, solche Tatsachen und Beweisergebnisse zu verwerten, zu denen sich die Parteien nicht äußern konnten, so treffend *Peterek,* in: B/D/S, § 20 Rn. 4. Vgl. auch BVerfGE 18, 399 (405 f.); BVerfG, NVwZ 2010, 954 (954 f.).

[584] Sowie – aus Sicht des Beweisrechts unbeachtlich – zur Rechtslage (BVerfGE 86, 133 [133, Ls. 1]).

[585] So auch BVerfGE 67, 96 (99 f.); BVerfG, Beschl. v. 24.07.2014 – 2 BvR 1489/14 –, juris Rn. 2.

[586] Rechtliches Gehör ist nach seinem Telos grundsätzlich *vor* dem Erlass der jeweiligen gerichtlichen Entscheidung zu gewähren, st. Rspr., statt aller BVerfGE 83, 24 (35 f.) m.w.N. (auch zu Ausnahmen).

[587] St. Rspr., vgl. nur BVerfGE 86, 133 (144).

[588] S. exemplarisch aus dem Fachprozessrecht BGH, NJW 2011, 3040 (3040, Ls.).

[589] Zum Beweisantragsrecht als Ausfluss des rechtlichen Gehörs etwa aus dem Steuerverwaltungsverfahrensrecht *Ohletz,* Beweisrecht, S. 95 ff.; s. auch *Degenhart,* in: Sachs, GG, Art. 103 Rn. 29 m.w.N.

[590] S. insofern zur verfassungsprozessualen Rechtslage (zu § 29 S. 2 BVerfGG) unten S. 306. Vgl. auch BVerfG, NJW 2012, 1346 (1346 f.).

[591] Instruktiv zur Bedeutung innerprozessualer Präklusionsregeln aus Sicht des verwaltungsgerichtlichen Verfahrens *Rennert,* in: DJT 2016, Bd. II/1, N 127 (N 141 ff.). Zur Frage der Präklusionsmöglichkeit im Verfassungsprozess unten S. 246 ff.

[592] St. Rspr., s. nur BVerfGE 59, 330 (333); 69, 145 (149); 81, 264 (273); vgl. auch *Wolff,* in: Hömig/ders., GG, Art. 103 Rn. 7. Zur Bedeutung der Verfahrensbeschleunigung im Beweisrecht S. 127 f.

[593] St. Rspr., BVerfGE 59, 330 (334); 69, 145 (149).

Ferner wirkt sich das Recht auf Äußerung – und bereits auf Information[594] – (mittelbar) auf die *Beweiswürdigung* aus: Denn die richterliche Entscheidung darf danach nur auf solche Tatsachen und Beweisergebnisse[595] gestützt werden, zu denen sich die Verfahrensbeteiligten auch äußern konnten.[596] Dies gilt gleichermaßen für tatsächliche Feststellungen anderer rechtskräftiger Urteile, die das (Bundesverfassungs-)Gericht seiner Entscheidung zugrunde legen möchte.[597] Gehörsverletzungen können damit letztlich zum Anknüpfungspunkt tatsachenbezogener (Beweis-)Verwertungsverbote werden.[598]

Mit dem *Recht auf Berücksichtigung* korrespondiert die Pflicht des Gerichts, Sachvortrag und Anträge der Beteiligten nach Maßgabe des Prozessrechts und der Grundsätze rechtsstaatlicher Verfahrensgestaltung[599] zur Kenntnis zu nehmen und bei seiner Entscheidung in Erwägung zu ziehen.[600] Hinsichtlich Beweisanträgen ergibt sich daraus zudem, dass das Gericht diese prozessrechtskonform bescheiden muss.[601]

Wie dargelegt beherrscht Art. 103 Abs. 1 GG auch sämtliche Verfahren vor dem Bundesverfassungsgericht. Eine bestimmte Form der Gehörsgewährung verbürgt jene Norm indes nicht; die nähere Ausgestaltung dieses Anspruchs obliegt somit primär dem Gesetzgeber,[602] dem dabei nach der Rechtsprechung des

---

[594] Dieses soll gerade auch vor Überraschungsentscheidungen schützen, vgl. BVerfGE 84, 188 (190); 86, 133 (144); aus dem Schrifttum *Peterek,* in: B/D/S, § 20 Rn. 4 Fn. 8.

[595] Zum Begriff des Beweisergebnisses oben S. 61.

[596] St. Rspr., BVerfGE 64, 135 (144) m.w.N.; aus der Lit. statt aller *Peterek,* in: B/D/S, § 20 Rn. 4.

[597] So auch für den Verwaltungsprozess *Unger,* in: Gärditz, VwGO, § 108 Rn. 54. Vgl. zur Bedeutung des Rückgriffs auf Tatsachenfeststellungen anderer Gerichte im Verfassungsprozess und damit einhergehend zur Bedeutung des diesbezüglichen Äußerungsrechts der Beteiligten unten S. 141 ff., insb. 163 ff.

[598] Dies normiert § 108 Abs. 2 VwGO für den Verwaltungsprozess ausdrücklich; ausführlich dazu etwa *Unger,* in: Gärditz, VwGO, § 108 Rn. 49 ff.

[599] Vgl. etwa BVerfGE 79, 51 (62); BVerfG, NJW-RR 2012, 393 (395).

[600] St. Rspr., statt aller BVerfGE 79, 51 (62); 83, 24 (35); BVerfG, NJW-RR 2012, 393 (395). Dies gilt auch im Fall einer – vor dem Bundesverfassungsgericht üblichen – Entscheidung nach Aktenlage, vgl. BVerfG, JZ 2015, 1053 (1053 ff.), zu § 331 a ZPO. Zum Recht auf Berücksichtigung im schriftlichen (Verwaltungs-)Verfahren: BVerwG, DÖV 1977, 370 (371).

[601] Die Nichtberücksichtigung muss also im Prozessrecht eine Stütze finden, sonst verstößt sie gegen Art. 103 Abs. 1 GG, s. BVerfGE 105, 311 (st. Rspr.); dazu aus Sicht des Verwaltungsprozessrechts *Unger,* in: Gärditz, VwGO, § 103 Rn. 68. Zu Beweisanträgen im Verfassungsprozess unten S. 306 ff. Ein Recht auf ein bestimmtes Beweismittel oder auf bestimmte Arten von Beweismitteln lässt sich Art. 103 Abs. 1 GG dagegen nicht entnehmen, st. Rspr., BVerfGE 63, 45 (60), m.w.N. Die Gerichte sind auch nicht gehalten, sich in den Entscheidungsgründen mit jedem einzelnen, zumal abwegigen, Vorbringen der Verfahrensbeteiligten ausdrücklich zu befassen, vgl. BVerfGE 79, 51 (61); 86, 133 (146); *Wolff,* in: Hömig/ders., GG, Art. 103 Rn. 8.

[602] H.M., s. nur BVerfGE 74, 228 (233); 119, 292 (296) m.w.N.; aus der Lit. etwa *Wolff,* in: Hömig/ders., GG, Art. 103 Rn. 9.

Bundesverfassungsgerichts ein Gestaltungsspielraum zukommt.[603] Wenngleich die einfachgesetzliche Ausgestaltung des Art. 103 Abs. 1 GG im Verfassungsprozessrecht wesentliche Lücken aufweist[604], etwa betreffend den Umgang mit Beweisanträgen[605] oder betreffend Fragerechte der Beteiligten bei der Anhörung „sachkundiger Dritter" i. S. d. § 27a BVerfGG bzw. sonstiger Dritter (vgl. etwa §§ 77 sowie 94 BVerfGG),[606] hat der Gesetzgeber von jenem Spielraum Gebrauch gemacht und das Gebot rechtlichen Gehörs gerade in seiner beweisrechtlichen Bedeutung zumindest im Ansatz konkretisierende Bestimmungen erlassen. Exemplarisch genannt seien hier § 20 BVerfGG, der ein allgemeines Akteneinsichtsrecht normiert und durch § 22 Abs. 6 GO-BVerfGG (Pflicht zur Aktenkundigkeit) flankiert wird, sowie § 29 BVerfGG zur Beteiligung an Beweisterminen.[607] Daneben finden sich im Verfassungsprozessrecht auch Bestimmungen, die den Anspruch auf rechtliches Gehör einschränken (können).[608] Freilich sind einfachgesetzliche Einschränkungen des Gehörsanspruchs im Einzelfall stets unter Beachtung der Mindeststandards des Art. 103 Abs. 1 GG anzuwenden.[609]

IV. Mündlichkeitsgrundsatz

Nach der Prozessmaxime der Mündlichkeit, welche vornehmlich der Verwirklichung des zuvor erörterten Anspruchs auf rechtliches Gehör gemäß Art. 103 Abs. 1 GG dient, hat die wesentliche Zusammenarbeit der Verfahrensbeteiligten

---

[603] Statt aller BVerfG, NJW 2007, 3486 (3487), m.w.N.

[604] S. zum Umgang mit derartigen Lücken oben S. 97 ff.

[605] Vgl. dagegen z.B. § 244 Abs. 3–6 StPO für den Strafprozess; zu Beweisanträgen S. 306 ff.

[606] S. dazu unten S. 306.

[607] Überdies (jedenfalls mittelbar) relevant werden folgende – Informations- und Äußerungsrechte enthaltende – Normen aus dem BVerfGG: §§ 37, 45, 55 Abs. 2 S. 1, 4, 6, 58 Abs. 1, 65 Abs. 2, 69, 77, 82 Abs. 1, 3, 4 S. 3, 82a Abs. 2, 83 Abs. 2 sowie 84, 88, 94 Abs. 1–4, 96 Abs. 2 sowie 96b. Aus der GO-BVerfG zu nennen sind die §§ 24 Abs. 2, 3, 4, 6 (zur mündlichen Verhandlung) sowie 35 (Akteneinsicht).

[608] Vgl. insb. § 32 Abs. 2 S. 2 BVerfGG zum einstweiligen Rechtsschutzverfahren. S. zur Zulässigkeit von Ausnahmen von der Regel der *vorherigen* Anhörung den Nachweis in Fn. 586. Zur (str.) Frage, ob §§ 23 Abs. 2, 37, 45, 77, 82 Abs. 1, Abs. 3, 82a Abs. 2, 83 Abs. 1, Abs. 2, 85 Abs. 2, 94 Abs. 1 und 96 Abs. 2 BVerfGG das Verfassungsgericht dazu ermächtigen, verspätetes Vorbringen eines Äußerungsberechtigten im Einzelfall nach pflichtgemäßem Ermessen unberücksichtigt zu lassen, ferner unten S. 247 ff. Die Befugnis, ausnahmsweise keine Akteneinsicht zu gewähren, räumte der Gesetzgeber dem Bundesverfassungsrecht dagegen bewusst nicht ein (anders z.B. Art. 19 Abs. 2 VfGHG Bayern); insofern kann das Gericht allenfalls gänzlich auf die Beiziehung (und damit auch die Verwertung) von Urkunden verzichten (§ 26 Abs. 2 BVerfGG). Vgl. zum RegE des BVerfGG, BT-Drs. I/788, S. 26 (§ 17 Abs. 1 RegE entspricht § 20 BVerfGG); s. auch *Peterek*, in: B/D/S, § 20 Rn. 1.

[609] So für Fristenregelungen im Verwaltungsprozess auch *Jacob*, in: Gärditz, VwGO, § 87b Rn. 2.

in mündlicher Aussprache stattzufinden.[610] Die Sachaufklärung soll dadurch in einer Art und Weise durchgeführt werden, die zu einer vollständigen und zutreffenden tatsächlichen Entscheidungsgrundlage führt und es zugleich jedem Verfahrensbeteiligten ermöglicht, auf die Ermittlung des Sachverhalts Einfluss zu nehmen.[611]

Beweisrechtliche Bedeutung kommt dem Mündlichkeitsgrundsatz dadurch zu, dass dieser grundsätzlich die *Beweisaufnahme* in mündlicher Verhandlung vorschreibt[612] und damit Art und Weise der Tatsachenermittlung mitbestimmt.[613]

Bereits an dieser Stelle sei indes festgestellt, dass der Mündlichkeitsgrundsatz (jedenfalls im Verfassungsprozessrecht) keine Auswirkungen auf die Beweiswürdigung hat.[614]

Für den Verfassungsprozess ist der Mündlichkeitsgrundsatz durch die allgemeine Vorschrift des § 25 Abs. 1 BVerfGG, gemäß derer das Gericht, „auf Grund mündlicher Verhandlung" entscheidet, einfachgesetzlich verbürgt. Schon § 25 Abs. 1 BVerfGG lässt jedoch in zweierlei Hinsicht ausdrücklich *Ausnahmen* zu: Zum einen verweist er auf entsprechende Ausnahmeregelungen im BVerfGG („soweit nichts anderes bestimmt ist").[615] Zum anderen gestattet § 25 Abs. 1 a. E. BVerfGG den Verzicht auf die mündliche Verhandlung durch die Beteiligten.[616]

Rückausnahmen kennt das Gesetz expressis verbis nur im Widerspruchsverfahren des einstweiligen Rechtsschutzes sowie in den Verfahren der Präsidenten-

---

[610] S. nur *Engelmann,* Prozeßgrundsätze, S. 45.

[611] Dazu etwa BVerwG Beschl. v. 3.01.2012 – 2 B 72.11 –, juris Rn. 10; zu weiteren Zielen der Mündlichkeit auch BVerfG, NJW 2019, 291 (291).

[612] Vgl. statt aller *Weber,* in: Hahne u. a., FamFG, § 113 Rn. 12; überdies positivrechtlich verbürgt z. B. in § 96 Abs. 1 S. 1 VwGO; § 355 Abs. 1 S. 1 ZPO.

[613] Es stellt sich mithin insb. die Frage, ob trotz Geltung des Mündlichkeitsgrundsatzes hinsichtlich im konkreten Verfahren erforderlicher Maßnahmen der Tatsachenermittlung ausnahmsweise auf Mündlichkeit verzichtet werden kann; dazu unten S. 286 ff.

[614] Zwar beinhaltet das hergebrachte Verständnis jenes Grundsatzes, dass nur der in mündlicher Verhandlung vorgetragene Prozessstoff Grundlage der Entscheidung (mithin Bestandteil der Beweiswürdigung) sein kann (dazu m.w.N. *Engelmann,* Prozeßgrundsätze, S. 45 [dort Fn. 163]). Gemäß § 30 Abs. 1 S. 1 BVerfGG ergeht die Entscheidung des Bundesverfassungsgerichts indes nach dessen freier, *aus dem Inhalt der Verhandlung* geschöpfter Überzeugung. Grundlage der Entscheidung ist damit der *gesamte* Inhalt der – mündlichen wie (rein) schriftlichen – Verhandlung. Allg. M., statt aller *Engelmann,* ebd.; *Grünewald,* in: Walter/ders., § 30 Rn. 11; *Lechner/Zuck,* § 30 Rn. 4; *Lenz/Hansel,* § 30 Rn. 10. S. zur Beweiswürdigung ferner unten S. 312 ff.

[615] Diese finden sich in §§ 24 i. V. m. 25 Abs. 2, 32 Abs. 2 S. 1, 48 Abs. 2, 66a, 82a Abs. 3, 93d Abs. 1 S. 1, 94 Abs. 5 S. 2 sowie 96c BVerfGG und stellen die Entscheidung für oder gegen eine mündliche Verhandlung überwiegend in das Ermessen des Gerichts. S. ferner zur richterrechtlich geschaffenen Ausnahme vom Mündlichkeitsprinzip in Verfahren der konkreten Normenkontrolle BVerfGE 3, 368 (373).

[616] Ob das Gericht trotz Verzicht zur mündlichen Verhandlung lädt, liegt in seinem Ermessen, vgl. § 24 Abs. 1 S. 1 GO-BVerfGG. S. dazu auch *Benda/Klein,* Rn. 285.

anklage und der Richteranklage.[617] Nach zutreffender, wohl herrschender Meinung[618] verlangt ferner auch das Parteiverbotsverfahren nach Mündlichkeit.[619]

Aufgrund der weitreichenden Ausnahmebestimmungen ist der Mündlichkeitsgrundsatz im Verfassungsprozess in der Praxis „seit jeher in sein Gegenteil verkehrt"[620]. Obgleich hierin ein gewissermaßen „systematischer" Verzicht auf die mündliche Verhandlung liegt, bewegt sich die Praxis in dem durch § 25 Abs. 1 BVerfGG geschaffenen Rechtsrahmen[621] und ist auch verfassungskonform[622]. Denn „wie" rechtliches Gehör zu gewähren ist – sprich ein bestimmtes Verfahren oder eine bestimmte Form –, gibt insbesondere Art. 103 Abs. 1 GG gerade nicht vor; sofern die Rechte auf Information, Äußerung und Berücksichtigung auch im schriftlichen Verfahren garantiert werden, ist das Verfahrensgrundrecht mithin nicht verletzt.[623] Ob das konkrete schriftliche Verfahren die genannten verfassungsrechtlichen Anforderungen erfüllt, ist folglich im Einzelfall zu klären. Art. 103 Abs. 1 GG schließt dies jedenfalls nicht grundsätzlich aus.

---

[617] Mündliche Verhandlung ist hier obligatorisch, vgl. §§ 32 Abs. 3 S. 3, 55 Abs. 1, 58 Abs. 1 BVerfGG.

[618] So etwa *Ipsen*, in: Sachs, GG, Art. 21 Rn. 190; *Kliegel*, in: Barczak, § 45 Rn. 12; vgl. auch BVerfG 107, 339 (378 ff., 383) – Sondervotum *Sommer, Jentsch, Di Fabio* und *Mellinghoff*. A. A. *Burkhart*, in: U/C/D, § 45 Rn. 7. Wohl differenzierend *Benda/ Klein*, Rn. 1168 f.

[619] Zu den Arg. *Waldhoff*, in: Walter/Grünewald, § 45 Rn. 2. Gleiches muss i. Ü. – aus entsprechenden Gründen – für das neue Verfahren zum Ausschluss einer Partei von staatlicher Finanzierung (§ 45 Abs. 1 Var. 2 BVerfGG) sowie das Grundrechtsverwirkungsverfahren (vgl. § 37 BVerfGG) gelten.

[620] *Benda/Klein*, Rn. 283; vgl. auch *Schlaich/Korioth*, Rn. 69: „seltene Ausnahme". Tatsächlich verhandelte das Gericht in den Jahren 1990 bis einschließlich 2018 insg. in 206 Fällen mündlich, obgleich immerhin 159.427 neue Verfahrenseingänge zu verzeichnen waren; vgl. https://www.bundesverfassungsgericht.de/DE/Verfahren/Jahresstatisti ken/2018/gb2018/A-II-4.pdf?__blob=publicationFile&v=2 (zur Anzahl mündlicher Verhandlungen; zuletzt aufgerufen am 02.02.2020) sowie https://www.bundesverfassungs gericht.de/DE/Verfahren/Jahresstatistiken/2018/gb2018/A-I-2.pdf?__blob=publication File&v=2 (zu den Verfahrenseingängen; zuletzt aufgerufen am 02.02.2020). Zur „Abneigung" des Gerichts, mündlich zu verhandeln, aus interner Sicht auch *Kranenpohl*, Schleier, S. 100 f.

[621] So denn auch konzis *Benda/Klein*, Rn. 287.

[622] A. A. *Engelmann*, Prozeßgrundsätze, S. 51 f., demzufolge der Gehörsanspruch respektive die Verfassung die Mündlichkeit vorschreibe, da sie zwingende Voraussetzung eines rechtsstaatlichen und demokratischen Verfahrens sei (dazu m.w.N. *Sachs*, in: ders., GG, Art. 20 Rn. 164 mit Fn. 872).

[623] So auch die h.M.; s. nur BVerfGE 5, 9 (11); 89, 381 (391); BVerfGE 112, 185 (206) m.w.N.; aus dem Fachrecht BVerwGE 116, 123 (124 f.); BGH, NJW 2014, 3652 (3652); BFHE 166, 415 (416 f.). Aus der Lit. statt aller *Wolff*, in: Hömig/ders., GG, Art. 103 Rn. 7, m.w.N. Auch i. Ü. verlangt die Verfassung (insb. Art. 20 Abs. 3 GG) nicht per se Mündlichkeit im Prozess; deutlich BVerfGE 15, 303 [307]: „Die Prinzipien der Mündlichkeit und der Öffentlichkeit der Verhandlung sind keine Verfassungsrechtsgrundsätze, sondern Prozeßrechtsmaximen, die bestimmte Verfahrensarten beherrschen."

V. Unmittelbarkeitsgrundsatz

Der Verwirklichung insbesondere des Anspruchs auf rechtliches Gehör (Art. 103 Abs. 1 GG), aber auch des Anspruchs auf ein faires Verfahren (Art. 2 Abs. 1 i.V.m. Art. 20 Abs. 3 GG)[624], dient außerdem der sog. Unmittelbarkeitsgrundsatz, welcher zum einen vorschreibt, dass die *Beweisaufnahme*[625] durch denselben Spruchkörper durchzuführen ist, der auch die spätere Entscheidung in der Sache trifft (sog. *formelle Unmittelbarkeit*).[626] In materieller Hinsicht gebietet es jener Grundsatz zum anderen, rechtserhebliche Tatsachen durch diejenigen Beweismittel festzustellen, die in größtmöglicher Nähe zu selbigen Tatsachen stehen (sog. *materielle Unmittelbarkeit*).[627] Die Gerichte sind danach jedenfalls gehalten, ihrer Entscheidung das in der jeweiligen prozessualen Situation *geeignete* und *erforderliche* Beweismittel zugrunde zu legen.[628]

Als „allgemeine Regel für die Beweisaufnahme"[629] kommt dem Unmittelbarkeitsgrundsatz direkte Bedeutung für das Beweisrecht zu. Wie dargelegt bestimmt jener Grundsatz sowohl, wer den Beweis zu erheben hat, als auch einen Maßstab für die Auswahl zwischen mehreren Beweismitteln.[630] Auswirkungen hat der (materielle) Unmittelbarkeitsgrundsatz auch auf die Beweiswürdigung respektive den Beweiswert[631] der herangezogenen Beweismittel, der grundsätzlich geringer ausfällt, sofern ein Beweismittel die entscheidungserhebliche Tatsache nur mittelbar belegen kann.[632]

---

[624] Dazu sogleich auf S. 121 f.

[625] S. zur Terminologie oben S. 61.

[626] Dem erkennenden Gericht sollen die seiner Entscheidung zugrunde liegenden Tatsachen soweit wie möglich aus eigener unmittelbarer Wahrnehmung bekannt sein; grundsätzlich unzulässig ist daher ein Dazwischentreten von *Mittelspersonen* bei der Entscheidungsfindung. Vgl. nur *Lang,* in: Sodan/Ziekow, VwGO, § 96 Rn. 6; ebenso *Kreuter-Kirchhof,* in: Gärditz, VwGO, § 96 Rn. 13 m.w.N.

[627] Dazu aus dem Fachprozessrecht etwa BSG, NJW 1990, 1558 (1558); *Kreuter-Kirchhof,* in: Gärditz, VwGO, § 96 Rn. 14; *Lang,* in: Sodan/Ziekow, VwGO, § 96 Rn. 4.

[628] Gerade der Grundsatz materieller Unmittelbarkeit ist im allg. Prozessrecht nicht einheitlich ausgeprägt; so verbietet z.B. § 250 StPO den Rückgriff auf bloß mittelbare Erkenntnisquellen im Strafprozess weitgehend, wohingegen §§ 96 Abs. 1 VwGO, 81 Abs. 1 FGO, 117 SGG bereits im Grundsatz „großzügiger" ausgestaltet sind. Vgl. nur zur VwGO BVerwG, Beschl. v. 03.01.2012 – 2 B 72.11 –, juris Rn. 10. Zur ZPO etwa *Heinrich,* in: MüKo-ZPO, § 355 Rn. 1.

[629] *Kreuter-Kirchhof,* in: Gärditz, VwGO, § 96 Rn. 12.

[630] Ausführlich zum Verwaltungsprozessrecht *Kreuter-Kirchhof,* in: Gärditz, VwGO, § 96 Rn. 16 ff.

[631] Vgl. zu den Begrifflichkeiten oben S. 62.

[632] Vgl. dazu insb. S. 315; s. auch BVerfGE 57, 250 (292); BVerfG, NJW 1997, 999 (999); *Kreuter-Kirchhof,* in: Gärditz, VwGO, § 96 Rn. 15.

Wie in anderen Prozessordnungen[633] fehlt auch für das Verfassungsprozessrecht eine ausdrückliche Normierung des Unmittelbarkeitsgrundsatzes. Dennoch lässt sich dem BVerfGG bei systematischer Auslegung entnehmen, dass die Beweisaufnahme nach der gesetzgeberischen Konzeption *grundsätzlich* durch den erkennenden Spruchkörper des Bundesverfassungsgerichts selbst zu erfolgen hat (formelle Unmittelbarkeit).[634] Dies ergibt sich bereits aus § 26 Abs. 1 S. 2 BVerfGG, der es (nur) unter bestimmten Voraussetzungen zulässt, ein Mitglied des Gerichts oder gar ein anderes Gericht um die Beweisaufnahme zu ersuchen.[635] Insofern bestätigt jene Ausnahmebestimmung die § 26 Abs. 1 S. 1 BVerfGG zugrunde liegende „Regel" der formellen Unmittelbarkeit.[636]

Darüber hinaus ist davon auszugehen, dass hier auch der materielle Unmittelbarkeitsgrundsatz zur Anwendung gelangt,[637] dient dieser mit der Herstellung einer verlässlichen richterlichen Erkenntnisgrundlage doch der Verwirklichung wesentlicher Verfassungsprinzipen, namentlich dem Gebot der materiellen Gerechtigkeit sowie des fairen Verfahrens.[638] Indes besteht (auch) im Verfassungsprozess kein strikter Vorrang direkter Beweismittel, sondern hängt von der jeweiligen prozessualen Situation ab, ob ein mittelbares Beweismittel ausreicht oder das unmittelbare Beweismittel zu nutzen ist.[639]

---

[633] Prominent anzuführen ist hier die StPO, die dem Unmittelbarkeitsgrundsatz nach h. M. dennoch besonders strikt unterworfen ist; dazu *Kudlich/Schuhr,* in: Satzger u. a., StPO, § 250 Rn. 2.

[634] So (ohne Begründung und ohne nähere Ausführung der Rechtsfolgen) wohl auch die h. L., vgl. statt aller *Haberzettl,* in: B/D/S, § 26 Rn. 23; *Klein,* in: Maunz u. a., § 26 Rn. 16 (Stand: Januar 1987); *Meskouris,* in: Barczak, § 26 Rn. 29; *Zöbeley/Dollinger,* in: U/C/D, § 26 Rn. 15.

[635] Vgl. dazu S. 169 sowie zur – geringen – praktischen Relevanz der Norm S. 291 f.

[636] Weitere Ausnahmen finden sich in § 33 Abs. 2 BVerfGG, der dem Gericht gestattet, seiner Entscheidung unter Umständen die tatsächlichen Feststellungen eines anderen, rechtskräftigen Urteils zugrunde zu legen (dazu ausführlich S. 141 ff.), sowie in §§ 38 Abs. 2 S. 2, 47 und 54 Abs. 2, 58 Abs. 1 BVerfGG, die in Grundrechtsverwirkungs-, Parteiverbotsverfahren, Präsidenten- sowie Richteranklagen eine Voruntersuchung der entscheidungserheblichen Tatsachen durch einen Richter des nicht für die Entscheidung in der Hauptsache zuständigen Senats ermöglichen. Zur weitgehenden Ausnahme vom Grundsatz der formellen Unmittelbarkeit im Freibeweisverfahren S. 277, 288 f., 291 f.

[637] Rspr. und Lehre verhalten sich hierzu in verfassungsprozessualem Kontext soweit ersichtlich nicht.

[638] Vgl. nur BVerfGE 1, 418 (429); BVerwG, Beschl. v. 03.01.2012 – 2 B 72.11 –, juris Rn. 10.

[639] Für den Verwaltungsprozess so ausdrücklich BVerwGE 140, 199 (Rn. 17); BVerwG, Beschl. v. 03.01.2012 – 2 B 72.11 –, juris Rn. 10. Auch im Strafprozess gilt der Unmittelbarkeitsgrundsatz nicht strikt und verbietet dieser insb. indirekte Beweismittel nicht generell; dazu etwa *Kudlich/Schuhr,* in: Satzger u. a., StPO, § 250 Rn. 2 ff., insb. 4. Hingewiesen sei hier darauf, dass (nur) in den sog. quasi-strafrechtlichen Verfahren betreffend den Zeugen- und Sachverständigenbeweis im Verfassungsprozessrecht über § 28 Abs. 1 BVerfGG die §§ 251 f. StPO gelten, welche das Ersetzen der Vernehmung eines Zeugen oder Sachverständigen durch den Urkundenbeweis nur ausnahms-

Trotz der danach anzunehmenden grundsätzlichen Geltung des Unmittelbarkeitsgrundsatzes erfährt dieser auch im Verfassungsprozess Einschränkungen. Dies gilt insbesondere in Bezug auf die formelle Unmittelbarkeit, welche innerhalb des – im Verfassungsprozess praktisch besonders relevanten – sog. *Freibeweisverfahrens* weitestgehend ausgehebelt ist.[640]

Rechtlich bestehen dagegen im Allgemeinen keine Bedenken: Einfachgesetzlich ergibt sich dies bereits aus der mangelnden ausdrücklichen Regelung des Unmittelbarkeitsgrundsatzes im BVerfGG. Darüber hinaus steht seiner – obschon weitreichenden – Einschränkung grundsätzlich auch die Verfassung nicht entgegen. Sämtliche Verfassungsprinzipien, die durch den – selbst keinen Verfassungsrang aufweisenden – Unmittelbarkeitsgrundsatz begünstigt werden sollen, schreiben ihrerseits nicht generell die Unmittelbarkeit des Verfahrens vor.[641] Insofern ist die (verfassungsrechtliche) Zulässigkeit einer konkreten Einschränkung jenes Grundsatzes stets eine Frage des Einzelfalls.[642]

VI. Recht auf ein faires Verfahren

Das sog. Recht auf ein faires Verfahren[643] ist allgemeines Prozessgrundrecht und zugleich generelles Prinzip in allen Prozessordnungen[644].[645] Es zielt ab auf die Ermittlung der Wahrheit in einem rechtsstaatlichen Verfahren sowie auf ein gerechtes Urteil.[646] Damit der einzelne Verfahrensbeteiligte nicht zum bloßen Objekt des Verfahrens wird, ist dieser insbesondere in die Lage zu versetzen, zur

---

weise gestatten (dazu etwa *Ulsamer*, in: Maunz u. a., § 28 Rn. 4 f. [Stand: Juni 2018]); s. i. Ü. zum Zeugen- und Sachverständigenbeweis unten S. 284 ff. u. 289 ff.

[640] Vgl. dazu ausführlich unten S. 277 ff.

[641] St. Rspr., vgl. zum Recht auf ein faires Verfahren BVerfGE 57, 250 (275 f.); 86, 288 (317 f.); BVerfG, NJW 2007, 204 (205); zum Gebot rechtlichen Gehörs BVerfGE 1, 418 (429); BVerfG, NJW 2008, 2243 (2244). Deutlich auch BVerfG, NJW 2008, 2243 (2243, Ls. 2): „Das Recht auf unmittelbare Beweisaufnahme ist selbst kein Grundrecht". Aus dem Zivilprozessrecht ebenso *Greger*, in: Zöller, ZPO, § 355 Rn. 1. A. A. wohl *Meskouris*, in: Barczak, § 26 Rn. 29 Fn. 83, der die Unmittelbarkeit der Beweisaufnahme als „mittelbar über die Rechtstaatlichkeit des Verfahrens" (Art. 20 Abs. 3 GG) „verfassungsrechtlich bewehrt" beschreibt und insoweit – nicht überzeugend – auf BVerfGE 1, 418 (429), verweist.

[642] Vgl. BVerfG, NJW 2008, 2243 (2244). S. insofern zum Wegfall der formellen Unmittelbarkeit im Freibeweisverfahren unten S. 277 u. 288 f.

[643] Dieses wird aus dem allg. Justizgewährungsanspruch gemäß Art. 20 Abs. 3 i. V. m. Art. 2 Abs. 1 GG hergeleitet und ist i. Ü. auch in Art. 6 Abs. 1 S. 1 EMRK verbürgt.

[644] So ausdrücklich BVerfG, DVBl. 2001, 118 (118 f.) m. w. N. Aus der Lit. etwa *Bethge*, in: Maunz u. a., Vor § 17 Rn. 13 (Stand: Juni 2019).

[645] S. zum fairen Verfahren auch BVerfGE 39, 156 (163); 57, 250 (274 f.); 63, 45 (60). Aus der Lit. *Murswiek/Rixen*, in: Sachs, GG, Art. 2 Rn. 115 ff.; s. auch *Remmert*, in: Maunz/Dürig, GG, Art. 103 Abs. 1 Rn. 34 (Stand: September 2016) m. w. N. zu Zweifel an der Erforderlichkeit eines solchen Rechts.

[646] So ausdrücklich VerfGH Saarland, NZV 2018, 275 (278). Vgl. auch BVerfG, NJW 1997, 999 (1000).

Wahrung seiner Rechte auf den Gang und das Ergebnis des Verfahrens Einfluss nehmen zu können; dies erfordert grundsätzlich „prozessuale Wissensparität und Waffengleichheit"[647].[648]

Beweisrechtliche Bedeutung kommt dem Recht auf ein faires Verfahren damit jedenfalls insofern zu, als dieses die grundsätzlich faire Handhabung auch des Beweisrechts fordert.[649] Danach kann es z.B. erforderlich werden, besondere Beweisschwierigkeiten eines Beteiligten durch Lockerung bestehender Mitwirkungslasten ausgleichend zu berücksichtigen.[650] Ferner folgt nach herrschender Meinung aus jenem Recht ein Anspruch auf materielle Beweisteilhabe, also auf Zugang zu den Quellen der Sachverhaltsfeststellung.[651] Insoweit decken sich die Verbürgungen des Gebots des fairen Verfahrens und des rechtlichen Gehörs.[652]

Das BVerfGG weist nur mittelbar, etwa in Form des Akteneinsichtsrechts (§ 20), den Grundsatz des fairen Verfahrens konkretisierende Bestimmungen aus. Auch im Verfassungsprozess können sich damit Verbürgungen jenes Grundsatzes unmittelbar aus dem Grundgesetz ergeben. Dabei ist jedoch zu beachten, dass das Recht auf ein faires Verfahren, wie auch der Anspruch auf rechtliches Gehör, keine im Einzelnen bestimmten Ge- und Verbote enthält, sondern der gesetzlichen bzw. richterrechtlichen Ausgestaltung bedarf.[653] Auch unter Beachtung des Rechts auf ein faires Verfahren sind Beschränkungen verfahrensrechtlicher Befugnisse der Beteiligten danach grundsätzlich zulässig.[654]

---

[647] VerfGH Saarland, NZV 2018, 275 (278) m.w.N.; s. auch BVerfGE 38, 105 (111).

[648] Vgl. BVerfG, NJW 2001, 2245 (2246); BVerfGE 133, 168 (Rn. 58). Zum Gebot prozessualer Waffengleichheit ausführlich *Uhle*, in: HStR, Bd. V, § 129 Rn. 50 ff.; s. auch BVerfGE 9, 124 (130 f.); 35, 348 (355); 52, 131 (144 f.).

[649] St. Rspr. BVerfGE 52, 131 (145); 117, 202 (240); BVerfG NJW 2013, 3630 (3632). So aus der Lit. *Sachs*, in: ders., GG, Art. 20 Rn. 163; *Uhle*, in: HStR, Bd. V, § 129 Rn. 61. Ebenso die wohl h.M. zu Art. 6 Abs. 1 S. 1 EMRK, der als Auslegungshilfe des Verfassungsgrundsatzes heranzuziehen ist (BVerfG, NJW 2007, 204 [205] m.w.N.); s. *Meyer-Ladewig/Harrendorf/König*, in: HK-EMRK, Art. 6 Rn. 139.

[650] Vgl. exemplarisch zu der aus dem Gebot des fairen Verfahrens abgeleiteten Notwendigkeit der Anpassung einer allgemeinen Beweislastregel im Fachrecht BVerfGE 52, 131 (145 ff.) – Arzthaftung.

[651] S. nur BVerfG, NJW 2001, 2245 (2246 f.); dazu *Grzeszick*, in: Maunz/Dürig, GG, Art. 20 VII Rn. 136 (Stand: November 2006). Vgl. auch BGH, NStZ 2009, 49, der überzeugend darauf hinweist, dass der Anspruch auf Beweisteilhabe nicht grenzenlos gewährt werde; da dieser Anspruch auf den Zweck der Wahrheitserforschung ausgerichtet sei, setze er vielmehr geeignete Anträge voraus.

[652] Vgl. exemplarisch BVerfGE 91, 176 (180 f.); VerfGH Saarland, NZV 2018, 275 (279). S. zum Gehörsanspruch ferner oben S. 112 ff. Eine klare Abgrenzung erscheint zumindest aus beweisrechtlicher Sicht entbehrlich. S. dazu aber *Nolte/Aust*, in: v. Mangoldt/Klein/Starck, GG, Art. 103 Rn. 84, 89 ff. m.w.N.; *Remmert*, in: Maunz/Dürig, GG, Art. 103 Rn. 34 (Stand: September 2016).

[653] Statt aller BVerfGE 133, 168 (Rn. 59) sowie E 57, 250 (275 f.); BVerfG, NJW 2001, 2245 (2246).

[654] In diesem Sinne für den Strafprozess statt aller BVerfGE 133, 168 (Rn. 59).

VII. Gebot wirksamen Rechtsschutzes

Bedeutung als allgemeinem Beweisgrundsatz kommt ferner dem Gebot wirksamen Rechtsschutzes zu.[655] Dieses garantiert in seinem rechtsstaatlichen Kerngehalt[656] – über den Zugang zu staatlichen Gerichten hinaus – sowohl die umfassende tatsächliche und rechtliche Prüfung des Streitgegenstandes nach Maßgabe des jeweiligen Prozessrechts (sog. Gebot vollständiger Nachprüfung) als auch eine verbindliche gerichtliche Entscheidung.[657]

Aus Sicht des Beweisrechts von Bedeutung ist das Gebot wirksamen Rechtsschutzes insbesondere in seiner Ausprägung als Gebot umfassender *tatsächlicher* Nachprüfung, folgt hieraus doch grundsätzlich die Pflicht zur vollständigen Sachaufklärung seitens des Gerichts.[658] Darüber hinaus stellt jenes Gebot eine verfassungsrechtliche Hürde in Bezug auf *Mitwirkungslasten* der Beteiligten sowie *innerprozessuale Präklusionsfolgen* dar.[659]

Beweisrechtlich relevant wird das Gebot wirksamen Rechtsschutzes ferner, indem es eine *verbindliche gerichtliche Entscheidung* vorschreibt. Dies zwingt das Gericht, auch dann in der Sache selbst zu entscheiden, wenn es ihm trotz Ausschöpfung aller verfügbaren Erkenntnisquellen nicht gelingt, die erforderliche Gewissheit für das Vorliegen einer erheblichen Tatsache zu gewinnen (Justizver-

---

[655] Dieses ist für den Fall der möglichen Verletzung subjektiver Rechte durch die öffentliche Gewalt spezialgesetzlich in Art. 19 Abs. 4 GG verbürgt; dazu statt aller *Schmidt-Aßmann*, in: Maunz/Dürig, GG, Art. 19 Abs. 4 Rn. 1 ff. (Stand: Juli 2014). I. Ü. folgt jenes Gebot aus dem allg. Justizgewährungsanspruch (Art. 20 Abs. 3 i.V.m. Art. 2 Abs. 1 GG); dazu etwa *Degenhart*, in: HStR, Bd. V, § 115 Rn. 17. Aus der Rspr. BVerfGE 93, 99 (107); 122, 248 (270); s. auch E 107, 395 (401).

[656] Dem allg. Justizgewährungsanspruch werden eine Vielzahl weiterer (nicht stets beweisrechtlich relevanter) Vorgaben für das Gerichtsverfahren entnommen, wie etwa das Gebot des fairen Verfahrens. Zum Anwendungsbereich *Grzeszick*, in: Maunz/Dürig, GG, Art. 20, VII Rn. 130 (Stand: November 2006).

[657] St. Rspr. BVerfGE 85, 337 (345); 97, 169 (185); aus dem Fachrecht BGHZ 140, 208 (217); 154, 306 (309 ff.); aus der Lehre *Hofmann*, in: Schmidt-Bleibtreu/Hofmann/Henneke, GG, Art. 20 Rn. 59. In diesem Kerngehalt entspricht der allg. Justizgewährungsanspruch Art. 19 Abs. 4 GG; Unterschiede bestehen insoweit nur hinsichtlich der Anwendungsbereiche, st. Rspr., BVerfGE 107, 395 (401 ff.); 117, 71 (122). Ebenso die wohl h. L., s. nur *Bethge*, in: Maunz u. a., § 90 Rn. 276 (Stand: Februar 2018) m.w. N. Einschränkend dagegen *Huber*, in: v. Mangoldt/Klein/Starck, GG, Art. 19 Abs. 4 Rn. 358.

[658] Dazu etwa *Kluth*, NJW 1999, 3513 (3517); zur Rechtsschutzgewährung durch Sachverhaltsfeststellung auch *Berchtold*, in: ders./Richter, Sozialsachen, § 6 Rn. 417 f. m.w. N. Zu Art. 19 Abs. 4 S. 1 GG aus der Rspr. jüngst BVerfGE 149, 407 (Rn. 19). Zu Art. 20 Abs. 3 GG statt aller BVerfGE 54, 277 (291).

[659] So bereits konzis *Degenhart*, in: HStR, Bd. V, § 115 Rn. 29. Ausführlich *Nierhaus*, Beweismaß, S. 329 ff., 341 ff.: Mit diesem ist festzuhalten, dass insb. Art. 19 Abs. 4 GG die „Grenzen für die Anerkennung von Aufklärungspflichten der Beteiligten und die Ausgewogenheit zwischen ihrer Mitwirkung einerseits und der gerichtlichen Sachverhaltsermittlung andererseits" bestimmt (a. a. O., S. 261).

weigerungsverbot).[660] Methodisches Instrument, trotz eines non liquet eine Sachentscheidung treffen zu können, sind die insoweit also verfassungsrechtlich gebotenen Regeln der objektiven Beweislast.[661]

Die genannten Verbürgungen des Gebots wirksamen Rechtsschutzes binden im Prozess auch das Bundesverfassungsgericht. Dies gilt nicht zuletzt für das Gebot vollständiger Nachprüfung. Obgleich das Gericht selbiges Gebot in Bezug auf die fachgerichtliche Kontrolle der Verwaltung aus Art. 19 Abs. 4 GG entwickelt hat[662], entfaltet es als materieller Kerngehalt der Rechtsweggarantie bzw. des allgemeinen Justizgewährungsanspruchs Wirkung für jede eröffnete Instanz[663]. Mithin ergeben sich insofern auch keine Unterschiede in Ansehung der verschiedenen verfassungsprozessualen Verfahrensarten.[664]

Das Gebot umfassender Nachprüfung verpflichtet *in tatsächlicher Hinsicht* somit auch das Bundesverfassungsgericht *erstens* dazu, den entscheidungserheblichen Sachverhalt – mittels aller verfügbaren Erkenntnisquellen – aufzuklären und zwar bis es den im Einzelfall erforderlichen Grad an Überzeugung (sog. Beweismaß)[665] erlangt hat.[666]

Zweitens schließt die Pflicht zu umfassender tatsächlicher Prüfung die *Bindung* des Bundesverfassungsgerichts an Tatsachenfeststellungen anderer Gewal-

---

[660] Allg. M., vgl. statt aller *Kreuter-Kirchhof,* in: Gärditz, VwGO, § 96 Rn. 1; *Nierhaus,* Beweismaß, S. 35 f. m.w.N.; aus dem Zivilprozessrecht *Laumen,* in: Prütting/Gehrlein, ZPO, § 286 Rn. 57; vgl. auch BFHE 101, 156 (165): „Die Ungewißheit im Tatsächlichen darf nicht zu einer Rechtsverweigerung führen". Wenn *Diederichsen,* AcP 1998, 171 (241), meint, für das Verfassungsgericht bestünde ob dessen Stellung als Verfassungsorgan „kein solches Rechtsverweigerungsverbot", kann dem nicht gefolgt werden, übt jenes doch gleichermaßen rechtsprechende Gewalt aus (Art. 92 GG).

[661] I. Ü. sei an dieser Stelle klargestellt, dass das Gebot wirksamen Rechtsschutzes nur indirekt mit dem *Untersuchungsgrundsatz* – welcher ebenfalls die Pflicht zu umfassender Aufklärung des Tatsachenstoffs durch das Gericht betrifft (s. oben S. 103 ff.) – verknüpft ist; insb. zwingt jenes Gebot nicht zur Geltung des Untersuchungsgrundsatzes im Prozess, da das Gericht den Streitgegenstand auch im Anwendungsbereich des Verhandlungsgrundsatzes „vollständig prüfen" kann. Vgl. dazu *Kahl,* Entmachtung, S. 28 ff.; auch *Schmidt-Aßmann,* in: Maunz/Dürig, GG, Art. 19 Abs. 4 Rn. 219 (Stand: Juli 2014).

[662] S. nur BVerfGE 15, 275 (282, Zitat ebd.); 35, 263. Dazu *Scherzberg,* Grundrechtsschutz, S. 35, 270 f.

[663] St. Rspr., s. nur BVerfGE 104, 220 (232); 112, 185 (207 f.); auch BVerfGK 17, 420 (425 f.); BVerfG, NJW 2012, 2947 (2947). Aus der Lehre *Sachs,* in: ders., GG, Art. 19 Rn. 143.

[664] Insb. gilt jenes Gebot grds. gleichermaßen in objektiven Beanstandungsverfahren. Vgl. zur insofern bestehenden Justizgewährungs*pflicht* etwa *Schmidt-Aßmann,* in: Maunz/Dürig, GG, Art. 19 Abs. 4 Rn. 16 (Stand: Juli 2014). S. ferner *Sachs,* in: ders., GG, Art. 19 Rn. 11 sowie Art. 20 Rn. 162.

[665] Zur Terminologie S. 62 sowie insg. zum Beweismaß im Verfassungsprozess S. 323 ff.

[666] Zur Pflicht der Sachverhaltsaufklärung *Uhle,* in: HStR, Bd. V, § 129 Rn. 81; s. auch BVerfGE 101, 275 (294 f.); BVerfGK 9, 390 (390 ff.).

ten im Grundsatz aus.[667] Vor diesem Hintergrund steht das Recht auf effektiven Rechtsschutz namentlich einer Beschränkung der verfassungsgerichtlichen Prüfung auf eine bloße Rechtskontrolle – vergleichbar der auf rechtliche Fehler begrenzten Kontrolle eines Revisionsverfahrens – entgegen.[668]

Drittens kann das Gebot umfassender Ermittlung Einschränkungen des Geheimnisschutzes im Beweisverfahren rechtfertigen.[669]

Viertens hat jenes Gebot (mittelbar) Auswirkungen auf das zulässige richterliche Beweismaß: Denn durch ein Absenken des Beweismaßes sinkt letztlich bereits die Notwendigkeit einer *umfassenden* Nachprüfung im Prozess.[670] Ein willkürliches Absenken des Beweismaßes verbietet sich danach – könnte es doch das Gebot umfassender Prüfung praktisch aushebeln.[671]

Auch die Möglichkeit, eine Entscheidung nach objektiver Beweislast zu fällen, wird – *fünftens* – durch das Gebot umfassender Nachprüfung beschränkt. Freilich gilt die Pflicht zur Sachverhaltsaufklärung nur bis zu den Grenzen des non liquet, kann dem Gericht doch bereits denklogisch nicht auferlegt sein, ein bestehendes

---

[667] Die h.M. in Bezug auf fachgerichtlichen Rechtsschutz muss insofern auch vor dem Bundesverfassungsgericht selbst gelten, vgl. nur BVerfGE 129, 1 (20): „Aus der Garantie effektiven Rechtsschutzes folgt grundsätzlich die Pflicht der Gerichte, […] in rechtlicher und tatsächlicher Hinsicht vollständig nachzuprüfen. Das schließt eine Bindung der rechtsprechenden Gewalt an tatsächliche oder rechtliche Feststellungen und Wertungen seitens anderer Gewalten hinsichtlich dessen, was im Einzelfall rechtens ist, im Grundsatz aus."; ebenso schon BVerfGE 15, 275 (282); 61, 82 (110 f.); 84, 59 (77); 103, 142 (156), st. Rspr.; aus der Lehre statt aller *Berchtold,* in: ders./Richter, Sozialsachen, § 6 Rn. 417 f.; *Kahl,* Entmachtung, S. 28 f.; *Uhle,* in: HStR, Bd. V, § 129 Rn. 81 mit Fn. 381.

[668] So allg. zur erstinstanzlichen gerichtlichen Befassung mit einem Sachverhalt *Uhle,* in: HStR, Bd. V, § 129 Rn. 81; s. auch *Papier,* in: HStR, Bd. VIII, § 176 Rn. 18. Im Verfassungsprozess kollidiert eine etwaige Beschränkung der verfassungsrichterlichen Ermittlungspflicht in Form von Bindungen an Tatsachenfeststellungen z. B. des Gesetzgebers oder eines anderen Gerichts sonach nicht erst mit dem einfachgesetzlichen Untersuchungsgrundsatz (s. dazu S. 103 ff.).

[669] Vgl. dazu *Uhle,* in: HStR, Bd. V, § 129 Rn. 81 m.w.N.; aus der Rspr. exemplarisch BVerfGE 101, 106 (123 und 128 ff.). In Ausgestaltung dieses Gebots hat sich der Gesetzgeber denn auch bewusst entschieden, es im Verfassungsprozess gerade nicht dem einzelnen Dienstvorgesetzten zu überlassen, in einer für das Gericht bindenden Weise Zeugen oder Sachverständigen die Aussage zu verwehren oder Urkunden zurückzuhalten (vgl. §§ 26 Abs. 2 sowie 28 Abs. 2 BVerfGG); dazu *Wahl,* Plenarprotokoll der 112. Sitzung des Bundestages v. 18.01.1951, S. 4195 (4225 f.).

[670] Wird das Beweismaß etwa auf die bloß überwiegende Wahrscheinlichkeit (> 50 %) des Vorliegens der behaupteten Tatsache reduziert, darf das Gericht seine Entscheidung auf einen Sachverhalt stützen, den es – möglicherweise aufgrund nur weniger Indizien – für wahrscheinlich hält. Das Gericht wird also von der Pflicht befreit, so lange und umfassend zu ermitteln, bis es vom Vorliegen der Tatsachen voll überzeugt ist.

[671] S. zum Beweismaß im Verfassungsprozess unten S. 323 ff.

tatsächliches Erkenntnisdefizit aufzulösen.[672] Dennoch ergeben sich aus dem Gebot Rückschlüsse auf die Frage, wann von einem non liquet ausgegangen werden kann. Danach sind grundsätzlich sämtliche objektiv verfügbaren Erkenntnisquellen seitens des Bundesverfassungsgerichts heranzuziehen, ehe Unaufklärbarkeit angenommen werden kann; Beweisschwierigkeiten allein vermögen einen non liquet dementgegen nicht zu begründen.[673]

Ungeachtet des danach grundsätzlich zu wahrenden Gebots wirksamen Rechtsschutzes finden sich im Verfassungsprozessrecht Einschränkungen desselben.[674] Besondere praktische Bedeutung kommt insofern der Einschränkung des Gebots vollständiger Prüfung durch Beurteilungs-, Gestaltungs-, Einschätzungs-, Prognose- oder Ermessensspielräume der Exekutive, aber auch und vor allem der Legislative, zu, wobei eben diese Spielräume bereits die materielle Kontrolldichte des Gerichts (respektive primär das Gebot umfassender *rechtlicher* Nachprüfung) beschränken, das heißt nur mittelbar auf die Reichweite der Ermittlungspflichten des Gerichts ausstrahlen.[675] Darüber hinaus wird das Gebot vollständiger tatsächlicher Prüfung unmittelbar beschränkt durch die Möglichkeit des Rückgriffs auf die Tatsachenfeststellungen anderer Gerichte (§ 33 Abs. 2 BVerfGG) sowie durch bestehende Mitwirkungslasten Dritter betreffend die richterliche Sachaufklärung.[676]

Da auch das Gebot wirksamen Rechtsschutzes der gesetzlichen Ausgestaltung bedarf, wobei dem Gesetzgeber (bzw. dem Verfassungsgericht, soweit es Richterrecht setzt) hierbei abermals ein weiter Spielraum zukommt[677], sind die genannten Einschränkungen jenes Gebots jedenfalls nicht per se unzulässig.[678]

---

[672] Vgl. jüngst BVerfGE 149, 407 (Rn. 20), wobei das Gericht den sich hier aufdrängenden Bogen zur objektiven Beweislast bedauerlicherweise nicht schlägt; s. dazu auch unten S. 197 ff.

[673] Allg. dazu *Nierhaus,* Beweismaß, S. 258 f. m.w.N.; aus dem Zivilprozessrecht *Laumen,* in: Prütting/Gehrlein, ZPO, § 286 Rn. 57. Vgl. auch BVerfGE 149, 407 (Rn. 27): „Von weiterer Kontrolle abzusehen kommt von vornherein nur dann in Betracht, wenn es tatsächlich an entscheidungsrelevanter, eindeutiger wissenschaftlicher Erkenntnis fehlt."

[674] So sehen § 32 Abs. 1 und 2 BVerfGG für Eilverfahren weder eine umfassende Sachaufklärung noch eine abschließende Rechtsprüfung vor. Um die vollständige Nachprüfung des Streitgegenstandes sicherzustellen, ergibt sich aus dem Gebot wirksamen Rechtsschutzes insofern aber ein Anspruch auf Entscheidung auch in der Hauptsache, dazu etwa *Sachs,* in: ders., Art. 19 Rn. 146; s. auch BVerfGE 110, 77 (86 ff.).

[675] Vgl. dazu S. 185 ff.

[676] S. dazu S. 141 ff. sowie S. 211 ff.

[677] St. Rspr., s. nur BVerfGE 85, 337 (345 f.); 88, 118 (123); 93, 99 (107 f.) BVerfG, NJW 2002, 2227 (2227). Zum Gestaltungsspielraum auch *Sachs,* in: ders., GG, Art. 19 Rn. 12 sowie 143.

[678] In diesem Sinne etwa BVerfG, NJW 2002, 2227 (2227); aus der Lit. *Sachs,* in: ders., GG, Art. 19 Rn. 139. Ob im Einzelnen gesetzliche oder gerichtliche Einschränkungen des Gebots wirksamen Rechtsschutzes zulässig sind oder nicht, lässt sich mithin nur anhand der jeweiligen Umstände beurteilen; s. exemplarisch BVerfGE 60, 253

VIII. Gebot materieller Gerechtigkeit

Aus dem Rechtsstaatsprinzip (Art. 20 Abs. 3 GG) wird ferner das Gebot materieller Richtigkeit bzw. „Gerechtigkeit im Einzelfall"[679] abgeleitet. Dieses verpflichtet die Gerichte – auch das Bundesverfassungsgericht – im Grundsatz dazu, das *richtige* Urteil zu fällen, obgleich es dabei kein „Recht auf eine fehlerfreie Rechtsprechung" gibt.[680]

Aus Sicht des Beweisrechts bedeutet das Gebot materieller Gerechtigkeit eine auf die Wahrheitsfindung ausgerichtete Ausgestaltung des (Beweis-)Verfahrens; es herrscht danach die verfassungsrechtliche Pflicht zur bestmöglichen Erforschung der materiellen Wahrheit. Letztlich geht es auch hier um die vollständige, zutreffende Sachaufklärung.

Als Ausprägung der Rechtsstaatlichkeit ist jenes Gebot seinerseits in einen praktischen Ausgleich mit den übrigen Verfassungsprinzipen zu bringen, was zunächst Aufgabe des Gesetzgebers, im Übrigen des Gerichts, ist und damit Einschränkungen zulässt.[681]

IX. Konzentrationsmaxime

Sowohl das Gebot effektiven Rechtsschutzes (Art. 19 Abs. 4 GG bzw. Art. 20 Abs. 3 i.V.m. Art. 2 Abs. 1 GG) als auch der Anspruch auf rechtliches Gehör (Art. 103 Abs. 1 GG) gebieten gerichtlichen Rechtsschutz in angemessener Frist (sog. *Konzentrationsmaxime* oder *Beschleunigungsgrundsatz*)[682.683]

---

(269); 101, 106 (124 f.); sowie die Prüfung in BVerfGE 143, 216 (Rn. 24 ff.). Zur Berücksichtigung des Beschleunigungsgebots in diesem Kontext (ausführlich zu diesem sogleich im Text) BVerfGE 133, 168 (201) m.w.N. Zur Zulässigkeit des Rückgriffs auf die Tatsachenfeststellungen anderer Staatsorgane unten S. 141 ff., 173 ff.; zur Zulässigkeit von Mitwirkungslasten S. 211 ff. sowie zur Reduzierung des Beweismaßes S. 325 ff.

[679] BVerfGE 7, 194 (196), st. Rspr.; vgl. hierzu statt aller noch BVerfGE 7, 89 (92); 22, 322 (329).

[680] Vgl. dazu bereits oben S. 23. Auf materielle Gerechtigkeit zielen freilich auch die genannten Ausprägungen des Rechtsstaatsprinzips (Gebote des rechtlichen Gehörs, fairen Verfahrens und effektiven Rechtsschutzes) sowie der Untersuchungsgrundsatz ab. Eine genaue Abgrenzung ist hier entbehrlich.

[681] S. BVerfGE 3, 225 (237); 15, 313 (319); 22, 322 (329). Das Prinzip materieller Gerechtigkeit kollidiert häufig mit dem Gebot der Rechtssicherheit (vgl. BVerfGE 2, 380 [403]; 3, 225 [237]).

[682] Jener Grundsatz verpflichtet (neben dem Gesetzgeber) auch und gerade das zuständige Gericht, unnötige Verfahrensverzögerungen zu vermeiden, wobei sich nicht abstrakt festlegen lässt, welcher zeitliche Rahmen noch „angemessen" ist. Sowohl dem Gesetzgeber als auch zuständigen Gericht kommt hier daher ein Gestaltungsspielraum zu. H.M., s. nur BVerfGE 82, 126 (155); 93, 99 (107 f.); BVerfG NJW 2001, 214 (215); *Grzeszick,* in: Maunz/Dürig, GG, Art. 20 VII Rn. 139 (Stand: November 2006).

[683] Dies ist sowohl in der Rspr. als auch im Schrifttum allgemein anerkannt, wenngleich über die Rechtsgrundlagen keine vollständige Einigkeit herrscht (normiert ist jener Grundsatz zudem in Art. 47 S. 2 GRCh und Art. 6 Abs. 1 EMRK). S. statt aller aus

Das Gebot der Verfahrensbeschleunigung wirkt sich auch auf das Beweisrecht sowie dessen Handhabung durch das Gericht aus. Insbesondere gebietet es, im Beweisverfahren Fristen zu setzen.[684] Ferner vermag es jener Grundsatz, Darlegungsfristen für die Beteiligten einschließlich Präklusionsfolgen zu rechtfertigen.[685] Auch entbindet die Konzentrationsmaxime das Gericht unter Umständen von der Beachtung des Unmittelbarkeitsgrundsatzes.[686] Zu Zwecken der Prozessbeschleunigung kann das Gericht im Einzelfall gar gänzlich von seiner Pflicht befreit sein, ein an sich vorhandenes Beweismittel beizuziehen, wenn dieses in absehbarer Zeit nicht zur Verfügung steht.[687]

Die Bindung des Bundesverfassungsgerichts an den Beschleunigungsgrundsatz ergibt sich unmittelbar aus der Verfassung und wird im Übrigen auch von § 97a BVerfGG vorausgesetzt, welcher bei unangemessener Verfahrensdauer vor dem Bundesverfassungsgericht einen Entschädigungsanspruch vorsieht. Freilich gilt auch der Beschleunigungsgrundsatz dabei nicht absolut. Vielmehr ist dieser in jedem Verfahren in Einklang mit den übrigen Prozessgrundsätzen zu bringen.[688]

---

der Rspr. BVerfGE 82, 126 (155); 93, 1 (13); jüngst BVerfG, NJW 2019, 291 (291); aus der Lit. *Kahl*, Entmachtung, S. 30 f.; *Schenke*, NVwZ 2012, 257 (257 ff.); *T. I. Schmidt*, in: FS Klein, S. 485 (485).

[684] So hat das Gericht etwa dem Sachverständigen Fristen aufzuerlegen, innerhalb derer er sich zunächst zu seiner Kompetenz erklären und sodann sein Gutachten erstatten muss. Vgl. auch §§ 407a Abs. 1 S. 1, 411 Abs. 1 ZPO, die über § 28 Abs. 1 BVerfGG im Verfassungsprozess Anwendung erlangen können. Aus beweisrechtlicher Sicht ist letztlich stets zu bedenken, dass die Beweisgrundlage durch Zeitablauf verfälscht werden kann; s. dazu nur BVerfGE 133, 168 (201), m.w.N.

[685] S. zur innerprozessualen Präklusion unten S. 246 ff.

[686] Zu diesem oben S. 119 ff. Dies gilt sogar für den Zeugen- wie Sachverständigenbeweis in quasi-strafrechtlichen Verfahren und zwar ungeachtet des hier an sich geltenden sog. Strengbeweisverfahrens (s. dazu unten S. 284 f.), vgl. § 28 Abs. 1 BVerfGG i.V.m. §§ 251 Abs. 1 Nr. 3 sowie Abs. 2 Nr. 1 und 2 StPO (die insoweit eine einfachgesetzliche Ausgestaltung des Beschleunigungsgrundsatzes darstellen). I. Ü. zum Zweckmäßigkeitsgesichtspunkt der Zeitersparnis in Bezug auf die Entscheidung zur Beweisaufnahme durch den beauftragten oder ersuchten Richter gem. § 26 Abs. 1 S. 2 BVerfGG *Zöbeley/Dollinger*, in: U/C/D, § 26 Rn. 15, wobei § 26 Abs. 1 S. 2 BVerfGG nach hier vertretener Auffassung praktisch kaum eine Rolle spielt, s. dazu unten S. 291 f.

[687] Dazu unten S. 295 f. Vgl. ferner exemplarisch § 356 ZPO sowie zur ZPO BGH, NJW-RR 2015, 1151 (1152); *Rosenberg*, Zivilprozess § 117 Rn. 9; zum Strafprozess § 244 Abs. 3 S. 2 StPO.

[688] Vgl. zu der insofern erforderlichen Abwägung etwa i.R.d. § 251 Abs. 1 Nr. 3 StPO *Kudlich/Schuhr*, in: Satzger u. a., StPO, § 251 Rn. 27, m.w.N.

Fünfter Teil

Beweisbedürftigkeit von Tatsachen
im Verfassungsprozess

Mit dem nunmehr erlangten – abstrakten – Verständnis betreffend die „Tatsache" als Gegenstand des Beweises, den Tatsachenbezug der Verfahren vor dem Bundesverfassungsgericht sowie den allgemeinen rechtlichen Rahmen der Beweistätigkeit des Gerichts (in Form der Rechtsquellen und allgemeinen Beweisgrundsätze) stellt sich die Frage, welchen Rechtsregeln das Bundesverfassungsgericht bei der Sachverhaltsaufklärung konkret unterworfen ist. Diese Regeln gilt es im weiteren Verlauf der Untersuchung zu analysieren, zu systematisieren und – soweit konkrete Regeln fehlen – zu entwickeln. Dabei soll in chronologischer Abfolge des gerichtlichen Vorgehens im Folgenden zunächst untersucht werden, wann eine erhebliche Tatsache überhaupt mittels Beweises im Prozess festzustellen ist.

A. Grundsatz: Entscheidungserhebliche Tatsachen

Das Bundesverfassungsgericht muss grundsätzlich, ungeachtet der Frage des „Wie", sämtliche im konkreten Verfahren entscheidungserheblichen Tatsachen durch Beweiserhebung ermitteln (vgl. § 26 Abs. 1 S. 1 BVerfGG: „zur Erforschung der Wahrheit erforderlicher Beweis").[689]

Die Entscheidungserheblichkeit[690] einer Tatsache richtet sich zunächst nach dem den Sachverhalt fixierenden Verfahrensgegenstand (z. B. dem angefochtenen staatlichen Handeln)[691], der, wie dargelegt, in sämtlichen verfassungsgerichtlichen Verfahren aufgrund der insoweit geltenden Dispositionsmaxime von den

---

[689] Vgl. BVerfGE 107, 339 (388) – Sondervotum *Sommer, Jentsch, Di Fabio* und *Mellinghoff*; s. auch BVerfGE 68, 1 (111); 93, 248 (259 f.) – Sondervotum *Sommer*, sowie, obschon im Kontext der Kontrolle einer fachgerichtlichen Beweiserhebung, E 79, 51 (62); aus der Lit. *Haberzettl*, in: B/D/S, § 26 Rn. 9; *Lechner/Zuck*, § 26 Rn. 3, 7; *Walter*, in: ders./Grünewald, § 26 Rn. 7: „Erforderlichkeit und Umfang der Beweisaufnahme hängen von der Entscheidungserheblichkeit der betreffenden Tatsachen ab. Dies wird vom Bundesverfassungsgericht anhand der Beschwerde- oder Antragsschrift, etwaiger Äußerungen anderer Verfahrensbeteiligter und gegebenenfalls unter Beiziehung der Akten des Ausgangsverfahrens (vgl. § 27 S. 2) entschieden". S. zu den Ausnahmen sogleich im Text S. 130 ff.

[690] S. zur Begriffsbestimmung oben S. 61.

[691] Instruktiv zum Verfahrensgegenstand in bundesverfassungsgerichtlichen Verfahren i. Ü. *Detterbeck*, Streitgegenstand, S. 302 ff.

Verfahrensbeteiligten festgelegt wird.[692] Im Rahmen des fixierten Verfahrensgegenstandes ist das Bundesverfassungsgericht ob des sodann vorherrschenden Untersuchungsgrundsatzes jedoch nicht auf den von den Beteiligten vorgetragenen Sachverhalt beschränkt, sondern hat es die dem Verfahren zugrunde liegenden Tatsachen umfassend zu erforschen.[693] Dies gilt freilich nicht erst für Tatsachen, die tatbestandlich die *Begründetheit* des Antrags stützen, sondern bereits für solche Tatsachen, die dessen *Zulässigkeit* betreffen.

Dabei können Tatsachen sowohl unmittelbar als auch mittelbar erheblich sein. Unmittelbar erheblich ist eine Tatsache, wenn sich aus ihr direkt ein Tatbestandsmerkmal der anzuwendenden Norm ergibt (z.B. das konkrete Verwandtschaftsverhältnis im Rahmen des Art. 6 GG); mittelbar erheblich ist sie, wenn von ihr auf das Vorliegen einer unmittelbar erheblichen Tatsache geschlossen werden kann (sog. Indiz).[694] Im Verfassungsprozess spielen mittelbar erhebliche Tatsachen die weit überwiegende Rolle, denn regelmäßig werden die Tatbestandsmerkmale des verfassungsrechtlichen Prüfprogramms (etwa des Verhältnismäßigkeitsgrundsatzes) durch generelle Tatsachen abgebildet, auf die naturgemäß von anderen respektive mittelbaren (Einzel-)Tatsachen geschlossen werden muss.[695]

B. Ausnahmen von der Beweisbedürftigkeit

Indessen bedürfen auch entscheidungserhebliche Tatsachen ausnahmsweise keines Beweises, soweit sie tatsächlich oder rechtlich als gegeben feststehen. In diesem Fall können sie ohne Weiteres durch das Verfassungsgericht festgestellt werden.

I. „Unstreitige" Tatsachen?

Anders als in Verfahren, die der Verhandlungsmaxime unterliegen, genügt es für einen Verzicht auf eine Beweiserhebung in den vom Untersuchungsgrundsatz beherrschten Verfassungsprozessen jedoch nicht, dass die erheblichen Tatsachen zwischen den Beteiligten unstreitig sind.[696] Da es in diesen Prozessen auf das Verhalten der Beteiligten gerade nicht ankommt, bleiben seitens des Verfahrens-

---

[692] S. dazu oben S. 101 f.

[693] BVerfGE 1, 299 (316); 107, 339 (388) – Sondervotum *Sommer, Jentsch, Di Fabio, Mellinghoff*.

[694] Vgl. (obschon zum Zivilprozessrecht) *Rosenberg*, Zivilprozess, § 112 Rn. 8 f., s. auch § 111 Rn. 15 f.

[695] S. oben S. 41 ff. u. 54 f.

[696] Zu dieser Einschränkung im Geltungsbereich der Verhandlungsmaxime etwa *Rosenberg*, Zivilprozess, § 113 Rn. 2. Vgl. auch BVerfGE 107, 339 (388) – Sondervotum *Sommer, Jentsch, Di Fabio, Mellinghoff*; aus der Lit. *Klein*, in: Maunz u.a., § 26 Rn. 10 (Stand: Januar 1987).

gegners zugestandene oder nichtbestrittene Tatsachen sonach grundsätzlich beweisbedürftig. Zwar ist das Gericht auch unter Geltung des Untersuchungsgrundsatzes nicht gezwungen, „ins Blaue hinein" zu ermitteln.[697] Es kann insofern sein Ermittlungsermessen dahingehend ausüben, seine Überzeugung auf die Darstellung der Beteiligten zu stützen,[698] wobei dies letztlich aber nicht den Wegfall der Beweisbedürftigkeit einer Tatsache bedeutet, sondern dem Vortrag der Parteien insofern die Funktion eines Beweismittels zukommt, das es richterlich sorgfältig zu würdigen gilt.[699] Im Ergebnis ist stets zu berücksichtigen, dass das Gericht „bei seiner Entscheidung von der materiellen Wahrheit [auszugehen hat], nicht von einer durch die Beteiligten fingierten bzw. einer rein formellen Wahrheit".[700] Das Bundesverfassungsgericht darf sich seiner Verantwortung zur Sachverhaltsaufklärung nicht mit dem schlichten Verweis auf die etwaige „Unstreitigkeit" einer Tatsachen entziehen.[701]

II. Offenkundige Tatsachen

Nicht beweisbedürftig sind dagegen zunächst solche Tatsachen, die vor dem Verfassungsgericht „offenkundig" sind. Dies ergibt sich zwar nicht expressis verbis aus dem BVerfGG, ist jedoch allgemeine Rechtsauffassung nach sämtlichen Prozessordnungen. Der über die Verweisung in § 173 S. 1 VwGO namentlich im ebenfalls dem Untersuchungsgrundsatz unterworfenen Verwaltungsprozess entsprechend anzuwendende § 291 ZPO gilt insofern auch im Verfassungsprozess.[702] Zu den offenkundigen Tatsachen zählen allgemeinkundige sowie gerichtskundige Tatsachen.

---

[697] So generell für vom Untersuchungsgrundsatz beherrschte Verfahren *H. Müller*, JuS 2014, 324 (325 f.); exemplarisch zur Sozialgerichtsbarkeit *Berchtold*, in: ders./ Richter, Sozialsachen, § 6 Rn. 442; *Burkiczak*, NZS 2011, 326 (327). Zu daraus resultierenden Mitwirkungslasten der Beteiligten im Verfassungsprozess unten S. 211 ff.

[698] So aus Sicht des fachgerichtlichen Prozessrechts, soweit dieses dem Amtsermittlungsgrundsatz folgt, auch *H. Müller*, JuS 2014, 324 (325 f.); *Rixen*, in: Sodan/Ziekow, VwGO, § 86 Rn. 49. Vgl. ferner zum verfassungsgerichtlichen Ermessen bei der Auswahl der Beweismittel unten S. 295 f. und zum Grundsatz der freien Beweiswürdigung S. 313 ff.

[699] S. zur Beweiswürdigung S. 312 ff.

[700] So treffend *H. Müller*, JuS 2014, 324 (325 f.): „Keinesfalls darf sich das Gericht aber durch den Beteiligtenvortrag dahingehend instrumentalisieren lassen, über einen nicht oder nur teilweise realen Sachverhalt zu entscheiden."

[701] Fraglich insofern BVerfGE 68, 1 (111), in der das Gericht einen Beweisantrag mit der Begründung ablehnte, die aufgestellten tatsächlichen Behauptungen seien für die Entscheidung nicht erheblich, „soweit sie nicht ohnedies unstreitig sind".

[702] Vgl. zu § 291 ZPO statt aller *Jäckel*, Beweisrecht, Rn. 402 ff.; zu § 291 ZPO im Verwaltungsprozess *Vierhaus*, Beweisrecht, Rn. 150. Zum Strafprozess *Eisenberg*, Beweisrecht, Rn. 207. Obschon ohne nähere Begründung, die Beweisbedürftigkeit offenkundiger Tatsachen grundsätzlich verneinend auch BVerfGE 10, 177 (183).

1. Allgemeinkundige Tatsachen

Allgemeinkundig ist eine Tatsache, von der „verständige und erfahrene Menschen regelmäßig ohne weiteres Kenntnis haben oder von [der] sie sich durch Benützung allgemein zugänglicher, zuverlässiger Quellen unschwer überzeugen können"[703]. Nicht entscheidend ist mithin, dass die Tatsache jedermann gegenwärtig ist. Es genügt, dass sich ein besonnener Mensch ohne besondere Fachkenntnis über die Tatsache in der Weise sicher unterrichten kann, dass er von deren Wahrheit überzeugt sein kann.[704] Beispiele allgemeinkundiger Tatsachen liefern historische wie politische Vorgänge, über die die Tageszeitungen übereinstimmend[705] berichten oder die in Lexika nachgeschlagen werden können, Börsenkurse, die Kalenderdaten sowie geographische Lagen.[706] Danach bedürfen etwa die – in den Verfahren vor dem Bundesverfassungsgericht häufig zumindest mittelbar entscheidungserheblichen – tatsächlichen Abläufe eines *Gesetzgebungsverfahrens* sowie dessen Abschluss regelmäßig keiner Beweiserhebung. Insoweit überzeugend stellt denn auch das Gericht die historischen Vorgänge in Bezug auf den Erlass eines Gesetzes in aller Regel ohne weitere Ermittlungen fest (wenngleich es dabei nicht ausdrücklich auf deren Allgemeinkundigkeit rekurriert[707]); als „allgemein zugängliche und zuverlässige" Quelle dienen dem Gericht hier ausweislich der Entscheidungsgründe insbesondere die Gesetzesmaterialien, zuweilen auch Zeitungen.[708]

---

[703] BVerfGE 10, 177 (183).

[704] Dieses Begriffsverständnis herrscht über die Grenzen der verschiedenen Prozessordnungen hinweg, vgl. nur *Prütting,* in: MüKo-ZPO, § 291 Rn. 5; *Rixen,* in: Sodan/Ziekow, VwGO, § 108 Rn. 27.

[705] Diesen Aspekt zutreffend betonend *Eisenberg,* Beweisrecht, Rn. 20.

[706] Beispiele nach *Prütting,* in: MüKo-ZPO, § 291 Rn. 7, sowie *Rosenberg,* Zivilprozess, § 113 Rn. 26. S. auch *Eisenberg,* Beweisrecht, Rn. 19 f. Exemplarisch für die Tatsachenfeststellung des Bundesverfassungsgerichts mittels Lexika BVerfGE 93, 1 (19).

[707] S. dazu die Kritik sogleich im Text.

[708] S. exemplarisch die im Bundesorganstreitverfahren ergangene BVerfGE 142, 25 (Rn. 2 ff.), für die unproblematische richterliche Feststellung der – allgemeinkundigen – parlamentarischen Mehrheitsverhältnisse im 18. Deutschen Bundestag sowie Antragstellung im Bundestag. Feststellungen zu der ebenfalls allgemeinkundigen politischen Aushandlung von und Abstimmung über den sog. UN-Migrationspakt sowie UN-Flüchtlingspakt finden sich in BVerfG, Beschl. v. 07.12.2018 – 2 BvQ 105/18 –, juris Rn. 3 ff., in Rn. 16 verweist das Gericht zudem auf das FAZ-Einspruch-Magazin (Beschl. teilweise abgedruckt in NVwZ 2019, 161). S. ferner für ein konkretes Normenkontrollverfahren, in dem die tatsächlichen Umstände der Zusammenarbeit der Gesetzgebungsorgane unmittelbar entscheidungserheblich waren und das Gericht jene Umstände ohne Anhörungen oder sonstige Ermittlungen erkennbar nur anhand der Gesetzesmaterialien feststellte, das heißt, wenngleich stillschweigend, so doch als allgemeinkundig erachtete, BVerfGE 120, 56 (insb. S. 60 ff. für die Tatbestandsfeststellungen sowie S. 76 ff. für die Subsumtion); soweit die Bundesregierung hier z. B. vorgetragen hatte, eine in den Medien geführte Diskussion über die im Normenkontrollverfahren angefochtene Gesetzesänderung habe seinerzeit auch in die parlamentarischen Gremien hereingereicht, ging es zwar um Tatsachen, die nicht allgemeinkundig sind, allerdings

Rechtsfolge der Allgemeinkundigkeit einer Tatsache ist zunächst das Entfallen ihrer *Beweisbedürftigkeit.* Das Gericht kann jene Tatsachen grundsätzlich also ohne Beweiserhebung und ohne eigene Beweiswürdigung als Entscheidungs-grundlage heranziehen.[709] Weitere Folge ist die Befugnis des Gerichts, einen auf die allgemeinkundige Tatsache gemünzten *Beweisantrag* abzulehnen.[710]

Darüber hinaus wird zuweilen vertreten, es entfiele zudem die Pflicht des Ge-richts zur *Information* der Verfahrensbeteiligten über die Einführung allgemein-kundiger Tatsachen in den Prozess.[711] Soweit das Verfahren vor dem Bundesver-fassungsgericht Beteiligte aufweist – nicht also in Vorlageverfahren –, kann im Einzelfall jedoch Art. 103 Abs. 1 GG dagegen sprechen: Das Gebot rechtlichen Gehörs ist danach verletzt, wenn für die Beteiligten nicht erkennbar ist, dass das Gericht eine konkrete allgemeinkundige Tatsache in den Prozess einführen und zur Grundlage seiner Entscheidung machen will.[712]

Gerade weil die Allgemeinkundigkeit einer Tatsache deren Beweisbedürftig-keit entfallen lässt, muss das Bundesverfassungsgericht im Ergebnis sorgfältig prüfen, ob die erhebliche Tatsache wirklich für eine beliebig große Zahl von Per-sonen ohne weiteres wahrnehmbar wäre.[713] Wenig überzeugend ist insofern, wenn sog. Erfahrungssätze, die ihrerseits generelle Tatsachen abbilden, ohne Weiteres als allgemeinkundig erachtet werden.[714] Generelle Tatsachen lassen sich häufig nur mithilfe von wissenschaftlichen Studien – vornehmlich statisti-schen Erhebungen – und besonderer Expertise ermitteln. Zudem sind gerade sta-

---

waren diese auch nicht entscheidungserheblich, was weitere Ermittlungen doch erü-brigte (vgl. a. a. O., S. 69 f., 78). Zum Rückgriff auf Gesetzesmaterialien zur Tatsachen-ermittlung in Normenkontrollverfahren auch *Haberzettl,* NVwZ-Extra 2015, 1 (4). Krit., soweit das Gericht den gesetzgeberischen Willen ausschließlich anhand der Ge-setzesmaterialien ermittelt, *Zuck,* JZ 2008, 287 (293): Das Gericht müsse etwa auch fragen, ob der Gesetzgeber getäuscht worden sei oder sich geirrt habe, da sich der Fall „[s]chon an der Weichenstellung ‚Was wollte der Gesetzgeber'? entscheid[e]".

[709] Vgl. nur BVerfG, NJW 2007, 207 (208).

[710] Hierzu aus Sicht des Verwaltungsprozessrechts *Breunig,* in: Posser/Wolff, VwGO, § 86 Rn. 80; *Vierhaus,* Beweisrecht, Rn. 154.

[711] So für den ebenfalls vom Untersuchungsgrundsatz beherrschten Verwaltungspro-zess *Rixen,* in: Sodan/Ziekow, VwGO, § 108 Rn. 29; *Unger,* in: Gärditz, VwGO, § 108 Rn. 54. Offen gelassen noch BVerfGE 10, 177 (183).

[712] Insofern ist also (nur) die Entscheidungserheblichkeit der betreffenden Tatsache mitzuteilen. I. d. S. auch *Haberzettl,* NVwZ-Extra 2015, 1 (4); sowie (obschon ausdrück-lich nur für den Strafprozess) BVerfG, NJW 2007, 207 (208); grundsätzlich in diese Richtung auch bereits BVerfGE 48, 206 (209). Aus Sicht des Verwaltungsprozessrechts ebenso *Vierhaus,* Beweisrecht, Rn. 154; für die Pflicht zur Information auch *Dawin,* in: Schoch/Schneider/Bier, VwGO, § 108 Rn. 31 (Stand: April 2013); *Koehl,* JA 2017, 541 (545). Vgl. zum Gebot rechtlichen Gehörs ferner oben S. 112 ff.

[713] Ohne Weiteres übertragbar ist insofern die „Warnung" aus Sicht des Zivilprozess-rechts von *Prütting,* in: MüKo-ZPO, § 291 Rn. 8.

[714] Vgl. zur nötigen Differenzierung etwa im Strafprozess *Eisenberg,* Beweisrecht, Rn. 22 f. m. w. N. Zu den sog. Erfahrungssätzen auch bereits oben S. 55 f.

tistisch gewonnene Erkenntnisse naturgemäß mit Unsicherheiten behaftet und bergen insbesondere die Gefahr von Scheinrationalisierungen.[715] Mit Ausnahme weniger, sog. deterministischer Erfahrungssätze, wie dem „Gesetz der Schwerkraft",[716] lassen sich selbige daher gerade nicht als aus allgemein zugänglichen und zuverlässigen Quellen ohne besondere Fachkunde feststellbar beschreiben.

Insgesamt ist präzise zwischen der „allgemeinen" Möglichkeit, sich über die *Behauptung* einer Tatsache zu unterrichten, und der Möglichkeit, die inhaltliche Richtigkeit dieser Behauptung (zuverlässig) festzustellen, zu differenzieren.[717] So darf etwa die Allgemeinkundigkeit des in der Fachpresse veröffentlichten statistischen monatlichen Indexstandes der Lebenshaltungskosten[718] nicht mit der Frage der Allgemeinkundigkeit der mit dem Index ausgedrückten tatsächlichen Lebenshaltungskosten verwechselt werden. Diese können als eine generelle Tatsache keineswegs ohne Weiteres („allgemein") festgestellt werden.[719]

Dreh- und Angelpunkt der Annahme von Allgemeinkundig bildet regelmäßig die Zuverlässigkeit der jeweiligen Quelle.[720] Dies gilt verstärkt in Bezug auf die vor dem Bundesverfassungsgericht überwiegend entscheidungserheblichen generellen Tatsachen. Zwar ist nicht ausgeschlossen, dass auch eine generelle Tatsache im Einzelfall durch eine *zuverlässige* Quelle (die darüber hinaus allgemein zugänglich ist) ermittelt werden und damit allgemeinkundig sein kann. In aller Regel wird dies jedoch nicht der Fall sein. Da generelle Tatsachen häufig (zumal in der Wissenschaft) streitig sind, wird sich die Zuverlässigkeit einer solche Tatsachen behauptenden Quelle in der weit überwiegenden Zahl der Fälle also nicht „ohne Weiteres" feststellen lassen. Der insoweit gesteigerten Schwierigkeit, die Zuverlässigkeit einer Quelle zu bewerten, muss das Gericht nach einer Beweiserhebung im Wege der Beweiswürdigung – und damit rechtlich gesichert – begegnen, anstatt sich schlicht auf die „allgemein" übermittelte Tatsache(-nbehauptung) zu verlassen.

---

[715] Ähnlich *Windel,* RdA 2007, 1 (4 f.). Vgl. auch BVerfG, NVwZ 2018, 1703 (1707), zu den Unsicherheiten und Ungenauigkeiten in Bezug auf die statistische Erhebung der Einwohnerzahl.

[716] Dazu *Eisenberg,* Beweisrecht, Rn. 23. S. zur wissenschaftstheoretischen Unterscheidung von deterministischen und statistischen Erfahrungssätzen *Mummenhoff,* Erfahrungssätze, S. 11 ff.

[717] Darauf weist zu Recht *Eisenberg,* Beweisrecht, Rn. 20, hin; nicht differenziert genug etwa *Rosenberg,* Zivilprozess, § 113 Rn. 24 ff.

[718] So ausdrücklich BGH, NJW 1992, 2088 (2088); *Prütting,* in: MüKo-ZPO, § 291 Rn. 7. An die Entwicklung des Indexstandes ist z. B. häufig das Recht zur Anpassung eines nach § 9 ErbbauRG zu zahlenden Erbbauzinses gekoppelt. Der Indexstand als solcher ist allgemeinkundig.

[719] Zutreffend ging denn auch das Bundesverfassungsgericht in BVerfGE 137, 34 (insb. Rn. 55, 88), nicht etwa davon aus, dass der Verbraucherpreisindex des Statistischen Bundesamtes die tatsächlichen Preise (z. B. für Strom) genau abbilde.

[720] An dieser Erkenntnis wird man gerade in Zeiten von, die seriöse Berichterstattung zuweilen gar überlagernden, „fake news" nicht vorbeikommen.

Kritisch zu sehen ist es daher, wenn das Bundesverfassungsgericht in seinen Entscheidungen etwa ohne erkennbare Belege feststellt, es sei „allgemein anerkannt, daß der bisherige § 218 StGB [...] das sich entwickelnde Leben im Ergebnis nur unzureichend geschützt [habe]", da „die Einsicht, daß es Fälle gibt, in denen die strafrechtliche Sanktion unangemessen ist, [...] schließlich dazu geführt [habe], daß auch wirklich strafwürdige Fälle nicht mehr mit der notwendigen Strenge verfolgt [würden]" und die Zahl der illegalen Schwangerschaftsabbrüche in der Bundesrepublik ungeachtet des Umstandes, dass es „kaum [sic!] möglich sein [mag], durch empirische Untersuchungen hierüber zuverlässige Angaben zu ermitteln", „jedenfalls [...] hoch" gewesen sei.[721]

Ein vorschneller Rückgriff auf vermeintlich „allgemeinkundige" Tatsachen – deren Kenntnis wohl überwiegend eigener Lebenserfahrung zugeschrieben wird – läuft auch und gerade vor dem Bundesverfassungsgericht Gefahr, der Entscheidung ihre Legitimation zu entziehen. Insbesondere generelle Tatsachen, etwa in Bezug auf soziologische Erscheinungen in der Bevölkerung, dienen häufig unmittelbar der Rechtfertigung der im Verfassungsprozess konkret angefochtenen, zumal belastend wirkenden, staatlichen Handlung, sodass eine verfassungsgerichtlich präzise Überprüfung derselben unerlässlich erscheint.[722] Die Annahme von „Allgemeinkundigkeit" kann sich insofern als Einfallstor nicht nur für einen willkürlichen Verzicht auf sorgfältige Tatsachenermittlung, sondern auch für materiell fehlerhafte Rechtsprechung erweisen.[723]

---

[721] BVerfGE 39, 1 (52). Ohne Beweis ging das Gericht wohl auch in BVerfGE 120, 378 (430), von Allgemeinkundigkeit aus: „Eine automatisierte Kennzeichenerfassung [...] vermittelt i.Ü. den Eindruck ständiger Kontrolle. Das sich einstellende Gefühl des Überwachtwerdens kann – wie bereits dargestellt [s. S. 402] – zu Einschüchterungseffekten und in der Folge zu Beeinträchtigungen bei der Ausübung von Grundrechten führen."; zur Begründung des Einschüchterungseffekts verweist das Gericht hier bzw. auf S. 402 der Entscheidung schlicht auf zwei frühere Entscheidungen, in denen es indes ebenfalls keine empirisch fundierten Feststellungen zu den Reaktionen in der Bevölkerung betreffend automatisierte Kennzeichenerfassung getroffen hatte; krit. dazu bereits *Bull*, in: FS Koch, S. 29 (51). Vgl. in ähnlichem Kontext auch das Sondervotum von *Schluckebier* in BVerfGE 125, 260 (366) – Vorratsdatenspeicherung: „[Es] fehlt [...] jede objektivierbare Grundlage für die Annahme eines eingriffsintensivierenden Einschüchterungseffekts oder eines – wie das Urteil formuliert – ‚Gefühls des ständigen Überwachtwerdens' und der ‚diffusen Bedrohlichkeit'." Vgl. ferner BVerfG, Beschl. v. 19.11.2019 – 2 BvL 22/14 –, juris, in dem das Gericht ohne nähere Begründung unter schlichtem Verweis auf eine *rechts*wissenschaftliche Literaturmeinung in tatsächlicher Hinsicht u.a. feststellte, Erstausbildungen wiesen eine „besondere Nähe zur Persönlichkeitsentwicklung" auf (Rn. 123).

[722] Vgl. exemplarisch BVerfGE Band 93, 1 (18 ff.) – Kruzifix, in der die psychologischen Einwirkungen des in Klassenzimmern hängenden Kreuzes auf Schüler entscheidungserheblich waren; sowie die besonders fatale Fehlentscheidung BVerfGE 6, 389 (insb. 398 ff.), der zufolge der vermeintliche Unterschied von männlicher und weiblicher Homosexualität als Rechtfertigung für die Bestrafung ersterer genügte.

[723] Zu dem Zusammenhang von Beweiserhebung und materieller Richtigkeit der Entscheidung bereits oben S. 22 ff.

Hinzu kommt, dass das Bundesverfassungsgericht auf die Allgemeinkundigkeit einer für entscheidungserheblich gehaltenen Tatsache jedenfalls in seinen Entscheidungsgründen in aller Regel nicht ausdrücklich hinweist.[724] Vielmehr verzichtet es soweit ersichtlich ohne nähere Begründung auf die Ermittlung der jeweiligen Tatsache. Ungeachtet der Frage, ob dem Verzicht *im Ergebnis* zuzustimmen ist, fügt sich diese Praxis in ein allzu dichtes Bild unkommentierter Tatsachenarbeit durch das Gericht.[725] Dass schon nicht ersichtlich ist, worauf die Entscheidung des Gerichts, im Einzelfall keine weiteren Ermittlungen anzustellen, fußt – dies kann die vermeintliche Allgemeinkundigkeit einer Tatsache ebenso sein wie z.B. für sich in Anspruch genommene eigene Sachkunde des Gerichts[726] –, erschwert die Nachvollziehbarkeit der Sachentscheidung. Vor allem schränkt jene Praxis aber die Rechte der Verfahrensbeteiligten ein, soweit wichtige Entscheidungsgrundlagen bereits *während des Verfahrens* für die Beteiligten intransparent bleiben.[727] Dabei ist zu beachten, dass auch offenkundige Tatsachen grundsätzlich den sog. Gegenbeweis zulassen, das heißt, dass es den durch die Tatsache belasteten Verfahrensbeteiligten im Prozess an sich unbenommen ist, die Unrichtigkeit der als allgemein- oder gerichtskundig behandelten Tatsache zu beweisen (Art. 103 Abs. 1 GG), was gerade in den grundrechtssensiblen Verfassungsbeschwerdeverfahren relevant werden kann.[728] Zur Ausübung dieses „Rechts auf Gegenbeweis" ist es umso entscheidender, dass das Gericht erkennen lässt, welche Tatsache aus welchen Gründen – z.B. nach welchen allgemein zugänglichen Quellen – als feststehend anzusehen sein soll. Eben diese Rechtsauffassung vertritt das Bundesverfassungsgericht im Rahmen der Kontrolle fachgerichtlicher Urteile denn auch selbst.[729]

---

[724] Vgl. statt aller BVerfGE 72, 122: Hier nimmt das Gericht wohl aufgrund Allgemeinkundigkeit an, es bedürfe „keiner näheren Erörterung", „[dass] die wirtschaftlichen Lebensbedingungen in der Bundesrepublik Deutschland ungleich besser sind als in Zaire [heute: Demokratische Republik Kongo]" (a.a.O., S. 130).

[725] Allgemeine Kritik hieran üben auch *Brink,* in: Linien, S. 3 (26 ff.); *Bull,* in: FS Koch, S. 29 (49 ff.); *Zuck,* JZ 2008, 287 (293), jew. m.w.N.

[726] Dazu sogleich im Text auf S. 137 f.

[727] Vgl. auch die ähnliche, an einer allzu flexiblen Ermittlung von Erfahrungssätzen im Zivilprozess geübte Kritik von *Foerste,* in: Musielak/Voit, ZPO, § 284 Rn. 4.

[728] Das Recht auf Gegenbeweis resultiert hier aus dem Recht auf Äußerung und Berücksichtigung, Art. 103 Abs. 1 GG (dazu oben S. 114 f.). S. auch *Jäckel,* Beweisrecht, Rn. 415; *Rosenberg,* Zivilprozess, § 11 Rn. 28, auch mit Nachweisen der Gegenmeinung im Zivilprozessrecht. Vgl. beispielhaft BVerfG, NVwZ 1992, 561 (562), zu einer das Grundrecht auf Asyl betreffenden Verfassungsbeschwerde, in der der Gegenbeweis einer vermeintlich offenkundigen Tatsache zumindest mittelbar relevant wurde; ferner BVerfG, NJW 2007, 207 (208).

[729] Vgl. nur BVerfG, NVwZ 1992, 561 (562): „Bereits aus diesem Grunde [aufgrund des angetretenen Gegenbeweises (Anm. der Verf.)] hätte das VG zur Stützung seiner Feststellung im Rahmen des Offensichtlichkeitsurteils die von ihm angenommene Offenkundigkeit einer Fluchtalternative in der Westtürkei näher belegen müssen."; BVerfG, NJW 2007, 207 (208). Ob das Gericht die eigens aufgestellten Grundsätze

2. Gerichtskundige Tatsachen

Gerichtskundig ist eine Tatsache, die den Mitgliedern des Bundesverfassungsgerichts in Zusammenhang mit ihrer früheren oder jetzigen amtlichen Tätigkeit zuverlässig bekannt ist; sog. privates Wissen, das heißt durch private Informationsquellen erlangtes Wissen der Richter fällt nicht darunter.[730] Da es sich beim Bundesverfassungsgericht um ein Kollegialgericht handelt, muss die konkrete Tatsache im Übrigen der Mehrheit des jeweiligen Spruchkörpers unmittelbar bekannt sein (vgl. § 17 BVerfGG i.V.m. § 196 Abs. 1 GVG).[731]

Vermutlich große praktische Bedeutung kommt der Frage zu, ob Tatsachen als gerichtskundig angesehen werden können, die dem Gericht aus vorhandener eigener *Sachkunde* bekannt sind.[732] Dies ist an sich zu bejahen.[733] Jeder Richter darf und muss zur Rechtsfindung mit seinem Wissen und seiner Erfahrung beitragen, wobei er sich innerhalb gewisser Grenzen auf nicht allgemein zugänglichen Gebieten besondere Kenntnisse verschaffen kann, etwa durch die häufige Bearbeitung gleichgelagerter Fälle, in denen von verschiedenen Sachverständigen Gutachten zu wiederkehrenden Fragen erstattet worden sind; auf diese Weise erwirbt das Gericht nicht nur die Fähigkeit zur kritischen Würdigung fachlicher Gutachten, sondern auch ein bei der Urteilsfindung verwertbares eigenes Wissen.[734] Ob sich das Bundesverfassungsgericht selbst die notwendige Sachkunde für die Würdigung eines Sachverhalts zutraut, steht dabei grundsätzlich in dessen Er-

---

insofern selbst beachtet, lässt sich anhand der verschriftlichten Entscheidungsgründe nicht zuverlässig beurteilen.

[730] Allg. M., vgl. nur *Eisenberg,* Beweisrecht, Rn. 24; *Prütting,* in: MüKo-ZPO, § 291 Rn. 9; *Unger,* in: Gärditz, VwGO, § 108 Rn. 7 f.; *Vierhaus,* Beweisrecht, Rn. 152, jew. m.w.N. S. auch BVerfGE 10, 177 (183): „Dieser Ausdruck ist in seiner juristischen Bedeutung eindeutig."

[731] Vgl., obschon zur Verwaltungsgerichtsbarkeit, *Jäckel,* Beweisrecht, Rn. 409.

[732] Die Bedeutung des Rückgriffs auf eigene Sachkunde wird in den Entscheidungen des Bundesverfassungsgerichts durch die Vielzahl an Querverweisen auf frühere Entscheidungen des Gerichts verdeutlicht. Wenngleich diese in der Regel die verfassungsrechtliche Auslegung betreffen, zeigen sie doch den Stellenwert, den das Gericht seiner eigenen Erfahrung beimisst. Ein Beispiel für einen Querverweis als (Schein-)Beleg für eine Tatsachenfeststellung liefert etwa BVerfGE 93, 1 (19) – Kruzifix: „[Das Kreuz] hat appellativen Charakter und weist die von ihm symbolisierten Glaubensinhalte als vorbildhaft und befolgungswürdig aus. Das geschieht überdies gegenüber Personen, die aufgrund ihrer Jugend in ihren Anschauungen noch nicht gefestigt sind, Kritikvermögen und Ausbildung eigener Standpunkte erst erlernen sollen und daher einer mentalen Beeinflussung besonders leicht zugänglich sind (*vgl. BVerfGE 52, 223 [249]*)." (Kursivsetzung durch Verf.).

[733] So auch die wohl h.M. zum fachgerichtlichen Prozessrecht; vgl. statt aller zum Verwaltungsprozessrecht *Breunig,* in: Posser/Wolff, VwGO, § 86 Rn. 82.1; zum Zivilprozess BGH, NJW 1991, 2824 (2825 f.); zum Strafprozess *Eisenberg,* Beweisrecht, Rn. 28 m.w.N.

[734] So überzeugend BGH, NJW 1991, 2824 (2825) m.w.N.

messen.[735] Dieses Ermessen überschreitet das Gericht jedoch, wenn es sich dabei nicht mehr in den Lebens- und Erkenntnisbereichen bewegt, die ihm allgemein zugänglich sind.[736] Folglich erweist es sich als zumindest fragwürdig, wenn nicht gar ermessensfehlerhaft, wenn das Bundesverfassungsgericht etwa in Bezug auf eine (zumal bereits durch ein anderes Fachgericht festgestellte) Äußerung eigene Feststellungen betreffend den dieser Äußerung innewohnenden (objektivierten) Sinn trifft und sich dabei erkennbar allein auf seine eigene „Sachkunde" stützt.[737] Der Verzicht auf weitere Ermittlungen (etwa durch Einholung eines Sachverständigengutachtens) wird sich hier kaum mit einer besonderen sprachwissenschaftlichen bzw. soziologischen Expertise der Verfassungsrichter begründen lassen.[738]

---

[735] Vgl. für das Verwaltungsprozessrecht (insofern ohne Weiteres übertragbar) *Breunig,* in: Posser/Wolff, VwGO, § 86 Rn. 84 m.w.N.

[736] Diese Grundsätze gelten nicht nur im Fachprozess; zu diesem so aber deutlich BVerwGE 75, 119 (126 f.); BVerwG, NVwZ 2009, 329 (330); aus der Lit. *Breunig,* in: Posser/Wolff, VwGO, § 86 Rn. 84. Implizit auch BVerfG, NVwZ 2009, 1035 (1036); vgl. ferner BVerfG, Beschl. v. 19.07.2011 – 2 BvR 2413/10 –, juris Rn. 15: „Geht es um Prognoseentscheidungen, bei denen Risiken in Rede stehen, die in der geistigen und seelischen Disposition der Betroffenen gründen, folgt aus dem Gebot zureichender richterlicher Sachaufklärung in der Regel die Pflicht des Richters, einen erfahrenen Sachverständigen hinzuzuziehen. [Denn] die [maßgeblichen] Umstände [...] sind für den Richter oft schwer erkennbar und abzuwägen."

[737] Vgl. für einen solchen Fall etwa BVerfGE 85, 1 (insb. 19 ff.): Ohne nähere Begründung stellte das Gericht hier insb. fest: „Alltagssprachlich liegt ein ‚Unter-Druck-Setzen' aber nicht erst vor, wenn rechtswidrig gedroht wird. [...] Dabei drückt die Formulierung ‚unter Druck setzen' ebenso wie ‚bespitzeln' die Mißbilligung dieses Vorgangs aus. Einflußnahmen, die der Betrachter als berechtigt oder akzeptabel ansieht, wird er nicht als ‚Unter-Druck-Setzen' bezeichnen." In der Folge sah das Gericht die Äußerung eines Vereins, „missliebige Kritiker" würden durch den BAYER-Konzern „bespitzelt und unter Druck gesetzt", entgegen der Auffassung von LG und OLG als von der Meinungsfreiheit (Art. 5 Abs. 1 S. 1 GG) gedeckt an.

[738] In engem Zusammenhang hiermit steht die vielerorts geübte Kritik daran, dass das Verfassungsgericht die „tatrichterliche Deutungskompetenz" in Bezug auf streitige Äußerungen (Art. 5 Abs. 1 GG) für sich beanspruche; vgl. dazu statt aller die abw. M. von *Haas* in BVerfGE 93, 266 (314), m.w.N., der zufolge jene Kompetenzbeanspruchung in Entscheidungsspielräume eingreife, „die der sachnäheren Fachgerichtsbarkeit mit ihren spezifischen Aufklärungsmöglichkeiten, zumal auch ihren Erkenntnismöglichkeiten in der mündlichen Verhandlung, vorbehalten [seien]". Die Krit. ist indes nur berechtigt, soweit sie die verfassungsgerichtliche *Methode* der Tatsachenfeststellung betrifft (i.d.S. etwa *Campbell,* NStZ 1995, 328 [328 f.]; *Herdegen,* NJW 1994, 2933 [2934]); möglicherweise auch, soweit sie sich bereits auf die verwendeten verfassungsrechtlichen Maßstäbe der Prüfung bezieht (das zitierte Sondervotum argumentiert zumindest auch in diese Richtung). Soweit sie dem Bundesverfassungsgericht in Urteilsverfassungsbeschwerden betreffend Art. 5 Abs. 1 GG die Befugnis zur Tatsachenfeststellung, d.h. Beweiserhebung *und* -würdigung, in Anlehnung an das Revisionsrecht letztlich absprechen will (unklar neben dem Sondervotum z.B. auch *Kiesel,* NVwZ 1992, 1131 [1132]), kann die Krit. freilich nicht überzeugen (s. die Ergebnisse des Dritten Teils auf S. 89 ff. sowie oben S. 105 zu § 26 Abs. 1 S. 1 BVerfGG und S. 129; i.d.S. auch bereits *Kluth,* NJW 1999, 3513 (3518).

Ob auch Tatsachen gerichtskundig sind, die die Richter zwar nicht präsent haben, aber *aus den Akten eines anderen Gerichts* beschaffen könnten, ist aus fachgerichtlicher Sicht streitig. Faktisch handelt es sich hierbei um einen Urkundenbeweis.[739] Da für diesen vor dem Bundesverfassungsgericht weit weniger strenge Regeln gelten als vor den Fachgerichten (selbiger kann vielmehr im Wege des Freibeweises geführt werden[740]), wirkt sich der Streit bzw. die Annahme von Gerichtskundigkeit im Verfassungsprozess zwar nicht in der gleichen Weise verfahrensrechtlich aus wie vor anderen Gerichten. Dennoch ist es von Bedeutung, zwischen gerichtskundigen und durch Urkundenbeweis festgestellten Tatsachen zu unterscheiden, denn Gerichtskundigkeit gestattet dem Richter, *ohne Weiteres* von der beurkundeten Tatsache an sich voll überzeugt zu sein. Eine *Beweiswürdigung* erübrigt sich in diesem Fall.[741] Im Wege eines Urkundenbeweises eingeführte Akten sind dagegen auf ihre Überzeugungskraft in Bezug auf die beurkundete Tatsache erst noch zu würdigen.

Hinsichtlich der Annahme von Gerichtskundigkeit ist daher in verfassungsgerichtlichen Verfahren nach hier vertretener Auffassung weiter zu differenzieren: Betreffend solche aktenkundigen Tatsachen, für die der Urkundenbeweis zulässig und geeignet wäre,[742] erweist sich die Annahme von Gerichtskundigkeit als rechtlich unproblematisch.[743] Allerdings verschmelzen die Rechtsfigur der Gerichtskundigkeit und der (im Freibeweis erhobene) Urkundenbeweis hier ohnehin nahezu völlig, sodass es auf den „Wegfall" der Beweisbedürftigkeit in diesen Fällen praktisch nicht ankommt.

Tatsachen, deren Feststellung sonstiger Ermittlungen, etwa der Einholung eines Sachverständigengutachtens, bedürfte – dies gilt insbesondere in Bezug auf komplexe generelle Tatsachen[744] –, können dagegen nicht allein deshalb als feststehend erachtet werden, weil sie zuvor in einem anderen Gerichtsverfahren durch einen anderen Richter in dieser Weise festgestellt worden sind. Die bloße Übernahme jener Feststellungen bedeutete hier insbesondere eine Umgehung sowohl

---

[739] Die Gerichtskundigkeit verneinend, um die besonderen Regeln des Urkundenbeweises im Verwaltungsprozessrecht nicht auszuhebeln, *Jäckel,* Beweisrecht, Rn. 410; in diesem Sinne auch *Rosenberg,* Zivilprozess, § 113 Rn. 27; a. A. *Reichold,* in: Thomas/Putzo, ZPO, § 291 Rn. 2; *Vierhaus,* Beweisrecht, Rn. 152.

[740] S. dazu ausführlich unten S. 277 ff.

[741] In diesem Sinne *Rixen,* in: Sodan/Ziekow, VwGO, § 108 Rn. 29.

[742] S. zum Urkundenbeweis im Verwaltungsprozess etwa *Lange,* in: Sodan/Ziekow, VwGO, § 98 Rn. 224.

[743] Damit lässt sich auch die Rspr. des Bundesverfassungsgerichts vereinen, denn dieses geht jedenfalls in Bezug auf aktenkundige Vorgänge eines anderen Gerichts (etwa das Faktum der Beschlussfassung eines LG) – die sich ohne Weiteres durch Urkundenbeweis belegen lassen – davon aus, dass diese Tatsachen vor dem entscheidenden Gericht, dem die entsprechenden Akten vorliegen, als gerichtskundig zu betrachten sind, vgl. BVerfG, NJW 1995, 2544 (2544).

[744] S. unten insb. S. 296 ff.

des Untersuchungs- als auch des Unmittelbarkeitsgrundsatzes[745] sowie der Pflicht zu eigener Überzeugungsbildung des Gerichts (§ 30 Abs. 1 S. 1 BVerfGG). Gründe, die selbige Umgehung rechtfertigen könnten, sind dabei gerade nicht ersichtlich. Vielmehr lässt sich das BVerfGG selbst gegen die Zulässigkeit der Übernahme entsprechender Feststellungen ins Feld führen: Dieses regelt den Rückgriff auf tatsächliche Feststellungen anderer Gerichte nämlich ausdrücklich in § 33 Abs. 2[746], was sich im Falle der Gerichtskundigkeit jener Feststellungen als von vorneherein überflüssig erwiese.

Hinsichtlich der *Rechtsfolgen* von Gerichtskundigkeit kann zunächst auf die Ausführungen zu allgemeinkundigen Tatsachen verwiesen werden, wobei insoweit unstreitig ist, dass gerichtskundige Tatsachen (in Verfahren mit förmlichen Beteiligten) durch *Information* Teil des Prozessstoffes werden müssen, ehe sie zur Entscheidungsgrundlage werden können.[747] Beruft sich das Gericht auf eigene Sachkunde, muss es ferner auch sein Fachwissen in den Prozess einführen, wenn es sich um Erfahrungswissen handelt, das außerhalb des Gebiets der allgemeinen Lebenserfahrung liegt und daher bei den Beteiligten nicht vorausgesetzt werden kann (Art. 103 Abs. 1 GG).[748]

Auch gerichtskundige Tatsachen macht das Bundesverfassungsgericht grundsätzlich nicht als solche kenntlich.[749] Die zuvor geübte Kritik ist insofern ebenfalls übertragbar. Wegen der erkennbaren Risiken einer „Perpetuierung falscher Feststellungen" sowie der „Nähe zur Heimlichkeit des Verfahrens" sind der Annahme von Gerichtskundigkeit daher enge Grenzen zu setzen.[750]

---

[745] Dazu oben S. 103 ff. und 119 ff.

[746] S. dazu sogleich im Text auf S. 141 ff.

[747] Vgl. statt aller aus der Rspr. BVerfGE 10, 177 (183); BVerfG, FamRZ 2003, 1448 (1449); aus der Lit. *Rixen*, in: Sodan/Ziekow, VwGO, § 108 Rn. 29.

[748] Grundsätzlich dazu BGH, NJW 1991, 2824 (2825) m. w. N.

[749] Insoweit ebenfalls nur spekulativ *Benda/Klein*, Rn. 303.

[750] So zum Fachrecht prononciert *Eisenberg*, Beweisrecht, Rn. 24 (Zitate ebd.). Vgl. in diesem Zusammenhang auch den treffenden Hinweis von *Meskouris*, in: Barczak, § 26 Rn. 25, dass für den Regelfall der Verfassungsbeschwerde, die ohne Begründung nicht zur Entscheidung angenommen wird, dem Beschwerdeführer sämtliche Erkenntnisquellen des Gerichts gänzlich verborgen bleiben; umso wichtiger sei es hier, dem Beschwerdeführer jedenfalls zu „neuen" tatsächlichen Erkenntnissen, die aus Sicht des Gerichts entscheidungserheblich sind, rechtliches Gehör zu gewähren (Art. 103 Abs. 1 GG). Grundsätzlich krit. zur Annahme von „Offenkundigkeit" oder „Gerichtskundigkeit" durch das Verfassungsgericht auch *Bull*, in: FS Koch, S. 29 (40); keine Bedenken hat dagegen *Geiger*, Besonderheiten, S. 22 f.

III. Rückgriff auf tatsächliche Feststellungen anderer Gerichte gemäß § 33 Abs. 2 BVerfGG

1. Delegation der Beweiserhebung

Auf eine Beweiserhebung über eine entscheidungserhebliche Tatsache kann das Bundesverfassungsgericht ferner dann verzichten, wenn und soweit es seiner Entscheidung gemäß § 33 Abs. 2 BVerfGG die diesbezüglichen tatsächlichen Feststellungen eines anderen Gerichts zugrunde legen darf.

Diese Möglichkeit des Rückgriffs auf die Ermittlungsergebnisse anderer Gerichte wird zuweilen als (bloße) Erleichterung der Beweiserhebung begriffen.[751] Richtigerweise entfällt die Notwendigkeit der Beweiserhebung in Bezug auf die gemäß § 33 Abs. 2 BVerfGG übernommenen Tatsachen mangels Beweisbedürftigkeit derselben aber sogar gänzlich. Das bedeutet, dass jene Tatsachen durch das Verfassungsgericht ohne Weiteres, insbesondere ohne eigene Beweiswürdigung, dessen Entscheidung zugrunde gelegt werden können. Hierfür spricht bereits der Wortlaut der Norm, der mit der „Zugrundelegung der tatsächlichen Feststellungen eines rechtskräftigen Urteils" die Übernahme nicht allein eines Beweisergebnisses, sondern des durch Würdigung dieses Beweisergebnisses seitens eines anderen Gerichts festgestellten Sachverhalts an sich (auch in Bezug auf einzelne Tatsachen, wie sogleich zu zeigen sein wird) beschreibt. Es geht also nicht lediglich um eine Delegation der Beweisaufnahme, wie sie etwa in § 26 Abs. 1 S. 2 BVerfGG normiert ist, sondern um die Delegation der Amtsermittlung als solches.[752] § 33 Abs. 2 BVerfGG durchbricht damit nicht erst den Grundsatz der Unmittelbarkeit, sondern bereits die vor dem Bundesverfassungsgericht geltende Untersuchungsmaxime.[753] (Verfassungs-)Rechtliche Bedenken bestehen insofern angesichts der ausdrücklichen gesetzlichen Regelung sowie der nicht strikten verfassungsrechtlichen Verankerung der genannten Grundsätze[754] nicht, wobei diese bei Auslegung und Anwendung der Norm im Einzelfall freilich besonders zu berücksichtigen sind.[755]

---

[751] So etwa *Benda/Klein*, Rn. 304; *Brede*, in: B/D/S, § 33 Rn. 14; *Lechner/Zuck*, § 33 Rn. 14.

[752] In diesem Sinne auch *Lenz/Hansel*, § 33 Rn. 12.

[753] Ähnlich *Sauer*, in: Walter/Grünewald, § 33 Rn. 13; vgl. auch *Benda/Klein*, Rn. 304; *Lenz/Hansel*, § 33 Rn. 11 f.; nur auf die Durchbrechung der Unmittelbarkeit hinweisend *Geiger*, BVerfGG, § 33 Anm. 6; *Klein*, in: Maunz u. a., § 33 Rn. 7 (Stand: November 1987); *Roderburg*, in: Barczak, BVerfGG, § 33 Rn. 18; s. auch *Kley*, VerwArch 2016, 359 (363). A.A. wohl *Brede*, in: B/D/S, Rn. 14.

[754] Dazu oben S. 111 u. 121.

[755] Nur hingewiesen werden soll an dieser Stelle auf Folgendes: Stützt sich die Entscheidung des Bundesverfassungsgerichts auf eine rechtskräftige fachgerichtliche Entscheidung, die aufgrund Wiederaufnahme des Verfahrens nachträglich abgeändert wird, ist davon auszugehen, dass auch das Bundesverfassungsgericht sein Verfahren wieder aufnehmen muss, sofern die ursprüngliche Beschwer fortbesteht; so auch *Geiger*, BVerfGG, § 33 Anm. 9.

2. Tatbestandsvoraussetzungen des § 33 Abs. 2 BVerfGG

Tatbestandsvoraussetzung[756] des § 33 Abs. 2 BVerfGG ist erstens das Vorliegen einer *rechtskräftigen gerichtlichen Entscheidung* – Urteil oder Beschluss –, die zweitens gerade für das bundesverfassungsgerichtliche Verfahren *entscheidungserhebliche* Tatsachenfeststellungen enthält.

Dass § 33 Abs. 2 BVerfGG ausdrücklich nur das rechtskräftige Urteil als taugliche „Informationsquelle" benennt, ist als Redaktionsversehen zu betrachten. Beschlüsse unterscheiden sich nach allgemeinem Prozessrecht im Wesentlichen nicht von Urteilen.[757] In der Regel weisen Erstere zwar die Besonderheit auf, dass sie ohne mündliche Verhandlung ergehen (vgl. § 25 Abs. 2 BVerfGG, § 101 Abs. 3 VwGO, § 128 Abs. 4 ZPO). Ob den Feststellungen eines anderen Gerichts eine mündliche Verhandlung vorausgegangen ist, kann für die Zulässigkeit der Übernahme tatsächlicher Feststellungen gem. § 33 Abs. 2 BVerfGG jedoch schon deshalb nicht maßgeblich sein, da das BVerfGG selbst weitreichende Ausnahmen von der Mündlichkeit im Verfassungsprozess zulässt (vgl. nur § 25 Abs. 1 BVerfGG)[758]. Mit dem Abstellen auf das *rechtskräftige* Urteil bringt der Gesetzgeber zudem zum Ausdruck, dass das maßgebliche Kriterium für die Unterscheidung zwischen den von § 33 Abs. 2 BVerfGG erfassten und nicht erfassten Entscheidungsformen (allein) deren Rechtskraft*fähigkeit* sein soll. Diese ist wiederum nach sämtlichen Prozessordnungen auch in Bezug auf den Beschluss grundsätzlich gegeben.[759] Eine Differenzierung zwischen Urteilen und Beschlüssen in § 33 Abs. 2 BVerfGG lässt sich danach trotz des verkürzenden Wortlauts der Norm sachlich nicht begründen und ist folglich abzulehnen.[760]

Mit der Voraussetzung der Rechtskraft – im Übrigen auch durch die Bezugnahme auf das „Urteil" als der allein den Gerichten vorbehaltenen Entscheidungsform – macht § 33 Abs. 2 BVerfGG zudem deutlich, dass tatsächliche Feststellungen anderer, nicht als *Gericht* i. S. d. Art. 92 GG konstituierter Institutionen der verfassungsgerichtlichen Entscheidung gerade nicht unter Verweis auf jene Norm, „ohne Weiteres", zugrunde gelegt werden dürfen. Dies schließt insbesondere die Übernahme von Feststellungen des Bundesrates im Rahmen des *Mängelrügeverfahrens* sowie des Bundestages im *Wahlprüfungsverfahren* aus.[761]

---

[756] Vgl. allg. dazu *Sauer,* in: Walter/Grünewald, § 33 Rn. 14 ff.

[757] Bedeutung erlangt die Unterscheidung hinsichtlich der zulässigen Rechtsmittel im jeweiligen Rechtsweg (vgl. exemplarisch zum Zivilprozess *Schellhammer,* Zivilprozess, Rn. 948). In Verfahren nach dem FamFG existiert der Rechtsbegriff des Urteils gar nicht, sondern wurde dieser durch die Bezeichnung „Beschluss" ersetzt, vgl. § 38 FamFG.

[758] S. dazu bereits oben S. 116 ff.

[759] Vgl. dazu statt aller *Germelmann,* in: Gärditz, VwGO, § 121 Rn. 26 ff.

[760] So denn auch die h.M.; s. statt aller *Brede,* in: B/D/S, § 33 Rn. 17; *Geiger,* BVerfGG, § 33 Anm. 6; *Klein,* in: Maunz u. a., § 33 Rn. 9 (Stand: November 1987); *Leipholz/Rupprecht,* BVerfGG, § 33 Anm. 2.

[761] S. dazu oben S. 68 f. u. 69 ff.

Die Übernahme (fach-)gerichtlicher Feststellungen gemäß § 33 Abs. 2 BVerfGG kommt angesichts des Erfordernisses der Rechtskraft ferner nur in Betracht, soweit der verfassungsgerichtlich *entscheidungserhebliche* Lebenssachverhalt – obschon aus anderen rechtlichen Gesichtspunkten – parallel in einem bereits rechtskräftig abgeschlossenen gerichtlichen Verfahren entscheidungserheblich geworden ist oder aber in einem unabhängigen gerichtlichen Verfahren entscheidungserheblich wird und das Verfassungsgericht insofern den rechtskräftigen Ausgang desselbigen durch Aussetzung seines Verfahrens gem. § 33 Abs. 1 BVerfGG abwartet[762].

Dass gemäß § 33 Abs. 2 BVerfGG nur *tatsächliche* Feststellungen durch das Bundesverfassungsgericht übernommen werden können, schließt drittens die Zugrundelegung rechtlicher Wertungen anderer Gerichte jedenfalls unter Verweis auf § 33 Abs. 2 BVerfGG aus.[763]

Neben der rechtskräftigen, aus Sicht des Bundesverfassungsgerichts erheblichen Tatsachenfeststellungen aufweisenden Entscheidung eines anderen Gerichts setzt § 33 Abs. 2 BVerfGG viertens voraus, dass selbige Entscheidung in einem Verfahren ergangen ist, „in dem die Wahrheit von Amts wegen zu erforschen ist". Diese Anforderung garantiert nach ihrer gesetzgeberischen Intention die *Geltung des Untersuchungsgrundsatzes* in sämtlichen Verfahren vor dem Bundesverfassungsgericht.[764] Könnte das Gericht seiner Entscheidung nämlich auch solche Feststellungen zugrunde legen, die unter Parteiherrschaft getroffen wurden, hielte die Verhandlungsmaxime „durch die Hintertür" Einzug in den Verfassungsprozess. Dies verbietet sich aus den gleichen Gründen wie die originäre Geltung jener Maxime; insbesondere wäre selbiges schwerlich mit den weitreichenden Bindungswirkungen verfassungsgerichtlicher Entscheidungen vereinbar (vgl. § 31 BVerfGG).[765] Gerade die Übernahme tatsächlicher Feststellungen eines rechtskräftigen Urteils eines allgemeinen Zivilgerichts ist dem Bundesverfassungsgericht damit verwehrt und zwar ungeachtet der partiellen Befugnis des Zivilrichters, amtswegig zu ermitteln[766]. Dass es auf die Ermittlungsmethode im Einzelfall nicht ankommt, ergibt sich bereits aus dem eindeutigen Wortlaut des

---

[762] Hierauf zielt die Regelung des § 33 Abs. 2 BVerfGG i. Ü. systematisch erkennbar ab.

[763] H. M., *Brede*, in: B/D/S, § 33 Rn. 21 (wortgleich *ders.*, in: U/C/D, § 33 Rn. 22); *Sauer*, in: Walter/Grünewald, § 33 Rn. 16. Aus Sicht des Beweisrechts ist dies (nur) insoweit relevant, als einfache Rechtssätze in Verfassungsprozessen ähnlich den „Subsumtionstatsachen" entscheidungserheblich werden können (was indes nicht Thema dieser Untersuchung ist, s. S. 32 f.).

[764] Vgl. zur Gesetzesbegründung aus Sicht des Rechtsausschusses *Wahl*, Plenarprotokoll der 112. Sitzung des Bundestages v. 18.01.1951, S. 4195 (4225). S. zur Tatbestandsvoraussetzung der gerichtlichen Entscheidung nach dem Untersuchungsgrundsatz auch *Benda/Klein*, Rn. 305; *Lechner/Zuck*, § 33 Rn. 14.

[765] S. dazu oben S. 109 f.

[766] Zu dieser Befugnis etwa *Rosenberg*, Zivilprozess, § 77 Rn. 40 ff.

§ 33 Abs. 2 BVerfGG, der voraussetzt, dass nach der jeweiligen *Verfahrensart* eine Amtsermittlungs*pflicht* herrscht respektive der Untersuchungsgrundsatz ganz generell gilt („*Verfahren* [...], in dem die Wahrheit von Amts wegen *zu erforschen ist*").[767]

Ob das Bundesverfassungsgericht seine Entscheidung *im Ergebnis* (im Rahmen der Beweiswürdigung) dennoch auch auf solche Feststellungen „stützen" kann, die unter Geltung der Verhandlungsmaxime getroffen wurden, hängt mithin von den sonstigen verfassungsprozessualen Regeln ab.[768] Der völlige Verzicht auf eine Beweiserhebung und -würdigung ist nach der gesetzgeberischen Konzeption des § 33 Abs. 2 BVerfGG jedenfalls ausgeschlossen.

3. Anwendungsbereich des § 33 Abs. 2 BVerfGG

Aus den genannten Tatbestandsvoraussetzungen (insbesondere der Rechtskraft der Entscheidung sowie Entscheidungserheblichkeit der fachgerichtlich festgestellten Tatsachen) ergibt sich ein nur *begrenzter Anwendungsbereich* der Norm.[769] Dabei schließt die Voraussetzung der Rechtskraft einen Rückgriff auf § 33 Abs. 2 BVerfGG namentlich in *Vorlageverfahren* in Bezug auf die *Ermittlungen des vorlegenden (Fach-)Gerichts* oder einer möglichen Vorinstanz dieses Gerichts aus.[770]

Zur Anwendung gelangt § 33 Abs. 2 BVerfGG dagegen insbesondere in *Urteilsverfassungsbeschwerdeverfahren,* in denen dem Bundesverfassungsgericht in aller Regel die rechtskräftige Entscheidung eines Fachgerichts vorliegt.[771] Indes ist bereits an dieser Stelle darauf hinzuweisen, dass der Anwendungsbereich respektive die praktische Bedeutung auch insofern geringer ausfällt, als teilweise[772]

---

[767] Dies gilt, zumal sich die mögliche amtswegige Beweiserhebung etwa im Zivilprozess auf die Tatsachenbehauptungen der Parteien beschränkt – sonach nie gänzlich losgelöst vom Parteiwillen erfolgt (vgl. dazu nur *Rosenberg,* Zivilprozess, § 77 Rn. 40 ff.). In der Fachliteratur zu § 33 Abs. 2 BVerfGG wird diese Fragestellung, soweit ersichtlich, nicht ausdrücklich behandelt. Im Ergebnis aber wohl ebenso zumindest *Roderburg,* in: Barczak, § 33 Rn. 20.

[768] Vgl. insofern insb. S. 322 f. zum Beweiswert entsprechender Feststellungen.

[769] Vgl. dazu konzis *Brink,* in: Linien, S. 3 (27).

[770] Auf die Feststellungen *anderer* rechtskräftiger Entscheidungen kann das Bundesverfassungsgericht freilich auch in Vorlageverfahren zurückgreifen.

[771] Die dort angefochtene Gerichtsentscheidung ist entweder bereits rechtskräftig oder wird es während des Fristen ordentlicher Rechtsmittel in aller Regel deutlich überdauernden Beschwerdeverfahrens werden; denn Verfassungsbeschwerden hindern als außerordentlicher Rechtsbehelf den Eintritt der Rechtskraft der angegriffenen Entscheidungen nicht, vgl. nur BVerfGE 93, 381 (385); 107, 395 (413). Grundsätzlich kann § 33 Abs. 2 BVerfGG jedoch in sämtlichen Verfahren zur Anwendung kommen, s. exemplarisch das Organstreitverfahren in BVerfGE 74, 44 (insb. 49).

[772] So etwa *Benda/Klein,* Rn. 305; *Brede,* in: B/D/S, § 33 Rn. 15; (wortgleich) *ders.,* in: U/C/D, § 33 Rn. 16. Im Ergebnis wie hier dagegen *Brink,* in: Linien, S. 3 (26 f.).

angenommen – schließlich stimmen die Verfahrensgegenstände von Ausgangsverfahren und Urteilsverfassungsbeschwerdeverfahren nicht überein, sodass auch
die aus Sicht der Gerichte jeweils *entscheidungserheblichen* Tatsachen gerade
nicht (jedenfalls nicht vollständig) deckungsgleich sind.[773] Soweit die vorliegenden Tatsachenfeststellungen des Ausgangsgerichts im Verfassungsprozess nicht
entscheidungserheblich sind, scheidet eine Anwendung des § 33 Abs. 2 BVerfGG
von vorneherein aus.

Besonders deutlich wird dies etwa im einstweiligen Rechtsschutz: Wird eine
fachgerichtliche Entscheidung im Eilverfahren angefochten, liegen dem Bundesverfassungsgericht zwar stets – potentiell übernahmefähige – Tatsachenfeststellungen des gerügten Fachgerichts vor. Diese spielen für die Rechtskontrolle im
Eilverfahren – ungeachtet der Prüfung im Hauptsacheverfahren – überwiegend
jedoch keine Rolle.[774] In aller Regel nimmt das Bundesverfassungsgericht hier
(ausschließlich) eine Folgenabwägung im Wege der sog. Doppelhypothese vor.
Das heißt, es beurteilt die zukünftigen tatsächlichen Folgen, die bei Erlass oder
Ablehnung der einstweiligen Anordnung (und späterem Misserfolg oder Erfolg
in der Hauptsache) eintreten werden, nicht jedoch die (rechtlichen wie tatsächlichen) Gründe, die für die Verfassungswidrigkeit der fachgerichtlichen Entscheidung sprechen können.[775] Das Verfassungsgericht prüft mithin beispielsweise die
Folgen der sofortigen kriminalistischen Auswertung eines bei einer Durchsu-
chung sichergestellten Datenträgers für den Beschwerdeführer und wägt diese
mit den Folgen eines diesbezüglichen Zuwartens ab, ohne sich mit den tatsächlichen Gründen für die im Hauptsacheverfahren mittels Verfassungsbeschwerde
angegriffene Sicherstellung und Auswertung auseinanderzusetzen.[776]

Obgleich sich die Frage der Entscheidungserheblichkeit einer Tatsache danach
gegenüber den sonstigen Voraussetzungen des § 33 Abs. 2 BVerfGG als vorrangig erweist, wird sie gerade in der Fachliteratur regelmäßig nicht gestellt. In der

---

[773] S. dazu bereits S. 81 ff. und sogleich auf S. 148 ff. Vgl. zudem *Brink*, in: Linien,
S. 3 (26 f.); *Haberzettl*, NVwZ-Extra 2015, 1 (5 ff.). Auch *Kley*, VerwArch 2016, 359
(364 ff.), stellt die unterschiedlichen Verfahrensgegenstände in Urteilsverfassungsbeschwerdeverfahren sauber heraus, behandelt dabei aber ausschließlich die Frage der Begrenzung der materiellen Prüfungsbefugnis des Gerichts (vgl. a. a. O., 361).

[774] S. exemplarisch BVerfGE 34, 211 (216); aus jüngster Zeit BVerfG, Einstweilige
Anordnung vom 25. April 2018 – 2 BvR 708/18 –, juris Rn. 19 ff.; BVerfG, Einstweilige Anordnung vom 18. August 2017 – 2 BvR 424/17 –, juris Rn. 41 und Rn. 39 für
eine deutliche „Gegenüberstellung" des erheblichen Sachverhalts in der Hauptsache und
im Eilverfahren.

[775] Vgl. dazu bereits oben S. 88 f. S. auch die Nachweise in der vorherigen Fn.

[776] Vgl. BVerfG, Einstweilige Anordnung v. 25.04.2018 – 2 BvR 708/18 –, juris,
sowie BVerfG, NJW 2018, 3571, für die Entscheidung in der Hauptsache. Die im
Hauptsacheverfahren angegriffene Sicherstellung und Auswertung der Datenträger
wurde konkret mit dem Verdacht des Besitzes kinderpornografischer Schriften begründet.

Folge wird die grundsätzlich einhellig festgestellte „Zurückhaltung" des Bundesverfassungsgerichts, Tatsachenermittlungen der Fachgerichte nachzuprüfen, vielerorts undifferenziert mit § 33 Abs. 2 BVerfGG verknüpft.[777] Dies ist zumindest missverständlich, weil sich jede „Nachprüfung" der aus Sicht des Ausgangsgerichts erheblichen Tatsachen, wie dargelegt, häufig schon im Ansatz erübrigt aufgrund fehlender Entscheidungserheblichkeit selbiger im Verfassungsprozess.[778] Insofern wird denn auch nicht *durch* die vermeintliche Zurückhaltung des Bundesverfassungsgerichts gegenüber eigenen Tatsachenermittlungen in Urteilsverfassungsbeschwerdeverfahren die „Aufgabenverteilung" zwischen diesem und den Fachgerichten gewährleistet, sondern ist jene „Zurückhaltung" ihrerseits (mittelbare) Folge einer auf den jeweiligen Verfahrensgegenstand beschränkten, materiellen Prüfung durch das Bundesverfassungsgericht.[779]

4. Rechtsfolge: Ermessen

Liegen die Tatbestandsvoraussetzungen des § 33 Abs. 2 BVerfGG vor, entscheidet das Bundesverfassungsgericht nach *pflichtgemäßem Ermessen* über die Übernahme der gerichtsfremden Tatsachenfeststellung („kann [...] zugrunde legen").[780] Dabei muss das Gericht jedoch sowohl hinsichtlich des „Ob" als auch des „Wie" der Übernahme bestimmte Ermessensgrenzen wahren.

---

[777] So etwa *Brede,* in: B/D/S, § 33 Rn. 15 (nicht überzeugend sind insofern insb. die Rspr.-Nachweise in Fn. 26); *Klein,* in: Maunz u. a., § 33 Rn. 7 (Stand: November 1987); *Sauer,* in: Walter/Grünewald, § 33 Rn. 13; vgl. auch *Benda/Klein,* Rn. 305; *Bethge,* in: Maunz u. a., § 90 Rn. 322 (Stand: Februar 2018); *Lenz/Hansel,* § 33 Rn. 11 („akzeptiert"). Eine positive Ausnahme insofern *Haberzettl,* in: B/D/S, § 26 Rn. 15; *ders.,* NVwZ-Extra 2015, 1 (5 f.). I. Ü. wird in der Lit. in Bezug auf den Umgang des Verfassungsgerichts mit den Tatsachenfeststellungen anderer Gerichte weit überwiegend allein die Frage der *Begrenzung der materiellen Prüfungsbefugnis* des Gerichts thematisiert (s. bereits S. 21 f.); so z. B. *Kley,* VerwArch 2016, 359 (361 ff.); *Ossenbühl,* in: 25 J. BVerfG I, S. 458 (491 ff.).

[778] Dazu sogleich im Text, insb. unter S. 148 ff. Nichts anderes gilt, wenn schon die Zulässigkeit einer Verfassungsbeschwerde etwa mangels Rechtswegerschöpfung verneint wird – auch hier erübrigt sich freilich jede Nachprüfung; so etwa in BVerfGE 8, 222 (225 ff.) (dazu sogleich im Text auf S. 154 ff.), welcher *Brede,* in: B/D/S, § 33 Rn. 15, unzutreffend die Auffassung des Gerichts entnimmt, § 33 Abs. 2 BVerfGG rechtfertige es, „von Beweiserhebungen [...] soweit wie möglich abzusehen".

[779] Zumindest missverständlich daher die Darstellungen von *Sauer,* in: Walter/Grünewald, § 33 Rn. 13, sowie *Brede,* in: B/D/S, § 33 Rn. 15, insb. ist die Aussage *Bredes,* das Bundesverfassungsgericht werde in Verfassungsbeschwerdeverfahren nicht selbst als Tatsacheninstanz tätig, sondern sei auf die eingeschränkte Kontrolle der fachgerichtlichen Entscheidung beschränkt, so nicht zutreffend, da Ersteres die im Rahmen seiner (ggf.) „eingeschränkten Kontrolle" entscheidungserheblichen Tatsachen durchaus selbst feststellen muss, mithin auch hier „Tatsacheninstanz" ist.

[780] H. M., statt aller *Benda/Klein,* Rn. 305; *Brede,* in: B/D/S, § 33 Rn. 19; *Geiger,* BVerfGG, § 33 Anm. 6; *Klein,* in: Maunz u. a., § 33 Rn. 8 (Stand: November 1987); *Roderburg,* in: Barczak, § 33 Rn. 22.

a) Entschließungsermessen

aa) Zweifel an der Richtigkeit der Feststellungen: Übernahmeverbot

Zunächst ergibt sich eine entsprechende Grenze in Form eines strikten Übernahmeverbots für den Fall, dass das Bundesverfassungsgericht wesentliche Zweifel an der hinreichenden Sorgfalt der Beweisaufnahme oder der Plausibilität der Beweiswürdigung durch das andere Gericht (und damit an der Richtigkeit der Feststellungen selbst) hat.[781] Dies ergibt sich bereits aus dem Verfassungsgrundsatz materieller Gerechtigkeit sowie dem Gebot effektiven Rechtsschutzes (Art. 20 Abs. 3 GG), die sich beide mit der Zugrundelegung einer augenscheinlich fehlerhaften Tatsachenbasis durch das Gericht nicht vereinen lassen.[782]

Die sonach der Ermessensentscheidung im Rahmen des § 33 Abs. 2 BVerfGG zwingend vorgelagerte Wertung der Tatsachenarbeit eines anderen Gerichts durch das Bundesverfassungsgericht bedeutet nach hier vertretener Auffassung eine *Plausibilitätskontrolle* von Beweisaufnahme und -würdigung anhand der Gründe der betreffenden rechtskräftigen Entscheidung.[783] Eine umfassende Prüfung derselben auf Verfahrensfehler in Bezug auf die Beweisaufnahme bzw. materiellrechtliche Fehler der Beweiswürdigung, wie sie ein Revisionsgericht vorzunehmen hat[784], wird dem Bundesverfassungsgericht dagegen nicht abverlangt werden können. Andernfalls wäre das mit § 33 Abs. 2 BVerfGG angestrebte Ziel der Verfahrensbeschleunigung und -erleichterung[785] kaum zu erreichen, zumal dem Verfassungsgericht in Bezug auf § 33 Abs. 2 BVerfGG (anders als einem Revisionsgericht) in der Regel keine etwaige Fehler des anderen Gerichts aufzeigende Antragsschrift in der Art einer Revisionsbegründung vorliegen wird.[786] Danach hat das Verfassungsgericht auch nicht zwingend die Akten des anderen Gerichts beizuziehen, um die Stichhaltigkeit der Tatsachenermittlung durch das Letztere mit Blick auf § 33 Abs. 2 BVerfGG beurteilen zu können.

---

[781] H. M., s. nur *Brink,* in: Linien, S. 3 (9); *Lenz/Hansel,* § 33 Rn. 12; *Roderburg,* in: Barczak, § 33 Rn. 22. Ähnlich auch *Kley,* VerwArch 2016, 359 (372), der seine Erwägungen indes insg. dogmatisch nicht begründet (gerade § 33 Abs. 2 BVerfGG bleibt also unerwähnt).

[782] Ausführlich dazu oben S. 123 ff. u. 127 ff.

[783] Schrifttum und Rspr. verhalten sich hierzu soweit ersichtlich nicht.

[784] Vgl. exemplarisch § 337 StPO.

[785] Dazu früh *Geiger,* BVerfGG, § 33 Anm. 6; so auch *Sauer,* in: Walter/Grünewald, § 33 Rn. 13, dessen Ausführungen hier i. Ü. aber nicht überzeugen.

[786] Vgl. dagegen zu den hohen Anforderungen an die Revisionsbegründung im Strafprozess gemäß § 344 Abs. 2 S. 1, 2 StPO etwa *Schmitt,* in: Meyer-Goßner/ders., StPO, § 344 Rn. 8 ff.

bb) Sonderfall: Urteilsverfassungsbeschwerdeverfahren

Besondere „Übernahmegrenzen" bestehen in Urteilsverfassungsbeschwerde-verfahren: Zwar ist die Übernahme von Feststellungen der Ausgangsentschei-dung, obgleich diese hier selbst Gegenstand des Verfassungsprozesses ist, dem Bundesverfassungsgericht nicht schon grundsätzlich verwehrt.[787] In diesen Fäl-len ist jedoch weiter zu differenzieren:

Soweit die rechtskräftige Entscheidung (1.) wegen eines *Verfahrensverstoßes* des Ausgangsgerichts vor dem Bundesverfassungsgericht angegriffen wird, schei-det ein Rückgriff auf die Tatsachenfeststellungen dieser Entscheidung[788] *in der Regel* schon mangels Entscheidungserheblichkeit der festgestellten Tatsachen aus – schließlich differieren der Verfahrensgegenstand des Ausgangsverfahrens und der des Verfassungsprozesses hier gänzlich.[789] § 33 Abs. 2 BVerfGG gelangt dann gar nicht zur Anwendung.

Ausnahmen bestehen insofern nur bei *Verfahrensrügen wegen fehlerhafter Sachverhaltsermittlungen* (z.B. Außerachtlassung oder Missdeutung neuester Erkenntnisse oder Verstoß gegen die Mindestanforderungen an ein faires und grundrechtseffektives Verfahren) oder *fehlerhafter Würdigung* der Beweismittel durch das Ausgangsgericht (so etwa bei unbegründeten Zweifeln an der Glaub-haftigkeit einer Aussage des Beschwerdeführers oder eines Zeugen oder an der Glaubwürdigkeit seiner Person).[790] Hier decken sich die entscheidungserheb-lichen Tatsachen vor den betreffenden Gerichten teilweise, obschon sie in Aus-gangs- und Verfassungsbeschwerdeverfahren unter anderen rechtlichen Vorzeichen

---

[787] Die dargelegten Tatbestandsvoraussetzungen des § 33 Abs. 2 BVerfGG geben für eine solche Einschränkung nichts her. So auch *Lechner/Zuck,* § 33 Rn. 14.

[788] Anders ist dies wiederum in Bezug auf die Feststellungen einer anderen (Beru-fungs-)Instanz, die sich bereits im ordentlichen Rechtsweg mit dem Verfahrensverstoß des Ausgangsgerichts beschäftigt hat, vgl. etwa BVerfG, NJW 2013, 3630 (3630 f.).

[789] S. dazu bereits oben S. 81 ff. und zuvor im Text auf S. 146. Vgl. zudem exempla-risch BVerfGE 147, 364 (Rn. 52 ff.): Im Ausgangsverfahren ging es um die Haftbedin-gungen in der Untersuchungs- und Strafhaft in Rumänen, im Verfassungsbeschwerde-verfahren um die Voraussetzungen einer Vorlage an den EuGH; BVerfG, NJW 2019, 291 (291 f.): Im Ausgangsverfahren ging es primär um die Feststellung einer Behinde-rung ab Geburt (vgl. Sächsisches LSG, Urt. v. 06.06.2017 – L 9 SB 253/13 ZVW –, juris), im Verfassungsbeschwerdeverfahren dagegen um die konkrete Gestaltung der mündlichen Verhandlung vor dem Ausgangsgericht (möglicher Verstoß gegen Art. 3 Abs. 3 S. 2 GG); BVerfG, NJW 2019, 505 (505 f.): Im Ausgangsverfahren war die Vor-nahme eines Abrechnungsbetrugs durch einen Versicherten aufzuklären, im Beschwer-deverfahren hatte das Verfassungsgericht das konkrete Verhalten der zuständigen Rich-terin bei der Vorbereitung der mündlichen Verhandlung festzustellen, um einen Verstoß gegen Art. 101 Abs. 1 S. 2 GG prüfen zu können.

[790] So ist hier z.B. die Feststellung der seitens des Ausgangsgerichts als unglaubhaft gewürdigten Aussage des Zeugen auch für das Verfassungsgericht entscheidungserheb-lich. Vgl. zu derartigen Rügen etwa BVerfGE 94, 166 (194 f.); BVerfG, NVwZ-Beil. 1998, 9 (10).

relevant werden.[791] *Soweit*[792] einzelne Sachverhaltsfeststellungen des Ausgangsgerichts danach aber den Angriffsgegenstand der Verfassungsbeschwerde darstellen, können sie als solches dennoch nicht gemäß § 33 Abs. 2 BVerfGG übernommen werden:[793] Die Übernahme der Feststellungen des Ausgangsgerichts
verbietet sich hier, da sie der Perpetuierung eines ggf. in eben diesen Feststellungen liegenden Grundrechtsverstoßes durch das Bundesverfassungsgericht gleich-
käme. Zudem lässt sich die Richtigkeit der Feststellungen in derartigen Fällen
gerade nicht als zweifelsfrei bezeichnen.[794] Insoweit ist das richterliche *Ermessen* also *auf Null reduziert,* es besteht ein *Übernahmeverbot.*

Sofern die rechtskräftige Entscheidung (2.) wegen eines *materiellen Fehlers*[795]
des Ausgangsgerichts vor dem Bundesverfassungsgericht angegriffen wird,
kommt die Übernahme von Tatsachenfeststellungen zwar *häufiger* in Betracht
angesichts sich regelmäßig in rechtlicher Hinsicht zumindest teilweise über-
schneidender Verfahrensgegenstände.[796] Allerdings sind auch insofern Einschränkungen zu formulieren: So kann es aus Sicht des Verfassungsgerichts zum
einen auch betreffend materiell-rechtliche Rügen an der Entscheidungserheblichkeit der fachrichterlich festgestellten Tatsachen fehlen. Wird die Ausgangsentscheidung etwa mit der materiellen Rüge angegriffen, das Ausgangsgerichts habe
ein *verfassungswidriges einfaches Gesetz angewendet,* scheitert die Übernahme
von aus Sicht des Verfassungsgerichts erheblichen Feststellungen betreffend das

---

[791] So kommt es aus Sicht des Verfassungsgerichts gerade nicht darauf an, die für
den Ausgangsrechtsstreit entscheidungserhebliche Wahrheit (etwa das ggf. strafbare
Handeln eines im Strafprozess Angeklagten oder die für einen Asylbewerber bestehende Foltergefahr) zu erforschen, sondern muss das Verfassungsgericht „ausschließlich" die seitens des Ausgangsgerichts *festgestellte* Wahrheit (im Sinne einer
Annahme) auf Verfahrensverstöße (also z. B. auf die Außerachtlassung eines den Angeklagten entlastenden Zeugen oder des zentralen Vortrags des Asylbewerbers) untersuchen. S. beispielhaft zur gerügten Außerachtlassung des Vortrags des Beschwerdeführers seitens des Verwaltungsgerichts in Asylverfahren BVerfGE 94, 166 (194 f.,
220 ff.); BVerfG, NVwZ-Beil. 1998, 9 (10).

[792] Die Verfassungsbeschwerde kann sich im Einzelfall auch nur auf die Beweiswürdigung durch das Ausgangsgericht beziehen; in diesem Fall kommt ein Rückgriff des
Bundesverfassungsgerichts auf die der Würdigung seitens des Ausgangsgerichts zugrunde gelegten Indizien durchaus in Betracht, soweit selbige im Ausgangsverfahren in
verfahrensrechtlich unbedenklicher Weise festgestellt wurden.

[793] I. d. S. auch *Brink,* in: Linien, S. 3 (27) m. w. N.; *Lenz/Hansel,* Rn. 12 f.; vgl. auch
– obschon in Bezug auf die materielle Kontrollkompetenz des Verfassungsgerichts –
Ossenbühl, 25 J. BVerfG I, S. 458 (492) und *Kley,* VerwArch 2016, 359 (364). A. A.
wohl *Lechner/Zuck,* § 33 Rn. 14.

[794] Es handelt sich damit letztlich zugleich um einen Anwendungsfall des zuvor genannten Übernahmeverbots, s. S. 147.

[795] Vgl. generell zur Kontrolle des Urteilsinhalts im Gegensatz zur Kontrolle des gerichtlichen Verfahrens *Schlaich/Korioth,* Rn. 288 ff.

[796] S. dazu oben S. 82. Für ein Beispiel sich (teilweise) deckender tatsächlicher Ver-
fahrensgrundlagen s. ferner BVerfGE 38, 398 (insb. 399 f. und 401 ff.), betreffend das
Asylrecht.

streitige Gesetz regelmäßig schon daran, dass entsprechende Feststellungen des Ausgangsgerichts – das das Gesetz seinerseits für verfassungskonform gehalten und nicht weiter geprüft haben wird (argumentum ex Art. 100 Abs. 1 S. 1 GG) – überhaupt nicht vorliegen.[797] Die vorhandenen Tatsachenfeststellungen des Ausgangsgerichts sind für den Verfassungsprozess nicht entscheidungserheblich.

Zum anderen kann eine Übernahme nach § 33 Abs. 2 BVerfGG auch bei Entscheidungserheblichkeit der fachgerichtlich getroffenen Feststellungen ausscheiden: Jene Übernahme muss dem Verfassungsgericht *im Wege einer Ermessensreduzierung auf Null* verwehrt sein, soweit es die (fach-)gerichtlichen Tatsachenfeststellungen selbst sind, an die das einschlägige materielle Grundrecht Anforderungen stellt; dies ist etwa im Schutzbereich der Art. 2 Abs. 2 S. 1[798], S. 2[799], Art. 5 Abs. 1[800], Art. 6 Abs. 2 S. 1, Abs. 3[801] und Art. 16a Abs. 1 GG[802] der Fall.[803] Hierbei handelt es sich letztlich um eine „verkappte" Verfahrensrüge – steht doch ein möglicher Fehler des gerichtlichen Verfahrens in Rede –, sodass das zuvor zur „Verfahrensrüge wegen fehlerhafter Sachverhaltsermittlungen" Gesagte entsprechend gilt.

Soweit[804] das Bundesverfassungsgericht jene Tatsachenfeststellungen also einer rechtlichen Überprüfung unterziehen muss, kann es selbige seiner Entscheidung nicht gemäß § 33 Abs. 1 BVerfGG respektive ohne eigene Prüfung zugrunde legen, ohne das Verfahren jeglicher Sinnhaftigkeit zu berauben.[805] Denn hat das Verfassungsgericht z. B. nach Art. 6 Abs. 2 S. 1 GG zu prüfen, ob ein

---

[797] Vgl. statt aller aus jüngster Zeit BVerfG, Beschl. v. 23.05.2018 – 1 BvR 97/14 –, juris Rn. 16 ff. (für eine Zusammenfassung der rechtlichen Erwägungen der Ausgangsgerichte [erhebliche tatsächliche Erwägungen fehlten offenkundig]), sowie Rn. 84 ff. (für die maßgeblichen gesetzesbezüglichen Tatsachenfeststellungen des Bundesverfassungsgerichts), teilweise abgedruckt in NJW 2018, 3007.

[798] I. V. m. Art. 19 Abs. 4 GG. Vgl. jüngst BVerfG, NVwZ 2017, 1196 (1196 f.); sowie NVwZ 2018, 1563 (1563); zu dieser Entscheidung auch *Schenk,* NVwZ 2018, 1763 (1763).

[799] Dazu exemplarisch BVerfG, EuGRZ 2011, 521 (522 ff.).

[800] S. z. B. BVerfGE 85, 1 (17 ff.); 93, 266 (295 ff.); BVerfG, NJW-RR 2012, 1002 (1003).

[801] BVerfGE 55, 171 (181); 72, 122 (138); 136, 382 (Rn. 28); BVerfG, Beschl. v. 24.03.2014 – 1 BvR 160/14 –, juris Rn. 26; BVerfG, FamRZ 2014, 1266 (1267 f.).

[802] BVerfGE 76, 143 (161 ff.); 80, 315 (347 ff.); 81, 58 (59 f. und 67 ff.).

[803] In diesem Sinne bereits *Brink,* in: Linien, S. 3 (9). Ähnlich *Lenz/Hansel,* § 33 Rn. 13.

[804] Dies kann auch nur die Beweiswürdigung durch das Ausgangsgericht betreffen (s. bereits Fn. 792); vgl. etwa BVerfGE 93, 266 (296) betreffend die Würdigung einer Äußerung (Art. 5 Abs. 1 GG); BVerfG, Beschl. v. 24.03.2014 – 1 BvR 160/14 –, juris Rn. 29 ff.

[805] Vgl. auch *Lenz/Hansel,* § 33 Rn. 1. Eine gewisse „Rückausnahme" (untechnisch gesprochen) gilt insofern im einstweiligen Rechtsschutz angesichts des dortigen, spezifischen Prüfprogramms (s. sogleich S. 151 f.). Nur vor dem Hintergrund dieses spezifischen Prüfprogramms nachvollziehbar denn auch BVerfGE 34, 211 (216).

Familiengericht in nachvollziehbarer Weise angenommen hat, es bestehe eine nachhaltige Gefährdung des Kindeswohls, die ausschließlich durch die Trennung des Kindes von den Eltern abwendbar sei, kann es dies ersichtlich nicht tun, indem es unter Rückgriff auf § 33 Abs. 2 BVerfGG die familienrichterliche Feststellung der Kindeswohlgefährdung geradewegs übernimmt.[806] Gleichermaßen kann das Bundesverfassungsgericht nicht prüfen, ob das Verwaltungsgericht gemäß Art. 16a Abs. 1 GG zu Recht davon ausgegangen ist, der jezidische Beschwerdeführer erlange in seinem Herkunftsland, der Türkei, hinreichende Verfolgungssicherheit, indem es seiner Entscheidung die Feststellungen des Verwaltungsgerichts zugrunde legt.[807]

cc) Sonderfall: Eilrechtsschutz

In einstweiligen Rechtsschutzverfahren ist die Übernahme von Tatsachenfeststellungen eines anderen Gerichts gemäß § 33 Abs. 2 BVerfGG dagegen regelmäßig zulässig (soweit die Tatumstände, die bereits das Fachgericht festgestellt hat, im Eilverfahren überhaupt entscheidungserheblich sind[808]). Angesichts der jenen Rechtsschutzverfahren inhärenten Eilbedürftigkeit kommt den verfassungsprozessualen Mitteln der Verfahrensbeschleunigung, mithin insbesondere § 33 Abs. 2 BVerfGG, hier bereits teleologisch größte Bedeutung zu. Zuweilen wird diesbezüglich gar vertreten, das Gericht sei bei Vorliegen entsprechender Feststellungen grundsätzlich dazu *verpflichtet,* zur Beschleunigung des Verfahrens Gebrauch von § 33 Abs. 2 BVerfGG zu machen.[809] Eine derartige Reduzierung des Ermessens des Bundesverfassungsgerichts auf Null ist nach hier vertretener Auffassung jedoch abzulehnen, da die Verfahrensbeschleunigung zum einen auch in Eilverfahren keinen Selbstzweck darstellt – vielmehr gelten die übrigen Verfahrensgrundsätze auch hier – und dem Gericht zum anderen verschiedene Mittel der Beschleunigung zur Verfügung stehen.[810] Ob im Einzelfall ermessenslen-

---

[806] Überzeugend daher die eigene Beweiswürdigung durch das Bundesverfassungsgericht in seinem Beschl. v. 24.03.2014 – 1 BvR 160/14 –, juris Rn. 28 ff.

[807] Zu Recht hat das Gericht daher in BVerfGE 81, 58 (68 f.), die Feststellung des Verwaltungsgerichts, „daß für eine Beschäftigung von Jeziden in türkischen Großstädten deren Religionszugehörigkeit keine Rolle spiele und Auseinandersetzungen mit moslemischen Arbeitskollegen nicht zu erwarten seien, sofern ein Jezide seine ‚Sonderrolle' nicht ostentativ zur Schau' stelle", nicht ungeprüft übernommen, sondern vielmehr im Ergebnis selbst festgestellt: „Hieraus lassen sich keine ausreichend tragfähigen Schlüsse auf die Möglichkeit eines Zusammenlebens der Jeziden in Religionsfamilien ziehen. Überdies fehlt der Feststellung auch die ausreichende tatsächliche Grundlage; [...]."

[808] S. dazu bereits oben S. 145.

[809] In diesem Sinne etwa *Hillgruber/Goos,* Rn. 885 (obschon nicht unter Verweis auf § 33 Abs. 2 BVerfGG), wobei Fälle ausgenommen seien, in denen die Ausgangsfeststellungen offensichtlich fehlsam seien oder aber die Tatsachenwürdigung unter Berücksichtigung der betroffenen Grundrechtsnorm offensichtlich nicht trage.

[810] Z.B. besteht gemäß § 32 Abs. 2 S. 2 BVerfGG die Möglichkeit des Verzichts auf Stellungnahmen. Vgl. ferner zum Beschleunigungsgrundsatz oben S. 127 f.

kende Umstände hinzutreten, die trotz Eilbedürftigkeit ein Absehen von § 33 Abs. 2 BVerfGG begründen können, hat mithin das Gericht zu prüfen.

Durchaus anzunehmen ist allerdings, dass diesem dabei ein größerer Spielraum bei der Entscheidung *für* die Anwendung des § 33 Abs. 2 BVerfGG zukommt als im jeweiligen Hauptsacheverfahren. Dies gilt sogar dann, wenn im Wege des einstweiligen Rechtsschutzes (fach-)gerichtliche Entscheidungen aufgrund von Fehlern bei der Tatsachenfeststellung selbst angefochten werden.[811] Hier lässt sich der Rückgriff auf § 33 Abs. 2 BVerfGG nicht als Perpetuierung eines in einer möglicherweise fehlerhaften Tatsachenfeststellung liegenden Verfassungsverstoßes begreifen, weil die fraglichen fachgerichtlichen Feststellungen in jedem Fall im Hauptsacheverfahren durch das Verfassungsgericht zu überprüfen sind respektive dieses die erheblichen Tatumstände später selbst zu ermitteln hat.[812] Auch in Fällen, in denen fehlerhafte Tatsachenfeststellungen des Ausgangsgerichts eine materielle Grundrechtsverletzung bedeuten, ist es dem Bundesverfassungsgericht daher grundsätzlich gestattet, diese seiner Eilentscheidung zugrunde zu legen, sofern sie nicht ausnahmsweise „offensichtlich fehlsam sind oder die Tatsachenwürdigung unter Berücksichtigung der betroffenen Grundrechtsnorm offensichtlich nicht trägt".[813]

dd) Übernahmepflicht aufgrund von Bindungen an die fachgerichtlichen Tatsachenfeststellungen?

Fraglich ist, ob das Ermessen des Bundesverfassungsgerichts im Rahmen des § 33 Abs. 2 BVerfGG aufgrund einer „grundsätzliche[n] Vorrangigkeit der Verfahrensführung und Tatsachenfeststellung durch die Fachgerichtsbarkeit" derart reduziert sein kann, dass diesem die Übernahme von Tatsachenfeststellungen zwingend vorgegeben ist (funktionelles Argument).[814] Gewissermaßen als Beleg einer solchen *Übernahmepflicht*, jedenfalls der genannten Vorrangigkeit, bemüht die Rechtswissenschaft häufig einen Beschluss des Bundesverfassungsgerichts

---

[811] So denn auch BVerfGE 34, 211 (216); 36, 37 (40); BVerfGK 3, 97 (99), bedauerlicherweise sämtlich ohne Nennung des § 33 Abs. 2 BVerfGG. Vgl. auch *Graßhof,* in: Maunz u. a., § 32 Rn. 156 (Stand: Juli 2002); *Walter,* in: ders./Grünewald, § 32 Rn. 36.

[812] Vgl. etwa die tatsächlichen Feststellungen des Gerichts in seiner Hauptsacheentscheidung betreffend die bonus-malus-Regelung bei der Studienplatzvergabe in BVerfGE 37, 104 (107, 120 f.), die auf die Eilentscheidung in BVerfGE 36, 37 (40), folgte.

[813] BVerfGK 3, 97 (99); ebenso *Hillgruber/Goos,* Rn. 885; s. außerdem die übrigen Nachweise in Fn. 811.

[814] In diese Richtung wohl *Roderburg,* in: Barczak, § 33 Rn. 22 und 1 (Zitat ebd.); *Alleweldt,* Fachgerichtsbarkeit, S. 319, spricht sich gar für eine „Vermutung für die Alleinzuständigkeit der Fachgerichte für die Tatsachenfeststellung" aus. Zum Subsidiaritätsgedanken in Bezug auf den Verfassungsrechtsweg *Roderburg,* a. a. O., Rn. 1. Die Frage einer möglichen Bindung des Bundesverfassungsgerichts in diesem Zusammenhang aufwerfend (und tendenziell verneinend), *Brink,* in: Linien, S. 3 (9).

aus dem Jahre 1958[815], in dem selbiges apodiktisch (und damit durchaus missverständlich) bemerkt hatte, „Beweiserhebungen [seien] zumal im Verfahren der
Verfassungsbeschwerde grundsätzlich nicht Sache des Bundesverfassungsgerichts – ein Gedanke, der auch § 33 Abs. 2 BVerfGG zugrunde [liege]"[816]. Selbst
wenn diese Rechtsprechung einen wie auch immer gearteten „Vorrang" der Tatsachenfeststellung der Fachgerichtsbarkeit implizierte, bedeutete sie letztlich jedoch nicht die *Pflicht* zur Anwendung des § 33 Abs. 2 BVerfGG. Eine solche
Pflicht ergibt sich weder aus dem geschriebenen Verfassungsprozessrecht, einschließlich funktionell-rechtlicher Erwägungen, noch aus der Rechtsprechung
des Bundesverfassungsgerichts:[817]

Zunächst ist die Übernahme von Tatsachenfeststellungen in § 33 Abs. 2
BVerfGG ausdrücklich in das Ermessen des Gerichts gestellt. Zwar kann es im
Wege der Ermessensreduzierung auf Null insoweit in Einzelfällen durchaus zu
einer Übernahmeverpflichtung kommen, die Annahme einer Ermessensreduzierung aufgrund *genereller Vorrangigkeit* fachgerichtlicher Feststellungen entspräche letztlich jedoch der vollständigen Aufgabe des richterlichen Ermessens im
Rahmen des § 33 Abs. 2 BVerfGG. Denn eine entsprechende Ermessensreduzierung auf Null träte in *jedem* Fall vorliegender Tatsachenfeststellungen eines
Fachgerichts ein, in dem die Übernahme nicht verboten (die Richtigkeit der Feststellungen also insbesondere nicht offensichtlich zweifelhaft) wäre. Eine derart
weitreichende Übernahmepflicht erscheint mithin systemwidrig.

Auch stellte sie respektive stellte das Verbot eigener Feststellungen des Bundesverfassungsgerichts in Bezug auf die seiner Rechtsprüfung zugrunde liegenden Tatsachen[818] bei Vorliegen entsprechender fachgerichtlicher Feststellungen
einen klaren Widerspruch zu der in § 26 Abs. 1 S. 1 BVerfGG normierten Untersuchungspflicht des Gerichts und den diesbezüglichen ausdrücklichen Ausnahmeregelungen des § 26 Abs. 1 S. 2 sowie des § 33 Abs. 2 BVerfGG selbst dar.[819]

Etwas anderes ergibt sich auch nicht aus kompetenzrechtlichen Gesichtspunkten.
Schließlich ist das Bundesverfassungsgericht nach der geltenden (verfassungs-)

---

[815] BVerfGE 8, 222. Dazu etwa *Brede,* in: B/D/S, § 33 Rn. 15; *Klein,* in: Maunz u. a.,
§ 33 Rn. 7 (Stand: November 1987); *Roderburg,* in: Barczak, § 33 Rn. 1 und 22; *Sauer,*
in: Walter/Grünewald, § 33 Rn. 13.

[816] BVerfGE 8, 222 (227).

[817] Gegen eine Bindung des Bundesverfassungsgerichts an die Feststellungen anderer
Gerichte auch *Haberzettl,* NVwZ-Extra, 1 (1, 5); s. auch *Brink,* in: Linien, S. 3 (9,
29 f.).

[818] Insofern geht es nicht um die der hiesigen Thematik vorgelagerte Frage der
„Bindung" des Verfassungsgerichts an Tatsachenfeststellungen der Fachgerichte aufgrund einer materiell-rechtlichen Beschränkung seiner „Kontrollkompetenz", wie sie
etwa *Haberzettl,* NVwZ-Extra 2015, 1 (6 f.), und *Ossenbühl,* in: 25 J. BVerfG I, S. 458
(491 ff., s. insb. 495 Fn. 178), thematisieren; dazu auch sogleich im Text.

[819] In diesem Sinne auch bereit *Brink,* in: Linien, S. 3 (29 f.); *Bryde,* in: 50 Jahre
BVerfG I, S. 533 (548).

rechtlichen Kompetenzverteilung nicht etwa als Revisionsinstanz konzipiert, also gerade nicht auf die rechtliche Würdigung von Sachverhalten beschränkt.[820] Für die Annahme, das Verfassungsgericht sei an die Tatsachenfeststellung der Fachgerichte gebunden, ist somit auch danach – und zwar ungeachtet einer etwaigen „Tradition" des deutschen Prozessrechts, die Tatsachenfeststellung insgesamt als „Hausgut des ‚Vorderrichters‘"[821] anzusehen – kein Raum.[822]

Darüber hinaus kann auch die Rechtsprechung des Bundesverfassungsgerichts nicht als Beleg oder gar Begründung einer entsprechenden Übernahmepflicht gedeutet werden.[823] Dies gilt insbesondere für die zitiere Äußerung des Gerichts aus dem Jahre 1958[824], deren Bedeutung sich erst im Kontext der Entscheidung erschließt: In dieser verneinten die Richter die Zulässigkeit einer Verfassungsbeschwerde ungeachtet der rechtlichen Möglichkeit einer vorzeitigen Entscheidung gemäß § 90 Abs. 2 S. 2 BVerfGG mangels Rechtswegerschöpfung (§ 90 Abs. 2 S. 1 BVerfGG). Das Absehen von einer vorzeitigen Entscheidung begründeten sie konkret damit, dass eine Sachentscheidung über die anhängige Verfassungsbeschwerde von einer umfangreichen Aufklärung in tatsächlicher Hinsicht abgehangen hätte.[825] Mit der Äußerung, entsprechende „Beweiserhebungen [seien] zumal im Verfahren der Verfassungsbeschwerde grundsätzlich nicht Sache des Bundesverfassungsgerichts – ein Gedanke, der auch § 33 Abs. 2 BVerfGG zugrunde [liege]", positionierte sich das Gericht mithin keineswegs zu der Frage, ob diejenigen Tatsachenfeststellungen der Fachgerichte, die auch im Verfassungsprozess sachlich *entscheidungserheblich* sind, üblicherweise oder gar verpflichtend gemäß § 33 Abs. 2 BVerfGG zu übernehmen seien.[826] Vielmehr erkannte es lediglich – vor dem Hintergrund des Zwecks des Grundsatzes der Subsidiarität

---

[820] Vgl. nur das Sondervotum von *Steinberger* in BVerfGE 70, 35 (69): „Das Bundesverfassungsgericht ist [...] nicht auf die Entscheidung von Rechtsfragen beschränkt, es ist nicht Revisionsgericht."; ebenso *Arndt*, NJW 1962, 783 (784); *Brink*, in: Linien, S. 3 (29); *Redeker*, NJW 1976, 2111 (2113). S. auch *Bethge*, in: Maunz u.a., § 90 Rn. 323 (Stand: Februar 2018) („Bindung des Bundesverfassungsgerichts an die fachgerichtliche Tatsachenfeststellung nach Art eines Revisionsgerichts" bestehe nicht), wenngleich i.Ü. zu indifferent (vgl. nur a.a.O. Rn. 322). S. auch bereits oben S. 37 f. mit Fn. 100.

[821] *Kenntner*, NJW 2005, 785 (786).

[822] Vgl. zur revisionsgerichtlichen Überprüfung der tatrichterlichen Beweiswürdigung exemplarisch aus dem Strafprozessrecht *Momsen*, in: Satzger u.a., StPO, § 337, Rn. 48 f.

[823] So denn auch deutlich das Sondervotum von *Steinberger* in BVerfGE 70, 35 (69): „das Gericht [hat] die für seine Entscheidung erforderlichen Tatsachen selbst festzustellen [...] und [ist] etwa an die tatsächlichen Feststellungen anderer Gerichte nicht gebunden [...] (vgl. §§ 26 ff., 33 Abs. 2 BVerfGG)".

[824] BVerfGE 8, 222 (227).

[825] Konkret: von umfangreichen Feststellungen über die Auswirkungen einer Steuer; vgl. BVerfGE 8, 222 (228).

[826] Unzutreffend daher etwa *Brede*, in: B/D/S, § 33 Rn. 15, soweit er der Entscheidung BVerfGE 8, 222 die Auffassung des Gerichts entnimmt, § 33 Abs. 2 BVerfGG rechtfertige es, „von Beweiserhebungen [...] soweit wie möglich abzusehen".

der Verfassungsbeschwerde, „dem Bundesverfassungsgericht vor seiner Entscheidung [insbesondere] ein in der Regel in mehreren Instanzen geprüftes Tatsachenmaterial [zu unterbreiten]"[827] – den Umfang potentieller Tatsachenarbeit im Verfassungsbeschwerdeverfahren als ein ermessenslenkendes Kriterium bei der Entscheidung an, ob die Verfassungsbeschwerde trotz bestehender fachgerichtlicher Rechtsschutzmöglichkeiten nach § 90 Abs. 2 S. 2 BVerfGG zuzulassen sei.

Auch die von *Brink* in hiesigem Zusammenhang aufgeworfene Frage, ob sich (jedenfalls) in Verfassungsbeschwerdeverfahren eine Bindung des Bundesverfassungsgerichts an durch Fachgerichte verfahrensrechtlich korrekt festgestellte Sachverhalte aus dem „Gedanken des spezifisch verfassungsrechtlichen Prüfungsmaßstabs" jenes Gerichts ergeben könne (materiell-rechtliches Argument),[828] ist damit insbesondere in Ansehung des in § 33 Abs. 2 BVerfGG ausdrücklich normierten Ermessens zu verneinen.

Zwar postuliert das Verfassungsgericht in ständiger Rechtsprechung – ungeachtet gewisser Aufweichungen selbiger Formel[829] –, seine Prüfungskompetenz in Urteilsverfassungsbeschwerdeverfahren beschränke sich auf „spezifisches Verfassungsrecht", sodass „Feststellung und Würdigung des Tatbestandes[830] [...] Sache der dafür allgemein zuständigen Gerichte und der Nachprüfung durch das Bundesverfassungsgericht entzogen [seien]"[831]. Diese Formulierung scheint tatsächlich auf eine Beschränkung des Untersuchungsgrundsatzes gemäß § 26 Abs. 1 S. 1 BVerfGG, das heißt der Befugnis des Bundesverfassungsgerichts, den entscheidungserheblichen Tatbestand zu erforschen, hinzudeuten.[832] Bei einer genauen Betrachtung der Rechtsprechung zeigt sich indes, dass diese (allein) die Frage der *materiellen Kontrollkompetenz* (Kontrollbefugnis)[833] des Bundesverfassungsgerichts betrifft, nicht hingegen die – insofern nachgelagerte – beweisrechtliche Frage, wer die *im Rahmen der Kontrollkompetenz* nach dem einschlägigen materiellen Recht erheblichen Subsumtionstatsachen in einem Gerichtsprozess zu

---

[827] BVerfGE 8, 222 (227).

[828] S. *Brink*, in: Linien, S. 3 (9) (Zitat ebd.), der die Frage in der Tendenz wohl verneint.

[829] Relativierungen finden sich etwa in BVerfGE 13, 318 (325); 63, 266 (297); vgl. dazu statt aller *Schlaich/Korioth*, Rn. 287.

[830] Damit ist der vom Fachgericht in dem bei ihm anhängigen Verfahren festzustellende Sachverhalt gemeint; in diesem Sinne auch *Korioth*, in: 50 Jahre BVerfG I, S. 55 (62).

[831] Sog. Heck'sche Formel; s. dazu die Nachweise in Fn. 382.

[832] In diese Richtung denn auch z. B. *Bethge*, in: Maunz u. a., Vor § 17 Rn. 40 (Stand: Juni 2019).

[833] Zu der in der Literatur vielfach diskutierten, indes nicht abschließend geklärten Frage der Kompetenzabgrenzung statt aller *Alleweldt*, Fachgerichtsbarkeit; *Gusy*, in: FS 50 Jahre BVerfG I, S. 641 (insb. 662 ff.); *Jestaedt*, DVBl. 2001, 1309 (1309 ff.); *Kenntner*, NJW 2005, 785 ff.; *Korioth*, in: 50 Jahre BVerfG I, S. 55 ff.; *Ossenbühl*, in: 25 J. BVerfG I, S. 458 (491 ff.); s. auch *Bryde*, in: 50 Jahre BVerfG I, S. 533 (546 f.); *Haberzettl*, NVwZ-Extra 2015, S. 1 (6 f.).

ermitteln hat.[834] Die Beschränkung der Prüfungskompetenz des Bundesverfassungsgerichts auf die Verletzung spezifischen Verfassungsrechts lässt anders gewendet nicht erst die Beweisbedürftigkeit, sondern schon die Entscheidungserheblichkeit all derjenigen fachgerichtlich festgestellten Tatsachen „entfallen", die sich nicht auch und gerade im Tatbestand des einschlägigen spezifischen Verfassungsrechts widerspiegeln.

Diese Differenzierung wird in der Rechtsprechung des Gerichts bedauerlicherweise nicht hinreichend deutlich vollzogen: Wenn das Bundesverfassungsgericht Feststellungen des Ausgangsgerichts in diesem Zusammenhang (bei der Prüfung spezifischen Verfassungsrechts) als für sich „bindend" bezeichnet und sich zugleich in seiner Sachentscheidung auf selbige stützt,[835] wird gar jegliche Konsistenz eingebüßt:[836] Entgegen vorstehender Differenzierung wird hier der Eindruck erweckt, die fachgerichtlich festgestellten *Tatsachen* seien durchaus „entscheidungserheblich" und die entsprechenden fachrichterlichen Feststellungen bei der Sachverhaltsprüfung des Verfassungsgerichts bindend gewesen.

Auch dieser Eindruck täuscht. Tatsächlich legt das Verfassungsgericht seinen Entscheidungen hier nämlich nur die Sachverhalts-*Annahmen* des Fachgerichts (i. S. einer „Hypothese") zugrunde, nicht jedoch die festgestellten Tatsachen an sich. In Fällen, in denen das Verfassungsgericht die Feststellung und Würdigung des unter den einfachgesetzlichen Tatbestand zu subsumierenden Sachverhalts nach der Formel des spezifischen Verfassungsrechts nicht selbst vorzunehmen hat (also auch die Feststellungen des Ausgangsgerichts nicht prüft), kann es durchaus entscheidungserheblich sein, welche tatsächlichen Annahmen das Ausgangsgericht seiner Entscheidung insofern zugrunde gelegt hat (dies gilt z. B. für die Prüfung, ob die Ausgangsentscheidung willkürlich ergangen ist[837] oder ob

---

[834] Richtig daher *Ossenbühl*, in: 25 J. BVerfG I, S. 458 (495 Fn. 178); *Walter*, in: ders./Grünewald, § 26 Rn. 4. Vgl. auch *Kley*, VerwArch 2016, 359 (365), der von Bindungswirkungen fachgerichtlicher Feststellungen spricht, die „zwangsläufige Folge des auf Grundrechtsverletzungen verengten Prüfungsmaßstabs" seien.

[835] Vgl. etwa BVerfGE 34, 384 (397); 84, 382 (386).

[836] In der Folge spricht denn auch das Schrifttum in Bezug auf den *verfahrensrechtlichen* Umgang des Verfassungsgerichts mit den Tatsachenfeststellungen anderer Gerichte regelmäßig von „Bindungen" des Ersteren an Letztere; s. nur *Bethge*, in: Maunz u. a., § 90 Rn. 321 f. (Stand: Februar 2018), und bereits Vor § 17 Rn. 40 (Stand: Mai 2017); *Kley*, VerwArch 2016, 363 ff.; *Korioth*, in: 50 Jahre BVerfG I, S. 55 (63); zu den damit einhergehenden „Missverständnissen" auch sogleich im Text auf S. 163 ff.

[837] So etwa in BVerfGE 34, 384 (397): „Es ist nicht Aufgabe des Bundesverfassungsgerichts, die von den zuständigen Gerichten getroffenen tatsächlichen Feststellungen auf ihre Richtigkeit zu überprüfen [...]. Willkür oder einen Verstoß gegen spezifisches Verfassungsrecht lassen die Ausführungen des Bundesgerichtshofes nicht erkennen. [...] Angesichts der getroffenen Tatsachenfeststellungen begegnet die Folgerung, daß der Zweck der Untersuchungshaft, Flucht- und Verdunkelungsversuche zu verhindern, nur durch eine generelle Beschränkung des Besuchsverkehrs gewährleistet werden könne, keinen verfassungsrechtlichen Bedenken."; jüngst auch BVerfG, NJW 2018, 3571 (3572, Rn. 28 ff.): Hier musste das Bundesverfassungsgericht eine eigene Würdigung der

verfassungsrechtlich relevante Fehler bei der Auslegung einfachen Rechts gemacht wurden[838]). Nicht entscheidend ist dagegen, ob diese Annahmen ihrerseits der Wahrheit entsprechen oder nicht (dies ist aus Sicht des einschlägigen materiellen Rechts nicht erheblich und prüft das Bundesverfassungsgericht also gerade nicht).[839] Mit anderen Worten ist zu ermitteln, was das Ausgangsgericht sagt, nicht hingegen, ob das Gesagte inhaltlich wahr ist. Wenn sich das Bundesverfassungsgericht dann an die Tatsachenfeststellungen des Ausgangsgerichts „gebunden" fühlt, bedeutet dies mithin trotz missverständlicher Formulierung nicht die Bindung in Bezug auf den gemäß § 26 Abs. 1 S. 1 BVerfGG zu ermittelnden, entscheidungserheblichen Sachverhalt, sondern ist dies unmittelbare Folge der begrenzten materiellen Kontrollkompetenz des Bundesverfassungsgerichts.

Der spezifische Prüfungsmaßstab wirkt sich im Ergebnis also nur insofern – mittelbar – auf das verfassungsprozessuale Beweisrecht aus, als gewisse (vor den Fachgerichten noch erhebliche) Tatsachen für die verfassungsgerichtliche Entscheidung insgesamt nicht feststellungsbedürftig sind (diese werden schlicht keiner verfassungsrechtlichen Prüfung unterzogen). Soweit das Bundesverfassungsgericht dagegen zur Prüfung befugt (und im Übrigen auch verpflichtet) ist, bleibt es bei der gesetzlichen Regelung, wonach das Bundesverfassungsgericht die insoweit erheblichen Tatsachen grundsätzlich selbst festzustellen hat (vgl. § 26 Abs. 1 S. 1 sowie die Ausnahmeregelung des § 33 Abs. 2 BVerfGG).[840] Eine Übertragung der zitierten Formel, „Feststellung und Würdigung des Tatbestandes [seien] Sache der dafür allgemein zuständigen Gerichte und der Nachprüfung durch das Bundesverfassungsgericht entzogen", auf die Ebene der Sachprüfung verbietet sich.

Im Ergebnis ist also strikt zwischen einem möglichen (faktischen) „Vorrang" derjenigen, für die jeweilige Verfassungsrechtsprüfung *erheblichen* Tatsachenfeststellungen, die die Fachgerichte getroffen haben, und einem – das Bundesverfassungsgericht in seinen Verfahren bindenden – *Vorrecht* derselben zu unter-

---

durch das Landgericht festgestellten Indizien vornehmen, um einen möglichen Verstoß dieses Gerichts gegen das Willkürverbot bei der Annahme eines strafrechtlichen Anfangsverdachts prüfen zu können.

[838] S. für einen Beispielfall BVerfGE 84, 382 (386).

[839] Vgl. BVerfGE 84, 382 (386): Das Bundesverfassungsgericht prüfte hier nicht, ob eine Wohnung zu einem bestimmten Zeitpunkt tatsächlich für 145.200 DM hätte verkauft werden können, sondern von welchem Preis das Landgericht in seiner Entscheidung ausgegangen ist. Diesen „hypothetischen" Preis legte es seiner Prüfung, ob das Landgericht bei der Auslegung der Kündigungsschutzvorschrift des § 564b Abs. 2 Nr. 3 Satz 1 BGB (a. F.) das Eigentumsgrundrecht des Eigentümers der Wohnung hinreichend berücksichtigt hatte, zugrunde.

[840] Die von *Alleweldt,* Fachgerichtsbarkeit, S. 319 f., vertretene „Vermutung für die Alleinzuständigkeit der Fachgerichte für die Tatsachenfeststellung" ist insofern zumindest missverständlich formuliert. Im Ergebnis wie hier *Brink,* in: Linien, S. 3 (29 f.).

scheiden: Ersterer besteht angesichts konkreter Regelungen wie des Subsidiaritätsgrundsatzes in Verfassungsbeschwerdeverfahren (vgl. § 90 Abs. 2 BVerfGG analog) zumindest partiell.[841] Letzteres kennt das Verfassungsprozessrecht dagegen nicht.[842]

Danach kann die seitens des Bundesverfassungsgerichts postulierte „Aufgabenverteilung"[843] zwischen diesem und den Fachgerichten (betreffend Beweiserhebungen) im Rahmen des § 33 Abs. 2 BVerfGG allenfalls *eines mehrerer ermessenslenkender Kriterien* darstellen.[844] So ist es dem Verfassungsgericht bei Vorliegen der Tatbestandsvoraussetzungen keineswegs verwehrt, erhebliche Tatsachenfeststellungen aus fachgerichtlichen Verfahren gerade deshalb „als eigene" (i.S.d. § 33 Abs. 2 BVerfGG) zu übernehmen, um den Fachgerichten in Bezug auf die Tatsachenermittlung einen gewissen „Vorrang" einzuräumen. Dabei ist freilich davon auszugehen, dass das Verfassungsgericht nicht nur zu Zwecken einer gewissen richterlichen Zurückhaltung, sondern vor allem in Verfahren, in denen aufwändige Tatsachenermittlungen notwendig würden, in der Regel geneigt sein wird, seiner Entscheidung bereits vorhandene Feststellungen eines Fachgerichts zugrunde zu legen.

ee) Übernahmepflicht zugunsten der Verfahrensökonomie?

Damit eng verknüpft ist der Gedanke der Verfahrensökonomie, der seinerseits als ermessenslenkendes Kriterium im Rahmen des § 33 Abs. 2 BVerfGG in Betracht kommt.[845] Dieses spielt bereits teleologisch eine besondere Rolle, schließlich dient die Möglichkeit der Einbeziehung von Feststellungen der Instanzgerichte (wie erwähnt) mit der Vereinfachung und Beschleunigung des verfassungs-

---

[841] So führt etwa der Subsidiaritätsgrundsatz dazu, dass Rechtsstreitigkeiten vorrangig vor den Fachgerichten ausgetragen werden, sodass diesen auch die vorrangige Möglichkeit (bzw. Pflicht) zur Tatsachenfeststellung zukommt.

[842] Im Ergebnis ebenso *Haberzettl,* NVwZ-Extra, 1 (1, 5); *Klein/Bethge,* in: Maunz u.a., § 30 Rn. 10.2 (Stand: September 1979): „keine Bindung an festgestellte Tatsachen"; *Meskouris,* in: Barczak, § 26 Rn. 14; s. auch *Brink,* in: Linien, S. 3 (9, 29 f.).

[843] S. die Nachweise in Fn. 382 zur sog. Heck'schen Formel. Für eine solche Aufgabenverteilung etwa auch *Sauer,* in: Walter/Grünewald, § 33 Rn. 13; *Voßkuhle,* NJW 2013, 1329 (1333): „Bei Urteilsverfassungsbeschwerden kann und soll sich das BVerfG in der Regel auf die Tatsachenermittlung durch die Fachgerichte stützen." Noch weiter *Bryde,* in: 50 Jahre BVerfG I, S. 533 (548), der davon spricht, „Arbeitsteilung beim Grundrechtsschutz" fordere „den grundsätzlichen Verzicht des Verfassungsgerichts auf Feststellung und Würdigung von Tatsachen", wobei diese Überlegungen bei der materiellen Kompetenzabgrenzung ansetzen.

[844] Von der Zulässigkeit dessen ist auch angesichts der Entscheidung BVerfGE 8, 222, auszugehen, in der das Gericht ein solches ermessenslenkendes Kriterium, wie zuvor im Text dargelegt, jedenfalls für die Ermessensentscheidung nach § 90 Abs. 2 S. 2 BVerfGG anerkannt hat.

[845] In diesem Sinne *Roderburg,* in: Barczak, § 33 Rn. 22 u. 1; *Klein,* in: Maunz u.a., § 33 Rn. 7 (Stand: November 1987); vgl. auch *Lenz/Hansel,* § 33 Rn. 1 u. 8; *Sauer,* in: Walter/Grünewald, § 33 Rn. 1.

gerichtlichen Verfahrens per se der Prozessökonomie.[846] Zudem steht das Bundesverfassungsgericht angesichts unangefochten hoher Verfahrenseingänge unter einer immensen Arbeitsbelastung.[847] Würde das Gericht in all seinen Verfahren selbst Beweis erheben, würde dieser Zustand noch verschärft, eine unvertretbare Mehrbelastung desselben wäre die Folge.[848] Dennoch wird das richterliche Ermessen auch insoweit nur in absoluten Ausnahmefällen (und zwar allenfalls im Eilrechtsschutz) dergestalt auf Null abgesenkt sein, dass eine Zugrundelegung der fachgerichtlichen Feststellungen für das Verfassungsgericht obligatorisch wäre, besteht doch die Verpflichtung der Verfahrensbeschleunigung nicht uneingeschränkt, sondern ist selbige in einen schonenden Ausgleich mit den übrigen rechtsstaatlichen Anforderungen an die Verfahrensgestaltung zu bringen.[849]

b) Auswahlermessen

aa) Übernahme einzelner Tatsachenfeststellungen

Hat sich das Bundesverfassungsgericht danach zulässigerweise für die Zugrundelegung fachgerichtlicher Feststellungen gemäß § 33 Abs. 2 BVerfGG entschieden, stellt sich hinsichtlich des „Wie" zunächst die Frage, ob das Gericht seiner Entscheidung den gesamten festgestellten Sachverhalt der fachgerichtlichen Entscheidung zugrunde legen muss[850] oder auch nur einzelne Tatsachenfeststellungen übernehmen darf[851]. Vertreter der ersteren Auffassung verweisen, soweit überhaupt der Versuch einer Begründung unternommen wird, schlicht auf den Wortlaut des § 33 Abs. 2 BVerfGG („*die* tatsächlichen Feststellungen").[852] Eine derart restriktive Auslegung der Norm kann jedoch nicht überzeugen. Dies gilt schon deshalb, weil der fachgerichtlich festgestellte Sachverhalt im Verfahren vor dem Bundesverfassungsgericht angesichts des hier einschlägigen verfassungsrechtlichen Prüfprogramms grundsätzlich gar nicht in seiner Gänze relevant werden wird. Rechtlich sinnvoll können in diesen Fällen überhaupt nur (die ver-

---

[846] Vgl. *Geiger*, BVerfGG, § 33 Anm. 6; *Klein*, in: Maunz u. a., § 33 Rn. 7 (Stand: November 1987); vgl. auch *Roderburg*, in: Barczak, § 33 Rn. 22.

[847] Instruktiv dazu, wenngleich aus dem Jahre 1999, die Beiträge von *Gusy*, in: 50 Jahre BVerfG I, S. 641 (641 ff.) u. *Uerpmann*, in: 50 Jahre BVerfG I, S. 689 (689 ff.); die Situation hat sich seit 1999 freilich noch verschärft, vgl. die Eingangszahlen des Gerichts, abrufbar unter https://www.bundesverfassungsgericht.de/DE/Verfahren/Jahresstatistiken/2018/gb2018/A-I-2.pdf?__blob=publicationFile&v=2 (zuletzt aufgerufen am 02.02.2020).

[848] In diesem Sinne früh *Klein*, in: Maunz u. a., § 33 Rn. 7 (Stand: November 1987).

[849] S. dazu bereits oben S. 151.

[850] So *Geiger*, BVerfGG, § 33 Anm. 6; *Klein*, in: Maunz u. a., § 33 Rn. 8 (Stand: November 1987); *Lechner/Zuck*, § 33 Rn. 14; *Sauer*, in: Walter/Grünewald, § 33 Rn. 16.

[851] So *Brink*, in: Linien, S. 3 (8); *Roderburg*, in: Barczak, § 33 Rn. 23. Vgl. auch *Brede*, in: B/D/S, § 33 Rn. 20.

[852] S. etwa *Geiger*, BVerfGG, § 33 Anm. 6; ohne Begründung dagegen *Klein*, in: Maunz u. a., § 33 Rn. 8 (Stand: November 1987); *Lechner/Zuck*, § 33 Rn.14; *Sauer*, in: Walter/Grünewald, § 33 Rn. 16.

fassungsrechtlich entscheidungserheblichen) Teile der Tatsachenfeststellungen übernommen werden. Ferner erscheint nicht nachvollziehbar, weshalb für die Übernahme gemäß § 33 Abs. 2 BVerfGG etwas anderes geltend sollte als für die „Übernahme" solcher Feststellungen, um die das Bundesverfassungsgericht ein anderes Gericht nach § 26 Abs. 1 S. 2 Var. 2 BVerfGG ersucht hat; diese Norm lässt die Beweiserhebung durch ein anderes Gericht ausdrücklich „mit Begrenzung auf bestimmte Tatsachen" zu.[853] Letztlich wird den geltenden Beweisgrundsätzen durch die auf einzelne Tatsachen beschränkte Übernahme von fachgerichtlichen Feststellungen im Zweifel sogar besser Rechnung getragen als bei einem vollständigen Verzicht auf eigene Ermittlungen seitens des Verfassungsgerichts.

Ermessensfehlerhaft erscheint danach allein die willkürliche Aufspaltung an sich zusammengehöriger Tatsachenfeststellungen mit dem Ziel, subjektiv „nicht ins Bild passende" Feststellungen zu bereinigen.[854]

bb) Übernahme nur des Beweisergebnisses

Soweit das Bundesverfassungsgericht (einzelne) Tatsachenfeststellungen einer rechtskräftigen Entscheidung übernimmt, stellt sich weiter die Frage, ob sich die Übernahme auf die jeweiligen Beweisergebnisse[855] (also etwa die Übernahme eines Sachverständigengutachtens) beschränken kann, das Verfassungsgericht diese also selbst *würdigen* darf.

Zu unterscheiden ist zunächst die tatsächliche von der rechtlichen Würdigung jener Feststellungen. Zu Letzterer verhält sich § 33 Abs. 2 BVerfGG wie dargelegt nicht, sodass eine Einschränkung der Befugnis des Bundesverfassungsgerichts insofern von vornherein ausscheidet.

Die eigene *tatsächliche* Würdigung der fachgerichtlich festgestellten Beweisergebnisse durch das Verfassungsgericht wird in der Literatur dagegen überwiegend als unzulässig abgelehnt; eine „Beweiswürdigung, die eine Beweisaufnahme [betreffe], die in ihrer Gesamtheit vor einem fremden Gericht stattgefunden [habe], [sei gar] unmöglich"[856]. Auch diese Restriktion ist nach hier vertretener Auffassung indes abzulehnen: Wenn § 33 Abs. 2 BVerfGG von der Zugrundelegung „tatsächlicher *Feststellungen*" spricht, meint dies wie dargelegt[857] zwar grundsätzlich den durch Würdigung des Beweisergebnisses seitens eines anderen Gerichts festgestellten Sachverhalt (schließlich legt das Fachgericht seiner Entschei-

---

[853] So auch *Roderburg,* in: Barczak, § 33 Rn. 23.
[854] In diesem Sinne schon *Roderburg,* in: Barczak, § 33 Rn. 23.
[855] S. zur Terminologie oben S. 61.
[856] *Geiger,* BVerfGG, § 33 Anm. 6; ihm folgend *Brede,* in: B/D/S, § 33 Rn. 21; *Brink,* in: Linien, S. 3 (8); *Klein,* in: Maunz u. a., § 33 Rn. 8 (Stand: November 1987); *Lechner/Zuck,* § 33 Rn. 14. A. A. ohne Begründung wohl *Meskouris,* in: Barczak, § 26 Rn. 14; wohl auch *Bryde,* in: 50 Jahre BVerfG I, S. 533 (548).
[857] S. S. 142 ff.

dung selbst nur solche Feststellungen zugrunde, die auf einer Würdigung von Beweisergebnissen beruhen[858]). Mithin *gestattet* jene Norm die Übernahme sowohl der Beweisergebnisse als auch der Beweiswürdigung des Fachgerichts. Hieraus das *Verbot* des Bundesverfassungsgerichts abzuleiten, einzelne Beweisergebnisse ohne die „dazugehörige" Beweiswürdigung zu übernehmen, wäre jedoch verfehlt. Schließlich stellt dieses Vorgehen ein schon im Wortlaut des § 33 Abs. 2 BVerfGG angelegtes „Weniger" an Ermittlungsverzicht durch das Verfassungsgericht (vgl. § 26 Abs. 1 S. 1 BVerfGG) dar und ist als solches vielmehr grundsätzlich zulässig (argumentum a maiore ad minus).

Etwas anderes ergibt sich auch hier nicht aus kompetenzrechtlichen Gesichtspunkten. Da das Bundesverfassungsgericht wie dargelegt gerade nicht als Revisionsinstanz konzipiert respektive auf die *rechtliche* Würdigung von Sachverhalten beschränkt ist, ist für die Annahme, das Verfassungsgericht sei im Anwendungsbereich des § 33 Abs. 2 BVerfGG an die Beweiswürdigung der Fachgerichte gebunden, auch funktionell-rechtlich kein Raum.[859] Hinzu kommt, dass es im Rahmen des § 33 Abs. 2 BVerfGG gar nicht um die Zulässigkeit der Nachprüfung fachgerichtlicher Feststellungen geht, sondern um ein beweisrechtliches Hilfsmittel zur Erleichterung derjenigen Tatsachenfeststellungen, die das Bundesverfassungsgericht in einem vor ihm anhängigen, unabhängigen (!) Verfahren im Rahmen seiner Zuständigkeiten (vgl. § 13 i.V.m. § 26 Abs. 1 S. 1 BVerfGG) originär zu treffen hat. Inwieweit es sich dieses Hilfsmittels bedient, ist daher zunächst allein Sache des Bundesverfassungsgerichts.

Zudem kann es aus Sicht des Bundesverfassungsgerichts gar *erforderlich* werden, einzelne Tatumstände, die gewissermaßen „zufällig" bereits das Fachgericht festgestellt hat, selbst zu würdigen. Dies bedingt der spezifische verfassungsrechtliche Prüfungsmaßstab, der von dem Prüfungsmaßstab des Ausgangsgerichts regelmäßig zumindest partiell abweicht: So kann es der konkret einschlägige verfassungsrechtliche Prüfungsmaßstab insbesondere erforderlich machen, aus bestimmten schon fachgerichtlich ermittelten Tatsachen, ggf. in Verbindung mit weiteren („neuen") Tatsachen, Rückschlüsse auf einen Lebenssachverhalt zu ziehen, der in dieser Form im fachgerichtlichen Verfahren gerade nicht entscheidungserheblich war.[860]

---

[858] Anders ist dies etwa dann, wenn die betreffende Tatsache vor dem Fachgericht gerichtskundig gewesen ist (vgl. generell zur Gerichtskundigkeit von Tatsachen oben S. 137 ff.).

[859] S. oben S. 152 ff.

[860] Dies gilt nicht zuletzt in Eilverfahren gemäß § 32 Abs. 1 BVerfGG sowie in Bezug auf Verfahrensrügen, die gerade die fachgerichtliche Tatsachenfeststellung betreffen. So hatte das Gericht in einem gegen die sofortige Vollziehung einer Ausweisungsverfügung angestrengten Eilverfahren anders als das Ausgangsgericht nicht etwa zu entscheiden, ob sich aus dessen Feststellungen (u. a.: Reise des Beschwerdeführers nach Syrien in 1972) tatsächlich die dringende Gefahr ergab, dass der Beschwerdeführer auf Grund seiner Zugehörigkeit zu einer terroristischen Organisation persönliche und mate-

Die tatsächliche Würdigung der erheblichen Tatsachen hat in den genannten Fällen also zwangsläufig durch das Bundesverfassungsgericht zu erfolgen. Die Übernahme der fachgerichtlichen Beweiswürdigung scheidet von vorneherein aus. Warum dem Gericht hier darüber hinaus der Rückgriff auf „nützliche", da im Verfassungsprozess erhebliche Tatsachen betreffende Beweisergebnisse des Fachgerichts verwehrt sein sollte, erschließt sich nicht.[861]

Dabei ist es auch nicht aus allgemeinen Prozessgrundsätzen „unmöglich"[862], Beweisergebnisse, die zuvor vollständig vor einem fremden Gericht mittels Beweisaufnahme festgestellt wurden, einer eigenen tatsächlichen Würdigung durch das erkennende Gericht zu unterziehen. Vielmehr erkennen diese Möglichkeit im Grundsatz sämtliche Prozessordnungen an, indem sie das erkennende Gericht dazu ermächtigen, im Einzelfall ein anderes Gericht (nur) mit der Beweisaufnahme zu betrauen (vgl. nur § 26 Abs. 1 S. 2 BVerfGG, § 375 ZPO).

Insoweit gilt jedoch eine Ausnahme: Im Rahmen des § 33 Abs. 2 BVerfGG verbietet sich – ebenso wie im Rahmen der §§ 26 Abs. 1 S. 2 BVerfGG, 375 ZPO – die eigene Beweiswürdigung fremder Beweisergebnisse, sofern jene vernünftigerweise den unmittelbaren Eindruck des Richters vom Verlauf der Beweisaufnahme voraussetzt (vgl. ausdrücklich § 375 Abs. 1 Hs. 1 ZPO).[863] Dies gilt insbesondere betreffend die Würdigung eines Zeugen als glaubwürdig.[864] Hinsichtlich der Würdigung von Sachverständigengutachten wird es in der Regel darauf ankommen, ob diese vor dem Fachgericht schriftlich oder mündlich erstattet wurden. Schriftliche Gutachten können grundsätzlich eigens durch das Bundesverfassungsgericht gewürdigt werden.[865]

---

rielle Beihilfe zu konkreten Terroraktionen leisten werde; vielmehr würdigte das Verfassungsgericht selbige Feststellungen (ausschließlich) dahingehend, ob sich aus diesen der (bloße) Verdacht einer Verbindung zu der erwähnten terroristischen Organisation ergebe und damit eine Gefahr für die öffentliche Sicherheit bestehen *könne,* die die persönlichen negativen Folgen einer sofortigen Ausweisung des Beschwerdeführers überwiege, s. BVerfGE 34, 211 (216, s. auch 213).

[861] Überzeugend daher auch der Rückgriff des Verfassungsgerichts auf in verschiedenen fachgerichtlichen Verfahren erstellte Sachverständigengutachten in BVerfGE 81, 58 (59 f.).

[862] Anders *Geiger,* BVerfGG, § 33 Anm. 6.

[863] Vgl. zu § 26 Abs. 1 S. 2 BVerfGG *Haberzettl,* in: B/D/S, § 26 Rn. 23.

[864] So wird das Verfassungsgericht die Würdigung des Fachgerichts, ein Zeuge sei (un)glaubwürdig, kaum sachgemäß durch seine eigene Würdigung ersetzen können, ohne sich ein persönliches Bild des Zeugen gemacht zu haben. In verfassungsgerichtlichen Verfahren mag diese Ausnahme freilich eine nur ganz untergeordnete Rolle spielen mangels praktischer Bedeutung des Zeugenbeweises (s. unten S. 292). Vgl. zum Ganzen aus Sicht des Zivilprozessrechts statt vieler *Trautwein,* in: Prütting/Gehrlein, ZPO, § 375 Rn. 4.

[865] Bei mündlichen Gutachten ist nach hier vertretener Auffassung darauf abzustellen, ob diese thematisch sachgerecht anhand der Protokollierung nachvollzogen werden können. Ist dies nicht der Fall, wird das Verfassungsgericht die Ergebnisse der Beweis-

Im Ergebnis ist festzuhalten, dass die Kompetenz des Bundesverfassungsgerichts zur Tatsachenwürdigung grundsätzlich auch im Rahmen des § 33 Abs. 2 BVerfGG fortbesteht, soweit diese nicht ausnahmsweise die eigene Wahrnehmung der in der fachgerichtlichen Entscheidung dargelegten Beweismittel bedingt.

5. Praktischer Umgang des Bundesverfassungsgerichts mit den Tatsachenfeststellungen anderer Gerichte – zugleich Kritik

Das Bundesverfassungsgericht hat die Übernahme von Tatsachenfeststellungen anderer Gerichte soweit ersichtlich erst in einer Entscheidung ausdrücklich auf § 33 Abs. 2 BVerfGG gestützt.[866] Dennoch ist davon auszugehen, dass der – erst mit § 33 Abs. 2 BVerfGG geschaffenen – Möglichkeit, die tatsächlichen Feststellungen eines Fachgerichts ohne weitere Prüfung zu übernehmen, erhebliche praktische Bedeutung zukommt.[867] Dies gilt schon deshalb, da jene Möglichkeit neben der Reduzierung der ohnehin hohen Arbeitsbelastung des Gerichts auch einer gewissen „Anerkennung" der Kompetenzen der Fachgerichte dienlich sein kann, wird die Tatsachenfeststellung doch gerade von Fachrichtern als die „klassische Domäne instanzrichterlicher Tätigkeit" verstanden[868].

Tatsächlich bezieht sich das Verfassungsgericht in Verfahren, in denen ihm fachgerichtliche Feststellungen (in Gestalt einer rechtskräftigen Entscheidung) vorliegen, denn auch regelmäßig in der einen oder anderen Art und Weise, zumindest partiell, auf diese Feststellungen.[869] Dass es sich dabei stets um die

---

aufnahme vernünftigerweise nur entsprechend der Würdigung durch das Fachgericht übernehmen können.

[866] BVerfGE 74, 44 (49) – Aktion Ausländerrückführung: Hier übernahm das Gericht die tatsächlichen Feststellungen des Bundesverwaltungsgerichts, denen zufolge bei dem Antragsteller die tatsächlichen organisatorischen Voraussetzungen einer politischen Partei nicht vorlagen.

[867] So auch *Benda/Klein*, Rn. 305; *Brede*, in: B/D/S, § 33 Rn. 15; vgl. auch bereits die frühe Einschätzung von *Zweigert*, JZ 1952, 321 (326); *Klein*, in: Maunz u. a., § 33 Rn. 9 (Stand: November 1987), geht davon aus, dass § 33 Abs. 2 BVerfGG für die quasi-strafrechtlichen Verfahren die größte Bedeutung erlangt.

[868] Dazu *Kenntner*, NJW 2005, 785 (786), Zitat ebd.

[869] S. z. B. BVerfG NJW 2018, 3571 (3572): „Die Annahme eines Anfangsverdachts des Besitzes kinderpornografischer Schriften ist jedenfalls nicht willkürlich […]. (1) Als Erkenntnisquellen standen dem LG drei Chat-Verläufe vom 2., 8. und 12.11.2017 sowie die Ergebnisse der polizeilichen Ermittlungen zu der sich hinter dem Pseudonym „O" verbergenden Person zur Verfügung. Mit den Inhalten der Chats hat sich das LG in seiner Entscheidung eingehend auseinandergesetzt […]. (2) Es ist nicht zu beanstanden, dass das LG *auf dieser Tatsachengrundlage* den Bf. als möglichen Urheber der Chat-Korrespondenz unter dem Benutzernamen „O" angesehen hat." (Kursivsetzung durch Verf.); ferner BVerfGE 38, 398 (401 ff.); jüngst BVerfG, Beschl. v. 15.05.2019 – 1 BvQ 43/19 –, juris Rn. 12; Beschl. v. 30.10.2019 – 2 BvR 828/19 –, juris Rn. 46 ff.; sowie die bereits zitierten Eilverfahren BVerfGE 34, 211 (216); 36, 37 (40); BVerfGK 3, 97 (99).

Übernahme tatsächlicher Feststellungen im Sinne des § 33 Abs. 2 BVerfGG handelte, ist damit indes nicht gesagt.

Zumeist lässt sich gerade nicht erkennen, ob das Gericht 1. die entsprechenden Feststellungen – mangels materieller Prüfungskompetenz und damit einhergehender fehlender *Entscheidungserheblichkeit* in Bezug auf die zugrunde liegenden Tatsachen – lediglich als inhaltliche „Hypothese" (Sachverhaltsannahme) seiner Entscheidung zugrunde legt[870], 2. die fachgerichtlichen Feststellungen gemäß § 33 Abs. 2 BVerfGG, das heißt die *festgestellten Tatsachen* als solche übernimmt oder aber 3. die betreffenden Tatsachen vor der Zugrundelegung gewissermaßen „stillschweigend" im Wege des Freibeweisverfahrens[871] selbst ermittelt hat. Letzteres erscheint gerade in Bezug auf fachgerichtlich festgestellte Daten, aber auch auf den Parteivortrag in den fachgerichtlichen Verfahren denkbar angesichts der Möglichkeit, den Feststellungen des Tatbestands der fachgerichtlichen Entscheidung einen erhöhten Beweiswert zuzusprechen[872], sowie im Falle von Beweismitteln, die dem Bundesverfassungsgericht aufgrund der beigezogenen Akten des Ausgangsverfahrens selbst vorliegen (z. B. Urkunden). Auch ist denkbar (4.), dass eigene Ermittlungen schlicht ausgeblieben sind, da sie mangels Zweifel an ihrer Richtigkeit „ins Blaue hinein" erfolgt wären, also bereits deshalb nicht erforderlich waren.

Der zumindest intransparente, darüber hinaus aber wohl auch in der Sache unsystematische Umgang des Bundesverfassungsgerichts mit vorliegenden fachgerichtlichen Tatsachenfeststellungen ist freilich rechtlich problematisch. Dies gilt *erstens* deshalb, weil die verschiedenen Gründe für ein Ausbleiben eigener Ermittlungen des Bundesverfassungsgerichts auf grundverschiedenen rechtlichen Ausgangslagen im Verfahren beruhen. Unklar bleibt letztlich also die rechtliche Bedeutung der Tatsachen im Verfassungsprozess selbst. Dies erschwert die Rechtsdurchsetzung seitens des Antragstellers, der gerade in Urteilsverfassungsbeschwerdeverfahren häufig keine Kenntnis davon haben wird, zu welchen Tatsachen es sich (ungeachtet des Untersuchungsgrundsatzes) lohnen kann, vorzutragen bzw. Beweise anzubieten und welche Tatsachen nach der Rechtsauffassung des Gerichts gänzlich unerheblich sich.[873] Sowohl das Gebot rechtlichen Gehörs als auch das Gebot effektiven (Grund-)Rechtsschutzes lassen sich damit kaum vereinen.

---

[870] D. h., das Verfassungsgericht stellt nur fest, was das Ausgangsgericht sagt, nicht, ob das Gesagte inhaltlich wahr ist. S. dazu oben S. 155 ff.

[871] S. dazu unten S. 277 ff.

[872] Vgl. dazu unten Fn. 1582 sowie S. 322 f.

[873] Vgl. auch *Brink*, in: Linien, S. 3 (28), der insg. von einem „Rückzug des Bundesverfassungsgerichts […] von jeder berechenbaren Praxis der Beweiserhebung" spricht, welcher sich „aus Sicht der Verfahrensbeteiligten […] als erheblicher Unberechenbarkeitsfaktor dar[stelle]".

Zweitens ist der unklare Tatsachenbezug des Gerichts problematisch, da dieses in seinen Entscheidungen auch Feststellungen in Bezug nimmt, die gerade nicht gemäß § 33 Abs. 2 BVerfGG übernommen werden dürfen; dies gilt namentlich für Feststellungen solcher Verfahren, die dem Verhandlungsgrundsatz unterliegen.[874] Die „Zugrundelegung" derartiger fachgerichtlicher Feststellungen bedürfte hier also umso mehr einer (systematisch überzeugenden) Rechtfertigung, läuft sie doch Gefahr, den Anschein von Willkür bzw. eines Handelns contra legem zu erwecken. Dabei erscheint jene „Zugrundelegung" nach hier vertretener Auffassung vor allem dann zulässig, wenn sie entweder nur die fachgerichtlichen Feststellungen als „Hypothesen" betrifft oder aber die „Bestätigung" der fachrichterlich festgestellten Tatsachen auf der Grundlage impliziter eigener Ermittlungen durch das Verfassungsgericht darstellt. Beides ist kein Fall der Zugrundelegung von Feststellungen anderer Gerichte i. S. d. § 33 Abs. 2 BVerfGG.

Drittens entsteht angesichts des undurchsichtigen Umgangs des Verfassungsgerichts mit den Tatsachenfeststellungen anderer (Fach-)Gerichte der – beweisrechtlich unhaltbare – Eindruck, das Bundesverfassungsgericht gehe (jedenfalls in Urteilsverfassungsbeschwerden) „*generell* davon aus, dass „die Feststellung und Würdigung des Tatbestandes Sache der Fachgerichte sei", ermittele also auch *generell* nicht selbst.[875] Tatsächlich verhält sich das Bundesverfassungsgericht jedoch insbesondere mit dem – insofern freilich missverständlichen – Postulat, „Feststellung und Würdigung des Tatbestandes [seien] Sache der dafür allgemein zuständigen Gerichte und der Nachprüfung durch das Bundesverfassungsgericht entzogen"[876], wie dargelegt nicht zu der Frage, wie mit dem aus Sicht des Verfassungsrechts entscheidungserheblichen (!) Sachverhalt umzugehen re-

---

[874] S. z. B. BVerfGE 89, 214 (230 f.); BVerfG, FamRZ 2004, 765 (767); zumindest indifferent ist insofern auch die Aussage des Bundesverfassungsgerichts, dieses lege in Eilverfahren „seiner Entscheidung in aller Regel die Tatsachenfeststellungen und Tatsachenwürdigungen in den angegriffenen Entscheidungen zu Grunde" (so etwa BVerfGK 3, 97 [99] m.w.N.). S. auch *Benda/Klein*, Rn. 305 Fn. 18, die unklar davon sprechen, dass Verfassungsgericht könne sich in Urteilsverfassungsbeschwerden grds. auch auf die Sachverhaltsaufklärung durch die der Verhandlungsmaxime verpflichteten Zivilgerichte „verlassen".

[875] In diesem Sinne *Benda/Klein*, Rn. 308 (Zitat ebd.; Kursivsetzung durch Verf.). Vgl. auch *Hömig*, in: Maunz u.a., § 92 Rn. 36 (Stand: Mai 2011); sowie *Korioth*, in: 50 Jahre BVerfG I, S. 55 (63), der eine „Selbstbindung des Bundesverfassungsgerichts an die instanzgerichtliche Sachverhaltsfeststellung" konstatiert und diese in einem – seitens *Korioth* im Ergebnis anerkannten – Widerspruch zu der aus §§ 26, 28, 33 BVerfGG folgenden Rolle des Gerichts als Tatsachengericht sieht. Wenn *Zöbeley/Dollinger*, in: U/C/D, § 26 Rn. 7, in ihrer Kommentierung zum Untersuchungsgrundsatz feststellen, „das Verhältnis zur Tatsachenfeststellung" der Fachgerichte sei in BVerfGE 18, 85 [92] „[e]ndgültig festgestellt" worden, werden gleichermaßen Beweisrecht und materielles Recht (die Frage der Kontrollkompetenz) vermischt; s. auch *Bethge*, in: Maunz u.a., § 90 Rn. 322 (Stand: Februar 2018), der vom „Primat der fachgerichtlichen Klärung des Sachverhalts" spricht.

[876] Vgl. die Nachweise in Fn. 382.

spektive durch wen und in welcher Weise dieser festzustellen ist; vielmehr bezieht sich das Gericht mit jenem Postulat lediglich auf den in Urteilsverfassungsbeschwerdeverfahren auf das (spezifische) Verfassungsrecht „beschränkten" Prüfungsmaßstab.[877] Wenn das Gericht danach etwa eine Willkürkontrolle der fachgerichtlichen Entscheidung (Art. 3 Abs. 1 GG) vornimmt, ermittelt es den *insofern* erheblichen Sachverhalt also durchaus selbst.[878]

Viertens befördert der scheinbar indifferente Umgang des Verfassungsgerichts mit den Tatsachenfeststellungen der Fachgerichte den Eindruck, jenes Gericht dringe in Fällen, in denen es trotz des Postulats, Tatsachenfeststellungen seien grundsätzlich Sache der Fachgerichte, „ausnahmsweise" eigene Ermittlungen vornimmt, in die „klassische Domäne instanzrichterlicher Tätigkeit" vor und verletze damit das „Hausgut des ‚Vorderrichters'".[879] Diese Kritik scheint nicht zuletzt einem einseitigen Verständnis von der Rolle des Bundesverfassungsgerichts als „Hüter des Verfassungs*rechts*" geschuldet, das sich möglicherweise durch transparente und dogmatisch begründete Ermittlungstätigkeiten des Verfassungsgerichts in Bezug auf die in seinen Verfahren entscheidungserheblichen Tatsachen schärfen ließe. Denn dass das Verfassungsgericht mit eigenen Tatsachenermittlungen gerade nicht per se die „alleinige" Zuständigkeit der Fachgerichte unterwandert, sondern sich im Rahmen seiner eigenen Zuständigkeiten bewegt,[880] zeigt sich angesichts der in den verfassungsgerichtlichen Entscheidungen wie dargelegt immer wieder undurchsichtig gebliebenen Anknüpfungspunkte für eigene Ermittlungen einerseits bzw. „Übernahmen" fachgerichtlicher Ermittlungen andererseits tatsächlich erst bei genauerem Hinsehen. So macht das Verfassungsgericht bisher insbesondere nicht hinreichend deutlich, dass es auch bei der Überprüfung fachgerichtlicher Urteile im Urteilsverfassungsbeschwerdeverfahren keineswegs den nach dem einschlägigen *Fachrecht* entscheidungserheblichen Sachverhalt – im Sinne einer Berufungsinstanz – selbst ermittelt[881], sondern sich die eigenen Feststellungen auch hier nur auf den spezifisch verfassungs-

---

[877] Missverständlich insofern *Voßkuhle*, NJW 2013, 1329 (1333): „Bei Urteilsverfassungsbeschwerden kann und soll sich das BVerfG in der Regel auf die Tatsachenermittlung durch die Fachgerichte stützen."

[878] Das Gericht fragt mithin z. B. danach, von welchen tatsächlichen Annahmen das Fachgericht ausgegangen ist und ob diese tatsächlich nachvollziehbar sind. Dabei hat es jene Annahmen i. Ü. in tatsächlicher (freilich auch rechtlicher) Hinsicht selbständig zu würdigen. Vgl. etwa jüngst BVerfG NJW 2018, 3571 (3572); s. auch BVerfG, Beschl. v. 21.11.2012 – 1 BvR 1711/09 –, juris Rn. 12 ff.

[879] Ähnlich *Kenntner*, NJW 2005, 785 (786, Zitat ebd.), m.w.N. zu der in diesem Zusammenhang an der Rspr. des Bundesverfassungsgerichts geübten Kritik. In diese Richtung auch das Sondervotum von *Haas* in BVerfGE 93, 266 (314); das Sondervotum von *Henschel* in BVerfGE 80, 1 (39); sowie *Kiesel*, NVwZ 1992, 1129 (1131 f.); s. auch *Bethge*, in: Maunz u. a., § 90 Rn. 322 (Stand: Februar 2018).

[880] In diesem Sinne bereits deutlich *Brink*, in: Linien, S. 3 (29 f.).

[881] Es geht also nicht etwa der Frage nach, ob A den B getötet hat (§ 211 StGB) oder ob C sein Wohnungseigentum tatsächlich selbst nutzen will (§ 573 Abs. 2 Nr. 2 BGB).

rechtlichen Tatbestand beziehen[882]. Allein um den spezifisch verfassungsrechtlichen Tatbestand geht es auch in den – von Fachrichtern besonders bemängelten – Fällen, in denen das Bundesverfassungsgericht Sachverhaltsfeststellungen der Fachgerichte als von ihm „in vollem Umfang überprüfbar"[883] erklärt. Auch hier überprüft das Verfassungsgericht das fachgerichtliche Urteil (nur) aufgrund des einschlägigen materiellen Verfassungsrechts auf spezifische *Verfahrensfehler* bei der Ermittlung des Sachverhalts sowie auf Fehler bei der tatsächlichen Würdigung desselben.[884]

Dass die Verfassungsrechtskontrolle gerade bei der Überprüfung fachgerichtlicher Sachverhaltsaufklärung in besonderem Maße voraussetzt, (auch) solche Tatsachen zu ermitteln, die bereits das Fachgericht beschäftigt haben, stellt in der Sache also keinen Übergriff auf das Hausgut des Letzteren dar – mag jene Kontrolle insofern auch besonderes Konfliktpotential bergen. Vielmehr sind die eigenen Ermittlungen des Verfassungsgerichts hier im einschlägigen materiellen Verfassungsrecht angelegt und daher tatsächlich „Hausgut" des Verfassungsgerichts. Denn solange und soweit die Kontrolle des Verfassungsrechts auch gegenüber den Fachgerichten Aufgabe des Bundesverfassungsgerichts ist (Art. 93 Abs. 1 Nr. 4a GG, § 13 Nr. 8a BVerfGG) und das einschlägige Verfassungsrecht im Einzelfall – obschon durch das Verfassungsgericht selbst entwickelte – Vorgaben an die Art und Weise der Feststellung des im fachgerichtlichen Verfahren entscheidungserheblichen Sachverhalts macht, ist das Verfassungsgericht (beschränkt auf die *verfassungsrechtserheblichen* Tatsachen) auch zur Sachverhaltsermittlung berufen.[885] Die dem Verfassungsgericht danach obliegende Prüfung der Einhaltung jener Vorgaben kann im konkreten Einzelfall vernünftigerweise nur auf der Basis hinreichender Sachverhaltskenntnis erfolgen, will sie nicht zum „zahnlosen Tiger" verkommen.[886] Das Verfassungsgericht muss hier anders gewendet die entscheidungserheblichen Tatsachen gemäß § 26 Abs. 1 S. 1 BVerfGG selbst feststellen,

---

[882] Z. B. ermittelt das Gericht, ob das Strafgericht die Beweisangebote des A hinreichend beachtet hat (Art. 103 Abs. 1 GG) oder ob das Zivilgericht von plausiblen tatsächlichen Annahmen ausgegangen ist (Art. 3 Abs. 1 GG).

[883] BVerfGE 85, 1 (14) (Kursivsetzung durch Verf.): Eine derart vollständige Überprüfbarkeit nimmt das Gericht etwa im Anwendungsbereich des Art. 5 Abs. 1 GG an, „[um den] Schutz der Meinungsfreiheit nicht unzuträglich [zu verkürzen]"; st. Rspr., s. auch BVerfGE 43, 130 (136 f.); 82, 272 (281); 93, 266 (296). S. zur Kritik hieran die Nachweise in Fn. 879.

[884] Nicht hingegen stellt es den fachrichterlich festgestellten Sachverhalt selbst fest; vgl. auch *Haberzettl*, NVwZ-Extra 2015, 1 (8).

[885] Freilich gibt es krit. Stimmen, die aus diesem Grund die materielle Zuständigkeit des Gerichts beschneiden wollen; so etwa *Kenntner*, NJW 2005, 785 (788 f.), der eine Beschränkung der Zuständigkeiten des Bundesverfassungsgerichts auf die reine Klärung der Verfassungsrechtsfrage vorschlägt; die Einzelfallentscheidung solle danach den Fachgerichten überlassen werden.

[886] Treffend *Lechner/Zuck*, § 26 Rn. 1 Fn. 6: „Dass man eine Rechtsfrage ohne Tatsachengrundlage nicht bewerten kann, weiß jeder Rechtskundige."; letztlich geht es hier maßgeblich um das Gebot effektiven Rechtsschutzes, s. dazu oben S. 123 ff.

soweit es diese seiner Entscheidung nicht ausnahmsweise nach § 33 Abs. 2 BVerfGG aufgrund der Feststellungen eines anderen Gerichts zugrunde legen kann.

Die hier an *dritter* sowie *vierter* Stelle geübte Kritik zeigt mithin, dass angesichts des undurchsichtigen Umgangs des Verfassungsgerichts mit den Tatsachenfeststellungen anderer (Fach-)Gerichte auch die Chance der klaren Abgrenzung zwischen den Aufgaben des Verfassungsgerichts einerseits und der Fachgerichte andererseits vertan wird.[887] Entsprechend uneinheitlich fällt denn auch die Adaption der Rechtsprechung des Verfassungsgerichts in der Staatsrechtslehre aus. So wird die Tatsachenfeststellung des Verfassungsgerichts gerade in Urteilsverfassungsbeschwerden als zu weitreichend, zu kurz greifend oder als schlicht unklar beanstandet.[888]

Problematisch ist insofern auch und vor allem, dass der Umgang des Verfassungsgerichts mit (eigenen wie fachgerichtlichen) Tatsachenfeststellungen in der Literatur grundsätzlich vom Standpunkt der materiellen Kontrolle des Ausgangsgerichts durch das Verfassungsgericht (sprich der Kontrollkompetenz des Verfassungsgerichts) aus betrachtet und daher nicht sauber zwischen den verschiedenen Tatsachenebenen von Verfassungs- und Ausgangsverfahren differenziert wird. Paradigmatisch für die insofern bestehenden Missverständnisse im Schrifttum erscheinen denn auch die Ausführungen von *Bethge,* demzufolge „[d]er Schluss, dass die §§ 26, 28 und 33 BVerfGG das Bundesverfassungsgericht ausnahmslos und ohne Einschränkung zum Tatsachengericht oder gar zum „Oberamtsrichter" mach[t]en, [...] nicht richtig [sei]. Mit § 26 Abs. 1 BVerfGG [sei] dem Bundesverfassungsgericht kein „Blankoscheck" für Tatsachenermittlungen ausgestellt. Die Verpflichtung des Bundesverfassungsgerichts zur Erforschung des Tatsachenstoffs von Amts wegen kollidier[e] bei der Kontrolle fachgerichtlicher Erkenntnisse bis zu einem gewissen Grade mit der Eigenständigkeit der Fachgerichte, die verfassungsrechtlichen Funktionsschutz genieß[e] [...]. Die Feststellung und die Würdigung des Tatbestandes [sei] allein Sache der dafür allgemein zuständigen Gerichte und daher grundsätzlich der Nachprüfung des Bundesverfassungsgerichts entzogen."[889] *Bethges* Ausführungen sind ersichtlich nicht differenziert genug.[890] Letztlich verwebt er bereits im Ansatz die aus dem materiellen

---

[887] S. allgemein zu der komplexen und umstrittenen Aufgabenverteilung zwischen Verfassungs- und Fachgerichtsbarkeit die Nachweise in Fn. 833.

[888] So bereits die Beobachtung von *Haberzettl,* NVwZ-Extra, 1 (5) m.w.N. Zu weitreichend: s. die Nachweise in Fn. 879; zu kurz greifend: *Brink,* in: Linien, S. 3 (28); *Kluth,* NJW 1999, 3513 (3519); Sondervotum *Steinberger* in BVerfGE 70, 35 (69); *Zuck,* JZ 2007, 1036 (1039); *ders.,* JZ 2008, 287 (295); unklarer Umgang mit den Tatsachenfeststellungen des Ausgangsgerichts: *Kenntner,* a.a.O. (786); *Kluth,* a.a.O. (3519).

[889] *Bethge,* in: Maunz u.a., § 90 Rn. 322 (Stand: Februar 2018).

[890] Dies gilt, obgleich er weiter bemerkt, „das Primat fachgerichtlicher Tatsachenerforschung [gelte] nicht ausnahmslos", *Bethge,* in: Maunz u.a., § 90 Rn. 323 (Stand: Februar 2018).

Prüfungsumfang der Gerichte resultierende Kompetenzabgrenzung zwischen Fach- und Verfassungsgericht (systemwidrig) mit der auf der Ebene des Beweisrechts angesiedelten Untersuchungspflicht des Gerichts im Rahmen der Sachprüfung. Auch das lässt sich indes mit der – den wissenschaftlichen Diskurs leitenden – ihrerseits intransparenten verfassungsgerichtlichen Judikatur erklären.

IV. Wegfall der Beweisbedürftigkeit durch § 26 Abs. 1 S. 2 BVerfGG?

In engem Zusammenhang mit der Regelung des § 33 Abs. 2 BVerfGG und der Frage, ob das Verfassungsgericht den tatsächlichen Feststellungen anderer Gerichte gegenüber einer eigenen Sachverhaltsermittlung den Vorzug einräumen darf, steht die Regelung des § 26 Abs. 1 S. 2 BVerfGG, gemäß derer das Verfassungsgericht insbesondere mit Begrenzung auf bestimmte Tatsachen und Personen ein anderes Gericht um die Beweiserhebung gemäß § 26 Abs. 1 S. 1 BVerfGG ersuchen kann (Var. 2).[891] Die Beweisbedürftigkeit entscheidungserheblicher Tatsachen im Verfassungsprozess lässt diese Norm indes nicht entfallen. Vielmehr bedeutet § 26 Abs. 1 S. 2 BVerfGG eine Erleichterung erst der *Beweisaufnahme* – respektive ist eine Methode der Beweiserhebung selbst. Nur die Beweisaufnahme kann demgemäß auf ein anderes Gericht „verlagert" werden. Das heißt, das Verfassungsgericht muss auch hier eine eigene Beweiswürdigung der (fremden) Beweisergebnisse vornehmen.[892]

V. Gesetzliche Vermutungen

Nach den Grundsätzen des allgemeinen Prozessrechts entfällt die Beweisbedürftigkeit einer Tatsache auch im Verfassungsprozess ferner dann, wenn ihre Annahme auf einer gesetzlichen – nicht dagegen tatsächlichen – Vermutung fußt.[893] *Gesetzliche Vermutungen* (auch Rechtsvermutungen genannt) sind Rechtssätze, gemäß derer unter bestimmten Voraussetzungen eine Tatsache oder ein Rechtszustand als feststehend anzusehen ist.[894] Die Feststellungs- und ggf. Beweisbedürf-

---

[891] *Brede*, in: B/D/S, § 33 Rn. 14, nennt § 26 Abs. 1 S. 1 demgemäß „in einem Atemzug" mit § 33 Abs. 2 BVerfGG.

[892] Vgl. dazu etwa *Haberzettl*, in: B/D/S, § 26 Rn. 23; sowie bereits oben S. 141. Zur mangelnden praktischen Relevanz der Regelung unten S. 291 f.

[893] S. dazu *Rosenberg*, Zivilprozess, § 113 Rn. 31; auch *Müller*, JuS 2014, 324 (326), der sich aber missverständlich bezüglich der Folgen tatsächlicher Vermutungen äußert. In der Literatur zum Verfassungsprozessrecht finden sich soweit ersichtlich keine (näheren) Ausführungen zu gesetzlichen Vermutungen; konzis dazu allein *Klein/Bethge*, in: Maunz u. a., § 30 Rn. 10.1 (Stand: September 1979).

[894] Vgl. nur *Müller*, JuS 2014, 324 (326). Die Begrifflichkeiten mögen in den verschiedenen Gerichtszweigen variieren, wobei in der Sache keine wesentlichen Unterschiede bestehen; so unterteilt das Zivilprozessrecht gesetzliche Vermutungen etwa in Tatsachenvermutungen (auch hier nicht zu verwechseln mit tatsächlichen Vermutun-

tigkeit verlagert sich insofern auf die Voraussetzungen der jeweiligen Vermutung, mithin auf die sog. Vermutungsbasis.[895]

Tatsächliche Vermutungen (auch natürliche oder unechte Vermutungen genannt)[896] sind auf der Lebenserfahrung beruhende, aus freier richterlicher Würdigung hervorgegangene Schlüsse oder Beweisanzeichen, die entweder eine weitere Beweiserhebung überflüssig machen, weil sie ohne Weiteres den Schluss auf die entscheidungserhebliche Tatsache zulassen, oder aber – falls ihnen keine derart starke Beweiskraft zukommt – neben anderen für oder gegen die jeweilige Tatsache sprechenden Beweisergebnissen zu würdigen sind.[897] Diesen Vermutungen kommt somit (erst) im Rahmen der Beweiswürdigung Bedeutung zu. Die Beweisbedürftigkeit der betreffenden Tatsache lassen sie dagegen wie erwähnt nicht entfallen, wenngleich sie das Gericht von einer abschließenden Ermittlung aller Einzelheiten des konkreten Sachverhalts befreien.[898] In jedem Fall hat das Gericht diejenigen Tatsachen, die in der Lage sind, die tatsächliche Vermutung zu *erschüttern,* von Amts wegen zu erheben.[899] Besteht danach die ernstliche Möglichkeit, dass die vermutete Tatsache im konkreten Fall nicht der Wahrheit entspricht, ist die Vermutung erschüttert und das Gericht hat den Sachverhalt voll aufzuklären.

Die *Rechtswirkung* der *gesetzlichen* Vermutung wird zuweilen nicht sauber herausgearbeitet.[900] Anders als im Zivilprozessrecht führt diese Vermutung im der *Untersuchungsmaxime* unterworfenen Verfassungsprozess weder zu einer Umkehr der subjektiven noch der objektiven Beweislast – erstere kennt der Verfassungsprozess gar nicht.[901] Vielmehr weisen gesetzliche Vermutungen hier – entgegen der Grundkonzeption des Untersuchungsgrundsatzes – einem Beteiligten die subjektive Beweislast überhaupt erst zu. Dieser Beteiligte hat sonach positiv zu beweisen, dass die vermutete Tatsache nicht vorliegt, sprich den Be-

---

gen!) betreffend ein Tatbestandsmerkmal (z.B. § 938 BGB), und Rechtsvermutungen betreffend einen Rechtszustand (z.B. § 891 BGB), s. dazu nur *Rosenberg,* Zivilprozess, § 113 Rn. 31 ff.

[895] Vgl. zur ZPO *Rosenberg,* Zivilprozess, § 113 Rn. 33; zur VwGO BVerwGE 78, 147 (147 ff.).

[896] Vgl. *Müller,* JuS 2014, 324 (326) m.w.N.

[897] H.M. im Fachrecht, vgl. BVerwGE 78, 147 (149); *Müller,* JuS 2014, 324 (326); *Rosenberg,* Zivilprozess, § 113 Rn. 35 m.w.N.; s. auch *Unger,* in: VwGO, § 108 Rn. 26 zum Anscheinsbeweis, der auf tatsächlichen Vermutungen fußt; s. hierzu unten S. 318 f.

[898] S. nur *Unger,* in: VwGO, § 108 Rn. 26; vgl. auch *Prütting,* in: MüKo-ZPO 286 Rn. 64.

[899] Statt aller *Müller,* JuS 2014, 324 (326), m.w.N.; *Unger,* in VwGO, § 108 Rn. 27 m.w.N.

[900] Dazu etwa *Unger,* in: Gärditz § 108 VwGO Rn. 35. Nicht in jeder Hinsicht überzeugend auch die Darstellung von *Müller,* JuS 2014, 324 (326), soweit er von „Gegenbeweis" spricht.

[901] S. oben S. 103 ff.

weis des Gegenteils (der hier Hauptbeweis, nicht Gegenbeweis ist) zu führen.[902] Tritt der danach beweisführungsbelastete Beteiligte den Beweis nicht an – oder ist der Beweis des Gegenteils im konkreten Fall ausnahmsweise gesetzlich ausgeschlossen –, darf das Gericht die vermutete Tatsache ohne Weiteres seiner Entscheidung zugrunde legen. Im Gegensatz zu den „zum Bereich der Indizien und der Erfahrungssätze gehörenden" tatsächlichen Vermutungen, die im Rahmen der Beweiswürdigung schon dann als entkräftet angesehen werden können, wenn Umstände vorliegen, aus denen sich ergibt, dass andere Abläufe oder Tatsachen als die erfahrungsgemäßen ernsthaft in Betracht kommen, lässt sich die Beweiskraft der gesetzlichen Vermutung mithin nur durch den vollen Beweis des Gegenteils (= Darlegung der Unwahrheit der vermuteten Tatsache) zerstören.[903] Der Nachweis von Umständen, die die vermutete Tatsache lediglich als unwahrscheinlich erscheinen lassen, reicht nicht aus; die Vermutung gilt unabhängig vom Grad ihrer Wahrscheinlichkeit im konkreten Fall.[904]

Grundsätzlich bestehen gesetzliche Vermutungen nur, wenn das Gesetz sie ausdrücklich vorschreibt.[905] Angesichts des hohen Abstraktionsgrades des Grundgesetzes und der damit einhergehenden Konkretisierungsaufgabe bzw. -befugnis des Bundesverfassungsgerichts können indes nach hier vertretener Auffassung ausnahmsweise auch durch dieses entwickelte Vermutungsregeln den Charakter einer gesetzlichen Vermutung aufweisen. Das Bundesverfassungsgericht hat solche Regeln z. B. im Rahmen der Art. 13 Abs. 3, 1 Abs. 1 GG aufgestellt: Danach spreche im Interesse der Effektivität des Schutzes der Menschenwürde eine Vermutung dafür, dass Gespräche, die ein Einzelner mit seinen engsten Vertrauten in der Wohnung führt, zum Kernbereich privater Lebensgestaltung gehören; bei in Arbeitsräumen geführten Gesprächen gelte wiederum die Vermutung des rein geschäftlichen Charakters.[906]

---

[902] So für den ebenfalls der Untersuchungsmaxime unterworfenen Verwaltungsprozess *Unger,* in: Gärditz § 108 VwGO Rn. 35; zum Zivilprozess *Rosenberg,* Zivilprozess, § 113 Rn. 31, 33; zum Beweis des Gegenteils auch BVerwG, NJW 1994, 535 (535, Ls. 1), das insoweit aber unpräzise von „Gegenbeweis" spricht: „Der zulässige Gegenbeweis ist Hauptbeweis und auf den Nachweis der Unrichtigkeit gerichtet."

[903] Vgl. nur BVerwGE 78, 147 (147 ff.) (Zitat ebd.); *Rosenberg,* Zivilprozess, § 113 Rn. 31. Zur tatsächlichen Vermutung auch *Unger,* in: Gärditz, VwGO, § 108 Rn. 35 m.w.N.

[904] S. nur BVerwGE 78, 147 (147 ff.); BVerwG, NJW 1994, 535 (535, Ls. 2).

[905] So auch *Müller,* JuS 2014, 324 (326). Einen Anwendungsfall bildet insofern Art. 16a Abs. 3 Satz 2 Hs. 2 GG, der auch für das Verfassungsgericht unmittelbare Geltung beansprucht und demgemäß vermutet wird, dass ein Ausländer aus einem sog. sicheren Herkunftsstaat nicht verfolgt wird, solange er nicht Tatsachen vorträgt, die die Annahme begründen, dass er entgegen dieser Vermutung politisch verfolgt wird. (Nur) sofern dem Antragsteller ein solcher Vortrag gelingt, greift also in seinem Einzelfall die Vermutung des Art. 16a Abs. 3 S. 2 Hs. 2 GG nicht; vgl. dazu BVerfGE 94, 115 (146 f.); aus der Lehre *Gärditz,* in: Maunz/Dürig, GG, Art. 16a Rn. 406 ff. (Stand: April 2018).

[906] St. Rspr., BVerfGE 109, 279 (320); 141, 220 (Rn. 198).

Deutet weder das einschlägige Gesetz noch die Rechtsprechung des Verfassungsgerichts auf die Gültigkeit einer gesetzlichen Vermutung hin, scheidet selbige indes in jedem Fall aus. Dies erscheint angesichts der weitreichenden prozessualen Folgen gesetzlicher Vermutungen insbesondere zu Zwecken eines fairen Verfahrens, aber auch und vor allem angesichts des Umstandes, dass selbige eine Ausnahme der gesetzlich normierten Amtsermittlungspflicht des Gerichts (§ 26 Abs. 1 S. 1 BVerfGG) begründen, zwingend. Insbesondere die vereinzelt postulierte – nicht näher begründete – Annahme, trotz Fehlens einer ausdrücklichen Vermutungsregel gälte die *gesetzliche* Vermutung, dass ein im Gesetzblatt verkündetes Gesetz von der gesetzgebenden Körperschaft beschlossen worden sei,[907] kann mithin nicht überzeugen.[908]

Auch die Möglichkeit der Schaffung neuer gesetzlicher Vermutungsregeln durch das Bundesverfassungsgericht ist danach restriktiv zu handhaben. Insbesondere muss das Gericht die gesetzgeberische Grundsatzentscheidung für die Untersuchungsmaxime im Verfassungsprozess hinreichend berücksichtigen.

VI. Mangelnde Mitwirkung Dritter

Fraglich ist, ob mögliche Mitwirkungsobliegenheiten/-lasten[909] Dritter in Bezug auf die gerichtliche Tatsachenermittlung – respektive die Nicht- oder Schlechterfüllung solcher Lasten – Auswirkungen auf die Beweisbedürftigkeit entscheidungserheblicher Tatsachen im Verfassungsprozess haben können. Dass die Verfahrensbeteiligten nach der in sämtlichen Verfassungsprozessen geltenden Untersuchungsmaxime grundsätzlich weder die Pflicht zur Sachverhaltsdarlegung noch zur Beweisführung haben, schließt Ausnahmen in Form von Mitwirkungsobliegenheiten jedenfalls nicht von vorneherein aus.[910] Weiter ist nicht von vorneherein ausgeschlossen, dass derartige Obliegenheiten, soweit sie denn bestehen, die Beweisbedürftigkeit von Tatsachen tangieren können. So ist etwa denkbar, dass das Bundesverfassungsgericht von seinen Aufklärungspflichten befreit ist, soweit der Antragsteller[911] dem Gericht dienliche Informationen zur Aufklärung des Sachverhalts wissentlich und willentlich vorenthält.

---

[907] So *Klein/Bethge,* in: Maunz u. a., § 30 Rn. 10.1 (Stand: September 1979).

[908] Vgl. Art. 82 Abs. 1 S. 1 GG, der hierfür nichts hergibt. Freilich ist anzuerkennen, dass die bisherige Praxis einen entsprechenden Erfahrungssatz zulässt. Insofern kann hier indes (allenfalls) von einer entsprechenden *tatsächlichen* Vermutung ausgegangen werden.

[909] Beide Begriffe werden hier synonym verwendet. Der ebenso geläufige Begriff der Mitwirkungs*pflicht* ist dagegen unpräzise, soweit die Beteiligten nicht durch staatlichen Zwang zu einer Mitwirkung im Verfahren veranlasst werden können. Vgl. zur Terminologie *Nierhaus,* Beweismaß, S. 294 ff. sowie 348 f.

[910] S. oben S. 110 ff.

[911] Im Wahlprüfungs-, Verfassungsbeschwerde-, Nichtanerkennungsbeschwerde- sowie Verzögerungsbeschwerdeverfahren wird der Antragsteller Beschwerdeführer genannt. Der Begriff des Antragstellers wird im Folgenden als Oberbegriff verwendet.

Da entsprechende Mitwirkungslasten indes nicht allein Auswirkungen auf die Beweisbedürftigkeit einer Tatsache haben, sondern darüber hinaus auf das verfassungsprozessuale Beweisrecht (namentlich die Beweiswürdigung) ausstrahlen können und überdies ihr Bestehen an sich klärungsbedürftig erscheint – entsprechende Untersuchungen im Schrifttum fehlen bisher soweit ersichtlich[912] –, soll es an dieser Stelle mit dem Hinweis auf etwaige Wechselwirkungen zwischen der Aufklärungspflicht des Gerichts und der Verletzung anerkannter Mitwirkungslasten Dritter sein Bewenden haben. Selbige Lasten werden im weiteren Verlauf der Untersuchung ausführlich behandelt.[913]

VII. Seitens anderer Staatsorgane (verbindlich) festgestellte Tatsachen?

Die Pflicht zur Beweiserhebung entfällt, wenn und soweit das Bundesverfassungsgericht seinen Entscheidungen Tatsachenfeststellungen anderer Staatsorgane zugrunde legen *darf*. Im Falle einer *Bindung* an eben diese Feststellungen wäre es dem Bundesverfassungsgericht sogar verboten, eigens Beweis über die bereits festgestellten Tatsachen zu erheben.

Der Prüfung, ob diese Fallgruppe im Bereich der Ausnahmen von der Beweisbedürftigkeit entscheidungserheblicher Subsumtionstatsachen im Verfassungsprozessrecht überhaupt vorgesehen ist bzw. wie weit sie reicht, kommt besondere praktische Relevanz zu. Schließlich liegen dem Bundesverfassungsgericht, wie erörtert, *in der Mehrzahl seiner Verfahren* bereits durch eine andere staatliche Stelle getroffene Tatsachenfeststellungen vor.[914] Der Umgang des Verfassungsgerichts mit diesen Tatsachenfeststellungen bedarf daher klarer Regeln, zumal selbiger aus kompetenziellen Gründen besonderes Konfliktpotential birgt.

1. Tatsachenfeststellungen anderer Gerichte

Der Rückgriff auf Tatsachenfeststellungen anderer Gerichte ist wie bereits dargelegt ausdrücklich in § 33 Abs. 2 BVerfGG geregelt. Die Befugnis, seinen Entscheidungen Feststellungen anderer Gerichte zugrunde zu legen, besteht für das Verfassungsgericht mithin nur, soweit die Voraussetzungen des § 33 Abs. 2 BVerfGG erfüllt sind. In diesem Fall entscheidet das Verfassungsgericht nach pflichtgemäßem Ermessen über die Übernahme der fachgerichtlichen Feststellungen. Eine Pflicht zur Übernahme besteht danach grundsätzlich nicht.[915]

---

[912] Vgl. nur *Lange,* Substantiierungspflichten, passim, die sich zwar ausführlich mit verschiedenen Mitwirkungslasten im Verfassungsbeschwerdeverfahren beschäftigt, dabei aber gerade die hier interessierende Mitwirkung bei der verfassungsgerichtlichen Sachaufklärung im Grunde außer Acht lässt.

[913] S. S. 211 ff.

[914] S. oben S. 64 ff., insb. 90 f.

[915] Zum Ganzen S. 141 ff.

Darüber hinaus ist das Verfassungsgericht im Rahmen seiner materiellen Prüfungskompetenz weder berechtigt[916] noch verpflichtet, Tatsachenfeststellungen anderer Gerichte zu übernehmen. § 33 Abs. 2 BVerfGG regelt den Rückgriff auf entsprechende Feststellungen abschließend.[917] In Bezug auf die – nach hier vertretener Auffassung abzulehnende – *Bindung* des Verfassungsgerichts an die Tatsachenfeststellungen anderer Gerichte kann an dieser Stelle überdies auf die entsprechenden Ausführungen zu § 33 Abs. 2 BVerfGG verwiesen werden.[918] Anders als es missverständliche Formulierungen in der Rechtsprechung und, ihnen folgend, verschiedene Stimmen in der Literatur zuweilen nahelegen, geht – dies gilt es noch einmal zu betonen – auch das Bundesverfassungsgericht selbst nicht von einer den Untersuchungsgrundsatz gemäß § 26 Abs. 1 S. 1 BVerfGG beschränkenden Bindung aus.[919]

2. Tatsachenfeststellungen des formellen Gesetzgebers

a) Grundlagen

Eine besondere Rolle spielen in sämtlichen – auch inzidenten – *Normenkontrollverfahren* die den verfassungsgerichtlichen Verfahren vorausgehenden Sachverhaltsfeststellungen des formellen Gesetzgebers. Da dieser den für die Normenkontrolle erheblichen Sachverhalt, sprich die der Norm zugrunde liegenden Tatsachen grundsätzlich in irgend einer Form ermittelt, ehe er das betreffende Gesetz erlässt, liegen dem Verfassungsgericht hier in aller Regel entsprechende Feststellungen des Gesetzgebers vor.[920] Mithin stellt sich die Frage, ob das Bundesverfassungsgericht zur „ungeprüften" Übernahme eben dieser Feststellungen befugt oder sogar verpflichtet ist.[921] Gerade in Ansehung des durch besondere

---

[916] Nicht überzeugend daher *Benda/Klein*, Rn. 305 Fn. 18 sowie Rn. 307, die keine Einschränkung hinsichtlich der Zulässigkeit des Rückgriffs des Bundesverfassungsgerichts auf Tatsachenfeststellungen anderer Gerichte zu sehen scheinen; gleichermaßen indifferent *Arndt*, NJW 1962, 783 (784); *Meskouris*, in: Barczak, § 26 Rn. 8; *Schlaich/Korioth*, Rn. 60; *Walter*, in: ders./Grünewald, § 26 Rn. 3; unklar auch *Klein*, in: Maunz u.a., § 26 Rn. 6 (Stand: Januar 1987).

[917] Weder eine über die Fälle des § 33 Abs. 2 BVerfGG hinausreichende Berechtigung noch Verpflichtung des Gerichts ließe sich begründen, ohne dessen Voraussetzungen zu konterkarieren.

[918] S. oben S. 152 ff.

[919] Wenn das Verfassungsgericht in st. Rspr. postuliert, in Urteilsverfassungsbeschwerdeverfahren seien „Feststellung und Würdigung des Tatbestandes [...] Sache der dafür allgemein zuständigen Gerichte und der Nachprüfung [...] entzogen" (s. Nachweise in Fn. 382), betrifft dies wie dargelegt (allein) die Frage der *materiellen Kontrollkompetenz* des Bundesverfassungsgerichts, S. 155 f.

[920] Wenngleich Art und Umfang der Ermittlungen im Einzelfall freilich ungenügend sein können.

[921] Davon abzugrenzen ist die Frage, ob der Gesetzgeber zur Mitwirkung bei der Aufklärung des Sachverhalts im Verfassungsprozess verpflichtet ist, s. dazu nachfolgend auf S. 263 ff.

demokratische Legitimation getragenen Gestaltungsauftrags des Gesetzgebers erscheint zumindest nicht ausgeschlossen, dass dessen tatsächliche Annahmen auch vonseiten des Verfassungsgerichts zu respektieren sind.[922]

Im Kern geht es um den „richtigen" Umgang des Bundesverfassungsgerichts mit den Tatsachenfeststellungen des Gesetzgebers, wobei insofern – ähnlich der Erwägungen zum Umgang des Verfassungsgerichts mit den Sachverhaltsfeststellungen anderer Gerichte[923] – zwischen der materiell-rechtlichen und der beweisrechtlichen Ebene dieser Fragestellung zu differenzieren ist:

Wird der Umgang des Verfassungsgerichts mit den Tatsachenfeststellungen des Gesetzgebers aus *materiell-rechtlicher Sicht*[924] in den Blick genommen, zeigt sich jener als (mittelbares) Problem der Reichweite der *„materiellen Kontrollkompetenz"* des Verfassungsgerichts; angesprochen ist die Frage der Kompetenz des Gerichts zur Sachprüfung – und damit zur *Kontrolle des Gesetzgebers* – als solches. Inwieweit dieses befugt ist zur inhaltlichen Prüfung des fraglichen Gesetzes, ergibt sich aus den einschlägigen materiell-rechtlichen Verfassungsnormen, die den Prüfungsmaßstab (auch Kontrollmaßstab genannt[925]) des Gerichts bilden und zugleich die Kontrolldichte[926] vorzeichnen.[927] Nur soweit jener Maß-

---

[922] Dazu schon *Augsberg/Augsberg,* VerwArch 2007, 290 (292, 301). Vgl. in diesem Kontext auch *Gärditz,* in: FS Puppe, S. 1557 (1561), der die Frage der Kontrollintensität genereller Tatsachen in Normenkontrollverfahren als „eine grundlegende Kompetenzfrage" bezeichnet, sowie (grds.) *ders,* in: DJT 2016, Bd. I, D 1 (D 57 f.): „Tatsachenfeststellung ist Kompetenz-, nicht Wahrheitsfrage, weil festgelegt wird, wer aus der Vielzahl möglicher Perspektiven auf ‚die Wirklichkeit' diejenige bestimmen kann, die der Sachentscheidung zugrunde gelegt wird"; in diesem Sinne auch *Bryde,* in: 50 Jahre BVerfG I, S. 533 (549); dazu profund *Brink,* in: Linien, S. 3 (14). Zur demokratischen Legitimation als Kriterium einer funktionellen Abgrenzung der Kompetenzbereiche von Gesetzgeber und Bundesverfassungsgericht *Gusy,* Gesetzgeber, S. 104 ff.

[923] S. zuvor S. 152 ff. u. 173 f.

[924] Damit eng verbunden sind funktionell-rechtliche Ansätze der Kompetenzabgrenzung, vgl. dazu etwa *Schlaich/Korioth,* Rn. 506 ff., 519 ff.

[925] So etwa *Bickenbach,* Einschätzungsprärogative, S. 504 ff.; der Kontrollmaßstab wird generell durch die materiell-rechtlichen Anforderungen an den Kontrollgegenstand, hier das fragliche Gesetz, gesetzt.

[926] Zur – uneinheitlichen – Terminologie etwa *Schlaich/Korioth,* Rn. 281: Mit dem Begriff der Kontrolldichte wird im Verfassungsprozessrecht wohl überwiegend der gerichtliche Prüfungsumfang im Verhältnis zum Gesetzgeber beschrieben; eine andere Definition der Kontrolldichte verwendet *Korinek,* in: 40 J. GG, S. 107 (113). Vgl. zur Problematik der „Kontrolldichte" im Verfassungsprozess *Bickenbach,* Einschätzungsprärogative, S. 507 ff. m.w.N.; *Heun,* in: FS 50 Jahre BVerfG I, S. 615 (630 ff.); krit. gerade zur mangelhaften Abgrenzung zwischen Kontrolldichte und -maßstab *Jestaedt,* DVBl. 2001, 1309 (1313 f.); speziell zur materiell-rechtlichen Steuerung der Kontrolldichte des Bundesverfassungsgerichts auch *Schlaich/Korioth,* Rn. 537 f. Zum Begriff der Kontrolldichte aus dem Verwaltungsprozessrecht *Gärditz,* in: DJT 2016, Bd. I, D 1 (D 54 ff.).

[927] Dass gerade hierhin angesichts der Weite und Offenheit der Verfassungsnormen eine besondere materiell- wie funktionell-rechtliche Problematik der gerichtsförmigen

stab reicht und die Kontrolldichte nicht im Einzelfall beschränkt ist, hat das Gericht die – insofern schließlich entscheidungserheblichen – Subsumtionstatsachen in den Blick zu nehmen.[928] Dies kann einerseits *faktisch* die „Kontrolle" der gesetzgeberischen Sachverhaltsannahmen – in Form eigener Ermittlungen durch das Verfassungsgericht – bedeuten (vorausgesetzt, jene Annahmen beziehen sich auf die genannten Subsumtionstatsachen) sowie andererseits das Gericht an gewisse Feststellungen des Gesetzgebers „binden" (nämlich soweit sich diese außerhalb des materiellen Prüfprogramms des Verfassungsgerichts befinden[929]). Sowohl „Kontrolle" als auch „Bindung" sind hier stets nur *mittelbare* Folge der materiellen Prüfungsbefugnis des Gerichts. Zwar mag dieser mittelbare Zusammenhang zwischen der materiellen Kontrollkompetenz des Verfassungsgerichts und dessen Umgang mit den Tatsachenfeststellungen des Gesetzgebers auch die Frage nach der Reichweite jener Kompetenz aufwerfen; diese Frage ist aus Sicht des hiesigen Untersuchungsgegenstandes indes nicht zu beantworten.[930]

Aus *beweisrechtlicher Sicht* gilt es ausschließlich zu klären, ob das Verfassungsgericht die im Normenkontrollverfahren konkret entscheidungserheblichen Tatsachen trotz entsprechender Feststellungen des Gesetzgebers selbst ermitteln darf bzw. muss. Soweit das Verfassungsgericht nach eigener Sachaufklärung die Tatsachenfeststellungen des Gesetzgebers durch gerichtliche Feststellungen „ersetzt", drängt sich zwar durchaus das Bild der tatsachenbezogenen „Kontrolle" des Gesetzgebers durch das Verfassungsgericht auf.[931] Tatsächlich handelt es

---

Kontrolle des Gesetzgebers liegt, kann an dieser Stelle nur angedeutet werden, vgl. dazu etwa *Heun,* in: 50 Jahre BVerfG I, S. 615 (630 ff.).

[928] Zur Bedeutung der Entscheidungserheblichkeit schon *Gusy,* Gesetzgeber, S. 165.

[929] Hier ist das Verfassungsgericht freilich nur deshalb an abweichenden Feststellungen gehindert, weil es schon materiell-rechtlich nicht zur Prüfung des Sachverhalts befugt ist. Die gesetzgeberischen Feststellungen bedürfen ihrerseits also von vorneherein keiner „Kontrolle" – in Form eigener Ermittlungen – durch das Verfassungsgericht. Das ist eine mit der oben auf S. 155 ff. geschilderten Situation („Bindung" an Feststellungen der Fachgerichte in Urteilsverfassungsbeschwerden aufgrund von auf spezifisches Verfassungsrecht beschränkter Prüfungskompetenz) vergleichbare Situation. Eine Bindung im verfahrensrechtlichen Sinne tritt damit gerade nicht ein.

[930] Auch finden sich zu selbiger – ihrerseits vielschichtigen und nicht unumstrittenen – Frage bereits zahlreiche Abhandlungen, vgl. nur *Bickenbach,* Einschätzungsprärogative, s. insb. S. 503 ff.; *Gusy,* Gesetzgeber, S. 139 ff.; *Heun,* in: 50 Jahre BVerfG I, S. 615 (630 ff.); *Schlaich/Korioth,* Rn. 532 ff. (zur – materiell-rechtlich gesteuerten [a. a. O., Rn. 537] – „Drei-Stufen-Lehre" des Bundesverfassungsgerichts betreffend die Kontrolldichte bei gesetzgeberischen „Tatsachenfeststellungen und Prognosen"). Soweit jene Abhandlungen den Umgang des Gerichts mit Tatsachenfeststellungen des Gesetzgebers ansprechen, wird indes überwiegend nicht deutlich zwischen materieller Reichweite und prozessualer „Gestaltung" dieses Umgangs unterschieden; eine positive Ausnahme stellen insofern *Augsberg/Augsberg,* VerwArch 2007, 290 (passim, deutlich insb. 292 f.), dar.

[931] Insofern mag man gar geneigt sein, den Umgang des Gerichts mit den Feststellungen des Gesetzgebers *ausschließlich* als ein materiell-rechtliches Kontrollproblem zu behandeln. In diese Richtung wohl *Schlaich/Korioth,* Rn. 532 ff.

sich bei der Aufklärung der jeweils entscheidungserheblichen Tatsachen durch das Verfassungsgericht indes um eine (beweisrechtliche) Maßnahme, die „allein" die (tatsächliche) *Grundlage* der materiell-rechtlichen Kontrolle des einfachen Gesetzes schaffen soll. Zu einer „Kontrolle" der Tatsachenfeststellungen des Gesetzgebers kommt es dabei wie erwähnt allenfalls mittelbar.

Wenn also z. B. *Ossenbühl* oder *Schlaich* und *Korioth* in diesem Zusammenhang von der „Kontrolle der Tatsachenfeststellungen (und der Prognoseentscheidungen) des Gesetzgebers" durch das Verfassungsgericht sprechen,[932] ist dies zwar nicht falsch, verstellt jedoch den Blick auf den Umstand, dass es sich jedenfalls primär um eine *beweisrechtliche* Thematik handelt. *Korinek* mag Entsprechendes „geahnt" haben, als er bemerkte, *Ossenbühl* habe die Diskussion „schon durch die Formulierung des Problems in eine [...] problematische Richtung gelenkt und damit manches Mißverständnis ausgelöst", indem er „stets von *Kontrolle* von Tatsachenfeststellungen und Prognoseentscheidungen [spreche] und [...] sein System als ein System der Nachprüfung von gesetzgeberischen Annahmen und Einschätzungen [entwickele]"; tatsächlich gehe es „gar nicht um Kontrolle und Nachprüfung, sondern um gerichtliche Feststellung und Einschätzung", es seien also nicht die Annahmen und Einschätzungen des Gesetzgebers zu kontrollieren, „sondern die Verfassungsmäßigkeit des Gesetzes hic et nunc".[933]

Wenngleich *Korinek* (bedauerlicherweise) den Bogen zum Beweisrecht nicht schlägt, weist er zu Recht auch darauf hin, dass von einer echten Kontrolle der Sachverhaltsannahmen des Gesetzgebers durch das Verfassungsgericht überhaupt nur die Rede sein könne, wenn für Ersteren „eine verfassungsrechtliche Pflicht zu Tatsachenerhebungen und Folgeneinschätzungen" bestehe.[934] Denn nur sofern die Verfassung an die tatsächlichen Feststellungen des Gesetzgebers konkrete *verfahrens*rechtliche Anforderungen stellt, kann das Verfassungsgericht jene Feststellungen mit diesen Anforderungen abgleichen, sie also einer Kontrolle im eigentlichen Sinne unterziehen.[935] In diesem Fall bedingt der materiell-rechtliche

---

[932] *Ossenbühl,* in: 25 J. BVerfG I, passim; *Schlaich/Korioth,* Rn. 533 f. Die gleiche Perspektive einnehmend *Benda/Klein,* Rn. 311; *Gusy,* Gesetzgeber, S. 164 ff.; *Petersen,* S. 82 ff.; *Stuttmann,* Gestaltungsfreiheit, passim. Die Differenzierung zwischen Tatsachenfeststellungen und Prognoseentscheidungen ist nach hiesigem Begriffsverständnis i. Ü. überflüssig, s. oben S. 49 und sogleich im Text auf S. 180 ff.

[933] Sämtliche Zitate bei *Korinek,* in: 40 J. GG, S. 107 (111).

[934] Vgl. *Korinek,* in: 40 J. GG, S. 107 (111 ff., Zitat S. 111), eine entsprechende Pflicht i. Ü. verneinend.

[935] Ob dies der Fall ist, ist eine Frage des materiellen Verfassungsrechts respektive des im Normenkontrollverfahren einschlägigen Prüfungsmaßstabs. Im Grunde geht es um die – ihrerseits umstrittene – Frage, was der Gesetzgeber materiell-rechtlich schuldet, „nur das Gesetz" oder aber „das gute Gesetz"; ausführlich dazu statt aller (jew. m.w.N.) *Bickenbach,* Einschätzungsprärogative, S. 410 ff.; *Schlaich/Korioth,* Rn. 539 ff.; *Wieckhorst,* DÖV 2018, 845 ff.; vgl. auch *Austermann,* DÖV 2011, S. 267 (270); sowie bereits oben Fn. 58. Hierzu Stellung bezogen hat jüngst auch das Verfas-

Prüfungsmaßstab allerdings die Kontrolle der Feststellung als solches, sprich der Feststellungs*handlung* des Gesetzgebers, nicht dagegen der festgestellten Tatsachen selbst. So führt etwa die aus Art. 33 Abs. 5, 3 Abs. 1 GG abgeleitete verfahrensrechtliche Anforderung, der zufolge der Gesetzgeber die erforderlichen Sachverhaltsermittlungen in der Gesetzesbegründung dokumentieren muss, dazu, dass das Verfassungsgericht die Gesetzesbegründung auf das Vorliegen eben dieser Dokumentation untersucht.[936] Die gerichtlich z.B. dem Grundrecht auf Gewährleistung eines menschenwürdigen Existenzminimums (Art. 1 Abs. 1 i.V.m. Art. 20 Abs. 1 GG) entnommenen prozeduralen Anforderungen an das Gesetzgebungsverfahren, wonach der Gesetzgeber ein zur Bemessung des Existenzminimums im Grundsatz taugliches Berechnungsverfahren gewählt, die (diesem Verfahren zugrunde liegenden) erforderlichen Tatsachen im Wesentlichen vollständig und zutreffend ermittelt und sich in allen Berechnungsschritten mit einem nachvollziehbaren Zahlenwerk innerhalb dieses gewählten Verfahrens und dessen Strukturprinzipien im Rahmen des Vertretbaren bewegt haben muss, prüft das Verfassungsgericht gleichermaßen durch dementsprechende Sachaufklärung.[937] Hier ersetzt das Gericht die Tatsachenfeststellungen des Gesetzgebers in der Sache also nicht durch seine eigenen Feststellungen, sondern stellt es die genannten gesetzgeberischen *Ermittlungsmaßnahmen und -ergebnisse selbst* als entscheidungserhebliche Tatsachen fest, um sie anschließend unter die einschlägige Verfassungsnorm zu subsumieren.

Dieser Fall ist mithin von den hier relevanten Konstellationen, in denen bereits der Gesetzgeber solche Tatsachen festgestellt hat, die auch aus Sicht des Verfassungsgerichts entscheidungserheblich sind, zwingend zu unterscheiden: Eine beweisrechtliche Übernahme(-pflicht) des Gerichts kommt überhaupt nur in Bezug auf derart entscheidungserhebliche Tatsachenfeststellungen des Gesetzgebers in Betracht. Stellt das Gericht hier eigene Ermittlungen an, bedeutet das wiederum *nicht* die *Kontrolle* der gesetzgeberischen Feststellungen[938], sondern die prozessuale Vorstufe der dem Gericht aufgetragenen *Rechts*prüfung.

Bevor im Folgenden also die *Befugnis* des Verfassungsgerichts zur Übernahme entscheidungserheblicher Tatsachenfeststellungen des Gesetzgebers untersucht werden soll[939], gilt es nach einer entsprechenden *Verpflichtung* des Gerichts zu

---

sungsgericht in seinem Urteil zur Absenkung der Eingangsbesoldung in Baden-Württemberg, BVerfG, NVwZ 2019, 152 (155 Rn. 21), dazu auch unten S. 265 f.

[936] So jüngst BVerfG, NVwZ 2019, 152 (155, 157 ff.), zur Absenkung der Eingangsbesoldung in Baden-Württemberg; vgl. auch bereits BVerfGE 139, 64, (126 f., 142); weitere Nachweise für die Annahme prozeduraler Anforderungen an das Gesetzgebungsverfahren aus der Rspr. der Verfassungsgerichte (auch der Länder) liefert BVerfG, NVwZ 2018, 1703 (1709 Rn. 178), zur Volkszählung 2011.

[937] So etwa geschehen in BVerfGE 125, 175 (226, 232 ff.), m.w.N. Vgl. i.Ü. auch BVerfG, NVwZ 2018, 1703 (1722).

[938] In diesem Sinne auch *Korinek,* in: 40 J. GG, S. 107 (111 ff.).

[939] S. sogleich im Text S. 200 ff.

fragen („Sachverhaltsbindung"). Eine solche Pflicht ließe ohne Weiteres die Beweisbedürftigkeit der bereits festgestellten Tatsachen entfallen und suspendierte
zugleich in entsprechendem Umfang den Untersuchungsgrundsatz des § 26 Abs. 1
S. 1 BVerfGG.

b) Pflicht zur Übernahme gesetzgeberischer Sachverhaltsfeststellungen?

Dem geschriebenen Verfassungsprozessrecht lässt sich eine Pflicht zur Übernahme gesetzgeberischer Sachverhaltsfeststellungen nicht entnehmen. Auch geht
die jedenfalls heute herrschende Meinung – zu Recht – davon aus, dass das Bundesverfassungsgericht an die Tatsachenfeststellungen des Gesetzgebers nicht gebunden sei (wobei diese Beobachtung uneingeschränkt nur für vergangene wie
gegenwärtige Tatsachen gelten kann, schließlich bleiben zukünftige Tatsachen in
Rechtsprechung und Lehre weitestgehend unerwähnt bzw. werden nicht als
„Tatsachen" im Rechtssinne verstanden[940]).[941] Dem entspricht das Scheitern eines Antrags des damaligen Bundestagsabgeordneten *Dichgans* in 1970, mit dem
dieser de lege ferenda die Statuierung einer solche Bindung erreichen wollte –
was nicht zuletzt von *Friesenhahn* als Angriff auf die Institution der Verfassungsgerichtsbarkeit und „absolut verfassungswidrig" zurückgewiesen worden war.[942]

Tatsächlich könnte das Gericht die ihm durch die Verfassung übertragene Kontrollfunktion nicht erfüllen, wäre es an die Sachverhaltsannahmen des Gesetzgebers gebunden.[943] Denn vermögen es nur bestimmte Tatsachen, eine gesetzliche

---

[940] S. dazu oben S. 39 ff.

[941] Statt aller *Bickenbach*, Einschätzungsprärogative, S. 486; *Brink*, in: Linien, S. 3
(9, 14); *Engelmann*, Prozeßgrundsätze, S. 55 f.; *Haberzettl*, in: B/D/S, § 26 Rn. 12;
ders., NVwZ-Extra 2015, 1 (1); *Klein*, in: Maunz u. a., § 26 Rn. 5 (Stand: Januar 1987);
Kluth, NJW 1999, 3513 (3514); *Meskouris*, in: Barczak, § 26 Rn. 7; auch zum früheren
Meinungsstand *Ossenbühl*, in: 25 J. BVerfG I, S. 458 (466 ff. und 478 ff., insb. 484);
sowie *Philippi*, Tatsachen, S. 186 ff. Auch das Verfassungsgericht selbst hält sich insofern für nicht gebunden; deutlich BVerfGE 106, 62 (150 f.); auch lässt sich dies bereits
der Rechtsprechungsanalyse von *Philippi*, a. a. O., passim, entnehmen.

[942] Der ehemalige Abgeordnete *Dichgans* schlug im Rahmen der Beratung des Vierten Gesetzes zur Änderung des BVerfGG vor, einen § 26a Abs. 1 BVerfGG mit folgendem Inhalt einzuführen: „Bei der Entscheidung über die Gültigkeit eines Gesetzes ist
das Bundesverfassungsgericht an Tatsachenfeststellungen des Gesetzgebers und seine
Annahmen über die zu erwartende Entwicklung, die dem Gesetz zugrunde liegen, gebunden. Dies gilt nicht, wenn das Gericht feststellt, daß der Gesetzgeber mißbräuchlich
von offenbar unrichtigen Tatsachenfeststellungen ausgegangen ist." (Zitat nach *Geck*
bei *Philippi*, Tatsachen, S. V); ausführlich dazu *Ossenbühl*, in: 25 J. BVerfG I, S. 458
(462); *Stuttmann*, Gestaltungsfreiheit, S. 159 f.; s. ferner *Kluth*, NJW 1999, 3513
(3515).

[943] Hierzu bereits ausführlich und in der Sache überzeugend *Ossenbühl*, in: 25 J.
BVerfG I, S. 458 (467 ff.). Ähnlich auch *Bickenbach*, Einschätzungsprärogative, S. 486,
der die „grundrechtlich induzierte Pflicht [des Verfassungsgerichts] zur Sachverhaltsaufklärung" im „Grundsatz der Gewaltenteilung als Teil des Rechtsstaatsprinzips" ver-
ankert; sowie *Brink*, in: Linien, S. 3 (13); *Haberzettl*, NVwZ-Extra 2015, 1 (3); *Kluth*,

Regelung gemäß der Verfassung zu rechtfertigen, ist die Verfassungsmäßigkeit dieser Regelung zwingend davon abhängig, dass jene Tatsachen wirklich gegeben und nicht nur seitens des Gesetzgebers „in vertretbarer Weise" angenommen worden sind.[944] Seine Rechtskontrolle verkäme zu einer Farce, wäre es dem Bundesverfassungsgericht nicht gestattet, auch das Vorliegen der tatsächlichen Voraussetzungen der Verfassungsmäßigkeit der angegriffenen Norm anhand eigener Ermittlungen zu prüfen. Letztlich verliehe eine Bindung an die gesetzgeberischen Tatsachenfeststellungen dem Verfassungsgericht in Normenkontrollverfahren den Charakter einer Revisionsinstanz – ohne dass dieses jedoch einer gerichtlichen Tatsacheninstanz, welche den entscheidungserheblichen Sachverhalt unabhängig und in der Sache erschöpfend feststellt, nachgeschaltet wäre. Da sich indes nur durch eine umfassende tatsächliche Prüfung wirksamer Rechtsschutz gewährleisten lässt, wäre die Installierung einer Tatsacheninstanz Voraussetzung der Beschränkung der verfassungsgerichtlichen Prüfung auf eine bloße Rechtskontrolle.[945] Mithin steht auch das Gebot wirksamen Rechtsschutzes einer solchen Beschränkung in Normenkontrollverfahren entgegen.[946]

Diese Erwägungen gelten für sämtliche Tatsachen, die von der Verfassung als Kriterium der Verfassungsmäßigkeit bzw. -widrigkeit der angegriffenen Norm einbezogen werden, das heißt entscheidungserheblich sind.[947] Nach hier vertretener Auffassung scheidet sonach insbesondere auch eine Bindung des Gerichts an die Feststellung *zukünftiger* Tatsachen durch den Gesetzgeber aus, soweit diese für die Verfassungsmäßigkeit der angegriffenen Norm von Belang sind.[948]

Ob auch die herrschende Meinung zu diesem Schluss gelangt, ist fraglich. Diese unterscheidet grundsätzlich zwischen Tatsachenfeststellungen einerseits und Prognoseentscheidungen des Gesetzgebers andererseits – wobei sich letztere auf „zukünftige Tatsachen" beziehen.[949]

Sofern zukünftigen Tatsachen danach per se eine Sonderrolle im Prozess eingeräumt respektive sie gerade *nicht* als Tatsachen im Rechtssinne behandelt werden, stellt sich durchaus die Frage, ob das Gericht im Prozess zur Feststellung selbiger berufen ist. Jedenfalls bei einer Klassifizierung zukünftiger Sachverhalte

---

NJW 1999, 3513 (3514). S. ferner grundsätzlich zur Bedeutung der Tatsachenfeststellung in Normenkontrollverfahren oben S. 73 ff.

[944] Vgl. die ähnliche Argumentation zur Rechtfertigung der verfassungsgerichtlichen Kontrolle speziell gesetzgeberischer Prognosen von *Benda/Klein*, Rn. 311.

[945] In diese Richtung schon *Engelmann*, Prozeßgrundsätze, S. 55, m.w.N.: „Es bedarf im gerichtlichen Instanzenzug mindestens einer Tatsacheninstanz mit der Befugnis zur unabhängigen Entscheidung über heranzuziehende Beweismittel."

[946] S. dazu bereits oben S. 124 f.

[947] Zumindest in diese Richtung auch *Gusy*, Gesetzgeber, S. 165.

[948] S. zur Rechtsnatur sowie Bedeutung zukünftiger Tatsachen im Verfassungsprozess oben S. 39 ff.

[949] S. oben S. 42 ff.

als reine „Wertungen"[950] liegt dies fern. Schließlich obliegt dem Verfassungsgericht nach dem Grundgesetz (einzig) die Aufgabe der „Rechtsprechung" (Art. 92, 93 GG) und lassen sich Wertungen per se gerade nicht als „recht" oder „unrecht", „richtig" oder „falsch", begreifen.[951] Die Kompetenz scheint hier also dem Gesetzgeber zuzustehen, welcher dazu berufen ist, das politische Geschehen aktiv zu entwickeln.

An dieser Stelle wirkt sich das hier vertretene weite Verständnis des Begriffs der Tatsache als Gegenstand des Beweises somit unmittelbar auch auf das Verständnis des (Beweis-)Rechts aus. Zwar gehen auch Rechtsprechung und Lehre überwiegend davon aus, dass das Gericht „Prognoseentscheidungen" zu „kontrollieren" habe, soweit die Verfassung zukünftige Sachverhalte zum Kriterium für die Verfassungsmäßigkeit der angegriffenen Norm macht.[952] Allerdings bleibt dabei weitestgehend unklar, ob die dem Verfassungsgericht zugebilligte „Kontrolle" insofern tatsächlich auch und gerade das *Prognoseergebnis* – also die Feststellung der zukünftigen Tatsache an sich – einbeziehen können oder aber auf die sog. *Prognosebasis* – das heißt die Feststellung der Rahmenannahmen und Datengrundlage des wissenschaftlichen Prognoseverfahrens als „Indiztatsachen", die ihrerseits stets vergangen oder gegenwärtig (wenngleich zu Teilen generell) und damit unstreitig Tatsachen sind – beschränkt sein soll.[953] Würde das

---

[950] So wohl *Klein*, in: Maunz u. a., § 26 Rn. 7 f. (Stand: Januar 1987); ähnlich auch *Benda/Klein*, Rn. 310.

[951] In diesem Sinne etwa *Gusy*, Gesetzgeber, S. 173 und 179 ff., der denn auch davon spricht, dass „wertende Elemente [...] ausschließlich dem Parlament zu[stünden]" (a. a. O., 173); ferner bereits *Klein*, in: Maunz u. a., § 26 Rn. 7 (Stand: Januar 1987): „Die Wertung kann dem BVerfG nur im Hinblick auf etwaige Verfassungsverstöße obliegen. Die politische Wertung ist dagegen Sache der anderen, dazu berufenen Verfassungsorgane.", wobei dieser freilich zu Recht darauf hinweist, dass es „[e]ine reinliche abstrakte Grenzziehung [...] insoweit allerdings nicht geben [könne], weil rechtliche und politische Wertung in verfassungsrechtlichen Fragen häufig eng ineinander verwoben sind".

[952] Vgl. nur *Benda/Klein*, Rn. 311; *Bickenbach*, Einschätzungsprärogative, S. 488 f.; wohl auch *Klein*, in: Maunz u. a., BVerfGG, § 26 Rn. 8 (Stand: Januar 1987); *Meskouris*, in: Barczak, § 26 Rn. 7; eingeschränkt auch *Gusy*, Gesetzgeber, S. 179 ff.; *Ossenbühl*, in: 25 J. BVerfG I, S. 458 (497, 503); aus der Rspr. BVerfGE 50, 290 (332 f.); 106, 62 (150 f.).

[953] Vgl. nur *Klein*, in: Maunz u. a., § 26 Rn. 8 (Stand: Januar 1987): „Erhebliche Bedenken ergeben sich dann, wenn das Gericht seine eigenen Wertungen oder – möglicherweise mit gleich großen Unsicherheiten behafteten – Einschätzungen über die Entwicklung an die Stelle derjenigen des Gesetzgebers setzen würde."; unklar etwa auch *Meskouris*, in: Barczak, § 26 Rn. 7; *Walter*, in: ders./Grünewald, § 26 Rn. 2. Eine positive Ausnahme bildet *Brink*, in: Linien, S. 3 (9, 14), der sich gegen jegliche Bindung an Prognosen des Gesetzgebers ausspricht. S. zur (unklaren) Rspr. des Verfassungsgerichts sogleich im Text. S. ferner zu der Differenzierung zwischen Prognoseverfahren und -ergebnis instruktiv *Hoppe*, in: 25 J. BVerwG, S. 295 (309); s. auch *Schmidt-Aßmann*, in: Maunz/Dürig, GG, Art. 19 Abs. 4 Rn. 200 ff. (Stand: Juli 2014), der begrifflich zwischen Prognosebasis, -verfahren und -ergebnis differenziert. Das Prognoseverfahren als konkrete Methode der Schlussfolgerung (wie etwa das sog. Modellverfahren, das auf

Prognoseergebnis demgemäß als nicht überprüfbar gewertet, bedeutete dies letztlich doch, dem Verfassungsgericht die Befugnis zur eigenen Feststellung zukünftiger Tatsachen abzusprechen. Das Gericht wäre bei seiner Entscheidung anders gewendet an die entsprechenden Feststellungen des Gesetzgebers gebunden.

Gegen eine solche Bindung spricht allerdings hier wie dort die Gewährleistung einer *wirksamen Rechtskontrolle* auch gegenüber dem Gesetzgeber.[954] Die Kontrolle wäre ausgehöhlt, würden dem Gericht „Prognoseentscheidungen" diktiert, die ihrerseits die gerichtliche Sachentscheidung determinieren. Dies gilt sowohl für die Prognosebasis als auch das Prognoseergebnis.

Der eigenverantwortlichen Feststellung zukünftiger Tatsachen durch das Verfassungsgericht steht darüber hinaus auch in Normenkontrollverfahren nicht die *Kompetenzordnung* des Grundgesetzes entgegen. Zwar ist es dem Verfassungsgericht danach untersagt, die Ziele der Politik (durch eigene Wertungen) mit zu definieren; diese Aufgabe obliegt allein dem Gesetzgeber.[955] Allerdings sind zukünftige Tatsachen an sich, wie dargelegt[956], gerade *keine Wertungen,* sondern lassen sie sich (ex post) eindeutig als wahr verifizieren; ausschließlich wertenden Charakter hat insofern – ex ante wie ex post – allein die Entscheidung, ob der antizipierte Zustand „gut" oder „schlecht" ist bzw. welcher Zustand „besser" oder „schlechter" ist als der andere.[957]

Dass der *Feststellung* der zukünftigen Tatsache ex ante stets auch ein wertendes Moment innewohnt, macht diese keineswegs selbst zu einer Wertung.[958] Mit den überzeugenden Ausführungen von *Schlink* betreffend den grundsätzlichen Unterschied zwischen Prognosen (als der Feststellung zukünftiger Tatsachen) und Bewertungen (hier nur zu verstehen als die bewertende Sachentscheidung an sich) lässt sich insofern festhalten: „Bei Prognosen geht es um objektive Wahrheit, bei Bewertungen um subjektive Entscheidung. Prognosen treffen zu oder treffen nicht zu, und ob sie zutreffen oder nicht zutreffen, lehrt die Wirklichkeit. Bewertungen bewähren sich oder bewähren sich nicht, indem sie Zustimmung oder Ablehnung finden, und Zustimmung oder Ablehnung bedeutet, daß andere ebenso bzw. anders entscheiden. Beidemal waltet Rationalität, aber beidemal

---

der Extrapolation von stochastischen Prozessen beruht; s. dazu Philippi S. 129 ff.) wird in dieser Untersuchung indes unter den Begriff der Prognosebasis subsumiert. Ähnlich *Bickenbach,* Einschätzungsprärogative, S. 131.

[954] Vgl. zum Gebot wirksamen Rechtsschutzes oben S. 123 ff., s. ferner 127 (Gebot materieller Gerechtigkeit).

[955] Statt aller *Kirchhof,* in: Urteilsverfassungsbeschwerde, S. 71 (78).

[956] S. zur Kategorie der zukünftigen Tatsachen bereits oben S. 39 ff.

[957] Vgl. in diesem Zusammenhang instruktiv *Schlink,* in: 50 Jahre BVerfG II, S. 445 (455 ff.). Zur Grenzziehung zwischen Tatsachen und reinen Werturteilen, die im Einzelfall außerordentlich schwierig sei, aus dem Verwaltungsprozessrecht auch *Nierhaus,* Beweismaß, S. 32.

[958] S. dazu bereits oben S. 47.

eine verschiedene; die Rationalität der Bewertung und Abwägung, des Werbens um und des Erreichens von Zustimmung ist die der Politik, die Rationalität der Prognose, der Wahrheitssuche und -findung die der Wissenschaft."[959] Trifft das Gericht die entsprechende Feststellung der zukünftigen Tatsache (stellt es also eine eigene Prognose an), greift es mithin auch nicht in die Entscheidungshoheit des Gesetzgebers über (solange es diesem die Entscheidung überlässt, welche die „gerechteste, zweckmäßigste und vernünftigste Lösung"[960] im Umgang mit dem zu gestaltenden Lebenssachverhalt ist).[961] Vielmehr erfüllt es mit eigenen Feststellungen die ihm eigene Aufgabe, den für die Beurteilung der Verfassungsmäßigkeit eines Gesetzes entscheidungserheblichen Sachverhalt zu ermitteln (vgl. insb. § 26 Abs. 1 S. 1 BVerfGG).[962]

Ferner lässt sich auch nicht von dem Umstand als solchem, dass jede Prognose (sonach auch die gerichtliche) ein wertendes Element enthält, auf die fehlende Kompetenz des Gerichts zur eigenen „Prognoseentscheidung" (betreffend Prognosebasis und -ergebnis) rekurrieren. Vielmehr wohnen der Tatsachenfeststellung als einer gedanklichen Schlussfolgerung (Beweiswürdigung!) stets – auch in Bezug auf vergangene wie gegenwärtige Tatsachen – Elemente des Wertens inne, ist doch „objektive Erkenntnis [...] mit menschlichem Maß nicht zu haben"[963].[964] Hängt also die Feststellung vergangener sowie gegenwärtiger Tatsachen ebenfalls von Wertungen[965] ab, zeigt sich deutlich, dass dies kein Kriterium

---

[959] *Schlink,* in: 50 Jahre BVerfG II, S. 445 (455).

[960] BVerfG, NVwZ 2019, 152 (154).

[961] Vgl. insofern das Sondervotum von *Limbach* in BVerfGE 94, 115 (158) – die hier geübte Kritik an der Zurückhaltung des Senats, eigene Feststellungen zu treffen, entspricht der dargestellten Differenzierung zwischen zukünftigen Tatsachen und Wertungen –: „Der Senat [...] vernachlässigt jedoch die Eigenart dieser subsumierenden Tätigkeit. Der Gesetzgeber hat einen von ihm zu ermittelnden Sachverhalt Tatbestandsmerkmalen eines Grundrechtsartikels zuzuordnen und zu würdigen. Die auf diese Weise vorzunehmende Qualifikation kann nur im bejahenden oder verneinenden Sinn erfolgen. Konkurrierende, mit dem Grundgesetz vereinbare Regelungsalternativen stehen nicht zur Debatte. Daher sind die vom Senat aus der allgemeinen politischen Handlungsautonomie des Gesetzgebers abgeleiteten Argumente über dessen Entscheidungs- und Wertungsspielraum nicht stichhaltig. Diese sind nur bei einer gestaltenden Tätigkeit einschlägig, bei der es grundsätzlich Sache des Gesetzgebers ist, zwischen möglichen Alternativen bei der Konkretisierung eines Grundrechts zu wählen." S. ferner BVerfGE 7, 377 (412). A. A. wohl (im Wesentlichen ohne Begründung) *Meskouris,* in: Barczak, § 26 Rn. 7: „Wollte das Gericht [die gesetzgeberischen Prognosen über generelle Sachverhalte] regelmäßig neu erheben, würde es legislative Kompetenzen usurpieren."

[962] Vgl. zu dieser Aufgabe oben S. 105 ff. u. 129 f.; sowie *Bickenbach,* Einschätzungsprärogative, S. 488; *Brink,* in: Linien, S. 3 (29 f.); *Kluth,* NJW 1999, 3513 (3514); *Zuck,* JZ 2008, 287 (293, 295); vgl. auch *Lechner/Zuck,* § 26 Rn. 5.

[963] *Gärditz,* in: FS Puppe, S. 1557 (1571).

[964] S. dazu bereits oben S. 47. Vgl. ferner grundlegend zur Bestätigung von Sachverhaltsannahmen durch Erschließen *Koch/Rüßmann,* Begründungslehre, S. 277 ff.

[965] Diese sind als Bestandteil der Tatsachenfeststellung von den zuvor beschriebenen reinen Bewertungen zu unterscheiden.

für die Annahme einer entsprechenden gesetzgeberischen „Feststellungshoheit" sein kann – will man den Gesetzgeber nicht von jeglicher an der Wirklichkeit orientierten Rechtskontrolle freizeichnen. Wertungen bei der Feststellung von Tatsachen – auch zukünftigen Tatsachen – sind demgemäß durchaus Teil des Rechtsprechungsauftrags des Bundesverfassungsgerichts. Umfang und Grenzen dieser Wertungen ergeben sich (allein) aus dem geltenden Beweisrecht.

Abzugrenzen sind derartige, die objektive Sachentscheidung „anleitende" Wertungen allein von *im Kern subjektiven* Sachentscheidungen: Steht im Prozess etwa die Auswahl zwischen mehreren zulässigen Handlungsvarianten des Gesetzgebers in Rede, stellt die Auswahlentscheidung selbst, das heißt das *Ergebnis* der Entscheidung, eine Wertung dar. Damit ist sie als solches keine Tatsachenfeststellung respektive kein Beweisgegenstand; diesbezüglich kommt dem Gesetzgeber die alleinige Entscheidungskompetenz zu.[966] An die (auf Wertungen basierende) Feststellung vergangener, gegenwärtiger oder zukünftiger *Tatsachen* durch den Gesetzgeber ist das Gericht dagegen nicht gebunden.

Auch die Rechtsprechung des Bundesverfassungsgerichts lässt sich mit der hier vertretenen Auffassung einer nicht durch die Tatsachenfeststellung des Gesetzgebers begrenzten gerichtlichen Untersuchungspflicht soweit ersichtlich in Einklang bringen. Zwar unterscheidet auch das Gericht zwischen Tatsachenfeststellungen einerseits und Prognoseentscheidungen (des Gesetzgebers) andererseits. Eine Bindung an die gesetzgeberischen Feststellungen lehnt es dabei expressis verbis nur in Bezug auf vergangene wie gegenwärtige Tatsachen ab[967]; weniger eindeutig sind seine Ausführungen hinsichtlich Prognoseentscheidungen. So heißt es etwa in dem den Umgang des Gerichts mit Sachverhaltsfragen in Normenkontrollverfahren beispielhaft thematisierenden Altenpflegeurteil aus 2002: „Die Kontrolle [der Vorgaben des Art. 72 Abs. 2 GG] obliegt dem Bundesverfassungsgericht. *Soweit es hierzu der Feststellung gegenwärtiger oder vergangener Tatsachen bedarf,* um die vom Gesetzgeber aufgeführten Umstände auf ihre Richtigkeit oder Vollständigkeit zu überprüfen, *unterliegt das Gericht keinen Beschränkungen.* [...]. *Dies gilt in gleicher Weise für Tatsachenfeststellungen als Grundlage prognostischer Entscheidungen.*"[968] Ausdrücklich bezieht sich das Gericht dabei also nur auf die jeweilige Prognosebasis (= „Tatsachenfeststellun-

---

[966] Eine ähnliche Abgrenzung nimmt *Limbach* in ihrem Sondervotum zu BVerfGE 94, 115 (158), vor. In diesem Punkt ähnlich auch *Gusy,* Gesetzgeber, S. 173, der von der „Auswahlkompetenz" des Gesetzgebers spricht; vgl. zudem *Schlink,* in: 50 Jahre BVerfG II, S. 445 (455 ff.).

[967] Dies tut es denn aber vehement, vgl. auch *Bull,* in: FS Koch, S. 29 (39), der zutreffend bemerkt, das „BVerfG [habe] seine Befugnis, die tatsächlichen Annahmen des Gesetzgebers zu überprüfen, energisch verteidigt", was gerade auch der Streit über den Vorschlag des Abgeordneten *Dichgans* zeige.

[968] BVerfGE 106, 62 (151) – Altenpflegegesetz (Kursivsetzung durch Verf.). Ähnlich schon E 50, 290 (332 ff.).

gen als Grundlage prognostischer Entscheidungen"). An dieser Stelle lässt das Gericht mithin offen, ob es sich überdies dazu berufen sieht, das Prognoseergebnis des Gesetzgebers zu überprüfen, besser: eigene Prognoseentscheidungen zu treffen. Im Ergebnis kann jedoch auch daran kein Zweifel bestehen, hat doch das Gericht immer wieder (auch im Altenpflegeurteil selbst) eigene Prognoseentscheidungen in Normenkontrollverfahren getroffen – und zwar selbst dann, wenn der Gesetzgeber in der gleichen Frage bereits eine Prognose vorgenommen hatte.[969]

Anders verfährt das Gericht nur, soweit es dem Gesetzgeber nach materiellem Recht einen Prognosespielraum[970] zubilligt.[971] Dieser beschränkt die Befugnisse des Gerichts indes nicht erst auf Ebene des Beweises, sondern bereits auf Ebene der materiellen Kontrolle und ist daher von den aus hiesiger Sicht fraglichen Bindungen des Gerichts bei der Sachaufklärung abzugrenzen.

Im Ergebnis scheidet eine Übernahmepflicht des Bundesverfassungsgerichts betreffend gesetzgeberische Sachverhaltsfeststellungen im Rahmen seiner materiellen Prüfungskompetenz sonach vollumfassend aus.

c) Exkurs: Tatsachenbezogene Einschätzungsspielräume des Gesetzgebers

aa) Überblick

Legislative Prognose-, wie auch Beurteilungs- und Gestaltungsspielräume, die hier insgesamt als Einschätzungsspielräume bezeichnet werden sollen,[972] tangieren nicht erst den Untersuchungsauftrag des Verfassungsgerichts gemäß § 26 Abs. 1 S. 1 BVerfGG, sondern reduzieren richtigerweise schon den bei der Prüfung der angegriffenen Norm anzulegenden materiellen Kontrollmaßstab[973].

---

[969] Vgl. nur die eindrücklichen Untersuchungen von *Philippi*, Tatsachen, S. 56 ff., 191; sowie *Thierfelder,* JurA 1970, 879 (897 ff.), deren Beobachtungen sich seither bestätigt haben: s. nur BVerfGE 106, 62 (158 ff.); 143, 216 (Rn. 57 ff.).

[970] Dieser wird zuweilen auch als Einschätzungsprärogative bezeichnet, so etwa *Augsberg/Augsberg,* VerwArch 2007, 290 (297).

[971] So z. B. jüngst BVerfG, NVwZ 2018, 1703 (1708, 1723 ff.) – Volkszählung 2011; vgl. auch BVerfGE 83, 130 (140 ff.) (hierzu etwa *Bickenbach,* Einschätzungsprärogative, S. 131 f.); E 99, 367 (389 f.). Zum Ganzen sogleich im Text auf S. 185 ff.

[972] Ausführlich zur Terminologie in der Verfassungsrechtsprechung etwa *Bickenbach,* Einschätzungsprärogative, S. 128 ff., der selbst den Begriff der Einschätzungsprärogative als Oberbegriff für Prognose-, Beurteilungs-, Gestaltungsspielräume verwendet (a. a. O., S. 133); sowie *Meßerschmidt,* Ermessen, S. 251 ff.

[973] So überzeugend *Jestaedt,* DVBl. 2001, 1309 (1317), m.w.N.; ähnlich für die vergleichbare Konstellation im Verwaltungsprozessrecht wohl auch *Schmidt-Aßmann,* in: Maunz/Dürig, GG, Art. 19 Abs. 4 Rn. 200 (Stand: Juli 2014). Nach wohl herrschender Auffassung reduziert der Prognosespielraum die Kontrolldichte, was freilich gleichermaßen von der beweisrechtlichen Bindung an die Sachverhaltsfeststellungen Dritter bei der richterlichen Sachaufklärung abzugrenzen ist, vgl. zur h. M. statt aller BVerfGE 91,

Dass das Gericht etwa bei Annahme eines Prognosespielraums auf die Feststellung eigener Prognoseergebnisse vollständig „verzichtet", bedeutet also auch keine (Selbst-)Bindung des Gerichts *bei* der richterlichen Sachaufklärung:[974] (Nur) soweit das Gericht die angegriffene Norm auch in ihren prognostischen Elementen vollständig zu überprüfen gehalten ist, muss es – die gesetzgeberische Prognose nachvollziehend – letztlich selbst eine Prognoseentscheidung (respektive Tatsachenfeststellung) treffen; soweit ein gesetzgeberischer Prognosespielraum besteht, wird die begrenzte gerichtliche Kontrolle dagegen an besonderen *Prüfungsmaßstäben* orientiert.[975]

Diese – in Art und Umfang umstrittenen – Maßstäbe führen grundsätzlich von einer Evidenz- über eine Vertretbarkeits- bis hin zu einer intensivierten inhaltlichen Kontrolle (sog. Drei-Stufen-Lehre).[976] Die Prüfung des Bundesverfassungsgerichts verschiebt sich bei Annahme eines Prognosespielraums sonach bereits materiell; in der Konsequenz betrachtet das Verfassungsgericht die Tatsachenfeststellungen des Gesetzgebers, einschließlich dessen Prognosen, „aus einer anderen Perspektive".[977] Je nach dem, welchen Maßstab das Gericht bei seiner Prüfung anzulegen hat, erweisen sich letztlich also unterschiedliche Tatsachen als für die Verfassungsrechtsprüfung entscheidungserheblich. Gleiches gilt für sonstige

---

389 (401); 99, 367 (389); *Heun,* in: 50 Jahre BVerfG I S. 615 (637); *Schlaich/Korioth,* Rn. 537; aus dem Verwaltungsrecht *Gärditz,* in: DJT 2016, Bd. I, D 1 (D 54 ff.), der die Schaffung insb. von Beurteilungsspielräumen der Verwaltung als „entscheidende[n] Hebel" zur Steuerung der Kontrolldichte der Verwaltungsgerichte bezeichnet (a.a.O., D 55). Für eine weitreichende Analyse der Einschätzungsprärogative des Gesetzgebers s. i. Ü. *Bickenbach,* Einschätzungsprärogative.

[974] Unklar etwa *Meskouris,* in: Barczak, § 26 Rn. 7. Deutlich wird der Unterschied zwischen einem reduzierten materiellen Kontrollmaßstab und einer beweisrechtlich „beschränkten" richterlichen Sachaufklärung in BVerfGE 149, 407 (Rn. 16 ff.), s. dazu auch sogleich im Text; vgl. ferner *Kothe/Redeker,* Beweisantrag, S. 30.

[975] In diesem Sinne bereits zur Kontrolle der Verwaltung durch die Verwaltungsgerichtbarkeit *Schmidt-Aßmann,* in: Maunz/Dürig, GG, Art. 19 Abs. 4 Rn. 200 ff. (Stand: Juli 2014).

[976] Dazu statt aller *Augsberg/Augsberg,* VerwArch 2007, 290 (298); *Brunn,* NJOZ 2014, 361 (364 f.); *Bull,* in: FS Koch, S. 29 (41); *Starck,* in: HStR, Bd. XII, § 271 Rn. 54. Obgleich das Verfassungsgericht die im sog. Mitbestimmungsurteil (BVerfGE 50, 290 [332 f.]) entwickelte Drei-Stufen-Lehre in seinen Entscheidungen nicht immer stringent heranzieht, gilt sie noch heute; s. nur jüngst BVerfGE 123, 186 (241); BVerfG, NVwZ 2018, 1703 (1708 Rn. 73). Ausführlich zur Drei-Stufen-Lehre auch *Bickenbach,* Einschätzungsprärogative, S. 135 ff., wobei dessen (freilich schon in 2014) geäußerte Einschätzung, jene Lehre werde „seit 20 Jahren kaum noch an[gewendet]" (a.a.O., S. 527), nicht geteilt werden kann.

[977] In diesem Sinne auch *Haberzettl,* NVwZ-Extra 2015, 1 (3, Zitat ebd.). Vgl. auch BVerfG, NVwZ 2019, 152 (155), zur „auf eine Evidenzkontrolle beschränkten materiellen Dimension" des Alimentationsprinzips. Grundsätzlich dazu (wenngleich zum Verwaltungsrecht) BVerfGE 129, 1 (22): „Gerichtliche Kontrolle kann nicht weiter reichen als die materiellrechtliche Bindung der Instanz, deren Entscheidung überprüft werden soll."

legislative Einschätzungsspielräume. So hatte das Gericht etwa betreffend die Berücksichtigung des Einkommens eines Familienangehörigen bei der Grundsicherung in 2016 die gesetzlich festgelegte Bemessung des Existenzminimums aufgrund eines insofern angenommenen Gestaltungsspielraums des Gesetzgebers materiell allein daraufhin zu prüfen, ob die daraus resultierenden Leistungen „evident unzureichend" waren. Da Sozialleistungen nach Auffassung des Gerichts nur dann evident unzureichend sind, „wenn offensichtlich ist, dass sie in der Gesamtsumme keinesfalls sicherstellen können, Hilfebedürftigen in Deutschland ein Leben zu ermöglichen, das physisch, sozial und kulturell als menschenwürdig anzusehen ist"[978], musste das Gericht im Wege der Sachaufklärung (§ 26 Abs. 1 S. 1 BVerfGG) folglich auch „nur" ermitteln, ob dies der Fall war (nicht hingegen, ob die normierte Leistung tatsächlich den gesamten existenznotwendigen Bedarf eines konkreten Antragstellers oder gar jedes individuellen Grundrechtsträgers deckt).[979]

Zwar sind Natur und Reichweite gesetzgeberischer Einschätzungsspielräume damit wie erwähnt thematisch aus der hiesigen Untersuchung ausgenommen.[980] Es erscheint jedoch erforderlich, selbige kursorisch zu behandeln, soweit sie einen Tatsachenbezug aufweisen, da sie in diesem Fall naturgemäß mit der Frage der Sachaufklärung im Prozess eng verwoben sind.

bb) Bedeutung für das Beweisrecht: „Konkurrierendes" Mittel im Umgang mit tatsächlichen Unsicherheiten

Tatsächlich billigt das Gericht dem Gesetzgeber nicht selten *tatsachenbezogene* Einschätzungsspielräume[981] zu, die dieses gerade auch mit der (fehlenden)

---

[978] BVerfGE 142, 353 (372); ebenso bereits BVerfGE 137, 34 (75).

[979] BVerfGE 142, 353 (372 ff., insb. 374). Noch umfassender fielen die entsprechenden Ermittlungen in E 125, 175 (225 f., 229 ff.) – Hartz IV, aus; s. auch bereits E 137, 34 (74 f., 77 ff.). Weitere Beispiele einer aufgrund legislativer Einschätzungsspielräume reduzierten gerichtlichen Kontrolle finden sich bei *Augsberg/Augsberg,* VerwArch 2007, 290 (297 ff.), s. dort insb. auch Fn. 61 mit krit. Verweis auf die Entscheidung des BVerfG vom 29.12.2004 zum sog. Arbeitnehmerüberlassungsgesetz (BB 2005, 495 ff.). Vgl. i. Ü. *Kahl,* AöR 2005, 225 (260 f.), der in der materiell reduzierten Kontrolle des Gerichts im Kontext der Wissenschaftsfreiheit einen „Quasi-Freifahrtschein" für experimentelle Gesetzgebung sieht.

[980] S. zuvor im Text auf S. 175 ff.; insofern gilt es abermals auf die saubere Unterscheidung zwischen der hier behandelten Frage nach der Pflicht zur Übernahme der seitens des Gesetzgebers getroffenen Feststellung entscheidungserheblicher (auch zukünftiger) Tatsachen durch das Verfassungsgericht und der Frage nach der materiellen Kontrollkompetenz des Gerichts hinzuweisen.

[981] Der Terminus des tatsachenbezogenen Spielraums wird hier entsprechend dem dieser Untersuchung zugrunde liegenden Tatsachenbegriff (s. oben S. 35 ff.) weit verstanden. Nicht vollständig deckungsgleich daher *Bickenbach,* Einschätzungsprärogative, S. 128; *Meßerschmidt,* Ermessen, S. 948. Zu der im Verwaltungsrecht umstrittenen Frage, ob sich kontrollfreie Einschätzungsspielräume der *Verwaltung* auch auf die Er-

Möglichkeit des Gesetzgebers, „sich ein hinreichend sicheres [gemeint: Tatsachen-]Urteil zu bilden", begründet.[982] Derartige Spielräume beziehen sich also nicht nur *in finaler Hinsicht* respektive in ihrer *Rechtsfolge* auf Tatsachen (Prognosespielräume etwa betreffen primär das Prognoseergebnis respektive zukünftige Tatsachen; Beurteilungsspielräume betreffen nicht selten Kausalitätsfragen, also komplexe vergangene oder gegenwärtige Tatsachen), sondern bereits ihre *Begründung* weist mit der Rückkoppelung an die fehlende Möglichkeit der Sachverhaltsaufklärung einen nicht unerheblichen Tatsachenbezug auf.[983] In der Folge wirkt sich die Rechtsfigur des tatsachenbezogenen Einschätzungsspielraums wenngleich mittelbar, so doch in besonderem Maße auf das Beweisrecht aus:

Erstens verlagert sie die Frage der *praktischen* Beweisbarkeit „hypothetisch" erheblicher Tatsachen faktisch auf die Ebene der materiellen Kontrollkompetenz des Gerichts vor, mit der Folge, dass die Nichterweislichkeit selbiger schon ihre Entscheidungserheblichkeit im Prozess entfallen lässt.[984] Zu einer Aufklärung

---

mittlung von Tatsachen oder nur auf die Subsumtion des festgestellten Sachverhalts unter den gesetzlich festgestellten Tatbestand beziehen können, statt aller *Pache*, Abwägung, S. 42 ff.; zur (noch) h. M., die sich gegen die Zulässigkeit tatsachenbezogener Spielräume der Verwaltung ausspricht, *Pache*, a. a. O., S. 45 f. m. w. N.; a. A. *Gärditz*, in: DJT 2016, Bd. I, D 1 (D 58), unter Verweis auf das Bundesverwaltungsgericht sowie *Rennert*, in: DJT 2016, Bd. II/1, N 127 (N 138). Dass sich entsprechende Spielräume des *Gesetzgebers* auch auf die Ermittlung von Tatsachen (i. w. S.) beziehen können, ist dagegen der Sache nach anerkannt (s. nur *Klatt/Schmidt*, Spielräume, S. 3 f.; *Starck*, in: HStR, Bd. XII, § 271 Rn. 54; differenziert *Meßerschmidt*, a. a. O., S. 947 ff.) und soll auch hier nicht in Frage gestellt werden. Nach hier vertretener Auffassung ist insofern indes *vorzugswürdig*, den besonderen Gestaltungsauftrag des Gesetzgebers in Bezug auf Tatsachenfragen (erst) auf Ebene des Beweisrechts zu berücksichtigen (s. sogleich im Text).

[982] St. Rspr., s. nur BVerfGE 77, 170 (215); 88, 203 (262); 90, 145 (173); sowie die Nachweise in Fn. 971. Weitere Beispiele liefern auch *Augsberg/Augsberg*, VerwArch 2007, 290 (297 Fn. 41).

[983] Neben tatsachenbezogenen Spielräumen erkennt das Bundesverfassungsgericht vor allem abwägungsbezogene Spielräume des Gesetzgebers an, vgl. etwa BVerfGE 111, 333 (355) zur Regelung des Wissenschaftsbetriebs nach gesetzgeberischem Ermessen; BVerfG, NVwZ 2019, 152 (154), zur „verhältnismäßig weiten Gestaltungsfreiheit" des Gesetzgebers beim Erlass besoldungsrechtlicher Vorschriften, innerhalb derer „er das Besoldungsrecht den tatsächlichen Notwendigkeiten und der fortschreitenden Entwicklung anpassen und verschiedenartige Gesichtspunkte berücksichtigen darf": Hier überprüft das Bundesverfassungsgericht nicht, „ob der Gesetzgeber die gerechteste, zweckmäßigste und vernünftigste Lösung gewählt hat", m. w. N. Abwägungs- und tatsachenbezogene Spielräume greifen dabei oft ineinander, vgl. nur BVerfGE 83, 130 (141 f.) betreffend jugendgefährdende Schriften: „In einer solchen wissenschaftlich ungeklärten Situation ist der Gesetzgeber befugt, die Gefahrenlagen und Risiken abzuschätzen und zu entscheiden, ob er Maßnahmen ergreifen will oder nicht." Vgl. zu abwägungsbezogenen Spielräumen auch *Meßerschmidt*, Ermessen, S. 962 ff., 978, der indes von die Tatsachen- bzw. Prognosewürdigung betreffenden Spielräumen spricht.

[984] Vgl. auch *Brink*, in: Linien, S. 3 (14), der davon spricht, dass sich die „verfassungsgerichtliche Prüfung auf eine ‚zweite Ebene' [verlagere], aus Tatsachenfragen [würden] also Kompetenzfragen".

des Sachverhalts (oder einer Sachentscheidung nach den Grundsätzen der objektiven Beweislast[985]) kann es insofern nicht mehr kommen.

Führten danach bereits tatsächliche *Unsicherheiten* bei der Sachaufklärung (im Gesetzgebungsverfahren) *stets* zu materiellen Entscheidungsspielräumen des Gesetzgebers, wäre die Pflicht ebenso wie die Befugnis des Verfassungsgerichts zur Sachaufklärung in Normenkontrollverfahren letztlich gar vollständig *ausgehebelt* – schließlich gibt es den Zustand absoluter Sicherheit (mit dem Maß menschlicher Erkenntnis) nicht.[986]

Aber auch soweit legislative Entscheidungsspielräume nur im Falle *graduell gesteigerter* Unsicherheiten[987] angenommen würden, entfiele die verfassungsgerichtliche Aufgabe der Sachaufklärung in vielen Normenkontrollverfahren weitestgehend: Denn die in diesen Verfahren tatbestandlich besonders relevanten zukünftigen Wechselwirkungen des fraglichen Gesetzes auf die betroffenen Lebensbereiche werden zumeist ob ihrer Komplexität mit besonderer Unsicherheit behaftet sein, sich also ex ante allenfalls mit einfacher Wahrscheinlichkeit feststellen lassen.

Die *unbedingte Verknüpfung* von legislativen Spielräumen und tatsächlichen Unsicherheiten verstieße sonach ersichtlich gegen das Telos der Untersuchungspflicht des § 26 Abs. 1 S. 1 BVerfGG sowie – ob der Stellung des Gerichts als erste und einzige gerichtliche Instanz in den meisten Normenkontrollverfahren – auch unmittelbar gegen das Gebot wirksamen Rechtsschutzes: In seiner Ausprägung als Gebot umfassender (tatsächlicher) Nachprüfung verbietet dieses in jedem Fall, den entscheidungserheblichen Sachverhalt von vornherein jeglicher Aufklärung zu entziehen.[988]

Einen derartigen „Automatismus" bei der Begründung legislativer Einschätzungsspielräume kennt das Verfassungsrecht respektive das Bundesverfassungsgericht im Ergebnis zwar *nicht*. Vielmehr erklärt dieses ausdrücklich: „Ungewißheit [kann] nicht schon als solche ausreichen, einen verfassungsgerichtlicher Kontrolle nicht zugänglichen Prognosespielraum des Gesetzgebers zu begründen. […] Im einzelnen hängt die Einschätzungsprärogative des Gesetzgebers von Faktoren verschiedener Art ab, im besonderen von der Eigenart des in Rede stehenden Sachbereichs, den Möglichkeiten, sich ein hinreichend sicheres Urteil zu bilden, und der Bedeutung der auf dem Spiele stehenden Rechtsgüter."[989] Entscheidende

---

[985] S. dazu unten S. 333 ff.

[986] In diesem Sinne bereits *Petersen*, Verhältnismäßigkeit, S. 96.

[987] S. zu der Frage, ob Einschätzungsspielräume insofern einer „qualifizierten" Unsicherheit bedürfen, *Petersen*, Verhältnismäßigkeit, S. 96.

[988] Vgl. dazu oben S. 124 f.; s. ferner zur Rolle des Gerichts als erste Instanz S. 63 ff. I. Erg. wie hier wohl auch *Limbach* in ihrem Sondervotum in BVerfGE 94, 115 (160).

[989] BVerfGE 50, 290 (332); st. Rspr., vgl. statt aller jüngst BVerfG, NVwZ 2018, 1703 (1708), m.w.N.

Kriterien zur Annahme (tatsachenbezogener) legislativer Spielräumen sind sonach *neben* der tatsächlichen Unsicherheit die *Eigenart des in Rede stehenden Sachbereichs* sowie die *auf dem Spiel stehenden Rechtsgüter*.[990] Zudem kann sich der Hinweis auf ein „hinreichend sicheres" Urteil in diesem Zusammenhang denklogisch nur auf ein *Wahrscheinlichkeits*urteil beziehen, sodass jene Spielräume schon dann ausscheiden, wenn ein solches bezüglich der fraglichen Tatsache möglich erscheint. Im Altenpflegeurteil heißt es demgemäß: „Soweit [...] Unsicherheiten der Prognose durch gesicherte empirische Daten und verlässliche Erfahrungssätze ausgeräumt werden können, scheidet ein Prognosespielraum aus [...]."[991]

Dennoch lässt sich der Anwendungsbereich tatsachenbezogener Spielräume des Gesetzgebers angesichts der Vagheit der genannten Formeln[992] nicht mit Sicherheit feststellen und damit auch ein weitgehender „Verzicht" auf Sachaufklärung im Prozess nicht ausschließen.

Dieser Umstand leitet über zur *zweiten* – maßgeblichen – „Rolle", die der Argumentationsfigur des Einschätzungsspielraums im Beweisrecht zukommt: Soweit selbige tatsachenbezogen ist, stellt sie (faktisch) einen aktiven *Hebel der Reduzierung* richterlicher Amtsaufklärung dar.[993] Dies lässt die Reduzierung des

---

[990] Zu undifferenziert daher etwa *Meskouris,* in: Barczak, § 26 Rn. 7, sowie *Lenz/Hansel,* § 26 Rn. 7, die erklären, das Verfassungsgericht gestehe dem Gesetzgeber „bei der Beurteilung der Eignung und der Erforderlichkeit eines Gesetzes einen Beurteilungs- und Prognosespielraum zu und [werde] sich deshalb in der Regel nicht veranlasst sehen, zur Richtigkeit der gesetzgeberischen Einschätzung Beweis zu erheben". Freilich wählt das Gericht insofern zuweilen selbst zumindest missverständliche Formulierungen: In BVerfG, NVwZ 2018, 1703 (1708), erklärte es etwa, dass der Gesetzgeber den mit dem „prognostischen Charakter" einer Entscheidung verbundenen Anforderungen *„im Regelfall"* genüge, wenn er die ihm zugänglichen Erkenntnisquellen ausschöpfe.

[991] BVerfGE 106, 62 (151). Ungeachtet der Vagheit dieser Formeln bestätigen sie i. Ü. die vorstehende Analyse, dass die richterliche Feststellung zukünftiger Tatsachen auch in Normenkontrollverfahren erforderlich werden kann – und sich das Gericht dabei gerade nicht an die Feststellungen des Gesetzgebers gebunden sieht.

[992] Zum Problem der Konstruktion von Einschätzungsspielräumen anhand des Merkmals der tatsächlichen Unsicherheit instruktiv *Petersen,* Verhältnismäßigkeit, S. 96 f.

[993] Hiervon gehen auch *Gärditz,* in: FS Puppe, S. 1557 (1561 f.); *Haberzettl,* in: B/D/S, § 26 Rn. 6; *Lechner/Zuck,* § 26 Rn. 7; *Meskouris,* in: Barczak, § 26 Rn. 7; *Walter,* in: ders./Grünewald, § 26 Rn. 2; sowie *Zuck,* JZ 2007, 1036 (1039), aus; vgl. auch *Bull,* in: FS Koch, S. 29 (39), der bemerkt, das Gericht „respektier[e] grundsätzlich die Primärzuständigkeit des Gesetzgebers zur Einschätzung relevanter Sachverhalte [...], indem es ihm einen Beurteilungsspielraum konzediere". S. ferner *Brink,* in: Linien, S. 3 (13 f.). Ungeachtet jener „Hebelfunktion", die der Figur des Spielraums danach im Beweisrecht zukommt, sollten Beweisfragen und materielle Kontrollfragen (im Verhältnis von Bundesverfassungsgericht und Gesetzgeber) in der Lit. indes klarer voneinander abgegrenzt werden; wenn dem Bundesverfassungsgericht die Kompetenz zur Tatsachenfeststellung zugesprochen und jegliche Bindungen desselben insofern verneint werden, um „im nächsten Atemzug" auf umfassende Einschätzungsspielräume Dritter zu verweisen (so etwa *Meskouris,* ebd.; vgl. aber auch *Gärditz,* ebd.), wirkt dies doch zumin-

Kontrollmaßstabs bzw. der Kontrolldichte durch Anerkennung von Einschätzungsspielräumen als ein *eigenständiges Mittel im Umgang mit tatsächlichen Unsicherheiten im Prozess* erscheinen und tritt damit in direkte „Konkurrenz" zum klassischen Beweisrecht.[994]

Die Bedeutung jenes „Hebels" lässt sich auch und gerade bezüglich administrativer Einschätzungsspielräume im Verwaltungsprozessrecht[995] beobachten: Angesichts immer komplexer werdender Sachverhalte und damit korrelierender Beweisschwierigkeiten gerade im Umwelt- und Technikrecht wird dort der Ruf lauter, diesen Schwierigkeiten nicht erst auf Ebene der richterlichen Sachaufklärung, sondern schon durch die Anerkennung tatsachenbezogener Einschätzungsspielräume der Exekutive zu begegnen respektive die Kontrolldichte der Verwaltungsgerichte in konkreten Fällen *aufgrund* bestehender tatsächlicher Unsicherheiten zu drosseln.[996]

Wenngleich dieser Gedanke auch aus Sicht des mit faktischen Ungewissheiten (gerade in den die immer feiner ausdifferenzierte Gesellschaft in den Blick nehmenden Normenkontrollverfahren) im Vergleich zu anderen (Fach-)Gerichten un-

---

dest widersprüchlich. Vgl. auch *Bull,* in: FS Koch, S. 29 (39), der bemerkt, trotz Entscheidungserheblichkeit respektiere das Gericht „grundsätzlich die Primärzuständigkeit des Gesetzgebers zur Einschätzung relevanter Sachverhalte [...], indem es ihm einen Beurteilungsspielraum konzediere". S. ferner *Brink,* in: Linien, S. 3 (13 f.).

[994] In diesem Sinne bereits *Augsberg/Augsberg,* VerwArch 2007, 290 (insb. 292 ff.), deren Beitrag überdies die Nähe beider Ansätze (kontrollfreie Einschätzungsspielräume einerseits, Beweisregeln andererseits) als Instrumentarien im Umgang mit tatsächlichen Unsicherheiten im Prozess aufzeigt. Auch *Petersen,* Verhältnismäßigkeit, S. 83 ff., denkt die Auflösung empirischer Unsicherheiten *durch* die Konstruktion legislativer Einschätzungsspielräume an, S. 88 ff.

[995] Vgl. zu dieser in der verwaltungsgerichtlichen Rspr. fest etablierten Figur, die indes seit jeher umstritten ist, statt aller *Jacob/Lau,* NVwZ 2015, 241 ff., m.w. N.; das Bundesverfassungsgericht erkennt administrative Einschätzungsspielräume im Grundsatz seit Langem an; vgl. nur BVerfGE 61, 82 (111); 88, 40 (56); 113, 273 (310); 129, 1 (21 ff.). Begründete Kritik an der Reduzierung der Kontrolldichte in Fällen administrativer Beurteilungsspielräume übte bereits früh *Becker,* in: FS Simon, S. 623 (insb. 625 f., 661 ff.).

[996] Dazu ausführlich *Gärditz,* in: DJT 2016, Bd. I, D 1 (D 58 f., 69, 74 ff.), der im Ergebnis aber durchaus auch beweisrechtlichen Ansätzen im Umgang mit tatsächlichen Unsicherheiten zugetan ist; für eine Reduzierung der Prüfungsdichte der Verwaltungsgerichte im Umweltrecht ferner *Rennert,* in: DJT 2016, Bd. II/1, N 127 (N 138). S. darüber hinaus *Kahl,* VerwArch 2008, 451 (459 ff., 464 f.), der bereits früh einen ähnlichen Ansatz verfolgte in Bezug auf verwaltungsrechtliche Sittlichkeitsklauseln: Da diese richtigerweise durch auf Empirie gestützte Sachverhaltsermittlungen zu konkretisieren seien, könne es zu einer hohen Belastung der Verwaltungsgerichte durch Beweisaufnahmen, etwa aufwendige demoskopische Erhebungen, kommen, weshalb die Anerkennung eines Beurteilungsspielraums zu erwägen sei (dieser Spielraum zur Konkretisierung jener Klauseln sollte indes nicht der Verwaltung als solches zukommen, sondern einem erst zu etablierenden unabhängigen Expertengremium). Ob sich Einschätzungsspielräume der Verwaltung auf die Ermittlung von Tatsachen beziehen können, ist umstritten, s. dazu bereits Fn. 981.

gleich stärker konfrontierten Bundesverfassungsgerichts erwägenswert scheint,[997] birgt er hier doch die Gefahr der *willkürlichen Umgehung* des auch in Normenkontrollverfahren bestehenden Untersuchungsgrundsatzes (§ 26 Abs. 1 S. 1 BVerfGG) durch das Bundesverfassungsgericht selbst.[998] So könnte dieses dazu geneigt sein, jenen Hebel, sprich die Begründung von Einschätzungsspielräumen *im Einzelfall* gezielt dazu einzusetzen, sich seiner Aufgabe der Beweiserhebung in offenkundig komplexen Sachbereichen gänzlich zu entledigen.[999] Diese Gefahr, die sich auf das Gebot wirksamen Rechtsschutzes ebenso wie die objektive Rechtskontrolle an sich erstreckt,[1000] erhöht sich angesichts kaum greifbarer rechtlicher Maßstäbe zur Begründung (und Einhegung!) gesetzgeberischer Entscheidungsspielräume.[1001] So setzt das Bundesverfassungsgericht – welchem zudem die Kompetenz zur letztverbindlichen Auslegung des Verfassungsrechts und damit zur Weiterentwicklung anerkannter sowie Begründung neuer Spielräume des Gesetzgebers zukommt[1002] – die genannte Argumentationsfigur bereits bisher als einen „ubiquitären Entscheidungsgesichtspunkt" seiner Rechtsprechung ein.[1003] Gerade auch die zitierte Formel, der zufolge Einschätzungsprärogativen

---

[997] Der spezifisch beweisrechtliche Ansatz dieser Untersuchung schließt weitere Ausführungen hierzu aus; vgl. dazu instruktiv *Augsberg/Augsberg,* VerwArch 2007, 290 (291, 297 ff.).

[998] Diese Gefahr besteht im Verwaltungsprozess bezüglich administrativer Einschätzungsspielräume grds. nicht, da deren Anerkennung nicht seitens der Gerichte selbst erfolgt, sondern an strenge Anforderungen (insb. an eine einfachgesetzliche Ermächtigung) geknüpft ist. S. dazu statt aller *Rennert,* in: DJT 2016, Bd. II/1, N 127 (N 138), m.w.N.; aus der Rspr. BVerfGE 129, 1 (22 f.).

[999] Hierauf deutet es etwa hin, wenn das Gericht bemerkt, „je höher sich die Komplexität einer Materie [ausnehme], desto größer [sei] der Einschätzungs- und Gestaltungsspielraum des Gesetzgebers" (BVerfG, NVwZ 2018, 1703 [1708]); krit. dazu auch *Augsberg/Augsberg,* VerwArch 2007, 290 (298 f. mit Fn. 51); *Zuck,* JZ 2007, 1036 (1039). Ein Beispiel entsprechender „Willkür" liefert BVerfGE 93, 248 – Sudanesen, s. dazu das Sondervotum von *Sommer* (a.a.O., S. 258 ff.), das der Entscheidung des Senats, im konkreten Fall einen reduzierten Prüfungsmaßstab (wenngleich in Hinblick auf angenommene Spielräume der Regierung und nicht des Gesetzgebers) denn auch deutlich kritisiert: Der „auf die Einhaltung äußerster Grenzen beschränkte Maßstab verfassungsgerichtlicher Kontrolle, den das Bundesverfassungsgericht zugrunde legt, wenn Maßnahmen der auswärtigen Gewalt (oder deren Unterlassung) Gegenstand seiner Prüfung sind [...], [greife] hier nicht ein. Vielmehr [habe] das Bundesverfassungsgericht gemäß § 30 Abs. 1 Satz 1 BVerfGG das Ergebnis seiner Tatsachenfeststellungen und Beweiserhebungen – nach Gewährung rechtlichen Gehörs für die Verfahrensbeteiligten – umfassend zu würdigen." (S. 260); vgl. auch BVerfGE 94, 115, mit dem Sondervotum von *Limbach* (157 ff., deutlich S. 160).

[1000] Vgl. zu den Verfassungsgrundsätzen oben S. 123 ff. u. 127.

[1001] S. bereits *Augsberg/Augsberg,* VerwArch 2007, 290 (299): „eindeutige, stets abrufbare Parameter [der Eingrenzung des Einschätzungsspielraums] existieren [...] bislang nicht".

[1002] Zur Kompetenz des Gerichts, das Verfassungsrecht letztverbindlich auszulegen, S. 97.

[1003] So auch das Ergebnis der Rechtsprechungsanalyse von *Bickenbach,* Einschätzungsprärogative, S. 528 (Zitat ebd.).

des Gesetzgebers insbesondere „von der Eigenart des in Rede stehenden Sachbereichs, den Möglichkeiten, sich ein hinreichend sicheres Urteil zu bilden, und der Bedeutung der auf dem Spiele stehenden Rechtsgüter" abhängen sollen, gewährt keine strikte Dogmatik, sondern öffnet situativer Kasuistik[1004] Tür und Tor.[1005] In dem bereits zitierten Altenpflegeurteil heißt es denn auch: „Die *Bemessung eines Einschätzungsspielraums bei Prognosen* muss auf die *empirischen* und normativen *Voraussetzungen* achten, unter denen die Gesetzgebung stattfindet. Es kann *keine einheitliche, die vielfältigen Konstellationen nivellierende Antwort geben, sondern nur differenzierte Lösungen.* Welcher Maßstab im konkreten Fall angemessen ist, richtet sich insbesondere *nach den Besonderheiten des Sachverhalts und der Schwierigkeit der Prognose,* wobei auch hier eine *trennscharfe Abgrenzung kaum möglich* ist. Der Prognosespielraum kann nur im Wege einer Gesamtbetrachtung ermittelt werden, die sowohl sachbereichsbezogen ist als auch die zu schützenden Interessen berücksichtigt und dabei das Ausmaß der Objektivierbarkeit und Rationalisierbarkeit der dem Gesetz zu Grunde liegenden Erwartungen nicht außer Acht lässt [...]."[1006] Gerade das Verhältnis zwischen dem verfassungsgerichtlichen Postulat, „Ungewißheit [könne] nicht schon als solche ausreichen, einen verfassungsgerichtlicher Kontrolle nicht zugänglichen Prognosespielraum des Gesetzgebers zu begründen"[1007], sowie dessen Auffassung, die Bemessung eines Einschätzungsspielraums bei Prognosen müsse auf die *empirischen* Voraussetzungen achten, unter denen die Gesetzgebung stattfindet, wobei sich der Maßstab *insbesondere nach den Besonderheiten des Sachverhalts und der Schwierigkeit der Prognose* richte, scheint insofern jedenfalls nicht verlässlich aufzulösen.[1008]

cc) Vorrang des Beweisrechts zur Bewältigung tatsächlicher Unsicherheiten

Vor diesem Hintergrund spricht der festgestellte Zusammenhang zwischen tatsachenbezogenen Spielräumen des Gesetzgebers einerseits und dem faktischen (partiellen) „Wegfall" der Untersuchungspflicht des Gerichts andererseits *gegen* die Statuierung neuer sowie *für* die restriktive Handhabung bereits anerkannter

---

[1004] Vgl. dazu allgemein *Kranenpohl,* Der Staat 2009, 387 (404).

[1005] Dazu auch bereits instruktiv *Sanders/Preisner,* DÖV 2015, 761 (767).

[1006] BVerfGE 106, 62 (152) – Altenpflegegesetz (Kursivsetzung durch Verf.).

[1007] S. zuvor im Text mit Fn. 989.

[1008] Vgl. exemplarisch zu der insofern problematischen Abgrenzung BVerfGE 94, 115, mit dem Sondervotum von *Limbach* (a.a.O. 160). S. auch *Petersen,* Verhältnismäßigkeit, S. 92, der zu Recht darauf hinweist, dass das Modell der abgestuften Prognosespielräume mangels Konkretisierung „zu viele Freiheitsgrade" habe, die es „zwar für die nachträgliche Rekonstruktion und Rechtfertigung einer verfassungsgerichtlichen Entscheidung attraktiv [machten], weil fast jede Entscheidung erklärt werden" könne, gleichzeitig aber dazu führten, „dass die dogmatische Konstruktion ihrer entscheidungsleitenden Funktion beraubt" werde.

Spielräume, soweit damit primär tatsächlichen Unsicherheiten begegnet werden soll.

Dies gilt ungeachtet des Erfordernisses, dem Gesetzgeber zugunsten der aktiven Gestaltung des Gemeinwesens gewisse Freiräume bei der politischen Entscheidungsfindung zu erhalten:[1009] Zwar darf faktische „Ungewißheit über die Auswirkungen eines Gesetzes in einer ungewissen Zukunft [...] die Befugnis des Gesetzgebers [nicht per se] ausschließen, ein Gesetz zu erlassen"[1010]. Der legislative Gestaltungsauftrag ist insofern bei der Sachaufklärung zu berücksichtigen, obgleich diese an sich gerade keinen Akt politischer Wertung darstellt[1011]. Jenem Erfordernis lässt sich indes systemgerecht und in der Sache überzeugend begegnen, indem im Falle tatsächlicher Unsicherheiten die Sachaufklärung des Gerichts nicht bereits *von vorneherein* (mittels materiell kontrollfreier Räume) ausgeschlossen, sondern der besondere Gestaltungsauftrag des Gesetzgebers erst *im Rahmen* der richterlichen Ermittlung durch die Anwendung besonderer *Beweisregeln*, etwa betreffend den Beweiswert legislativer Feststellungen[1012] oder die Beweislastverteilung[1013], berücksichtigt wird.[1014]

Für diesen (beweisrechtlichen) Ansatz spricht – neben der Vermeidung willkürlicher Entscheidungen des Gerichts bzw. neben der kaum Rechtssicherheit garantierenden Figur des Einschätzungsspielraums als solches – zunächst ganz grundsätzlich, dass sich die genannten Spielräume per definitionem auf *Tatsachen* beziehen (!): Damit liegt der Versuch der objektiven Wahrheitsfindung in Bezug auf selbige schon systematisch näher als die unbedingte Gewährung subjektiver Freiräume, wenngleich Tatsachen- und Wertungsfragen im Einzelfall verschwimmen mögen[1015].

[1009] Zu diesem Erfordernis etwa *Augsberg/Augsberg,* VerwArch 2007, 290 (301).

[1010] BVerfGE 50, 290 (332).

[1011] Dazu bereits zuvor auf S. 180 ff. in diesem Abschnitt.

[1012] S. zur Beweiswürdigung in diesem Punkt unten S. 322 f.

[1013] S. zur Beweislastverleitung unten S. 333 ff.

[1014] In diese Richtung wohl auch *Engelmann,* Prozeßgrundsätze, S. 57, der sich dafür ausspricht, dass das Gericht den legislativen Spielraum bei der Tatsachen*bewertung* zu beachten habe; sowie *Limbach* in ihrem Sondervotum in BVerfGE 94, 115 (158). *Augsberg/Augsberg,* VerwArch 2007, 290 (301), bezeichnen die Anerkennung von Einschätzungsprärogativen zwar als den „vielleicht sogar [...] plausibelste[n] Weg" im Umgang mit schwer abschätzbaren Folgen einer Regelung, sprechen sich im Ergebnis aber doch für ein differenziertes, auch beweisrechtliche Ansätze enthaltendes System im Umgang mit faktischen Ungewissheiten im Verfassungsprozess aus (a.a.O., S. 315); *Petersen,* Verhältnismäßigkeit, S. 88 ff., spricht sich dagegen primär für die Auflösung von empirischen Unsicherheiten durch die Gewährung von Spielräumen aus, solange zugleich Grenzen derselben etabliert werden; eine Lösung über Beweislastregeln lehnt er ab (a.a.O., S. 87 f.).

[1015] Dazu etwa *Gärditz,* in: DJT 2016, Bd. I, D 1 (D 58). Vgl. auch *Ossenbühl,* in: 25 J. BVerfG I, S. 458 (479): Die Überprüfung von Rechtssätzen ist ein komplexer Vor-

Darüber hinaus besteht im Falle von materiellen Spielräumen die Gefahr, dass durchaus *bestehende* Möglichkeiten der Sachaufklärung nicht voll ausgeschöpft werden (zumal auch der Gesetzgeber den seinen Gesetzen zugrunde liegenden Sachverhalt keineswegs stets umfassend ermittelt[1016]).[1017] Denn Maßnahmen der Aufklärung muss das Gericht nur ergreifen, wenn der objektiv erhebliche Sachverhalt im Prozess auch als solcher (sprich als Beweisgegenstand) behandelt wird (vgl. § 26 Abs. 1 S. 1 BVerfGG). In diesem Fall bestimmt sich der weitere Umgang mit dem Sachverhalt (konkret: das Ausmaß an Ermittlungsmaßnahmen) wiederum (zwingend) danach, ob und inwieweit im Gerichtsverfahren tatsächlich Aufklärungsschwierigkeiten bestehen. Dies stellt insbesondere auch die Berücksichtigung eines etwaigen *Erkenntniszuwachses* seit Erlass des angegriffenen Gesetzes – also z. B. neuer Erkenntnisquellen in Wissenschaft und Forschung – im Prozess sicher.[1018] Im Falle tatsachenbezogener Einschätzungsspielräume ist dies dagegen nicht der Fall. Vielmehr setzt die Berücksichtigung neuer Erkenntnisquellen hier voraus, dass selbige Spielräume mit der Zeit materiell aberkannt oder aber „Nachbesserungspflichten" statuiert werden, deren Verletzung erneut vor dem Verfassungsgericht angegriffen wird.[1019] Dabei erweist sich die Aberkennung von Spielräumen mit der Zeit nicht nur als rechtlich konstruiert, es fehlen auch Kriterien der Konkretisierung und Systematisierung dieses Mechanis-

---

gang, in dem sich in einem „kaum entwirrbaren Gemenge Tatsachenfeststellungen, Wertungen, Schätzungen, Prognosen, Auslegungen einfacher und grundgesetzlicher Normen miteinander vermischen". Gleichwohl bleiben Prognosen auch in diesem Fall eine Methode der „Tatsachenfeststellung" und sind damit von „Bewertungen", die dem Gesetzgeber obliegen, abzugrenzen (dazu oben S. 49 sowie S. 180 ff.). Vgl. zur Möglichkeit der „Aufspaltung" verwobener Sachfragen auch bereits BVerfGE 7, 377 (412) – Apothekenurteil: „[Die Prüfung] setzt voraus, daß das Gericht – notfalls mit Hilfe von Sachverständigen – sich einen möglichst umfassenden Einblick in die durch das Gesetz zu ordnenden Lebensverhältnisse verschafft. Gerade dadurch wird sich oft ergeben, daß es möglich ist, größere Lebenszusammenhänge, die bisher in begrifflich undeutlicher Zusammenfassung als ‚Gegenstand' einer gesetzgeberischen Regelung angegeben waren, in einzelne klarer erfaßbare Sachverhalte aufzulösen und sie so unter Ausschaltung subjektiver Wertungen auch für ein Gericht beurteilbar zu machen."

[1016] Vgl. dazu sogleich auf S. 202 f. sowie unten S. 322 f.

[1017] Deutlich macht dies etwa das Sondervotum von *Limbach* in BVerfGE 94, 115 (157 f.).

[1018] Vgl. in diesem Zusammenhang etwa die – unter Rückgriff auf einen Einschätzungsspielraum so wohl nicht mögliche – Entscheidung des Gerichts zum Maßregelvollzug, in der dieses ausdrücklich die Erfahrungen mit dem Vollzug der angegriffenen Norm berücksichtigt hat, BVerfGE 130, 76 (119 f.); s. ferner für den Wegfall der Erforderlichkeit eines Gesetzes (konkret: § 35 TKG) aufgrund von tatsächlichen Veränderungen BVerfGE 143, 216 (Rn. 57 ff.).

[1019] Vgl. zu möglichen Nachbesserungspflichten des Gesetzgebers jüngst BVerfG, NVwZ 2018, 1703 (1708) m.w.N. („Kehrseite des Prognosespielraums ist eine mögliche Nachbesserungspflicht"); sowie aus der Lit. *Augsberg/Augsberg*, VerwArch 2007, 290 (305 ff., s. auch 303); *Grupp*, in: FS Stern, S. 1099 (1099 ff.), zu einem gerichtlich durchsetzbaren „Korrekturanspruch" bezüglich Neugliederungsgesetzen.

mus; institutionell gesicherte Nachbesserungspflichten existieren bisher ebenfalls nicht.[1020]

Weiter besteht auch für die *Verfahrensbeteiligten* die Möglichkeit, (neue) tatsächliche Erkenntnisse vorzutragen und insbesondere Beweisanträge zu stellen, nur dann, wenn die fraglichen Tatsachen überhaupt entscheidungserheblich, also nicht bereits materiell der gerichtlichen Prüfung entzogen sind. Die Grundsätze rechtlichen Gehörs sowie effektiven Rechtsschutzes sprechen damit ebenfalls für eine *beweisrechtliche* Auflösung tatsächlicher Unsicherheiten – und zwar auch in Normenkontrollverfahren.[1021]

Mit diesem Ansatz lässt sich überdies verhindern, „dass die Rechtsprechung ihre Kontrollfunktion gerade in problematischen, hoch dynamischen Bereichen *de facto* einbüßt"[1022].

Im Ergebnis könnte also gerade in einer sachgerechten Ausgestaltung bzw. Anwendung des Beweisrechts – unter Begrenzung der Untersuchungspflicht des Verfassungsgerichts, namentlich durch die Begründung von Mitwirkungslasten des Gesetzgebers bei der richterlichen Sachaufklärung einerseits[1023] sowie Regeln der Beweiswürdigung[1024] und der objektiven Beweislast[1025] andererseits – eine „Alternative" zu den wohl nicht zuletzt „auf dem Nährboden der Überforderung"[1026] des Gerichts wachsenden legislativen Spielräumen bestehen. Dieser Ansatz erhielte insbesondere die „Potentialität der Vollkontrolle" durch das Gericht[1027]

[1020] S. auch *Augsberg/Augsberg,* VerwArch 2007, 290 (305 ff., auch bereits 303), die zutreffend darauf verweisen, dass jene Pflichten bisher mangels Konkretisierung kein effektives Prozessinstitut darstellen.

[1021] Keine Möglichkeit, sich Gehör zu verschaffen, hatten angesichts eines richterlich zuerkannten Einschätzungsspielraums etwa die gegen das brandenburgische Hochschulgesetz vor Gericht gezogenen Universitäten und Professoren (BVerfGE 111, 333); dazu *Augsberg/Augsberg,* VerwArch 2007, 290 (300 ff.), die zu Recht die „Nonchalance, mit der im Urteil den betroffenen Wissenschaftlern eine gegenüber dem Parlament schlechtere Befähigung zur objektiven Einschätzung der Sachlage zugeschrieben wird", kritisieren (S. 302). Problematisch erscheint insofern auch BVerfG, BB 2005, 495 (498): Hier scheiterten die gegen das sog. Arbeitnehmerüberlassungsgesetz gerichteten Verfassungsbeschwerden von Verleihunternehmen und Arbeitgeberverbände bereits im Annahmeverfahren an dem „weiten Gestaltungsfreiraum" des Gesetzgebers, demzufolge die „Einschätzung der für die Konfliktlage maßgeblichen ökonomischen und sozialen Rahmenbedingungen [...], ebenso die Vorausschau auf die künftige Entwicklung und die Wirkungen seiner Regelung" in seiner politischen Verantwortung liege. Vgl. auch BVerfGE 93, 248 (260) – Sudanesen. Allg. zu den Grundsätzen rechtlichen Gehörs sowie effektiven Rechtsschutzes bereits oben S. 112 ff. u. 123 ff.

[1022] Hiervor warnen bereits *Augsberg/Augsberg,* VerwArch 2007, 290 (315).

[1023] S. dazu S. 263 ff. (mit Verweis auf S. 222 ff.).

[1024] Dazu S. 312 ff.

[1025] Zur Beweislast unten S. 333 ff.

[1026] *Gärditz,* in: DJT 2016, Bd. I, D 1 (D 77).

[1027] In diesem Sinne für die partielle Begrenzung der Untersuchungspflicht der Verwaltungsgerichte (konkret: durch die Statuierung prozessualer Beibringungslasten) als

und steigerte zugleich die Rationalität der Rechtsfindung (gegenüber der richterlichen Argumentationsfigur der Einschätzungsspielräume).

Dass der Umgang mit tatsächlichen Erkenntnisgrenzen bei der Sachaufklärung *im Prozess* bzw. als prozessuales Phänomen einer stärkeren Fokussierung (respektive Fixierung durch gültige Beweisregeln) bedarf, zeigt nicht zuletzt die auch seitens der Fachgerichte bestehende Unsicherheit auf diesem Gebiet. Paradigmatisch hierfür erscheint der jüngst in 2018 aufgrund einer Urteilsverfassungsbeschwerde ergangene Beschluss des Bundesverfassungsgerichts betreffend die Begrenzung gerichtlicher Kontrolle „durch" den Erkenntnisstand der Fachwissenschaft.[1028] In Rede stand die Figur der administrativen Einschätzungsprärogative[1029], die eine mit der hiesigen im Wesentlichen vergleichbare Problematik im Verwaltungsprozess auslöst. Die Beschwerdeführerinnen begehrten im Ausgangsverfahren die Erteilung einer immissionsschutzrechtlichen Genehmigung für Windenergieanlagen, die jedoch wegen Unvereinbarkeit mit § 44 Abs. 1 Nr. 1 BNatSchG versagt worden war. Die Genehmigungsbehörden nahmen im konkreten Fall an, das Risiko der Kollision von Greifvögeln der Art des Rotmilans mit den beantragten Windenergieanlagen respektive das Tötungsrisiko geschützter Tiere sei signifikant erhöht (vgl. § 44 Abs. 5 S. 2 Nr. 1 BNatSchG). Der dagegen beschrittene Verwaltungsrechtsweg endete mit einem erfolglosen Revisionsverfahren, in dem das Bundesverwaltungsgericht feststellte, der Genehmigungsbehörde müsse für die Prüfung des einschlägigen Verbotstatbestandes eine *naturschutzfachliche Einschätzungsprärogative* zuerkannt werden, *weil* die behördliche Beurteilung sich auf außerrechtliche Fragestellungen richte, für die weithin allgemein anerkannte fachwissenschaftliche Maßstäbe und standardisierte Erfassungsmethoden fehlten; wenn und solange *die ökologische Wissenschaft sich insoweit nicht als eindeutiger Erkenntnisgeber erweise,* fehle es den Gerichten an der auf besserer Erkenntnis beruhenden Befugnis, eine naturschutzfachliche Einschätzung der sachverständig beratenden Zulassungsbehörde als „falsch" und „nicht rechtens" zu beanstanden.[1030] Im Verfassungsbeschwerdeverfahren trugen die Beschwerdeführerinnen vor, die Verwaltungsgerichte hätten den Behörden eine nicht zu rechtfertigende Einschätzungsprärogative eingeräumt (Art. 19 Abs. 4 S. 1 GG). Der – offenkundig auch aus Sicht der Verwaltungsgerichte[1031] – unklare Umgang mit tatsächlichen Unsicherheiten im Prozess respek-

---

Alternative zu den Beurteilungsspielräumen der Verwaltung, profund *Gärditz*, in: DJT 2016, Bd. I, D 1 (D 77; Zitat ebd.). S. ferner unten zu den Mitwirkungslasten: S. 211 ff., zur Beweiswürdigung: S. 312 ff., zur objektiven Beweislast: S. 333 ff.

[1028] BVerfGE 149, 407; s. hierzu die Anmerkungen von *Helmes*, NVwZ 2019, 56; *Rietzler*, jurisPR-UmwR 1/2019 Anm. 1 sowie *Stüer*, DVBl. 2019, 47; für eine Entscheidungsbesprechung siehe *Muckel*, JA 2019, 156; *Reinhardt*, NVwZ 2019, 195.

[1029] Vgl. dazu die Nachweise in Fn. 995.

[1030] BVerwG, NVwZ 2014, 524 (525).

[1031] Vgl. dazu in Bezug auf die praktische Anwendung natur- und umweltschutzrechtlicher Bestimmungen *Stüer*, DVBl. 2019, 47 (47 f.), der darauf hinweist, dass seit

tive das Verhältnis selbiger zur Figur des Einschätzungsspielraums erwies sich hier also als Dreh- und Angelpunkt der Problematik.

In der Konsequenz sah sich denn auch das Bundesverfassungsgericht soweit ersichtlich erstmals[1032] dazu veranlasst, in seinem Beschluss in Abgrenzung zum Anwendungsbereich der Einschätzungsprärogative (zumindest) deutlich(er) auf die Möglichkeit der prozessualen Durchdringung von Erkenntnisgrenzen hinzuweisen. So befand es ausdrücklich: „Stößt das Verwaltungsgericht bei der Kontrolle naturschutzrechtlicher Entscheidungen an die objektiven Grenzen der Erkenntnisse der ökologischen Wissenschaft und Praxis, folgt das eingeschränkte Kontrollmaß nicht etwa aus einer der Verwaltung eigens eingeräumten Einschätzungsprärogative, sondern schlicht aus dem Umstand, dass es insoweit am Maßstab zur sicheren Unterscheidung von richtig und falsch fehlt. Es handelt sich damit nicht um eine gewillkürte Verschiebung der Entscheidungszuständigkeit vom Gericht auf die Behörde, sondern um eine nach Dauer und Umfang vom jeweiligen ökologischen Erkenntnisstand abhängige faktische Grenze verwaltungsgerichtlicher Kontrolle."[1033]

Diese Erwägungen sind aus beweisrechtlicher Sicht beachtlich: Letztlich rücken sie (gewollt oder ungewollt) den im Verwaltungs-, aber auch im Verfassungsprozessrecht bisher kaum beachteten Unterschied zwischen materiellen Grenzen der richterlichen Sachaufklärung aufgrund von tatsachenbezogenen Einschätzungsspielräumen Dritter einerseits sowie prozessualen Grenzen der Sachaufklärung aufgrund tatsächlicher Wissensdefizite andererseits ebenso in den Fokus wie den Umstand, dass die auf Ebene der prozessualen Sachaufklärung bestehenden Erkenntnisgrenzen allein *prozessual* auszugleichen sind respektive ausgeglichen werden können.[1034]

---

vielen Jahren die Frage schwele, „ob die Gerichte bei ungewissen Lagen zur fachlichen Beurteilung nach sorgfältiger Berücksichtigung aller auch fachlich erkennbarer Umstände durchentscheiden können, indem der Verwaltung ein entsprechender Beurteilungsspielraum zugebilligt wird oder der auf dem Richtertisch liegende fachliche Meinungsstreit durch Gutachten und Gegengutachten bei realistischer Betrachtung nie ein Ende nehme" (a. a. O., S. 47).

[1032] Bisher hatte das Gericht in diesem Zusammenhang soweit ersichtlich einzig die (funktionell-rechtlich ausgerichtete) Frage, ob das Verwaltungsgericht seine Prüfung unabhängig von bestehenden Spielräumen einstellen kann, wenn jene „zweifelsfrei an die Funktionsgrenzen der Rechtsprechung stieße", aufgeworfen, ohne sie indes zu beantworten, so etwa BVerfGE 84, 34 (50); 129, 1 (23, 31); BVerfG, NVwZ 2012, 694 (696).

[1033] BVerfGE 149, 407 (Rn. 23).

[1034] Aus verwaltungsprozessualer Sicht scheint dieser „Hinweis" überfällig gewesen zu sein, so meint etwa *Stüer,* DVBl. 2019, S. 47 (47 u. 49), „einigen Planfeststellern und Vorhabenträgern [sei] mit der Bekanntgabe der BVerfG-Entscheidung zur Begrenzung der gerichtlichen Kontrolle durch den Erkenntnisstand der Fachwissenschaft wohl ein Stein vom Herzen gefallen" und „vielleicht [hätten] auch einzelne Mitglieder des 3., 4., 7. und 9. Senats und damit der vier Planungsrechtssenate des BVerwG ähnlich empfunden", da den Gerichten insofern „nicht die Verantwortung für fachlich unaufklärbare Fragestellungen in die Schuhe geschoben [werde]". *Helmes,* NVwZ 2019, S. 52 (57),

Dass das Bundesverfassungsgericht das Beweisrecht in seinem Beschluss mit keiner Silbe erwähnt, ist dabei freilich kaum mehr nachvollziehbar. Letztlich beschreibt es mit dem (in Hinblick auf die Tatbestandsvoraussetzungen des § 44 BNatschG derzeit wohl bestehenden) tatsächlichen „Erkenntnisvakuum"[1035] den klassischen Fall eines non liquet im Prozess. Wenn es bemerkt, das „eingeschränkte Kontrollmaß" folge nicht aus einer „gewillkürte[n] Verschiebung der Entscheidungszuständigkeit vom Gericht auf die Behörde", sondern aus einer „nach Dauer und Umfang vom jeweiligen ökologischen Erkenntnisstand abhängige[n] faktische[n] Grenze verwaltungsgerichtlicher Kontrolle", umschreibt es die Problematik einer *im konkreten Gerichtsverfahren tatsächlich bestehenden* Beweisnot. Jener Problematik gilt es nach allgemeinen Prozessgrundsätzen mittels der Figur der objektiven Beweislast zu begegnen. In der Sache nichts anderes tut das Verfassungsgericht denn auch, wenn es befindet, das Fachgericht habe seiner Entscheidung im Falle faktischer Aufklärungsgrenzen in umweltrechtlichen Genehmigungsverfahren „insoweit die Einschätzung der Behörde zu der fachlichen Frage zugrunde zu legen" (sofern diese plausibel sei).[1036] Nach der hierin zu sehenden Beweislastregel gehen Zweifel hinsichtlich der tatsächlichen Genehmigungsfähigkeit in Verfahren nach § 44 BNatSchG zulasten des Antragstellers, sofern die Behörde keine nach aktuellem Erkenntnisstand schlicht unvertretbare Methode als entscheidungstragend zugrunde gelegt hat.[1037]

Insofern hätte es nahegelegen, den prozessualen (beweisrechtlichen) Schwerpunkt der Thematik ausdrücklich zu benennen. Dass das Gericht dies nicht tat, steht der klarstellenden Wirkung seines Beschlusses im Weg. Nicht zuletzt die gewählte Terminologie, etwa der Ausdruck des „eingeschränkten Kontrollmaßes", suggeriert – entgegen den im Kern überzeugenden Ausführungen des Verfassungsgerichts –, dieses habe letztlich doch auf einen eingeschränkten „materiellen Kontrollmaßstab" des zuständigen Fachgerichts erkannt.[1038] Dies bedingt Miss-

---

bemerkt, der „unglückliche Begriff der ‚Einschätzungsprärogative' [habe] die verfassungsrechtliche Diskussion in Sphären geleitet [...], auf die es – jedenfalls nach Auffassung des BVerfG – gar nicht ankommt, weil es sich gar nicht um einen solchen Fall handele"; darin liege „denn auch die wesentliche Erkenntnis der Entscheidung: Die zurückgenommene Kontrolldichte der Gerichte ist nicht Ausdruck eines der Behörde zugebilligten Einschätzungsspielraums, sondern der schlichten Tatsache geschuldet, dass die gerichtliche Kontrolle an objektive Grenzen stoße, solange es an anerkannten Maßstäben und Methoden fehlt".

[1035] BVerfGE 149, 407 (Rn. 24), mit Verweis auf *Jacob/Lau*, NVwZ 2015, 241 (248).

[1036] BVerfGE 149, 407 (Rn. 18).

[1037] BVerfGE 149, 407 (Rn. 28).

[1038] Die nötige Abgrenzung verschwimmt durch Formulierungen wie: „Die Grenzen der gerichtlichen Kontrolle ergeben sich hier nicht daraus, dass der Verwaltung eine Einschätzungsprärogative eingeräumt wäre, sondern [...]"; auch der Satz „Indessen unterscheidet sich das gerichtliche Kontrollmaß hier nicht grundlegend von der üblichen gerichtlichen Prüfung", bedeutet im Kern zwar die gerichtliche Sachaufklärungspflicht

verständnisse, die zwar keine unmittelbaren Konsequenzen mit Blick auf das jeweilige Entscheidungsergebnis zeitigen müssen, aber doch zu einer (weiteren) Begründungsschieflage führen und damit als Ausgangspunkt für Vertiefungen oder Erweiterungen der Rechtsprechung durchaus beachtliche Fehlentwicklungen in der Dogmatik nach sich ziehen können.

Zudem verdeutlicht der zitierte Beschluss – respektive der „Verzicht" auf die eindeutige Lösung der Problematik anhand beweisrechtlicher Ansätze – die grundsätzlich auch im Verfassungsprozessrecht bzw. in der Rechtsprechung des Verfassungsgerichts bestehende Unsicherheit im Umgang mit „Beweisschwierigkeiten" im Prozess.[1039] Insofern erscheint auch und gerade die deutliche Abgrenzung der Figur *legislativer* Einschätzungsspielräume von beweisrechtlichen Ansätzen im Umgang mit tatsächlichen Unsicherheiten in den verfassungsgerichtlichen *Normenkontrollverfahren* wünschenswert. Letzteren Ansätzen ist aus den genannten Gründen grundsätzlich der Vorzug einzuräumen. Insgesamt sollte also der Umgang des Gerichts mit tatsächlichen Erkenntnisgrenzen bei der Sachaufklärung wieder „vom Kopf auf die Füße" gestellt werden. Dies bedingt auch eine (vorsichtige) Abkehr von der Figur *tatsachenbezogener* Einschätzungsspielräume im Verfassungsprozessrecht.

d) Befugnis zur Übernahme
gesetzgeberischer Sachverhaltsfeststellungen?

Nachdem das Bestehen einer *Bindung* des Verfassungsgerichts an gesetzgeberische Tatsachenfeststellungen jeglicher Couleur *bei der Sachaufklärung im Prozess* nach hier vertretener Auffassung *auszuschließen* ist, stellt sich die Frage, ob das Bundesverfassungsgericht zumindest dazu *befugt* ist, Sachverhaltsannahmen des Gesetzgebers ohne eigene Prüfung zu übernehmen und seiner Entscheidung im jeweiligen Normenkontrollverfahren zugrunde zu legen.

Das geschriebene Verfassungsprozessrecht kennt eine solche Befugnis nicht. Vielmehr sieht dieses die Möglichkeit der ungeprüften Übernahme „fremder" Tatsachenfeststellungen nur in Bezug auf die Feststellungen anderer *Gerichte* vor (§ 33 Abs. 2 BVerfGG).

---

im Rahmen einer materiellen Vollkontrolle (§ 86 Abs. 1. S. 1 VwGO), die erst bei Nichterweislichkeit der erheblichen Tatsachen endet, hätte indes einer gesteigerten Deutlichkeit bedurft (beide Zitate BVerfGE 149, 407 [Rn. 17]). So geht etwa *Rietzler,* jurisPR-UmwR 1/2019 Anm. 1, unzutreffend davon aus, der zitierte Beschl. des Verfassungsgerichts habe „im Grundsatz klargestellt, dass die gerichtliche Kontrollbeschränkung durch die naturschutzfachliche Einschätzungsprärogative mit der grundgesetzlichen Garantie effektiven Rechtsschutzes einstweilen in Einklang steh[e]". Zu Fehleinschätzungen in Bezug auf die Figur der Entscheidungsprärogative (die den Beschluss des Verfassungsgerichts i. Ü. erst haben erforderlich werden lassen!) auch *Helmes,* NVwZ 2019, 52 (57).

[1039] S. dazu auch *Voßkuhle,* NJW 2013, 1329 (1333).

Wenngleich die Befugnis des Verfassungsgerichts, legislative Feststellungen ohne Weiteres seiner Entscheidung zugrunde zu legen, ob der Lückenhaftigkeit des BVerfGG nicht von vorneherein ausscheidet, bedürfte es insofern doch eines hinreichenden Sachgrundes für die Annahme selbiger. Schließlich gehört die Überprüfung derjenigen Tatsachen, die für die Beurteilung der Verfassungsmäßigkeit eines Gesetzes von Belang sind, zu den originären Aufgaben des Verfassungsgerichts (vgl. insb. § 26 Abs. 1 S. 1 BVerfGG).[1040] Dieses muss sich danach „nicht für die Beweiserhebung rechtfertigen, sondern für die Übernahme von Erkenntnissen beziehungsweise das Unterlassen eigener Anstrengungen zur Ermittlung des Sachverhalts"[1041].

Zunächst könnte für die Befugnis zur Übernahme legislativer Feststellungen und der damit einhergehenden Reduzierung der Ermittlungspflicht des Verfassungsgerichts ein funktionell-rechtlicher Ansatz sprechen: Denn in der Tendenz verfügt der Gesetzgeber nach seiner Organisation, Zusammensetzung, Funktion und Verfahrensweise wohl über die „besseren" Voraussetzungen zur Sachermittlung, als das Bundesverfassungsgericht.[1042] Dies lässt die uneingeschränkte Pflicht des Gerichts zur „(Nach-)Prüfung" auch solcher Tatsachen, die bereits der Gesetzgeber ermittelt hat, *auf den ersten Blick* unökonomisch, überdies sachlich nicht begründet – soweit die Verpflichtung im konkreten Fall zu eine Verzögerung des Verfahrens führt, gar als sach- und ggf. verfassungswidrig – erscheinen[1043]. In engem Zusammenhang damit steht das zur Reduzierung der Kontrolle durch das Verfassungsgericht regelmäßig bemühte Argument der „Kapazitätsgrenzen" desselben.[1044]

Im Ergebnis kann indes weder das Argument der „besseren Eignung des Gesetzgebers zur Sachaufklärung" noch das Argument der Kapazitätsgrenzen des Gerichts überzeugen.

Zunächst wurde die *Fähigkeit* des Bundesverfassungsgerichts zur Aufklärung von – auch komplexen generellen wie zukünftigen – Tatsachen, insbesondere zur Erstellung von Prognosen, bereits ganz grundsätzlich durch die umfassende Analyse der ersten 25 Entscheidungsbände des Gerichts von *Philippi* praktisch

---

[1040] S. dazu bereits oben S. 105 ff. und 129 f. sowie den Text zu Fn. 962.

[1041] *Bickenbach,* Einschätzungsprärogative, S. 488.

[1042] Vgl. dazu *Augsberg/Augsberg,* VerwArch 2007, 290 (301 f.), m.w.N.; *Zuck,* JZ 2008, 287 (293); auch *Meskouris, in:* Barczak, § 26 Rn. 7 Fn. 17, verweist darauf, dass das Gericht mit derzeit rund 260 Mitarbeitern jährlich ca. 6000 Neueingänge verzeichnet und damit „weder über die sachlichen noch die personellen Ressourcen für allzu umfangreiche Sachverhaltsermittlungen" verfügt.

[1043] S. zum Beschleunigungsgebot S. 127 f.

[1044] So etwa *Augsberg/Augsberg,* VerwArch 2007, 290 (302) (im Kontext tatsachenbezogener Einschätzungsspielräume); *Bickenbach,* Einschätzungsprärogative, S. 489; *Meskouris, in:* Barczak, § 26 Rn. 7 Fn. 17; *Zöbeley/Dollinger, in:* U/C/D, § 26 Rn. 11.

belegt.[1045] Dabei stellte *Philippi* gar fest, selbiges sei dem Gesetzgeber sowohl hinsichtlich rationalem Prognoseansatz als auch empirischer Fundierung zuweilen überlegen.[1046]

Hinzu kommt, dass das Verfassungsgericht im Rahmen des grundsätzlich *nachträglich* gewährten Rechtsschutzes in zeitlicher Hinsicht nicht unerhebliche Ermittlungsvorteile genießt. Denn da das Gericht mit seiner Kontrollaufgabe typischerweise erst einsetzt, nachdem mit dem Gesetz praktische Erfahrungen gesammelt wurden, kann es das Gericht durchaus „besser" wissen als der Gesetzgeber" – im Übrigen „ohne besserwisserisch zu erscheinen".[1047]

Darüber hinaus lässt sich auch das Argument der „besonderen" Eignung des Gesetzgebers zur Sachaufklärung nicht losgelöst von dessen Praxis bewerten: So kommt es durchaus vor, dass der Gesetzgeber ungeachtet seiner theoretischen Möglichkeiten, die tatsächlichen Zusammenhänge des angestrebten Gesetzes umfassend zu ermitteln, derartige Ermittlungen praktisch gerade nicht anstellt.[1048] Dies mag äußeren Umständen (z. B. Zeitnot[1049]) ebenso geschuldet sein, wie einer willkürlichen Entscheidung des Gesetzgebers, der etwa befürchten muss, auf Basis aller Fakten keine politische Mehrheit zu finden.[1050] Insofern erscheint die eigenständige Sachverhaltsermittlung durch das Verfassungsgericht keineswegs unsachgemäß, sondern vielmehr erforderlich, um eine wirksame Kontrolle des

---

[1045] S. auch die Untersuchung von *Thierfelder,* JurA 1970, 879 ff.; sowie in diesem Zusammenhang früh BVerfGE 7, 377 (412): „Die Beurteilung hypothetischer Kausalverläufe, die den Normierungen des Gesetzgebers zugrunde liegen, auf ihre größere oder geringere Wahrscheinlichkeit hin ist eine Aufgabe, die ihrer Art nach auch vom Richter erfüllbar ist." S. auch *Voßkuhle,* NJW 2013, 1329 (1333 f.); und *Kluth,* NJW 1999, 3513 (3516): Das Verfassungsgericht ist bei der Sachverhaltsermittlung dem Gesetzgeber „zumindest ebenbürtig, wenn nicht gar überlegen".

[1046] Zusammenfassend *Philippi,* Tatsachen, S. 193.

[1047] Dazu instruktiv *Bryde,* in: 50 Jahre BVerfG I, S. 533 (553 f., Zitate: 554). S. exemplarisch für die Berücksichtigung tatsächlicher Erfahrungen, die mit dem fraglichen Gesetz bereits gesammelt worden waren, BVerfGE 38, 61 (91); 130, 76 (119 f.); 143, 216 (Rn. 57 ff.).

[1048] Ein besonders plastisches Beispiel eklatanter Aufklärungsdefizite des Gesetzgebers liefert der Beschluss zum Nachnahmeversand von Tieren, BVerfGE 36, 47 (60 ff.); dazu etwa *Ossenbühl,* in: 25 J. BVerfG I, S. 458 (473 f.).

[1049] Plastisch insofern der Verweis von *Zuck,* JZ 2007, 1036 (1039 Fn. 45), auf die Entstehung des GKV-WSG, bei der den Mitgliedern des Gesundheitsausschusses „gerade eine Nacht blieb, um mehr als 200 Änderungen zu beurteilen".

[1050] Vgl. dazu die begründete Krit. von *Nagel,* DÖV 2010, 268 (273), der insb. bemerkt, „Probleme in der öffentlichen Wahrnehmung [haben] ein Verfallsdatum. Dies lässt in der Regel wenig Zeit, sich ex ante mit den möglichen und ex post mit den tatsächlichen Folgen der Gesetzgebung auseinanderzusetzen. Erlahmt die öffentliche Aufmerksamkeit, schwindet das politische Interesse. Die Politik entscheidet und wendet sich neuen Bereichen zu. Es entsteht die paradoxe Situation, dass der Gesetzgeber (vermeintliche) Probleme der Gesellschaft aufgreift, ohne sie tatsächlich zu lösen. Politische Entscheidungen werden selbst zum Zukunftsrisiko." Zum Ganzen früh *Ossenbühl,* in: 25 J. BVerfG I, S. 458 (484), m.w.N.

Gesetzgebers gewährleisten zu können. In jedem Fall hat das Gericht danach eine Beurteilung der Qualität der legislativen Sachermittlungen vorzunehmen. Diese darf indes nicht mit einer „Ermessensentscheidung" hinsichtlich der ungeprüften Übernahme gesetzgeberischer Ermittlungsergebnisse gleichgesetzt werden, sondern erfolgt richtigerweise *im Rahmen der richterlichen Beweiswürdigung* – die legislativen Ermittlungen stellen danach als solches eines von mehreren, möglicherweise zu ergreifenden Beweismitteln dar (§ 30 Abs. 1 S. 1 BVerfGG).[1051]

Diesem prozessualen Ansatz lassen sich auch nicht die richterlichen *Kapazitätsgrenzen* entgegenhalten. Dass das Verfassungsgericht angesichts konstant hoher Fallzahlen an selbige Grenzen stößt, soll nicht bezweifelt werden. Allerdings kann aus dieser faktischen Überlastung allein nicht die Befugnis zu rechtlichem Handeln (gleich welcher Art) resultieren, ohne zugleich eine Kapitulation des Rechts vor der Rechtswirklichkeit zu bedeuten.[1052]

Aus ähnlichen Gründen kann auch die Figur des „judicial self-restraint" die Übernahme gesetzgeberischer Tatsachenfeststellungen nicht rechtfertigen.[1053] Diese Figur findet im (Verfassungs-)Recht keine Stütze und bedingt mithin willkürliche Entscheidungen. Im Übrigen bedeutet selbige „den Verzicht ‚Politik zu treiben', d.h. in den von der Verfassung geschaffenen und begrenzten Raum freier politischer Gestaltung einzugreifen. [Der Grundsatz des judical self-restraint] zielt also darauf ab, den von der Verfassung für die anderen Verfassungsorgane garantierten Raum freier politischer Gestaltung offenzuhalten."[1054] Hierum geht es im Rahmen der Tatsachenfeststellung (wie dargelegt) naturgemäß nicht und darf es auch nicht gehen.

Auch die von *Dollinger* in diesem Kontext vertretene Auffassung, der zufolge die besondere Bindungswirkung verfassungsgerichtlicher Entscheidungen (§ 31 Abs. 2 GG) „aus Gründen der repräsentativ-demokratischen Verfasstheit des grundgesetzlichen Gemeinwesens (Art. 20 I, II GG) *jedenfalls bei der Tatsachenerhebung zurückhaltender Steuerung* oder – anders formuliert – eines judicial restraint" bedürfe, da andernfalls „die parlamentarische Republik in eine Richterrepublik zu kippen [drohte], der es dann an der demokratischen Legitimation fehlte"[1055], kann mithin nicht geteilt werde. Vielmehr sollte nach hier vertretener Ansicht gerade die Tatsachenerhebung als auf die Erforschung *objektiver Wahrheit* gerichtete Tätigkeit frei sein von subjektiver „Zurückhaltung". Dies gilt zumal in Ansehung der Bindungswirkung des § 31 Abs. 2 BVerfGG.

[1051] Vgl. dazu unten S. 289 ff. und S. 313 ff.

[1052] S. zu den gerichtlichen Kapazitätsgrenzen auch sogleich auf S. 207 f.

[1053] A.A. wohl *Dollinger,* U/C/D, § 27a Rn. 14; *Meskouris* § 26 Rn. 7. Vgl. in diesem Zusammenhang i.Ü. die berechtigte Kritik an jener Figur von *Lerche,* in: 50 Jahre BVerfG I, S. 333 (339); *Neutz,* Verfassungsprozessrecht, S. 130 f.; *Schuppert,* in: Lehre, S. 129 (129 f.).

[1054] BVerfGE 36, 1 (14); ebenso *Weber-Grellet,* Beweislast, S. 67.

[1055] *Dollinger,* in: U/C/D, § 27a Rn. 14 (Kursivsetzung durch Verf.).

Der Auffassung, eine zu weitreichende Tatsachenfeststellung seitens des Bundesverfassungsgerichts führte insofern zu einer Richterrepublik, lässt sich im Übrigen mit der verfassungsrechtlich garantierten Zuständigkeit des Gerichts zur Normenkontrolle (Art. 93, 100 GG) sowie mit der ausdrücklichen, ihrerseits verfassungskonformen Entscheidung des Gesetzgebers für die unbedingte gerichtliche Sachaufklärung auch in Normenkontrollverfahren (§ 26 Abs. 1 S. 1 BVerfGG)[1056] entgegentreten. Nur hingewiesen sei zudem darauf, dass freilich auch das Bundesverfassungsgericht demokratisch legitimiert ist.[1057]

Letztlich ergibt sich auch und vor allem aus systematischen wie teleologischen Erwägungen, dass das Verfassungsgericht nicht befugt sein kann, Tatsachenfeststellungen des Gesetzgebers ohne jegliche Prüfung zu übernehmen. Denn im Gegensatz zu anderen Gerichten, deren Feststellungen das BVerfGG gemäß § 33 Abs. 2 unter Umständen – und zwar auch dies nur, soweit sie im Rahmen der Amtsermittlung getroffen wurden – als „übernahmefähig" anerkennt, stellt die Legislative in Normenkontrollverfahren keine unabhängige Kontrollinstanz dar. Vielmehr hat der Gesetzgeber, obschon er nicht stets förmlicher Beteiligter im Verfahren ist, naturgemäß ein unmittelbares eigenes Interesse am Ausgang desselben. Damit ist die unabhängige Sachverhaltsaufklärung, die Voraussetzung nicht nur einer Bindung des Verfassungsgerichts, sondern auch der Befugnis zur Übernahme von Tatsachenfeststellungen wäre, durch den Gesetzgeber selbst nicht gewährleistet. Insofern muss insbesondere „die Pflicht zum Schutz [der] Grundrecht[e] das Gericht daran hindern, die Auffassungen des Gesetzgebers, der legitimerweise auch andere Ziele als die des Grundrechtsschutzes verfolgt, ohne weiteres zu akzeptieren"[1058].[1059]

Da nach hier vertretener Ansicht keine die Befugnis des Verfassungsgerichts zur ungeprüften Übernahme von Tatsachenfeststellungen[1060] des Gesetzgebers rechtfertigenden Sachgründe bestehen, *verbietet* sich im Ergebnis eine solche Übernahme in Normenkontrollverfahren gänzlich. Zwar dürften die Feststellungen des Gesetzgebers für das Bundesverfassungsgericht grundsätzlich „von größter Bedeutung"[1061] sein. Dies gestattet indes allein die Berücksichtigung jener

---

[1056] S. dazu oben S. 105 ff.

[1057] Zur demokratischen Legitimation verfassungsgerichtlicher Entscheidungen ausführlich *Gusy,* Gesetzgeber, S. 132 ff.

[1058] BVerfGE 7, 377 (412).

[1059] Nicht überzeugen kann daher der Ansatz von *Bickenbach,* Einschätzungsprärogative, S. 489 ff., demzufolge das Gericht insb. nicht verpflichtet sei, Sachverhaltsermittlungen anzustellen, soweit der Gesetzgeber seinen Obliegenheiten im Gesetzgebungsverfahren nachgekommen sei (a. a. O., S. 493). Nach hier vertretener Auffassung ist das Gericht auch insofern jedenfalls zu eigener Beweiswürdigung verpflichtet. Vgl. zur Bedeutung der Grundrechte für das verfassungsprozessuale Beweisrecht auch oben S. 96 f.

[1060] Freilich gilt dies abermals einschließlich „Prognoseentscheidungen"; s. bereits oben S. 179 ff.

[1061] So früh BVerfGE 7, 377 (412).

Feststellungen durch das Verfassungsgericht *im Rahmen der Beweiserhebung und -würdigung,* nicht jedoch im Vorwege (und damit mit der Folge einer partiellen Suspendierung seiner Untersuchungspflicht gemäß § 26 Abs. 1 S. 1 BVerfGG).

3. Tatsachenfeststellungen sonstiger Staatsorgane

Auch ein Rückgriff auf die Tatsachenfeststellungen sonstiger Staatsorgane muss nach Vorstehendem ausscheiden. Zwar liegen dem Verfassungsgericht zuweilen entsprechende Feststellungen sowohl des Bundestages (Wahlprüfungsverfahren) bzw. Teilen des Bundestages (insb. Organstreitverfahren betreffend einen Untersuchungsausschuss) als auch des Bundesrates (betreffend Mängelrügeverfahren), der Gubernative (insb. Verfassungsbeschwerdeverfahren gegen materielle Gesetze) und der Administrative (Verfassungsbeschwerdeverfahren gegen Verwaltungshandeln) vor, die sich durchaus auch auf im jeweiligen Verfassungsverfahren entscheidungserhebliche Tatsachen beziehen können.[1062] Auch üben sämtliche genannte Organe Staatsgewalt aus, sodass gerade in Ansehung des Gewaltenteilungsgrundsatzes (Art. 20 Abs. 3 GG) nicht von vorneherein ausgeschlossen erscheint, dass deren Feststellungen Einfluss auf die richterliche Beweiserhebung haben.

Allerdings sieht das Verfassungsprozessrecht in den genannten Fällen weder die Pflicht noch die Befugnis des Verfassungsgerichts zur ungeprüften Übernahme von Tatsachenfeststellungen vor. Diese Gesetzeslücke lässt sich auch nicht durch Richterrecht schließen, da sie ersichtlich nicht planwidrig ist. Vielmehr verbieten sich Pflicht wie Befugnis hier im Wesentlichen aus denselben Gründen, aus denen sich die ungeprüfte Übernahme legislativer Sachverhaltsfeststellungen verbietet.[1063] Sofern bereits dem demokratisch besonders legitimierten Gesetzgeber bei Ausübung des allein ihm obliegenden Gesetzgebungsauftrags (Art. 76 f. GG) hinsichtlich der Tatsachenfeststellung weder „Vorrecht" noch „Vorrang" gegenüber dem Verfassungsgericht zukommt, kann selbiges letztlich „erst recht" nicht für die übrigen Staatsorgane (bzw. für den Bundestag, soweit er eine ihm an sich wesensfremde Funktion ausübt) gelten (argumentum a maiore ad minus).

Dies gilt ferner obgleich Bundestag und Bundesrat im Vorfeld der genannten Verfahren bereits eine gerichtsähnliche Funktion ausgeübt haben; auch insoweit handeln selbige nämlich nicht als „unabhängiges Rechtsprechungsorgan", son-

---

[1062] S. oben S. 64 ff., insb. 90 f.

[1063] S. zuvor S. 179 ff. und S. 200 ff. Gegen eine Bindung wohl auch die h. M., statt aller *Benda/Klein,* Rn. 300; *Haberzettl,* NVwZ-Extra 2015, 1 (1); *Klein,* in: Maunz u. a., § 26 Rn. 5 (Stand: Januar 1987); *Ossenbühl,* in: 25 J. BVerfG I, S. 458 (476 ff., 496); vgl. auch *Engelmann,* Prozeßgrundsätze, S. 5 f. Die Frage der Befugnis zu ungeprüfter Übernahme von Tatsachenfeststellungen anderer Verfassungsorgane wird, soweit ersichtlich, nicht thematisiert.

dern verbleiben funktionell-rechtlich Teil der Legislative.[1064] Die Rolle der Rechtsprechung verbleibt beim Verfassungsgericht, das gerade in Wahlprüfungsverfahren „die Bindung der gesetzgebenden Gewalt an die verfassungsmäßige Ordnung auch hinsichtlich der Zusammensetzung des Bundestages sicherzustellen" hat, also im Sinne gewaltenteiliger Kontrolle gegenüber dem Parlament agiert.[1065] Auch die Feststellungen von Bundestag und Bundesrat entbinden das Verfassungsgericht sonach nicht von seiner Untersuchungspflicht. Gleichwohl mag diesen bei der Beweiserhebung durch das Verfassungsgericht besonderes Gewicht als Beweismittel beizumessen sein. Insofern erschöpft sich die Bedeutung der Feststellungen indes abermals *im Rahmen* der richterlichen Sachaufklärung, welche ihrerseits anders gewendet nicht bereits von vorneherein unterbleiben darf.

Hinzuweisen ist auch an dieser Stelle überdies auf die Reduzierung der verfassungsgerichtlichen *Kontrolldichte* bzw. des *Kontrollmaßstabs* mittels Anerkennung *tatsachenbezogener Einschätzungsspielräume*: Derartige Spielräume erkennt das Bundesverfassungsgericht in ständiger Rechtsprechung nicht nur gegenüber der Legislative, sondern auch der Exekutive (konkret: der Regierung) an.[1066] Auch insofern stellen Einschätzungsspielräume mithin eine „alternative Möglichkeit" des Umgangs mit tatsächlicher Ungewissheit im Rahmen von (Verfassungs-) Rechtsanwendung und -kontrolle dar.[1067] Dies birgt wie dargelegt die Gefahr der willkürlichen Umgehung des den Verfassungsprozess an sich beherrschenden Untersuchungsgrundsatzes und damit der unzulässigen Verkürzung der Rechtsschutzgarantie als solches.[1068] Aus den genannten Gründen erscheint es vorzugswürdig, tatsächlichen Unsicherheiten im Wege des Beweisrechts, nicht hingegen

---

[1064] I. d. S. bereits – soweit ersichtlich bis heute unbestritten – *Ossenbühl*, in: 25 J. BVerfG I, S. 458 (477 f.). Vgl. zum Verfahren des Untersuchungsausschusses auch *Magiera*, in: Sachs, GG, Art. 44 Rn. 29.

[1065] S. *Aderhold*, in: U/C/D, § 48 Rn. 6 (Zitat ebd.).

[1066] Dies gilt insb. auf außen- und sicherheitspolitischem Gebiet. So heißt es etwa in BVerfGE 143, 101 (169), betreffend die Vorlage der NSA-Selektorenlisten an den NSA-Untersuchungsausschuss des Bundestages: „Die tatsächliche und rechtliche Wertung der Antragsgegnerin zu 1. bei der Annahme, die Weitergabe der NSA-Selektorenlisten könne institutions- und aufgabenbezogene Gefährdungen zur Folge haben, stellt eine politische Einschätzung des Verhältnisses zu ausländischen Nachrichtendiensten und Partnerstaaten dar, die angesichts des Einschätzungs- und Prognosespielraums der Bundesregierung nur einer eingeschränkten verfassungsgerichtlichen Kontrolle unterliegt." Vgl. zum Ganzen auch *Bryde*, in: 50 Jahre BVerfG I, S. 533 (542 f.).

[1067] *Bryde*, in: 50 Jahre BVerfG I, S. 533 (543), merkt in ähnlichem Kontext an, es sei fraglich, ob die richterliche Praxis nicht doch auch darauf beruhe, „daß das Gericht bei einem anderen Verständnis seiner Rolle in eine tatrichterliche Rolle geriete, die zu übernehmen es sich scheut".

[1068] S. oben zu legislativen Spielräumen S. 185 ff., einschließlich des Verweises auf BVerfGE 93, 248 – Sudanesen, mit dem Sondervotum von *Sommer* in Fn. 999.

durch „inflationären" Gebrauch der Argumentationsfigur tatsachenbezogener Spielräume (hier: der Exekutive) zu begegnen.[1069]

VIII. Kapazitätsgrenzen des Gerichts?

Wie bereits angedeutet sind Äußerungen zur Sachverhaltsermittlung nicht selten vom Argument der begrenzten Mittel des Gerichts geprägt.[1070] Angedacht werden soll daher zuletzt die Begrenzung der Beweisbedürftigkeit eines Sachverhalts in Abhängigkeit bestehender Kapazitäts- bzw. „Funktionsgrenzen" des Verfassungsgerichts.

Faktisch mag zutreffen, dass Zahl und Komplexität der Verfahren eine umfassende Kontrolle jedes Falles respektive unbegrenzte Aufklärungsmaßnahmen nicht zulassen.[1071] Dies allein kann indes kein Kriterium der rechtlichen Einordnung einer Tatsache als beweisbedürftig bzw. nicht beweisbedürftig sein. Die Nichterhebung des Beweises bringt die Sachverhaltsfeststellung und daher die inhaltliche Richtigkeit der Entscheidung in Gefahr, soweit diese materiell-rechtlich vom Vorliegen der fraglichen Tatsache abhängt. Mithin bedarf es zwingend eines rechtlichen, nicht hingegen faktischen Grundes, jener Tatsache ihre Beweisbedürftigkeit abzuerkennen.

Soweit *Bickenbach* in diesem Zusammenhang bemerkt, den Staatsorganen seien nach dem Gewaltenteilungsgrundsatz keine Kompetenzen übertragen, die sie nicht wahrnehmen könnten,[1072] ist dies zwar richtig; indes ist das Verfassungsgericht grundsätzlich durchaus in der Lage zur Sachaufklärung – ungeachtet der sachlichen oder zeitlichen Dimension der in Rede stehenden Tatsache. Überdies kommt dem Gericht diese Aufgabe im Rahmen seines Rechtsprechungsauftrags ausdrücklich zu;[1073] auch aus der Gewaltenteilung lässt sich mithin kein Argument für den vollständigen Verzicht auf die Beweiserhebung betreffend eine an sich erhebliche, indes nur unter größten „Anstrengungen" beweisbare Tatsache ableiten. Der durch die richterliche Untersuchungspflicht gewiss

---

[1069] Überzeugend daher *Zöbeley/Dollinger*, in: U/C/D, § 26 Rn. 13, soweit sie die Einschätzung der Bundesregierung über die Effektivität völkerrechtlicher Zusicherungen als *Beweismittel* werten, das neben anderen Feststellungen eine tatsächliche Grundlage für die gerichtliche Entscheidung biete (und insofern allein dessen *Beweiskraft* problematisch sei); in diesem Sinne auch bereits das Sondervotum von *Sommer* in BVerfGE 93, 248 (258 ff.). Zum Ganzen bereits oben S. 193 ff.

[1070] So bereits *Bickenbach*, Einschätzungsprärogative, S. 489, der denn auch selbst in diese Richtung argumentiert; vgl. auch *Korioth*, in: 50 Jahre BVerfG I, S. 55 (63 f.); *Meskouris*, in: Barczak, § 26 Rn. 8; *Zöbeley/Dollinger*, in: U/C/D, § 26 Rn. 11; sowie die entsprechenden Nachweise auf S. 201.

[1071] So *Bickenbach*, Einschätzungsprärogative, S. 489; in diesem Sinne auch *Zöbeley/Dollinger*, in: U/C/D, § 26 Rn. 11.

[1072] *Bickenbach*, Einschätzungsprärogative, S. 490.

[1073] In diese Richtung denn auch *Bickenbach*, Einschätzungsprärogative, S. 490.

noch verschärften, besonderen Belastungssituation des Verfassungsgerichts muss sonach seitens des Haushaltsgesetzgebers durch eine angemessene Ausstattung begegnet werden;[1074] für die rechtliche Bewertung einer Tatsache als erheblich und damit beweisbedürftig ist jenes Argument „neutral".

Keineswegs als rechtliches Argument genügen kann insofern außerdem der Grundsatz der Prozessökonomie, der zwar „den Weg zum Ziel" vorzeichnet (das Verfahrensziel ist danach mit einem Minimum an Aufwand, das heißt an Kosten und Zeit zu verwirklichen), nicht jedoch das Prozessziel selbst (hier: das Ziel der Sachaufklärung) verschieben darf.[1075] Dem Gericht kommt danach ein pflichtgemäßes Ermessen bei der Auswahl der jeweils angemessenen Ermittlungsmaßnahme zu,[1076] der vollständige Verzicht auf Ermittlungsmaßnahmen unter Berufung auf Kapazitätsgründe verbietet sich dagegen.[1077]

C. Fazit:
Verschiedene Ausnahmen von der Beweisbedürftigkeit entscheidungserheblicher Tatsachen

Zwar ist das Bundesverfassungsgericht grundsätzlich dazu gehalten, sämtliche im konkreten Verfahren entscheidungserhebliche Tatsachen durch Beweiserhebung zu ermitteln (vgl. § 26 Abs. 1 S. 1 BVerfGG). Dieser Grundsatz wird indes durch verschiedene Ausnahmen, denen erhebliche praktische Bedeutung zukommt, aufgeweicht. So bedürfen entscheidungserhebliche Tatsachen ausnahmsweise dann keines Beweises, wenn sie „allgemein-" oder „gerichtskundig" sind, dem Verfassungsgericht amtswegig getroffene und zugleich einer rechtskräftigen Entscheidung zugrunde liegende Feststellungen eines anderen Gerichts vorliegen (§ 33 Abs. 2 BVerfGG) oder eine gesetzliche Vermutungsregel eingreift. Auch ist zu erwarten, dass die fehlende Mitwirkung Dritter bei der Sachaufklärung unter Umständen zu einer Suspendierung der richterlichen Untersuchungspflicht führen kann.[1078]

[1074] Zum Versuch der Entlastung des Gerichts durch zusätzliche wissenschaftliche Mitarbeiter o. Ä. *Schorkopf,* AöR 2005, 465 (470 f.) m.w.N.; vgl. i. Ü. zu dem seit Jahrzehnten fortwährenden Versuch der Entlastung des Gerichts, der gerade gesetzgeberisch angegangen werden muss, *Faller,* in: FS Benda, S. 43 ff.

[1075] A. A. *Zöbeley/Dollinger,* in: U/C/D, § 26 Rn. 11: Da das Gericht „heillos überlastet" sei, könne „man nicht beanstanden, dass [...] die eigene Tatsachenermittlung nur restriktiv gehandhabt wird". Zum Grundsatz der Prozessökonomie (obschon aus Sicht des Zivilprozesses) profund *Diakonis,* Beweiserhebung, S. 174 f.

[1076] I. Erg. ebenso *Lechner/Zuck,* § 26 Rn. 7.

[1077] I. d. S. aus Sicht des Verfahrens in Sozialsachen *Berchtold,* in: ders./Richter, Sozialsachen, § 6 Rn. 441; vgl. auch BVerfGE 50, 32 (35 f.): „Es verstößt gegen Art. 103 Abs. 1 GG, wenn das Gericht einen als erheblich angesehenen Beweisantrag ablehnt, weil die Erhebung des Beweises ‚höchst unökonomisch' sei." (Ls.).

[1078] Dazu sogleich S. 211 ff.

Mit Ausnahme der genannten Fälle des § 33 Abs. 2 BVerfGG kennt das Verfassungsprozessrecht indes weder Verpflichtung noch Befugnis des Verfassungsgerichts zur ungeprüften Übernahme „entscheidungserheblicher" Tatsachenfeststellungen anderer Staatsorgane.

Vom Beweisrecht klar abzugrenzen sind in diesem Kontext insbesondere die in Urteilsverfassungsbeschwerden greifende Formel des „spezifischen Verfassungsrechts", der zufolge sich die verfassungsgerichtliche Kontrolle fachgerichtlicher Entscheidungen auf Verstöße gegen eben dieses Recht beschränkt, sowie die Rechtsfigur der tatsachenbezogenen Einschätzungsspielräume, welche das Bundesverfassungsgericht sowohl der Legislative als auch der Gubernative im Bereich tatsächlicher Unsicherheiten zuweilen gewährt. Weder Erstere noch Letztere bedeutet eine Bindung des Verfassungsgerichts an die Tatsachenfeststellungen der Fachgerichte einerseits bzw. der Legislative oder Exekutive andererseits, soweit es um die Aufklärung des im jeweiligen Verfassungsprozess (aufgrund der dort einschlägigen materiellen [Verfassungs-]Normen) entscheidungserheblichen Sachverhalts gemäß §§ 26 Abs. 1 S. 1, 30 Abs. 1 S. 1 BVerfGG geht. Die Ausstrahlwirkung der genannten Rechtsfiguren auf das Beweisrecht ist vielmehr (nur) mittelbarer Natur, begrenzen sie doch primär die materielle Kontrollkompetenz des Verfassungsgerichts.[1079]

Angesichts zunehmend komplexer werdender Sachverhalte und damit korrelierender Beweisschwierigkeiten mag das Verfassungsgericht im Einzelfall zwar dazu geneigt sein, seine Kontrolle mithilfe der genannten Argumentationsfiguren schon *materiell* zu reduzieren (mit der Folge, dass auch langwierige Beweiserhebungen in diesem Bereich rechtlich überflüssig werden). Dieses Vorgehen lässt sich indes namentlich mit den verfassungsrechtlich verankerten, allgemeinen Verfahrensgrundsätzen wirksamen Rechtsschutzes, materieller Gerechtigkeit sowie rechtlichen Gehörs nicht vereinbaren.[1080] Zudem kann hinsichtlich des gerichtlichen Umgangs mit tatsächlichen Unsicherheiten systematisch allein ein beweisrechtlicher Ansatz überzeugen, der die im Prozess bestehenden Möglichkeiten der Sachaufklärung voll ausschöpft und damit erst im Falle konkret auftretender Beweisschwierigkeiten den Beweisbedarf gezielt reduziert[1081].

Problematisch ist in hiesigem Zusammenhang ferner, wenn das Verfassungsgericht auf Beweiserhebungen verzichtet, ohne die Gründe hierfür – etwa die An-

---

[1079] Deutlich zur Bedeutung der Formel des spezifischen Verfassungsrechts in diesem Kontext auch *Walter,* in: ders./Grünewald, § 26 Rn. 4.

[1080] S. zu den allg. Beweisgrundsätzen oben S. 112 ff., 123 ff. u. 127; vgl. i. Ü. *Brink,* in: Linien, S. 3 (28 f.), der generell bemerkt: „Nun mag man konstatieren, das Bundesverfassungsgericht verfahre bei der Sachverhaltsaufklärung eben ‚fallbezogen', ‚pragmatisch' und ‚flexibel' – eine solche bloße Feststellung des status quo genügt für ein rechtsgebundenes, zumal für ein Verfassungsorgan jedoch nicht!"

[1081] Vgl. zu prozessualen „Strategien" der Reduktion des Beweisbedarfs auch *Bull,* in: FS Koch, S. 29 (32).

nahme von „Gerichtskundigkeit" – mitzuteilen. Soweit die Verfahrensbeteiligten über jene Gründe nicht in Kenntnis gesetzt werden, verstößt dies grundsätzlich gegen das Gebot rechtlichen Gehörs. Auch im Übrigen wäre indes die Offenlegung der gerichtlichen Quellen in den Entscheidungsgründen zumindest wünschenswert, trüge sie doch gewiss zu einer Steigerung der Akzeptanz verfassungsgerichtlicher Entscheidungen bei.

Sechster Teil

Mitwirkungslasten Dritter im Kontext gerichtlicher Sachaufklärung

Mitwirkungsobliegenheiten Dritter in Bezug auf die gerichtliche Tatsachenermittlung bzw. deren Nicht- oder Schlechterfüllung können sich in unterschiedlicher Weise auf die an sich bestehende Sachaufklärungspflicht des Bundesverfassungsgerichts auswirken. Im Folgenden gilt es daher zunächst das geltende Recht auf bestehende Mitwirkungslasten Dritter bei der richterlichen Tatsachenermittlung zu untersuchen. Soweit jenes Recht entsprechende Lasten statuiert, sind ferner deren Rechtsfolgen zu ermitteln.

Als mitwirkungsbelastete Dritte in Betracht kommen dabei *erstens* die (förmlichen) Verfahrensbeteiligten (1.). Ungeachtet der eine Definition entbehrenden und nicht stets kongruenten Verwendung des Begriffs des „Beteiligten" im BVerfGG[1082] erfasst dieser in hiesigem Kontext in Anlehnung an das allgemeine Prozessrecht alle natürlichen und juristischen Personen, die im Prozess mit eigenen Verfahrens-, insbesondere Antragsrechten ausgestattet sind;[1083] dies sind – soweit im jeweiligen Verfahren vorhanden – der Antragsteller, der Antragsgegner[1084] sowie der dem Verfahren Beigetretene (vgl. §§ 65, 69, 82 Abs. 2, 88, 94 Abs. 5 S. 1, 96 Abs. 3 BVerfGG).[1085] Der (noch) nicht beigetretene Beitrittsberechtigte sowie der (lediglich) Äußerungsberechtigte i. S. d. §§ 77, 82 Abs. 1, 3, 82a Abs. 2, 88, 94 Abs. 1, 3, 4 fallen nicht darunter.[1086] *Zweitens* könnte in den sog. Vorlageverfahren das vorlegende Gericht in Bezug auf die Tatsachenermittlung mitwirkungsbelastet sein (2.). In (prinzipalen wie inzidenten) Normenkontrollverfahren kommt *drittens* eine entsprechende Mitwirkungsobliegenheit des Gesetzgebers in Betracht (3.).

A. Mitwirkungslasten der Verfahrensbeteiligten

Mitwirkungsobliegenheiten der Verfahrensbeteiligten können grundsätzlich sowohl die Tatsachenermittlung als auch die Rechtsfindung an sich betreffen. Die

---

[1082] Vgl. dazu etwa *Peterek*, in: B/D/S, § 20 Rn. 16.

[1083] So etwa zur VwGO *Bier/Steinbeiß-Winkelmann*, in: Schoch/Schneider/Bier, VwGO, § 63 Rn. 2 (Stand: Juni 2017).

[1084] Einschließlich des Angeklagten (§§ 49, 48 BVerfGG).

[1085] Vgl. auch *Schlaich/Korioth*, Rn. 61.

[1086] Vgl. *Karpenstein*, in: Walter/Grünewald, § 77 Rn. 21 m.w.N. Ebenso zum Beteiligtenbegriff des § 25 BVerfGG BVerfGE 1, 66 (68); 2, 307 (312); 17, 319 (328).

Obliegenheit, zur Rechtsfindung beizutragen, ist jedoch in Bezug auf den Tatsachenbeweis unbeachtlich und daher im Folgenden außer Acht zu lassen.[1087]

Mitwirkungslasten, die die Sachverhaltsaufklärung vor Gericht betreffen, sind dagegen selbst beweisrechtlicher Natur. Sie übertragen dem Beteiligten im Grunde Darlegungs- sowie Beweisführungslasten[1088] in Bezug auf bestimmte Tatsachen. Wohl zugunsten einer gewissen Abgrenzung gegenüber den in engem Zusammenhang mit der Verhandlungsmaxime stehenden Termini der Darlegungs- und Beweisführungslast wird in den Verfahren des Amtsermittlungsgrundsatzes indes regelmäßig von „Substantiierungspflichten" bzw. „Substantiierungslasten" gesprochen.[1089] Im Folgenden wird der Begriff der Mitwirkungslast als Oberbegriff der verschiedenen Formen der Mitwirkung bei der Sachaufklärung beibehalten.

I. Antragsbegründungslast (§ 23 Abs. 1 S. 2 BVerfGG)

1. Inhalt der Antragsbegründungslast

Im Verfassungsprozess ergeben sich gewisse Mitwirkungslasten der Verfahrensbeteiligten zunächst unmittelbar aus dem BVerfGG. So normiert § 23 Abs. 1 S. 2 BVerfGG ausdrücklich die Obliegenheit des Antragstellers, seinen verfahrenseinleitenden Antrag zu *begründen* (Hs. 1) und die *erforderlichen Beweismittel anzugeben* (Hs. 2) (im Folgenden: „Antragsbegründungslast"). § 23 Abs. 1 BVerfGG gilt dabei als allgemeine Verfahrensvorschrift für sämtliche Verfahren vor dem Bundesverfassungsgericht.[1090] (Auch und gerade) In *tatsächlicher*[1091]

[1087] Diese ist freilich insb. am Grundsatz „iura novit curia" respektive dem verfassungsrechtlichen Rechtsprechungsauftrag des Gerichts (Art. 92 GG) zu messen. Vgl. dazu etwa *Lange,* Substantiierungspflichten, S. 37 ff., 165 ff.; *Sauer,* AöR 2013, 294 (296 ff.); *Schorkopf,* AöR 2005, 465 (465 ff.).

[1088] S. dazu oben S. 103 f.

[1089] Vgl. zu den Begrifflichkeiten *Nierhaus,* Beweismaß, S. 263 f., mit Nachweisen aus der öffentlich-rechtlichen Rechtsprechung, in der auch von „Mitwirkungslast" (jüngst etwa BVerwG, NVwZ 2013, 1160 [1162]), „Mitwirkungspflicht", „Darlegungslast", „Aufklärungspflicht" sowie „Darlegungs- und Mitwirkungsobliegenheit" die Rede ist. Von „Darlegungslast" sprechen etwa BVerfGE 48, 271 (280); *Puttler,* in: B/D/S, § 23 Rn. 21. Von „Substantiierungspflicht" sprechen z.B. BVerfG, Beschl. v. 19.02. 2009 – 2 BvR 191/09 – juris Rn. 5; BVerwG, Beschl. v. 24.09.2012 – 5 B 30.12 – juris Rn. 9; s. auch *Meskouris,* in: Barczak, § 26 Rn. 15 ff. und *Haberzettl,* in: B/D/S, § 26 Rn. 8: „Substantiierungsanforderungen". Den Begriff der Mitwirkungslast im Verfassungsprozess in „Darlegungs- bzw. Beibringungslast" einerseits sowie „Substantiierungs- bzw. inhaltliche Argumentationslast" andererseits aufspalten will etwa *Barczak,* in: ders., § 92 Rn. 8. S. dagegen *Lange,* Substantiierungspflichten, S. 26 f., die Begründungs-, Darlegungs- und Substantiierungslast synonym verwendet; ähnlich *Benda/ Klein,* Rn. 302: „Substantiierungspflicht/Darlegungslast".

[1090] S. nur BVerfGE 24, 252 (258); *von Coelln,* in: Maunz u.a., § 23 Rn. 2 (Stand: Mai 2009).

Hinsicht verlangt diese eine substantiierte Begründung respektive eine hinreichend verständliche *Darstellung des maßgeblichen Sachverhalts*.[1092] Dergestalt „maßgeblich" sind grundsätzlich sowohl die Tatsachen, die dem Gericht die Prüfung ermöglichen, ob die Sachentscheidungsvoraussetzungen des jeweiligen Verfahrens vorliegen, als auch die das geltend gemachte Recht begründenden Tatsachen.[1093]

Welchen Umfang die Antragsbegründungslast konkret hat, hängt vom jeweiligen Verfahrensgegenstand ab. Für einzelne Verfahrensarten normiert das BVerfGG zudem ausdrücklich – ihrer Art nach verschärfte[1094] – Begründungslasten.[1095]

a) Verfassungsbeschwerdeverfahren

Von besonderer praktischer Bedeutung ist insofern § 92 BVerfGG, der den gemäß § 23 Abs. 1 S. 2 BVerfGG notwendigen Begründungsinhalt für Verfassungsbeschwerden konkretisiert und ergänzt, indem er dem Beschwerdeführer aufgibt, das Recht, das verletzt sein soll, und die *Handlung oder Unterlassung des Organs oder der Behörde,* durch die der Beschwerdeführer sich verletzt fühlt, *zu bezeichnen*.[1096] Nach der ständigen – auf das Telos beider Normen gestützten und im Wesentlichen anerkannten – Rechtsprechung des Bundesverfassungsgerichts gehen die Anforderungen an die Begründung im Verfassungsbeschwerdeverfahren indes über die Bezeichnung des angeblich verletzten Rechts sowie der

---

[1091] § 23 Abs. 1 S. 2 Hs. 1 BVerfGG normiert überdies die Obliegenheit, zur Rechtsfindung beizutragen. S. dazu etwa *Diehl,* in: Barczak, § 23 Rn. 21 ff., insb. Rn. 24; instruktiv auch *Schorkopf,* AöR 2005, 465 (466 ff., s. auch 487 f.).

[1092] *von Coelln,* in: Maunz u. a., § 23 Rn. 56 (Stand: Mai 2009).

[1093] Vgl. *Henschel,* in: FS Simon, S. 95 (97 f.); *Puttler,* in: B/D/S, § 23 Rn. 18 ff. (insb. auch Rn. 21); *Scheffczyk,* in: Walter/Grünewald, § 23 Rn. 7; *von Coelln,* in: Maunz u. a., § 23 Rn. 56 (Stand: Mai 2009), m.w.N. auch zu der streitigen Frage, ob der Beschwerdeführer im Verfahren der Verfassungsbeschwerde zugunsten eines effektiven „Jedermann-Rechtsbehelfs" von der Pflicht, zu den Sachentscheidungsvoraussetzungen vorzutragen, befreit sein sollte.

[1094] Zu dem die allgemeine Begründungslast verschärfenden Charakter entsprechender Spezialvorschriften etwa *Henschel,* in: FS Simon, S. 95 (98 f.).

[1095] Vgl. überdies § 96a Abs. 2 BVerfGG für Nichtanerkennungsbeschwerdeverfahren, welcher die Begründungslast indes bereits ob der kurzen Frist, die für selbige eingeräumt ist, gerade nicht verschärft; dazu statt aller *Grünewald,* in: Walter/ders., § 96a Rn. 15.

[1096] Dazu statt aller *Hömig,* in: Maunz u. a., § 92 Rn. 2 (Stand: Mai 2011). §§ 92 und 23 Abs. 1 S. 2 Hs. 1 BVerfGG legen mithin zusammen die Mindestanforderungen fest, denen die Begründung einer Verfassungsbeschwerde von Gesetzes wegen genügen muss; st. Rspr., vgl. aus jüngerer Zeit BVerfGE 122, 63 (74); 123, 267 (329); 124, 25 (33). *Barczak,* in: ders. § 92 Rn. 13, versteht § 92 BVerfGG dagegen als abschließende Sonderregelung, wobei er das Verhältnis von § 23 Abs. 1 S. 2 zu § 92 selbst als rein akademische Frage ausmacht angesichts insoweit identischer inhaltlicher Anforderungen.

angegriffenen Handlung oder Unterlassung und damit über deren Wortlaut in ihrer Breite und Tiefe weit hinaus.[1097] Die auf §§ 92 i.V.m. 23 Abs. 1 S. 2 Hs. 1 BVerfGG beruhende Begründungslast für Verfassungsbeschwerden dient dabei neben der reinen Verfahrensbeschleunigung vornehmlich dem Ziel, „das Bundesverfassungsgericht im Verfassungsbeschwerdeverfahren als dem das Gericht am stärksten in Anspruch nehmenden Verfahren von zeit- und arbeitsaufwendiger Informationsbeschaffung zu entlasten"[1098]. Das Gericht soll im Grunde ohne weitere Ermittlungen über die Sachentscheidungsvoraussetzungen befinden und sich darüber hinaus bei Verfassungsbeschwerden im Hinblick auf das Annahmeverfahren eine Meinung über die Erfolgsaussicht des Begehrens bilden können.[1099] Demgemäß finden in §§ 92, 23 Abs. 1 S. 2 Hs. 1 BVerfGG prozessuale Mitwirkungslasten ihren Ausdruck, die sich zum einen auf sämtliche Stufen der Rechtsprüfung des Bundesverfassungsgerichts, das heißt sowohl auf die Annahmevoraussetzungen des § 93a BVerfGG als auch auf die Zulässigkeit der Verfassungsbeschwerde sowie deren Begründetheitsprüfung beziehen. Nahezu alle Voraussetzungen der Verfassungsbeschwerde – ausgenommen etwa die (Rechts-) Frage der „grundsätzlichen verfassungsrechtlichen Bedeutung" gemäß § 93a Abs. 2 lit. a BVerfGG[1100] – bedürfen danach zum anderen eines in *tatsächlicher* Hinsicht substantiierten Vortrags sowie gegebenenfalls der Bezeichnung entsprechender Belege in der Beschwerdebegründung.[1101] Die Antrags- bzw. Beschwerdebegründungslast bezieht sich, anders gewendet, (neben der hier unbeachtlichen Beurteilung von Rechtsfragen) – in gewisser Abkehr von der geltenden Untersuchungsmaxime nach § 26 Abs. 1 S. 1 BVerfGG – zumindest im Grundsatz auf

---

[1097] Vgl. dazu nur BVerfGE 122, 63 (74); 123, 267 (329); 124, 25 (33); sowie *Barczak*, in: ders., § 92 Rn. 15; *Hömig,* in: Maunz u. a., § 92 Rn. 6 (Stand: Mai 2011), jew. m.w.N. aus der Rspr.

[1098] *Hömig,* in: Maunz u. a., § 92 Rn. 6 (Stand: Mai 2011); vgl. auch *Magen,* in: U/C/D, § 92 Rn. 24.

[1099] H.M.; aus der Rspr. so ausdrücklich BVerfG, Beschl. v. 18.02.1999 – 1 BvR 1840/98 –, juris. 7; s. statt aller aus der Lit. *Barczak,* in: ders., § 92 Rn. 6; *Hömig,* in: Maunz u. a., § 92 Rn. 6 (Stand: Mai 2011); *Schorkopf,* AöR 2005, 465 (467 f.), jew. m.w.N.

[1100] H. L., s. nur *Gehle,* in: U/C/D, § 93a Rn. 58; *Hömig,* in: Maunz u. a., § 92 Rn. 18 (Stand: Mai 2011), m.w.N.; *Magen,* in: U/C/D, § 92 Rn. 21.

[1101] Ausführlich zu den Substantiierungsanforderungen in Bezug auf die verschiedenen Prüfungspunkte des Gerichts *Hömig,* in: Maunz u. a., § 92 Rn. 16 ff. (Stand: Mai 2011); s. auch *Barczak,* in: ders., § 92 Rn. 23 ff. In Urteilsverfassungsbeschwerdeverfahren ist insb. die angegriffene Entscheidung „entweder – sei es im Original oder in Kopie oder Abschrift – [vorzulegen] oder inhaltlich in einer Weise [wiederzugeben], die dem Gericht eine verfassungsrechtliche Beurteilung ermöglicht" (BVerfG, Beschl. v. 27.06.2006 – 2 BvR 1135/06 –, juris Rn. 2); jene Entscheidung ist mithin selbst „zu beweisende Tatsache"; werden sonstige Akte der öffentlichen Gewalt im Verfassungsbeschwerdeverfahren angegriffen, ist namentlich die jeweilige Verfahrensgeschichte als „Sachverhalt" vorzutragen, s. zu Vorstehendem *Magen,* in: U/C/D, § 92 Rn. 31 und 35 ff.

den gesamten entscheidungserheblichen Sachverhalt.[1102] Nur bei derart extensiver Auslegung des Wortlauts wird das Beschwerdevorbringen letztlich auch den Zweck des § 92 i.V.m. § 23 Abs. 1 S. 2 BVerfGG erfüllen können, dem Gericht eine vorläufige verfassungsrechtliche Nachprüfung des Beschwerdegegenstands ohne eigene Nachforschungen zu ermöglichen – und so gerade der Entlastungsfunktion des Annahmeverfahrens (§ 93a BVerfGG) gerecht werden.[1103]

b) Wahlprüfungsverfahren

Auch für die Wahlprüfungsbeschwerde normiert das BVerfGG ausdrücklich die Last des Beschwerdeführers, die Beschwerde (innerhalb einer Zweimonatsfrist) zu begründen, vgl. § 48 Abs. 1 Hs. 2. Der Beschwerdeführer unterliegt damit nach herrschender Meinung einer gesteigerten Substantiierungslast, die derjenigen des Verfassungsbeschwerdeverfahrens im Wesentlichen entspricht.[1104] Erforderlich ist eine hinreichend substantiierte und aus sich heraus verständliche Darlegung eines Sachverhalts, aus dem erkennbar ist, worin ein Wahlfehler liegen soll, der Einfluss auf die Mandatsverteilung haben kann.[1105] Dabei soll das Substantiierungsgebot im Verfahren der Wahlprüfungsbeschwerde auch und gerade „sicherstellen, dass die sich auf der Grundlage der Feststellung des endgültigen Wahlergebnisses ergebende Zusammensetzung des Parlaments nicht vorschnell infrage gestellt wird und dadurch Zweifel an seiner Rechtmäßigkeit geweckt werden."[1106]

c) Präsidenten- sowie Richteranklagen

Für Präsidenten- sowie Richteranklagen gilt die Sonderregelung des § 49 Abs. 3 S. 1 BVerfGG (vgl. § 58 Abs. 1 BVerfGG). Die Anforderungen an den Antragsinhalt sind insofern der Anklageschrift der StPO, insbesondere dem

---

[1102] Vgl. *Henschel*, in: FS Simon, S. 95 (99 f.); *Hömig*, in: Maunz u.a., § 92 Rn. 16 (Stand: Mai 2011). S. auch *Magen*, in: U/C/D, § 92 Rn. 22; *Scheffczyk*, in: Walter/Grünewald, § 23 Rn. 8: „Die Begründung muss dabei zunächst einen ausreichend klaren, wahren und in sich widerspruchsfreien Tatsachenvortrag enthalten. Alle für die Ableitung von Rechtsfolgen erforderlichen Umstände müssen angeführt werden." Freilich bleibt der notwendige Inhalt einer §§ 92, 23 Abs. 1 S. 2 BVerfGG genügenden Begründung auch danach im Einzelfall vage, krit. dazu statt vieler *Barczak*, in: ders., § 92 Rn. 15, *Magen*, in: U/C/D, § 92 Rn. 25.

[1103] Ähnlich *Magen*, in: U/C/D, § 92 Rn. 24; s. auch *Barczak*, in: ders., § 92 Rn. 39, s. zudem Rn. 6. Vgl. i. Ü. den instruktiven Überblick betreffend die gesetzliche Einführung des Annahmeverfahrens zu Zwecken der Entlastung des Gerichts bei *Faller*, in: FS Benda, S. 43 (56 ff.).

[1104] Vgl. nur BVerfGE 21, 359 (361); 58, 175 (175 f.); 122, 304 (308); *Aderhold*, in: U/C/D, § 48 Rn. 33, m.w.N.

[1105] Die bloße Andeutung der Möglichkeit von Wahlfehlern oder die Äußerung einer dahingehenden, nicht belegten Vermutung genügen nicht; st. Rspr., vgl. nur BVerfGE 40, 11 (30 f.); 48, 271 (276, s. auch 280); 122, 304 (308); 146, 327 (Rn. 37).

[1106] BVerfGE 146, 327 (Rn. 37).

§ 200 StPO nachgebildet. In tatsächlicher Hinsicht sind der Sachverhalt, aufgrund dessen dem Angeklagten ein Vorwurf gemacht wird, sowie diesbezügliche Beweismittel, insbesondere Urkunden und andere als Beweismittel dienende Schriftstücke, zu bezeichnen. Für Präsidentenanklagen gilt zudem, dass die (Tatsachen-)Feststellung darzulegen ist, dass der Beschluss der gesetzgebenden Körperschaft über die Anklageerhebung mit der vorgeschriebenen Mehrheit gefasst worden ist (§ 49 Abs. 3 S. 2 BVerfGG).[1107]

d) Kompetenzfreigabeverfahren

Bezüglich des Antrags auf Einleitung eines Kompetenzfreigabeverfahren erlegt § 96 Abs. 1 BVerfGG dem Antragsteller neben den allgemeinen Anforderungen des § 23 Abs. 1 BVerfGG die „Darlegungslast"[1108] dafür auf, dass eine Gesetzesvorlage für ein Freigabegesetz aus einem der in Art. 93 Abs. 2 S. 3 GG aufgeführten – tatsächlichen – Gründe erfolglos geblieben ist: Darzulegen und gegebenenfalls mit Beweismitteln zu untermauern ist danach, dass eine Gesetzesvorlage nach Artikel 72 Abs. 4 oder nach Artikel 125a Abs. 2 S. 2 GG im Bundestag oder Bundesrat abgelehnt oder über sie nicht innerhalb eines Jahres beraten und Beschluss gefasst worden ist.

2. Rechtsfolge der Nicht- oder Schlechterfüllung der Antragsbegründungslast

Die primäre[1109] Rechtsfolge einer Verletzung der Substantiierungsanforderungen an die Antragsbegründung ist die Unzulässigkeit des jeweiligen Antrags.[1110] Es entfällt mithin nicht erst die Beweisbedürftigkeit der an sich entscheidungserheblichen Tatsachen. Vielmehr entfällt die (Sach-)Entscheidung selbst. Jede Ermittlung erübrigt sich. Somit scheinen die Mitwirkungslasten des § 23 Abs. 1 S. 2 (ggf. i.V.m. der jeweiligen Spezialnorm) auf das verfassungsprozessuale Beweisrecht im Grunde keine größeren Auswirkungen zu haben als die sonstigen Zulässigkeitsvoraussetzungen, deren Nichterfüllung das Gericht naturgemäß von der Sachentscheidung und damit von jeglichen Ermittlungen gemäß § 26 Abs. 1 S. 1 BVerfGG entbindet.

[1107] Vgl. dazu statt aller *Lechner/Zuck*, § 49 Rn. 3.

[1108] *von Coelln*, in: Maunz u.a., § 96 Rn. 57 (Stand: Dezember 2012).

[1109] Vgl. zu den übrigen, aus beweisrechtlicher Sicht unbeachtlichen Rechtsfolgen etwa *Lange*, Substantiierungspflichten, S. 119 ff.; s. auch § 34 Abs. 2 BVerfGG zur Möglichkeit der Auferlegung einer Missbrauchsgebühr.

[1110] H.M., vgl. nur aus der Rspr. (betreffend eine Verfassungsbeschwerde) BVerfGE 142, 234 (Rn. 22 ff.); aus dem Schrifttum *Barczak*, in: ders., § 92 Rn. 10; *Hillgruber/Gross*, Rn. 100; *Lechner/Zuck*, § 23 Rn. 13; *Lenz/Hansel*, BVerfGG, § 23 Rn. 23; *von Coelln*, in: Maunz u.a., § 96 Rn. 60 (Stand: Dezember 2012). Krit. mangels ausdrücklicher Normierung *Lamprecht*, NJW 2000, 3543 (3543).

Dieser Eindruck verkennt jedoch, dass jene Lasten den Kern des Untersuchungsgrundsatzes betreffen.[1111] Die Pflicht des Gerichts, den erheblichen Sachverhalt von Amts wegen zu ermitteln, wird – zumindest teilweise und in einem ersten Zugriff[1112] – *faktisch* auf den Antragsteller (Beschwerdeführer) übergewälzt.[1113] Darüber hinaus werden sich bei hinreichender Substantiierung des Antrags auch im weiteren Verlauf des Verfahrens verschiedentlich konkrete Ermittlungsmaßnahmen des Gerichts gerade *aufgrund* des substantiierten Tatsachenvortrags des Antragstellers sowie der durch diesen bereits bezeichneten Beweismittel als nicht mehr erforderlich für die richterliche Überzeugungsbildung (§ 30 Abs. 1 S. 1 BVerfGG) erweisen respektive erübrigen. Soweit das Gericht in Ansehung des § 23 Abs. 1 S. 2 (i. V. m. z. B. § 92 BVerfGG) den Tatsachenvortrag des Antragstellers auf die Ebene der Zulässigkeitsprüfung „verlagert", verlagert sich also zugleich – zumindest faktisch – das widerstreitende Verhältnis von Untersuchungsgrundsatz und Mitwirkungslasten[1114] auf jene Ebene.

3. Antragsbegründungslast versus Untersuchungsgrundsatz

Somit drängt sich aus beweisrechtlicher Perspektive vornehmlich die Frage der Vereinbarkeit der genannten Antragsbegründungslast mit dem im Verfassungsprozessrecht geltenden Untersuchungsgrundsatz (§ 26 Abs. 1 S. 1 BVerfGG) auf, die im Ergebnis aber zu bejahen ist.[1115] Selbiger Grundsatz lässt, wie dargelegt, durchaus Ausnahmen zu, soweit diese ihrerseits über eine rechtliche Grundlage

---

[1111] Nicht differenziert genug daher *Barczak,* in: ders., § 92 Rn. 6; *Benda/Klein,* Rn. 302; sowie *Sauer,* AöR 2013, 294 (296), die schon das Bestehen eines Spannungsverhältnisses zwischen § 23 Abs. 1 S. 2 bzw. § 92 einerseits und § 26 Abs. 1 S. 1 BVerfGG andererseits im Grundsatz negieren.

[1112] S. aber sogleich im Text auf S. 220 ff. zur fortgesetzten Untersuchungspflicht des Gerichts.

[1113] Sehr weitreichend insofern *Lenz/Hansel,* § 26 Rn. 3: „Insbesondere im Verfahren der Verfassungsbeschwerde ist der Untersuchungsgrundsatz faktisch außer Kraft gesetzt."; s. auch *Lenz/Hansel,* a. a. O., § 23 Rn. 22; *Meskouris,* in: Barczak, § 23 Rn. 15.

[1114] Ausführlich zu Selbigem aus verwaltungsprozessualer Sicht *Nierhaus,* Beweismaß, S. 258 ff.

[1115] Instruktiv dazu – aus Sicht des besonders weitreichende Substantiierungslasten kennenden Verfassungsbeschwerdeverfahrens – *Magen,* in: U/C/D, § 92 Rn. 22 ff.; i. Erg. ebenso *Henschel,* in: FS Simon, S. 95 (99); *von Coelln,* in: Maunz u. a., § 23 Rn. 59 (Stand: Mai 2009); sowie – wenngleich nicht ganz überzeugend begründet – *Barczak,* in: ders., § 92 Rn. 6; *Benda/Klein,* Rn. 302; *Lange,* Substantiierungspflichten, S. 29 ff., 41, 162 ff.; *Sauer,* AöR 2013, 294 (296). S. zur Wahlprüfungsbeschwerde ferner BVerfGE 146, 327 (Rn. 37), m. w. N.: „Der Grundsatz der Amtsermittlung befreit den Beschwerdeführer [...] nicht davon, die Gründe der Wahlprüfungsbeschwerde in substantiierter Weise darzulegen, mag dies im Einzelfall auch mit Schwierigkeiten insbesondere im tatsächlichen Bereich verbunden sein." Zur Auflösung des im Verwaltungsprozess in ähnlicher Weise bestehenden Spannungsverhältnisses exemplarisch *Aulehner,* in: Sodan/Ziekow, VwGO, § 82 Rn. 54.

verfügen sowie sachgerecht sind.[1116] Die konkret in Rede stehenden Begründungslasten, die einfachgesetzlich normiert (vgl. nur § 23 Abs. 1 S. 2, § 92 BVerfGG) sowie richterrechtlich konkretisiert sind[1117] und darüber hinaus bereits mit der Beschleunigung des Verfahrens einem legitimen Zweck dienen, erfüllen jene Voraussetzungen.

Ihrer Rechtmäßigkeit steht insbesondere auch ein den Zweck der Antragsbegründung überwiegendes Interesse an einer insofern (unmittelbar wie mittelbar) „uneingeschränkten" Geltung des Untersuchungsgrundsatzes nicht entgegen:

Erstens schließen die (obschon hohen) Begründungsanforderungen einen umfassenden und effektiven Rechtsschutz vor dem Verfassungsgericht – wie ihn auch der Untersuchungsgrundsatz sicherstellen soll – keineswegs aus, sondern verlangen dem Antragsteller „‚schlicht' eine aktivere Rolle im Prozess ab".[1118] Diese ist dem Antragsteller angesichts der ihm im Verfassungsprozess zukommenden „Herrschaft über die Verfahrenseinleitung" (sog. Antragsprinzip)[1119] gerade in Bezug auf seinen Antrag und jedenfalls insoweit zuzumuten, als sich seine Mitwirkung auf den Vortrag solcher Tatsachen beschränkt, deren *Kenntnis(-erlangung)* dem Antragsteller *möglich* und ihrerseits *zumutbar* ist.[1120] Wenngleich die Anforderungen daran, was ein Antragsteller vorzutragen hat, um eine Sachprüfung zu erreichen, aus Rechtsschutzgesichtspunkten nicht überspannt werden dürfen,[1121] lassen danach selbst im Einzelfall bestehende „Schwierigkei-

---

[1116] S. zum Untersuchungsgrundsatz oben S. 110 ff. Vgl. grundsätzlich zur Zulässigkeit von Mitwirkungslasten der Beteiligten in Amtsermittlungsverfahren auch *Magen,* in: U/C/D, § 92 Rn. 23.

[1117] S. zur Bindungswirkung von Richterrecht oben S. 97.

[1118] In diesem Sinne per se zur Geltung des Verhandlungsgrundsatzes in öffentlichrechtlichen Verfahren bereits *Kahl,* Entmachtung, S. 27 (Zitat ebd.); vgl. auch *Schmidt-Aßmann* in: Maunz/Dürig, GG, Art. 19 Abs. 4 Rn. 220 (Stand: Juli 2014): Das Gebot der Untersuchungsmaxime berechtige die Beteiligten nicht, „die Hände in den Schoß zu legen". Vgl. zum Gebot effektiven Rechtsschutzes und der Rolle des Untersuchungsgrundsatzes auch oben Fn. 661.

[1119] S. zum Antragsprinzip und generell zur Dispositionsmaxime oben S. 101 f.

[1120] Vgl. zur Voraussetzung der Möglichkeit und Zumutbarkeit der Kenntniserlangung statt aller *Hömig,* in: Maunz u.a., § 92 Rn. 16, 35, 41 (Stand: Mai 2011); *Magen,* in: U/C/D, § 92 Rn. 26, 34, jew. m.w.N. Auf die Frage, ob dem Antragsteller eine Darlegung „möglich und zumutbar" ist, stellt grundsätzlich auch das Verfassungsgericht ab, vgl. BVerfGE 48, 271 (280); 131, 66 (82). Nicht differenziert genug *Sauer,* AöR 2013, 294 (296): „lückenlose Schilderung des tatsächlichen Geschehens- und Prozessablaufs kann dem Beschwerdeführer grundsätzlich zugemutet werden".

[1121] Vgl. BVerfGE 146, 327 (Rn. 37). So gelten etwa in Fällen besonderer Dringlichkeit, in denen nur wenige Stunden für die Gewährung effektiven Rechtsschutzes verbleiben (insbesondere bei drohender Abschiebung) geringere Anforderungen an die Substantiierung, vgl. jüngst BVerfG, Beschl. v. 02.03.2017 – 2 BvQ 7/17 –, juris Rn. 4; Beschl. v. 08.06.2018 – 2 BvR 1094/18 –, juris Rn. 3; dazu auch *Walter,* in: ders./Grünewald,* § 32 Rn. 30.1. Das Gericht strapaziert jene – eigene – Prämisse zuweilen freilich selbst mit Anforderungen an die Darlegung solcher Tatsachen, die deutlich jenseits des zumindest unmittelbaren Kenntnisbereichs des Antragstellers liegen, dazu m.w.N.

ten im tatsächlichen Bereich" den Tatsachenvortrag nicht ohne Weiteres unzumutbar erscheinen.[1122] Vielmehr entspricht die (subjektive) Klärung auch tatsächlicher Fragen durch den Antragsteller vor Einleitung eines Verfassungsprozesses letztlich der verfassungsprozessualen Kompetenzzuweisung: So obliegt dem Antragsteller gewissermaßen spiegelbildlich zur Herrschaft über die Verfahrenseinleitung die „erste" Prüfung der Erfolgsaussichten eines möglichen Verfassungsprozesses, welche vernünftigerweise nicht ohne einen gewissen „Ermittlungsaufwand" vonstatten gehen kann.[1123] Gleichzeitig ist es nicht Aufgabe des Verfassungsgerichts, „ins Blaue hinein" zu ermitteln, sondern bezieht sich seine Pflicht (wie Befugnis) zur Sachaufklärung im Rahmen des Antragsprinzips überhaupt erst auf den ihm durch den verfahrenseinleitenden Antrag zur Entscheidung gestellten (konkreten) Sachverhalt.[1124]

Zweitens lässt sich jener Antragsbegründungslast auch nicht das im Verfassungsprozess an sich bestehende gesteigerte öffentliche Interesse an der Geltung des Untersuchungsgrundsatzes[1125] entgegenhalten. Dieses, aus der besonderen Bindungswirkung verfassungsrichterlicher Entscheidungen (§ 31 BVerfGG) resultierende Interesse wird bereits nicht tangiert, wenn und soweit die mangelnde Begründung des Antrags lediglich zur *Unzulässigkeit* des Verfahrens führt respektive in dem Erlass einer – die Bindungswirkungen des § 31 BVerfGG gerade nicht entfaltenden[1126] – *Prozessentscheidung* mündet.[1127]

---

aus der Rspr. *Magen,* in: U/C/D, § 92 Rn. 23. Zum Gebot wirksamen Rechtsschutzes auch bereits oben S. 123 ff.

[1122] St. Rspr., s. (zur Wahlprüfungsbeschwerde) BVerfGE 40, 11 (32); 59, 119 (124); 122, 304 (309); 146, 327 (Rn. 37). Vgl. auch BVerfGE 131, 66 (82): „Die prozessuale Pflicht zur plausiblen Darlegung der gerügten Grundrechtsverletzungen kann auch Informationen umfassen, die ursprünglich nicht im Kenntnisbereich derjenigen liegen, eine Verletzung ihrer Grundrechte geltend machen, wenn ihnen diese Darlegung möglich und zumutbar ist […]. Im Einzelfall kann es ebenfalls zumutbar sein, unterstützende Beratung in Anspruch zu nehmen, um einen Verfassungsverstoß substantiiert rügen zu können. Das gilt insbesondere, wenn – wie hier im Betriebsrentenrecht – komplexe Regelungen zur Leistungsberechnung angegriffen werden." In diesem Sinne auch *Magen,* in: U/C/D, § 92 Rn. 26.

[1123] „Prüft" der Antragsteller seine Erfolgsaussichten demgemäß sauber, wird ihm i. Ü. auch die Begründung seines Antrags keine größeren Schwierigkeiten bereiten. Vgl. ferner *Henschel,* in: FS Simon, S. 95 (99), der darauf hinweist, dass nur ein umfassender Begründungszwang den Antragsteller, durchaus „zweckgerecht", dazu veranlassen könne, sich mit den Erfolgsaussichten seines Antrags näher auseinanderzusetzen, was auch einer unnötigen Inanspruchnahme des Gerichts entgegenwirke.

[1124] In diesem Sinne treffend *Benda/Klein.* Rn. 302; *von Coelln,* in: Maunz u. a., § 23 Rn. 59 (Stand: Mai 2009). S. zum Antragsprinzip und generell zur Dispositionsmaxime oben S. 101 f.

[1125] S. oben S. 109 f.

[1126] H. M., statt aller BVerfGE 78, 320 (328); 92, 91 (107); 107, 339 (360); *Benda/Klein,* Rn. 1445; *Bethge,* in: Maunz u. a., § 31 Rn. 83 (Stand: Februar 2019); *Heusch,* in: B/D/S, § 31 Rn. 52, jew. m.w.N. Partiell a. A. *Detterbeck,* Streitgegenstand, S. 363.

Drittens erweisen sich die Implikationen der genannten Begründungslasten auf den Untersuchungsgrundsatz selbst als nur mittelbar und insoweit wenig gravierend. Insbesondere führen die Substantiierungsanforderungen an die Antragsbegründung ungeachtet ihres Umfangs weder rechtlich noch faktisch zu einer vollständigen *Aufhebung* der Untersuchungspflicht gemäß § 26 Abs. 1 S. 1 BVerfGG.[1128] Sofern der jeweilige Antrag hinreichend begründet ist, bleibt es vielmehr bei selbiger Pflicht. Die Antragsbegründung(-slast) an sich entbindet das Verfassungsgericht anders gewendet nicht davon, weitere Ermittlungen zum Sachverhalt anzustellen, soweit dieser – aufgrund der die Prüfung erst „eröffnenden" Antragsbegründung – entscheidungserheblich ist und Ermittlungen zur Aufklärung desselbigen konkret erforderlich sind.[1129]

Obschon sich einzelne Ermittlungsmaßnahmen, wie erwähnt, im konkreten Fall (sowohl im Rahmen der Prüfung der Zulässigkeit als auch der Begründetheit des Antrags) gerade aufgrund der vorliegenden Antragsbegründung als nicht mehr „erforderlich" erweisen mögen, gilt dies (selbst in Fällen hoher Substantiierung) keineswegs generell und kommt der Ermittlungspflicht des Bundesverfassungsgerichts also auch hier Bedeutung zu. Dies gilt umso mehr, als das Gericht die jeweilige Antragsbegründung in Ansehung ihres Telos grundsätzlich schon dann als hinreichend substantiiert behandelt, wenn sie eine *vorläufige* Beurteilung des Antrags ermöglicht.[1130]

[1127] Auch *Magen,* in: U/C/D, § 92 Rn. 15, 23 f., leitet die Rechtmäßigkeit der Substantiierungslasten des § 92 BVerfGG wohl maßgeblich aus dem Argument ab, dass die „Sanktion für ihre Missachtung" (nur) in der Unzulässigkeit des Rechtsbehelfs besteht.

[1128] Anders wohl *Meskouris,* in: Barczak, § 23 Rn. 15: Die Substantiierungslasten bewirkten „[d]er Sache nach eine Aufhebung, wenn nicht gar Umkehrung des Untersuchungsgrundsatzes". Krit. auch *Lenz/Hansel,* § 26 Rn. 3 („Untersuchungsgrundsatz faktisch außer Kraft gesetzt"). Tatsächlich wäre eine Aufhebung des Untersuchungsgrundsatzes im Verfassungsprozess unzulässig, vgl. auch *Magen,* in: U/C/D, § 92 Rn. 26.

[1129] Ähnlich *Barczak,* in: ders., § 92 Rn. 6; *Klein,* in: Maunz u. a., § 26 Rn. 3 (Stand: Januar 1987); *Kreuder,* NJW 2001, 1243 (1247); *Lenz/Hansel,* § 26 Rn. 4, gehen zumindest ersichtlich davon aus, dass das Gericht tatsächliche Fragen klärt, sofern „die Substantiierungshürde einmal überwunden" ist. Vgl. auch BVerfGE 131, 66 (82): § 23 Abs. 1 S. 2, § 92 BVerfGG schließen „eigene Ermittlungen des Bundesverfassungsgerichts nicht aus. Es ist jedoch nicht gehalten, sich den Sachverhalt durch langwieriges Recherchieren aus weiteren Unterlagen zu erschließen.", m.w.N. aus der Rspr. S. aber auch sogleich zu Mitwirkungslasten betreffend die Sachentscheidung S. 222 ff.

[1130] (Zur Verfassungsbeschwerde) so ausdrücklich BVerfG, Beschl. v. 20.05.2010 – 2 BvR 1226/09 –, juris Rn. 5; Beschl. v. 20. März 2013 – 2 BvR 1202/12 –, juris Rn. 4. S. auch BVerfGE 89, 155 (171): „Der Beschwerdeführer muß hinreichend substantiiert darlegen, daß [die] Verletzung [eines verfassungsbeschwerdefähigen Rechts] möglich erscheint."; BVerfGE 98, 169 (196): Die „Möglichkeit der Grundrechtsverletzung [muss] schlüssig dargetan werden"; BVerfGK 7, 188 (192): zumindest im Sinne einer Plausibilitätskontrolle nachprüfbare individualisierte und konkretisierte Darlegungen. Die Formulierungen des Gerichts sind indes – bedauerlicherweise – nicht einheitlich; so heißt es etwa in BVerfGE 76, 93 (98); 99, 84 (87), die „Grundrechtsverletzung" müsse „substantiiert und schlüssig" sein.

Dass sich anschließend bei umfassender Prüfung der (Verfassungs-)Rechtsfragen Tatsachen als entscheidungserheblich erweisen, zu denen der Antragsteller im Rahmen der Antragsbegründung nicht vorgetragen hat und auch nicht vortragen musste, ist sonach keineswegs ausgeschlossen.

Besondere Bedeutung kommt hier ferner – insbesondere in (inzidenten) Rechtssatzverfassungsbeschwerdeverfahren – konkret entscheidungserheblichen *zukünftigen* und/oder *generellen Tatsachen* zu. Auf diese erstreckt sich die Antragsbegründungslast jedenfalls in Individualverfassungsbeschwerdeverfahren nach der zutreffenden herrschenden Meinung von vorneherein nicht, da es dem Antragsteller in der Regel nicht möglich, jedenfalls nicht zumutbar sein wird, die komplexen, zudem häufig zukünftigen generellen Tatsachen – zumal in der auf einen Monat begrenzten Frist zur Einreichung der Beschwerdebegründung (§ 93 Abs. 1 S. 1 BVerfGG) – zu ermitteln.[1131] Diesbezüglich bleibt es mithin nicht „nur" rechtlich bei der Geltung des Untersuchungsgrundsatzes, sondern wird das Gericht auch faktisch regelmäßig zu (weitreichenden) Amtsermittlungen verpflichtet sein.[1132] Gleiches gilt, soweit das Verfassungsgericht den angegriffenen Hoheitsakt noch über den (substantiiert) gerügten Verfassungsrechtsverstoß hinaus auf seine verfassungsrechtliche Unbedenklichkeit hin überprüft.[1133]

Die Rechtmäßigkeit der genannten Antragsbegründungslast ist im Übrigen auch in Ansehung des sonstigen Verfassungs(prozess)rechts zu bejahen. Weder das Gebot wirksamen Rechtsschutzes noch der Anspruch auf gerichtliches Gehör (Art. 103 Abs. 1 GG) werden durch die grundsätzliche Verpflichtung, Tatsachen vorzutragen und Beweise anzubieten, unzulässig eingeschränkt, soweit sich die Anforderungen an die Substantiierung des jeweiligen Antrags im Einzelfall aus Sicht des Antragstellers im Rahmen des Möglichen und Zumutbaren halten. Da die konkreten Grenzen, die Gehörsanspruch und Rechtsschutzgebot der Übertragung von Begründungslasten insofern setzen, keine weiteren beweisrechtlichen Erkenntnisse liefern, soll es in hiesiger Untersuchung mit diesem Hinweis sein Bewenden haben.

[1131] Zur Verfassungsbeschwerde statt aller *Barczak*, in: ders., § 92 Rn. 16; *Hömig*, in: Maunz u. a., § 92 Rn. 41, s. auch Rn. 16 (Stand: Mai 2011); *Magen* in U/C/D, Rn. 26, 34. S. zu generellen Tatsachen S. 50 ff., zu zukünftigen Tatsachen S. 39 ff., zur Bedeutung selbiger in Rechtssatzverfassungsbeschwerdeverfahren S. 83 f.

[1132] So denn auch geschehen z. B. im Verfassungsbeschwerdeverfahren betreffend Patientenfixierungen, vgl. BVerfG, NZFam 2018, 724 (728 Rn. 42 ff.); s. exemplarisch ferner BVerfGE 133, 168 (Rn. 48 ff.) für weitreichende Ermittlungen im Beschwerdeverfahren betreffend Deals im Strafprozess.

[1133] Nach populärer Auffassung insb. des Zweiten Senats des Bundesverfassungsgerichts kommt der Antragsbegründung keine „streitgegenstandsbeschränkte" Funktion zu; vgl. nur BVerfGE 99, 100 (119); 102, 370 (384); 123, 148 (177); ebenso aus der Literatur *Barczak*, in: ders., § 92 Rn. 98 (m.w.N. auch zur Gegenmeinung) sowie Rn. 94 ff. zu den Divergenzen in der Rspr. beider Senate, m.w.N.

II. Mitwirkungslasten unmittelbar betreffend
die Sachaufklärung des Bundesverfassungsgerichts

1. Grundsätzliche Anerkennung

Es stellt sich danach die Frage, ob und ggf. in welcher Form das Verfassungsprozessrecht den Beteiligten noch über die Begründung des verfahrenseinleitenden Antrags hinaus – sprich im weiteren Verlauf des Verfahrens – die Mitwirkung bei der Tatsachenermittlung des Verfassungsgerichts vorschreibt.

Die möglichen Rechtsfolgen einer Nicht- oder Schlechterfüllung derartiger
Lasten reichen *im allgemeinen Prozessrecht* grundsätzlich von (1.) der Reduzierung des Beweismaßes in Bezug auf die fragliche entscheidungserhebliche Tatsache über (2.) die gesteigerte Beweiskraft der „Mitwirkungsunwilligkeit" des
belasteten Beteiligten – wobei beide Rechtsfolgen mittelbar zu einer Reduzierung der Aufklärungspflicht des Gerichts führen können – sowie (3.) die unmittelbare Reduzierung dieser Pflicht bis hin zu (4.) einem vollständigen Entfallen
derselben; auch sind (5.) Auswirkungen auf die objektive Beweislastverteilung
denkbar, die die Sachaufklärungspflicht des Gerichts indes nicht tangieren.[1134]

Im ersten sowie zweiten Fall bleibt das Gericht ungeachtet der Nichterfüllung
der Mitwirkungslast seitens des Beteiligten zur Aufklärung des Sachverhalts verpflichtet, darf aber im Rahmen der *freien Beweiswürdigung* die Mitwirkungsunwilligkeit des Beteiligten als gewichtiges Indiz für das Nichtvorliegen der für
diesen günstigen Tatsache berücksichtigen und/oder das Nichtvorliegen der Tatsache feststellen, ohne davon im Sinne persönlicher Gewissheit überzeugt zu sein
(sog. Beweismaßreduzierung).[1135] Im dritten Fall steht es dem Gericht frei, auf
einzelne (vornehmlich aufwendige) Ermittlungsmaßnahmen in Bezug auf diejenigen Tatsachen, bei deren Aufklärung der Beteiligte pflichtwidrig nicht unterstützt
(hat), zu verzichten.[1136] Im vierten Fall kann oder sogar muss das Gericht von
jeglichen Ermittlungen absehen (soweit die Mitwirkungslast reicht) respektive
seine Sachentscheidung insoweit ausschließlich auf die vorgetragenen Tatsachen
stützen – dies kommt im Grunde einer „echten" Darlegungs- und Beweisführungslast des Beteiligten gleich; Tatsachen, die von dem jeweils belasteten Beteiligten nicht selbst vorgebracht und gegebenenfalls nachgewiesen wurden, bleiben

---

[1134] Dogmatisch profund hierzu (aus Sicht des Verwaltungsprozessrechts) *Nierhaus,*
Beweismaß, S. 334 ff., 370 ff., 385 f., sowie generell S. 264 f.; vgl. auch die Darstellung der möglichen Rechtsfolgen bei *Rixen,* in: Sodan/Ziekow, VwGO, § 86 Rn. 69 ff.

[1135] Vgl. zur Beweiswürdigung und zum Beweismaß unten S. 312 ff. Aus Sicht der
ebenfalls dem Untersuchungsgrundsatz unterworfenen Sozialgerichte *Berchtold,* in:
ders./Richter, Sozialsachen, § 6 Rn. 471, 508 f., und bereits Rn. 431. Allgemein auch
Nierhaus, Beweismaß, S. 344 ff.

[1136] Dazu aus Sicht der (vom Untersuchungsgrundsatz beherrschten) FGO *Krumm,*
in: Tipke/Kruse, AO/FGO, § 76 FGO Rn. 78 ff. (Stand: Februar 2018).

grundsätzlich unerforscht.[1137] Fünftens kann bzw. muss das Gericht bei Nicht-erweislichkeit einer solchen Tatsache, auf die sich die Mitwirkungslast bezieht, zulasten des Mitwirkungsunwilligen entscheiden.[1138]

Im Ergebnis geht unzureichender Vortrag in den genannten Fällen also stets zulasten des betroffenen Beteiligten; dieser trägt das (freilich unterschiedlich hohe) Risiko prozessualen Misserfolgs aufgrund fehlender das geltend gemachte (Verfassungs-)Recht in tatsächlicher Hinsicht stützender Feststellungen. Wenn und soweit derartige Mitwirkungslasten auch im Verfassungsprozess bestehen, wirken sich diese somit unmittelbar auf das verfassungsprozessuale Beweisrecht (insbesondere auf § 26 Abs. 1 S. 1 BVerfGG) aus.

Das geschriebene *Verfassungsprozessrecht* schweigt zur Möglichkeit entsprechender Lasten. Wohl in der Konsequenz dessen schweigt auch die Fachliteratur ganz überwiegend dazu.[1139] Dies verwundert, sprechen doch sowohl Gedanken der Verfahrensökonomie, als auch und vor allem die im allgemeinen Prozessrecht platzgreifende „Abkehr vom strikten Maximendenken"[1140], der zufolge Mitwirkungslasten unter Geltung des Untersuchungsgrundsatzes gewissermaßen zur Usance geworden sind,[1141] gegen eine vom Verhalten der Beteiligten in jeder Hinsicht unabhängige Ermittlungspflicht des Verfassungsgerichts gemäß § 26 Abs. 1 S. 1 BVerfGG. So finden sich nach geltendem Recht in sämtlichen dem Untersuchungsgrundsatz unterliegenden Prozessordnungen – mit Ausnahme des der Unschuldsvermutung unterworfenen Strafprozessrechts – unterschiedlich aus-

---

[1137] Vgl. etwa *Nierhaus*, Beweismaß, S. 371, der dies aus Sicht des Verwaltungsprozessrechts im Ergebnis als unzulässig ablehnt.

[1138] Zur objektiven Beweislastentscheidung unten S. 333 ff.

[1139] Weder ein Thema i. R. d. Kommentierung des § 26 Abs. 1 S. 1 BVerfGG bei *Haberzettl*, in: B/D/S; *Klein*, in: Maunz, u. a.; *Lenz/Hansel*; *Meskouris*, in: Barczak; *Walter*, in: ders./Grünewald (vgl. dort insb. Rn. 6); *Zöbeley/Dollinger*, in: U/C/D (in Rn. 6 findet sich lediglich ein Verweis auf die Begründungspflichten gemäß § 23 Abs. 1 S. 2 und § 92 BVerfGG); noch i. R. d. Kommentierungen zu § 23, § 30 oder zu § 92 BVerfGG, vgl. exemplarisch *Barczak*, in: ders., § 92, der vielmehr Substantiierungslasten betreffend die Antragsbegründung und solche betreffend die Sachprüfung des Gerichts unzulässig vermengt, vgl. nur Rn. 10b und 60. Nicht thematisiert auch von *Brink*, in: Linien, S. 3 ff. (s. insb. 7 f.); *Bryde*, in: 50 Jahre BVerfG I, S. 533 ff.; *Kluth*, NJW 1999, 3513 ff.; *Lange*, Substantiierungspflichten (vgl. insb. S. 120). Entsprechende Mitwirkungslasten wenigstens am Rande andeutend *Benda/Klein*, Rn. 301; *Magen*, in: U/C/D, § 92, Rn. 15; *Zuck*, Verfassungsbeschwerde, Rn. 1037: „Verfahrensförderungspflicht"; vgl. auch *Schorkopf*, AöR 2005, 465 (468).

[1140] Vgl. dazu instruktiv *Nierhaus*, Beweismaß, S. 270 ff.

[1141] Vgl. zum Verwaltungsprozess statt aller *Dawin*, in: Schoch/Schneider/Bier, VwGO, § 86 Rn. 61 ff. (Stand: November 2009); *Nierhaus*, Beweismaß, S. 277 ff.; zur FGO *Krumm*, in: Tipke/Kruse, AO/FGO, § 76 FGO Rn. 49 (Stand: Februar 2018); zum SGG *Berchtold*, in: ders./Richter, Sozialsachen, § 6 Rn. 466 ff.; allgemein zur öffentlich-rechtlichen Gerichtsbarkeit *H. Müller*, JuS 2014, 324 (insb. 326 ff.). S. auch oben zur Notwendigkeit, trotz dieser Einschränkungen am Untersuchungsgrundsatz festzuhalten, S. 112.

gestaltete Mitwirkungslasten der Beteiligten, die sich konkret auf die Amtsermittlungspflicht des jeweiligen Fachgerichts auswirken.[1142] Die Anerkennung
entsprechender Mitwirkungslasten im Verfassungsprozess – das sich nach seiner
Konzeption zumal am allgemeinen Prozessrecht orientiert bzw. orientieren
soll[1143] – erwiese sich damit keineswegs als „exotisch".

Hinzu kommt, dass auch der Rechtsprechung des Bundesverfassungsgerichts
nicht etwa eindeutig entnommen werden kann, die im Prozess geltenden Substantiierungslasten beschränkten sich auf die Antragsbegründung. Vielmehr lässt die
– heterogene – Entscheidungspraxis des Gerichts gar die These zu, aus Sicht des
Gerichts selbst sei der „Platz [der verfahrensrechtlichen Konstruktion der Sub-
stantiierung] im Prüfungsprogramm des Gerichts ungeklärt"[1144]. So finden sich
– dogmatisch nicht näher begründete – „Hinweise" auf „die" Substantiierungslast
des Antragstellers nicht allein in Entscheidungsgründen betreffend die Zulässigkeit, sondern darüber hinaus betreffend die Begründetheit des Antrags.[1145]

Exemplarisch verwiesen sei hier zunächst auf eine Entscheidung des Gerichts
aus dem Jahr 1978, in der es eine Wahlprüfungsbeschwerde des damaligen Lan-
desvorsitzenden der Christlichen Bayerischen Volkspartei (C.B.V.) ohne eigene
Ermittlungen allein auf der Grundlage des insoweit unzureichenden (denn den
Verfassungsverstoß nicht stützenden) Tatsachenvortrags des Beschwerdeführers
als offensichtlich *unbegründet* verwarf.[1146] Hierzu führte das Gericht unter anderem aus:

> „Ein parteiergreifendes Einwirken der Bayerischen Staatsregierung in den
> Bundestagswahlkampf 1976, durch das die Gültigkeit der Wahl gefährdet sein
> könnte, ist *ebenfalls nicht feststellbar*. Die *Behauptungen des Beschwerdeführers,*
> die CSU habe unter Verwendung von Steuergeldern ihren gesamten Staatsapparat
> zur Wahlwerbung eingesetzt [...] *sind zu allgemein*. [...] *Um* ein Einwirken der
> Regierung in den Wahlkampf, durch das die Gültigkeit der Bundestagswahl be-
> rührt sein könnte, *hinreichend darzulegen, hätte der Beschwerdeführer* zumindest
> *angeben müssen,* durch welche einzelnen konkreten Maßnahmen dies geschehen

---

[1142] Vgl. allgemein zum Verwaltungsprozess *Nierhaus*, Beweismaß, S. 334 ff.; zur
FGO *Krumm,* in: Tipke/Kruse, AO/FGO, § 76 FGO Rn. 76 ff. (Stand: Februar 2018);
zum SGG *Berchtold,* in: ders./Richter, Sozialsachen, § 6 Rn. 466 ff., 508 f.

[1143] S. dazu oben S. 98 ff.

[1144] *Schorkopf,* AöR 2005, 465 (468).

[1145] In diesem Sinne profund – mit (wenngleich auf die rechtliche Substantiierung
gemäß § 23 Abs. 1 S. 2 BVerfGG gerichteten) Nachweisen aus der Rspr. – *Schorkopf,*
AöR 2005, 465 (468 f.). Bedauerlicherweise ohne dies auch nur im Ansatz zu problem-
matisieren bemerkt *Barczak,* in: ders., § 92 Rn. 10b, in diesem Zusammenhang, das Begründungserfordernis stünde naturgemäß in enger Beziehung zur Begründetheitsprüfung, sodass es nicht verwundere, „wenn sich Ausführungen zur Substantiierung auch
in der Prüfung der Begründetheit" fänden (s. dazu auch sogleich im Text auf S. 226 f.).

[1146] BVerfGE 48, 271.

sein soll [...]. Soweit der Beschwerdeführer beanstandet, daß mit öffentlichen Mitteln erstellte Wandzeitungen und Druckschriften der Regierung im Wahlkampf eingesetzt worden seien, hätte er Angaben über Inhalt, Aufmachung und Umfang der Verbreitung machen müssen. Der *Beschwerdeführer hat all dies unterlassen,* obwohl ihm die Ergänzung seines Vorbringens möglich und zumutbar war und ihn der Deutsche Bundestag hierzu aufgefordert hatte. Der Grundsatz der Amtsermittlung befreit nicht von dieser *Darlegungslast.*"[1147]

Ausweislich der Entscheidungsgründe war der Tatsachenvortrag des Beschwerdeführers nicht hinreichend substantiiert. Dennoch wies das Verfassungsgericht den Antrag nicht bereits als unzulässig zurück. Vielmehr entschied es in der Sache. Erst *dabei* stellte es allein auf den Tatsachenvortrag des Beschwerdeführers ab für die Frage, ob die gerügten Wahlfehler „feststellbar" seien. Dies begründete das Gericht ausdrücklich mit der „Darlegungslast" des Beschwerdeführers, neben derer es sich ungeachtet des § 26 Abs. 1 S. 1 BVerfGG offenkundig nicht zu eigenen Ermittlungen, etwa betreffend den Einsatz von Wandzeitungen und Druckschriften der Regierung im Wahlkampf, verpflichtet sah.

Ebenfalls aufgrund „unsubstantiierten" Tatsachenvortrags lehnte das Gericht ferner in 2015 einen Eilantrag als unbegründet ab, der auf die einstweilige Aussetzung des Inkrafttretens des sog. Mietrechtsnovellierungsgesetzes (Miet-NovG)[1148] gerichtet war, soweit dieses das Bestellerprinzip bei der Wohnungsvermittlung einführte.[1149] Die im konkreten Fall gebotene Folgenabwägung löste das Gericht zulasten der beiden Antragsteller auf, da diesen „die Darlegung eines unter den gegebenen Umständen hinreichend schwerwiegenden Nachteils weder für die Gesamtheit oder eine erhebliche Zahl der Wohnungsvermittler noch im Hinblick auf ihre eigene Situation gelungen"[1150] sei.

Liegt die Anerkennung gewisser über die Obliegenheit zur Antragsbegründung hinausweisender „Darlegungslasten" im Verfassungsprozess danach nahe, stellt sich die Frage ihrer normativen Grundlage ebenso wie ihrer konkreten Ausgestaltung.

[1147] BVerfGE 48, 271 (278 f.), Kursivsetzung durch Verf.

[1148] Gesetz zur Dämpfung des Mietanstiegs auf angespannten Wohnungsmärkten und zur Stärkung des Bestellerprinzips bei der Wohnungsvermittlung vom 21. April 2015 (BGBl. I S. 610).

[1149] BVerfG, Beschl. v. 13.05.2015 – 1 BvQ 9/15 –, juris (teilweise abgedruckt z.B. in NJW 2015, 1815); dass das Gericht den Antrag für *unbegründet* hielt, ergibt sich zwar, wie regelmäßig im einstweiligen Rechtsschutz, nicht bereits aus dem Tenor des Beschlusses, aber aus den Entscheidungsgründen. S. allgemein zum Fehlen einer „klaren Abgrenzung zwischen Zulässigkeit und Begründetheit durch die Rechtsprechung" des Verfassungsgerichts *Graßhof,* in: Maunz u.a., § 32 Rn. 37 f. (Stand: Juli 2002).

[1150] BVerfG, Beschl. v. 13.05.2015 – 1 BvQ 9/15 –, juris Rn. 17; ein ähnliches Beispiel aus jüngster Zeit liefert BVerfG, Beschl. v. 30.01.2019 – 1 BvQ 1/19 –, juris Rn. 2.

2. Mangelnde ausdrückliche Regelung im BVerfGG

Weder das BVerfGG noch das übrige geschriebene Verfassungsprozessrecht normieren ausdrücklich Mitwirkungslasten der Beteiligten hinsichtlich der Ermittlung des aus Sicht des Verfassungsgerichts entscheidungserheblichen Sachverhalts. Dagegen statuiert das Gesetz mit § 23 Abs. 1 S. 2 BVerfGG bzw. den jeweiligen Spezialvorschriften eine Mitwirkungslast, die, wie dargelegt, einsetzt, bevor der fragliche Sachverhalt überhaupt materiell entscheidungserheblich wird. (Einzige) Rechtsfolge eines unsubstantiierten Tatsachenvortrags ist danach die Unzulässigkeit des Antrags.[1151] Für den zulässigen Antrag normiert § 26 Abs. 1 S. 1 BVerfGG sodann die Sachaufklärungspflicht des Gerichts. Betrachtete man diese Bestimmungen als abschließend, wäre somit von vorneherein kein Raum für eine Mitwirkungslast auf Ebene der gerichtlichen Sachaufklärung.

Gegen die Annahme einer derart abgeschlossenen Regelung spricht indes bereits die Lückenhaftigkeit des BVerfGG an sich. Dass der Gesetzgeber bei seinem Bestreben, im BVerfGG (allein) die „Hauptgrundsätze des Verfahrens" zu verankern, die Frage der Mitwirkungslast umfassend regeln wollte, ist danach gerade nicht anzunehmen, zumal auch die Gesetzesmaterialen hierauf nicht hindeuten.[1152] Ferner erweisen sich die Regelung des § 23 Abs. 1 S. 2 BVerfGG sowie die zitierten Spezialvorschriften selbst als rudimentär, insbesondere normieren sie die Rechtsfolge der Unzulässigkeit im Falle nicht hinreichend begründeter Anträge nicht ausdrücklich. Das Gesetz ist sonach wenig ergiebig bzw. einer Auslegung (gerade unter Berücksichtigung des übrigen Prozessrechts) durchaus zugänglich.

3. § 23 Abs. 1 S. 2 BVerfGG:
Fortwirken der Antragsbegründungslast auf die Ebene der gerichtlichen Sachprüfung?

Insofern erscheint zunächst denkbar, dass die Substantiierungslasten des § 23 Abs. 1 S. 2 BVerfGG bzw. der jeweiligen Spezialregelungen – bei sachgerechter Auslegung – mit belastender Wirkung für den Antragsteller im weiteren Verfahrensverlauf, sprich auf der Ebene der gerichtlichen Sachprüfung *fortwirken*. So könnte die Amtsermittlungspflicht des Verfassungsgerichts entgegen § 26 Abs. 1 S. 1 BVerfGG in Bezug auf diejenigen Sachverhalte eingeschränkt sein oder gar entfallen, zu deren substantiiertem Vortrag der Antragsteller schon im Rahmen der Antragsbegründung gemäß § 23 Abs. 1 S. 2 BVerfGG verpflichtet gewesen ist. In diese Richtung scheint etwa *Barczak* zu argumentieren, wenn er bemerkt, das „Begründungserfordernis [stünde] naturgemäß in enger Beziehung zur Begründetheitsprüfung", weshalb es nicht verwundere, „wenn sich Ausführungen

---

[1151] S. die Nachweise in Fn. 1110.
[1152] S. dazu oben S. 97 ff. sowie *Wahl*, Plenarprotokoll der 112. Sitzung des Bundestages v. 18.01.1951, S. 4195 (4224).

zur Substantiierung auch in der Prüfung der Begründetheit einer Verfassungsbeschwerde finden und zu der Feststellung führen können, die Beschwerdeführer hätten [keine substantiierten Einwände] geltend gemacht, mit der Folge, dass die Verfassungsbeschwerden als unbegründet zurückgewiesen wurden"[1153].

Gegen einen derart fließenden Übergang der bestehenden Substantiierungslast von der Antragsbegründung auf die Ebene der Sachaufklärung seitens des Gerichts sprechen indes bereits Art und Umfang jener Last, welche wie dargelegt gerade in ihrer *Ausgestaltung als bloßes Zulässigkeitskriterium* mit dem sonstigen Verfassungsprozessrecht vereinbar ist. So rechtfertigt sich etwa der Umstand, dass der Antragsteller im Rahmen seiner Antragsbegründung auch zu solchen Tatsachen vorzutragen hat, die ihm nicht ohne Weiteres zugänglichen sind, aus seiner Herrschaft über die Verfahrenseinleitung heraus.

Diese Herrschaft kommt ihm im weiteren Verlauf des einmal eingeleiteten Verfahrens jedoch nicht mehr zu. Auch schränkten jene Substantiierungslasten im Falle ihres Fortwirkens im Verfahren den Amtsermittlungsgrundsatz unmittelbar in einem Ausmaß ein, welches sich schon mit der Grundkonzeption des Verfassungsprozesses als Amtsermittlungsprozess (vgl. § 26 Abs. 1 S. 1 BVerfGG), darüber hinaus aber auch und vor allem mit der spezifischen Bindungswirkung verfassungsgerichtlicher Entscheidungen nicht vereinbaren ließe.

Ferner stellte eine derart weitreichende Übertragung von Verantwortlichkeit bei der Sachaufklärung die Effektivität der Kontrollfunktion des Verfassungsgerichts als solches in Frage.[1154]

Die gewissermaßen indifferente Haltung zu der Systematik der Substantiierungslasten, die sich in der Rechtsprechung des Verfassungsgerichts, aber auch in der Literatur angesichts der §§ 23 Abs. 1 S. 2 sowie insbesondere 92 BVerfGG abzeichnet,[1155] ist insofern nicht nur unverständlich, sondern führt zudem in der Sache zu unzulässigen Ergebnissen.

Sonach haben die genannten Antragsbegründungslasten ausschließlich in der Weise (faktisch) Einfluss auf die richterliche Sachprüfung, dass *weitere*[1156] Tatsachenermittlungen dann nicht erforderlich sein werden für die Überzeugungsbil-

---

[1153] *Barczak*, in: ders., § 92 Rn. 10b.

[1154] Vgl. dazu insb. die Gebote wirksamen Rechtsschutzes sowie materieller Gerechtigkeit, S. 123 ff. u. 127. I. Erg. geht auch *Magen*, in: U/C/D, § 92 Rn. 15, davon aus, dass „die Substantiierungslasten der §§ 23 I 2, 92 [...] über das hinaus[gehen], was im Rahmen einer Sachentscheidung an Mitwirkung an der Sachverhaltsermittlung verlangt werden könnte".

[1155] *Barczak*, in: ders., § 92 Rn. 10b, spricht in diesem Zusammenhang etwa davon, es könne „Geschmacksfrage" sein, „[ob] das Beschwerdevorbringen die Verfassungsrichter bereits formal oder nur ‚in der Sache' nicht überzeug[e]".

[1156] Bereits der Beteiligtenvortrag ist im Verfassungsprozess Beweismittel; s. dazu unten S. 289 ff.

dung des Gerichts (§ 30 Abs. 1 S. 1 BVerfGG), wenn und *soweit* der Antragsteller zu den entsprechenden Sachverhalten *tatsächlich* – substantiiert – vorgetragen und das Gericht dadurch in die Lage versetzt hat, sich eine Überzeugung vom Vorliegen der erheblichen Tatsachen zu bilden (§ 30 Abs. 1 S. 1 BVerfGG).[1157] Die hierin beschriebene „Fortwirkung" der Begründungsobliegenheit des Antragstellers lässt sich ihrerseits freilich nicht als „Last" begreifen.[1158]

4. Analoge Anwendung der §§ 86 Abs. 1 Hs. 2 VwGO, 76 Abs. 1 S. 2 FGO, 103 S. 1 Hs. 2 SGG: Allgemeine prozessuale Mitwirkungslast bei der Sachaufklärung

a) Analogiefähiger allgemeiner Grundsatz einer „prozessualen Mitwirkungslast"

Angesichts der nur rudimentären Regelung des BVerfGG, die keinen unmittelbaren Anknüpfungspunkt für die Statuierung von Mitwirkungslasten bei der Sachaufklärung enthält, stellt sich die Frage, ob sich dem allgemeinen Prozessrecht ein entsprechender Grundsatz entnehmen lässt, der als solcher auf das Verfassungsprozessrecht durchschlägt.

Sowohl die VwGO als auch die FGO und das SGG schreiben die Mitwirkung der Beteiligten *bei der Amtsermittlung* ausdrücklich vor. So heißt es in § 86 Abs. 1 Hs. 1 und 2 VwGO – ebenso wie in den gleichlautenden §§ 76 Abs. 1 S. 1 und 2 FGO und 103 S. 1 Hs. 1 und 2 SGG –: „Das Gericht erforscht den Sachverhalt von Amts wegen; die Beteiligten sind dabei heranzuziehen."[1159] Nach allgemeiner Auffassung gehen die genannten Prozessordnungen damit sämtlich von einer *Mitwirkungslast* der Beteiligten bei der gerichtlichen Sachaufklärung aus, die ungeachtet ihres konkreten Inhalts zu einer jedenfalls faktischen *Reduzierung der Amtsermittlungspflicht* des Gerichts führt (sog. Wechselwirkung).[1160]

[1157] Anders ist dies freilich, wenn das Gericht, etwa wegen des entgegenstehenden Vortrags eines Antragsgegners, Zweifel an der Richtigkeit oder Vollständigkeit des Vortrags des Antragstellers hat.

[1158] Vielmehr folgt das Gericht in den genannten Fällen dem als wahr erkannten Vortrag des Antragstellers, dem die Funktion eines Beweismittels zukommt.

[1159] Noch deutlicher § 83 Abs. 1 S. 1 und 2 ArbGG für das dem Amtsermittlungsgrundsatz unterliegende Beschlussverfahren vor dem Arbeitsgericht: „Das Gericht erforscht den Sachverhalt im Rahmen der gestellten Anträge von Amts wegen. Die am Verfahren Beteiligten *haben* an der Aufklärung des Sachverhalts *mitzuwirken*." (Kursivsetzung durch Verf.). Für die ebenfalls dem Amtsermittlungsgrundsatz unterworfenen Verfahren in Familiensachen gilt gem. § 27 FamFG nach h. M. Gleiches, vgl. statt aller *Prütting*, in: ders./Helms, FamFG, § 27 Rn. 1 ff.

[1160] Wie weit die jeweilige Mitwirkungslast geht und inwieweit ihr Sanktionen zugeordnet werden, ist eine Frage der Rechtsauslegung; so bereits *Schmidt-Aßmann*, in: Maunz/Dürig, GG, Art. 19 Abs. 4 Rn. 221 (Stand: Juli 2014).

Im *Steuerprozess* etwa mindert sich nach ständiger Rechtsprechung des Bundesfinanzhofs die dem Finanzgericht zumutbare Verpflichtung zur Aufklärung des Sachverhalts, wenn der Beteiligte, zu dessen Vorteil sich das Ergebnis der Aufklärung auswirken würde, seiner zumutbaren Mitwirkungspflicht trotz Aufforderung nicht nachkommt und das Gericht die tatsächlichen Verhältnisse ohne Beteiligtenmitwirkung nicht oder nur mit unverhältnismäßig großen Schwierigkeiten ermitteln kann. Zwischen der Mitwirkung der Beteiligten und der Intensität der finanzgerichtlichen Sachaufklärung besteht mithin eine Wechselwirkung dergestalt, dass Intensität und Grenzen der richterlichen Sachaufklärung in erster Linie vom Vorbringen der Beteiligten abhängen.[1161] Nach dem seitens des Bundesverwaltungsgerichts in ständiger Rechtsprechung postulierten sog. „Anfang-Ende-Satz" endet die Verpflichtung der *Verwaltungsgerichte* zur Erforschung des Sachverhalts wiederum dort, wo die Verfahrensbeteiligten ihrer Obliegenheit zur Mitwirkung am Rechtsstreit nicht nachkommen.[1162] Ungeachtet der konkreten Folgen dieser Rechtsprechung hat der Antragsteller (Kläger) also auch im Verwaltungsprozess die aus seiner nicht erfüllten Mitwirkungsverpflichtung entstehenden nachteiligen Rechtsfolgen zu tragen. Auch die *Sozialgerichtsbarkeit* kennt entsprechende Wechselwirkungen. In Ausnahmefällen kann sich die Verletzung einer Mitwirkungslast auch hier unmittelbar auf die Ermittlungspflicht des Gerichts auswirken – wenngleich die Sozialgerichte insofern traditionell zurückhaltender sind[1163]; darüber hinaus kommt der Verletzung von Mitwirkungslasten jedenfalls Bedeutung in der Beweiswürdigung zu.[1164]

Das Unterlassen der konkret gebotenen Mitwirkung durch den Beteiligten wirkt sich also nach sämtlichen zitierten Prozessordnungen auf die Sachaufklärungspflicht des jeweils zuständigen Gerichts aus. Gleiches gilt gemäß § 83 Abs. 1 S. 2 ArbGG für das dem Amtsermittlungsgrundsatz unterliegende Beschlussver-

---

[1161] H.M., aus der Rspr. statt aller BFH, BStBl. II 1969, 550; BFH, NVwZ-RR 2004, 311 (311 f.); BFH, Beschl. v. 27.02.2007 – X B 7/06 –, juris Rn. 22 ff.; BFH, Beschl. v. 02.02.2010 – VI B 117/09 –, juris Rn. 11; aus der Lit. *Krumm,* in: Tipke/Kruse, AO/FGO, § 76 FGO Rn. 77 (Stand: Februar 2018).

[1162] BVerwGE 16, 241 (245); 19, 87 (94); 109, 174 (177 f.); 145, 354 (167). S. zu dem – in der Lit. vielfach kritisierten und in seiner Reichweite umstrittenen – Anfang-Ende-Satz des Bundesverwaltungsgerichts etwa *Nierhaus,* Beweismaß, S. 336 ff.; *Rixen,* in: Sodan/Ziekow, VwGO, § 86 Rn. 66 ff.; *Wimmer* in: Gärditz, VwGO, § 86 Rn. 44. Vgl. auch *Schmidt-Aßmann,* in: Maunz/Dürig, GG, Art. 19 Abs. 4 Rn. 221 (Stand: Juli 2014). Jedenfalls *Nierhaus* und *Rixen* vertreten i.Ü. die Auffassung, dass das Gericht die Alleinverantwortlichkeit für die Ermittlung des entscheidungserheblichen Sachverhalts besitze, sodass die Beteiligten lediglich „Erforschungsgehilfen" des Gerichts seien (*Nierhaus,* a.a.O., S. 277 ff.; *Rixen,* a.a.O., Rn. 62 ff.).

[1163] So schon *H. Müller,* JuS 2014, 324 (327): „Prägend für die sozialgerichtliche Rechtsprechung ist insoweit der sog. *Grundsatz der Klägerfreundlichkeit.*"

[1164] Vgl. dazu *Berchtold,* in: ders./Richter, Sozialsachen, § 6 Rn. 508 f., s. auch bereits Rn. 471; *Burkiczak,* NZS 2011, 326 (327 f.) m.w.N.; sowie exemplarisch aus der Rspr. BSGE 81, 259 (264); 87, 132 (138).

fahren vor dem Arbeitsgericht sowie gemäß § 27 FamFG für die ebenfalls jenem Grundsatz unterworfenen Verfahren in Familiensachen.[1165]

Damit folgt das allgemeine Verfahrensrecht ersichtlich der Prämisse, dass (1.) die Verfahrensbeteiligten trotz gerichtlicher Ermittlungspflicht nicht dazu berechtigt sind, „die Hände in den Schoß zu legen und abzuwarten"[1166], sowie (2.) die Gerichte ihrerseits nicht losgelöst vom Verhalten der Verfahrensbeteiligten zur Sachverhaltsermittlung verpflichtet sind.

Diese allgemeinen Prozessgrundsätze sind von Verfassungs wegen nicht zu beanstanden.[1167] Vielmehr erscheint es unter Berücksichtigung der (ggf. widerstreitenden) Interessen der jeweiligen Verfahrensbeteiligten respektive der insoweit zu achtenden Verfassungsgrundsätze, insbesondere des Gebots effektiven Rechtsschutzes sowie der Verfahrensbeschleunigung, die es im Prozess in einen schonenden Ausgleich zu bringen gilt, sachgerecht, auch innerhalb einer vom Untersuchungsgrundsatz bestimmten Prozessordnung gewisse Ermittlungsmaßnahmen davon abhängig zu machen, ob das Vorbringen der Prozessbeteiligten dem Gericht Anlass zu weiterer Aufklärung gibt.[1168] Da in der Mitwirkung der Beteiligten vielfach der Schlüssel zu einer raschen und umfassenden Sachverhaltsaufklärung liegt, wird mit der Festschreibung einer Mitwirkungslast derselben letztlich das „Grundanliegen des Verfahrensrechts verwirklicht, alle möglichen und zulässigen Aufklärungsmittel und Aufklärungsbeiträge dem Gericht zur Verfügung zu stellen".[1169]

Der in §§ 86 Abs. 1 Hs. 2 VwGO, 76 Abs. 1 S. 2 FGO, 103 S. 1 Hs. 2 SGG normierte Grundsatz einer „allgemeinen Mitwirkungslast" der Beteiligten bei der Sachaufklärung lässt sich danach möglicherweise auch auf den Verfassungsprozess übertragen.[1170] Der gesetzgeberische Wille, das BVerfGG zugunsten der Möglichkeit sachgerechter Verfahrensfindung im Einzelfall fortzuentwickeln, wobei dies gerade unter Berücksichtigung des allgemeinen Prozessrechts zu erfolgen hat, legt jenen Ansatz nahe.[1171] Tatsächlich erweist sich eine Übertragung

---

[1165] Zum ArbGG *Weth*, in: Schwab/ders., ArbGG, § 83 Rn. 10 ff.; *Treber*, in: Henssler u. a., Arbeitsrecht, § 83 ArbGG, Rn. 4 f.; sowie exemplarisch BAG, NJW 1993, 612 (612, Ls. 3); zum FamFG *Prütting*, in: ders./Helms, FamFG, § 27 Rn. 5 ff.

[1166] *Schmidt-Aßmann*, in: Maunz/Dürig, GG, Art. 19 Abs. 4 Rn. 220 (Stand: Juli 2014).

[1167] In diesem Sinne – verallgemeinerungsfähig – BVerfG, NVwZ 1988, 523 (524) (konkret in Bezug auf den Verwaltungsprozess). Vgl. auch *Benda/Klein*, Rn. 301; *Schmidt-Aßmann*, in: Maunz/Dürig, GG, Art. 19 Abs. 4 Rn. 219 ff. (Stand: Juli 2014). S. ferner oben S. 111 zu der fehlenden verfassungsrechtlichen Verankerung des Amtsermittlungsgrundsatzes im Verfassungsprozessrecht.

[1168] Vgl. auch BVerfG, NVwZ 1988, 523 (524).

[1169] So aus Sicht des FamFG profund *Prütting*, in: ders./Helms, FamFG, § 27 Rn. 2 (Zitat ebd.).

[1170] Im Ergebnis wohl ähnlich *Benda/Klein*, Rn. 301; *Magen*, in: U/D/C, § 92 Rn. 15.

[1171] S. dazu oben S. 97 ff.

des genannten Grundsatzes unter Berücksichtigung der besonderen Prozesssituation vor dem Verfassungsgericht insoweit als sachgerecht, als es sich um Verfahrensarten handelt, die überhaupt „Verfahrensbeteiligte" kennen. Ausgenommen sind danach objektive Beanstandungsverfahren, in denen kein Verfahrensbeitritt stattfindet.[1172]

Darüber hinaus stellt sich die Frage, ob sich Mitwirkungslasten in objektiven Beanstandungsverfahren per se, also auch im Falle eines Verfahrensbeitritts (z. B. gemäß §§ 82 Abs. 2, 77 BVerfGG), verbieten. Soweit ein Verfassungsorgan einem objektiven Beanstandungsverfahren beigetreten ist, kommt jenem die Stellung eines Verfahrensbeteiligten zu, sodass auch die Aufforderung zur Mitwirkung im Prozess nicht per se unverhältnismäßig erscheint. Zwar kann die unzureichende Mitwirkung hier negative prozessualen Folgen im Sinne einer Lockerung der Amtsermittlungspflicht nicht auslösen, ohne zugleich das gesteigerte öffentliche Interesse an der materiell richtigen Entscheidung empfindlich zu berühren. Dies steht jedoch nicht einer allgemeinen Mitwirkungslast entgegen, sondern betrifft allein die Frage der zulässigen Rechtsfolge im Falle ihrer Nichterfüllung.

Weiter könnte eine Einschränkung zu machen sein bezüglich der *sog. quasistrafrechtlichen Verfahren*: Angesichts ihrer Nähe zum materiellen Strafrecht respektive ihres Sanktionscharakters könnte in diesen Verfahren für den Angeklagten bzw. Antragsgegner die „Unschuldsvermutung" gelten; diese stünde jeglicher Mitwirkungslast desselben im Verfahren diametral entgegen.[1173] Gegen die Übertragung der Unschuldsvermutung auf die im Verfassungsprozess „Angeklagten" spricht indes, dass der Streitgegenstand auch hier ausschließlich verfassungsrechtlicher Natur ist: Es geht nicht um strafrechtliche Schuld oder Sühne, sondern um den Schutz der verfassungsmäßigen Ordnung.[1174]

Im Ergebnis unterscheidet sich jedenfalls der unter Beteiligung Dritter geführte Verfassungsprozess betreffend die Sachaufklärung nicht wesentlich von den genannten fachgerichtlichen Prozessen, die ihrerseits dem Amtsermittlungsgrundsatz unterworfen sind. Auch im Verfassungsprozess gilt es die genannten widerstreitenden Interessen und Verfahrensgrundsätze im Wege praktischer Konkordanz auszugleichen. Dabei können die für die Entscheidung erforderlichen Tatsachen zuweilen überhaupt nur unter Mitwirkung der Beteiligten sinnvoll beigebracht werden. Anders als den Strafgerichten steht dem Verfassungsgericht insbesondere auch keine Ermittlungsbehörde zur Seite. Insofern kann dem Bundes-

---

[1172] Zu der „Rückausnahme" betreffend den Gesetzgeber s. unten S. 263 ff.

[1173] Allgemein zur Unschuldsvermutung im Strafprozess etwa *Kudlich,* in: MüKo-StPO, Einl. Rn. 203.

[1174] So (obschon in anderem Kontext) treffend zur Präsidentenanklage *Waldhoff,* in: Walter/Grünewald, § 49 Rn. 3; ebenso *Benda/Klein,* Rn. 1205; *Lorenz,* in: B/D/S, § 49 Rn. 5; vgl. auch *Waldhoff,* a.a.O., § 43 Rn. 11, zum Parteiverbotsverfahren: „Strafverfahren dienen der Repression, das Parteiverbotsverfahren der Prävention."

verfassungsgericht nicht aufgegeben sein, nach Art eines Untersuchungsrichters ohne Rücksicht auf den Vortrag der Beteiligten den Sachverhalt auszuermitteln.[1175] Die Anerkennung einer allgemeinen Mitwirkungslast der Beteiligten auf Ebene der gerichtlichen Sachaufklärung ist danach auch im Verfassungsprozessrecht sachgerecht. Mithin ist davon auszugehen, dass die Beteiligten im Verfassungsprozess in analoger Anwendung der §§ 86 Abs. 1 Hs. 2 VwGO, 76 Abs. 1 S. 2 FGO, 103 S. 1 Hs. 2 SGG zur Mitwirkung bei der verfassungsgerichtlichen Sachaufklärung angehalten sind.[1176]

b) Inhalt der allgemeinen Mitwirkungslast bei der Sachaufklärung

Klärungsbedürftig bleibt der konkrete Inhalt (Art und Umfang) der im Verfassungsprozess gemäß §§ 86 Abs. 1 Hs. 2 VwGO, 76 Abs. 1 S. 2 FGO, 103 S. 1 Hs. 2 SGG analog statuierten Mitwirkungslast der Beteiligten. Dieser ist unter Berücksichtigung der Besonderheiten und Funktionen des Verfassungsprozessrechts zu ermitteln, wobei dem Grundsatz der Verhältnismäßigkeit bei der Übertragung prozessualer Lasten auf Verfahrensbeteiligte naturgemäß besonderes Gewicht zukommen muss.[1177]

Hinsichtlich des *Umfangs* der Mitwirkungslast ergibt sich unter Berücksichtigung der im Verfassungsprozess widerstreitenden Individual- wie Allgemeininteressen zunächst, dass der jeweilige Beteiligte nur in engen Grenzen mit der Darlegung und ggf. Beweisführung entscheidungserheblicher Tatsachen belastet werden darf. Insbesondere verbietet sich damit die Annahme einer umfassenden Mitwirkungslast der Beteiligten. Eine solche widerspräche vor allem § 26 Abs. 1 S. 1 BVerfGG offen und lässt sich im Übrigen auch aus den §§ 86 Abs. 1 Hs. 2 VwGO, 76 Abs. 1 S. 2 FGO, 103 S. 1 Hs. 2 SGG nicht ableiten.[1178] Insofern

---

[1175] In ähnlicher Weise die Mitwirkungsobliegenheit im Arbeitsgerichtsverfahren bzw. Finanzgerichtsverfahren begründend *Weth*, in: Schwab/ders., ArbGG, § 83 Rn. 12; *Krumm*, in: Tipke/Kruse, AO/FGO, § 76 FGO Rn. 77 (Stand: Februar 2018). Im Ergebnis so auch zum Verfassungsprozess *Benda/Klein*, Rn. 301 f.; *Träger*, in: FS Geiger, S. 762 (778).

[1176] Zwar ohne Begründung und ohne nähere dogmatische Einordnung, im Ergebnis aber wohl auch für das Bestehen gewisser Mitwirkungslasten bei der Sachaufklärung im Verfassungsprozess *Benda/Klein*, Rn. 301.

[1177] Der allgemeine Verhältnismäßigkeitsgrundsatz garantiert insofern, dass unzumutbare und aus Sachgründen nicht zu rechtfertigende Beeinträchtigungen des Anspruchs auf tatsächlich wirksame gerichtliche Kontrolle unterbleiben; so bereits grundsätzlich *Uhle*, in: Handbuch Grundrechte, Bd. V, § 129 Rn. 56. Die Ausgestaltung des Rechtsschutzes muss danach „hierfür zweckgerichtet, geeignet und angemessen sowie für den Rechtsuchenden zumutbar sein", BVerfGE 60, 253 (269); s. auch BVerfGE 88, 118 (124); 101, 106 (124 f.). Vgl. generell zur Bedeutung des Verhältnismäßigkeitsgrundsatzes im Rahmen der Einschränkung des Gebots wirksamen Rechtsschutzes auch *Grzeszick*, in: Maunz/Dürig, GG, Art. 20 Rn. 134 (Stand: November 2006).

[1178] Vgl. etwa zur VwGO *Dawin*, in: Schoch/Schneider/Bier, VwGO, § 86 Rn. 69 (Stand: November 2009).

müssen die im Verfassungsprozess herrschenden Lasten in ihrem Umfang, wie bereits dargelegt[1179], auch deutlich hinter den Substantiierungsanforderungen des § 23 Abs. 1 S. 2 BVerfGG (i.V.m. der jeweiligen Spezialnorm) zurückbleiben, um mit dem Verfassungs(prozess)recht vereinbar zu sein.[1180] Das heißt, dass von dem Beteiligten – anders als im Rahmen der Antragsbegründung – insbesondere die Darlegung solcher Tatsachen, die diesem nicht (jedenfalls nicht ohne weitere Ermittlungen) bekannt sind, grundsätzlich nicht verlangt werden kann.[1181] Keinesfalls ist der Beteiligte also – wie etwa im Finanzprozessrecht teilweise vertreten – als „mit Rechten und Pflichten ausgestatteter Partner"[1182] des Gerichts bei der Sachaufklärung zu begreifen. Namentlich in Ansehung der gesteigerten Bindungswirkung verfassungsgerichtlicher Sachentscheidungen (§ 31 BVerfGG) lässt sich die (Mit-)Verantwortung für die Sachaufklärung vielmehr nur insoweit auf den Beteiligten übertragen, als jener der Sachaufklärung erkennbar „näher" steht, als es das – gemäß § 26 Abs. 1 S. 1 BVerfGG immerhin ausdrücklich zur Aufklärung verpflichtete – Verfassungsgericht tut.

In aller Regel werden sich konkrete Mitwirkungslasten sonach nur in Bezug auf solche Tatumstände als verhältnismäßig erweisen, die dem *Lebens- oder Verantwortungsbereich* des jeweiligen Beteiligten entstammen.[1183] Dabei entstammen Tatsachen indes auch dann dem „Verantwortungsbereich" des Beteiligten, wenn sie durch *„Schutzbehauptungen"* des Beteiligten in den Prozess eingeführt wurden und sich dabei *in Widerspruch* zu sonstigen Feststellungen des Gerichts setzen. Hier ist dem Beteiligten zuzumuten, dass er dazu beiträgt, diese Widersprüche aufzuklären.[1184]

Ebenfalls der „Verantwortung" des Beteiligten unterfällt der Vortrag solcher Tatsachen, die *unzweifelhaft* dessen *Erkenntnisbereich* zugeordnet werden können.[1185]

[1179] S. zuvor im Text auf S. 226 ff.

[1180] Im Grunde ebenso *Magen,* in: U/C/D, § 92 Rn. 15.

[1181] Gerade in Rechtssatzverfassungsbeschwerdeverfahren kann dem Beschwerdeführer danach grundsätzlich nicht die Mitwirkung bei der Aufklärung solcher (überwiegend genereller) Tatsachen, die der streitigen Norm zugrunde liegen, abverlangt werden. In diese Richtung wohl auch *Brink,* in: Linien, S. 3 (18); sowie *Gaier* in seinem Sondervotum in BVerfGE 118, 1 (42), der hier die Übertragung von Mitwirkungslasten betreffend die einem im Verfassungsbeschwerdeverfahren angegriffenen Gesetz zugrunde liegenden generellen Tatsachen kritisierte.

[1182] *Krumm,* in: Tipke/Kruse, AO/FGO, § 76 FGO Rn. 72 (Stand: Februar 2018), m.w.N.

[1183] Ähnlich für das Verwaltungsprozessrecht *Nierhaus,* Beweismaß, S. 386, der insoweit von einem „einigermaßen gesicherten Befund" spricht; vgl. dazu auch *Rixen,* in: Sodan/Ziekow, VwGO, § 86 Rn. 67 m.w.N. aus der Rspr. des Bundesverwaltungsgerichts.

[1184] Für einen Anwendungsfall von aus widersprüchlichen Schutzbehauptungen abgeleiteten Darlegungslasten BVerfGE 15, 249 (254).

[1185] So wohl auch die h.M. im Verwaltungsprozessrecht; vgl. nur BVerwG, NVwZ 2013, 1160 (1162): „Nach ständiger höchstrichterlicher Rechtsprechung muss ein [Be-

Die Kenntnis einer Tatsache *allein* kann dagegen schon aus praktischen Gründen nicht genügen, um eine – Wechselwirkungen mit der Ermittlungspflicht des Gerichts auslösende – „Darlegungslast" zu begründen, wird doch aus richterlicher Sicht gerade nicht stets offen zu Tage treten, welche Sachverhaltskenntnis ein Beteiligter im konkreten Fall hat.[1186]

Darüber hinaus endet die Aufklärungspflicht des Verfassungsgerichts faktisch dort, wo der Beteiligte in Kenntnis entscheidungserheblicher Umstände, die für das Gericht auch bei sorgfältiger Erforschung des Sachverhalts *nicht ersichtlich* waren, seine Mitwirkung unterlassen hat.[1187] Hier stößt die gerichtliche Amtsermittlung „auf strukturelle Grenzen des prozessökonomischen Erkenntnisvermögens"[1188], wenn sich die Beteiligten in ihrem Sachvortrag passiv verhalten. Liegen dem Gericht keine Anhaltspunkte für die weitere Erforschung des Sachverhaltes vor, kann eine solche naturgemäß von diesem nicht erwartet werden.

Die geforderte Mitwirkung kann nach ihrer *Art* grundsätzlich sowohl in der *Darlegung* respektive dem Behaupten der erheblichen Tatsachen als auch in dem *Antritt des Beweises* selbiger bestehen.

Hinsichtlich der im Verfassungsprozess „mitwirkungsbedürftigen" Tatsachen lässt sich zunächst die Obliegenheit der Beteiligten konstatieren, jene mittels Darlegung in den Prozess einzuführen („*Darlegungs- bzw. Vortragslast*") – schließlich handelt es sich dabei um die schwächste Form der Mitwirkung und wirkte sich diese andernfalls häufig schon im Ansatz überhaupt nicht aus. Insofern stellt sich indes weiter die Frage nach den *konkreten Anforderungen* an jene Darlegung. Diese kann von dem nur abstrakten Behaupten der Tatsache im Prozess bis hin zu einem konkreten – „substantiierten" – Vortrag sämtlicher den behaupteten Sachverhalt abbildender Zusammenhänge reichen. Nach der allgemeinen Prozessrechtslehre muss das Vorbringen des Beteiligten stets hinreichend *substantiiert* sein, um konkrete Anhaltspunkte für weitere Ermittlungen zu liefern.[1189] Die An-

---

teiligter] die in seinen Erkenntnisbereich bzw. in seine Sphäre fallenden Tatsachen substanziieren, um Anlass zu weiterer gerichtlicher Sachverhaltsermittlung zu geben"; *Nierhaus,* Beweismaß, S. 480 f.; s. auch *Breunig,* in: Posser/Wolff, VwGO, § 86 Rn. 46 f.; *Dawin,* in: Schoch/Schneider/Bier, VwGO, § 86 Rn. 69 f. (Stand: November 2009).

[1186] Die Ermittlungspflicht des Gerichts kann sich mithin vernünftigerweise nicht nach diesem Kriterium richten – wenngleich der Beteiligte nach allgemeinen Prozessgrundsätzen durchaus verpflichtet ist, im Verfassungsprozess wahrheitsgemäß ihm bekannte Tatsachen aus subjektiver Sicht wahrheitsgemäß vorzutragen; vgl. dazu *Magen,* in: U/C/D, § 92 Rn. 28. S. auch BVerfG, NJW 2002, 955 (955), zur Wahrheits- und Vollständigkeitspflicht des Beschwerdeführers im Verfassungsbeschwerdeverfahren.

[1187] In diesem Sinne für den Verwaltungsprozess *Nierhaus,* Beweislast, 341; *Rixen,* in: Sodan/Ziekow, VwGO, § 86 Rn. 68 m.w.N.

[1188] *Rixen,* in: Sodan/Ziekow, VwGO, § 86 Rn. 65.

[1189] Vgl. dazu aus Sicht des Zivilprozesses *Diakonis,* Beweiserhebung, S. 121 m.w.N. Das Bundesverfassungsgericht stellte in diesem Zusammenhang i.Ü. ausdrücklich fest, dass es von Verfassungs wegen nicht zu beanstanden sei, „[d]aß dieses Vorbringen

forderungen an die Bestimmtheit des Tatsachenvortrags durch den mitwirkungs-
belasteten Beteiligten sind also grundsätzlich hoch einzustufen. Abstrakt gesprochen besteht die Obliegenheit des Beteiligten im Verfassungsprozess, Tatumstände, die dessen *Lebens- oder Verantwortungsbereich* entstammen, *substantiiert*
vorzutragen. Darüber hinaus lässt sich zwar nicht in abstrakter Weise festlegen,
wann eine Tatsachenbehauptung dergestalt substantiiert ist; vielmehr ist dies stets
in Bezug auf die konkreten Umstände des Einzelfalls zu beurteilen.[1190] Grundsätzlich kann es dabei jedoch wie erwähnt nur darum gehen, dass der verlangte
Vortrag hinreichend konkrete *Anhaltspunkte für etwaige weitere Nachforschun-*
gen des Gerichts liefert. Anders („strenger") mag dies lediglich in Eilverfahren
sein, die weitere gerichtliche Nachforschungen schon nach dem Beschleunigungsgrundsatz weitestgehend ausschließen.[1191] Demgemäß legt denn auch das
Verfassungsgericht in ständiger Rechtsprechung im Eilrechtsschutz einen äußerst
strengen Maßstab an hinsichtlich der Darlegung zumindest solcher Tatumstände,
die die einstweilige Aussetzung des Vollzugs eines Gesetzes begründen sollen.[1192]

Ob darüber hinaus in Bezug auf die genannten Tatsachen auch der *Beweisan-*
tritt vonseiten des Beteiligten gefordert werden kann *(„Nachweislast")*, ist letztlich ebenfalls eine Frage der Verhältnismäßigkeit. Dabei muss die Prämisse, dass
die (Mit-)Verantwortung für die Sachaufklärung nur insoweit auf den Beteiligten
übertragen werden kann, als jener der Sachaufklärung erkennbar „näher" steht,
auch für die Obliegenheit zum „Beweisantritt" gelten.[1193] Geht es um den Beweis solcher Tatsachen, die dem Lebens- oder Verantwortungsbereich des Beteiligten entstammen, wird dieser freilich auch den Beweismitteln grundsätzlich näher stehen als das Verfassungsgericht. Mithin erscheint es durchaus angemessen,
jenem Beteiligten über den Sachvortrag hinaus sowohl aufzugeben, diese Beweismittel im Prozess zu *bezeichnen* als auch *vorzulegen*; Letzteres indes nur,
soweit die Beweismittel dem Beteiligten physisch vorliegen oder unschwer zugänglich sind (denkbar etwa bezüglich Urkunden, anderer beweglicher Sachen

---

grundsätzlich hinreichend substantiiert sein und konkrete Anhaltspunkte für weitere
Nachforschungen enthalten muß", s. BVerfG, NVwZ 1988, 523 (524). Ebenso für den
Verfassungsprozess selbst *Benda/Klein*, Rn. 301.

[1190] *Diakonis*, Beweiserhebung, S. 122; *Rosenberg*, Zivilprozess, S. 611.

[1191] So scheitern Eilanträge häufig daran, dass der Antragsteller nicht „substantiiert"
dargelegt hat, welche schweren Nachteile ihm drohen würden, wenn die begehrte einstweilige Anordnung nicht ergehen würde, vgl. statt vieler jüngst BVerfG, Beschl. v.
30.01.2019 – 1 BvQ 1/19 –, juris Rn. 2.

[1192] BVerfG, Beschl. v. 13.05.2015 – 1 BvQ 9/15 –, juris Rn. 20; vgl. auch bereits
BVerfG, NVwZ 2003, 725 (726). Hier kommt auch der Gestaltungsfreiheit des Gesetzgebers besonderes Gewicht zu.

[1193] Grds. krit. gegenüber „Beweisführungslasten" für das Finanzprozessrecht
Krumm, in: Tipke/Kruse, AO/FGO, § 76 FGO Rn. 53 (Stand: Februar 2018): „Die Mitwirkungspflichten begründen grds. keine Beweisführungs- oder Nachweispflicht, keine
subjektive Beweislast […]."

sowie elektronischer Dokumente[1194]).[1195] Eine darüber hinausgehende allgemeine Obliegenheit des Beteiligten, Beweise anzubieten, erwiese sich dagegen als unverhältnismäßig.

c) Rechtsfolgen einer Nicht- bzw. Schlechterfüllung der allgemeinen Mitwirkungslast

Auch die Rechtsfolgen der Nicht- bzw. Schlechterfüllung der konkret bestehenden Mitwirkungslasten sind unter Berücksichtigung der Besonderheiten des Verfassungsprozessrechts zu ermitteln.

Zulässige *Rechtsfolge* kann danach – mit Ausnahme der zuvor genannten Fälle des Fehlens jeglicher Anhaltspunkte für die richterliche Ermittlung („strukturelle Bereichsgrenze") – von vornherein nicht das gänzliche „Entfallen" der Amtsermittlungspflicht (möglicherweise gar der Ermittlungsbefugnis) des Verfassungsgerichts sein.[1196] Schließlich bedeutete selbiges im Grunde die Anerkennung echter Darlegungs- und/oder Beweisführungslasten im Verfassungsprozess und muss daher bereits nach der klaren gesetzgeberischen Entscheidung für die Geltung des Amtsermittlungsgrundsatzes in § 26 Abs. 1 S. 1 BVerfGG ausscheiden.[1197] Dies gilt auch, soweit Tatsachen in Rede stehen, die der Lebens- oder Verantwortungssphäre des Beteiligten entstammen. Dabei gilt es zu berücksichtigen, dass das Verfassungsgericht, anders als etwa die unter Geltung einer „echten" Darlegungslast operierenden Zivilgerichte, mangels spezifischer, auf den Tatsachenvortrag gerichteter Fürsorgepflichten (gerade auch in den zahlenmäßig überbordenden, indes grundrechtssensiblen Verfassungsbeschwerdeverfahren) grundsätzlich nicht gehalten ist, auf eine Ergänzung des Beteiligtenvortrags besonders hinzuwirken[1198] und das Verfahren vor dem Verfassungsgericht anders als vor den Fachgerichten zudem regelmäßig ausschließlich schriftlich geführt

---

[1194] Vgl. auch die gesetzliche Differenzierung in § 87b Abs. 2 Nr. 2 VwGO.

[1195] Strenger für die FGO *Krumm*, in: Tipke/Kruse, AO/FGO, § 76 FGO Rn. 53 (Stand: Februar 2018).

[1196] Zu weitreichend (wenngleich lediglich aus Sicht der Antragbegründungslast untersucht) daher *Träger*, in: FS Geiger, S. 762 (778): Die Erforschungspflicht des Verfassungsgerichts ende „dort, wo die Mitwirkungspflicht der am Verfahren Beteiligten einsetzt".

[1197] S. dazu oben S. 105 ff. Deutlich auch BVerfGE 1, 299 (316) (soweit das Gericht hier von „Offizialmaxime" spricht, meint es den Amtsermittlungsgrundsatz); 15, 249 (254); s. ferner *Lechner/Zuck*, § 26 Rn. 6: „Im verfassungsgerichtlichen Verfahren gibt es keine subjektive Beweislast". In diesem Sinne aus vergleichbaren Aspekten für den Verwaltungsprozess *Nierhaus*, Beweismaß, S. 371; sowie für den finanzgerichtlichen Prozess *Krumm*, in: Tipke/Kruse, AO/FGO, § 76 FGO Rn. 72 (Stand: Februar 2018): „Ebenso wenig wie dem FG kann den Beteiligten eine Alleinverantwortung für die Sachaufklärung aufgebürdet werden."

[1198] Dies gilt ungeachtet der hier vertretenen gerichtlichen Hinweispflicht im Kontext der allgemeinen Mitwirkungslast, dazu sogleich im Text.

wird.[1199] Das Risiko, dass der Beteiligte „schuldlos", etwa in Unkenntnis der Entscheidungserheblichkeit einer bestimmten Tatsache, auf einen entsprechenden Vortrag verzichtet, ist hier also ungemein höher als innerhalb der ZPO, die zwar einerseits vollständig der Verhandlungsmaxime unterworfen ist, selbige Maxime aber andererseits – zugunsten eines „faire[n], willkürfreie[n] und tunlichst auf Wahrheitsermittlung gerichtete[n] Verfahrens" – explizit durch spezifische, den Tatsachenvortrag betreffende gerichtliche Hinweispflichten ergänzt (vgl. § 139 Abs. 1 S. 1, 2 ZPO).[1200] Das Statuieren „echter" Darlegungslasten ohne die gleichzeitige Anpassung des Verfahrens respektive der Verfahrensleitung durch das Verfassungsgericht drohte mithin auch und vor allem das Recht des Beteiligten auf gerichtliches Gehör gemäß Art. 103 Abs. 1 GG unzulässig zu verkürzen.[1201] Darüber hinaus erhöhte es (sachgrundlos) das Risiko nicht hinreichend aufgeklärter Sachverhalte und damit in der Sache unzutreffender Rechtsprechung.[1202] Im Ergebnis verbleibt es also auch bei Nicht- oder Schlechterfüllung der konkreten Mitwirkungslasten bei der Amtsermittlungspflicht des Verfassungsgerichts.[1203]

Demgemäß hat das Gericht grundsätzlich ungeachtet des Verhaltens der Beteiligten sämtliche möglichen Maßnahmen der Sachaufklärung einzuleiten, die zur richterlichen Überzeugungsbildung gemäß § 30 Abs. 1 S. 1 BVerfGG erforderlich sind. Erst im Falle eines Scheiterns dieser Maßnahmen kommt die Berücksichtigung der Nicht- oder Schlechterfüllung der Mitwirkungslasten – sodann auf Ebene der Beweiswürdigung – in Betracht; in diesem Fall mag der Nicht- bzw. Schlechterfüllung als Indiz für das Nichtvorliegen der fraglichen Tatsache gar eine erhöhte Beweiskraft zukommen.[1204] Die Nicht- oder Schlechterfüllung der Mitwirkungslast lässt die grundsätzliche Beweisbedürftigkeit der erheblichen Tatsache insofern indes nicht entfallen. Dennoch kann sie den Umfang der Sachaufklärung des Gerichts mittelbar beeinflussen.[1205]

[1199] Darauf, dass es einen „Schriftsatzwechsel" im Verfassungsbeschwerdeverfahren grds. nicht gebe, weist zudem *Zuck*, JZ 2008, 287 (293), hin.

[1200] Vgl. dazu etwa *Stadler*, in: Musielak/Voit, ZPO, § 139 Rn. 1 ff. (Zitat: Rn. 1); ausführlich auch *Diakonis*, Beweiserhebung, S. 268 ff.

[1201] Vgl. zum Gehörsanspruch auch bereits oben S. 112 ff.

[1202] Dies verstieße auch gegen das Gebot materieller Gerechtigkeit, vgl. dazu S. 127.

[1203] Etwas anderes kann nur unter Geltung einer innerprozessualen Präklusionsvorschrift gelten, s. dazu unten S. 246 ff.

[1204] Insofern handelt es sich um eine *Regel der Beweiswürdigung*. Auf diese soll daher, in Übereinstimmung mit der beweisrechtlichen Systematik, zu einem späteren Zeitpunkt näher eingegangen werden, s. unten S. 320 ff. Zu möglichen Auswirkungen der Nicht- oder Schlechterfüllung der Mitwirkungslast auf die objektive Beweislastverteilung s. ebenfalls unten (S. 343).

[1205] Und zwar soweit das Gericht im Einzelfall (unter Berücksichtigung der negativen Indizwirkung der Mitwirkungsunwilligkeit) ohne Durchführung sämtlicher möglicher Ermittlungsmaßnahmen zu einer hinreichenden Überzeugung im Rahmen der Beweiswürdigung gelangt.

In Ausnahmefällen kann sich die Nicht- oder Schlechterfüllung der konkreten Mitwirkungslasten darüber hinaus gar unmittelbar auf die Amtsermittlungspflicht des Verfassungsgerichts auswirken: So erscheint es sachgerecht, diese Pflicht ausnahmsweise in Bezug auf *einzelne Ermittlungsmaßnahmen* zu suspendieren, soweit zwischen der Verweigerung des Beteiligten, seiner Mitwirkungsobliegenheit nachzukommen, und einem bestehenden „Aufklärungsdefizit" im Verfahren ein Kausalzusammenhang in dem Sinne besteht, dass gerade infolge der mangelhaften Mitwirkung die Erforschung des Sachverhaltes *erheblich erschwert* ist.[1206] In diesen Fällen ist das Verfassungsgericht (nur) *insoweit* von der Verpflichtung zur Sachaufklärung entbunden, als zeitaufwendige und/oder kostspielige Ermittlungen anzustellen wären, die in keinem hinnehmbaren Verhältnis zum konkreten Verfahrensgegenstand stehen.[1207]

Wann die Erforschung des Sachverhalts dergestalt „erheblich erschwert" ist, lässt sich indes nicht allgemeingültig bestimmen. Vielmehr hat das Gericht im Rahmen seines pflichtgemäßen Ermessens Zeit und Kosten der fraglichen Ermittlungsmaßnahme unter Berücksichtigung des konkreten Verschuldens des Beteiligten an der unterlassenen Mitwirkung gegen die Bedeutung des Verfahrensgegenstandes im Einzelfall abzuwägen. Dabei darf die den Beteiligten auferlegte Mitverantwortung dem Verfassungsgericht freilich nicht als „Alibi" dienen, sich im Fall bloßer Beweisschwierigkeiten seiner Letztverantwortung für die Sachaufklärung gleich ganz zu entledigen.[1208] Nur unter größeren Schwierigkeiten erreichbare Beweismittel wird das Verfassungsgericht aber grundsätzlich ungenutzt lassen können, wenn der Beteiligte in einem primär auf Individualrechtsschutz gerichteten Verfahren durch sein Handeln oder Unterlassen die Sachaufklärung vorsätzlich vereitelt.[1209] Auch kommt der Verzicht auf Ermittlungsmaßnahmen namentlich im einstweiligen Rechtsschutzverfahren in Betracht, welches zeitaufwendige Ermittlungen ohnehin nur bedingt zulässt. Hier wird der beschriebene Kausalzusammenhang zwischen Mitwirkungs- und Aufklärungsdefizit das Gericht regelmäßig und in besonderem Umfang dazu veranlassen, in der Sache zu entscheiden, ohne sämtliche Erkenntnisquellen ausgeschöpft zu haben.[1210] Ausnahmen mögen in Verfahren gelten, die primär objektiven Interessen dienen.

[1206] In diesem Sinne für das Verwaltungsprozessrecht etwa *Nierhaus,* Beweismaß, S. 480 f.; *Rixen,* in: Sodan/Ziekow, VwGO, § 86 Rn. 68.

[1207] So für den Prozess in Sozialsachen *Berchtold,* in: ders./Richter, Sozialsachen, § 6 Rn. 509, ähnlich für die FGO *Krumm,* in: Tipke/Kruse, AO/FGO, § 76 FGO Rn. 78 (Stand: Februar 2018), m.w.N.

[1208] Ähnlich für die Finanzgerichtsbarkeit *Krumm,* in: Tipke/Kruse, AO/FGO, § 76 FGO Rn. 77 (Stand: Februar 2018).

[1209] S. zur Beweisvereitelung aus dem Fachrecht z.B. *Berchtold,* in: ders./Richter, Sozialsachen, § 6 Rn. 508; BVerwG, NVwZ 2014, 530 (531).

[1210] S. in diesem Zusammenhang zu der gesteigerten Befugnis des Verfassungsgerichts, sich auf die tatsächlichen Feststellungen anderer Gerichte zu stützen (§ 33 Abs. 2 BVerfGG) auch bereits oben S. 151 f.

Hier steht die Bedeutung des Verfahrensgegenstandes einer Reduzierung der Amtsermittlungspflicht im Allgemeinen entgegen. So ist das allgemeine Interesse an der erschöpfenden (auch zeitintensiven) Feststellung der Rechtmäßig- bzw. Rechtswidrigkeit des angegriffenen Staatsaktes gerade in objektiven Beanstandungsverfahren gesteigert. Bei der Ausübung des Ermessens betreffend den Verzicht auf einzelne Ermittlungsmaßnahmen wird das Gericht den spezifischen Charakter des jeweiligen Verfahrens sonach besonders zu berücksichtigen haben.

Da das Verfassungsgericht in den genannten Fällen nur von solchen Ermittlungen befreit ist, die im Einzelfall unverhältnismäßig erscheinen, verbleibt es im Übrigen auch hier bei der grundsätzlichen Beweisbedürftigkeit der konkret erheblichen Tatsache. *Zumutbare* Ermittlungsmaßnahmen hat das Gericht weiter zu ergreifen. Die Ergebnisse dieser Maßnahmen sind sodann im Wege der Beweiswürdigung zu würdigen, wobei dem konkreten Mitwirkungsdefizit insofern abermals Bedeutung zukommen kann in Form negativer Indizwirkung mit besonderer Beweiskraft.

Sämtliche genannten Rechtsfolgen der Nicht- oder Schlechterfüllung einer Mitwirkungslast setzen zudem grundsätzlich einen entsprechenden *Hinweis* des Gerichts voraus (vgl. § 22 Abs. 3 BVerfG-GO). Solange die Möglichkeit besteht, dass der Beteiligte infolge einer Belehrung seine „Weigerung" zur Mithilfe aufgibt und dadurch eine weitere Aufklärung des Sachverhalts erfolgen kann, ist die gerichtliche Aufklärungskapazität nämlich schlicht nicht erschöpft.[1211] Auch wird man den Beteiligten ohne entsprechenden Hinweis für das Mitwirkungsdefizit – gerade in Ansehung des beschriebenen Risikos, dass dieser in Unkenntnis der Entscheidungserheblichkeit einer bestimmten Tatsache auf einen entsprechenden Vortrag bzw. Nachweis verzichtet hat – regelmäßig schon nicht verantwortlich machen können. Die genannten Voraussetzungen zur Herleitung negativer prozessualer Konsequenzen aus der mangelhaften Mitwirkung liegen hier somit (noch) nicht vor. Dies gilt grundsätzlich, nicht nur in besonders gelagerten Einzelfällen.[1212] Ausnahmen mögen allerdings aufgrund *besonderer Eilbedürftigkeit* etwa im einstweiligen Rechtsschutz gelten, in dem das Gericht naturgemäß, und damit für die Beteiligten an sich offenkundig, nicht in eine eigenständige Ermittlung des dem Eilrechtsschutzbegehren zugrundeliegenden Sachverhalts eintreten kann[1213]. § 32 Abs. 2 S. 2 BVerfGG verdeutlicht insofern zudem den gesetzgeberischen Willen, dem Gericht in Eilverfahren bei „besonderer Dring-

---

[1211] Die – überzeugenden – Ausführungen von *Rixen,* in: Sodan/Ziekow, VwGO, § 86 Rn. 74, lassen sich insoweit ohne Weiteres auf den Verfassungsprozess übertragen.

[1212] So auch die allg. M. im Verwaltungsprozessrecht, vgl. dazu *Rixen,* in: Sodan/Ziekow, VwGO, § 86 Rn. 74, m. w. N.

[1213] S. grundsätzlich dazu *Graßhof,* in: Maunz u. a., § 32 Rn. 156 (Stand: Juli 2002).

lichkeit" auch in Ansehung der Rechte der Verfahrensbeteiligten besondere prozessuale Flexibilität einzuräumen. Dabei gilt es freilich zu berücksichtigen, dass
der richterliche Hinweis gerade im Verfahren des Eilrechtsschutzes neben dem
grundrechtlichen Anspruch auf rechtliches Gehör der Beteiligten auch einer Erweiterung der Tatsachenbasis zugunsten der Entscheidungsfindung des Bundesverfassungsgerichts dienlich sein kann. Aus beiden Gründen *sollte* der Verzicht
auf einen richterlichen Hinweis auch hier möglichst restriktiv praktiziert werden.

Weiter ist fraglich, ob das Gericht in Fällen, in denen der Beteiligte bereits in
einem dem Verfassungsprozess vorausgegangenen Verfahren zu bestimmtem
Vortrag oder Nachweis aufgefordert worden ist, auf einen eigenen Hinweis verzichten kann. Dies kommt namentlich in Wahlprüfungs- und Mängelrügeverfahren in Betracht, in denen das Gericht über die gleiche Rechtsfrage wie das vorge-
schaltete Kontrollorgan (Bundestag bzw. Bundesrat) zu befinden hat. Hier kann
es im Einzelfall durchaus als ein – negative Prozessfolgen begründender – Sorg-
faltsverstoß gewertet werden, wenn der Beteiligte einen Hinweis z. B. des Wahl-
prüfungsausschusses schlicht übergeht und auch im anschließenden Verfassungsprozess nicht entsprechend jenem Hinweis an der Aufklärung mitwirkt.[1214]

Auch in Urteilsverfassungsbeschwerdeverfahren ließe sich ein Verzicht anden-
ken, soweit der Beschwerdeführer schon durch das Fachgericht auf unzureichenden Vortrag hingewiesen worden ist. Letzteres muss indes ausscheiden, da die
Fachgerichte grundsätzlich nicht über die gleiche Rechtsfrage wie das Bundesverfassungsgericht befinden respektive die insoweit entscheidungserheblichen
Tatsachen regelmäßig (zumindest partiell) voneinander abweichen werden[1215].
Ungeachtet gewisser – zumal aus Sicht des Beschwerdeführers kaum offensicht-
licher – Überschneidungen des erheblichen Tatsachenstoffs kann sich das Verfassungsgericht somit nicht auf den Hinweis eines Fachgerichts berufen, ohne
Transparenz einzubüßen und damit die Grundsätze eines fairen Verfahrens sowie
den Anspruch auf rechtliches Gehör des Beteiligten zu verletzen.[1216]

d) Rückkoppelung der vorstehenden Rechtsregeln
an die Rechtsprechung des Bundesverfassungsgerichts –
zugleich Kritik

Es stellt sich die Frage, ob die Rechtsprechung des Bundesverfassungsgerichts,
welches Mitwirkungslasten wie dargelegt auch auf Ebene der Sachprüfung postuliert, ohne sie indes dogmatisch näher zu begründen, mit den zuvor festgestellten
Rechtsregeln in Einklang gebracht werden kann.

[1214] So etwa in BVerfGE 48, 271, geschehen (vgl. insb. S. 280).

[1215] S. dazu grundsätzlich oben S. 81 ff.

[1216] Vgl. zu diesen Beweisgrundsätzen oben S. 112 ff. und 121 f.

Soweit die exemplarisch dargestellte Entscheidung des Gerichts aus 1978[1217] in Rede steht, ist dies im Ergebnis zu bejahen. Die Beschwerdeführer hatten die ihrerseits gerügten Wahlfehler mehrheitlich lediglich behauptet, ohne sie hingegen hinreichend substantiiert vorzutragen. Dem Gericht war es dabei rechtlich möglich, negative prozessuale Folgen an das Verhalten der Beschwerdeführer zu knüpfen, weil der insofern entscheidungserhebliche Sachverhalt im Wesentlichen unmittelbar aus dem Lebens- und Verantwortungsbereich selbiger stammte. Diesbezüglich bestanden also auch nach vorstehenden Rechtsregeln konkrete Mitwirkungslasten. Dies gilt erkennbar, soweit eine konkrete Behinderung der Beschwerdeführer „bei ihrer Wahlwerbung durch Plakate und im Einsatz von Lautsprechern" geltend gemacht worden war.[1218] Aber auch in Bezug auf die behauptete „totale Presse- und Rundfunknachrichtensperre", die in den letzten 14 Tagen vor der Wahl gegen die C.B.V. verfügt worden sei – und die an sich ein Internum der betreffenden Verlage bzw. Rundfunksender darstellt, sodass hierzu substantiierter Vortrag grundsätzlich nicht verlangt werden konnte –, war das Gericht ausnahmsweise von weiterführenden Ermittlungen befreit. Denn die Beschwerdeführer hatten schon keine aus jener Sperre resultierenden konkreten Behinderungen der C.B.V. durch die Verlage bzw. Rundfunksender – „etwa durch Ablehnung der Veröffentlichung von Anzeigen oder Hinweisen auf Parteiveranstaltungen" –, behauptet.[1219] Mithin fehlte es an jeglichen Anhaltspunkten für eine solche Sperre. Soweit ein „parteiergreifendes Einwirken der Bayerischen Staatsregierung in den Bundestagswahlkampf 1976" gerügt worden war, fehlte es ebenfalls am Vortrag konkreter „parteiergreifender" Maßnahmen. Derartige Maßnahmen hätten sich, sofern es sie tatsächlich gegeben hatte, zwar nicht unmittelbar auf den Lebensbereich der Beschwerdeführer ausgewirkt haben müssen; sie mussten den Beschwerdeführern aber doch (zumindest partiell) bekannt gewesen sein, um sie überhaupt rügen zu können. Auch insofern bestand also eine Mitwirkungslast der Beteiligten.

Zwar ist es problematisch, wenn das Bundesverfassungsgericht in diesem Zusammenhang bemerkt, der Beschwerdeführer habe weiteren Vortrag unterlassen, „obwohl ihm die Ergänzung seines Vorbringens möglich und zumutbar"[1220] gewesen sei. Dies deutet darauf hin, dass das Gericht zur Begründung konkreter Mitwirkungslasten bei der Sachaufklärung die gleichen Kriterien anwendet wie im Rahmen des § 23 Abs. 1 S. 2 BVerfGG (= Möglichkeit und Zumutbarkeit des Vortrags). Damit erscheint die Statuierung auch solcher Mitwirkungslasten, die nicht ausschließlich Tatsachen betreffen, die der Lebens- und Verantwortungssphäre des Beteiligten entstammen, sondern darüber hinaus insbesondere durch

---

1217 BVerfGE 48, 271.
1218 BVerfGE 48, 271 (279).
1219 BVerfGE 48, 271 (278 f.).
1220 BVerfGE 48, 271 (278 f.).

diesen „zumutbar" in Erfahrung gebracht werden können, nicht ausgeschlossen. Dergleichen stellte jedenfalls nach den vorstehenden Grundsätzen der allgemeinen Mitwirkungslast eine unzulässige Übertragung von Ermittlungspflichten auf die Beteiligten dar.[1221] Im konkreten Fall der Wahlprüfungsbeschwerde beschränkte sich das Gericht indes wie dargelegt auf die Berücksichtigung rechtlich anzuerkennender Mitwirkungslasten, sodass die Bedeutung des gerichtlichen Hinweises auf „möglichen und zumutbaren" Sachvortrag offen bleibt.

Auch die Rechtsfolgen, die das Bundesverfassungsgericht an die Nichterfüllung der konkret bestehenden Mitwirkungslasten knüpfte, entsprechen der hier vertretenen Systematik. So würdigte jenes ungeachtet nicht ganz eindeutiger Formulierungen ersichtlich den Vortrag der Beschwerdeführer sowie die sonstigen vorhandenen Erkenntnismittel im Rahmen einer Beweiswürdigung.[1222] Dabei maß es dem Mitwirkungsdefizit der Beteiligten besondere Indizwirkung bei. Nicht hingegen stellte das Gericht das Nichtvorliegen der behaupteten Tatsachen ohne Weiteres fest oder ging es von einem non liquet aus – was nach hier vertretener Auffassung unzulässig gewesen wäre.

Auch in der dargestellten Entscheidung des Verfassungsgerichts aus 2015[1223] ging selbiges in zulässiger Weise vom Bestehen konkreter Mitwirkungslasten bei der Sachaufklärung aus. Soweit das Gericht die unzureichende Darlegung der *eigenen* (wirtschaftlichen) Situation der Antragsteller feststellte und entsprechend würdigte,[1224] deckt sich dies ohne Weiteres mit den aus §§ 86 Abs. 1 Hs. 2 VwGO, 76 Abs. 1 S. 2 FGO, 103 S. 1 Hs. 2 SGG analog resultierenden Mitwirkungslasten.[1225] Soweit die wirtschaftliche Situation Dritter (konkret: „der Gesamtheit oder doch eines signifikanten Anteils der Wohnungsvermittler") in Rede stand, scheint das Gericht den Antragstellern auf den ersten Blick zwar ebenfalls und in gleichem Umfang Mitwirkungslasten aufzubürden – und zwar ohne dass sich dies mit einer besonderen Nähe der Antragsteller zu jenem Sachverhalt rechtfertigen ließe. Hierauf deutet nicht zuletzt die Formulierung hin, den Antragstellern sei „die Darlegung eines unter den gegebenen Umständen hinrei-

---

[1221] S. zuvor auf S. 232 ff. Anders mag dies im Falle einer anzuerkennenden speziellen Mitwirkungslast sein, s. dazu sogleich im Text auf S. 246 ff.

[1222] Vgl. insb. BVerfGE 48, 271 (279): „Legt man die Behauptungen des Beschwerdeführers zugrunde, so hätte es zumindest nahegelegen, polizeiliche Hilfe in Anspruch zu nehmen oder gegen eine rechtswidrige Versagung des Lautsprechereinsatzes die Gerichte anzurufen. […]", s. auch a.a.O., 277 (für über den Vortrag der Beteiligten hinausgehende Feststellungen zur faktischen Möglichkeit jener, sich im Rundfunk zu Zwecken des Bundestagswahlkampfs darzustellen).

[1223] BVerfG, Beschl. v. 13.05.2015 – 1 BvQ 9/15 –, juris.

[1224] BVerfG, Beschl. v. 13.05.2015 – 1 BvQ 9/15 –, juris Rn. 30 ff.

[1225] Gleiches gilt etwa für BVerfG, Beschl. v. 30.01.2019 – 1 BvQ 1/19 –, juris Rn. 2: Die Antragstellerin hätte nach Auffassung des Gerichts darlegen müssen, welche schweren Nachteile ihr drohen würden, wenn die begehrte einstweilige Anordnung nicht ergehen würde.

chend schwerwiegenden Nachteils [...] für die Gesamtheit oder eine erhebliche Zahl der Wohnungsvermittler oder im Hinblick auf ihre eigene Situation" nicht gelungen.[1226] Tatsächlich stellte das Gericht indes eigene Ermittlungen betreffend die Situation der Vermittler an. So legte es seiner Beweiswürdigung die zuvor eigens festgestellten tatsächlichen Annahmen des Gesetzgebers in Bezug auf die finanziellen Auswirkungen des MietNovG für die Gesamtheit der Wohnungsvermittler ebenso zugrunde wie eine Stellungnahme des Nationalen Normenkontrollrats und Daten des Statistischen Bundesamtes.[1227] Ferner stellte das Gericht – wenngleich ohne Angabe von Quellen – weitere Fakten zum Tätigkeitsfeld der Makler fest.[1228] Erst „[a]uf dieser Grundlage" bemerkte das Gericht, dass die „von den Antragstellern [...] für den ganzen Berufsstand der Wohnungsvermittler geltend gemachte Existenzbedrohung nicht hinreichend substantiiert dargelegt" worden sei.[1229] Mithin erkannte das Gericht eine Mitwirkungslast nur insofern an, als sich die Behauptungen der Beteiligten mit den Feststellungen des Gerichts nicht deckten und auch keine konkreten Anhaltspunkte für weitere Ermittlungen lieferten. Die Mitwirkungslast beschränkte sich mithin auf die Substantiierung des gewissermaßen als bloße („Schutz-") Behauptung anmutenden Vortrags der Antragsteller; damit betraf sie Tatsachen(-behauptungen), die durchaus dem Verantwortungsbereich der Antragsteller entstammten. Die Entscheidungsgründe deuten ferner darauf hin, dass das Verfassungsgericht die unzureichende Mitwirkung bei der Feststellung dieser Tatsachen auch in diesem Fall im Rahmen der Beweiswürdigung (neben den übrigen Ermittlungsergebnissen) als ein gegen deren Vorliegen sprechendes Indiz würdigte.[1230] Dies ist nach den dargelegten Grundsätzen der allgemeinen Mitwirkungslast im Verfassungsprozess nicht zu beanstanden.

Im Übrigen lässt sich hier (nur) vor dem Hintergrund der konkreten Verfahrensart – die betreffende Entscheidung erging im einstweiligen Rechtsschutzverfahren – rechtfertigen, dass das Gericht die wirtschaftliche Situation der Gesamtheit der Wohnungsvermittler nicht weiter aufklärte, obgleich jedenfalls Anhaltspunkte für deutliche Umsatzrückgänge bei den Wohnungsvermittlern durch die Neuregelungen im Wohnungsvermittlungsrecht bestanden.[1231] Da im Eilverfahren (zumal betreffend die einstweilige Aussetzung des Vollzugs eines Gesetzes) nach der hier vertretenen Auffassung verschärfte Anforderungen an die Substantiierung

---

1226 BVerfG, Beschl. v. 13.05.2015 – 1 BvQ 9/15 –, juris Rn. 22.

1227 BVerfG, Beschl. v. 13.05.2015 – 1 BvQ 9/15 –, juris Rn. 23 f., 26.

1228 BVerfG, Beschl. v. 13.05.2015 – 1 BvQ 9/15 –, juris Rn. 28: „Vielmehr vermitteln [Makler] in der Regel auch Mietverträge über gewerblich genutzte Immobilien sowie Kaufverträge über private und gewerbliche Immobilien. Vielfach sind sie auch in der Immobilienverwaltung und anderen immobiliennahen Dienstleistungsbereichen tätig."

1229 Beide Zitate BVerfG, Beschl. v. 13.05.2015 – 1 BvQ 9/15 –, juris Rn. 25.

1230 BVerfG, Beschl. v. 13.05.2015 – 1 BvQ 9/15 –, juris Rn. 22 ff.

1231 BVerfG, Beschl. v. 13.05.2015 – 1 BvQ 9/15 –, juris Rn. 23 f.

des Beteiligtenvortrags gelten, deren Nichterfüllung regelmäßig den Verzicht auf zeitintensive Ermittlungsmaßnahmen rechtfertigt, und darüber hinaus das Beweismaß reduziert ist[1232], konnte das Gericht insofern in zulässiger Weise auf weitere Ermittlungen verzichten.

Jedenfalls die zitierte Rechtsprechung des Bundesverfassungsgerichts erweist sich danach im Ergebnis als mit den herausgearbeiteten Rechtsregeln betreffend Mitwirkungslasten auf Ebene der Sachaufklärung im Verfassungsprozessrecht vereinbar. Auch finden sich weitere Zeugnisse durch das Gericht in ähnlicher Weise postulierter Mitwirkungslasten.[1233]

Allerdings lässt sich mangels eines transparenten Umgangs des Gerichts mit etwaigen Mitwirkungslasten der Beteiligten bei der Sachaufklärung nur spekulieren, ob dieses entsprechenden Regeln bewusst folgt oder aber die Mitwirkung der Beteiligten bei der Sachaufklärung gewissermaßen „flexibel", pragmatisch einzelfallbezogen, einfordert. Weder benennt das Verfassungsgericht die bestehenden Mitwirkungslasten ausdrücklich noch koppelt es sie an geltendes (Richter-) Recht; auch erläutert es die prozessualen Konsequenzen einer Nichterfüllung jener Lasten soweit ersichtlich in keiner Entscheidung.[1234] In Betracht kommt

---

[1232] S. dazu unten S. 326.

[1233] Vgl. nur BVerfGE 107, 339 (370 f.); sowie E 144, 20 (Rn. 413, 423 u. 465 ff.) – NPD-Verbotsverfahren: Sowohl die Quellenfreiheit des zur Begründung eines Parteiverbotsantrags vorgelegten Beweismaterials als auch den Umstand, dass die Prozessstrategie der Antragsgegnerin durch den Antragsteller nicht ausgespäht worden sei, habe der jeweilige Antragsteller darzulegen; beides lässt sich mit der Nähe des Antragstellers zu dem Sachverhalt bzw. den Beweismitteln begründen; E 15, 249 (253 f.): zu Schutzbehauptungen, die ohne die eigene Mithilfe des Beteiligten nicht nachprüfbar sind und daher Mitwirkungslasten auslösen; E 118, 244 (270, 273): zur „Substantiierungslast" der antragstellenden Bundestagsfraktion im Organstreitverfahren, soweit für deren Vortrag keine hinreichenden Anhaltspunkte bestehen; aus E 104, 337 (354 f.), ergibt sich wiederum mittelbar die Mitwirkungslast eines Beteiligten hinsichtlich der Feststellung eigener religiöser Überzeugungen, also einer aus dem Lebensbereich des Beteiligten stammenden inneren Tatsache; BVerfG, Beschl. v. 30.01.2019 – 1 BvQ 1/19 –, juris Rn. 2, zur „Darlegungslast" im Eilverfahren. Vgl. aber auch BVerfGE 118, 1 (25), in der das Gericht generelle Tatsachen in Bezug auf ein angegriffenes Gesetz als (mit) im Verantwortungsbereich des Beschwerdeführers liegend ansah; krit. dazu das Sondervotum von *Gaier* (a. a. O., 42) „Die Auseinandersetzung hiermit kann nicht mit dem Hinweis unterbleiben, die Beschwerdeführer seien ‚belastbare Angaben' für die Unangemessenheit der Vergütung schuldig geblieben [...]. Auf diese Weise werden den Beschwerdeführern unerfüllbare Darlegungslasten auferlegt, die noch dazu zur Folge haben, dass – entgegen der Abwehrfunktion des Grundrechts der Berufsfreiheit – nicht der Staat eine Grundrechtsbeeinträchtigung rechtfertigen muss, sondern die betroffenen Grundrechtsträger eine unterstellte Rechtfertigung widerlegen müssen."

[1234] Vgl. die Nachweise in der vorherigen Fn. Regelmäßig heißt es in den schriftlichen Entscheidungsgründen schlicht ohne weitere Begründung, erhebliche Tatsachen seien „weder dargelegt noch ersichtlich"; ähnlich BVerfGE 118, 1 (25): „nicht mit belastbaren Angaben belegt"; 146, 164 (Rn. 104): Beschwerdeführerinnen schildern keine Entwicklung, „die durchgreifende Zweifel [...] begründen würde". Ob überhaupt und, wenn ja, in welcher Art und Weise eine Mitwirkungs*last* angenommen wird, kommt damit nicht (hinreichend) zum Ausdruck.

insofern gar, dass das Gericht die hinsichtlich § 23 Abs. 1 S. 1 BVerfGG richter-rechtlich entwickelten Substantiierungslasten im Einzelfall geradezu „zufällig" – und damit ohne die Rechtmäßigkeit dieses Vorgangs geprüft zu haben – auf die Ebene der Sachaufklärung überträgt.[1235] Davon scheinen denn auch Teile der Fachliteratur auszugehen.[1236] Freilich lässt das Schrifttum (wie dargelegt) seiner-seits wenig Problembewusstsein in Bezug auf die Mitwirkung Dritter bei der Sachaufklärung des Verfassungsgerichts erkennen.

Der Verzicht auf eine klare Differenzierung zwischen Mitwirkungslasten, die sich auf die Antragsbegründung beschränken, und Mitwirkungslasten, die unmit-telbar die Sachaufklärung des Gerichts (und damit die Feststellung des entschei-dungserheblichen Sachverhalts gemäß § 30 Abs. 1 S. 1 BVerfGG!) betreffen, ist indes durchaus kritisch zu sehen. Wenngleich eine weitreichende Aufgabe von Amtsermittlungspflichten durch das Verfassungsgericht bisher nicht zu verzeich-nen ist, so ist doch anzunehmen, dass jener Verzicht in der Tendenz eben diese *begünstigt*.

Selbiges ließe sich weder mit dem geltenden Recht noch mit dem hinter § 26 Abs. 1 S. 1 BVerfGG stehenden gesteigerten Bedürfnis objektiver Wahrheitsfin-dung im Verfassungsprozess vereinbaren. Zudem besteht die Gefahr, dass es zu einer (gegen Art. 3 Abs. 1 GG verstoßenden) Besserstellung einzelner Verfah-rensbeteiligter kommt, soweit das Gericht Mitwirkungslasten nur „ausnahms-weise" anwendet. Ferner verwischt die mangelnde Differenzierung die Grenzen zwischen der Verfahrensverantwortung einerseits des Gerichts sowie andererseits der Beteiligten in einer Weise, die es Letzteren unmöglich macht, ihre eigene „Zuständigkeit" zweifelsfrei zu identifizieren. In der Folge erschwert sich die Rechtsdurchsetzung für die Beteiligten im Verfassungsprozess erheblich. Dabei können Rechtsschutzlücken auch und gerade deshalb entstehen, weil die Antrag-steller nicht immer wissen können, auf welche Tatsachen es aus Sicht des Ge-richts für die verfassungsrechtliche Prüfung ankommt.[1237] All dies stößt nicht zu-letzt mit Blick auf die Grundsätze wirksamen Rechtsschutzes sowie eines fairen Verfahrens auf erhebliche rechtliche Bedenken.[1238]

Die indifferente Haltung zur Systematik der Substantiierungslasten, die sich in Hinblick auf § 23 Abs. 1 S. 2 BVerfGG (bzw. die jeweiligen Spezialnormen) in der Rechtsprechung des Verfassungsgerichts, aber auch in der Literatur abzeich-

---

[1235] So postuliert etwa die 1. Kammer des Ersten Senats in ihrem Beschl. v. 30.01. 2019 – 1 BvQ 1/19 –, juris Rn. 2, (wenngleich indirekt) die Obliegenheit der Antrag-stellerin zur substantiierten Darlegung betreffend die tatbestandlichen Voraussetzungen des geltend gemachten Rechts im Rahmen der Sachentscheidung und verweist dabei direkt auf § 23 Abs. 1 S. 2 BVerfGG („vgl.").

[1236] S. nur *Barczak*, in: ders., § 92 Rn. 10b; *Schorkopf*, AöR 2005, 465 (468).

[1237] So bereits *Walter*, in: ders./Grünewald, § 26 Rn. 6.

[1238] S. dazu oben S. 123 ff. u. 127.

net, kann also durchaus zu verfahrensrechtlich wie materiell-rechtlich unzulässigen Ergebnissen führen. Keinesfalls darf es „Geschmacksfrage" sein, „[ob] das Beschwerdevorbringen die Verfassungsrichter bereits formal oder nur „in der Sache" nicht überzeugt".[1239] Insbesondere darf sich das Gericht seiner Amtsermittlungspflicht nicht willkürlich entledigen, indem es den Beteiligten, zumal unausgesprochene, „zufällig" erscheinende Mitwirkungslasten auferlegt. Derartige Lasten sind, soweit sie vage in der Anwendung und von unklarer rechtlicher Provenienz sind, weder mit den geltenden Verfassungsgrundsätzen des rechtlichen Gehörs, wirksamen Rechtsschutzes sowie fairen Verfahrens noch mit dem Willkürverbot (Art. 3 Abs. 1 GG) vereinbar.

5. Analoge Anwendung der §§ 79b FGO, 87b VwGO, 106a SGG: Spezielle Mitwirkungslasten aufgrund verfassungsgerichtlicher Anordnung

a) Spezielle Mitwirkungslasten im Verfassungsprozessrecht?

Ungeachtet der nach hier vertretener Auffassung im Verfassungsprozess bestehenden allgemeinen Mitwirkungslast der Beteiligten bei der richterlichen Sachaufklärung erscheint nicht von vornherein ausgeschlossen, dass das Verfassungsprozessrecht weitere sachverhaltsbezügliche Mitwirkungslasten zumindest *zulässt*. Abermals legt dies insbesondere der Blick auf die ebenfalls dem Untersuchungsgrundsatz unterworfenen Prozessordnungen der Fachgerichte nahe. Jene gestatten es den Gerichten ausdrücklich, den Verfahrensbeteiligten im Einzelfall – und zwar mittels richterlicher Anordnung – spezielle Mitwirkungslasten bei der Sachaufklärung aufzuerlegen, die noch über die zuvor dargelegte „allgemeine Mitwirkungslast" hinausgehen.[1240] So wird den Finanz-, Verwaltungs- sowie Sozialgerichten in § 79b Abs. 1 S. 1 FGO, § 87b Abs. 1 S. 1 VwGO bzw. § 106a Abs. 1 SGG die Befugnis eingeräumt, dem Kläger eine Frist zu setzen zur Angabe derjenigen Tatsachen, durch deren Berücksichtigung oder Nichtberücksichtigung im Verwaltungsverfahren er sich beschwert fühlt; in Abs. 2 der jeweiligen Norm werden jene Gerichte ferner ermächtigt, einem Verfahrensbeteiligten unter Fristsetzung aufzugeben, „zu bestimmten Vorgängen 1. Tatsachen anzugeben oder Beweismittel zu bezeichnen, und 2. Urkunden oder andere bewegliche Sachen vorzulegen sowie elektronische Dokumente zu übermitteln, soweit der Beteiligte gesetzlich dazu verpflichtet ist".

Die Ausgestaltung der mittels Fristsetzung begründeten Darlegungs- und Nachweisanforderungen als echte prozessuale *Last* ergibt sich dabei aus dem jeweiligen 3. Absatz der zitierten Normen: Erklärungen und Beweismittel, die erst nach Ablauf einer nach den Absätzen 1 und 2 gesetzten Frist vorgebracht werden,

---

[1239] Anders wohl *Barczak,* in: ders., § 92 Rn. 10b (Zitate ebd.).
[1240] Vgl. zu dieser Wirkung nur *Schenke,* in: Kopp/ders., VwGO, § 87b Rn. 3.

kann das Gericht danach – unter bestimmten Voraussetzungen[1241] – *zurückweisen* und *ohne weitere Ermittlungen entscheiden.*

Unter gewissen Voraussetzungen kann die Fristversäumnis respektive die Nicht- oder Schlechterfüllung der speziellen Mitwirkungslasten mithin zu einer *innerprozessualen Präklusion*[1242] führen, mit der Folge, dass das Gericht diejenigen Umstände, die es als verspätet zurückweist, ohne amtswegige Ermittlung als nicht existent behandelt.[1243] Präklusionsvorschriften wie § 87 b VwGO, § 106 a SGG und § 79 b FGO begrenzen damit unmittelbar auch die Amtsermittlungspflicht.[1244] Dabei lassen sie diese in Bezug auf den präkludierten Vortrag (!) gar vollständig entfallen.

Angesichts des Zwecks jener innerprozessualen Präklusionsnormen, das Verfahren zugunsten funktionierender Rechtspflege sowie wirksamen Rechtsschutzes im Einzelfall zu beschleunigen, stellt sich die Frage, ob das Verfassungsgericht seinerseits befugt ist oder zumindest sein sollte, den Beteiligten *mittels Anordnung* eine über die allgemeine Mitwirkungslast bei der Sachaufklärung hinausgehende Mitwirkungslast – die zudem mit Präklusionswirkung ausgestaltet ist – aufzuerlegen.[1245]

Als Rechtsgrundlage in Betracht kommen zunächst die §§ 23 Abs. 2, 37, 45, 77, 82 Abs. 1, 82 Abs. 3, 82a Abs. 2, 83 Abs. 1 und 2, 85 Abs. 2, 94 Abs. 1, 96

[1241] 1. müsste die Zulassung jener Erklärungen bzw. Beweismittel nach der freien Überzeugung des Gerichts die Erledigung des Rechtsstreits verzögern, 2. darf der Beteiligte die Verspätung nicht genügend entschuldigt haben und 3. muss der Beteiligte über die Folgen einer Fristversäumung belehrt worden sein (vgl. jeweils Abs. 3 S. 1); darüber hinaus darf es (4.) nicht mit nur „geringem Aufwand" möglich sein, den Sachverhalt auch ohne Mitwirkung des Beteiligten zu ermitteln (jeweils Abs. 3 S. 3).

[1242] Abzugrenzen ist diese von der sog. materiellen Präklusion, die indes keine beweisrechtliche Regelung, sondern einen materiell-rechtlichen Einwendungsausschluss darstellt: Soweit Einwendungen materiell präkludiert sind, lassen sie sich gerichtlich nicht mehr durchsetzen; sie werden von vornherein keiner rechtlichen Prüfung unterzogen. Zur materiellen Präklusion statt aller *Brandt*, NVwZ 1997, 233 (234 ff.); s. auch *Jacob*, in: Gärditz, VwGO, § 87b Rn. 6; sowie exemplarisch zu § 73 Abs. 4 S. 3 VwVfG *Lieber*, in: Mann/Sennekamp/Uechtritz, VwVfG, § 73 Rn. 259; *Neumann/Külpmann*, in: Stelkens/Bonk/Sachs, VwVfG, § 73 Rn. 88. Vgl. weiterführend zu der (im Ergebnis zu verneinenden) Frage, ob materiell-rechtliche und verwaltungsverfahrensrechtliche Mitwirkungspflichten in entsprechender Anwendung als sodann „prozessuale" Lasten auf das gerichtliche Verfahren übertragen werden können, *Nierhaus*, Beweismaß, S. 310 ff., m.w. N.

[1243] Vgl. etwa *Jacob*, in: Gärditz, VwGO, § 87b Rn. 20; *Peters/Müller*, in: Sodan/Ziekow, VwGO, § 87b Rn. 5. Das Gericht darf hier letztlich an sich entscheidungserhebliche Tatsachen im Prozess gänzlich unberücksichtigt lassen.

[1244] So bereits *H. Müller*, JuS 2014, 324 (327 f.). Zur Zulässigkeit dessen etwa *Jacob*, in: Gärditz, VwGO, § 87b Rn. 20; *Ortloff/Riese*, in: Schoch/Schneider/Bier, VwGO, § 87b Rn. 16 (Stand: Februar 2007).

[1245] Ohne weitere Ausführungen, insb. ohne Begründung, meint jedenfalls *Klein*, in: Maunz u. a., § 26 Rn. 10 (Stand: Januar 1987), das Gericht könne sich die Beweise unmittelbar beschaffen *oder den Beteiligten die Beschaffung der Beweismittel aufgeben.*

Abs. 2 BVerfGG. Diese ermächtigen bzw. verpflichten das Verfassungsgericht dazu, Beteiligten sowie äußerungsberechtigten Dritten unter Fristsetzung Gelegenheit zur „Äußerung" im Verfassungsprozess zu geben. Obgleich jene Vorschriften nicht ausdrücklich als *Ausschlussfristen* ausgestaltet sind,[1246] lassen sie ein entsprechendes Begriffsverständnis grammatikalisch zu – schweigen sie doch gänzlich zur Rechtsfolge einer Fristversäumnis. Auch das Telos der genannten Normen, den Prozess zu beschleunigen, spricht eher für eine Präklusionswirkung als dagegen. Dementsprechend geht denn auch die wohl herrschende Lehre davon aus, dass die zitierten Normen das Verfassungsgericht dazu ermächtigen, verspätetes Vorbringen eines Äußerungsberechtigten im Einzelfall nach pflichtgemäßem Ermessen unberücksichtigt zu lassen.[1247]

Aus jenen Paragrafen des BVerfGG besondere Mitwirkungslasten bei der Sachaufklärung, die zudem Präklusionsfolgen auslösen können, herzuleiten, erweist sich dennoch als unzulässig. Da sich (innerprozessuale) Präklusionsvorschriften zwangsläufig nachteilig auf das Bemühen um eine materiell richtige Entscheidung auswirken und einschneidende Folgen für die säumige Partei nach sich ziehen, kommt jenen nach dem allgemeinen Prozessrecht strenger Ausnahmecharakter zu.[1248] Dies muss im Besonderen in Amtsermittlungsprozessen gelten, welche echte Darlegungs- und Beweisführungslasten nicht kennen. Als Ausnahmetatbestand setzen innerprozessuale Präklusionsvorschriften – zumal im Verfassungsprozess, in dem Auslegung und Anwendung von Präklusionsnormen durch das Bundesverfassungsgericht keiner Rechtskontrolle unterliegen[1249] – insbesondere eine hohe Regelungsdichte sowie in besonderem Maße Rechtsklarheit[1250] voraus. Vor diesem Hintergrund erweisen sich die Paragrafen des BVerfGG als in ihrer

---

[1246] In diesem Sinne betreffend § 77 BVerfGG *Karpenstein,* in: Walter/Grünewald, § 77 Rn. 20.

[1247] Vgl. etwa *Goetze,* in: U/C/D, § 94 Rdn. 5; s. auch *Lenz/Hansel,* BVerfGG, § 23 Rn. 36 f. sowie *von Coelln,* in: Maunz u.a., § 23 Rn. 69 (Stand: Mai 2009), die darüber hinaus wohl von einer zwingenden Präklusion ausgehen, soweit durch die Berücksichtigung einem anderen Beteiligten ein prozessualer Nachteil entstünde. A.A. betreffend § 77 BVerfGG *Karpenstein,* in: Walter/Grünewald, § 77 Rn. 20; *Rosek,* in: Maunz u.a., § 77 Rn. 11 (Stand: Februar 2013): Berücksichtigungspflicht.

[1248] So auch das Bundesverfassungsgericht in st. Rspr. betreffend einfachgesetzliche Präklusionsvorschriften, s. statt aller BVerfGE 63, 177 (180); 67, 39 (41); 75, 302 (312 ff.), m.w.N. Aus der Lehre etwa *Ortloff/Riese,* in: Schoch/Schneider/Bier, VwGO, § 87b Rn. 12 (Stand: Februar 2007).

[1249] Gerade diese Kontrolle muss nach Ansicht des Bundesverfassungsgerichts bezüglich der Auslegung und Anwendung der das rechtliche Gehör beschränkenden fachgerichtlichen Präklusionsvorschriften sogar „strenger" ausfallen, „als dies üblicherweise bei der Anwendung einfachen Rechts geschieht" (so ausdrücklich statt aller BVerfG, NJW 2001, 1565 [1565] m.w.N.). Ein Verstoß gegen Art. 103 Abs. 1 GG liegt danach z.B. vor, wenn das Gericht Angriffs- oder Verteidigungsmittel einer Partei in fehlerhafter Anwendung einer Präklusionsvorschrift zu Unrecht ausgeschlossen hat (BVerfGE 81, 264 [Rn. 29] m.w.N.).

[1250] Vgl. BVerfGE 60, 1 (6).

Regelungsdichte nicht hinreichend differenziert und überdies nicht hinreichend bestimmt, um als Ausnahmetatbestände Mitwirkungslasten mit Präklusionswirkung begründen zu können. So heißt es in § 23 Abs. 2 BVerfGG, das Gericht stellt dem Antragsgegner, den übrigen Beteiligten sowie bestimmten Dritten den verfahrenseinleitenden Antrag „mit der Aufforderung zu, sich binnen einer zu bestimmenden Frist zu äußern". Auch die übrigen zitierten Normen sprechen nur abstrakt von der „Gelegenheit zur Äußerung". Weder lassen sich dem Gesetz inhaltliche Vorgaben entnehmen, in welchem Umfang und zu welcher Art von Äußerung das Gericht die Beteiligten mit belastender Wirkung auffordern kann, noch enthält es Grenzen in Bezug auf eine etwaige Präklusionswirkung, welche das Gesetz überdies gar nicht ausdrücklich normiert. Mithin stellen die Fristenregelungen des BVerfGG in der Sache keine zulässige Rechtsgrundlage für die Statuierung spezieller Mitwirkungslasten mit Präklusionswirkung im Verfassungsprozess dar.

Dennoch wird es sich auch im Verfassungsprozess nicht selten als förderlich erweisen, die Beteiligten über die allgemeine Mitwirkung hinaus zu konkretem Sachvortrag und gegebenenfalls der Vorlage von Nachweisen aufzufordern. Dabei wird man auch die Präklusionsfolge als sachgerecht anerkennen können, soweit eine Berücksichtigung des verspäteten Vortrags den Verfassungsprozess erheblich verzögern würde, der Beteiligte die Äußerungsfrist schuldhaft versäumt hat und zuvor sowohl auf die Entscheidungserheblichkeit des Vortrags als auch auf die Zurückweisungsfolge hingewiesen wurde.[1251] Denn in diesen Fällen wird jedenfalls der Anspruch auf rechtliches Gehör regelmäßig hinter dem Beschleunigungsgebot und, in kontradiktorischen Verfahren, auch hinter den Prozessinteressen der übrigen Beteiligten zurücktreten. Für letztere bedeutet die Präklusionsfolge gar die Effektivierung rechtzeitigen Rechtsschutzes.[1252] Sonach begünstigte die Normierung einer innerprozessualen Präklusionsvorschrift auch im Verfassungsprozess eine sachgerechte Verfahrensgestaltung.

Nach hier vertretener Auffassung ließe sich das damit begründete *Regelungsbedürfnis* im Verfassungsprozessrecht ohne gesetzgeberischen Handlungsbedarf *im Wege der analogen Anwendung der §§ 79b FGO, 87b VwGO, 106a SGG* erfüllen.[1253] Zwar wird für das fachgerichtliche Verfahren überwiegend die Auf-

---

[1251] Diese Mindestvoraussetzungen an den Eintritt einer Präklusionswirkung statuiert bereits *Schmidt-Aßmann,* in: Maunz/Dürig, GG, Art. 19 Abs. 4 Rn. 220 (Stand: Juli 2014).

[1252] So auch *Schmidt-Aßmann,* in: Maunz/Dürig, GG, Art. 19 Abs. 4 Rn. 220 (Stand: Juli 2014).

[1253] Für eine analoge Anwendung (nur) des § 87b Abs. 3 VwGO im Rahmen des § 94 BVerfGG auch *Goetze,* in: U/C/D, § 94 Rn. 5, wobei gegen eine solche Übertragung nur der *Rechtsfolge* der Präklusion auf die nach dem BVerfGG gesetzten Äußerungsfristen spricht, dass die Bestimmungen des BVerfGG insoweit insg. zu unbestimmt sind. Sie enthalten wie dargelegt schon keine klaren Vorgaben, in welchem Umfang und

fassung vertreten, eine analoge Anwendung von Präklusionsvorschriften scheide grundsätzlich aus.[1254] In dem bereits gesetzessystematisch auf Analogien zum allgemeinen Verfahrensrecht angelegten, in weiten Teilen gar „angewiesenen" Verfassungsprozessrecht kann dies jedoch ersichtlich nicht gelten.[1255] Wie dargelegt ist das BVerfGG nach der gesetzgeberischen Intention namentlich im Wege der Analogie zum sonstigen deutschen Verfahrensrecht sachgerecht weiterzuentwickeln. Dabei erweisen sich gerade die fachrechtlichen innerprozessualen Präklusionsvorschriften als auch im Verfassungsprozess interessengerecht. Sie ermächtigen das Gericht ausdrücklich, überdies abschließend, dazu, (nur) *konkreten* Sachvortrag und konkrete Beweismittel von einzelnen Verfahrensbeteiligten einzufordern. Insofern kann denn auch allein ein klar umgrenzter Sachvortrag mit der Präklusionsfolge versehen werden. Darüber hinaus knüpfen die betreffenden Regelungen den Eintritt der Präklusionswirkung tatbestandlich an strikte Voraussetzungen, die insbesondere die Gewährleistung rechtlichen Gehörs sicherstellen (vgl. nur § 87b Abs. 3 S. 1 Nr. 2 und 3 VwGO) sowie den Grundsatz der Amtsermittlung erhalten (s. nur § 87b Abs. 3 S. 3 VwGO). Das Bedürfnis nach präzisen Regeln, klarer Abgrenzung der Verantwortungsbereiche von Verfassungsgericht und Beteiligen sowie strikten Grenzen der Übertragung von Ermittlungspflichten wird mithin erfüllt. Zugleich wird das Gericht durch die genannten Präklusionsvorschriften nicht *verpflichtet*, verspätetes Vorbringen unbeachtet zu lassen;[1256] vielmehr verbleibt jenem stets ein Ermessen (vgl. nur § 87b Abs. 3 S. 1 VwGO: „kann"). Auch insofern wahren jene Vorschriften die Besonderheiten des Verfassungsprozessrechts, verböte sich aufgrund der über die jeweiligen Verfahrensbeteiligten hinausweisenden Bindungswirkung verfassungsgerichtlicher Sachentscheidungen (vgl. § 31 BVerfGG) doch die Verpflichtung des Gerichts zur Zurückweisung verspäteten Vortrags.[1257]

Freilich kommt die analoge Anwendung der genannten Präklusionsvorschriften im Verfassungsprozess abermals nur in Verfahren in Betracht, in denen Dritte förmlich beteiligt sind. Dabei steht indes auch das gegebenenfalls gesteigerte öffentliche Interesse an einer erschöpfenden Sachaufklärung durch das Verfassungsgericht jener Anwendung nicht im Wege. Schließlich wird dem Gericht insofern lediglich die *Möglichkeit* der Präklusion gegeben. Über deren Eintritt

---

zu welcher Art von Äußerungen das Gericht die Beteiligten mit belastender Wirkung auffordern kann.

[1254] Vgl. zum Verwaltungsprozessrecht etwa *Ortloff/Riese,* in: Schoch/Schneider/Bier, VwGO, § 87b Rn. 12 (Stand: Februar 2007); BVerwG, Beschl. v. 7.05.2013 – 2 B 147.11 –, juris Rn. 12.

[1255] In diesem Sinne schon *Goetze,* in: U/C/D, § 94 Rn. 5.

[1256] Eine solche Pflicht kann dagegen etwa in – dem Verhandlungsgrundsatz unterliegenden – Zivilprozessen nach § 296 Abs. 1 ZPO bestehen, vgl. dazu nur *Huber,* in: Musielak/Voit, ZPO, § 296 Rn. 3.

[1257] So treffend *Goetze,* in: U/C/D, § 94 Rn. 5. S. dazu auch bereits oben S. 109 f. (zur Bindungswirkung ferner S. 19 f.).

entscheidet selbiges also gesondert, sodass namentlich die Verfahrensinteressen bei der konkreten Präklusionsentscheidung berücksichtigt werden können. Mithin beeinträchtigen die Präklusionsvorschriften insbesondere die Qualität objektiver Beanstandungsverfahren keineswegs „notwendigerweise".[1258]

b) Inhalt der mittels richterlicher Anordnung begründeten Mitwirkungslasten

Art und Umfang der mittels richterlicher Anordnung und unter Fristsetzung gemäß §§ 79b FGO, 87b VwGO, 106a SGG analog begründeten Mitwirkungslasten sind zwar im Wesentlichen einzelfallabhängig. Indes geben die zitierten Normen den zulässigen Rahmen einer solchen Anordnung vor. Der in den jeweiligen Absätzen 1 und 2 normierte – abschließende[1259] – Katalog zulässiger Anordnungsinhalte lässt sich dabei entsprechend auf den Verfassungsprozess übertragen. Folglich kann zunächst die Obliegenheit des *Antragstellers* begründet werden, Angaben zu denjenigen Tatsachen zu machen, durch deren Berücksichtigung oder Nichtberücksichtigung sich jener beschwert fühlt (vgl. Abs. 1 der zitierten Normen).[1260] Diese Variante der Präklusionsvorschrift erscheint aus Sicht des Verfassungsgerichts freilich weniger interessant, wird der danach eingeforderte Vortrag doch grundsätzlich nicht über die bereits vorliegende Antragsbegründung hinausgehen. Auch lassen sich über die richterliche Anordnung respektive Fristsetzung nicht etwa sämtliche Substantiierungsanforderungen des § 23 Abs. 1 S. 2 BVerfGG in der Weise auf die Ebene der Sachaufklärung heben, dass das Gericht dadurch spiegelbildlich von seiner Amtsermittlungspflicht befreit wäre. Denn im Gegensatz zu § 23 Abs. 1 S. 2 BVerfGG knüpfen die §§ 79b FGO, 87b VwGO, 106a SGG überhaupt nur dann negative Rechtsfolgen an die Nichterfüllung der Darlegungslast, wenn die strikten Voraussetzungen des Abs. 3 der zitierten Normen im Einzelfall erfüllt sind.

Weiter (gemäß Abs. 2 der zitierten Normen) kann das Gericht *sämtlichen Beteiligten* unter Fristsetzung aufgeben, zu *bestimmten* Vorgängen entweder Tatsachen anzugeben oder Beweismittel zu bezeichnen. Zudem kann die Vorlage von Urkunden oder anderen beweglichen Sachen sowie die Übermittlung von elektronischen Dokumenten verlangt werden, soweit die Beteiligten dazu verpflichtet sind. Die Pflicht zur Vorlage von Urkunden und Sachen kann sich auch im Ver-

---

[1258] Vgl. zu dem parallel gelagerten Meinungsstreit über die Anwendung des § 87b VwGO in Normenkontrollverfahren vor dem OVG (im Ergebnis wie hier) *Peters/Müller*, in: Sodan/Ziekow, VwGO, § 87b Rn. 6 ff.; ebenso *Ortloff/Riese*, in: Schoch/Schneider/Bier, VwGO, § 87b Rn. 19 (Stand: Februar 2007); m.w.N. zur Gegenansicht auch *Brink/Fertig*, in: Posser/Wolff, VwGO, § 87b Rn. 1.

[1259] Vgl. die Nachweise in Fn. 1254.

[1260] Vgl. dazu instruktiv (obschon zum Verwaltungsprozess) *Peters/Müller*, in: Sodan/Ziekow, VwGO, § 87b Rn. 12 ff.; s. auch *Ortloff/Riese*, in: Schoch/Schneider/Bier, VwGO, § 87b Rn. 21 (Stand: Februar 2007).

fassungsprozess z. B. aus § 99 VwGO oder §§ 98 VwGO i.V.m. § 421 ZPO ergeben.[1261]

Sonach lässt sich mittels richterlicher Anordnung insbesondere auch die Darlegung von Tatsachen, die nicht der Sphäre des Beteiligten zuzuordnen sind und
deren Kenntnis dem Beteiligten damit möglicherweise einen gewissen Ermittlungsaufwand abverlangt, erreichen. Insoweit geht die potentielle Mitwirkungslast aufgrund Anordnung deutlich über die allgemeine Mitwirkungslast im Verfassungsprozess hinaus. Dies erweist sich deshalb als grundsätzlich rechtmäßig,
da sämtliche (Ermittlungs-)Lasten hiernach im Gegensatz zur allgemeinen Mitwirkungslast nur punktuell und durch ausdrückliche richterliche Anordnung im
Einzelfall begründet werden. Zudem gilt es zu beachten, dass jedwede Anordnung ins Leere geht und somit die Präklusionswirkung von vornherein nicht auslösen kann, wenn sie für den Adressaten nicht *erfüllbar* ist; dies ist gerade dann
der Fall, wenn selbiger die angeforderten Tatsachen nicht kennt und sich davon
auch nicht in zumutbarer Weise, sprich ohne größere Schwierigkeiten, Kenntnis
verschaffen kann.[1262] Ausgeschlossen ist damit insbesondere die Übertragung
von „Ermittlungspflichten" betreffend legislative Tatsachen auf den Bürger.

c) Fristsetzung

Die Bestimmung der Frist liegt im Ermessen des Vorsitzenden bzw. des Berichterstatters des erkennenden Senats, wobei deren Länge freilich angemessen
sein muss; das heißt, die betroffene Partei muss auch unter Geltung der Präklusionsvorschrift ausreichend Gelegenheit erhalten, sich in den für sie wichtigen
Punkten zur Sache zu äußern.[1263] Bei der Ausübung ihres Ermessens haben die
Richter insofern zum einen zu berücksichtigen, wie eilbedürftig die Angelegen-
heit ist. Zum anderen müssen der Schwierigkeitsgrad der zu beantwortenden Fragen und ggf. die prognostizierte Zeit des Meinungsbildungs- und Entscheidungs-
prozesses innerhalb betroffener Kollegialorgane einkalkuliert werden.[1264] Auf

---

[1261] §§ 79b Abs. 2 FGO, 87b Abs. 2 VwGO, 106a Abs. 2 SGG enthalten dagegen
selbst keine materielle Befugnis, die Vorlage von Urkunden oder Sachen zu verlangen.
So statt aller zum Verwaltungsprozess *Peters/Müller*, in: Sodan/Ziekow, VwGO, § 87b
Rn. 18 ff., m.w.N.

[1262] So überzeugend zur VwGO *Peters/Müller*, in: Sodan/Ziekow, VwGO, § 87b
Rn. 14; vgl. auch *Jacob*, in: Gärditz, VwGO, § 87 b Rn. 13; *Schenke*, in: Kopp/ders.,
VwGO, § 87 b Rn. 3. Freilich müssen sämtliche Anordnungen des Gerichts ihrem In-
halt nach auch hinreichend bestimmt sein, um Mitwirkungslasten auslösen zu können.
Der Adressat der Anordnung muss danach erkennen können, welche Tatsachen er zur
Erfüllung der gerichtlichen Auflage mitteilen muss bzw. welche Gegenstände er vorzu-
legen hat; vgl. auch *Schübel-Pfister*, in: Eyermann, VwGO, § 87b Rn. 7.

[1263] St. Rspr. des Bundesverfassungsgerichts (obschon zum fachgerichtlichen Verfahren), vgl. nur BVerfGE 36, 92 (97 f.); 55, 72 (94); 69, 145 (149); 81, 264 (273).

[1264] Vgl. – wenngleich zur Fristsetzung nach § 23 Abs. 2 BVerfGG – *von Coelln*, in:
Maunz u. a., § 23 Rn. 68 f. (Stand: Mai 2009).

Antrag des Adressaten kann die Frist durch den Vorsitzenden oder den Berichterstatter verlängert werden.[1265]

d) Belehrung

Eine Zurückweisung von verspätetem Vorbringen ist nur zulässig, wenn der Betroffene über diese Möglichkeit belehrt wurde (vgl. nur § 87b Abs. 3 S. 1 Nr. 3 VwGO). Die Belehrung muss aus sich heraus verständlich sein und grundsätzlich zusammen mit der Anordnung erfolgen.[1266]

e) Rechtsfolge der Säumnis

Verfristetes Vorbringen eines Beteiligten kann das Verfassungsgericht nur zurückweisen, sofern 1. gerade durch die Zulassung des Vorbringens nach der freien Überzeugung des Gerichts die Erledigung des Rechtsstreits verzögert würde. Dies folgt bereits aus dem Telos der Präklusion, die Gerichtsentscheidung zu beschleunigen.[1267]

Ferner muss der Beteiligte 2. die Verspätung nicht oder nicht genügend entschuldigt haben und 3. vorab über die Folgen einer Fristversäumung belehrt worden sein. Das Verschulden des Beteiligten ist insofern schon unter dem Gesichtspunkt des rechtlichen Gehörs (Art. 103 Abs. 1 GG) zwingende Voraussetzung, um jenen mit seinem Vorbringen auszuschließen.

Da die Präklusion außerdem ihren Sinn verfehlt, wenn der Sachverhalt ohne Mitwirkung des Beteiligten leicht aufzuklären ist, setzt selbige ferner voraus, dass 4. die Sachverhaltsermittlung dem Gericht nicht mit nur geringem Aufwand möglich ist.

Liegen die genannten Voraussetzungen vor, hat das Gericht im Rahmen seines pflichtgemäßen Ermessens[1268] über den Eintritt der Präklusionsfolge zu befinden. Da die §§ 79b FGO, 87b VwGO, 106a SGG als Ausnahmetatbestände ob ihrer einschneidenden Wirkung grundsätzlich eng auszulegen sind, ist freilich auch ein strenger Maßstab hinsichtlich der Frage der Anwendung der Präklusionsmöglichkeit im Einzelfall anzulegen.[1269]

[1265] Zu § 87b VwGO *Peters/Müller*, in: Sodan/Ziekow, VwGO, § 87b Rn. 17.

[1266] Weiterführend dazu *Schübel-Pfister*, in: Eyermann, VwGO, § 87b Rn. 9.

[1267] Die Präklusion würde ihren Sinn schlicht nicht erfüllen, wenn sie den Entscheidungszeitpunkt nicht beeinflusst; so bereits treffend *Ortloff/Riese*, in: Schoch/Schneider/Bier, VwGO, § 87b Rn. 37 (Stand: Februar 2007).

[1268] S. weiterführend zu dem im Verwaltungsprozessrecht schwelenden Meinungsstreit darüber, ob das richterliche Ermessen nach § 87b Abs. 3 VwGO intendiert ist, statt aller *Ortloff/Riese*, in: Schoch/Schneider/Bier, VwGO, § 87b Rn. 44 (Stand: Februar 2007). Das Verfassungsprozessrecht kennt schon die Figur des intendierten Ermessens nicht.

[1269] So zu § 87b VwGO *Schübel-Pfister*, in: Eyermann, VwGO, § 87b Rn. 3.

Grundsätzlich wird das Gericht eine einzelfallbezogene Abwägung zwischen dem Interesse an einer tatsächlich und rechtlich richtigen Entscheidung sowie der Beschleunigung des Verfahrens vorzunehmen haben.[1270] Dabei muss neben dem Verhältnismäßigkeitsgrundsatz auch und vor allem der jeweilige Verfahrenszweck respektive das insofern bestehende Interesse an der Sachaufklärung besondere Berücksichtigung finden. Das allgemeine Interesse an der erschöpfenden und eventuell zeitaufwendigen Feststellung der Verfassungsmäßigkeit bzw. Verfassungswidrigkeit des angegriffenen Rechtsaktes wird das Beschleunigungsinteresse insofern gerade in Verfahren, die über den Individualrechtsschutz hinausweisen, wie etwa in Fällen prinzipaler oder inzidenter Normenkontrolle, regelmäßig überwiegen.[1271]

Tritt die Rechtsfolge der *innerprozessualen Präklusion* ein, behandelt das Verfassungsgericht diejenigen Umstände (Tatsachen oder Beweismittel), die es als verspätet zurückweist, ohne amtswegige Ermittlung als nicht existent.[1272] Es darf den konkreten Fall in Bezug auf den präkludierten Vortrag respektive auf *bestimmte* an sich erhebliche Vorgänge mithin allein auf Grundlage der bis zum Ablauf der Fristsetzung gewonnenen Erkenntnisse entscheiden. Soweit das Gericht die Beteiligten hinsichtlich eines bestimmten Vorgangs zur Angabe von *Tatsachen* angehalten hat, bedeutet dies, dass auch an sich *entscheidungserhebliche* Tatsachen im Prozess letztlich gänzlich unberücksichtigt bleiben können. Die analoge Anwendung der § 87 b VwGO, § 106 a SGG und § 79 b FGO begrenzt damit unmittelbar die Amtsermittlungspflicht des Verfassungsgerichts.

f) Umsetzbarkeit und praktisches Bedürfnis bezüglich der vorstehenden Regeln im Verfassungsprozess

Bisher sind in der Rechtsprechung des Verfassungsgerichts keine Ansätze erkennbar, die auf die Geltung innerprozessualer Präklusionsvorschriften im Verfassungsprozessrecht hindeuten. Die in den bisherigen verfassungsgerichtlichen Entscheidungen postulierten Mitwirkungslasten der Beteiligten bei der Sachaufklärung wurden soweit ersichtlich weder durch konkrete richterliche Anordnung begründet noch führte ihre Nichterfüllung ausdrücklich zu einer Präklusion. Die analoge Anwendung der §§ 79b FGO, 87b VwGO, 106a SGG lässt sich sonach allenfalls *de lege ferenda* – dies aber durchaus auch im Wege richterlicher Rechtsfortbildung durch das Verfassungsgericht selbst – einführen. Nach der hier vertretenen Auffassung ist dies sowohl verfassungsrechtlich zulässig als auch praktisch wünschenswert.

[1270] Entsprechung für den Verwaltungsprozess *Peters/Müller,* in: Sodan/Ziekow, VwGO, § 87b Rn. 39.

[1271] Vgl. für einen ähnlichen Ansatz aus verwaltungsprozessualer Sicht *Peters/Müller,* in: Sodan/Ziekow, VwGO, § 87b Rn. 8.

[1272] Vgl. etwa *Jacob,* in: Gärditz, VwGO, § 87b Rn. 20; *Peters/Müller,* in: Sodan/Ziekow, VwGO, § 87b Rn. 5.

Zwar schränkte die Präklusionsmöglichkeit neben dem Recht auf Gehör und dem Untersuchungsgrundsatz auch die im Verfassungsprozess an sich geltende Dispositionsmaxime ein – erlaubte jene dem Verfassungsgericht doch, mit seinen Ermittlungen hinter dem *antragsgemäßen* Verfahrensgegenstand zurückzubleiben.[1273] Allerdings erscheint dies sowohl zugunsten der Beschleunigung und Konzentration des Verfahrens als auch der Wahrung der Funktionsfähigkeit der gerichtlichen Kontrolle als solches gerechtfertigt, solange die konkreten Voraussetzungen der Präklusionsnormen gewahrt werden.[1274]

Dabei hat die analoge Anwendung der §§ 79b FGO, 87b VwGO, 106a SGG den Vorteil, dass sie die Befugnis des Bundesverfassungsgerichts zu einzelfallorientierter Verfahrensgestaltung erweitert und zugleich Rechtsklarheit schafft. So kommen jene Normen dem Bedürfnis des Gerichts nach, den Beteiligten *im konkreten Fall* noch über die allgemeinen Mitwirkungslasten hinaus bestimmte „Aufklärungslasten" in Bezug auf den entscheidungserheblichen Sachverhalt zu übertragen, ohne die richterliche Amtsermittlungspflicht „grundsätzlich" preiszugeben. Zugleich lässt sich durch die (abschließende) Anerkennung der zitierten innerprozessualen Präklusionsvorschriften den in Zusammenhang mit der allgemeinen Mitwirkungslast im Verfassungsprozess beschriebenen Gefahren einer willkürlichen Verfahrensgestaltung durch das Verfassungsgericht begegnen.[1275]

B. Mitwirkungslasten des vorlegenden Gerichts

Neben den förmlichen Verfahrensbeteiligten lässt sich in den sog. *Vorlageverfahren* auch das vorlegende Gericht in Bezug auf die Ermittlung des entscheidungserheblichen Sachverhalts als in gewisser Weise „mitwirkungsbelastet" begreifen. So betont das Bundesverfassungsgericht namentlich betreffend die konkrete Normenkontrolle in ständiger Rechtsprechung die Aufgabe der Fachgerichte, den Tatsachenstoff hinreichend aufzubereiten.[1276] Auch hier gilt es indes,

---

[1273] Vgl. zur Dispositionsmaxime oben S. 101 f., zum Untersuchungsgrundsatz S. 103 ff., zum rechtlichen Gehör S. 112 ff.

[1274] S. dazu aus dem Verwaltungsprozessrecht *Jacob,* in: Gärditz, VwGO, § 87b Rn. 20. Vgl. zum Beschleunigungsgrundsatz auch oben S. 127 f.

[1275] I. Ü. könnte über die Präklusionsmöglichkeit wohl auch eine „Fixierung und damit Beherrschbarkeit des Prozessstoffes" erreicht werden, was in den nicht selten umfangreichen und komplexen Verfassungsprozessen durchaus sinnvoll sein mag (aus eben diesem Grund befürwortet denn auch *Rennert,* in: DJT 2016, Bd. II/1, N 127 [N 141 ff.], eine Verschärfung der innerprozessualen Präklusionsmöglichkeiten im Verwaltungsprozess). Ohne Präklusionsmöglichkeit gilt im Verfassungsprozessrecht grundsätzlich, dass eine zulässige Rüge während des Verfahrens in rechtlicher und tatsächlicher Hinsicht ergänzt (nicht hingegen gänzlich neuer Sachverhalt eingeführt) werden kann, vgl. früh BVerfGE 18, 85 (89); dazu etwa auch *Magen,* in: U/C/D, § 92 Rn. 62.

[1276] S. statt aller die bereits auf S. 106 f. behandelte Entscheidung des Bundesverfassungsgerichts aus dem Jahre 1963, BVerfGE 17, 135 (138 f.); sowie E 18, 186 (192); 50, 108 (113); 86, 52 (57); BVerfG, NVwZ-RR 2016, 841 (841 f.), jew. m.w.N. Vgl. auch *Leibholz/Rupprecht,* BVerfGG, § 80 Anm. 21, die diesbezüglich von einer „Subsi-

zwischen den Mitwirkungslasten, die die Begründung der Vorlage selbst betreffen, und solchen, die unmittelbar bei der Sachaufklärung des Verfassungsgerichts ansetzen, zu unterscheiden. Darüber hinaus muss dabei stets zwischen der Tatsachengrundlage der fachgerichtlichen Entscheidung einerseits und der Tatsachengrundlage der verfassungsgerichtlichen Entscheidung im Vorlageverfahren andererseits differenziert werden – diesen Umstand macht gerade die Rechtsprechung nicht immer hinreichend deutlich.[1277] Nur in Bezug auf letztere Tatsachengrundlage ließe sich von einer echten „Mitwirkungslast" des Vorlagegerichts im Verfassungsprozess sprechen, ist die Ermittlung ersterer doch bereits dessen originäre Aufgabe (bzw. originäre Aufgabe der fachgerichtlichen Tatsacheninstanz).

I. Vorlagebegründungslast (§ 80 Abs. 2 S. 1 BVerfGG)

§ 80 Abs. 2 S. 1 (ggf. i.V.m. § 84 bzw. § 86 Abs. 2) BVerfGG schreibt die Begründung der Vorlage durch das Fachgericht vor und verlangt dabei – substantiierte – Angaben, inwiefern die Entscheidung des vorlegenden Gerichts von der Gültigkeit der Rechtsvorschrift abhängt und mit welcher übergeordneten Rechtsnorm sie unvereinbar ist („Vorlagebegründungslast").[1278] Dadurch soll das vorlegende Gericht veranlasst werden, die mit dem Vorlagegegenstand verbundenen Rechtsfragen sorgfältig zu durchdenken; unnötige Vorlagen sollen so vermieden, die Arbeit des Bundesverfassungsgerichts erleichtert und entlastet werden.[1279] Zu diesem Zweck muss jenes Gericht insbesondere „die für seine Überzeugung maßgeblichen Erwägungen nachvollziehbar darlegen und sich dabei jedenfalls mit naheliegenden (tatsächlichen und rechtlichen) Gesichtspunkten auseinandersetzen"[1280]. Folglich hat das Vorlagegericht in den Gründen seines Vorlagebeschlusses im Allgemeinen auch die – für beide Verfahren – entscheidungserheblichen *Tatsachen* darzustellen. Dabei gelten die Anforderungen an die Begründung als grundsätzlich hoch und scheitern Vorlagebeschlüsse tatsächlich nicht selten an dem Begründungserfordernis des § 80 Abs. 2 BVerfGG.[1281]

---

diarität der Vorlageberechtigung gegenüber der [fach-]gerichtlichen Ermittlungspflicht" sprechen.

[1277] Vgl. dazu auch *Ulsamer/Müller-Terpitz,* in: Maunz u.a., § 81 Rn. 17 ff. (Stand: Januar 2017). Zu den verschiedenen Tatsachengrundlagen bereits oben, insb. S. 76 f.; zur ungenügenden Darstellung in der Rechtsprechung sogleich im Text.

[1278] H.M., vgl. statt aller BVerfGE 65, 308 (314); 76, 100 (104); 86, 52 (57); 92, 277 (312); 105, 61 (67); BVerfG, NVwZ-RR 2016, 841 (841 f.); sowie aus der Lehre *Lechner/Zuck,* § 80 Rn. 33.

[1279] H.M., s. etwa *Müller-Terpitz,* in: Maunz u.a., § 80 Rn. 238 (Stand: April 2015); BVerfGE 68, 311 (316); 83, 111 (116) (st. Rspr.); vgl. auch bereits E 17, 135 (137 ff.) und die Ausführungen dazu auf S. 106 f.

[1280] BVerfGE 86, 52 (57, Zitat ebd.); vgl. auch E 76, 100 (104); 79, 240 (243 f.); 88, 198 (202); 94, 315 (325); BVerfG, NVwZ-RR 2016, 841 (842).

[1281] Vgl. zum Scheitern von Vorlagebeschlüssen aus eben diesem Grund bereits *Müller-Terpitz,* in: Maunz u.a., § 80 Rn. 240 (Stand: April 2015).

Insofern ist indes weiter zu differenzieren, denn die Begründungslast *variiert* maßgeblich danach, ob es um die Darlegung der Bedeutung (Erheblichkeit) der Vorlagefrage für das Ausgangsverfahren (d. h. den Ausgangssachverhalt) oder der Unvereinbarkeit der fraglichen Norm mit höherrangigem Recht (d. h. den Sachverhalt primär der Normenkontrolle) geht. Anders gewendet kommt es darauf an, ob der darzustellende Sachverhalt primär dem Ausgangs- oder dem Vorlageverfahren zuzuordnen ist. Dieser Umstand wird in Rechtsprechung und Literatur nicht hinreichend deutlich herausgestellt, wenn es schlicht heißt, „der Sachverhalt"[1282] sei darzustellen, „soweit er für die rechtliche Beurteilung wesentlich ist".[1283]

Tatsächlich betrifft die Begründungslast primär den bereits *im fachgerichtlichen Verfahren entscheidungserheblichen* (grundsätzlich konkret-individuellen) *Sachverhalt*. Dieser wird im Vorlageverfahren (nur) aufgrund der Zulässigkeitsvoraussetzung der „Entscheidungserheblichkeit der Vorlagefrage für das Ausgangsverfahren" (Art. 100 Abs. 1 S. 1 GG) relevant. Denn zur Beurteilung der Rechtsfrage, ob das Ausgangsgericht bei Gültigkeit der betreffenden Vorschrift zu einem anderen Ergebnis kommen würde als im Fall ihrer Ungültigkeit, kommt es maßgeblich auf den Streitstoff des Ausgangsverfahrens an (wenngleich dieser hierfür nicht in allen Einzelheiten bekannt sein muss).[1284] Gemäß § 80 Abs. 2 S. 1 BVerfGG hat das vorlegende Gericht daher neben rechtlichen Erwägungen auch den insofern entscheidungserheblichen Sachverhalt (gedrängt[1285]) *darzulegen.*[1286] Indes kann sich das Gericht nicht auf die Darlegung der ihm bereits bekannten Tatumstände beschränken; vielmehr setzt die Begründung der Entscheidungserheblichkeit der Vorlagefrage die vollständige *Aufklärung* aller tatsächlichen Umstände, die für die fachrechtliche Beurteilung Bedeutung erlangen können und damit auch die Entscheidungserheblichkeit der Vorlagefrage beeinflussen, durch das Ausgangsgericht – unter Ausschöpfung sämtlicher ihm verfügbaren prozessualen Mittel – voraus. Solange nämlich die Sachaufklärung im Ausgangsverfahren zu einem Ergebnis führen kann, auf dessen Grundlage sich die Frage der Verfassungswidrigkeit der Bestimmung im Ausgangsverfahren gar nicht stellt, fehlt es in diesem an der Entscheidungserheblichkeit der zu prüfen-

---

[1282] S. exemplarisch BVerfG, NVwZ-RR 2016, 841 (842); missverständlich auch BVerfGE 121, 108 (117): „den entscheidungserheblichen Sachverhalt".

[1283] So indes BVerfGE 25, 213 (216); 34, 257 (259); 37, 328 (333); 68, 311 (316); 70, 219 (228); aus dem Schrifttum etwa *Lechner/Zuck,* § 80 Rn. 33 sowie § 26 Rn. 16; ähnlich *Geißler,* in: Walter/Grünewald, § 80 Rn. 67. Positive Ausnahme bildet *Müller-Terpitz,* in: Maunz u. a., § 80 Rn. 244 ff. (Stand: April 2015).

[1284] Vgl. exemplarisch BVerfGE 35, 303 (306); 37, 328 (334); 65, 308 (315), m.w.N.

[1285] So ausdrücklich etwa BVerfGE 35, 303 (306).

[1286] Der Vortrag überflüssiger Einzelheiten – z.B. zur Höhe einzelner Rechnungsposten – ist dem Bundesverfassungsgericht dabei freilich zu ersparen; dazu *Müller-Terpitz,* in: Maunz u. a., § 80 Rn. 241 (Stand: April 2015), m.w.N. aus der Rspr.

den Norm.[1287] Mithin besteht für das Ausgangsgericht insofern über die Darlegungs- bzw. Vortragslast hinaus auch eine spezifische „Ermittlungslast".

Daneben erweist sich die Amtsermittlung des Verfassungsgerichts nicht nur als faktisch überflüssig, sondern auch unzweckmäßig. In Bezug auf die Entscheidungserheblichkeit der Vorlagefrage respektive den zur Prüfung eben dieser Zulässigkeitsvoraussetzung erheblichen Sachverhalt ist daher rechtlich eine *Ausnahme* vom Amtsermittlungsgrundsatz zuzulassen: Zwar gilt der Amtsermittlungsgrundsatz gemäß § 26 Abs. 1 S. 1 BVerfGG an sich auch im Rahmen der Zulässigkeitsprüfung. Allerdings kann dieser, wie wiederholt dargelegt[1288], eingeschränkt werden und normiert § 80 Abs. 2 S. 1 BVerfGG insofern ausdrücklich die Begründungslast des Ausgangsgerichts. Die Intensität dieser Last, die die Amtsermittlungspflicht des Verfassungsgerichts in Bezug auf die Prüfung der Entscheidungserheblichkeit der Vorlagefrage vollständig suspendiert, rechtfertigt sich darüber hinaus aufgrund der besonderen „Nähe" des Ausgangsgerichts zu jenem Sachverhalt. Eine Ermittlungspflicht des Bundesverfassungsgerichts erwiese sich daneben als nicht sachgerecht (freilich bleibt das Gericht „befugt" zur Ermittlung), zumal der Ausgangssachverhalt als solches für die eigentliche Sachentscheidung des Verfassungsgerichts gerade nicht entscheidungserheblich ist. Das Argument der „Aufgabenverteilung" zwischen dem Ausgangsgericht und dem Verfassungsgericht lässt sich an dieser Stelle[1289] mithin hören:[1290] Obläge die Ermittlung der Entscheidungserheblichkeit der Vorlagefrage in tatsächlicher Hinsicht dem Verfassungsgericht, wäre das Ausgangsgericht letztlich von seiner Aufgabe, den bei ihm anhängigen Rechtsstreit tatsächlich und rechtlich umfassend zu beurteilen, faktisch befreit. So könnte es die Vorlage zum Bundesverfassungsgericht gar dazu missbrauchen, sich eine eigene Beweisaufnahme (im Anwendungsbereich der ja möglicherweise ohnehin verfassungswidrigen Norm) zu ersparen.[1291]

Über die Darlegung des im fachgerichtlichen Verfahren entscheidungserheblichen Sachverhalts hinaus hat das Ausgangsgericht gemäß § 80 Abs. 2 S. 1 BVerfGG zwar auch zur Unvereinbarkeit der fraglichen Norm mit höherrangi-

---

[1287] Vgl. exemplarisch BVerfGE 58, 153 (158 f.); 88, 198 (201); BVerfG, NJW 1995, 772 (772); BVerfG, NStZ 2001, 261 (261); dazu auch *Geißler*, in: Walter/Grünewald, § 80 Rn. 68.

[1288] S. grundsätzlich oben S. 110 ff.

[1289] Anders dagegen in Bezug auf die Frage der „Bindung" des Verfassungsgerichts an Tatsachenfeststellungen anderer Gerichte (s. dazu oben S. 152 ff.).

[1290] S. nur die Nachweise in Fn. 1276. In diesem Sinne auch bereits *Ossenbühl*, in: Festgabe 25 J. BVerfG I, S. 458 (489 f.).

[1291] Zu ähnlichen Fällen kam es gerade in den Anfangsjahren des Vorlageverfahrens, vgl. etwa BVerfGE 11, 330 (334 ff.); 34, 118 (127); deutlich auch BVerfG, NVwZ 1994, 894 (895): „Eine Vorlage ist dagegen nicht zulässig, wenn das vorlegende Gericht sich auf diesem Wege eine Beweisaufnahme ersparen will."

gem Recht vorzutragen. Aus tatsächlicher Sicht sind damit diejenigen, üblicherweise generellen wie zukünftigen, Tatsachen angesprochen, die den gesetzlich geregelten Lebensbereich abbilden. Allerdings verkörpern eben diese Tatsachen primär den *im Normenkontrollverfahren entscheidungserheblichen Sachverhalt*. Insofern steht denn auch das Verfassungsgericht der Ermittlung selbiger Tatsachen letztlich näher als das Ausgangsgericht.[1292] Obschon das Ausgangsgericht die fragliche Norm durchaus selbst auf ihre Verfassungsmäßigkeit hin zu überprüfen hat, ehe es das Bundesverfassungsgericht im Wege des Vorlageverfahrens anrufen darf (Art. 100 Abs. 1 S. 1 GG), respektive sich jenes Gericht grundsätzlich auch mit den *gesetzesrelevanten* Tatsachen zu befassen hat, besitzt das Ausgangsgericht diesbezüglich keinen Rechtsprechungsauftrag. Allein das Verfassungsgericht entscheidet darüber, ob das vorgelegte Gesetz verfassungswidrig ist oder nicht. Dabei wählt es den bei der Gültigkeitsprüfung anzulegenden rechtlichen Maßstab selbst. Letztlich befindet es damit auch über die Frage, welche Tatsachen im Vorlageverfahren überhaupt entscheidungserheblich sind.[1293] Eine Darlegungslast, die sämtliche dieser Tatsachen beträfe, ließe sich mithin seitens des Ausgangsgerichts praktisch nicht erfüllen. Folglich kann dieses überhaupt nur dazu verpflichtet sein, diejenigen „legislativen" Tatsachen darzulegen, die *nach seiner Auffassung* für die Beurteilung der Gültigkeitsfrage entscheidungserheblich sind.[1294] Auch insofern sind die Anforderungen an die Darlegung indes zu reduzieren. So erscheint es nicht sachgerecht, dem Ausgangsgericht vor Anrufung des Verfassungsgerichts (unter Umständen aufwendige) eigene Ermittlungen hinsichtlich jener gesetzesrelevanten Tatsachen abzuverlangen. Schließlich sind selbige Tatsachen im Ausgangsverfahren an sich gar nicht – bzw. nur mittelbar ob der möglichen Verfassungswidrigkeit des anzuwendenden einfachen Gesetzes – entscheidungserheblich. Auch ist das Ausgangsgericht weder „nach seiner Stellung im Aufbau der Gerichte gerade dazu berufen" noch verfügt es nach der Rechtsordnung über die besseren prozessualen Mittel als das Bundesverfassungsgericht, um jene Tatsachen festzustellen – vielmehr mag das Gegenteil der Fall sein.[1295] Somit kann die Darlegung von Tatsachen betreffend die Beurteilung der

---

[1292] So auch deutlich *Schick,* NJW 1965, 730 (731 f.).

[1293] Vgl. dazu schon *Ulsamer/Müller-Terpitz,* in: Maunz u. a., § 81 Rn. 19 (Stand: Januar 2017).

[1294] Insofern noch vertretbar BVerfG, NVwZ-RR 2016, 841 (842): „Bei der Annahme eines Gleichheitsverstoßes gehört zur erschöpfenden Begründung durch das vorlegende Gericht auch die eindeutige Bezeichnung der Sachverhalte oder Personengruppen, die *aus Sicht des Gerichts* miteinander verglichen werden können und zu Unrecht ungleich behandelt werden." (Kursivsetzung durch Verf.).

[1295] Nicht überzeugend insofern noch BVerfGE 17, 135 (138 f., Zitat ebd.); 18, 186 (192); s. dazu sogleich im Text. Wie hier *Ossenbühl,* in: 25 J. BVerfG I, S. 458 (490), der bemerkt, „die vorlegenden Fachgerichte, zu denen schließlich auch jedes Amtsgericht gehör[e], [seien] aufgrund ihrer Prozessordnungen und institutionellen Möglichkeiten für die Ermittlung von legislative facts [gar] nicht gerüstet"; ähnlich *Schick,* NJW 1965, 730 (731 f.).

Gültigkeitsfrage vom Ausgangsgericht nur insoweit verlangt werden, als dieses bereits Kenntnis von den Tatsachen hat oder selbige unschwer festgestellt werden können[1296].[1297] Im Ergebnis verbleibt es hier also bei der Amtsermittlungspflicht des Verfassungsgerichts gemäß § 26 Abs. 1 S. 1 BVerfGG und scheidet jedenfalls eine *Ermittlungs*last des Ausgangsgerichts im Wesentlichen aus.

Mit dieser Auffassung lässt sich wohl auch die *Rechtsprechung des Bundesverfassungsgerichts* vereinbaren, nach der die Begründungslast des Ausgangsgerichts in Bezug auf die Gültigkeitsfrage darin bestehen soll, „naheliegende" tatsächliche Gesichtspunkte darzulegen.[1298] Zwar hatte das Verfassungsgericht in zwei frühen Entscheidungen postuliert, das vorlegende Gericht habe auch die für die Gültigkeitsfrage relevanten Tatsachen vollständig aufzuklären und darzulegen:[1299] Dies allein entspräche der Aufgabenverteilung zwischen Bundesverfassungsgericht und Fachgericht, wonach letzteres „nach seiner Stellung im Aufbau der Gerichte gerade dazu berufen [sei], die für die Rechtsfindung erheblichen Tatsachen zu ermitteln"; weiter führe es zu einer „Verkehrung der Aufgaben der Gerichte [...], [wolle] das vorlegende Gericht mit allgemeinen Ausführungen dieser seiner Aufgabe ausweichen und sie auf das Bundesverfassungsgericht abwälzen, dem in erster Linie die Klärung verfassungsrechtlicher Fragen, nicht die Ermittlung von Tatsachen aufgegeben [sei]".[1300] Allerdings hat das Bundesverfassungsgericht diese Auffassung, die auch in der Literatur mit Recht abgelehnt wird[1301], seither soweit ersichtlich nicht mehr wiederholt. Vielmehr unterscheidet es mittlerweile selbst, wenngleich nicht immer deutlich, zwischen der Tatsachengrundlage einerseits des Ausgangsverfahrens sowie andererseits der ihm vorge-

---

[1296] Jedenfalls möglich erscheint danach die Feststellung und Würdigung der Gründe, die im Gesetzgebungsverfahren für eine bestimmte gesetzliche Regelung maßgeblich waren, vgl. dazu *Müller-Terpitz,* in: Maunz u.a., § 80 Rn. 247 (Stand: April 2015); sowie exemplarisch BVerfGE 78, 201 (204); 92, 277 (312); BVerfG, NVwZ 1994, 894 (895).

[1297] Ähnlich wohl auch *Müller-Terpitz,* in: Maunz u.a., § 80 Rn. 248 (Stand: April 2015), der jedenfalls eine Ermittlungspflicht des Ausgangsgerichts bezüglich der nach Ansicht des Bundesverfassungsgerichts für die Gültigkeitsfrage relevanten Tatsachen ablehnt und i. Ü. den Vortrag derjenigen Tatsachen, die für die Beurteilung der Gültigkeitsfrage von Bedeutung sein können und über die das Gericht auch verfügt, verlangt (unklar insofern aber Rn. 247: „Auch muss sich [die] Überzeugung [von der Ungültigkeit der Norm] auf eine vollständige oder vollständig ausermittelte Tatsachengrundlage stützen können.").

[1298] S. die Nachweise in Fn. 1280.

[1299] BVerfGE 17, 135 (138 f.); 18, 186 (192). Dazu bereits profund *Ossenbühl,* in: 25 J. BVerfG I, S. 458 (489 f.); ihm folgend *Müller-Terpitz,* in: Maunz u.a., § 80 Rn. 248 (Stand: April 2015).

[1300] BVerfGE 17, 135 (138 f., Zitate ebd.); 18, 186 (192).

[1301] So etwa *Bettermann,* in: 25 J. BVerfG I, S. 323 (358); *Müller-Terpitz,* in: Maunz u.a., § 80 Rn. 248 (Stand: April 2015); *Ossenbühl,* in: 25 J. BVerfG I, S. 458 (489 f.); *Schick,* NJW 1965, 730 (731 f.); *Stern,* AöR 1966, 223 (232).

legten Verfassungsrechtsfrage.[1302] Dabei geht auch das Gericht nunmehr wohl davon aus, dass die Ermittlung und in der Folge die Darlegung der Tatsachenbasis des beim vorlegenden Gericht anhängigen Rechtsstreits allein Sache dieses Gerichts sei, wohingegen die Ermittlung derjenigen Tatsachen, die dem auf seine Gültigkeit zu prüfenden Rechtssatz zugrunde liegen, dem Bundesverfassungsgericht obliege.[1303] Demgemäß legt es an die Darlegung der Unvereinbarkeit der fraglichen Norm mit höherrangigem Recht denn auch einen weniger strengen Maßstab an, als an diejenige der Entscheidungserheblichkeit der Vorlagefrage für das Ausgangsverfahren.[1304]

Hinsichtlich der *Rechtsfolge* der Nicht- bzw. Schlechterfüllung der „Vorlagebegründungslast" des vorlegenden Gerichts lässt sich insgesamt feststellen, dass diese zur *Unzulässigkeit* der konkreten Vorlage führt. Insofern gleicht die Regelung in ihrer Rechtsfolge der Antragsbegründungslast, die in den übrigen Verfahren gemäß § 23 Abs. 1 S. 2 BVerfGG (ggf. i.V.m. den Spezialvorschriften) den Antragsteller trifft. Oben Gesagtes gilt mithin entsprechend,[1305] wobei die Auswirkungen jener Last auf die Amtsermittlungspflicht des Verfassungsgerichts in Vorlageverfahren wie dargelegt weitreichender sind, soweit es um die Darlegung des Ausgangssachverhalts durch das vorlegende Gericht geht. Diesbezüglich entfällt die verfassungsgerichtliche Pflicht (nicht hingegen die Befugnis) zur Amtsermittlung vollständig. Dagegen sind die Auswirkungen der Vorlagebegrün-

---

[1302] Zu dieser Einschätzung gelangte bereits *Ossenbühl,* in: 25 J. BVerfG I, S. 458 (490); ebenso aus jüngerer Zeit *Müller-Terpitz,* in: Maunz u.a., § 80 Rn. 248 (Stand: April 2015). Vgl. insofern exemplarisch BVerfGE 121, 108 (118): Wenn das Verfassungsgericht hier davon spricht, das vorlegende Gericht habe „den Sachverhalt, soweit er für die rechtliche Beurteilung wesentlich ist, [...] erschöpfend dargelegt", bezieht es sich tatsächlich nur auf den Streitstoff im Ausgangsverfahren (so heißt es denn abschließend weiter: „In tatsächlicher Hinsicht teilt der Vorlagebeschluss mit, wie hoch die streitgegenständliche Spende und die Steuerbelastung im Einzelfall sind. Es bestehen keine Zweifel daran, dass die Klägerin des Ausgangsverfahrens eine kommunale Wählervereinigung ist, sich an der letzten Kommunalwahl beteiligt hat und beabsichtigt, dies auch bei künftigen Wahlen zu tun."). Mangels Differenzierung zwischen den beiden „Tatsachenbereichen" meinen *Brink,* in: Linien, S. 3 (14 f.), – und ihm folgend *Lechner/Zuck,* § 26 Rn. 16 – dagegen, das Gericht habe seine frühe Linie „ungebrochen" fortgeführt; in der von *Brink,* a.a.O., Fn. 87, in Bezug genommenen Entscheidung BVerfGE 79, 256 (264 f.), geht es indes tatsächlich nur um die Begründung der Entscheidungserheblichkeit der Vorlagefrage (in dem seitens *Brink* zitierten Beschluss des BVerfG, NVwZ 1994, 894 [895 f.], verlangte dieses i.Ü. ausschließlich gewisse Ermittlungen des vorlegenden Gerichts zur Entstehungsgeschichte des fraglichen Gesetzes; dies ist nach obigen Ausführungen unbedenklich, vgl. dazu insb. die Nachweise in Fn. 1296).

[1303] Diese Auffassung vertreten im Schrifttum etwa auch *Müller-Terpitz,* in: Maunz u.a., § 80 Rn. 248 (Stand: April 2015); *Ossenbühl,* in: 25 J. BVerfG I, S. 458 (489 f.); *Ulsamer/Müller-Terpitz,* in: Maunz u.a., § 81 Rn. 17 ff. (Stand: Januar 2017).

[1304] So auch die Einschätzung von *Müller-Terpitz,* in: Maunz u.a., § 80 Rn. 244 (Stand: April 2015).

[1305] S. oben S. 216 ff.

dungslast auf den Amtsermittlungsgrundsatz gering bezüglich der primär im Vorlageverfahren entscheidungserheblichen „legislativen" Tatsachen, die (bei Zulässigkeit der Vorlage) gemäß § 26 Abs. 1 S. 1 BVerfGG stets auch verfassungsgerichtlich zu ermitteln sind.

II. Mitwirkungslasten unmittelbar betreffend die Sachaufklärung des Bundesverfassungsgerichts?

Über die Vorlagebegründung hinaus kennt das Verfassungsprozessrecht keine Mitwirkungslasten der Fachgerichte im Vorlageverfahren. Entsprechende Lasten können auch nicht mittels analoger Anwendung der Fachprozessordnungen begründet werden. Hiergegen spricht bereits die besondere Rolle des vorlegenden Gerichts, das gerade kein Verfahrensbeteiligter ist und überdies kein eigenes Interesse an der Feststellung bestimmter Tatsachen hat. Auch sind über die im Rahmen der Vorlagebegründung dargelegten Tatsachen hinaus keine weiteren Sachkenntnisse des Fachgerichts zu erwarten. Der Ausgangssachverhalt, dem das Fachgericht näher steht als das Verfassungsgericht, wird überhaupt nur im Rahmen der Zulässigkeitsprüfung relevant, sodass sich auch nicht etwa aus eben dieser „Nähe" eine Mitwirkungslast auf Ebene der Sachprüfung herleiten lässt. Zudem erwiese sich das Rechtsfolgensystem im Falle der Nicht- oder Schlechterfüllung von Mitwirkungslasten bei der richterlichen Sachaufklärung[1306] als nicht sachgerecht in Bezug auf entsprechende Obliegenheiten eines anderen Gerichts. Vielmehr verbietet es sich schon aus Rechtsschutzgesichtspunkten, negative Beweisfolgen – gleich welcher Natur – an die unterbliebene Mitwirkung (Sachaufklärung) eines Gerichts zu knüpfen.

Nicht zu verwechseln sind die genannten Mitwirkungslasten der Fachgerichte in Vorlageverfahren im Übrigen mit gewissen (missverständlich bezeichneten) „formellen Darlegungsanforderungen" bzw. „Darlegungspflichten"[1307], die das Bundesverfassungsgericht hinsichtlich der fachgerichtlichen *Entscheidungsgründe* postuliert. Diese Anforderungen werden vor allem in *Urteilsverfassungsbeschwerdeverfahren* relevant und stellen den materiellen Prüfungsmaßstab des Verfassungsgerichts dar.[1308] Sofern die genannten „formellen Darlegungsanforderungen" seitens des urteilenden Fachgerichts nicht erfüllt werden – ob dies der

---

[1306] S. dazu allg. S. 222 f.

[1307] BVerfG, NVwZ 2018, 1563 (1563 f.); BVerfG, Beschl. v. 25.02.2019 – 2 BvR 1193/18 –, juris Rn. 18.

[1308] So verlangt das Verfassungsgericht etwa in Asylsachen, dass sich „[a]us den Entscheidungsgründen [des Fachgerichts] klar ergeben [müsse], weshalb das Gericht zu einem Urteil nach § 78 I AsylG kommt, warum somit die Klage nicht nur als schlicht unbegründet, sondern als offensichtlich unbegründet abgewiesen worden ist"; durch diese „Darlegungspflicht" werde die Gewähr für die materielle Richtigkeit der Entscheidung verstärkt; vgl. nur BVerfG NVwZ 2018, 1563 (1563; Zitat ebd.), m.w.N. Dazu etwa *Schenk*, NVwZ 2018, 1763 (1763).

Fall ist, ist verfassungsgerichtlich zu prüfen, die fraglichen Entscheidungsgründe stellen hier den entscheidungserheblichen Sachverhalt dar –, verletzt das angefochtene Urteil die Rechte des Beschwerdeführers[1309]. Die Urteilsverfassungsbeschwerde ist also begründet. Hierbei handelt es sich mithin nicht um prozessuale Mitwirkungslasten in Bezug auf die Sachaufklärung durch das Verfassungsgericht. Aus beweisrechtlicher Sicht kommt den genannten „formellen Darlegungsanforderungen" keine Bedeutung zu. Wenig glücklich ist freilich, dass die verschiedenen Arten von Darlegungslasten insofern begrifflich nicht sauber voneinander abgegrenzt werden.

Im Ergebnis bestehen (prozessuale) Mitwirkungslasten der vorlegenden Gerichte nur, soweit es um die Frage des Zugangs zum Bundesverfassungsgericht im Wege des Vorlageverfahrens geht; nicht jedoch ist das Fachgericht auch noch nach Bejahung der Zuständigkeit des Verfassungsgerichts an der Sachaufklärung beteiligt.

C. Mitwirkungslasten des Gesetzgebers

I. Ungeachtet der Verfahrensstellung des Gesetzgebers bestehende Mitwirkungslasten betreffend die richterliche Sachaufklärung im Verfassungsprozess

In (prinzipalen wie inzidenten) Normenkontrollverfahren könnte neben den bereits genannten Mitwirkungslasten etwaiger Verfahrensbeteiligter bzw. des ggf. vorlegenden Gerichts die grundsätzliche Obliegenheit des Gesetzgebers bestehen, bei der Feststellung derjenigen Tatsachen mitzuwirken, die der fraglichen Norm „zugrunde liegen" respektive die für die Beurteilung der Verfassungsmäßigkeit der Norm relevant werden. Gemeint ist hier nicht der Gesetzgeber i. e. S., das heißt das Parlament, sondern der Gesetzgeber in einem weiteren Sinne, also alle am Gesetzgebungsverfahren beteiligten Organe, einschließlich der Bundesregierung, soweit diese von ihrem Initiativrecht Gebrauch gemacht hat.

Nach dem Ergebnis der bisherigen Untersuchung bestehen für den Gesetzgeber bereits dann gewisse Mitwirkungslasten bei der richterlichen Sachaufklärung, wenn er an dem jeweiligen Verfahren förmlich beteiligt ist.[1310] Diese Fallgruppe erweist sich indes als praktisch irrelevant – und damit insbesondere unzureichend, um das rechtliche Bedürfnis nach vollständiger und zügiger Sachaufklärung im Prozess auch in tatsächlich komplexen Normenkontrollverfahren zu erfüllen –, da die förmliche Beteiligung des Gesetzgebers gerade in prinzipalen Normenkontrollverfahren gesetzlich von vornherein ausgeschlossen ist und auch

---

[1309] In BVerfG, NVwZ 2018, 1563 (1563 f.): Art. 19 Abs. 4 S. 1 i. V. m. Art. 2 Abs. 2 S. 1 GG.

[1310] S. dazu oben S. 222 ff.

im Übrigen mangels wesentlicher verfahrensrechtlicher Vorteile praktisch die Ausnahme bleibt.[1311]

Es stellt sich danach die Frage, ob für den Gesetzgeber entsprechende, die Aufklärungspflicht des Verfassungsgerichts gemäß § 26 Abs. 1 S. 1 BVerfGG lockernde Mitwirkungslasten ganz grundsätzlich respektive unabhängig von seiner förmlichen Stellung im Verfahren gelten.

Mangels ausdrücklicher gesetzlicher Regelung kommt insofern abermals allein die Statuierung entsprechender Lasten im Wege des Richterrechts in Betracht. Ein Rückgriff auf das Prozessrecht der Fachgerichte scheidet dabei weitestgehend aus, da dieses allein den *Verfahrensbeteiligten* ausdrücklich Mitwirkungslasten auferlegt.[1312]

1. Unklare Positionierung des Bundesverfassungsgerichts: Begründungsobliegenheit des Gesetzgebers (auch) im Verfassungsprozess?

Tatsächlich deuten auf das Bestehen einer grundsätzlichen Mitwirkungslast des Gesetzgebers in Normenkontrollverfahren einzelne Entscheidungen des Bundesverfassungsgerichts zumindest hin.[1313] So postulierte etwa der Erste Senat in seiner viel beachteten ersten Hartz-IV-Entscheidung aus dem Jahre 2010 ausdrücklich die „Obliegenheit" des Gesetzgebers zur „Begründung" des im Wege der Normenkontrolle angegriffenen Gesetzes.[1314] In grundsätzlicher Hinsicht erkannte er zunächst: „Zur Ermöglichung [der] verfassungsgerichtlichen Kontrolle besteht für den Gesetzgeber die Obliegenheit, die zur Bestimmung des Existenzminimums im Gesetzgebungsverfahren eingesetzten Methoden und Berechnungsschritte nachvollziehbar offenzulegen. Kommt er ihr nicht hinreichend nach, steht die Ermittlung des Existenzminimums bereits wegen dieser Mängel nicht mehr mit Art. 1 Abs. 1 GG in Verbindung mit Art. 20 Abs. 1 GG in Einklang".[1315] Den konkreten Fall betreffend hieß es sodann weiter: „Damit geprüft werden kann, ob die vom Gesetzgeber getroffenen Wertungen und Entscheidungen der verfas-

---

[1311] Der Gesetzgeber ist im Prozess insb. unabhängig vom Verfahrensbeitritt äußerungsberechtigt (vgl. etwa §§ 77, 82 Abs. 1, 94 Abs. 4 BVerfGG). Vgl. zur mangelnden praktischen Relevanz des Beitritts etwa *Geißler,* in: Walter/Grünewald, § 82 Rn. 6.

[1312] Vgl. auch *Dawin,* in: Schoch/Schneider/Bier, VwGO, § 108 Rn. 77 (Stand: April 2013): „Mitwirkungspflicht aus § 86 Abs. 1 VwGO [setzt] ein bestehendes Prozessrechtsverhältnis voraus."

[1313] In BVerfGE 112, 226 (244), erklärte das Gericht z. B. eine Änderung des Hochschulrahmengesetzes maßgeblich deshalb für nichtig, da sich aus „dem Vorbringen der Bundesregierung im Normenkontrollverfahren [...] die Erforderlichkeit einer bundesgesetzlichen Regelung über die Erhebung von Studiengebühren unter dem Aspekt gleichwertiger Lebensverhältnisse nicht" ergebe; dazu *Augsberg/Augsberg,* VerwArch 2007, 290 (293 ff.).

[1314] BVerfGE 125, 175 (insb. 226).

[1315] BVerfGE 125, 175 (226).

sungsrechtlichen Garantie eines menschenwürdigen Existenzminimums entsprechen, trifft den Normgeber die Obliegenheit, sie nachvollziehbar zu begründen [...]"[1316].

Diese Formulierungen lassen freilich im Mindesten zwei Interpretationsmöglichkeiten zu, welche in der Folge auch die Literatur spalteten:[1317] Erstens kommt in Betracht, dass das Gericht tatsächlich eine *prozessuale* Obliegenheit des Gesetzgebers im Sinne der hiesigen Thematik statuiert hat („*Damit* geprüft werden kann [...], trifft den Normgeber die Obliegenheit").[1318] Zweitens lässt sich die postulierte Obliegenheit als *materielle* Pflicht des Gesetzgebers zur Gesetzesbegründung, die den Gesetzgeber folglich schon *im Gesetzgebungsverfahren* trifft, bzw. als materielle Pflicht zu einem prozedural optimierten Gesetzgebungsverfahren deuten („Kommt [der Gesetzgeber seiner Obliegenheit] nicht hinreichend nach, steht die Ermittlung des Existenzminimums *bereits wegen dieser Mängel nicht mehr mit Art. 1 Abs. 1 GG in Verbindung mit Art. 20 Abs. 1 GG in Einklang*"). Hiervon geht – obschon mit unterschiedlichen Schattierungen und im Ergebnis überwiegend kritisch – die herrschende Meinung aus.[1319] Auch hat sich die zuletzt genannte Deutung offenkundig auf die Rechtsprechung des Zweiten Senats des Bundesverfassungsgerichts „ausgewirkt", welcher in nunmehr ständiger Rechtsprechung bei vergleichbaren materiell-rechtlichen Ausgangslagen, nämlich betreffend die Bezifferung eines (nicht der Höhe, sondern nur dem Grunde nach) verfassungsrechtlich garantierten Anspruchs (etwa der Höhe von Professoren- und Richterbesoldung), eine Begründungspflicht *im Gesetzgebungsverfahren* annimmt. Jüngst erklärte der Zweite Senat dazu ausdrücklich: „Zwar schuldet der Gesetzgeber nach überkommener Auffassung von Verfassungs wegen grundsätzlich nur ein wirksames Gesetz. Da aber das grundrechtsgleiche Recht auf Gewährung einer amtsangemessenen Alimentation keine quantifizierbaren Vorgaben im Sinne einer exakten Besoldungshöhe liefert, bedarf es prozeduraler Sicherungen, damit die verfassungsrechtliche Gestaltungsdirektive des Art. 33 V GG auch tatsächlich eingehalten wird [...]. Nach gefestigter Rechtsprechung des Senats ist der Gesetzgeber daher gehalten, bereits im Gesetzge-

---

[1316] BVerfGE 125, 175 (238).

[1317] Zur Rezeption des Urteils im Schrifttum ausführlich und m.w.N. *Sanders/Preisner*, DÖV 2015, 761 ff., die bemerken, „[k]aum eine Entscheidung des Bundesverfassungsgerichts der jüngeren Zeit [habe] so viel Verwirrung ausgelöst und den Ersten Senat zu einer Abfolge von Selbstkorrekturen oder auch nur Klarstellungen gezwungen wie das Hartz-IV-Urteil vom 9.2.2010. Inzwischen scheint sie sogar eine Entwicklung ausgelöst zu haben, die in der Frage der Begründungspflichten im Gesetzgebungsverfahren das Gericht selbst spaltet." (a.a.O., S. 762).

[1318] So profund *Sanders/Preisner*, DÖV 2015, 761 (769 ff.); in diese Richtung auch bereits *Merten*, DÖV 2015, 349 (360). I.Ü. wird diesem Ansatz im Schrifttum indes nicht die nötige Beachtung geschenkt.

[1319] Vgl. nur *Hebeler*, DÖV 2010, 754 (756 f.; 759 ff.); *Wieckhorst*, DÖV 2018, 845 (847 ff.), jew. m.w.N. Zur h.M., ebenfalls m.w.N., ferner *Sanders/Preisner*, DÖV 2015, 761 (763 f.).

bungsverfahren die Fortschreibung der Besoldungshöhe zu begründen. Die Ermittlung und Abwägung der berücksichtigten und berücksichtigungsfähigen Bestimmungsfaktoren für den verfassungsrechtlich gebotenen Umfang der Anpassung der Besoldung müssen sich in einer entsprechenden Darlegung und Begründung im Gesetzgebungsverfahren niederschlagen. Eine bloße Begründbarkeit genügt den verfassungsrechtlichen Anforderungen der Prozeduralisierung nicht."[1320]

Wenngleich hiermit das *ausnahmsweise* Bestehen einer materiellen Begründungspflicht des Gesetzgebers durch das Verfassungsgericht gewissermaßen „zementiert" wurde,[1321] der Blick mithin unweigerlich in Richtung Gesetzgebungsverfahren schweift, bedeutet dies keineswegs, dass dadurch (gewissermaßen im Umkehrschluss) das Bestehen einer prozessualen „Begründungspflicht" des Ersteren in Normenkontrollverfahren ausgeschlossen worden wäre (!). Vielmehr ist selbige in ihrer Natur und Bedeutung völlig unabhängig von einer im Einzelfall anzunehmenden materiellen Begründungspflicht des Gesetzgebers.[1322] Insofern bleibt es insbesondere auch weiterhin möglich, dass der Erste Senat in seinem Hartz-IV Urteil eine solche Pflicht ausdrücklich angenommen hat.

Für die verfassungsgerichtliche Statuierung einer prozessualen Mitwirkungslast durch den Ersten Senat spricht an dieser Stelle sowohl der erwähnte Ausnahmecharakter *materieller* Begründungspflichten – welche verfassungsrechtlich nicht ausdrücklich normiert und im Übrigen dogmatisch nicht fundiert sind[1323] –

[1320] BVerfG, NVwZ 2019, 152 (155), mit Verweis auf BVerfGE 130, 263 (301); s. auch E 139, 64 (126 f.).

[1321] Erstmals begründet hatte der Zweite Senat eine Begründungspflicht des Gesetzgebers im Gesetzgebungsverfahren (betreffend Art. 115 Abs. 1 S. 2 GG a. F.) i. Ü. in BVerfGE 79, 311 (344 ff.): „Erst in dem vorliegenden Verfahren ist deutlich geworden, daß der dem Gesetzgeber bei Art. 115 Abs. 1 Satz 2 Halbs. 2 GG eingeräumte Einschätzungs- und Beurteilungsspielraum der Ergänzung durch eine förmliche Darlegungslast im Gesetzgebungsverfahren bedarf." (a. a. O., S. 345 f.).

[1322] Das bedeutet einerseits Folgendes: Bestünde im Einzelfall sowohl eine materielle als auch prozessuale Begründungspflicht des Gesetzgebers, müsste dieser (materiell) im Gesetzgebungsverfahren z. B. „die Fortschreibung der Besoldungshöhe [...] begründen", und – darüber hinaus – in einem ggf. anschließenden Normenkontrollverfahren (prozessual) die Erfüllung dieser Pflicht (z. B. durch Vorlage der Gesetzesmaterialien an das Gericht) „nachweisen". Andererseits bedeutet die Unabhängigkeit der prozessualen Begründungslast von der materiellen Begründungspflicht des Gesetzgebers, das sich Erstere grundsätzlich auf sämtliche (sprich formelle wie materiell-rechtliche) Voraussetzungen der Verfassungsmäßigkeit des fraglichen Gesetzes im Verfassungsprozess beziehen kann (der Gesetzgeber im Prozess also grundsätzlich zu sämtlichen sein Gesetz stützenden Tatsachen vortragen muss [s. zum genauen Inhalt der gesetzgeberischen Mitwirkungslast sogleich im Text auf S. 269 ff.]).

[1323] Krit. etwa *Hebeler,* DÖV 2010, 754 (759 ff.), der zutreffend anmerkt, es gebe keine explizite verfassungsrechtliche Begründungspflicht und in der Rechtsprechung nur schwache dogmatische Begründungsansätze: „Versucht man die geschilderten Fallgruppen und die dort angenommenen Begründungspflichten des Gesetzgebers zusammenzufassen, so lässt sich feststellen, dass die angeblich den Gesetzgeber treffende Be-

als auch der Blick auf die nachfolgende Rechtsprechung jenes Senats. So bemerkten bereits *Sanders* und *Preisner* mit Recht, dass die Entscheidung des Ersten Senats zum AsylbLG aus 2012[1324], dessen zweite Hartz-IV-Entscheidung aus 2014[1325] sowie sein Urteil zum Betreuungsgeld aus 2015[1326] zeigten, dass die durch den Senat postulierte Obliegenheit prozessualer Natur sei und „keine über Art. 76 GG ff. hinausgehenden Pflichten des Gesetzgebers zur Tatsachenermittlung im Gesetzgebungsverfahren" begründe.[1327] In sämtlichen Entscheidungen machte der Senat deutlich, dass sich seine verfassungsrechtliche Prüfung der gesetzlichen Leistungsbemessung (nur) auf das *Ergebnis* und nicht auf das Gesetzgebungsverfahren bezog.[1328] Im Betreuungsgeldurteil erklärte jener etwa ausdrücklich: „Zwar ist es für sich genommen regelmäßig unschädlich, wenn nicht bereits aus den Gesetzgebungsmaterialien eine das Gesetz verfassungsrechtlich tragende Begründung erkennbar ist. Vielmehr genügt es für die Gesetzgebungskompetenz wie auch für die sonstigen Voraussetzungen der Verfassungsmäßigkeit eines Gesetzes in der Regel, dass deren Vorliegen *im verfassungsgerichtlichen Verfahren erkennbar* wird. Das Grundgesetz schreibt grundsätzlich nicht vor, was, wie und wann genau im Gesetzgebungsverfahren zu begründen ist. Es lässt Raum für Verhandlungen und für den politischen Kompromiss. Entscheidend ist, dass im Ergebnis die Anforderungen des Grundgesetzes nicht verfehlt werden [...]. *Hier haben sich indessen auch im verfassungsgerichtlichen Verfahren keine Gründe ergeben,* welche die Annahme trügen, dass die angegriffenen Regelungen zur Wahrung gleichwertiger Lebensverhältnisse im Bundesgebiet oder zur Wahrung der Rechts- oder der Wirtschaftseinheit erforderlich wären".[1329] Lehnt der Senat danach also eine materielle Begründungspflicht des Gesetzgebers grundsätzlich ab,[1330] spricht Vieles dafür, dass er in seinem ersten Hartz-IV-Urteil von einer *prozessualen* Obliegenheit desselben ausgegangen war. Diese Annahme wird zudem maßgeblich gestützt durch den Umstand, dass das Gericht im Hartz-IV-Urteil auch nachgeschobene Erläuterungen der Bundesregie-

---

gründungspflicht durchweg dogmatisch nicht begründet wird. Es werden lediglich im jeweiligen Sachkontext die jeweiligen verfassungsrechtlichen Maßstäbe wie etwa Art. 1 Abs. 1 i.V.m. Art. 20 Abs. 1 GG, Art. 38 Abs. 1 Satz 1 GG (i.V.m. Art. 28 Abs. 1 Satz 2 GG) oder Art. 28 Abs. 2 GG mit einer verfahrensrechtlichen Komponente dergestalt aufgeladen, dass Gesetze auch zu begründen seien." (S. 759); *Merten,* DÖV 2015, 349 (359 f.); *Sanders/Preisner,* DÖV 2015, 761, 764 f.

[1324] BVerfGE 132, 134.

[1325] BVerfGE 137, 34.

[1326] BVerfGE 140, 65.

[1327] *Sanders/Preisner,* DÖV 2015, 761 (762, 765 f.).

[1328] BVerfGE 132, 134 (162); 137, 34 (72 ff.).

[1329] BVerfGE 140, 65 (79 f.), Kursivsetzung durch Verf.

[1330] Dies machte der Erste Senat in jüngerer Zeit zudem deutlich in seinen Urteilen zur 13. AtG-Novelle in 2016, BVerfGE 143, 246 (insb. 344), und zum Tarifeinheitsgesetz in 2017, BVerfGE 146, 71 (insb. 113 f.); s. zu dieser Entwicklung auch *Wieckhorst,* DÖV 2018, 845 ff.

rung gewürdigt hat.[1331] Dies schließt es schon denklogisch aus, dass mit der erkannten „Obliegenheit" Begründungs- bzw. Offenlegungspflichten im eigentlichen Gesetzgebungsverfahren gemeint waren.[1332]

2. Rechtliche Begründung einer prozessualen Mitwirkungslast

Die danach jedenfalls[1333] vom Ersten Senat angenommene Statuierung prozessualer Begründungslasten des Gesetzgebers überzeugt auch in der Sache und zwar (über die bisher angesprochenen Fälle der Leistungsbemessung hinaus) in sämtlichen Normenkontrollverfahren:

Denn einerseits steht der Gesetzgeber den in Normenkontrollverfahren entscheidungserheblichen Tatsachen nicht nur naturgemäß näher als das Bundesverfassungsgericht, er ist auch politisch wie rechtlich *verantwortlich* für den Erlass *verfassungskonformer* Gesetze (Art. 20 Abs. 3 GG). Mithin muss selbigem – zumindest theoretisch – schon in eigenem Interesse auch an der umfassenden Aufklärung des Sachverhalts gelegen sein. Andererseits sieht sich das Verfassungsgericht gerade in Normenkontrollverfahren komplexen generellen wie zukünftigen Lebenssachverhalten gegenüber, deren Aufklärung regelmäßig umfangreicher und langwieriger Ermittlungsmaßnahmen bedarf. Hinzu kommt, dass sich bereits die Bestimmung der entscheidungserheblichen Tatsachen durch das Gericht in Ansehung nur vager verfassungsrechtlicher Vorgaben für den Gesetzgeber als besonders aufwendig darstellt, zumal der Gesetzgeber wie dargelegt regelmäßig nicht dazu verpflichtet ist, seine Gesetze in tatsächlicher Hinsicht prozedural durch Ermittlungen „abzusichern" oder überhaupt zu rechtfertigen. Unterbleibt danach eine Begründung des Gesetzgebers, ist die Überprüfung der Verfassungsmäßigkeit der gesetzlichen Bestimmung durch das Verfassungsgericht also noch erschwert.[1334] Dabei können die für die Entscheidung erforderlichen Tatsachen

---

[1331] BVerfGE 125, 175 (241).

[1332] So bereits treffend *Sanders/Preisner*, DÖV 2015, 761 (765).

[1333] Auch in der Rspr. des Zweiten Senats finden sich indes Postulate, die auf die Annahme einer prozessualen Mitwirkungslast des Gesetzgebers hindeuten; vgl. die bereits zitierte BVerfGE 112, 226 (244), betreffend das Hochschulrahmengesetz (vgl. dazu Fn. 1313); BVerfGE 120, 82 (115) – Fünf-Prozent-Hürde: „Hinreichende Gründe, die die Beibehaltung der Fünf-Prozent-Sperrklausel zur Sicherung der Funktionsfähigkeit der Kommunalvertretungen in Schleswig-Holstein nach den rechtlichen und tatsächlichen Verhältnissen erforderlich machen, sind nicht ersichtlich. Der Antragsgegner hat solche Gründe weder im Gesetzgebungsverfahren *noch im Verfahren vor dem Bundesverfassungsgericht deutlich gemacht.*" (Kursivsetzung durch Verf.).

[1334] Vgl. dazu *Hebeler*, DÖV 2010, 754 (760); zur vergleichbaren Prozesssituation vor den Verfassungsgerichten der Länder etwa ThürVerfGH, NVwZ-RR 1999, 55 (60): „Hingegen ist der Gesetzgeber von Verfassungs wegen nicht dazu angehalten, die Überlegungen, die zu den letztendlich verabschiedeten Gesetzesbestimmungen geführt haben, nach der Art eines Kommentars zu dokumentieren. Unterbleibt dies in einem Fall wie dem vorliegenden, so ist allerdings die Überprüfung der Verfassungsmäßigkeit der gesetzlichen Bestimmung durch den ThürVerfGH erschwert. Dieser ist jedoch gleich-

zuweilen überhaupt nur unter Mitwirkung des Gesetzgebers sinnvoll beigebracht werden.

Unter Berücksichtigung insbesondere des Gebots wirksamen Rechtsschutzes sowie des Beschleunigungsgrundsatzes, die es im Prozess in einen schonenden Ausgleich zu bringen gilt,[1335] erscheint es insofern sachgerecht, die an sich ausschließlich die förmlichen Verfahrensbeteiligten treffenden Mitwirkungslasten in Normenkontrollverfahren auf den Gesetzgeber auszuweiten. Der in §§ 86 Abs. 1 Hs. 2 VwGO, 76 Abs. 1 S. 2 FGO, 103 S. 1 Hs. 2 SGG normierte Grundsatz der „allgemeinen Mitwirkungslast" der Beteiligten bei der Sachaufklärung ist mithin zugunsten der Möglichkeit sachgerechter Verfahrensführung extensiv auszulegen.[1336] Angesichts seiner funktionalen Rolle als Gesetzgebungsorgan ist der Gesetzgeber im Normenkontrollverfahren überdies „durchaus einer Partei im kontradiktorischen Verfahren vergleichbar"[1337].

Der Gesetzgeber ist danach in sämtlichen Normenkontrollverfahren gehalten, an der Sachaufklärung im Rahmen des ihm Zumutbaren mitzuwirken und insbesondere sämtliche Informationen, die der Aufklärung dienlich sein können, vorzulegen.[1338] Dies gilt ungeachtet der Frage, ob jener materiell-rechtlich bereits im Gesetzgebungsverfahren dazu verpflichtet war, besondere Ermittlungsmaßnahmen einzuleiten oder in der Gesetzesbegründung tatsächliche Nachweise für seine Annahmen aufzuführen.

II. Inhalt der prozessualen Mitwirkungslast

Hinsichtlich Art und Umfang der prozessualen Mitwirkungslast des Gesetzgebers kann im Wesentlichen auf die obigen Ausführungen verwiesen werden.[1339]

---

wohl gehalten zu überprüfen, ob im konkreten einzelnen Neugliederungsfall Gemeinwohlgründe vorliegen, die den Gesetzgeber berechtigt haben, […]. Indessen sind solche Gründe, aus denen eine für die Bf. zu 1 existenzwahrende Lösung mit Rücksicht auf das öffentliche Wohl zu verwerfen war, weder im Gesetzgebungsverfahren zutage getreten noch sonst für den ThürVerfGH ersichtlich."

[1335] S. dazu oben S. 123 ff. u. 127 f.

[1336] In diesem Sinne bereits *Sanders/Preisner,* DÖV 2015, 761 (769): „prozessuales Transparenzgebot", s. auch S. 768.

[1337] So treffend *Augsberg/Augsberg,* VerwArch 2007, 290 (296, Zitat ebd.), bezüglich der Bundesregierung, „als Vertreterin der den Gesetzesbeschluss stützenden Majorität des Bundestages" und ggf. auch „als Initiatorin des Gesetzesvorhabens"; die Beteiligung des Gesetzgebers durch die Gelegenheit zur Äußerung nach § 77 BVerfGG (i.V.m. §§ 82 Abs. 1, 94 Abs. 4 BVerfGG) ist demgemäß nicht nur zweckdienlich, sondern gesetzlich zwingend vorgeschrieben (dazu etwa *Rozek,* in: Maunz u.a., § 77 Rn. 6 [Stand: Februar 2013]).

[1338] Ähnlich schon *Sanders/Preisner,* DÖV 2015, 761 (770 f.); der Statuierung prozessualer Mitwirkungslasten des Gesetzgebers gegenüber nicht abgeneigt wohl auch *Augsberg/Augsberg,* VerwArch 2007, 290 (296).

[1339] S. oben S. 232 ff.

Maßgeblich muss auch hier die besondere Sachnähe des Gesetzgebers zur fraglichen Tatsache sein. Soweit dieser dem entscheidungserheblichen Sachverhalt danach „näher" steht als das Gericht, besteht für den Gesetzgeber also die Obliegenheit zu vollumfänglichem, substantiiertem Vortrag sowie der Vorlage sämtlicher verfügbarer Beweismittel. Dies ergibt sich hier nicht erst aus verfahrensökonomischen Erwägungen, sondern ist letztlich bereits funktionell-rechtlich[1340] begründet: Denn der Gesetzgeber ist als Gesamtheit der am Akt der Gesetzgebung beteiligten Verfassungsorgane, insbesondere der mit dem Entwurf der Gesetze zumeist betrauten Ministerien, sächlich wie personell mit Ressourcen ausgestattet, die das Bundesverfassungsgericht – jedem Richter stehen derzeit nur vier wissenschaftliche Mitarbeiter zur Verfügung – deutlich übersteigen; schon deshalb erscheint es funktionsgerecht, wenn der Gesetzgeber dem Bundesverfassungsgericht die im Gesetzgebungsverfahren in seiner „Sphäre" gesammelten Tatsachen zugänglich macht.[1341]

Sofern dem Gesetzgeber im konkreten Verfahren *nicht* die Stellung eines förmlichen Beteiligten zukommt, könnte zwar erwogen werden, seine Mitwirkungslasten auf solche Tatumstände zu beschränken, zu denen er im Verfassungsprozess explizit „befragt" wird. Schließlich hat der Gesetzgeber in diesen Fällen einzig die Rolle eines Äußerungsberechtigten (vgl. § 77 BVerfGG) inne und ist ihm somit nicht schon zwangsläufig der Inhalt des Verfahrens bekannt. Dagegen spricht indes zum einen, dass auch dem Äußerungsberechtigten ein Akteneinsichtsrecht zukommt (§ 20 BVerfGG),[1342] er sich also über den Sachstand des Verfahrens und die danach wohl entscheidungserheblichen Tatsachen informieren kann. Zum anderen hätte es der Gesetzgeber sonst in Verfahren, denen er beitreten kann (§§ 82 Abs. 2, 94 Abs. 5 BVerfGG), in der Hand, Art und Umfang der richterlichen Sachaufklärung mittels seiner Beitrittsentscheidung (zumindest bedingt) zu steuern.

Ob der Gesetzgeber darüber hinaus im Rahmen seiner *allgemeinen* Mitwirkungslast (das heißt ohne richterliche Aufforderung unter Anwendung der innerprozessualen Präklusionsregeln[1343]) zu eigenen Sachverhaltsermittlungen ange-

---

[1340] Der funktionell-rechtliche Ansatz zur Abgrenzung der Aufgaben und Kompetenzen der Staatsgewalten speist sich aus dem Gewaltenteilungsgrundsatz (Art. 20 Abs. 2, 3 BVerfGG), welcher nach h.M. auch darauf abzielt, „daß staatliche Entscheidungen möglichst richtig, das heißt von den Organen getroffen werden, die dafür nach ihrer Organisation, Zusammensetzung, Funktion und Verfahrensweise über die besten Voraussetzungen verfügen", BVerfGE 68, 1 (86); dazu etwa *Schlaich/Korioth,* Rn. 506 ff., m.w. N.

[1341] So bereits *Sanders/Preisner,* DÖV 2015, 761 (770), die zutreffend ergänzen: „Um mit Parlament und Regierung in Bezug auf die relevante Tatsachenfeststellung mithalten zu können, müsste das Gericht jeweils vermutlich mehrere Sachverständigengutachten in Auftrag geben."

[1342] Vgl. nur *Barczak,* in: ders., § 20 Rn. 7.

[1343] S. dazu oben S. 246 ff.

halten sein kann, ist fraglich. Dagegen spricht grundsätzlich die fehlende Beteiligung des Gesetzgebers am Verfahren einerseits sowie die klare gesetzliche Entscheidung für die Geltung des Untersuchungsgrundsatzes (§ 26 Abs. 1 S. 1 BVerfGG) andererseits, die die Verantwortung für Ermittlungen im Prozess dem Gericht zuweist. Indessen kann es gerade in Fällen, in denen dem Gesetzgeber bisher gar keine Beweismittel „für sein Gesetz" vorliegen, ersichtlich nicht genügen, dass dieser dem Gericht schlicht unfundierte Sachverhaltsbehauptungen vorträgt. Andernfalls könnte der Gesetzgeber die Aufgabe der tatsächlichen Rechtfertigung seiner Gesetze geradewegs dem Gericht aufbürden. Die Obliegenheit zu nötigenfalls durch vorherige Ermittlungen konkretisiertem Sachvortrag rechtfertigt sich mithin aus einer funktionalen Betrachtung, denn „Aufgabe des Bundesverfassungsgerichts kann es nicht sein, für Gesetzesvorhaben des Parlaments nachträglich die hinreichende Begründung zu liefern"[1344].

III. Rechtsfolgen einer Nicht- bzw. Schlechterfüllung der prozessualen Mitwirkungslast

Betreffend die Rechtsfolgen der Nicht- oder Schlechterfüllung der gesetzgeberischen Mitwirkungslast ist zunächst zu bedenken, dass jegliche negative prozessuale Folgen in Richtung einer Lockerung der Amtsermittlungspflicht des Verfassungsgerichts in Normenkontrollverfahren zugleich das hier gesteigerte öffentliche Interesse an einer materiell richtigen Entscheidung empfindlich berühren. Dies schließt es jedenfalls aus, dem Gericht im Falle der Nicht- oder Schlechterfüllung der genannten Last die *Befugnis* zu versagen, zu den fraglichen Tatsachen eigene Ermittlungen anzustellen (um echte Darlegungs- und Beweisführungslasten handelt es sich mithin auch hier nicht).[1345]

Auch darf die gemäß § 26 Abs. 1 S. 1 BVerfGG bestehende Amtsermittlungs*pflicht* insofern nicht vollständig entfallen. Abermals kann auf die obigen Ausführungen verwiesen werden.[1346] Demgemäß hat das Gericht grundsätzlich ungeachtet des Verhaltens des Gesetzgebers sämtliche möglichen Maßnahmen der Sachaufklärung einzuleiten, die zur richterlichen Überzeugungsbildung gemäß § 30 Abs. 1 S. 1 BVerfGG erforderlich sind.

[1344] *Augsberg/Augsberg,* VerwArch 2007, 290 (296), die aus dieser funktionalen Betrachtung wohl auch gewisse den Gesetzgeber treffende subjektive oder objektive Beweislasten folgern; gegen die Aufgabe des Bundesverfassungsgerichts, nachträgliche Gesetzesbegründungen zu liefern, spricht sich zudem *Bickenbach,* Einschätzungsprärogative, S. 489, aus. Vgl. ferner, obschon wenig überzeugend im Kontext materieller Entscheidungsspielräume des Gesetzgebers BVerfGE 120, 82 (113) – Fünf-Prozent-Hürde: „[Das Verfassungsgericht] kann insbesondere nicht die Aufgabe des Gesetzgebers im Gesetzgebungsverfahren übernehmen und alle zur Überprüfung der Fünf-Prozent-Sperrklausel relevanten tatsächlichen und rechtlichen Gesichtspunkte selbst ermitteln und gegeneinander abwägen."

[1345] Im Ergebnis so wohl auch *Sanders/Preisner,* DÖV 2015, 761 (770).

[1346] S. oben S. 236 ff.

Andererseits kann das Verfassungsgericht nach Vorstehendem vernünftigerweise nicht uneingeschränkt zur Amtsaufklärung verpflichtet bleiben, soweit
dem Gesetzgeber Wissen zur Verfügung steht oder stehen muss, das er Ersterem
vorenthält. Sachgerecht ist insofern auch hier, im Falle des Scheitern der richterlichen Ermittlungsmaßnahmen die Nicht- oder Schlechterfüllung der Mitwirkungslast *primär* auf Ebene der Beweiswürdigung zu berücksichtigen.[1347] So
kann jener Nicht- bzw. Schlechterfüllung als Indiz für das Nichtvorliegen der
fraglichen Tatsache eine erhöhte Beweiskraft zukommen.[1348] Diese Rechtsregel
wirkt sich wie dargelegt mittelbar auf die Sachaufklärung des Gerichts aus, lässt
die grundsätzliche Beweisbedürftigkeit der erheblichen Tatsachen aber nicht entfallen.

Darüber hinaus („*sekundär*") erscheint es nach obigen Kriterien zudem – gerade in Hinblick auf die besondere Verantwortlichkeit des Gesetzgebers für das
Vorliegen derjenigen Tatsachen, die die Verfassungsmäßigkeit eines Gesetzes erst
begründen – gerechtfertigt, in Bezug auf *einzelne Ermittlungsmaßnahmen* eine
unmittelbare Rückwirkung der Nicht- oder Schlechterfüllung der gesetzgeberischen Mitwirkungslast auf die Amtsermittlungspflicht des Verfassungsgerichts
zuzulassen, soweit die fragliche Tatsache gerade die Rechtsauffassung des Gesetzgebers stützen soll und sich ihre Ermittlung zumindest auch in der Folge der
Mitwirkungsunwilligkeit des Gesetzgebers deutlich erschwert.[1349] Gerade in Bezug auf komplexe generelle wie zukünftige Tatsachen, deren Ermittlung etwa
aufwendiger Sachverständigengutachten bedürfte, wird das Gericht danach partiell auf eben diese Maßnahmen verzichten können.

Freilich bedeutet dies nicht, dass die richterliche Prüfung bei mangelnder Mitwirkung des Gesetzgebers stets „zu dessen Lasten" ausginge. Vielmehr bleibt
denkbar, dass das Gericht im Rahmen der Beweiswürdigung gleichwohl zu einer
der gesetzgeberischen Annahme entsprechenden Überzeugung gelangt.

IV. Kritik: Notwendigkeit einer ausdrücklichen Statuierung der prozessualen Mitwirkungslast des Gesetzgebers durch das Bundesverfassungsgericht

Die nach hier vertretener Auffassung bestehende Mitwirkungslast des Gesetzgebers *bei der richterlichen Sachaufklärung* in Normenkontrollverfahren führt zu
einer Entlastung des Gerichts. Dass sich das Gericht dieses Mittels bedient, ist
nach obigen Ausführungen durchaus auch anzunehmen. Insbesondere bedeutet
der Umstand, dass der Erste Senat seit seiner Hartz-IV Entscheidung in 2010
soweit ersichtlich nicht mehr ausdrücklich auf die Rechtsfigur der prozessualen

---

[1347] S. auch bereits *Sanders/Preisner*, DÖV 2015, 761 (770).
[1348] S. dazu unten S. 320 ff.
[1349] Vgl. oben S. 238 f.

„Obliegenheit" des Gesetzgebers eingegangen ist, keine Abkehr von jener.[1350] Dennoch ist es schon aus Gründen der Rechtsklarheit und -sicherheit zwingend erforderlich, diese Last als solche expressis verbis (nicht nur im Verfahren, sondern auch in der gerichtlichen Entscheidung selbst) zu benennen und dabei Reichweite und Rechtsfolgen selbiger im konkreten Fall nach klaren Regeln zu bestimmen.[1351] Nicht genügen kann insofern, wenn bzw. „dass das Gericht selbst keine Begründung dafür gibt, dass es auf eine – ja nicht von vornherein unmögliche – Sachverhaltsaufklärung etwa durch eine Einholung von Sachverständigengutachten verzichtet hat"[1352]. Dies nährt zudem den Verdacht, dass der Umgang des Bundesverfassungsgerichts mit den an sich entscheidungserheblichen Tatsachen im (Normenkontroll-)Verfahren generell keiner tiefergehenden dogmatischen Konzeption folgt.[1353]

D. Fazit: Das Bundesverfassungsgericht maßgeblich entlastende Mitwirkungsobliegenheiten Dritter

Nach vorstehender Untersuchung ist festzustellen, dass das Verfassungsprozessrecht bereits de lege lata umfangreiche Mitwirkungslasten bei der richterlichen Sachaufklärung kennt, deren Nicht- oder Schlechterfüllung die Untersuchungspflichten des Bundesverfassungsgerichts gemäß § 26 Abs. 1 S. 1 BVerfGG mittelbar wie unmittelbar reduziert und dieses damit im Einzelfall von (zumal aufwendigen) Sachaufklärungsmaßnahmen zu entlasten vermag.

[1350] *Sanders/Preisner,* DÖV 2015, 761 (768), weisen insofern scharf darauf hin, dass die Leistungen nach dem AsylbLG bereits evident unzureichend waren, sodass es auf die Frage ihrer „Begründbarkeit" nicht mehr ankam und das Gericht in der zweiten Hartz-IV-Entscheidung bereits anhand der Gesetzesmaterialien die Verfahrensrichtigkeit der Leistungsbemessung feststellen konnte; die Frage einer weiteren Sachverhaltsermittlung hatte sich im gerichtlichen Verfahren mithin gar nicht gestellt.

[1351] Vgl. auch *Sanders/Preisner,* DÖV 2015, 761 (768), die zu Recht bemerken, dass „Fragen der Tatsachenfeststellung im Verfassungsprozess insg. dogmatisch bisher nur unzureichend geklärt" seien und „eine prozessrechtliche Verankerung der postulierten ‚Obliegenheit' des Gesetzgebers […] schon deshalb Schwierigkeiten" mache.

[1352] *Sanders/Preisner,* DÖV 2015, 761 (768).

[1353] In diese Richtung denn auch *Sanders/Preisner,* DÖV 2015, 761 (768 f.), die erkennen wollen, „dass das Bundesverfassungsgericht generell mit seiner Verpflichtung zur Tatsachenermittlung von Amts wegen in einer „pragmatischen" Weise umgeh[e] und sogar regelrecht Strategien zur Vermeidung von Beweisaufnahmen entwickelt [habe]"; diese Deutung könne „jedoch aus dogmatischer Sicht wenig überzeugen". Vgl. insofern auch die grundsätzliche These von *Bull,* in: FS Koch, S. 29 (55): „Wann das [Gericht große Aktivität entfaltet, um Streitfragen so genau wie nur möglich aufzuklären,] oder wann statt dessen auf detaillierte Nachprüfung verzichtet wird, folgt offenbar keiner Regel, sondern ist durch das Interesse des Richters an der jeweiligen Thematik und gewiss auch durch die politische Aktualität und Relevanz eines Problems begründet." Ähnlich *Bryde,* in: 50 Jahre BVerfG I, S. 533 (561): „fallbezogen und pragmatisch"; krit. *Brink,* in: Linien, S. 3 (26): „halbherzig[e]" tatsächliche Feststellungen.

So bestehen *erstens* für die am Verfassungsprozess förmlich Beteiligten verschiedene Mitwirkungslasten: Zunächst ist der Antragsteller gehalten, seinen verfahrenseinleitenden Antrag in tatsächlicher Hinsicht substantiiert zu begründen (§ 23 Abs. 1 S. 2 BVerfGG ggf. i.V.m. den Spezialregeln). Dies betrifft sowohl diejenigen Tatsachen, die dem Gericht die Prüfung ermöglichen, ob die Sachentscheidungsvoraussetzungen des jeweiligen Verfahrens vorliegen, als auch die das geltend gemachte Recht begründenden Tatsachen. Eine Nichterfüllung jener Obliegenheit hat die Unzulässigkeit des Antrags zur Folge.

Sämtlichen Verfahrensbeteiligten obliegen darüber hinaus – ungeachtet einer insofern nicht hinreichend transparenten Rechtsprechung des Bundesverfassungsgerichts – Mitwirkungslasten *unmittelbar* betreffend die Sachaufklärung des Gerichts: Diese ergeben sich dogmatisch überzeugend aus einer analogen Anwendung der §§ 86 Abs. 1 Hs. 2 VwGO, 76 Abs. 1 S. 2 FGO, 103 S. 1 Hs. 2 SGG und bedeuten im Ergebnis eine „allgemeine Mitwirkungslast" bei der Sachaufklärung im Prozess. Danach besteht im Verfassungsprozess grundsätzlich (nur) die Obliegenheit der Beteiligten, Tatumstände, die ihrem *Lebens- oder Verantwortungsbereich* entstammen, *substantiiert* vorzutragen und verfügbare Beweismittel vorzulegen. Auch bei einer Nicht- oder Schlechterfüllung dieser Last hat das Bundesverfassungsgericht zwar grundsätzlich sämtliche möglichen und erforderlichen Maßnahmen der Sachaufklärung einzuleiten; allerdings kommt die Berücksichtigung der Mitwirkungsunwilligkeit auf Ebene der Beweiswürdigung in Betracht, was mittelbar auch bereits den Umfang der Sachaufklärung des Gerichts beeinflussen kann. In Ausnahmefällen kann sich die Nicht- oder Schlechterfüllung der konkreten Mitwirkungslasten überdies unmittelbar auf die Amtsermittlungspflicht des Verfassungsgerichts auswirken und diese in Bezug auf *einzelne Ermittlungsmaßnahmen* suspendieren.

Ferner kommt nach hier vertretener Auffassung die analoge Anwendung der §§ 79b FGO, 87b VwGO, 106a SGG in Betracht, die es ermöglicht, den Beteiligten spezielle Mitwirkungslasten mittels richterlicher Anordnung aufzuerlegen. Die Nicht- oder Schlechterfüllung selbiger kann hier die innerprozessuale Präklusion des verfristeten Vortrags zur Folge haben. Dass das Gericht die zitierten Präklusionsnormen in seinen Verfahren anwendet, ist indes bisher nicht ersichtlich. In der Folge lässt sich von einer – an sich zulässigen – richterlichen Fortbildung des Verfassungsprozessrechts an dieser Stelle zumindest derzeit nicht sprechen. Eine analoge Anwendung der §§ 79b FGO, 87b VwGO, 106a SGG hätte freilich den Vorteil, dass sie Rechtsklarheit schaffte – diese fehlt im richterlichen Umgang mit der allgemeinen Mitwirkungslast der Verfahrensbeteiligten gerade –, ohne indes das Bedürfnis des Bundesverfassungsgerichts zu einzelfallorientierter Verfahrensgestaltung zu missachten.

Neben den Verfahrensbeteiligten kennt das Verfassungsprozessrecht *zweitens* in den sog. Vorlageverfahren eine spezifische Mitwirkungsobliegenheit des konkret vorlegenden Gerichts. Diese beschränkt sich jedoch auf die Obliegenheit zur tatsächlichen Begründung der Vorlage (§ 80 Abs. 2 S. 1 BVerfGG). Hinsichtlich Art und Umfang dieser Obliegenheit ist ferner zwischen dem konkret-individuellen Ausgangssachverhalt und dem Sachverhalt primär des Vorlageverfahrens zu unterscheiden.

Soweit Ersterer im Verfassungsprozess entscheidungserheblich wird, besteht für das Ausgangsgericht über die Darlegungs- bzw. Vortragslast hinaus eine spezifische „Ermittlungslast". Das Verfassungsgericht ist insoweit von seiner Amtsermittlungspflicht befreit.

Soweit letzterer Sachverhalt in Rede steht (es also um die Tatsachengrundlage der Beurteilung namentlich der Gültigkeit des fraglichen Gesetzes geht), kann die Darlegung seitens des Ausgangsgerichts nur insoweit verlangt werden, als dieses bereits Kenntnis von dem Sachverhalt hat oder selbigen unschwer feststellen kann. Eine Ermittlungslast des Ausgangsgerichts scheidet hier im Wesentlichen aus.

Die Nicht- bzw. Schlechterfüllung der Vorlagebegründungslast des vorlegenden Gerichts führt zur Unzulässigkeit der konkreten Vorlage. Mitwirkungslasten über die Vorlagebegründung hinaus, also *unmittelbar* betreffend die Sachaufklärung des Verfassungsgerichts bestehen für das Vorlagegericht ferner nicht.

Drittens bestehen in sämtlichen (prinzipalen wie inzidenten) Normenkontrollverfahren besondere Mitwirkungslasten für den Gesetzgeber. Dies gilt ungeachtet seiner formalen Verfahrensstellung. Der in §§ 86 Abs. 1 Hs. 2 VwGO, 76 Abs. 1 S. 2 FGO, 103 S. 1 Hs. 2 SGG normierte Grundsatz der allgemeinen Mitwirkungslast der „Beteiligten" bei der richterlichen Sachaufklärung ist insofern zugunsten der Möglichkeit sachgerechter Verfahrensführung extensiv auszulegen. Danach ist der Gesetzgeber in sämtlichen Normenkontrollverfahren gehalten, an der Sachaufklärung im Rahmen des ihm Zumutbaren mitzuwirken und insbesondere sämtliche Informationen, die der Aufklärung dienlich sein können, vorzulegen. Dies gilt ferner unabhängig davon, ob der Gesetzgeber materiell-rechtlich bereits im Gesetzgebungsverfahren dazu verpflichtet war, besondere Ermittlungsmaßnahmen einzuleiten oder in der Gesetzesbegründung tatsächliche Nachweise für seine Annahmen aufzuführen. Hinsichtlich der Rechtsfolgen einer Nicht- oder Schlechterfüllung der prozessualen Mitwirkungslast des Gesetzgebers gilt das zur allgemeinen Mitwirkungslast Gesagte entsprechend.

In Bezug auf die *Rechtsprechung des Bundesverfassungsgerichts* lässt sich im Ergebnis insgesamt eine unzureichende Systematik, jedenfalls fehlende Transparenz, im Umgang mit prozessualen Mitwirkungsobliegenheiten auf Ebene der Sachprüfung konstatieren. Insbesondere der Verzicht auf eine klare Trennung zwischen Mitwirkungslasten der Beteiligten, die sich auf die Antragsbegründung beschränken, und Mitwirkungslasten, die unmittelbar die Sachaufklärung des Gerichts betreffen, ist verfassungsrechtlich kritisch zu sehen. Keinesfalls darf sich das Gericht seiner Amtsermittlungspflicht willkürlich entledigen, indem es den Beteiligten, zumal unausgesprochene, „zufällig" erscheinende Mitwirkungslasten auferlegt. Vielmehr bedürfen derartige Lasten einer klaren rechtlichen Herleitung sowie Dogmatik, um namentlich mit den Grundsätzen eines fairen Verfahrens sowie wirksamen Rechtsschutzes vereinbar zu sein. Wenig überzeugend ist auch der Umgang des Gerichts mit den prozessualen Obliegenheiten des Gesetzgebers in Normenkontrollverfahren. Bereits deren Existenz wird seitens der Senate weder deutlich noch einheitlich postuliert, weshalb insbesondere auch im Schrifttum hierüber keine Klarheit besteht.

Letztlich befördert dies den Eindruck, das Bundesverfassungsgericht folge im Umgang mit den entscheidungserheblichen Tatsachen im (Normenkontroll-)Verfahren generell keiner tiefergehenden dogmatischen Konzeption. Insbesondere aber ist davon auszugehen, dass das Gericht die nach dem Ergebnis dieser Untersuchung an sich bestehenden, beweisrechtlichen Möglichkeiten einer Reduzierung des eigenen Ermittlungsaufwands nicht voll ausschöpft. Dies könnte gar „mitverantwortlich" für die Wahl gewisser fragwürdiger, gar systemwidriger Lösungsansätze des Gerichts im Umgang mit Sachverhaltsfragen sein (etwa für die zuweilen willkürlich erscheinende Verlagerung der Sachprüfung in Verfassungsbeschwerdeverfahren auf die Ebene der Zulässigkeit mittels postulierter Antragsbegründungslasten[1354] oder für die Einräumung spezifischer legislativer Entscheidungsspielräume im Falle von tatsächlichen Unsicherheiten[1355]).

[1354] Das Verfassungsgericht entwickelt zuweilen derart spezifische Substantiierungsanforderungen zu Detailfragen in Bezug auf den konkreten Verfahrensgegenstand, dass der „Begründungsversuch" in Verfassungsbeschwerdeverfahren nicht ganz ungerechtfertigt als „Karlsruher Lotterie" (*Lamprecht*, NJW 2000, 3543 [3543]) bezeichnet wird; so bereits treffend *Barczak*, in: ders., § 92 Rn. 15, m.w.N. aus der Rspr.; krit. auch *Magen*, in: U/C/D, § 92 Rn. 22, 25.

[1355] S. dazu oben S. 185 ff.

Siebter Teil

Verfahren der Beweiserhebung

A. Grundsätze

I. Strengbeweisverfahren versus Freibeweisverfahren

Das *allgemeine Prozessrecht* kennt zwei Verfahren zur Erlangung gerichtlicher Überzeugung respektive zur Beweiserhebung[1356]: das Frei- und das Strengbeweisverfahren. Beide Verfahren unterscheiden sich hinsichtlich der sie determinierenden Förmlichkeiten. Im Freibeweisverfahren ist das Gericht in der Gestaltung des Beweisverfahrens „freier" als im Strengbeweisverfahren. Anders als in Letzterem bedarf es in Ersterem keiner *förmlichen* Beweisaufnahme, das heißt insbesondere keines Beweisbeschlusses. Außerdem existiert im Freibeweisverfahren *kein geschlossener Katalog* („numerus clausus") der Beweismittel. Darüber hinaus gilt der Grundsatz der *formellen Unmittelbarkeit* hier nicht, die Beweisaufnahme muss demnach nicht vor dem erkennenden Gericht stattfinden, welches mithin insbesondere sowohl auf die Berichte Dritter zurückgreifen und sie verwerten als auch die Inaugenscheinnahme auf Hilfspersonen übertragen und sich von diesen unterrichten lassen kann.[1357] Demgemäß muss der Freibeweis auch nicht in einer mündlichen Verhandlung erhoben werden und haben die Verfahrensbeteiligten somit auch kein Anwesenheitsrecht bei der Beweisaufnahme.[1358]

„Kehrseite" des vergleichsweise freien Verfahrens ist eine vergleichsweise schwache Stellung des Gerichts, welches die Auskunftsperson nicht zum Erscheinen oder zur Aussage zwingen kann.[1359] Lehnt diese die Erteilung einer Aus-

---

[1356] Zur Terminologie oben S. 60 f.

[1357] So für § 29 FamFG, der den Freibeweis in Familiensachen positivrechtlich regelt, *Burschel,* in: Hahne u. a., FamFG, § 29 Rn. 12; vgl. auch *Ulrici,* in: MüKo-FamFG, § 29 Rn. 10 f.; OLG Schleswig, NJOZ 2018, 56 (57). § 26 Abs. 1 S. 2 BVerfGG kommt insofern keine eigenständige Bedeutung zu, soweit das Gericht Ermittlungen im Freibeweisverfahren anstellen kann.

[1358] Zu Vorstehendem exemplarisch für die Verfahren der freiwilligen Gerichtsbarkeit *Ulrici,* in: MüKo-FamFG, § 29 Rn. 10 f. Vgl. zum Freibeweisverfahren in Bezug auf sog. Kriminalprognosen im Strafrecht konzis auch *Tondorf/Tondorf,* Sachverständige, Rn. 113.

[1359] Vgl. zur praktischen Relevanz dieses Umstands jüngst das zweite NPD-Verbotsverfahren (BVerfGE 144, 20), zu dessen mündlicher Verhandlung die NPD-Funktionäre *Cremer* und *Pastörs,* welche als sachkundige Dritte geladen waren, (folgenlos) schlicht nicht erschienen; dazu *Kliegel,* in: Barczak, § 45 Rn. 15 mit Fn. 52.

kunft ab, muss sie mithin im Verfahren des Strengbeweises geladen werden, um staatlichen Zwang ausüben zu können. Da Aussagen im Freibeweis zudem nicht beeidet werden können,[1360] sind Falschaussagen hier ferner aussagerechtlich nicht strafbar (denkbar bleibt indes eine Strafbarkeit nach §§ 263 oder 164 Abs. 2 StGB).[1361] Die eingeschränkte Strafbarkeit unrichtiger Angaben führt dabei zu einer verringerten Wahrheitsgewähr respektive einem geringeren Beweiswert.[1362]

Das BVerfGG schweigt zu dem von § 26 Abs. 1 S. 1 BVerfGG vorgeschriebenen Verfahren der Beweiserhebung weitestgehend. Allein in Ansehung des Zeugen- und Sachverständigenbeweises verweist es partiell auf die Bestimmungen der StPO bzw. ZPO (§ 28 Abs. 1 BVerfGG), die ihrerseits den Grundsätzen des Strengbeweisverfahrens unterliegen. Mit dem argumentum e contrario lässt sich hieraus indes schließen, dass die Beweisaufnahme *im Verfassungsprozess* im Übrigen, das heißt soweit das Bundesverfassungsgericht weder Zeugen- noch Sachverständigenbeweis erhebt, grundsätzlich im Wege des Freibeweisverfahrens erfolgen kann.[1363] Diese Annahme wird durch die besondere Stellung des Bundesverfassungsgerichts, dem zwar keine uneingeschränkte Verfahrensautonomie, aber doch die Befugnis zu sachgerechter Verfahrensfindung im Einzelfall zuerkannt wird,[1364] gestützt. Umfang und Bedeutung des verfassungsgerichtlichen Verfahrens, aber auch die besondere Natur der hier primär entscheidungserheblichen (namentlich generellen) Tatsachen lassen es sachgerecht erscheinen, die richterliche Ermittlungsarbeit nicht den hergebrachten Vorgaben des Strengbeweisverfahrens zu unterwerfen. Allein eine höhere Flexibilität des Verfahrens ermöglicht dem Verfassungsgericht „zügiges, effizientes und ergebnisorientiertes Arbeiten"[1365] und – daraus abgeleitet – die Sicherstellung wirksamen Rechtsschutzes.

[1360] Vgl. dementgegen etwa §§ 59 StPO, 391 ZPO für das Strengbeweisverfahren im Straf- bzw. Zivilprozess (die i. Ü. auf den Zeugen- und Sachverständigenbeweis im Verfassungsprozess entsprechend anzuwenden sind; dazu sogleich auf S. 284 f.).

[1361] Vgl. auch *Haberzettl*, in: B/D/S, § 26 Rn. 21 a. E.

[1362] Vgl. zum Ganzen *Ulrici*, in: MüKo-FamFG, § 29 Rn. 10 f.

[1363] So im Ergebnis wohl auch die h. L., soweit sie sich zu dieser Thematik überhaupt verhält (auch insoweit werden indes insb. die Rechtsfolgen des Ganzen weitestgehend nicht thematisiert). Vgl. (obschon) zum Parteiverbotsverfahren *Dollinger*, in: B/D/S, Vor §§ 43 ff. Rn. 17; *Kliegel*, in Barczak, § 45 Rn. 13; *Waldhoff*, in: Walter/Grünewald, § 43 Rn. 11; generell in diesem Sinn *Leibholz/Rupprecht*, BVerfGG, § 26; in diese Richtung *Lechner/Zuck*, Rn. 8; sowie *Zöbeley/Dollinger*, in: U/C/D, § 26 Rn. 13 (kein numerus clausus); unklar *Lenz/Hansel*, § 26 Rn. 4; *Walter*, in: ders./Grünewald, § 26 Rn. 10, 13. Skeptisch dagegen *Brink*, in: Linien, S. 3 (6), der bemerkt, es bleibe in Rspr. und Lit. unerörtert, ob neben dem Strengbeweisverfahren Raum für den sog. Freibeweis sei.

[1364] S. oben S. 97 ff.

[1365] Die so lautende amtl. Begr. der Regelung des Freibeweisverfahrens im FamFG (vgl. BT-Drs. 16/6308, S. 188) muss „erst recht" für den Verfassungsprozess gelten, welcher primär komplexe generelle wie zukünftige Tatsachen zu bewältigen hat.

Von der grundsätzlichen Zulässigkeit des Freibeweisverfahrens geht ersichtlich auch das Verfassungsgericht selbst aus, das in aller Regel keine förmliche Beweisaufnahme durchführt[1366], obgleich es, wie dargelegt, in der weit überwiegenden Zahl seiner Verfahren mit Sachverhaltsfragen konfrontiert ist, von deren Beantwortung die Beantwortung auch der jeweiligen Verfassungsrechtsfrage abhängt, das Gericht also regelmäßig vor seiner Entscheidung Tatsachen mittels Beweis festzustellen hat (§ 26 Abs. 1 S. 1 BVerfGG).[1367]

II. „Stoffsammlung" außerhalb der Beweiserhebung?

Fraglich ist, ob der Rechtsbegriff der Beweiserhebung i. S. d. § 26 Abs. 1 S. 1 BVerfGG sämtliche Formen der richterlichen Informationsbeschaffung in Bezug auf den entscheidungserheblichen Sachverhalt umfasst oder aber bestimmte Maßnahmen ausnimmt.

Obgleich das gemäß § 26 Abs. 1 S. 1 BVerfGG zulässige Freibeweisverfahren seinerseits kaum starre prozedurale Vorgaben kennt, handelt es sich bei jener Frage keineswegs um eine bloße „Formalie".[1368] Denn soweit Maßnahmen der Sachaufklärung außerhalb des § 26 Abs. 1 S. 1 BVerfGG erfolgen könnten, fänden sie per definitionem auch *außerhalb dessen Rechtsrahmen* statt, das heißt, für sie gälten schon die allgemeinen Beweisgrundsätze nicht bzw. nicht ohne Weiteres.[1369] Letztlich fehlte es in diesem Fall gänzlich an spezifischen rechtlichen Strukturen, die die Sachaufklärung als Grundlage der Entscheidung des Gerichts nachvollziehbar und zuverlässig erscheinen ließen sowie die Wahrung namentlich der Beteiligtenrechte sicherten.[1370] Auch wären seitens des Gerichts im Mindesten Unterschiede im Rahmen der Beweiswürdigung zu beachten.

Dennoch bleiben sowohl das Bundesverfassungsgericht selbst als auch die Fachliteratur soweit ersichtlich eine direkte Antwort schuldig. Soweit die Be-

---

[1366] Deutliche Krit. geübt hat hieran bereits früh *Redeker,* NJW 1976, 2111 (2113); s. zur „Zurückhaltung" des Gerichts betreffend förmliche Beweisaufnahmen auch *Bull,* in: FS Koch, S. 29 (42 ff.); *Bryde,* in: 50 Jahre BVerfG I, S. 533 (534 f.); sowie – wenngleich in der Begründung nicht überzeugend – *Benda/Klein,* Rn. 307.

[1367] S. zum Tatsachenbezug der Verfahren vor dem Bundesverfassungsgericht oben S. 63 ff. und zur Beweisbedürftigkeit S. 129 ff. Vgl. ferner BVerfGE 96, 251 (254): „[I]m Verfahren vor dem Bundesverfassungsgericht, das – unbeschadet der Vorschrift des § 28 BVerfGG – freier gestellt ist als andere Gerichte, genügt es [...] für das Entstehen einer Beweisgebühr [...]"; sowie BVerfGE 77, 360 (362); 81, 387 (391), in denen das Gericht zumindest die Entbehrlichkeit eines förmlichen Beweisbeschlusses im Verfassungsprozess ausdrücklich konstatiert hat.

[1368] Nicht zugestimmt werden kann danach *Meskouris,* in: Barczak, § 26 Rn. 28, der die Abgrenzungsfrage „praktisch wenig bedeutsam" nennt, seit die gesonderte Beweisgebühr des Verfahrensbevollmächtigten entfallen sei; wenig überzeugend insofern auch *Haberzettl,* in: B/D/S, § 26 Rn. 18: „in den meisten Verfahren ohne Belang".

[1369] So letztlich auch *Meskouris,* in: Barczak, § 26 Rn. 26.

[1370] Es handelte sich wohl um „rechtstechnisch nicht fassbare Aufklärungshilfen" (so in anderem Kontext *Geiger,* Besonderheiten, S. 22).

griffe „Beweiserhebung", „Beweisaufnahme" oder „Stoffsammlung" in Rechtsprechung und Lehre verwendet werden, geschieht dies ohne Offenlegung, möglicherweise gar ohne Zugrundelegung einer trennscharfen Definition, sodass sich insofern aus einzelnen Aussagen kaum mehr verlässlich Rückschlüsse auf das Meinungsbild ziehen lassen. Überwiegend deuten die wissenschaftlichen Darstellungen aber auf einen qualitativen Unterschied zwischen Maßnahmen der Beweiserhebung (i. S. d. § 26 Abs. 1 BVerfGG) und sonstigen Ermittlungsmaßnahmen hin (wobei die Rechtsfolgen unklar bleiben): So bemerken etwa *Lechner* und *Zuck* – in Abgrenzung zur „Beweisaufnahme" bzw. zur „Beweisaufnahme ieS"[1371] –, das Verfassungsgericht gehe „im Allgemeinen davon aus, Befragungen, Anhörungen, Auskünfte und häufig auch Sachverständigengutachten dienten lediglich der *Stoffsammlung*"[1372]. *Walter* nimmt (in fragwürdiger Reaktion auf die Rechtsprechung des Verfassungsgerichts[1373]) an, eine „förmliche Beweiserhebung i. S. d. § 26 Abs. 1 S. 1" fände nur statt, „wenn das Gericht eine Beweisanordnung beschlossen [habe] oder wenn die objektiven Voraussetzungen einer Beweisaufnahme [vorlägen]"; *daneben* kläre das Gericht den Sachverhalt „in nicht förmlicher Art und Weise außerhalb des förmlichen Verfahrens der Beweisaufnahme auf", wobei hierzu „neben der Information aus allgemein zugänglichen Quellen auch die Sachverhaltsaufklärung durch sachkundige Dritte" gemäß § 27a BVerfGG gehöre.[1374] Obschon insofern mangels Begriffsbestimmung keine eindeutige Aussage getroffen werden kann, spricht jedenfalls die Darstellung *Walters* dafür, dass dieser neben der „förmlichen" keine weitere Art der Beweiserhebung i. S. d. § 26 Abs. 1 S. 1 BVerfGG anerkennt respektive namentlich die Einholung von Stellungnahmen gemäß § 27a BVerfGG nicht als Maßnahme der Beweiserhebung wertet. Welchen Rechtsregeln selbige folgen soll, bleibt offen.[1375]

Nach hier vertretener Auffassung kann dies nicht überzeugen. Der Rechtsbegriff der Beweiserhebung ist vielmehr – wie dargelegt[1376] – *funktional* zu verste-

---

[1371] *Lechner/Zuck,* § 26 Rn. 9 f., verwenden beide Begriffe synonym. Ebenso *Haberzettl,* in: B/D/S, § 26 Rn.18.

[1372] *Lechner/Zuck,* § 26 Rn. 10. (Kursivsetzung durch Verf.).

[1373] Vgl. BVerfGE 96, 251 (254).

[1374] *Walter,* in: ders./Grünewald, § 26 Rn. 9 f. (Zitate ebd.).

[1375] Gar ausdrücklich gegen die Einordnung sachkundiger Dritter i. S. d. § 27a BVerfGG als Beweismittel (ebenfalls ohne Benennung der Rechtsfolgen) *Brink,* in: Linien, S. 3 (6); *Schlaich/Korioth,* Rn. 60; eine deutliche (indes in ihrer rechtlichen Konsequenz unscharfe) Abgrenzung von „Beweisaufnahme" einerseits und „Informationsbeschaffung aus anderen Quellen" andererseits nimmt ferner *Meskouris,* in: Barczak, § 26 Rn. 21 ff., vor, vgl. dort zudem Rn. 28: „§ 27a (kein Beweismittel)"; ebenso *Dollinger,* in: U/C/D, § 27a Rn. 8; *Haberzettl,* in: B/D/S, § 26 Rn. 18 sowie § 27a Rn. 9; *Lenz/Hansel,* BVerfGG § 26 Rn. 4. Hinsichtlich der Einordnung des sachkundigen Dritten (§ 27a BVerfGG) als Beweismittel – gar hinsichtlich der verfahrensrechtlichen Zulässigkeit dieser „rechtstechnisch nicht faßbare[n] Aufklärungshilfe" – äußerte früh auch, *Geiger,* Besonderheiten, S. 21 f. (Zitat: 22), Skepsis.

[1376] S. oben S. 60 f.

hen und umfasst also jede Tätigkeit, die dem Gericht die Überzeugung von einer entscheidungserheblichen Tatsache vermitteln soll[1377]. Allein dieses Begriffsverständnis wird der bestehenden Konnexität von Tatsachenfeststellung und materieller Entscheidung gerecht, die schon aus Rechtsschutzgesichtspunkten in Bezug auf jene Tätigkeit die uneingeschränkte Achtung der allgemeinen Beweisgrundsätze vorschreibt. Mithin determiniert bereits das Rechtsstaatsprinzip in seiner Ausprägung als Gebot materieller Gerechtigkeit sowie wirksamen Rechtsschutzes ein funktionales Begriffsverständnis. Letztlich stellte die „Ermittlung" entscheidungserheblicher Tatsachen im Prozess außerhalb des Beweisrechts eine Umgehung desselben dar.

Im Ergebnis unterfällt jede seitens das Bundesverfassungsgerichts ergriffene Maßnahme der „Informationsbeschaffung" der Beweiserhebung i. S. d. § 26 Abs. 1 S. 1 BVerfGG, soweit sie sich auf entscheidungserhebliche Tatsachen bezieht.[1378] Einzig zulässiges Abgrenzungskriterium zwischen Maßnahmen der Beweiserhebung und sonstigen Maßnahmen der „Stoffsammlung" ist danach die *Entscheidungserheblichkeit* der „ermittelten" Tatsache.[1379]

Dementsprechend sind insbesondere auch Stellungnahmen Dritter gemäß § 27a BVerfGG, soweit sie in der Sache entscheidungserhebliche Tatsachen betreffen, als Beweismittel zu qualifizieren.[1380] Dies allein wird im Übrigen dem Telos des § 27a BVerfGG gerecht, wonach die die verfassungsrichterliche Entscheidung stützende Tatsachenbasis gerade verbreitert werden soll.[1381] Denn wäre die Stellungnahme kein Beweismittel, verböte sich auch ihre Berücksichtigung *als Beweismittel* im Rahmen der Beweiswürdigung. Dies senkte den „Beweiswert" der Stellungnahmen naturgemäß deutlich ab (ihnen käme gar kein Wert als „Beweismittel" zu),[1382] sodass das Gericht seine Überzeugung i. S. d. § 30 Abs. 1 S. 1 BVerfGG wohl nur selten auf selbige stützen könnte.[1383]

[1377] So für das Zivilprozessrecht *Rosenberg*, Zivilprozess, § 111 Rn. 1. Vgl. letztlich auch *Meskouris*. § 26 Rn. 30 (für eine Definition des „Beweismittels", die sich mit seiner eigenen Ausgrenzung des sachkundigen Dritten gem. § 27a BVerfGG aus den Beweismitteln [a. a. O. Rn. 28] in Widerspruch setzt).

[1378] Zumindest in diese Richtung auch das Verfassungsgericht selbst, vgl. BVerfGE 77, 360 (363): „Abgesehen davon, daß die Anhörung eines Sachverständigen ‚zur Information' grundsätzlich eine Beweisaufnahme darstellt [...]". Für ein weites Begriffsverständnis auch *Kluth*, NJW 1999, 3513 (3514): „Beweisaufnahme im weiteren Sinne"; vgl. ferner *Lechner/Zuck*, § 26 Rn. 9 f. mit Fn. 18.

[1379] In diese Richtung wohl auch *Lechner/Zuck*, § 26 Rn. 9 f. mit Fn. 18.

[1380] So auch *Lechner/Zuck*, § 26 Rn. 8; sowie *Benda/Klein*, Rn. 323, die i. Ü. aber ein zu enges Verständnis des Begriffs der Beweisaufnahme haben.

[1381] S. die Gesetzesbegründung v. 15.05.1997, BT-Drs. 13/7673, S. 10; dazu etwa *Dollinger*, in: U/C/D, § 27a Rn. 12; *Haberzettl*, in: B/D/S, § 27a Rn. 5.

[1382] Eben dies gilt denn auch z. B. im Zivilprozessrecht für im Rahmen einer bloßen „Stoffsammlung" erlangte Informationen, s. dazu etwa *Huber*, in: Musielak/Voit, ZPO, § 445 Rn. 3; zur bloßen Stoffsammlung im Verfassungsprozess auch sogleich im Text.

Um eine bloße „Stoffsammlung" handelt es sich mithin (in Anlehnung an das Zivilprozessrecht) nur insoweit, als das Gericht durch Fragen an die Beteiligten oder Dritte eine *Klärung des Beteiligtenvortrags* „zwecks Aufhellung und Beseitigung von Dunkelheiten, Lücken oder Widersprüchen" anstrebt.[1384] Es geht damit um die Sammlung und Sichtung von Tatsachen, die den Verfahrensgegenstand fixieren helfen sollen und so den entscheidungserheblichen und damit beweisbedürftigen Sachverhalt erst erkennbar machen. Die von einem Beteiligten oder einem Dritten bei einer solchen „informatorischen Anhörung" abgegebenen Erklärungen dürfen demgemäß grundsätzlich nicht als Beweismittel verwertet und gewürdigt werden.[1385]

Die Rechtsprechung des Bundesverfassungsgerichts erweist sich in diesem Kontext als problematisch: *Einerseits* ordnet zwar auch das Gericht eigene Maßnahmen der Sachaufklärung offenbar immer dann der „Beweisaufnahme" zu, wenn es dadurch „entscheidungserhebliche Tatsachen mit zulässigen Beweismitteln klären wollte".[1386] Auch finden sich Anhaltspunkte dafür, dass das Gericht den Begriff der Stoffsammlung in der hier vertretenen Art und Weise von der Beweiserhebung abgrenzt. So erklärte es in einem Beschluss betreffend die anwaltliche Gebührenfestsetzung im Nachgang seines Urteils zum Einigungsvertrag aus dem Jahre 1991: „Die bloße Anhörung der Verfahrensbeteiligten und der im Verfahren Äußerungsberechtigten oder ihrer Vertreter [...] löst allerdings noch keine Beweisgebühr aus [...]. Das gilt grundsätzlich auch für Äußerungen, die auf Fragen oder auf ein Auskunftsersuchen des Senatsvorsitzenden oder des Berichterstatters abgegeben werden. Befragungen dieser Art dienen regelmäßig der *Stoffsammlung* für die Entscheidung. [...]. Nach diesen Grundsätzen stellte jedenfalls die Anhörung von Ministerpräsident a.D. de Maizière zu seinem Wissen über den Gang der Verhandlungen bezüglich des Einigungsvertrages und des Vertrages über die abschließende Regelung in bezug auf Deutschland („Zwei-

---

[1383] Der reduzierte „Beweiswert" wäre dabei nach den Grundsätzen der Beweiswürdigung zwingend zu beachten, dürfte somit auch nicht durch die im Kontext des Verfassungsprozessrechts häufig postulierte richterliche „Flexibilität" unterwandert werden. Wenn also z.B. *Meskouris,* in: Barczak, § 26 Rn. 28, auf die Bedeutung der Abgrenzung von Beweismitteln und sonstigen Erkenntnisquellen vor dem Hintergrund der ihnen zukommenden Beweiskraft hinweist, i.Ü. aber darauf verweist, dies gäbe regelmäßig „angesichts des flexiblen Umgangs des BVerfG mit dem Prozessrecht" keinen Ausschlag, kann dem rechtlich nicht gefolgt werden.

[1384] Zum Zivilprozessrecht *Huber,* in: Musielak/Voit, ZPO, § 445 Rn. 3.

[1385] In diesem Sinne zur ZPO *Huber,* in: Musielak/Voit, ZPO, § 445 Rn. 3.

[1386] So zur (nach geltender Rechtslage obsoleten) Frage der Entstehen einer anwaltlichen Beweisgebühr gemäß § 31 Abs. 1 Nr. 3 BRAGO a.F., die auch im Verfassungsprozess die Vertretung im Beweisaufnahmeverfahren voraussetzte, BVerfGE 81, 387 (391); ebenso BVerfGE 96, 251 (254): „Eine Beweisaufnahme liegt vor, wenn sich das Gericht zur Ermittlung rechtserheblicher Tatsachen auf Antrag oder – im Hinblick auf den Amtsermittlungsgrundsatz (vgl. § 26 Abs. 1 Satz 1 BVerfGG) – von Amts wegen eines Beweismittels bedient."

plus-Vier"-Vertrag) eine *Beweisaufnahme* dar. *Die Anhörung diente erkennbar nicht lediglich dazu, den einschlägigen Vortrag der Bundesregierung zu verdeutlichen und zu ergänzen.* Vielmehr sollte er aufgrund seiner Informationen und Wahrnehmungen bei den Vertragsverhandlungen Angaben dazu machen, welche Haltung die Deutsche Demokratische Republik und die Sowjetunion in bezug auf den mit der Verfassungsbeschwerde angegriffenen Restitutionsausschluß eingenommen hatten."[1387] Letzteres war für das Urteil zum Einigungsvertrag entscheidungserheblich gewesen.[1388]

Andererseits kann jedoch im Einzelfall kaum zuverlässig beurteilt werden, ob etwa eine richterliche Befragung oder ein Auskunftsersuchen im Prozess lediglich der Stoffsammlung oder doch der Beweiserhebung gedient hat. Wirklich deutlich wird dies erst mit dem Abschluss des gerichtlichen Verfahrens, wenn zu erkennen ist, was das Gericht für entscheidungserheblich gehalten hat und auf welche Tatsachen es sich in diesem Zusammenhang stützt.[1389] Grund hierfür sind fehlende prozedurale Zwänge im Rahmen des Freibeweisverfahrens sowie die gängige Praxis des Gerichts, den Beteiligten, sonstigen Äußerungsberechtigten (§§ 77, 82 Abs. 1, 94 BVerfGG) sowie Dritten (§ 27a BVerfGG, 22, 41 GO-BVerfG) unabhängig von konkreten richterlichen Fragen in weitem Umfang Gelegenheit zur Äußerung zu geben.[1390] Dies erhöht im Prozess die Gefahr der Umgehung beweisrechtlicher Vorgaben, insbesondere der Beteiligtenrechte in Bezug auf die Beweiserhebung.[1391] Insofern erscheint es unerlässlich, dass das Gericht den Beteiligten noch im Verfahren neben den aus seiner Sicht entscheidungserheblichen Tatsachen auch den Zweck der Befragung Dritter mitteilt, soweit dieser nicht offenkundig ist. Dabei ist freilich zu berücksichtigen, dass sich die Ent-

---

[1387] BVerfGE 96, 251 (254 f.), Kursivsetzung durch Verf.

[1388] S. BVerfGE 84, 90 (115, 127 f.). Vgl. auch BVerfGE 63, 148 (150 ff.): Stoffsammlung dient „der Sammlung und Sichtung von Tatsachen [...], die aus der Sicht des Vorsitzenden und des Berichterstatters für die Entscheidung des Senats möglicherweise von Bedeutung hätten sein können".

[1389] So bereits *Lechner/Zuck*, § 26 Rn. 10, die ergänzen: „Folgerichtig wird insoweit auch deutlich, welche Tatsachen die Entscheidung stützen, obwohl sie nicht ermittelt worden sind."; vgl. auch *Meskouris*, in: Barczak, § 26 Rn. 28. Davon, dass zuweilen erst die Entscheidung selbst Klarheit bringt, geht wohl das Verfassungsgericht selbst aus, wenn es in dem soeben zitierten Beschluss (BVerfGE 96, 251 [255]) bemerkt: „Darüber hinaus ergibt sich das Vorliegen einer Beweisaufnahme aber eindeutig daraus, daß der Senat in seinem Urteil die Bekundungen der Angehörten wie Zeugenaussagen verwertet und gewürdigt hat."; dies legt vor allem die Risiken für die Beteiligtenrechte, insb. den Grundsatz rechtlichen Gehörs (Art. 103 Abs. 1 BVerfGG), offen.

[1390] Krit. zur fehlenden Bestimmung des Beweisthemas durch das Bundesverfassungsgericht i. Ü. *Bull,* in: FS Koch, S. 29 (36): Im Sinne einer genauen Feststellung des erheblichen Tatsachenmaterials ist es „vorrangig, die zu klärenden Fragen zuvor [...] in strukturierter Form zu fixieren."; s. auch a.a.O., S. 47 zu BVerfGE 104, 370: Die „erbetenen Angaben [...] sind jedoch derart umfassend und unspezifisch bezeichnet, dass es von vornherein unmöglich war, diese Anforderungen zu erfüllen".

[1391] S. zu den Beteiligtenrechten oben S. 112 ff., 121 f. sowie unten S. 305 ff.

scheidungserheblichkeit einer Tatsache zuweilen erst im Laufe des Verfahrens bzw. gerade aufgrund der „Stoffsammlung" herausstellen wird. In diesem Fall ist dem Beweisrecht nachträglich Geltung zu verschaffen: Das Gericht ist also insbesondere gehalten, den Beteiligten in Bezug auf eben jene Tatsache bzw. auf das Ergebnis der – ex post zur Beweisaufnahme „mutierten" – Stoffsammlung nachträglich Gehör zu verschaffen (Art. 103 Abs. 1 GG). Außerdem hat es bei einer Entscheidung unter Berücksichtigung des Ergebnisses der „vormaligen Stoffsammlung" die Grundsätze der Beweiswürdigung zu wahren. In der Konsequenz dürfte der Beweiswert der im Rahmen der Stoffsammlung getätigten Äußerung regelmäßig vergleichsweise gering anzusetzen sein; denn soweit die Entscheidungserheblichkeit einer Tatsache nicht offenkundig war, erscheint die Zuverlässigkeit des Vortrags in diesem Punkt per se fraglich.

B. Beweiserhebung im Strengbeweisverfahren: Zeugen- und Sachverständigenbeweis

Die Beweiserhebung im Verfassungsprozess muss wie dargelegt – ausschließlich – bezüglich des Zeugen- und Sachverständigenbeweises (erfasst ist hiervon auch der sachverständige Zeuge, vgl. § 85 StPO sowie § 414 ZPO) im Wege des Strengbeweises erfolgen. Das BVerfGG verweist insofern umfassend auf die StPO bzw. ZPO.[1392] In den quasi-strafrechtlichen Verfahren der Grundrechtsverwirkung, des Parteiverbots, der Präsidentenanklage sowie der Richteranklage finden danach für den Zeugen- sowie Sachverständigenbeweis die strafprozessualen Vorschriften der §§ 48–80, 82–85, 251–253 StPO entsprechende Anwendung. In den übrigen Verfahren gelten diesbezüglich die §§ 375–414 der ZPO entsprechend.[1393] Sowohl die Normen der StPO als auch ZPO enthalten zahlreiche verfahrensmäßige Bindungen in Bezug auf den Zeugen- und Sachverständigenbeweis. Insbesondere schreiben sie grundsätzlich die Beweisaufnahme aufgrund förmlichen Beschlusses (also eine förmliche Beweisaufnahme) in mündlicher Verhandlung vor.[1394] Eine Analyse sämtlicher Regelungen erübrigt sich an dieser Stelle indes angesichts mannigfacher und in der Sache erschöpfender Darstel-

---

[1392] Freilich bezieht sich der Verweis in § 28 Abs. 1 BVerfGG nur auf die Art und Weise der Vernehmung des Zeugen bzw. Sachverständigen, vgl. auch *Waldhoff,* in: Walter/Grünewald, § 45 Rn. 8.

[1393] Vgl. dazu etwa *Lechner/Zuck,* Rn. 28; *Meskouris,* in: Barczak, § 28 Rn. 5 ff.; *Zöbeley,* in: U/C/D, § 28 Rn. 2 f. In den quasi-strafrechtlichen Verfahren hat das Gericht i. Ü. besondere, „strafprozessuale" Befugnisse zur Beweissicherung, wie etwa die Möglichkeit der gerichtlichen Durchsuchungsanordnung (vgl. §§ 38, 47, 54, 58 Abs. 1 BVerfGG).

[1394] Eine Ausnahme vom Mündlichkeitsgrundsatz betreffend den Sachverständigenbeweis normiert etwa § 358a S. 2 Nr. 4 ZPO, der nach seinem Telos im Verfassungsprozessrecht ebenfalls entsprechend anzuwenden ist.

lungen in der Fachliteratur.[1395] Freilich ist dabei, soweit die ZPO in Bezug genommen wird, (im Rahmen der entsprechenden Anwendung derselben) zu berücksichtigen, dass der Verfassungsprozess anders als der Zivilprozess der Untersuchungsmaxime unterliegt.[1396]

Eine Besonderheit ergibt sich für das Verfassungsprozessrecht zudem aus § 28 Abs. 2 BVerfGG: Soweit ein Zeuge oder Sachverständiger nur mit Genehmigung einer vorgesetzten Stelle aussagen darf (vgl. etwa § 68 Abs. 1 BBG sowie § 7 BMinG), modifiziert § 28 Abs. 2 S. 1 BVerfGG die entsprechenden Ablehnungsgründe des Fachrechts für die Verfahren vor dem Verfassungsgericht in der Weise, dass die für die Aussagegenehmigung zuständige Stelle nicht mit der ernstlichen Gefährdung oder erheblichen Erschwernis für die Erfüllung öffentlicher Aufgaben argumentieren, sondern ausschließlich bei *Nachteilen für das Bundes- oder Landeswohl* eine Genehmigung verweigern kann.[1397] Auch in diesem Fall ist das Verfassungsgericht befugt, mit einer Mehrheit von zwei Dritteln seiner Stimmen die Verweigerung der Genehmigung für unbegründet zu erklären (§ 28 Abs. 2 S. 2 BVerfGG).[1398]

Wer Zeuge oder Sachverständiger (bzw. sachverständiger Zeuge) ist, bestimmt sich im Übrigen ebenso wie die Auswahl der Beweisperson[1399] nach den in Bezug genommenen Paragrafen des Fachrechts.[1400]

[1395] Zur StPO etwa *Eisenberg*, Beweisrecht, Rn. 1000 ff. u. 1500 ff.; sowie die jeweiligen Kommentierungen zur StPO bei *Gercke u.a.*; *Meyer-Goßner/Schmitt*; *Satzger u.a.*; s. zur ZPO nur die Kommentierungen bei *Musielak/Voit*; *Prütting/Gehrlein*; *Thomas/Putzo*; *Zöller*.

[1396] S. zur vergleichbaren Thematik im Verwaltungsprozessrecht, das in § 98 VwGO zur Durchführung der Beweisaufnahme auf die zivilprozessualen Vorschriften verweist, *Vierhaus*, Beweisrecht, Rn. 306 f.; dessen Warnung, Verwaltungsrichter führten derart selten förmliche Beweisaufnahmen durch, dass ihnen die für die Handhabung der maßgebenden ZPO-Vorschriften notwendige Übung fehle, lässt sich wohl auf das Bundesverfassungsgericht übertragen (a. a. O., Rn. 307). „Ungeübtheit" und damit einhergehende „Berührungsängste" attestiert denn auch *Brink*, in: Linien, S. 3 (31), dem Bundesverfassungsgericht. Ähnlich vermutet *Bryde*, in: 50 Jahre BVerfG I, S. 533 (542), fehlendes „Know-How". Zur Untersuchungsmaxime S. 103 ff.

[1397] *Grünewald*, in: Walter/ders., § 28 Rn. 11; dazu auch *Lechner/Zuck*, § 28 Rn. 10.

[1398] Im Umkehrschluss ergibt sich hieraus, dass es dem Gericht „nicht gestattet [ist], von vornherein unter Hinweis auf entgegenstehende Geheimschutzbelange oder die besondere Verfahrensverantwortung von Beteiligten auf die Ermittlung entscheidungserheblicher Tatsachen zu verzichten", Sondervotum von *Sommer, Jentsch, Di Fabio* und *Mellinghoff* zum Einstellungsbeschluss im ersten NPD-Verbotsverfahren, s. BVerfGE 107, 339 (389 f.); s. zum Telos der Einschränkung des Geheimnisschutzes in § 28 Abs. 2 BVerfGG bereits oben S. 125 mit Fn. 669.

[1399] Insb. Verfahrensbeteiligte scheiden danach als Zeugen sowie grds. auch als Sachverständige aus. Vgl. auch *Ulsamer*, in: Maunz u. a., § 28 Rn. 3 (Stand: Juni 2018); *Zöbeley*, in: U/C/D, § 28 Rn. 4.

[1400] H.M., s. nur *Grünewald*, in: Walter/ders., § 28 Rn. 3; *Ulsamer*, in: Maunz u. a., § 28 Rn. 3 (Stand: Juni 2018); *Zöbeley*, in: U/C/D, § 28 Rn. 4. Die Abgrenzung jener Beweismittel zueinander lässt sich dabei im Allgemeinen wie folgt vornehmen: Der

C. Beweiserhebung im Freibeweisverfahren: Sämtliche sonstige Ermittlungsmaßnahmen

Mit Ausnahme des Zeugen- sowie Sachverständigenbeweises kann (und muss) das Bundesverfassungsgericht, wie nachgewiesen, sämtliche Beweise im Wege des Freibeweisverfahrens erheben. Es gelten die dargelegten Grundsätze[1401], sodass das Gericht in der Verfahrensgestaltung weitestgehend frei ist.

Dabei hat es indes insbesondere die allgemeinen Beweisgrundsätze zu wahren sowie sich an den rechtlichen Rahmen der Beweiswürdigung zu halten.[1402]

Darüber hinaus sind Rückausnahmen von einzelnen „Befreiungen" des Freibeweisverfahrens zugunsten „starrer" Verfahrensvorgaben denkbar. So schreibt das BVerfGG für das Widerspruchsverfahren des einstweiligen Rechtsschutzes sowie die Verfahren der Präsidentenanklage und der Richteranklage ausdrücklich die Durchführung einer mündlichen Verhandlung vor (§§ 32 Abs. 3 S. 3, 55 Abs. 1 und 58 Abs. 1). Gleiches gilt für das Parteiverbotsverfahren sowie die Verfahren zum Ausschluss einer Partei von staatlicher Finanzierung und zur Grundrechtsverwirkung.[1403] Mit dieser Regelung verlagert sich auch die Beweisaufnahme zwingend in die mündliche Verhandlung.[1404]

Fraglich ist, ob darüber hinaus im Verfassungsprozess eine *grundsätzliche* Rückausnahme von dem im Freibeweisverfahren an sich zulässigen Verzicht auf die mündliche Beweisaufnahme zu machen ist. Im Schrifttum wird gar überwiegend vertreten, eine Beweisaufnahme des Verfassungsgerichts außerhalb der mündlichen Verhandlung sei schlicht „unzulässig".[1405] Für eine derart weitreichende Einschränkung des Freibeweisverfahrens besteht indes kein Sachgrund. Insbesondere schreibt sie der Grundsatz der Mündlichkeit nicht vor: Soweit der

---

Sachverständige trifft im Auftrag des Gerichts und anlässlich des Verfahrens Feststellungen zu konkreten wie generellen Tatsachen der Gegenwart, Vergangenheit sowie Zukunft, während der Zeuge über konkrete (in der Regel vergangene, selten auch gegenwärtige) außerhalb des Verfahrens gemachte Wahrnehmungen aussagt; der sachverständige Zeuge berichtet über konkrete vergangene wie gegenwärtige Tatsachen, deren – nicht im Auftrag des Gerichts gemachte – Wahrnehmung Sachkunde erfordert. Dazu aus Sicht der StPO *Eisenberg,* Beweisrecht, Rn. 1510 u. 1514.

[1401] S. S. 277 ff.

[1402] Vgl. auch *Lechner/Zuck,* Rn. 7; *Meskouris,* in: Barczak, § 26 Rn. 43 (nach hier vertretener Auffassung grundlos auf das Parteiverbotsverfahren beschränkt).

[1403] S. dazu oben S. 117 f.

[1404] Freilich mag sich dies regelmäßig schon daraus ergeben, dass in den genannten Verfahren gerade Zeugen- und Sachverständigenbeweis (für die ohnehin die Grundsätze des Strengbeweises gelten) als taugliche Beweismittel in Betracht kommen.

[1405] In diesem Sinne etwa *Brink,* in: Linien, S. 3 (6); *Haberzettl,* in: B/D/S, § 26 Rn. 19; *Klein,* in: Maunz u. a., § 26 Rn. 11 (Stand: 1987); *Meskouris,* in: Barczak, § 26 Rn. 27, 29; *Walter,* in: ders./Grünewald, § 26 Rn. 11; *Zöbeley/Dollinger,* in: U/C/D, § 26 Rn. 16. A. A. *Lechner/Zuck,* § 26 Rn. 11; früh auch *Geiger,* BVerfGG, § 26 Anm. 4; *Leibholz/Rupprecht,* BVerfGG, § 26.

Verzicht auf die mündliche Verhandlung im Verfassungsprozess nach § 25 BVerfGG zulässig ist, muss danach vielmehr auch die Beweisaufnahme nicht in mündlicher Verhandlung erfolgen.[1406] Für eine andere Auffassung gibt das BVerfGG systematisch nichts her. Insbesondere findet sich keine mit §§ 355 Abs. 1 S. 1 ZPO, 96 Abs. 1 S. 1 VwGO, 244 Abs. 1 StPO vergleichbare Vorschrift, welche die Beweisaufnahme in mündlicher Verhandlung *ausdrücklich* (und damit unabhängig von sonstiger Mündlichkeit) vorschriebe.[1407]

Auch folgt die Pflicht zur „Rückausnahme" vom Verzicht auf die Mündlichkeit, soweit eine Beweisaufnahme in Rede steht, nicht etwa aus § 26 Abs. 1 S. 2 BVerfGG: Dieser gestattet es dem Gericht, außerhalb der mündlichen Verhandlung ein Mitglied des Gerichts mit der Beweiserhebung zu beauftragen oder mit Begrenzung auf bestimmte Tatsachen und Personen ein anderes Gericht darum zu ersuchen. Die Zulässigkeit, die Beweisaufnahme außerhalb der mündlichen Verhandlung auf eine andere Stelle zu übertragen, bedeutet indes keineswegs, dass das erkennende Gericht selbst nur in mündlicher Verhandlung ermitteln dürfte.[1408] Vielmehr ergibt sich daraus im Wege eines „Erst-recht-Schlusses", dass neben einzelnen Mitgliedern des Gerichts auch der gesamte Senat bzw. die gesamte Kammer außerhalb der mündlichen Verhandlung Beweise erheben kann (*erhöht* dies doch vielmehr, im Vergleich zur Beweiserhebung durch das einzelne Mitglied, die Richtigkeitsgewähr der gerichtlichen Überzeugungsbildung[1409]).

Eine grundsätzliche Pflicht zur Anberaumung eines mündlichen Beweistermins lässt sich überdies nicht aus § 29 S. 1 BVerfGG ableiten.[1410] Vielmehr normiert dieser allein die Pflicht zur Benachrichtigung sowie das Recht zur Teilnahme der Beteiligten, *wenn* (fakultativ) tatsächlich ein solcher Termin anberaumt wurde.

Mithin ist das Bundesverfassungsgericht im Freibeweisverfahren grundsätzlich befugt, auch außerhalb mündlicher Verhandlung Beweise zu erheben (ausgenommen sind, wie dargelegt, nur die sog. quasi-strafrechtlichen Verfahren sowie § 32 Abs. 3 BVerfGG). Letztlich lässt sich die gegenteilige Auffassung in der Literatur wohl nur mit einem zu engen Verständnis des Begriffs der Beweisaufnahme begründen. Denn sofern damit (allein) die *förmliche* Beweisaufnahme ge-

---

[1406] S. dazu oben S. 117 f.

[1407] Hinzuweisen ist an dieser Stelle zudem darauf, dass durchaus auch das Fachrecht, soweit es das Strengbeweisverfahren normiert, Ausnahmen vom Grundsatz der Beweisaufnahme in mündlicher Verhandlung kennt, s. etwa § 358a S. 2 ZPO oder §§ 251 Abs. 1 und 2 StPO.

[1408] Nicht gefolgt werden kann daher *Zöbeley/Dollinger,* in: U/C/D, § 26 Rn. 16; sowie *Walter,* in: ders./Grünewald, § 26 Rn. 11: „Wie sich im Umkehrschluss aus § 26 Abs. 1 S. 2 ergibt, erfolgt die Beweisaufnahme in einem Beweistermin (vgl. § 29) in mündlicher Verhandlung."

[1409] Auch entspricht dies letztlich dem (obschon im Freibeweisverfahren gelockerten) Unmittelbarkeitsgrundsatz; zu diesem oben S. 119 ff. und sogleich im Text.

[1410] In diese Richtung aber wohl *Walter,* in: ders./Grünewald, § 26 Rn. 11.

meint ist,[1411] ist die mündliche Verhandlung tatsächlich als zwingend zu bezeichnen. Dies ergibt sich schon daraus, dass jene Beweisaufnahme im Strengbeweisverfahren erfolgt[1412] respektive hier die Grundsätze desselben gelten. Indes beschränkt sich der Anwendungsbereich des § 26 Abs. 1 S. 1 BVerfGG wie dargelegt gerade nicht auf selbiges Verfahren.[1413] Soweit das Gericht danach also im Wege des Freibeweisverfahrens Beweis erhebt, ist es grundsätzlich nicht zur mündlichen Verhandlung verpflichtet.[1414]

Im Kontext möglicher Ausnahmen von den Grundsätzen des Freibeweisverfahrens stellt sich zuletzt die Frage, ob im Verfassungsprozessrecht – entgegen dieser Grundsätze – die Pflicht zu formeller Unmittelbarkeit fortbestehen muss. Auch diese Frage ist im Ergebnis indes zu verneinen. Der Grundsatz der (formellen) Unmittelbarkeit ist verfassungsrechtlich nicht unbedingt vorgeschrieben.[1415] Auch ergibt sich die Zulässigkeit der Einschränkung des Unmittelbarkeitsgrundsatzes aus dem BVerfGG selbst, welches das Freibeweisverfahren wie dargelegt (mangels abweichender Vorgaben) weit überwiegend vorsieht. Darüber hinaus wirkt sich zumindest der Rechtsgedanke der formellen Unmittelbarkeit auch im Freibeweisverfahren – mittelbar – aus, hat doch das Gericht im Rahmen der Beweiswürdigung die fehlende Unmittelbarkeit einer Wahrnehmung und die daraus resultierende Fehleranfälligkeit derselben bei der Bestimmung des Beweiswerts zu berücksichtigen.[1416]

Die Zulässigkeit des Freibeweisverfahrens bedeutet im Verfassungsprozess im Übrigen nicht allein den regelmäßigen Verzicht auf die mündliche Verhandlung. Vielmehr wirkt sich jene „Verfahrensart" auch auf den Ablauf einer im Einzelfall doch anberaumten mündlichen Verhandlung aus. So kennt das Verfassungsprozessrecht in Anlehnung an die allgemeinen Grundsätze des Freibeweisverfahrens in Wesentlichen (mit Ausnahme der bereits zitierten §§ 55, 58 Abs. 1 BVerfGG in den sog. quasi-strafrechtlichen Verfahren) keine Vorgaben hinsichtlich des Gangs der Verhandlung.[1417] Mithin folgt auch die Beweiserhebung in mündlicher

---

[1411] So offenkundig *Haberzettl*, in: B/D/S, § 26 Rn. 18 f.; wohl auch *Meskouris*, in: Barczak, § 26 Rn. 23, 27 ff.

[1412] Deutlich etwa *Burschel*, in: Hahne u. a., FamFG, § 30 Rn. 2: „Strengbeweis (= förmliche Beweisaufnahme [...])."

[1413] S. oben S. 279 ff.

[1414] Eine Ausnahme lässt sich insofern allenfalls im Einzelfall in Bezug auf bestimmte Beweismittel erwägen, die vernünftigerweise nicht im schriftlichen Verfahren gewürdigt werden können. Hier wird das richterliche Ermessen hinsichtlich der Verzichtsentscheidung regelmäßig (auf Null) reduziert sein.

[1415] S. oben S. 121.

[1416] S. allg. zu den Grenzen der freien Beweiswürdigung unten S. 314 ff.

[1417] Vgl. dementgegen etwa § 243 StPO, §§ 284, 355 ff. ZPO. Freilich wird der Verhandlung dennoch in aller Regel eine Gliederung des Verhandlungsverlaufs zugrunde liegen (vgl. § 24 Abs. 2 GO-BVerfG); mit *Zuck*, Verfassungsbeschwerde, Rn. 1036, ist daher anzunehmen, dass jene durchaus „vom Gericht sorgfältig strukturiert" ist.

Verhandlung keinem starren Prozedere, soweit sie im Freibeweisverfahren erfolgt.[1418] Der Verlauf der mündlichen Verhandlung vor dem Bundesverfassungsgericht weicht dementsprechend – rechtlich zulässig[1419] – von den (grundsätzlich
dem Strengbeweisverfahren unterliegenden) Verfahren vor den Fachgerichten
regelmäßig deutlich ab. Üblicherweise kommen in jener mit Vertretern gesell-
schaftlicher, politischer, kultureller und wirtschaftsorientierter Gruppierungen
und Verbände[1420] insbesondere eine Vielzahl im weitesten Sinne sachverständiger Personen zu Wort, ohne dass das Beweisthema, zu dem diese (wenngleich
nur informal) gehört werden, vorher klar umrissen wäre.[1421] Faktisch ähnelt das
Verfahren sonach einem parlamentarischen Hearing.[1422] Die damit einhergehende Flexibilität bei der Befragung respektive „Anhörung" der Beweispersonen
ist nach den Grundsätzen des Freibeweisverfahrens zwar prozedural unproblematisch; im Rahmen der Beweiswürdigung der so getätigten Aussagen ist sie indes
besonders zu berücksichtigen.[1423]

D. Zulässige Beweismittel

I. Überblick

Neben den bereits erwähnten Beweismitteln des Zeugen- und Sachverständigenbeweises kommen auch im Verfassungsprozess zunächst die klassischen
Beweismittel der Parteivernehmung, Inaugenscheinnahme, des Urkundenbeweises

---

[1418] Anders ist dies freilich, soweit Zeugen oder Sachverständige gehört werden, also
ausnahmsweise, partiell, die Grundsätze des Strengbeweisverfahrens die mündliche
Verhandlung lenken.

[1419] A. A. ohne Begründung *Roellecke,* in: VVDStRL 1975, 125 (126 f., 136).

[1420] S. exemplarisch BVerfGE 146, 71 (Rn. 104); BVerfG, NZFam 2018, 724 (728
Rn. 42 ff.); aus jüngster Zeit BVerfG, Urt. v. 05.11.2019 – 1 BvL 7/16 –, juris
Rn. 98 ff. Vgl. auch die beispielhafte Auflistung durch das Verfassungsgericht bisher
gehörter „Interessenvertreter" von *Dollinger,* in: U/C/D, § 27a Rn. 16.

[1421] Krit. dazu *Bull,* in: FS Koch, S. 29 (36 f.). Vgl. in diesem Kontext auch die Krit.
von *Zuck,* Verfassungsbeschwerde, Rn. 1036, wonach sich das Gericht in den Rechtsfragen äußerst zurückhalte, „insbesondere nie vorher sag[e], was ihm diskussionswürdig
erscheint"; diese Zurückhaltung wirkt sich zwangsläufig auch auf den für erheblich
gehaltenen Sachverhalt aus. Zu „Kontroversen" zwischen Verfahrensbeteiligten und
Verfassungsrichtern, die das unklare Beweisthema hervorbringt, ferner *Kranenpohl,*
Schleier, S. 102.

[1422] Die daran zuweilen geäußerte Kritik ist jedenfalls aus beweisrechtlicher Sicht
nicht begründet; im Ergebnis so auch *Kluth,* NJW 1999, 3513 (3514); *Starck,* in:
VVDStRL 1975, 43 (75); gar lobend *Haberzettl,* in: B/D/S, § 27a Rn. 8; *Häberle,* in:
VVDStRL 1975, 136 (136); krit. dagegen *Benda/Klein,* Rn. 222; *Roellecke,* in:
VVDStRL 1975, 125 (126 f.; relativierend auf S. 136). Vgl. zum Ganzen ferner *Bull,*
in: FS Koch, S. 29 (46 f.); *Bryde,* in: 50 Jahre BVerfG I, S. 533 (537); *Dollinger,* in:
U/C/D § 27a Rn. 12; *Engelmann,* Prozeßgrundsätze, S. 57 f.; *Korinek,* in: 40 J. GG,
S. 107 (116 f.); *Neutz,* Verfassungsprozessrecht, S. 103 f.

[1423] Insofern ist insb. die Glaubhaftigkeit der Äußerungen sorgfältig zu würdigen,
s. dazu unten S. 316 u. 323.

sowie der amtlichen Auskunft[1424] in Betracht. Geregelt sind diese im BVerfGG nicht.[1425] Ihre Erhebung erfolgt wie dargelegt im Wege des Freibeweisverfahrens; insbesondere scheidet insofern eine entsprechende Anwendung von Regelungen des Fachrechts (etwa §§ 371 ff., 415 ff., 445 ZPO) in Ansehung des § 28 Abs. 1 BVerfGG von vorneherein aus (argumentum e contrario).

Nach den dargelegten Grundsätzen des Freibeweisverfahrens ist das Verfassungsgericht ferner nicht auf jene „klassischen" Beweismitteln beschränkt.[1426] Vielmehr kommen – unter Zugrundelegung des in diesem Verfahren anerkannten weiten Begriffsverständnisses des „Beweismittels"[1427] – als Beweismittel alle erdenklichen Mittel in Betracht, die auf Grund objektiver Umstände und unter Beachtung der Denkgesetze geeignet sind, seitens des Gerichts herangezogen zu werden, um unmittelbar oder mittelbar zur tatsachenbezogenen Überzeugungsbildung desselben beizutragen.[1428]

Eine eigene (wenngleich marginale) Regelung erfahren haben insofern die „Stellungnahme sachkundiger Dritter" in § 27a BVerfGG, die „Begutachtung durch Persönlichkeiten, die auf einem Gebiet über besondere Kenntnisse verfü-

---

[1424] Diese wird auch in anderen Prozessordnungen als Beweismittel anerkannt (vgl. etwa aus dem Zivilprozessrecht § 358a S. 2 Nr. 2 ZPO). Ohne Begründung und wohl nur mit einem zu engen Begriffsverständnis bzw. bestehenden Missverständnissen hinsichtlich der Geltung des Freibeweisverfahrens im Verfassungsprozess erklärlich meint indes *Brink*, in: Linien S. 3 (6), „bei Legislative und Exekutive eingeholte Äußerungen über die Praxis von Parlament und Behörden" zählten „[n]icht zur Beweiserhebung". Wie hier indes ausdrücklich statt vieler *Walter*, in: ders./Grünewald, § 26 Rn. 13, m.w.N.

[1425] Vgl. zum Urkundenbeweis ausschließlich § 26 Abs. 2 BVerfGG. Zur Behördenauskunft zumindest § 27 BVerfGG.

[1426] Wie hier etwa *Klein*, in: Maunz u.a. § 26 Rn. 10 (Stand: Januar 1987); *Lechner/Zuck*, § 26 Rn. 8; *Leibholz/Rupprecht*, BVerfGG, § 26; *Zöbeley/Dollinger*, in: U/C/D, § 26 Rn. 13; unklar *Lenz/Hansel*, § 26 Rn. 4; *Walter*, in: ders./Grünewald, § 26 Rn. 13.

[1427] Das der wohl h.L. im Verfassungsprozessrecht zugrunde liegende enge, auf die klassischen Beweismittel beschränkte Begriffsverständnis des „Beweismittels", lässt sich im Anwendungsbereich des Freibeweisverfahrens nicht begründen. So bleiben die Vertreter des engen Begriffsverständnisses denn auch eine Begründung für selbiges schuldig, vgl. nur *Meskouris*, in: Barczak, § 26 Rn. 30; *Schlaich/Korioth*, Rn. 60; *Walter*, in ders./Grünewald, § 26 Rn. 13; wohl auch *Haberzettl*, in: B/D/S, § 26 Rn. 20 f.; *Lenz/Hansel*, § 26 Rn. 9. *Meskouris* positioniert sich zudem widersprüchlich, wenn er einerseits (an sich durchaus überzeugend) meint, „als Beweismittel kommen alle Erkenntnisquellen in Betracht, die geeignet sind, dem Gericht die Überzeugung von der Wahrheit des entscheidungserheblichen Sachverhalts zu verschaffen", den Kanon der Beweismittel andererseits aber auf die klassischen Beweismittel beschränkt und damit insb. sachkundige Dritte (§ 27a BVerfGG) von diesen ausnimmt (a.a.O., Rn. 30 sowie 26).

[1428] I.Erg. wie hier *Benda/Klein*, Rn. 323; *Klein*, in: Maunz u.a. § 26 Rn. 10 (Stand: Januar 1987); *Lechner/Zuck*, § 26 Rn. 8; wohl auch *Leibholz/Rupprecht*, BVerfGG, § 26; *Zöbeley/Dollinger*, in: U/C/D, § 26 Rn. 13. Jenes Begriffsverständnis ist gleichermaßen anerkannt für den gesetzlich ausdrücklich das Freibeweisverfahren vorschreibenden Prozess der freiwilligen Gerichtsbarkeit, vgl. nur *Ulrici*, in: MüKo-FamFG, § 29 Rn. 12.

gen" (§ 22 Abs. 5 GO-BVerfG) sowie die Äußerung sonstiger Dritter (vgl. §§ 77, 82 Abs. 1 und 3, 82a Abs. 2, 88, 94 Abs. 1–4 BVerfGG). Zu (informalen) Beweispersonen werden die sich im Verfahren äußernden Dritten, soweit sie aus Sicht des Gerichts entscheidungserhebliche Tatsachen bekunden (respektive nicht lediglich [Verfassungs-]Rechtsausführungen liefern). Wie dargelegt kann sich dies auch erst während einer Anhörung oder aufgrund einer konkreten Stellungnahme ergeben.[1429]

Neben den genannten informalen Beweispersonen findet die Auskunft durch Behörden (einschließlich Ministerien[1430] und Parlamente), aber auch durch Fachgerichte (§ 27 S. 1 BVerfGG) sowie die Vorlage von Behörden- und Gerichtsakten (§ 27 S. 2 BVerfGG) im Verfassungsprozessrecht zumindest Erwähnung. Als Beweismittel in Betracht kommen damit etwa auch die Verfahrensakten des Bundesrates im Mängelrügeverfahren sowie des Bundestages in Wahlprüfungsverfahren.

Da der Grundsatz der formellen Unmittelbarkeit im Freibeweisverfahren nicht direkt zur Anwendung gelangt, können Auskunftspersonen zudem im Wege informeller persönlicher, telefonischer oder schriftlicher Befragung außerhalb eines Termins gehört werden.[1431] Ton- und Filmaufnahmen sowie Datenaufzeichnungen können im Wege des „formlosen" Augenscheins verwertet werden.[1432] Außerdem können die Beweismittel *mittelbar* in den Prozess eingeführt werden.[1433] Insofern stellt es denn auch keinen Verfahrensverstoß dar, sondern hält sich vielmehr in den zulässigen Grenzen des Freibeweises, wenn die Beweiserhebung im Verfassungsprozess außerhalb der mündlichen Verhandlung nicht durch das Gericht selbst, sondern *durch einzelne wissenschaftliche Mitarbeiter* erfolgt.[1434] Der

---

[1429] S. oben S. 283 f.

[1430] Vgl. zur Qualität von Stellungnahmen der Bundesregierung als Beweismittel auch *Zöbeley/Dollinger*, in: U/C/D, § 26 Rn. 13; darauf, dass eine solche Stellungnahme betreffend die Effektivität völkerrechtlicher Zusicherungen als Beweismittel zu werten sei, weist auch *Sommer* in seinem Sondervotum zu BVerfGE 93, 248 (259 f.), hin.

[1431] So ausdrücklich für den Freibeweis nach dem FamFG BT-Drs. 16/6308, S. 188. Ausgenommen sind per definitionem Zeugen sowie Sachverständige, die im Strengbeweisverfahren zu vernehmen sind.

[1432] Unproblematisch ist daher, wenn sich der Senat z. B. in Organstreitverfahren oder Parteiverbotsverfahren zur Sachaufklärung „auch schon einmal gemeinsam vor den Fernseher [setzt]", um erhebliche Wahlwerbung anzuschauen; auf dieses Vorgehen weist *Voßkuhle*, NJW 2013, 1329 (1333), hin (Zitat ebd.). S. exemplarisch auch die „Internetrecherche" des Gerichts in BVerfG, NVwZ 2004, 1111 (1112). Vgl. ferner zum FamFG *Burschel*, Hahne u. a., FamFG, § 29 Rn. 12.

[1433] S. dazu bereits oben auf S. 277 sowie S. 288. Vgl. exemplarisch BVerfGE 81, 58 (59 f. und 67 ff.): Hier zog das Gericht zur Aufklärung der Lebenssituation der Jesiden in der Türkei als Beweismittel u. a. die Auskünfte des Auswärtigen Amtes an verschiedene Verwaltungsgerichte sowie die Stellungnahmen von Sachverständigen, die diese zuvor in anderen verwaltungsgerichtlichen Verfahren getätigt hatten, heran.

[1434] Schlicht unzutreffend daher *Brink*, in Linien, S. 3 (17): „Das sprengt selbst die Grenzen des Freibeweisverfahrens."

Bestimmung des § 26 Abs. 1 S. 2 BVerfGG, die die Beweiserhebung außerhalb der mündlichen Verhandlung durch ein Mitglied des Gerichts oder ein anderes Gericht explizit gestattet, kommt sonach nur im Strengbeweisverfahren eigenständige Bedeutung zu.

II. Praktische Relevanz

Die praktische Relevanz des Zeugenbeweises ist im Verfassungsprozess gering und in jüngerer Zeit noch gesunken.[1435] Dies liegt freilich schon an der Natur der vor dem Bundesverfassungsgericht regelmäßig relevant werdenden Tatsachen: Diese sind weit überwiegend genereller und/oder zukünftiger Art, sprich einer Bezeugung anhand singulärer Wahrnehmung nicht zugänglich.[1436] Häufiger erhebt das Verfassungsgericht daher Sachverständigenbeweis,[1437] wobei es auch insofern den formlosen Beweismitteln ersichtlich den Vorzug einräumt. Besondere Bedeutung erlangen im Verfassungsprozess (ungeachtet der jeweiligen Verfahrensart) letztlich Beteiligtenvernehmungen,[1438] die Einholung von Auskünften sonstiger informaler Beweispersonen[1439], von Auskünften durch Behörden (einschließlich Ministerien und Parlamente)[1440], durch Fachgerichte sowie die Vorlage von Behörden- und Gerichtsakten.[1441]

[1435] So denn auch *Meskouris,* in: Barczak, § 28 Rn. 4; *Zöbeley/Dollinger,* in: U/C/D, § 26 Rn. 10, mit einem die Entwicklung verdeutlichenden Verweis auf BVerfGE 4, 412 (415, 420, 423): In dieser frühen Entscheidung hatte das Gericht aufgrund einer Rüge der Verletzung des Art. 101 Abs. 1 S. 2 GG gar die beteiligten Fachrichter als Zeugen gehört.

[1436] Dazu bereits S. 39 ff., 50 ff. und 64 ff. S. auch *Kluth,* NJW 1999, 3513 (3514), *Meskouris,* in: Barczak, § 28 Rn. 4 Fn. 12; *Voßkuhle,* NJW 2013, 1329 (1333).

[1437] S. exemplarisch BVerfGE 61, 358 (371); 94, 49 (81); 103, 242 (257); 109, 279 (303); 114, 1 (30 f.); 128, 326 (363); 133, 168 (196 f.). Vgl. auch *Voßkuhle,* NJW 2013, 1329 (1333); sowie zur Bedeutung dieses Beweismittels aus Sicht des „Praktikers" ferner *Kranenpohl,* Schleier, S. 103.

[1438] S. etwa BVerfGE 65, 1 (21 ff.); 107, 339 (349 f.); 147, 1 (Rn. 40, 48). Vgl. i. Ü. aber *Zuck,* JZ 2008, 287 (293), der die Antragsschrift ob der „interessengefilterten Darstellung der entscheidungserheblichen Tatsachen" als „schwächste[s] Glied der Tatsachenkette" bezeichnet.

[1439] Vgl. dazu nur BVerfGE 89, 155 (170 f.); 92, 91 (104 ff.); 92, 365 (388 ff.); 109, 133 (148); 113, 273 (292); 117, 202 (212 ff.); 121, 317 (344); 129, 300 (316); 130, 76 (103 ff.); 131, 316 (331); 132, 195 (231 f.); 133, 59 (70); 135, 155 (193 ff.); 135, 259 (278); 135, 317 (371); 147, 1 (11 ff.); BVerfG, NZFam 2018, 724 (728 Rn. 22 ff. und 42 ff.). Vgl. auch *Haberzettl,* NVwZ-Extra 2015, 1 (4); *Kluth,* NJW 1999, 3153 (3515 f.); *Meskouris,* in: Barczak, § 28 Rn. 4, m.w. N. aus der Rspr.

[1440] Vgl. etwa jüngst BVerfG, Beschl. v. 28.11.2018 – 2 BvL 3/15 –, juris Rn. 20, 46 ff. (teilweise abgedruckt in NVwZ 2019, 223); sowie den aus beweisrechtlicher Sicht besonders anschaulichen Fall BVerfGE 93, 248 (252 ff.) – Sudanesen.

[1441] Dazu etwa *Brink,* in: Linien, S. 3 (17 f.); *Haberzettl,* in: B/D/S, § 26 Rn. 22; *Meskouris,* in: Barczak, § 26 Rn. 25; vgl. auch *Geiger,* Besonderheiten, S. 23.

III. Abgrenzung

Die Unterscheidung der einzelnen Beweismittel verliert im Grundsatz ihre Bedeutung, soweit diese im Freibeweisverfahren erhoben werden können, für ihre Erhebung folglich die gleichen (Verfahrens-)Vorschriften gelten.[1442] Rechtlich erheblich ist dagegen stets die Abgrenzung zwischen Beweismitteln, die im Freibeweisverfahren erhoben werden, und solchen des Strengbeweises (respektive Zeugen und Sachverständigen). Schwierigkeiten bereitet insofern namentlich die Abgrenzung von im weitesten Sinne „Sachkundigen" einerseits und Sachverständigen bzw. (sachverständigen) Zeugen andererseits[1443] – zumal seitens des Bundesverfassungsgerichts nicht immer eindeutig gewählter Begrifflichkeiten.[1444] Dabei ist diese Abgrenzung keineswegs „von untergeordneter Bedeutung"[1445]: Zwar unterliegt nach hier vertretener Auffassung auch die Einholung informaler Stellungnahmen durch „Sachkundige" dem Beweisrecht, soweit sie der Feststellung entscheidungserheblicher Tatsachen dient.[1446] Allerdings „profitiert" das Gericht hier von den geschilderten Freiräumen des Freibeweisverfahrens. Zudem ist die Beweiskraft der in diesem Verfahren erhobenen Beweismittel grundsätzlich geschmälert. Mithin hat die Abgrenzung Bedeutung sowohl für das Verfahren der Beweiserhebung als auch die gerichtliche Endentscheidung.

Im Ergebnis obliegt die Entscheidung, *ob* eine Beweisperson als Sachverständiger oder „informal" gehört wird, dem Bundesverfassungsgericht, dem ein Ermessen hinsichtlich der Auswahl der Beweismittel zukommt.[1447] Ermessenslenkende Kriterien, wie das Gebot materieller Unmittelbarkeit[1448], greifen dabei im Verhältnis der „sachkundigen" Beweispersonen zueinander aufgrund der ähnlichen Struktur und Beweisnähe dieser Beweismittel nicht. Auch ergibt sich aus der Rechtsstellung der Beteiligten grundsätzlich kein solches Kriterium.[1449] Ei-

---

[1442] Ebenso für das FamFG *Ulrici*, in: MüKo-FamFG, § 29 Rn. 12. In diese Richtung für das Verfassungsprozessrecht auch *Scheffczyk*, in: Walter/Grünewald, § 27a Rn. 4.

[1443] Vgl. zur praktischen Relevanz dieser Abgrenzung im Verfassungsprozess OLG Karlsruhe, NStZ 1996, 282 (283), mit krit. Anmerkung von *Kunert*, NStZ 1996, 283 (283 f.).

[1444] Dazu bereits *Haberzettl*, in: B/D/S, § 26 Rn. 18, mit Verweis auf BVerfGE 108, 282, in der die richterlich vernommenen Experten zunächst als „sachverständige Auskunftspersonen" eingeführt (S. 293), in den eigentlichen Entscheidungsgründen dann aber konsequent als Sachverständige (S. 304, 306, 330, 331) in Bezug genommen werden; unklar auch BVerfG, NZFam 2018, 724 (728 Rn. 42 ff.).

[1445] So aber *Haberzettl*, in: B/D/S, § 26 Rn. 18.

[1446] S. zuvor auf S. 279 ff.

[1447] H.M., s. nur *Klein*, in: Maunz u.a., § 26 Rn. 9 (Stand: Januar 1987); *Lechner/ Zuck*, § 26 Rn. 7; früh *Leibholz/Rupprecht*, BVerfGG, § 26; ähnlich *Haberzettl*, in: B/D/S, § 27a Rn. 14; so zumindest für das Parteiverbotsverfahren *Meskouris*, in: Barczak, § 26 Rn. 43.

[1448] Zu dessen (eingeschränkter) Geltung im Verfassungsprozess oben S. 120 und sogleich auf S. 295 f.

[1449] Vgl. in diesem Kontext unten S. 306 zu § 29 S. 2 BVerfGG.

ner Ermessensreduzierung (insbesondere auf Null) steht hier vielmehr grundsätzlich entgegen, dass gerade der Sachverständigenbeweis zeitintensiver und damit möglicherweise gar weniger rechtsschutzintensiv ist als eine „informale Anhörung" Dritter.

Zumeist ist daher im Prozess von der Anhörung informaler Beweispersonen auszugehen, wird sich das Gericht doch selten eigene prozedurale „Daumenschrauben" anlegen wollen.[1450] Bei der Auswahl des Beweismittels hat das Gericht freilich die Möglichkeit der Überzeugungsbildung zu bedenken: Insbesondere wird der Beweiswert des förmlichen Sachverständigen gegenüber den sonstigen Sachkundigen regelmäßig erhöht sein.[1451]

Soweit die Beweisperson in der mündlichen Verhandlung unter Hinweis auf die Wahrheitspflicht vernommen wird, handelt es sich überdies zwangsläufig um einen Zeugen oder Sachverständigen i.S.d. § 28 Abs. 1 BVerfGG mit sämtlichen verfahrensrechtlichen Folgen des Strengbeweises (das „Wie" der Anhörung bestimmt dann nicht mehr das Verfassungsgericht).[1452]

IV. Beweiserhebungs- und Beweisverwertungsverbote

Auch das Bundesverfassungsgericht darf Erkenntnisquellen, die einem Beweiserhebungs- oder Beweisverwertungsverbot unterliegen, nicht als Beweismittel heranziehen.[1453]

Eine Spezialregelung betreffend den Urkundenbeweis findet sich für den Verfassungsprozess zunächst in § 26 Abs. 2 BVerfGG: Danach muss die Verwertung einer Urkunde unterbleiben, wenn ihre Verwendung mit der Staatssicherheit un-

---

[1450] In diesem Sinne etwa auch *Haberzettl*, in: B/D/S, § 26 Rn. 18; *Meskouris,* in: Barczak, § 26 Rn. 26.

[1451] Auch lassen sich Stellungnahmen sonstiger Sachkundiger im Prozess wie dargelegt nicht erzwingen, s. oben S. 277 f.

[1452] In diese Richtung zumindest *Haberzettl*, in: B/D/S, § 26 Rn. 18.

[1453] Hiervon abzugrenzen sind Fälle sog. „Verfahrenshindernisse", die eine graduell gesteigerte, nicht nur den einzelnen Beweis, sondern das Verfahren insg. erfassende Rechtsfolge darstellen; s. *Eschelbach/Gieg/Schulz*, NStZ 2000, 565, 572 f. Ein solches Hindernis nahm die entscheidungstragende Minderheit von drei Richtern des Zweiten Senats im ersten NPD-Verbotsverfahren an, nachdem im Zuge der Sachaufklärung festgestellt worden war, dass die Vorstände der NPD erheblich von V-Leuten der Verfassungsschutzbehörde durchsetzt waren; vgl. BVerfGE 107, 339 (364 ff.); die nicht entscheidungstragende Mehrheit von vier Richtern (vgl. § 15 Abs. 4 S. 1 BVerfGG) war dagegen der Auffassung, dass die ggf. unzulässige Beeinträchtigung des Rechts der Antragsgegnerin auf ein faires Verfahren durch Einsatz der V-Leute erst nach vollständiger Aufklärung der entscheidungserheblichen Tatsachen im Rahmen der Beweiswürdigung bei der Sachentscheidung zu berücksichtigen sei (in Betracht wäre sodann die Annahme eines Verwertungsverbots in Bezug auf bestimmte Beweise gekommen), s. BVerfGE 107, 339 (380 f.).

vereinbar und ein entsprechender Beschluss mit einer Mehrheit von zwei Dritteln der Stimmen des Gerichts ergangen ist.[1454] Ungeachtet des häufig hochpolitischen Inhalts der Verfahren vor dem Verfassungsgericht ist die Bestimmung indes bislang ohne praktische Bedeutung geblieben.[1455]

Darüber hinaus hat das Verfassungsgericht in Hinblick auf das Fachrecht (insbesondere im Strafrecht) verschiedene Beweisverbote aus der Verfassung, vornehmlich der Menschenwürde gemäß Art. 1 Abs. 1 GG, abgeleitet, die insofern auch im Verfassungsprozess selbst Geltung entfalten.[1456]

V. Auswahl des geeigneten Beweismittels: Ermessenslenkende Kriterien

Die Wahl des im Einzelfall heranzuziehenden Beweismittels liegt im pflichtgemäßen Ermessen des Verfassungsgerichts.[1457] Den rechtlichen Rahmen dieses Ermessens bilden die allgemeinen Beweisgrundsätze, die nach Maßgabe des Verhältnismäßigkeitsgrundsatzes (§ 20 Abs. 3 GG) in einen angemessenen Ausgleich zu bringen sind.[1458]

Danach ist das Gericht zwar grundsätzlich verpflichtet, sämtliche verfügbare Beweismittel heranzuziehen, die *erforderlich* und *geeignet* erscheinen, um den für entscheidungserheblich gehaltenen Sachverhalt aufzuklären.[1459] Dieser Grundsatz ist jedoch – vornehmlich zu Zwecken der Prozessbeschleunigung – zu lockern:

[1454] Allg. M., statt aller *Haberzettl,* in: B/D/S, § 26 Rn. 27; *Klein,* in: Maunz u.a. § 26 Rn. 13 (Stand: Januar 1987); *Meskouris,* in: Barczak, § 26 Rn. 49; *Walter,* in: ders./Grünewald, § 26 Rn. 20.

[1455] Vgl. dazu nur *Meskouris,* in: Barczak, § 26 Rn. 45.

[1456] S. etwa BVerfGE 80, 367 (373 ff.); 109, 279 (328 ff.). Faktisch wird es indes allenfalls höchst selten zu einem entsprechenden Anwendungsfall kommen, beschränken sich derartige Verbote – die dem Schutz des Einzelnen dienen – doch auf die diesen Schutz gefährdende Erhebung bzw. Verwertung von Einzeltatsachen. Diese sind im Verfassungsprozess wie dargelegt nur selten entscheidungserheblich.

[1457] S. die Nachweise in Fn. 1447.

[1458] Zu den Beweisgrundsätzen oben S. 100 ff. Vgl. zum Parteiverbotsverfahren auch *Meskouris,* in: Barczak, § 26 Rn. 43.

[1459] So zum SGG *Berchtold,* in: ders./Richter, Sozialsachen, § 6 Rn. 442; zum FamFG *Ulrici,* in: MüKo-FamFG, § 29 Rn. 8. In diese Richtung, im Kontext des fachprozessualen Beweisantragsrechts, auch BVerfGE 79, 51 (62); 105, 279 (311); s. ferner den frühen, deutlichen Hinweis auf die durch geeignete Beweismittel auszugleichenden Grenzen des eigenen Sachverstands des Gerichts in BVerfGE 18, 186 (191): „Für die Beantwortung der Frage, welche der oben aufgezeigten verschiedenen Möglichkeiten in der Wirklichkeit vorherrscht, wird die eigene Sachkunde eines Gerichts kaum ausreichen. Nur sachverständige Auskunftspersonen, die die Zusammenhänge von allen in Frage kommenden Seiten aus objektiv zu beurteilen in der Lage sind, können dem Gericht helfen, die Zweifelsfragen zu klären."; vgl. auch *Klein,* in: Maunz u.a., § 26 Rn. 9 (Stand: Januar 1987).

Soweit *mehrere Beweismittel* zur Verfügung stehen, kann oder sogar muss (nach dem Telos des Beschleunigungsgrundsatzes) das Verfassungsgericht nach pflichtgemäßem Ermessen eine *Auswahl* treffen, auf welche Beweismittel es zurückgreift. Dabei hat es sich maßgeblich von der Beurteilung leiten zu lassen, welche Beweismittel die *höchste Gewähr zur Erzielung materieller Wahrheit* bieten (Beweisprognose).[1460] Insofern hat das Gericht in seine Auswahlentscheidung insbesondere die vorgezeichneten *Grenzen des Beweiswertes* des jeweiligen Beweismittels einzubeziehen.[1461] Unter mehreren physisch *erreichbaren* Beweismitteln muss das Gericht danach in der Regel das sachnächste, also dasjenige Beweismittel erheben, das am unmittelbarsten Auskunft über die entscheidungserhebliche Tatsache gibt (sog. materielle Unmittelbarkeit); diesem kommt gegenüber mittelbaren Beweismitteln bereits denklogisch eine erhöhte Zuverlässigkeit zu.[1462]

Ermessensgrenzen können sich für das Verfassungsgericht ferner aus der Unerreichbarkeit eines Beweismittels ergeben:[1463] So führt die dauerhafte Unerreichbarkeit (z. B. der Tod der Beweisperson) zur Ungeeignetheit des Beweismittels, das damit von vorneherein als solches ausscheiden muss (Ermessensreduzierung auf Null); darüber hinaus kann es dem Gericht im Einzelfall unter Beachtung des Beschleunigungsgrundsatzes verwehrt sein, eine an sich zu erwartende, zukünftige Erreichbarkeit eines Beweismittels abzuwarten.[1464]

Besonderheiten ergeben sich zudem für den Beweis genereller sowie zukünftiger Tatsachen, auf die im Folgenden gesondert eingegangen wird.

VI. Sonderfall:
Beweis genereller sowie zukünftiger Tatsachen

Hinsichtlich des geeigneten Beweisverfahrens und vor allem der geeigneten Beweismittel ergeben sich Besonderheiten in Bezug auf den Beweis genereller Tatsachen (jeden zeitlichen Ursprungs) sowie zukünftiger Tatsachen (konkreter wie genereller Natur).

[1460] So zum FamFG *Ulrici,* in: MüKo-FamFG, § 29 Rn. 8.

[1461] Vgl. insofern zur richterlichen Auswahlentscheidung zwischen förmlichen Sachverständigen und informalen Sachkundigen bereits zuvor S. 293 ff.

[1462] So zutreffend, aus Sicht der ebenfalls der Untersuchungsmaxime unterliegenden Verfahren des FamFG, *Ulrici,* in: MüKo-FamFG, § 29 Rn. 8, m.w.N. Grundsätzlich zur ausnahmsweisen Zulässigkeit mittelbarer Beweismittel auch BVerfGE 57, 250 (276 ff.). S. ferner zum Unmittelbarkeitsgrundsatz oben S. 119 ff. sowie zur Beweiswürdigung unten S. 314 ff.

[1463] Vgl. den Rechtsgedanken des § 244 Abs. 3 S. 2 StPO.

[1464] Vgl. exemplarisch zum Zivilprozess BGH NJW-RR 2015, 1151 (1152); *Rosenberg,* Zivilprozess, § 117 Rn. 9, jew. m.w.N.

1. Strukturelle Besonderheit:
Fehlende Möglichkeit der sinnlichen Wahrnehmung

Als vom Einzelfall abstrahierte Sachverhalte setzen sich *generelle Tatsachen* aus einer (zuweilen kaum greifbaren) Vielzahl an Einzeltatsachen zusammen und scheidet ihre sinnliche Wahrnehmung in aller Regel aus. In der Konsequenz ist der Richter hier regelmäßig gezwungen, im Wege der Induktion von jenen Einzeltatsachen auf die generelle Tatsache zu schließen (was zugleich die Anerkennung einer Kausalbeziehung voraussetzt), um zu einer entsprechenden Tatsachenfeststellung gelangen zu können.[1465] Dies gilt sowohl im Falle gegenwärtiger und historischer als auch – verstärkt – im Falle zukünftiger genereller Tatsachen. Damit ist das Gericht grundsätzlich darauf angewiesen, hilfsweise Beweis über die genannten Einzeltatsachen, im Zweifel auch über das jeweilige Kausalgesetz[1466], zu erheben (sog. Indizienbeweis).[1467]

Zukünftige Tatsachen lassen sich, ungeachtet der Frage, ob es sich um konkrete oder generelle zukünftige Tatsachen handelt, gar *ausschließlich* im Wege eines gedanklichen Schlusses – hier von der Gegenwart bzw. Vergangenheit auf die Zukunft –, und damit allein mittels Indizien feststellen.[1468] In sprachlicher Hinsicht hat sich das Gericht, das eine zukünftige Tatsache feststellen will, zu fragen: „Wie groß ist die Gewissheit, dass ein erwartbares Ereignis (z. B. die emissionsbedingte Gesundheitsschädigung einer unbestimmten Vielzahl an Bürgern) eintreten wird und auf einer in Betracht zu ziehenden Ursache (etwa dem Unterlassen einer bestimmten gesetzlichen Regelung) beruht?"[1469] Jener gedankliche Schluss setzt zwingend Tatsachenkenntnis in Bezug auf – konkrete oder generelle – Hilfstatsachen voraus, die im Rahmen der Beweiswürdigung als für oder gegen das entscheidungserhebliche zukünftige Ereignis sprechende Indizien verwertet werden müssen. Diese Indizien werden mithin ihrerseits zum Beweisgegenstand im Prozess.[1470] Sie bilden die Basis der sodann anzustellenden Schluss-

---

[1465] Dazu bereits oben S. 54 f. Eine Ausnahme liegt z. B. in der Feststellung der Anzahl aller in Deutschland lebenden sog. Schutzsuchenden. Jene betrifft eine generelle Tatsache, die aber (zumindest theoretisch) ohne Induktion durch reine statistische Datenerhebung getroffen werden kann.

[1466] Vgl. zur Schwierigkeit des Beweises der Kausalbeziehung selbst *Gärditz*, in: FS Puppe, S. 1557 (1559); *Petersen*, Verhältnismäßigkeit, S. 83 ff.; *Puppe*, JZ 1994, 1147 (1150 f.). S. zudem exemplarisch *Stecher*, Ursachen, S. 181 ff., zur bereichsspezifischen Problematik des Kausalitätsnachweises im Umwelt- und Gentechnikhaftungsprozess (die sich im Laufe der Zeit noch verschärft haben dürfte).

[1467] Grundsätzlich dazu *Larenz*, Methodenlehre, S. 305 f.

[1468] Vgl. dazu statt aller *Hoppe*, in: 25 J. BVerwG, S. 295 (309).

[1469] In diesem Sinne bereits *Brunn*, NJOZ 2014, 361 (366).

[1470] So zur im Strafprozess anzustellenden Sozialprognose gemäß § 56 StGB *Fischer*, StGB, § 56 Rn. 4a, m. w. N.

folgerung, die hier als *Prognose* bezeichnet wird.[1471] Selbige Prognose setzt sich stets aus drei Komponenten zusammen: der Prognosebasis[1472], der Erwartung einer zukünftig eintretenden Tatsache sowie der diese beiden Sachverhalte verknüpfenden Kausalität.[1473]

2. Auswirkungen auf die Tatsachenfeststellung im Prozess

Aus der besonderen Struktur genereller wie zukünftiger Tatsachen folgt *erstens,* dass das Bundesverfassungsgericht grundsätzlich verpflichtet ist, diese *mittels Beweiserhebung* aufzuklären, soweit sie im konkreten Verfahren entscheidungserheblich sind. Jene Tatsachen werden anders gewendet in aller Regel beweisbedürftig sein; insbesondere wird das Gericht nicht über die nötige Sachkunde verfügen, um die naturgemäß vielschichtigen und regelmäßig komplexen Sachverhalte ohne Weiteres (etwa als „allgemeinkundig") feststellen zu können.[1474]

Zweitens scheidet ein *unmittelbarer* Beweis genereller und/oder zukünftiger Tatsachen im Prozess aus.[1475] Mithin ist das Gericht diesbezüglich im Beweiserhebungsverfahren zur Erhebung eines sog. *Indizienbeweises* verpflichtet.[1476] Selbiger ist – im Gegensatz zum unmittelbaren Beweis, welcher Tatsachen zum Gegenstand hat, die unmittelbar ein gesetzliches Tatbestandsmerkmal als vor-

---

[1471] Vgl. für eine analytische Darstellung verschiedener Prognoseverfahren sowie des Einsatzes eben dieser in der Rspr. des Bundesverfassungsgerichts bis 1969 *Philippi,* Tatsachen, S. 124 ff., 156 ff. Freilich wurde die Wirklichkeit seit 1969 aufgrund neuer Erkenntnisse sowie technischer Entwicklungen – und damit auch die Anwendung der Prognoseverfahren durch Hinzutreten weiterer Variablen – deutlich komplexer.

[1472] S. zu diesem Begriff bereits oben S. 181 mit Fn. 953.

[1473] *Brunn,* NJOZ 2014, 361 (367 f.); vgl. zur Prognose auch *Hoppe,* in: 25 J. BVerwG, S. 295 (308 f.); *Kreuter-Kirchhof,* in: Gärditz, VwGO, § 96 Rn. 6; *Nierhaus,* Beweismaß, S. 31; sowie *Kokott,* Beweislast, S. 30 ff.

[1474] S. zur Beweisbedürftigkeit ausführlich oben S. 129 ff. Vgl. auch BVerfGE 18, 186 (191); BVerfGE 88, 40 (58 f.) (obschon mit Blick auf die fachgerichtliche Sachaufklärung); *Petersen,* Verhältnismäßigkeit, S. 83 ff. (dessen sonstige Schlussfolgerungen indes nicht vollständig geteilt werden); aus Sicht des Verwaltungsprozessrechts zur Feststellung(-sbedürftigkeit) genereller Tatsachen *Kreuter-Kirchhof,* in: Gärditz, VwGO, § 96 Rn. 8. Das Fehlen entsprechender Ermittlungsansätze in konkreten Entscheidungen des Bundeverfassungsgerichts bemängeln etwa *Bull,* in: FS Koch, S. 29 (50 f.) – betreffend Urteile zur Datenspeicherung –, *Meyer,* in: HStR, Bd. III, § 46 Rn. 40 – betreffend die Urteile zur Fünf-Prozent-Sperrklausel – sowie verschiedentlich *Zuck,* JZ 2007, 1036 (1039); *ders.,* JZ 2008, 287 (293 f.). Vgl. zu entsprechender – früher – Krit. auch *Leibholz/Rupprecht,* Nachtrag, § 26.

[1475] So bereits *Kreuter-Kirchhof,* in: Gärditz, VwGO, § 96 Rn. 8; vgl. auch *Gärditz,* in: FS Puppe, S. 1557 (1559); *Puppe,* JZ 1994, 1147 (1150) (wenngleich in der Schlussfolgerung aus verfassungsprozessualer Sicht nicht überzeugend).

[1476] Dieser im Verfahren der ordentlichen Gerichtsbarkeit alltägliche Beweis fristet im öffentlichen Recht „eher ein Schattendasein", dazu *Brunn,* NJOZ 2011, 1873 (1873, Zitat ebd.).

handen bzw. nicht vorhanden ergeben sollen – ein mittelbarer, dem Tatsachen in Form von Indiz- bzw. Hilfstatsachen zugrunde liegen, aus denen mit Hilfe von Denkprozessen bzw. verschiedenartigen Erfahrungssätzen auf das Vorliegen des vorausgesetzten Tatbestandsmerkmals (als der Haupttatsache) geschlossen wird.[1477] Soweit die Hilfstatsachen zur Überzeugung des Gerichts feststehen und dieses auch die nötige Schlussfolgerung fehlerfrei vorgenommen hat, ist die aus Hilfstatsachen abgeleitete Überzeugung von der Haupttatsache nach den Grundsätzen des allgemeinen Prozessrechts ohne Weiteres der aus dem unmittelbaren Beweis gewonnenen Überzeugung gleichwertig.[1478] Die ermittelten Hilfstatsachen können dabei auf unterschiedliche Weise, oft mithilfe von Naturgesetzlichkeiten, aber auch aufgrund nicht zwingender Erfahrungssätze[1479], zur Überzeugung vom Vorliegen der entscheidungserheblichen Haupttatsache „verdichtet" werden.

Auch die sog. Lebenserfahrung ist insofern ein in der Rechtsprechung der Fachgerichte anerkanntes Element der Schlussfolgerung.[1480] Wenngleich die Zulässigkeit dessen hier nicht grundsätzlich angezweifelt werden soll, droht die Tatsachenfeststellung unter Rückgriff auf eine vermeintliche Lebenserfahrung doch ihren objektiven Charakter einzubüßen.[1481] Das Bundesverfassungsgericht ist daher, soweit es eine besondere Lebenserfahrung für sich in Anspruch nimmt, wie auch bei gerichts- bzw. allgemeinkundigen Tatsachen, umso mehr gehalten, den Verfahrensbeteiligten zu sämtlichen tatsächlichen Grundlagen seiner Schlussfolgerung bzw. seiner Indizwürdigung in geeigneter Form rechtliches Gehör zu gewähren, insbesondere also auch die von ihm ermittelten Regeln der Lebenserfahrung ausdrücklich in das Verfahren einzuführen.[1482] Schließlich stellen Erfah-

---

[1477] *Brunn,* NJOZ 2011, 1873 (1879); vgl. zum Indizienbeweis auch *Breunig,* in: Posser/Wolff, VwGO, § 108 Rn. 9.1.

[1478] So bereits *Brunn,* NJOZ 2011, S. 1873 (1879); s. auch *Breunig,* in: Posser/Wolff, VwGO, § 108 Rn. 9.1; zum Finanzprozess etwa BFHE 167, 273 (unter 2. b) cc)); aus dem Zivilprozessrecht BGH, NJW 1970, 946 (950): „Ein Indizienbeweis ist überzeugungskräftig, wenn andere Schlüsse aus den Indiztatsachen ernstlich nicht in Betracht kommen. Hauptstück des Indizienbeweises ist also nicht die eigentliche Indiztatsache, sondern der daran anknüpfende weitere Denkprozeß, kraft dessen auf das Gegebensein der rechtserheblichen weiteren Tatsache geschlossen wird." Zum Beweismaß ausführlich unten S. 323 ff.

[1479] S. exemplarisch zu seitens des Verfassungsgerichts herangezogenen Erfahrungssätzen *Philippi,* Tatsachen, S. 112 ff., m.w.N. aus der Rspr.; auf die richterlichen Erfahrungssätze als Erkenntnisquellen weist auch *Haberzettl,* in: B/D/S, § 27a Rn. 6, hin.

[1480] Dazu *Brunn,* NJOZ 2011, 1873 (1879), m.w.N. aus der verwaltungs- und zivilgerichtlichen Rspr.

[1481] Vgl. auch die Kritik an der Praxis des Bundesverfassungsgerichts in diesem Kontext bei *Philippi,* Tatsachen, S. 112 ff.

[1482] Grundsätzlich zum Indizienbeweis ebenso *Brunn,* NJOZ 2011, 1873 (1879). Vgl. ferner die bereits im Kontext der verfassungsgerichtlichen Annahme von Allgemeinkundigkeit geübte Kritik auf S. 135 f.; s. zum rechtlichen Gehör oben S. 112 ff.

rungssätze ihrerseits generelle Tatsachen dar, die also auch dem (Gegen-)Beweis durch empirische, insbesondere anhand soziologischer Daten belegte Studie zugänglich sind.[1483]

Der, wie dargelegt, in aller Regel erforderliche Indizienbeweis wird sich – *drittens* – nur mittels sozial- und/oder naturwissenschaftlicher Erkenntnisse erbringen lassen.[1484] Dies grenzt die *geeigneten* und damit zulässigen *Beweismittel* naturgemäß ein. In Betracht kommen neben dem klassischen Sachverständigenbeweis hauptsächlich die (im Freibeweisverfahren ohne Weiteres zulässigen) Beweismittel der Anhörung (i. w. S.) sachkundiger Dritter[1485] sowie der Lektüre einschlägiger Fachliteratur, insbesondere bereits verfügbarer Sozialstudien, z. B. demoskopischer Umfragen oder Statistiken,[1486] durch das Verfassungsgericht selbst. Soweit das Gericht sachkundige Dritte befragt, kann es diese über die Erstattung eines Gutachtens hinaus auch *mit der Erstellung empirischer Studien beauftragen.*[1487] Ferner besteht gerade im Verfahren der Normenkontrolle die Mög-

---

[1483] S. dazu nur *Kreuter-Kirchhof,* in: Gärditz, VwGO, § 96 Rn. 8; sowie bereits oben S. 55 f. und 133 f. Instruktiv insofern auch *Kahl,* VerwArch 2008, 451 (477 ff.), der sich für die empirische Feststellung einer konkreten Überzeugung in der Bevölkerung (insb. von „Sittlichkeitsvorstellungen") ausspricht, die ihrerseits als „Erfahrungssatz" behandelt wird; eine solche Feststellung geliefert hat etwa VG Berlin, NJW 2001, 983 (987 f.).

[1484] Vgl. *Kreuter-Kirchhof,* in: Gärditz, VwGO, § 96 Rn. 8.

[1485] S. beispielhaft zur Anhörung Sachverständiger die Nachweise in Fn. 1437; zur Anhörung Sachkundiger Fn. 1439. Vgl. auch BVerfGE 65, 1 (21 ff.), hier hatte das Gericht den beteiligten Staatsorganen sowie den Datenschutzbeauftragten des Bundes und der Länder Fragen gestellt betreffend u. a. die Zwecke des Volkszählungsgesetzes 1983 sowie die Möglichkeiten milderer Vollzugsmittel.

[1486] S. exemplarisch zum Steuerrecht BVerfGE 41, 269 (281): Rückgriff auf das statistische Jahrbuch für die Bundesrepublik als Beleg der untergeordneten Rolle der Erbschaftsteuer im Gesamtsteueraufkommen; BVerfGE 93, 121 (132): Rückgriff auf diverse wissenschaftliche Abhandlungen und Untersuchungen als Beleg der Verschiedenheit der Besteuerung von einheitswertgebundenem und nicht einheitswertgebundenem Vermögen; BVerfG, NJW 2018, 1451 (1458 f.): Rückgriff auf Fachliteratur als Beleg der Tatsache der generellen Unterbewertung des Grundvermögens gemessen am Verkehrswert aufgrund der Bewertungsregeln der Einheitsbewertung bei bebauten Grundstücken. Vgl. auch jüngst BVerfG, Beschl. v. 29.01.2019 – 2 BvC 62/14 –, juris Rn. 95 ff., zur Heranziehung von Forschungsberichten des BMAS; sowie Urt. v. 05.11. 2019 – 1 BvL 7/16 –, juris Rn. 61 ff., für einen Rückgriff auf verschiedene Studien der Fachwissenschaft zu den Auswirkungen von Sanktionen im Sozialrecht. S. ferner zum Rückgriff des Bundesverfassungsgerichts auf Fachliteratur und allgemein zugängliche Statistiken auch *Haberzettl,* in: B/D/S, § 27a Rn. 6, m.w. N. aus der Rspr.

[1487] So geschehen etwa im Verfahren betreffend „Deals" im Strafprozess, in dem das Gericht den Rechtswissenschaftler *Altenhain* mit der Durchführung einer repräsentativen empirischen Untersuchung zur Praxis der Verständigung im Strafverfahren beauftragt hatte, in deren Rahmen im Zeitraum vom 17.04. bis 24.08.2012 insg. 190 mit Strafsachen befasste Richterinnen und Richter des Landes Nordrhein-Westfalen befragt worden waren, von denen 117 als Strafrichter oder Vorsitzende eines Schöffengerichts und 73 als Vorsitzende einer Strafkammer tätig waren. Als Kontrollgruppe wurden daneben 68 Staatsanwältinnen und Staatsanwälte sowie 76 Fachanwältinnen und Fach-

lichkeit der querschnittsartigen Befragung von durch die angegriffene Norm betroffenen gesellschaftlichen Gruppen. Soweit dem Gericht daraufhin stichhaltige Stellungnahmen vonseiten anerkannter Interessenvertreter aller im Wesentlichen betroffenen Personengruppen zugehen, kann das Ergebnis jener Befragung grundsätzlich als *eigene Sozialstudie des Verfassungsgerichts* beweisrechtlich gewürdigt werden (wobei freilich auch hier die Relativität der so gewonnenen Erkenntnisse stets besonders zu *würdigen* ist[1488]).[1489]

Rechtlich problematisch ist insofern, dass sämtliche in Betracht kommenden Beweismittel als mittelbare Beweise naturgemäß eine nur *mindere Wahrheitsgewähr* aufweisen. Hinzu kommt, dass sich die jeweiligen „Sachkundigen", die direkt oder indirekt – über ihre in der Fachliteratur verschriftlichte Aussage – vor Gericht „zu Wort kommen", selbst in nicht unerheblichem Maße auf die Beweisleistungen anderer Wissenschaftler verlassen (müssen), soweit sie Aussagen zu generellen und/oder zukünftigen Tatsachen treffen.[1490] Die hierin begründete Fehleranfälligkeit wohnt grundsätzlich zwar auch dem klassischen Sachverständigenbeweis inne (so setzen z. B. auch psychologische Gutachten im Straf- oder Familienrecht den Rückgriff auf seitens der Wissenschaft anerkannte Axiome voraus[1491]). Jene Fehleranfälligkeit erhöht sich jedoch, soweit der einzelne Sachkundige seine Feststellungen ohne jeden Rückgriff auf (wissenschaftlich fundierte) *eigene* Wahrnehmungen, etwa eigene Experimente, trifft. Eben dies wird

---

anwälte für Strafrecht befragt; vgl. BVerfGE 133, 168 (Rn. 48). Dazu auch *Voßkuhle,* NJW 2013, 1329 (1334). Auf die Möglichkeit, eigene Forschung in Auftrag zu gegeben, weist auch *Magen,* in: U/C/D, § 92 Rn. 34, hin; ähnlich *Kluth,* NJW 1999, 3513 (3515 f.).

[1488] *Voßkuhle,* NJW 2013, 1329 (1334), bemerkt insoweit, dass „die Grenzziehung zwischen festgestellten ‚legislative facts' und bloßer anekdotischer Evidenz" „[n]icht immer leicht" sei; die Gefahr, falsche Rückschlüsse aus den Erkenntnissen zu ziehen, sei bei verfassungsgerichtlichen Entscheidungen indes dadurch minimiert, dass an der Tatsachenfeststellung 8 Richter mitwirkten, Erkenntnisse also einer 16-Augen-Kontrolle unterzogen würden. Zur Gefahr, „selektive Tatsachenkenntnisse zu verallgemeinern" auch *Haberzettl,* in: B/D/S, § 27a Rn. 6, der i. Ü. bemerkt, das Gericht begegne eben dieser, indem es […] versuch[e], die Quellen für die Tatsachengrundlage möglichst breit zu fassen"; ebenso *ders.,* NVwZ-Extra, 2015, 1 (4). S. zur Beweiswürdigung ferner unten S. 312 ff.

[1489] So offenkundig geschehen etwa in BVerfGE 146, 71 (Rn. 70 ff.) – Tarifeinheitsgesetz; 147, 1 (Rn. 18 ff.) – Drittes Geschlecht. S. übrigens zu dem Versuch des Gerichts, verschiedene soziale Strömungen und Blickwinkel in den Prozess einzuführen, um eine „Exegese" der Fakten zu erlangen, auch *Meskouris,* in: Barczak, § 27a Rn. 12; ferner *Haberzettl,* in: B/D/S, § 27a Rn. 6; *ders.,* NVwZ-Extra, 2015 S. 1 (4).

[1490] Vgl. dazu früh *Puppe,* JZ 1994, 1147 (1150), deren Krit. sich indes auf den Verfassungsprozess nicht ohne Weiteres übertragen lässt; s. auch *Gärditz,* in: FS Puppe, S. 1559 (1574 ff.).

[1491] Vgl. etwa zu wissenschaftlichen Kriterien der Schuldfähigkeitsbeurteilung eines Beschuldigten oder zu den sog. „großen Vier" der Kriminalpsychologie, die der Beurteilung von Prognosemethoden im Rahmen einer zu erstellenden Kriminalprognose zugrunde gelegt werden, *Tondorf/Tondorf,* Sachverständige, Rn. 85 ff. u. 125 ff.

in Bezug auf generelle wie zukünftige Tatsachen nicht selten der Fall sein.[1492] So setzen beispielsweise Prognosen in Asylverfahren betreffend die Gefahr der politischen Verfolgung in einem Staat die Beurteilung der gegenwärtigen politischen Situation im gesamten Staatsgebiet voraus, die auch erfahrenen Landeskorrespondenten in aller Regel nur anhand verschiedener Berichte und Beobachtungen Dritter möglich sein wird.[1493] Sachkundige werden dem Gericht hier also regelmäßig, mangels der Möglichkeit eigener Wahrnehmungen, selbst nur einen in der jeweiligen Fachdisziplin mehr oder weniger anerkannten Forschungsstand präsentieren können.

Zwar gilt das Problem derart „doppelt abgeleiteter" Tatsachenfeststellungen nicht uneingeschränkt, sondern hängen die Möglichkeiten des Sachkundigen zu eigener Beobachtung von der jeweils zu beweisenden generellen (zukünftigen) Tatsache ab. Entstammt diese z. B. dem Sozialbereich, lässt sie sich möglicherweise durchaus durch eigene demoskopische Studien des Sachkundigen aufklären.[1494] Auch können etwa finanzielle Auswirkungen eines Gesetzes aufgrund mathematischer Naturgesetzlichkeiten sowie statistischer Erhebungen durch Sachkundige festgestellt werden, ohne dass in besonderem Umfang auf die Beweisleistungen Dritter zurückzugreifen wäre.[1495] Ungeachtet der Komplexität der Feststellung genereller wie zukünftiger Tatsachen im Einzelfall bzw. des „Grades der Mittelbarkeit" des verfügbaren Beweismittels wird sich das Bundesverfassungsgericht bei der Sachaufklärung aber, wenigstens teilweise, auf von Dritten – zumal unabhängig vom jeweiligen Verfahren – erbrachte „Beweisleistungen" verlassen müssen. Hier können in Hinblick auf die richterliche Sachentscheidung Legitimationsprobleme entstehen, die exponentiell ansteigen, je weiter das Gericht in wesentlichen fachlichen Fragen seine Entscheidungsmacht externen

---

[1492] Anders bei den genannten psychologischen Gutachten, denen stets unmittelbare Beobachtungen z. B. der Person des Straffälligen durch den Sachverständigen vorausgehen. Auf jenes Spezifikum weist aus Sicht des Strafrechts bereits *Puppe,* JZ 1994, 1147 (1150), hin.

[1493] Vgl. etwa BVerfGE 93, 248 (253 ff.) – Sudanesen, mit abw. M. von *Sommer* (a. a. O., 258 ff.); dazu *Kreuter-Kirchhof,* in: Gärditz, VwGO, § 96 Rn. 8. S. auch *Gärditz,* in: Maunz/Dürig, GG, Art. 16a Rn. 482 (Stand: April 2018), der als „zentrale Herausforderung des Asylverfahrens" die „oft ganz erheblichen praktischen Schwierigkeiten, den Sachverhalt zu ermitteln", bezeichnet.

[1494] Vgl., obschon in anderem Kontext, *Kahl,* VerwArch 2008, 451 (477 ff.), mit Verweis auf VG Berlin, NJW 2001, 983 (987 f.), für entsprechende Tatsachenermittlungen. S. ferner exemplarisch zur Möglichkeit der Aufklärung genereller Tatsachen durch „eigene" Empirie der Sachkundigen, BVerfGE 133, 168 (Rn. 48) – Deal im Strafprozess.

[1495] S., wenngleich unter Rückgriff auf bereits vorhandene, allgemein zugängliche Erhebungen, BVerfGE 93, 121 (131 f.); s. ferner BVerfG, DStR 2018, 791 (807): zur finanziellen Bedeutung der Grundsteuer für die Kommunen, die mit einem jährlichen Aufkommen von in den letzten Jahren zwischen 13 und 14 Milliarden € nach der Gewerbesteuer und dem Gemeindeanteil an der Einkommensteuer deren drittgrößte Steuerquelle darstelle (unter Verweis auf das Bundesministerium der Finanzen, Datensammlung zur Steuerpolitik, sowie das Statistische Bundesamt).

Sachkundigen überantwortet.[1496] Diesen Problemen gilt es qua beweisrechtlicher Verfahrensregeln zu begegnen, die insbesondere die Auswahl der Beweismittel betreffen:[1497]

So hat sich das Verfassungsgericht – um sich eine *eigene* Überzeugung von der jeweiligen generellen Wirklichkeit bilden zu können (§ 30 Abs. 1 S. 1 BVerfGG) und so seine „Entscheidungsmacht" zu erhalten – zunächst, soweit wie möglich, über das betreffende Fachgebiet zu unterrichten und erst auf dieser Grundlage den einzelnen Sachkundigen anhand rationaler Zuverlässigkeitskriterien auszuwählen.[1498] Die sonach nötige „Vorabinformation" kann das Gericht sowohl durch eigene wissenschaftliche Recherche als auch durch die Adressierung von Fragen an die Beteiligten erlangen. Letzteres mag insbesondere dazu dienen, dem Gericht die Reichweite des Verfahrensgegenstandes und die möglicherweise thematisch betroffenen Fachdisziplinen aufzuzeigen.[1499]

Bei der – wie dargelegt im pflichtgemäßen Ermessen des Gerichts liegenden – *Auswahl* der sachkundigen Auskunftsperson hat sich dieses sodann von der nachweislichen *Sachkunde* sowie *Zuverlässigkeit* derselben lenken zu lassen. Dritte dürfen nur dann als „sachkundig" berücksichtigt werden, wenn sie tatsächlich über einen überdurchschnittlichen Informationsstand betreffend diejenigen Tatsachen oder Zusammenhänge verfügen, die letztlich den Schluss auf die fragliche Haupttatsache zulassen sollen.[1500] Soweit das Gericht Sachverstand und Zuver-

---

[1496] Auf Legitimationsprobleme in Bezug auf den Beweis genereller Tatsachen weist bereits *Gärditz,* in: FS Puppe, S. 1557 (1575), profund hin, obschon er dies aus Sicht der Fachgerichte tut und seine Erwägungen damit in Ansehung der verfassungsrechtlichen Prüfungsmaßstäbe einerseits sowie der verfahrensrechtlichen Gestaltung des Verfassungsprozesses (Freibeweisverfahren) andererseits auf diesen im Einzelnen nicht übertragbar sind.

[1497] Ferner sind diese Spezifika des Beweises i. R. d. Beweiswürdigung zu berücksichtigen; s. dazu sogleich auf S. 312 ff., insb. 316 f. Vgl. auch *Rennert,* in: DJT 2016, Bd. I/1, N 127 (N 149), der im Kontext umwelt- und planungsrechtlicher Gerichtsverfahren, in denen ebenfalls verstärkt komplexe generelle sowie zukünftige Tatsachen relevant werden, treffend bemerkt: „Das drohende Minus an Faktengewissheit lässt sich nur durch ein Plus an normativer Legitimität aufwiegen. Wenn das Gericht sein Urteil schon auf eine Konstruktion der Wirklichkeit stützen muss, dann muss diese Konstruktion wenigstens in einem einwandfreien Verfahren und in Anwendung sachangemessener Methoden zustandegekommen sein."; die Forderung *Rennerts* nach der Errichtung einer staatlichen Gutachtenstelle (a. a. O., N 150 ff.), erscheint im Verfassungsprozess dagegen nicht umsetzbar, i. Ü. angesichts des hier geltenden Freibeweisverfahrens auch nicht sachgerecht.

[1498] Vgl. dazu aus Sicht des Strafprozessrechts, der insoweit indes nur den klassischen Sachverständigenbeweis zulässt, *Eisenberg,* Beweisrecht, Rn. 1519.

[1499] Auch in diese Richtung ging wohl die Intention des Verfassungsgerichts in BVerfGE 65, 1 (21) – Volkszählung, das den Beteiligten zu Beginn des Verfahrens einen Fragenkatalog betreffend u. a. die Zwecke des Volkszählungsgesetzes 1983 gestellt hatte.

[1500] Vgl. zum Ermessen des Gerichts bei der Auswahl der sachkundigen Dritten m. w. N. *Haberzettl,* in: B/D/S, § 27a Rn. 14; *Meskouris,* in: Barczak, § 27a Rn. 12. Das

lässigkeit der Auskunftsperson selbst nicht ohne die nötige Sachkunde beurteilen kann, ist es ferner gehalten, *mehrere Sachkundige* anzuhören; auch kann die Erstattung eines schriftlichen Gutachtens geboten sein, um hierzu Einschätzungen weiterer Sachkundiger einholen zu können.[1501]

Die Pflicht zur Berücksichtigung mehrerer Sachkundiger gilt darüber hinaus in sämtlichen Fällen, in denen die entscheidungserhebliche generelle oder zukünftige Tatsache in der Fachwissenschaft umstritten ist.[1502] Hier darf schon die Vermittlung der jeweiligen Hilfstatsachen nicht einem einzelnen Wissenschaftler überantwortet werden, sondern ist das Gericht vielmehr verpflichtet, sich durch die Anhörung mehrerer Sachkundiger ein umfassendes Bild vom Stand der Forschung zu verschaffen und dabei insbesondere auch jene Hilfstatsachen durch Beweiserhebung aufzuklären.[1503] Der praktische Ansatz des Bundesverfassungsgerichts, das in komplexen Tatsachenfragen insbesondere in Normenkontrollverfahren in der Regel eine breite Auswahl interdisziplinärer und interkultureller Experten, Verbände und Gruppierungen zu Stellungnahmen auffordert, erweist sich vor diesem Hintergrund als beispiellos.[1504]

---

praktische Problem, geeignete Sachkundige zu finden, kann in sämtlichen Gerichtszweigen auftreten, s. dazu aus zivilprozessualer Sicht etwa *Huber,* in: Musielak/Voit, ZPO, § 404 Rn. 3a.

[1501] Vgl. zur Zulässigkeit, Stellungnahmen gemäß § 27a BVerfGG an weitere Auskunftspersonen zu senden, *Meskouris,* in: Barczak, § 27a Rn. 16.

[1502] In diesem Sinne (freilich mit Blick auf die Fachgerichte) auch BVerfGE 149, 407 (Rn. 13, 27 ff.) mit Verweis auf BVerfGE 88, 40 (58 f.). S. exemplarisch für ein verfassungsgerichtliches Verfahren, dem in der Fachwissenschaft umstrittene entscheidungserhebliche Tatsachen zugrunde lagen, aus jüngster Zeit BVerfG, Urt. v. 05.11. 2019 – 1 BvL 7/16 – Rn. 60 ff., 205 ff. – Sanktionen im Sozialrecht.

[1503] In diese Richtung geht denn auch der überzeugende Vorschlag von *Gärditz,* in: FS Puppe, S. 1557 (1577), zur Aufklärung genereller Tatsachen in fachgerichtlichen Verfahren. Zur Bedeutung der „repräsentativen Auswahl der ‚Dialogpartner'" des Gerichts auch *Voßkuhle,* NJW 2013, 1329 (1334); ferner *Haberzettl,* in: B/D/S, § 27a Rn. 6.

[1504] Jenen Ansatz, der „die Möglichkeit für eine wirklichkeitsgerechte Entscheidung des Gerichts erhöht", würdigte früh auch *Engelmann,* Prozeßgrundsätze, S. 58, positiv; anerkennend ferner (im Kontext der konkreten Ausgestaltung der mündlichen Verhandlung vor dem Bundesverfassungsgericht) *Haberzettl,* in: B/D/S, § 27a Rn. 8. Dass es dabei zu „praktischen" Schwierigkeiten im Beweisverfahren des Gerichts kommen kann angesichts der „Vernachlässigung des formalen Beweisrechts" (im Ansatz berechtigte Krit. hieran übt etwa *Bull,* in: FS Koch, S. 29 [44 ff.]), ändert an der Geeignetheit jenes Verfahrens im Grundsatz nichts. Freilich verfolgt das Verfassungsgericht seinen Ansatz selbst nicht immer stringent respektive lädt es nicht stets eine hinreichend breite Auswahl an (unabhängigen) Sachkundigen, vgl. exemplarisch BVerfGE 65, 1 (35); 120, 378 (394) sowie die kritische Darstellung beider Verfahren in hiesigem Kontext durch *Bull,* in: FS Koch, S. 29 (50 f.). S. auch BVerfGE 118, 1 (19 ff.), und die Krit. hieran von *Zuck,* JZ 2008, 287 (293 f.), der zudem grundsätzlich bemängelt: „Das BVerfG sammelt, was ihm gerade in die Hände fällt". Zumindest zuletzt genannte Krit. scheint unbegründet und mag sich durch das Gericht selbst mittels höherer Transparenz hinsichtlich seiner Tatsachenkenntnis leicht ausräumen lassen. Vgl. zu der (auch) im Beweisverfahren des Verfassungsgerichts bestehenden Gefahr, „selektive Tatsachenkenntnisse zu verallgemeinern", ferner bereits Fn. 1488.

E. Beteiligtenrechte

Mangels einfachgesetzlicher Vorgaben ergeben sich die Rechte der Verfahrensbeteiligten in Bezug auf die verfassungsgerichtliche Sachaufklärung im Wesentlichen aus den allgemeinen Beweisgrundsätzen, auf deren Darstellung an dieser Stelle verwiesen werden kann.[1505] Einen vertieften Blick verdienen angesichts gesteigerter rechtlicher Bedeutung indes die Rechte auf Information, auf Befragung von Beweispersonen sowie das Beweisantragsrecht.

Dem *Recht auf Information* kommt bereits deshalb besondere Relevanz zu, da es vielfach Grundvoraussetzung für die Wahrnehmung weiterer Beteiligtenrechte ist. Angesichts abstrakter Verfassungsmaßstäbe, denen sich die jeweils entscheidungserheblichen Tatsachen vielfach nicht offen entnehmen lassen,[1506] ist für die Verfahrensbeteiligten häufig erst *aufgrund* von Information erkennbar, ob bzw. wozu eine (vertiefte) Äußerung im Prozess sinnvoll erscheint. Dieser Umstand wirkt sich dabei erschwerend auf die Rechtsposition der Beteiligten sowie die objektive Wahrheitsfindung aus, da jenen (nach hier vertretener Auffassung) eine allgemeine Mitwirkungslast im Verfassungsverfahren zukommt, deren Nichterfüllung jedenfalls mittelbar Einfluss auf den Umfang der Amtsermittlung hat.[1507]

Gerade im Annahmeverfahren der Verfassungsbeschwerde scheint das Recht auf Information insofern gar verletzt angesichts hier üblicherweise bis zuletzt „im Verborgenen" angestellter Ermittlungen des Gerichts[1508], die häufig ohne weitere Erläuterung zur Nichtannahme der Beschwerde führen.[1509] Zwar kommt den Beteiligten auch hier ein Recht auf Akteneinsicht zu (§ 20 BVerfGG)[1510] und ist das Gericht verpflichtet, alle das Verfahren betreffenden Maßnahmen aktenkundig zu machen (§ 22 Abs. 6 GO-BVerfG). Dennoch dürfte die Berufung auf eben dieses Recht kein praktikabler Weg zur Erlangung von Information bezüglich des gerichtlichen Ermittlungsstandes sein.[1511] Insofern ist vielmehr unbedingt einzufordern, dass das Gericht die Beteiligten sowohl über tatsächliche

---

[1505] S. zu den Beweisgrundsätzen ausführlich S. 100 ff.; speziell zum Recht auf Gehör S. 112 ff.; zum Gebot des fairen Verfahrens, aus dem der mit Art. 103 Abs. 1 GG teilweise deckungsgleiche Anspruch auf materielle Beweisteilhabe folgt, S. 121 f.

[1506] Vgl. grundsätzlich auch *Sauer,* in: Walter/Grünewald, § 17 Rn. 6, der zu Recht meint, „die besonders inhaltsoffenen und deshalb höchst konkretisierungsbedürftigen Verfassungsnormen [verlangten] gleichsam als Gegengewicht [nach einem] möglichst präzisen" Prozessrecht.

[1507] Dazu oben S. 236 ff.

[1508] Genauer: der wissenschaftlichen Mitarbeiter des Gerichts.

[1509] Grundsätzliche Krit. übt insofern *Brink,* in: Linien, S. 3 (18), der von „interne[n] Ermittlungsansätze[n]" spricht (a. a. O., 17). Vgl. auch *Meskouris,* in: Barczak, § 26 Rn. 25.

[1510] Dazu statt aller *Umbach/Dollinger,* in: U/C/D, § 20 Rn. 9.

[1511] Dazu bereits profund *Brink,* in: Linien, S. 3 (18).

Feststellungen als auch über Aufklärungsdefizite aktiv informiert, soweit selbige nicht objektiv offenkundig sind.[1512]

Das *Recht auf Befragung* von Beweispersonen sieht das BVerfGG nur hinsichtlich Zeugen sowie Sachverständigen ausdrücklich vor (§ 29 S. 2). Diese personelle Beschränkung lässt sich sachlich nicht rechtfertigen. Insbesondere verlangen schon das Recht auf Äußerung (Art. 103 Abs. 1 GG) bzw. materielle Beweisteilhabe (Art. 2 Abs. 1 i.V.m. Art. 20 Abs. 3 GG) die Möglichkeit des Beteiligten zur (zumindest schriftlichen) Befragung sämtlicher gerichtlich herangezogener Beweispersonen. Gerade vor dem Hintergrund der herausragenden praktischen Relevanz der Anhörung „sachkundiger Dritter" i.S.d. § 27a BVerfGG, der Begutachtung durch Persönlichkeiten, die auf einem Gebiet über besondere Kenntnisse verfügen (§ 22 Abs. 5 GO-BVerfG) sowie der Äußerung sonstiger Dritter (vgl. etwa §§ 77 sowie 94 BVerfGG) bei der Sachaufklärung im Verfassungsprozess[1513] erweist sich die Regelung des § 29 S. 2 mithin als strukturell defizitär; sie droht das rechtliche Gehör der Beteiligten bei der Sachaufklärung faktisch auszuhebeln und ist sonach in verfassungskonformer Auslegung auf sämtliche Personenbeweise auszuweiten.[1514]

Gesteigerte Beachtung verdient zudem das *Recht auf Stellung von Beweisanträgen*. Dieses verstärkt zum einen die Sicherung der Gerechtigkeit durch Aufklärung des wahren Sachverhalts.[1515] Zum anderen verbessert es die Rechtsposition des Beteiligten, der unter Geltung des Untersuchungsgrundsatzes grundsätzlich keine gesicherte Möglichkeit der Einflussnahme auf die Sachaufklärung respektive die richterliche Entscheidungsgrundlage hat.[1516] Trotz der hohen rechtlichen Bedeutung der Sachaufklärung sowie des Beweisantragsrechts auch

---

[1512] In diese Richtung auch bereits *Meskouris,* in: Barczak, § 26 Rn. 25 mit Fn. 68; s. ferner die Krit. bei *Brink,* in: Linien, S. 3 (18); *Haberzettl,* in: B/D/S, § 26 Rn. 22. Freilich ist das Verfassungsgericht dabei nicht verpflichtet, die Beteiligten vor seiner Entscheidung auf eine mögliche Beweiswürdigung oder die diese möglicherweise leitenden Gründe hinzuweisen. Ein entsprechender allgemeiner Verfahrensgrundsatz existiert nicht; dergleichen kollidierte vielmehr mit dem sog. Verbot der Vorwegnahme der Beweiswürdigung, demzufolge das Gericht das Ergebnis der Beweiswürdigung, das in der dem Beweisverfahren nachfolgenden Beratung erst gefunden werden soll, nicht vorwegnehmen darf. So statt aller (exemplarisch für den Sozialprozess) *Berchtold,* in: ders./Richter, Sozialsachen, § 8 Rn. 143.

[1513] Vgl. dazu oben S. 292 sowie für Beispielfälle sachkundiger Äußerungen statt aller die Nachweise in Fn. 1439.

[1514] Nach hiesiger Auffassung relativiert sich denn auch die Krit. von *Benda/Klein,* Rn. 222, die diese an der Annäherung der mündlichen Verhandlung des Verfassungsgerichts an politische Hearings mit der sinngemäßen Begründung üben, die Fragerechte der Beteiligten entfielen hier; dazu oben S. 289 mit Fn. 1422.

[1515] So auch BVerfG, NJW 1997, 999 (1000), wenngleich für den Strafprozess. Vgl. zudem *Haberzettl,* NVwZ-Extra 2015, 1 (4), der das Stellen entsprechender Anträge als sinnvoll bezeichnet.

[1516] S. oben zum Untersuchungsgrundsatz S. 103 ff. Zur i.Ü. unterschätzten Bedeutung des Beweisantragsrechts im Verwaltungsprozess *Vierhaus,* Beweisrecht, Rn. 13 ff.

und gerade aus Rechtsschutzgesichtspunkten ist dieses im Verfassungsprozessrecht einfachgesetzlich nicht ausgestaltet.[1517] Es folgt hier mithin unmittelbar
aus Art. 103 Abs. 1 GG (Recht auf Äußerung).[1518] Einen Anspruch auf förmliche
Bescheidung seines Antrags hat der Beteilige danach zwar nicht;[1519] insofern
sieht das Verfassungsprozessrecht anders als § 86 Abs. 2 VwGO denn auch
keine Möglichkeit vor, das Gericht durch einen in mündlicher Verhandlung gestellten Beweisantrag, der nur durch einen zu begründenden Gerichtsbeschluss
abgelehnt werden darf, vorab zu Informationen über die gerichtliche Rechtsauffassung zu veranlassen.[1520] Dieser Umstand deckt sich mit den Grundsätzen des
Freibeweisverfahrens.

Materiell-rechtlich ist die Ablehnung eines formell zulässigen[1521] Beweisantrags indes nur dann mit Art. 103 Abs. 1 GG (in seiner Ausprägung als Recht auf
Berücksichtigung) vereinbar, wenn sie auf einem rechtlich anerkannten Sachgrund beruht. Im Umkehrschluss bedeutet dies, dass Beweisanträge – in Ergänzung des im Verfassungsprozess herrschenden Untersuchungsgrundsatzes –
grundsätzlich dann *zu berücksichtigen sind,* wenn sie nach der Rechtsauffassung
des Gerichts (!) sowie dem sonstigen Ermittlungsergebnis geeignet und erforderlich erscheinen, um den für entscheidungserheblich gehaltenen Sachverhalt aufzuklären.[1522] Mangels einfachgesetzlicher Strukturierung der danach zulässigen
Ablehnungsgründe, wie sie etwa § 244 Abs. 3–5 StPO vornimmt, belässt jener
Grundsatz dem Verfassungsgericht freilich einen erheblichen Entscheidungsspiel-
raum, der darüber hinaus – angesichts dessen Rolle als „Letztinterpret" des Ver-
fassungs(prozess)rechts – gar jeglicher gerichtlicher Kontrolle entzogen ist.[1523]
Diesen Spielraum gilt es sonach rechtlich einzuschränken. Insofern erscheint
sachgerecht, die zulässige Ablehnung eines Beweisantrags in Anlehnung an § 244

[1517] In § 23 Abs. 1 S. 2 Hs. 2 BVerfGG wird der Antragsteller lediglich dazu angehalten, die erforderlichen Beweismittel anzugeben. Vgl. dementgegen z.B. § 244
Abs. 3–6 StPO für den Strafprozess.

[1518] S. oben S. 112 ff. Vgl. auch *Benda/Klein,* Rn. 301.

[1519] H.M., statt aller *Benda/Klein,* Rn. 301; *Meskouris,* in: Barczak, § 26 Rn. 31;
deutlich auch BVerfGE 103, 195 (196 f.).

[1520] Zu § 86 Abs. 2 VwGO etwa *Vierhaus,* Beweisrecht, Rn. 36.

[1521] Vgl. zur Notwendigkeit, Beweisthema und Beweismittel klar zu benennen,
Berchtold, in: ders./Richter, Sozialsachen, § 8 Rn. 134. Diese Grundvoraussetzung des
Beweisantrags findet sich in allen Prozessordnungen.

[1522] S. nur BVerfGE 79, 51 (62); 105, 279 (311), st. Rspr.: Diese, zum ebenfalls der
Amtsermittlung verpflichteten Verfahren der freiwilligen Gerichtsbarkeit bzw. der Verwaltungsgerichtsbarkeit aufgestellten, Grundsätze lassen sich auf den Verfassungsprozess übertragen. Für das (auch dem Untersuchungsgrundsatz unterworfene) Verfahren
nach dem SGG so auch *Berchtold,* in: ders./Richter, Sozialsachen, § 8 Rn. 142. Nicht
gefolgt werden kann mithin *Geiger,* Besonderheiten, S. 22, demzufolge der Beweisantrag im Verfassungsprozess nicht mehr sei, „als Anstoß zur Erwägung, ob eine Beweiserhebung erforderlich ist".

[1523] Vgl. oben S. 97 ff.

Abs. 3–5 StPO – der im Übrigen aus eben diesem Grund entsprechende Anwendung im Verwaltungsprozessrecht erfährt[1524] und auch durch die Sozialgerichte (wenngleich „lose") Berücksichtigung findet[1525] – auf Fälle zu beschränken, in denen die fragliche Tatsache nicht entscheidungserheblich ist[1526], das Beweismittel seinerseits ungeeignet oder unerreichbar ist oder die behauptete Tatsache bzw. ihr Fehlen bereits zur Überzeugung des Gerichts feststeht.

Insbesondere letztere Fallgruppe wird im Fachrecht restriktiv ausgelegt angesichts einer hier drohenden, verbotenen Vorwegnahme der Beweiswürdigung:[1527] Danach soll es grundsätzlich nur dann zulässig sein, einen nicht gänzlich ungeeigneten Beweisantrag abzulehnen, wenn nach den bisherigen Ermittlungsergebnissen jede Möglichkeit ausgeschlossen erscheint, die bereits gewonnene Überzeugung des Gerichts zu erschüttern.[1528] Dieser Grundsatz ist aus Sicht des Verfassungsprozessrechts indes zu lockern, soweit der Beweis *genereller und/oder zukünftiger Tatsachen* in Rede steht: Hier kann das Gericht ersichtlich nicht gezwungen sein, zur Erfüllung seiner Untersuchungspflicht jede weitere Person zu vernehmen, die als „sachkundig" angeboten wird; es hat danach zwar in jedem Einzelfall sorgfältig zu prüfen, welche Tatsachen die angebotene Beweisperson über bereits vorliegende sachkundige Aussagen hinaus oder abweichend von diesen bekunden könnte.[1529] Soweit die vorliegenden Ermittlungsergebnisse indes auch insofern ausreichen, dem Gericht die erforderliche Überzeugung vom tatsächlichen Vorliegen des aus seiner Sicht rechtlich erheblichen Sachverhalts zu vermitteln, muss dem Beweisantrag nicht nachgekommen werden.[1530]

Wohl als Folge der gesetzlichen „Unterrepräsentation" des Beweisantragsrechts im Verfassungsprozessrecht, welche Bedeutung sowie Ausgestaltung des-

---

[1524] Dazu ausführlich *Vierhaus,* Beweisrecht, Rn. 146 ff.; s. auch *Gärditz,* in: DJT 2016, Bd. I, D 1 (D 77).

[1525] S. hierzu *Berchtold,* in: ders./Richter, Sozialsachen, § 8 Rn. 144 f.

[1526] Vgl. für einen solchen Fall fehlender Entscheidungserheblichkeit etwa BVerfGE 68, 1 (111); BVerfG, NJW 2017, 217 (228).

[1527] Ausführlich zum Verbot der Vorwegnahme der Beweiswürdigung im Kontext der Ablehnung von Beweisanträgen z. B. *Vierhaus,* Beweisrecht, Rn. 136 ff., s. insb. auch 162 ff.; s. ferner *Berchtold,* in: ders./Richter, Sozialsachen, § 8 Rn. 145 ff.; aus der Rspr. des Verfassungsgerichts dazu etwa BVerfG, NJW 1993, 254 (255).

[1528] Vgl. dazu *Vierhaus,* Beweisrecht, Rn. 164 f.; so auch, mit Blick auf die Fachgerichte, das Verfassungsgericht selbst BVerfG, NJW 1993, 254 (255).

[1529] Vgl. zur ähnlichen Prozesssituation im Sozialrecht *Berchtold,* in: ders./Richter, Sozialsachen, § 8 Rn. 146, m.w. N.

[1530] Noch großzügiger für das Freibeweisverfahren nach dem FamFG *Bumiller/Harders/Schwamb,* FamFG, § 29 Rn. 1. S. zum SGG auch *Berchtold,* in: ders./Richter, Sozialsachen, § 8 Rn. 146 sowie § 11 Rn. 62: Liegen bereits mehrere Gutachten vor, ist das Gericht nur ausnahmsweise zu weiteren Ermittlungsmaßnahmen verpflichtet, „wenn die vorhandenen Gutachten grobe Mängel oder unlösbare Widersprüche enthalten oder von unzutreffenden sachlichen Voraussetzungen ausgehen oder Anlass zu Zweifeln an der Sachkunde des Gutachters geben" (BSG, Beschl. v. 12. Mai 2015 – B 9 SB 93/14 B –, juris Rn. 6).

selben gewissermaßen „verschleiert", kommt jenem Recht auch in der Praxis soweit ersichtlich keine große Bedeutung zu.[1531] Angesichts der für ein rechtsstaat-
liches Verfahren fundamentalen Verpflichtung zu umfassender gerichtlicher
Sachaufklärung sowie der „Warn- und Hinweisfunktion"[1532], die Beweisanträge
in Bezug auf defizitäre Ermittlungsarbeit des Gerichts leisten können, erscheint
ein Umdenken jener Praxis indes durchaus wünschenswert.[1533] Dabei könnte gerade auch die ausdrückliche Bescheidung von Beweisanträgen in den Entscheidungsgründen des Gerichts dazu beitragen, den Umgang mit selbigen seitens der
(zukünftig) Verfahrensbeteiligten zu erleichtern sowie per se Transparenz und
Akzeptanz in Bezug auf den festgestellten Sachverhalt zu schaffen.[1534]

Hingewiesen sei an dieser Stelle noch darauf, dass die Beteiligtenrechte
namentlich in Ansehung der Konzentrationsmaxime beschränkt werden können.
Dies gilt im einstweiligen Rechtsschutzverfahren ausdrücklich gemäß § 32
Abs. 2 S. 2 BVerfGG, der dem Gericht die Möglichkeit einräumt, bei besonderer
Dringlichkeit davon abzusehen, Beteiligten oder Dritten Gelegenheit zur Stel-
lungnahme zu geben.[1535]

F. Fazit: Dominanz des Freibeweisverfahrens

Die Analyse der das Beweiserhebungsverfahren vor dem Bundesverfassungs-
gericht determinierenden gesetzlichen Bestimmungen hat – unabhängig von der
Art des Verfassungsprozesses – die Zulässigkeit der Beweiserhebung im sog.
Freibeweisverfahren ergeben.

[1531] Korrespondierend erfahren sie auch in der Fachliteratur kaum Beachtung, vgl.
nur die überaus konzise Darstellung bei *Benda/Klein*, Rn. 301; *Haberzettl*, in: B/D/S,
§ 26 Rn. 17; *Meskouris*, in: Barczak, § 26 Rn. 31; *Zöbeley/Dollinger*, in: U/C/D, § 26
Rn. 5. S. für ein Beispiel der Anhörung eines Sachkundigen auf Antrag der Bundesregierung zumindest BVerfGE 65, 1 (35) – Volkszählung.

[1532] Vgl. dazu aus Sicht des Sozialprozesses *Berchtold*, in: ders./Richter, Sozialsachen, § 8 Rn. 134, 143.

[1533] In diesem Sinne zum – ähnliche „Berührungsängste" hinsichtlich des Beweisantragsrechts der Beteiligten aufweisenden – Verwaltungsprozess *Vierhaus*, Beweisrecht,
Rn. 13 ff.

[1534] Auch *Benda/Klein*, Rn. 301, empfehlen, in der Entscheidung einen Hinweis zu
geben auf die Gründe, die das Gericht veranlasst haben, Beweisanregungen nicht zu
folgen. Eine solche Begründung geliefert hat das Gericht etwa in BVerfGE 68, 1 (111);
BVerfG, NJW 2017, 217 (228). Grundsätzlich sieht es sich hierzu indes nicht veranlasst; deutlich insofern BVerfGE 103, 195 (196): „Denn die Besonderheiten des verfassungsgerichtlichen Verfahrens und die Eigenart der Entscheidungen des Bundesverfassungsgerichts erfordern mehr noch, als dies für das übrige Verfahrensrecht gilt (vgl.
insbesondere § 313 Abs. 2 ZPO), Inhalt und Umfang des Tatbestands auf das für das
Verständnis der jeweiligen Entscheidung unabweisbar Notwendige zu beschränken. Zu
dem in diesem Sinne Notwendigen gehören Beweisanträge über Tatsachen, die das Bundesverfassungsgericht für unerheblich hält, und ihre Ablehnung durch das Gericht
nicht."

[1535] Dazu bereits oben S. 116 mit Fn. 608; zur Konzentrationsmaxime S. 127 f.

Ausgenommen davon sind allein der Zeugen- sowie Sachverständigenbeweis, wobei die Entscheidung für eines dieser Beweismittel grundsätzlich im pflichtgemäßen Ermessen des Verfassungsgerichts liegt. Wenig überraschend dominiert denn auch das Freibeweisverfahren dessen Rechtsprechungspraxis.

Angesichts der dieses Verfahren bestimmenden, weitreichenden Freiheiten des Gerichts hinsichtlich der prozeduralen Gestaltung seiner Untersuchungspflicht (§ 26 Abs. 1 S. 1 BVerfGG) kommen sowohl den Beteiligtenrechten als auch den das richterliche Ermessen insbesondere bei der Auswahl der Beweismittel lenkenden Kriterien als rechtsschutzsichernden Direktiven gesteigerte Bedeutung zu.

Beide Aspekte drohen indes praktisch zu verwässern. Jedenfalls werden in den Entscheidungen des Gerichts, soweit ersichtlich, ganz überwiegend die Beteiligtenrechte nicht thematisiert bzw. finden sich hier selten Hinweise auf gestellte Anträge oder deren Bescheidung[1536]; auch werden die seitens des Gerichts im Einzelfall herangezogenen Beweismittel nicht immer als solche kenntlich gemacht, sodass insbesondere ihre Auswahl nicht nachvollzogen werden kann[1537] – dies deutet auf die mangelnde Berücksichtigung der genannten Aspekte bereits im Gerichtsverfahren hin.[1538]

Problematisch ist vor diesem Hintergrund gerade auch die fehlende kritische Begleitung der Rechtsprechungstätigkeit seitens der Wissenschaft.[1539] Dies mag aus Sicht des einzelnen Rechtsschutzsuchenden – möglicherweise gar aus Sicht des Verfassungsgerichts selbst, das hier im Wesentlichen „unbehelligt" agiert – den (rechtlich unhaltbaren) Eindruck noch verstärken, es gäbe im Verfassungsprozess im Grunde keine „echte" Beweiserhebung (sondern lediglich „Stoffsammlung"), mithin auch keine rechtlichen Vorgaben für die richterliche Überzeugungsbildung.[1540]

[1536] Vgl. dazu auch das klare „Bekenntnis" des Gerichts selbst in BVerfGE 103, 195 (196).

[1537] Dies gilt ungeachtet der regelmäßig sehr detaillierten Darstellung aller im Verfahren abgegebenen Stellungnahmen im Tatbestand der Entscheidungen; selbige finden sich in den Entscheidungsgründen nämlich zumeist gerade nicht wieder, s. exemplarisch aus jüngster Zeit BVerfGE 133, 59 (Rn. 26 ff. einerseits, sowie Rn. 39 ff. andererseits); 146, 71 (Rn. 70 ff. sowie Rn. 124 ff.); 147, 1 (Rn. 18 ff. sowie Rn. 35 ff.); vgl. i. Ü. auch die Krit. von *Brink*, in: Linien, S. 3 (23 f.); *Redeker*, NJW 1976, 2111 (2113).

[1538] In diese Richtung das Verfassungsgericht selbst, soweit es fachgerichtliche Entscheidungen prüft, vgl. nur BVerfGE 86, 133 (133, Ls. 2): „Geht das Gericht auf den wesentlichen Kern des Tatsachenvortrags einer Partei zu einer Frage, die für das Verfahren von zentraler Bedeutung ist, in den Entscheidungsgründen nicht ein, so läßt dies auf die Nichtberücksichtigung des Vortrags schließen [...]."

[1539] Kritisch dazu bereits *Brink*, in: Linien, S. 3 (31).

[1540] S. i. Ü. *Brink*, in: Linien, S. 3 (30), der zu Recht darauf hinweist, dass dem Beschwerdeführer anzuraten sei, „Tatsachenfragen als eigenes Aufgabengebiet zu begreifen".

Dass dabei in der Fachliteratur selbst entsprechende Missverständnisse vorherrschen, verdeutlicht etwa *Bickenbach,* wenn er als Grund für die Zurückhaltung der Literatur, sich mit Fragen der Beweiserhebung im Verfassungsprozessrecht zu beschäftigen, die „schwierige Abgrenzung zwischen allgemeiner Wirklichkeitskonstruktion und konkreter Beweiserhebung"[1541] benennt. Dies bedeutet eine – in der Literatur offenkundig weit verbreitete – Fehlvorstellung von der Bedeutung sowie den Rechtsfolgen des Freibeweisverfahrens gerade im Verfassungsprozessrecht. Selbiges Verfahren vermag es ohne Weiteres, auch die einer „allgemeinen Wirklichkeitskonstruktion" zugeordneten Ermittlungsmaßnahmen des Verfassungsgerichts einzuschließen; anders gewendet kann – und darf – es eine solche Konstruktion im Prozess außerhalb der Beweiserhebung bzw. außerhalb des Beweisrechts schon nach den allgemeinen Beweisgrundsätzen nicht geben.

[1541] *Bickenbach,* Einschätzungsprärogative, S. 483 f.; vgl. zu den damit korrespondierenden Missverständnissen betreffend die rechtliche Einordnung gewisser Maßnahmen der Informationsbeschaffung des Verfassungsgerichts oben S. 279 ff.

Achter Teil

Beweiswürdigung

Das Bundesverfassungsgericht hat das Ergebnis der (mündlichen wie schrift-lichen[1542]) Verhandlung sowie der Beweisaufnahme im Anschluss an diese zu würdigen (§ 30 Abs. 1 S. 1 BVerfGG). Dies geschieht im Rahmen der sog. Be-weiswürdigung als dem Vorgang der inneren Reflexion jener Ergebnisse mit dem Ziel, zu einer Überzeugung vom (Nicht-)Vorliegen der jeweils entscheidungs-erheblichen Tatsachen zu gelangen.[1543] (Allein) auf Basis dieser Überzeugung, entscheidet das Gericht in der Sache, vgl. § 30 Abs. 1 S. 1 BVerfGG.[1544]

A. Gegenstand der Beweiswürdigung

Da im Rahmen des Prozesses der Überzeugungsgewinnung die Menge der Fakten bzw. Gesichtspunkte, die zum Zwecke der Erlangung optimaler Erkennt-nis herangezogen werden können, nicht durch eine in dem Vorgang selbst an-gelegte Grenze beschränkt ist, bedarf es einer gesetzlichen Begrenzung, die den Verfahrensstoff umschreibt, den das Gericht bei der Überzeugungsbildung einer-seits allein berücksichtigen darf, andererseits aber auch berücksichtigen muss.[1545] § 30 Abs. 1 S. 1 BVerfGG, welcher mit den entsprechenden Vorschriften der fachgerichtlichen Prozessordnungen im Wesentlichen übereinstimmt (vgl. nur § 108 Abs. 1 S. 1 VwGO, § 286 Abs. 1 S. 1 ZPO, § 128 Abs. 1 S. 1 SGG, § 261 StPO), verdeutlicht insofern, dass das Gericht seiner Würdigung der tatsäch-lichen Grundlagen der konkret zu beurteilenden Rechtsfrage alle Informationen zugrunde legen darf und muss, von denen es prozessordnungsgemäße Kenntnis erlangt hat.[1546] Die Beweiswürdigung erfasst anders gewendet jede prozessord-nungsgemäße Wahrnehmung aus Verhandlung und Beweisaufnahme, also den ge-

---

[1542] S. bereits oben S. 117 mit Fn. 614.

[1543] Zum Begriff der Beweiswürdigung statt aller *Prütting,* in: MüKo-ZPO, § 286 Rn. 7; s. auch *Dawin,* in: Schoch/Schneider/Bier, VwGO, § 108 Rn. 9 f. (Stand: April 2013); *Nierhaus,* Beweismaß, S. 38 f.

[1544] Vgl. zur Bedeutung der Überzeugungsbildung für die Rechtsanwendung schon oben S. 22 ff.; s. auch *Dawin,* in: Schoch/Schneider/Bier, VwGO, § 108 Rn. 7 (Stand: April 2013).

[1545] So treffend aus Sicht des Verfassungsprozessrechts *Dawin,* in: Schoch/Schnei-der/Bier, VwGO, § 108 Rn. 7 (Stand: April 2013).

[1546] In diesem Sinne bereits *Klein/Bethge,* in: Maunz u. a., § 30 Rn. 10 (Stand: Sep-tember 1979); *Lechner/Zuck,* § 30 Rn. 4; vgl. auch *Lenz/Hansel,* § 30 Rn. 10.

samten Vortrag sowie alle Handlungen und Unterlassungen der Beteiligten, den persönlichen Eindruck der Beteiligten und ihrer Vertreter, insbesondere auch das Schweigen auf Fragen und die Verweigerung bestimmter Antworten sowie die Vorenthaltung von Beweismitteln. Entsprechend sind sämtliche herangezogenen Beweismittel zu würdigen.[1547]

Aus der Beschränkung des zu berücksichtigenden Verfahrensstoffs auf „prozessordnungsgemäße" Wahrnehmungen folgt zum einen, dass das sog. private Wissen des Richters von der Beweiswürdigung ausgenommen bleiben muss.[1548] Zum anderen darf das Gericht grundsätzlich nur verwerten, wozu sich auch die Beteiligten äußern konnten (Art. 103 Abs. 1 GG).[1549]

B. Grundsatz der freien Beweiswürdigung

I. Allgemeines

Im Verfassungsprozessrecht gilt – ebenso wie im übrigen Prozessrecht – der Grundsatz der freien Beweiswürdigung (§ 30 Abs. 1 S. 1 BVerfGG: „Das Bundesverfassungsgericht entscheidet [...] nach seiner *freien, aus dem Inhalt der Verhandlung und dem Ergebnis der Beweisaufnahme geschöpften Überzeugung*"). Gemäß diesem Grundsatz stellt das Gericht den für die Entscheidung maßgeblichen Sachverhalt „nicht auf Grund feststehender Beweisregeln [fest], sondern in einer gewissenhaften, den Denk- und Naturgesetzen entsprechenden und den vorgetragenen Streitstoff erschöpfenden Prüfung"[1550].[1551] Dass dem Gericht durch

---

[1547] Zu Vorstehendem aus dem Zivilprozessrecht *Prütting,* in: MüKo-ZPO, § 286 Rn. 7 f.; aus dem Verwaltungsprozessrecht *Dawin,* in: Schoch/Schneider/Bier, VwGO, § 108 Rn. 9 ff. (Stand: April 2013), jew. m.w.N.

[1548] So aus dem Zivilprozessrecht *Prütting,* in: MüKo-ZPO, § 286 Rn. 7; aus dem Verwaltungsprozessrecht *Dawin,* in: Schoch/Schneider/Bier, VwGO, § 108 Rn. 18 (Stand: April 2013). Abzugrenzen ist jenes Wissen vor allem von allgemeinkundigen sowie gerichtskundigen Tatsachen; s. dazu oben S. 137.

[1549] S. dazu bereits oben S. 115; i. Erg. ebenso *Lechner/Zuck,* § 30 Rn. 4.

[1550] *Klein/Bethge,* in: Maunz u. a., § 30 Rn. 10 (Stand: September 1979); soweit *Klein* und *Bethge* (ebd.) auch „sonstige Bindungen" ausschließen, kann dem nicht gefolgt werden; s. zu den Bindungen des Gerichts sogleich im Text auf S. 314 ff. Zu dem „allgemeinen Verfahrensgrundsatz" der freien Beweiswürdigung exemplarisch aus Sicht des Sozialprozesses *Berchtold,* in: ders./Richter, Sozialsachen, § 6 Rn. 503; aus dem Verwaltungsprozessrecht *Dawin,* in: Schoch/Schneider/Bier, VwGO, § 108 Rn. 19 (Stand: April 2013); aus dem Strafprozessrecht *Eisenberg,* Beweisrecht, Rn. 88 ff.

[1551] Dies ist offenkundig h. M., wird indes weder in der Lehre noch in der Rspr. des Verfassungsgerichts weiter behandelt; schweigsam zu Bedeutung und Folgen etwa *Benda/Klein,* Rn. 326; *Lechner/Zuck,* § 30 Rn. 5; *Lenz/Hansel,* § 30 Rn. 10; vgl. auch *Hennecke,* in: U/C/D, § 30 Rn. 5, der schlicht auf die Kommentierungen zu § 108 Abs. 1 VwGO verweist (a. a. O., Fn. 5); ähnlich *Bleiler,* in: Barczak, § 30 Rn. 11; sowie *Burkiczak,* in: B/D/S, § 30 Rn. 7. Vgl. zur Bedeutung der Beweiswürdigung i. Ü. die Krit. von *Sommer* an einer fehlenden respektive fehlerhaften Beweiswürdigung durch den Senat in BVerfGE 93, 248 (260 f.) – Sudanesen (abw. M.).

Gesetz sonach *keine Beweisregeln hinsichtlich der Beweiswürdigung* auferlegt sind, bedeutet nach allgemeinem Verfahrensrecht, dass jenes den Verfahrensstoff bezüglich seines Aussage- und Beweiswerts für die Feststellung der entscheidungserheblichen Tatsachen nur anhand der ihm innewohnenden Überzeugungskraft würdigt; diese ist für die einzelnen Beweismittel weder absolut noch im Vergleich zu den anderen Beweismitteln festgelegt.[1552] Danach kennt (auch) der Verfassungsprozess keine „allgemeingültige" Rangordnung der Beweismittel;[1553] vielmehr unterliegt die Beurteilung des *Beweiswerts* des Ergebnisses eines im konkreten Verfahren angewandten Beweismittels selbst der „freien" Würdigung des Gerichts.[1554] Mithin kann das Gericht vom Bestehen oder Nichtbestehen einer Tatsache insbesondere auch allein aufgrund des Vorbringens eines Verfahrensbeteiligten überzeugt sein. Mit dem Prinzip der generellen *Gleichrangigkeit der Beweismittel* unvereinbar wäre danach z.B. die Auffassung, amtlichen Auskünften des Auswärtigen Amtes über die innenpolitische Situation in einem fremden Staat käme in Asylsachen stets eine größere Beweiskraft zu als Stellungnahmen privater Organisationen oder Gutachter.[1555]

II. Einschränkungen der freien Beweiswürdigung

Dass das Verfassungsprozessrecht dem Grundsatz der freien Beweiswürdigung unterliegt, darf indes nicht mit dessen „völliger Ungebundenheit" verwechselt werden. Vielmehr ergeben sich bereits aus dem Telos der Beweiswürdigung inhaltliche Bindungen des Gerichts:[1556]

Zunächst verpflichtet die auf objektive Wahrheitsfindung gerichtete Tätigkeit der Beweiswürdigung das Gericht zu *Rationalität*.[1557] Danach darf auch das Bundesverfassungsgericht insbesondere die Gesetze der Naturwissenschaft und der Logik nicht außer Acht lassen; jenes ist anders gewendet wegen des zwingenden

---

[1552] Vgl. nur *Dawin,* in: Schoch/Schneider/Bier, VwGO, § 108 Rn. 19 (Stand: April 2013), m.w.N.

[1553] So bereits *Klein,* in: Maunz u.a., § 26 Rn. 10 (Stand: Januar 1987); *Leibholz/ Rupprecht,* BVerfGG, § 26. Exemplarisch zum Zivilprozessrecht *Prütting,* in: MüKo-ZPO, § 286 Rn. 1, 9.

[1554] Vgl. auch *Rosenberg,* Zivilprozess, § 111 Rn. 28; sowie (obschon zum Strafprozess) BVerfG, NJW 1997, 999 (1000); zum Begriff des Beweiswerts oben S. 62.

[1555] So bereits *Dawin,* in: Schoch/Schneider/Bier, VwGO, § 108 Rn. 19 (Stand: April 2013), mit Verweis auf BVerfGE 63, 197 (213 f.).

[1556] Dies gilt für sämtliche Prozessordnungen, vgl. nur zur StPO *Eisenberg,* Beweisrecht, Rn. 88; sowie zur VwGO *Breunig,* in: Posser/Wolff, VwGO, § 108 Rn. 7: „Diese Freiheit ist allerdings nicht iS einer völligen Ungebundenheit zu verstehen. Sie entbindet das Tatsachengericht nicht von der richtigen und vollständigen Erfassung der erheblichen Tatsachengrundlage. Sie ist ferner ausnahmsweise durch gesetzliche und übergesetzliche Regeln eingeschränkt.", m.w.N.

[1557] Vgl. auch *Eisenberg,* Beweisrecht, Rn. 88; *Dawin,* in: Schoch/Schneider/Bier, VwGO, § 108 Rn. 24 (Stand: April 2013).

Charakters dieser sog. *Denkgesetze*[1558] auf Ergebnisse, die aus der naturwissenschaftlichen Gesetzmäßigkeit oder der Logik folgen, festgelegt.[1559]

Diese Einschränkung wirkt sich gerade in Bezug auf den vor dem Bundesverfassungsgericht praktisch besonders relevanten *Indizienbeweis* aus aufgrund der hier erforderlichen Schlussfolgerung von der Hilfs- auf die Haupttatsache.[1560] Insofern dürfen weder „nur mögliche" Schlussfolgerungen als zwingend behandelt, noch denklogisch unmögliche Schlüsse aus Hilfstatsachen gezogen werden.[1561] Hinsichtlich des Indizienbeweises ist darüber hinaus zu verlangen, dass die Hilfstatsachen ihrerseits zur Überzeugung des Gerichts festgestellt wurden, bevor dieses Schlüsse aus selbigen zieht.[1562]

Aus der Pflicht zu Rationalität ergibt sich eine weitere Einschränkung der richterlichen Freiheit, die zudem durch den materiellen Unmittelbarkeitsgrundsatz gestützt wird[1563]: So hat das Gericht im Rahmen der Beweiswürdigung zwingend zu berücksichtigen, „dass der durch ein mittelbares Beweismittel gewonnenen Erkenntnis in der Regel eine geringere Zuverlässigkeit eigen ist als der durch das unmittelbare Beweismittel erlangten"[1564]. Je länger die „Erkenntniskette" ist, desto größer ist die Möglichkeit, bei Wahrnehmung und (Re-)Konstruktion des Geschehens Fehler zu machen;[1565] dies ist im Verfassungsprozess insbesondere beim Beweis *genereller* sowie *zukünftiger Tatsachen* zu beachten.[1566] Wenngleich hieraus nicht etwa die Pflicht folgt, mittelbare Beweismittel stets minderwertig einzustufen, ist deren Fehleranfälligkeit bzw. geringere „Beweisnähe" jedenfalls kritisch zu würdigen; insgesamt gilt, dass einer relativen Verschlechterung der Beweissituation mit dem „Regulativ" des Grundsatzes der freien Beweiswürdigung – und zwar in Gestalt besonders sorgfältiger Würdigung – zu begegnen ist.[1567]

[1558] Darauf, dass die Frage der Grenzziehung zwischen Beweiswürdigung einerseits und Verstoß gegen Denkgesetze andererseits, wie sie bei anderen Gerichten im Revisionsverfahren relevant wird, für das Bundesverfassungsgericht keine Bedeutung hat, weisen *Klein/Bethge*, in: Maunz u. a., § 30 Rn. 10.2 (Stand: September 1979), zu Recht hin.

[1559] Dazu beispielhaft aus Sicht des Verwaltungsprozessrechts BVerwG, NVwZ 2007, 1196 (1196); *Breunig*, in: Posser/Wolff, VwGO, § 108 Rn. 8, m.w.N.

[1560] S. dazu zuvor S. 296 ff.

[1561] Vgl. hierzu etwa *Breunig*, in: Posser/Wolff, VwGO, § 108 Rn. 9; *Eisenberg*, Beweisrecht, Rn. 102, jew. m.w.N. aus der fachgerichtlichen Rspr.

[1562] So zum Strafprozessrecht *Eisenberg*, Beweisrecht, Rn. 101.

[1563] S. zu diesem oben insb. S. 119 ff.

[1564] *Dawin*, in: Schoch/Schneider/Bier, VwGO, § 108 Rn. 25 (Stand: April 2013). Dies wirkt sich auch bereits bei der Auswahl des Beweismittels aus, s. dazu oben S. 295 f.

[1565] In diesem Sinne bereits *Rixen*, in: Sodan/Ziekow, VwGO, § 108 Rn. 62.

[1566] S. dazu oben S. 296 ff.

[1567] Vgl. BVerfGE 57, 250 (278, 292 f.); BVerfG, NJW 1997, 999 (999 f.): Die Grundsätze, die das Verfassungsgericht hier betreffend den Beweiswert des sog. Zeugen vom Hörensagen formuliert hat, lassen sich ohne Weiteres auf die Würdigung sonstiger mittelbarer Beweismittel übertragen.

Die „Freiheit" der Beweiswürdigung entbindet das Verfassungsgericht ferner nicht von seiner Pflicht zu *umfassender* und *erschöpfender* Würdigung sämtlicher Ergebnisse der gerichtlichen Verhandlung sowie Beweisaufnahme.[1568] Vielmehr darf und muss das Gericht jedes einzelne Beweismittel würdigen und dabei auch den jeweiligen Beweiswert desselben im Einzelfall bestimmen. Insbesondere hat das Gericht dabei die *Glaubwürdigkeit* vernommener Beteiligter oder sonstiger Auskunftspersonen sowie die *Glaubhaftigkeit* der konkreten Aussage besonders zu würdigen.[1569] Eben diese Beurteilung, die von erheblicher Bedeutung für den Ausgang des Prozesses ist,[1570] ist wesentlicher Bestandteil der Überzeugungsbildung und originäre Aufgabe des Gerichts.[1571]

Besondere Beachtung verdient insofern die Würdigung von Stellungnahmen Sachkundiger – namentlich als (gar mehrfach) abgeleiteter Beleg komplexer genereller (zukünftiger) Tatsachen und ungeachtet der Frage, ob es sich um förmliche Sachverständige oder sachkundige Dritte handelt: Diese darf das Gericht zur Bildung seiner Überzeugung nicht ungeprüft übernehmen, sondern hat es in eigener Verantwortung zu würdigen.[1572] Dabei ist die „Zuverlässigkeit" sowohl des Sachkundigen als auch dessen Aussage stets kritisch zu hinterfragen, zumal jener angesichts der besonderen politischen Dimension vieler Verfahren vor dem Verfassungsgericht nicht selten selbst einem bestimmten Verfahrensausgang zugeneigt respektive möglicherweise befangen sein wird.[1573] Die Pflicht zu kri-

---

[1568] Diese Pflicht trifft nach dem allgemeinen Prozessrecht sämtliche Tatsachengerichte, mithin auch das Bundesverfassungsgericht, vgl. etwa zur StPO *Eisenberg,* Beweisrecht, Rn. 98, 100; zur VwGO *Dawin,* in: Schoch/Schneider/Bier, VwGO, § 108 Rn. 28 ff. (Stand: April 2013).

[1569] Zu der im allgemeinen Prozessrecht anerkannten Unterscheidung zwischen Glaubwürdigkeit (betreffend die aussagende Person als solche) und Glaubhaftigkeit (betreffend die konkrete Aussage) allg. etwa BGH, NJW 1991, S. 3284 (3284 f.), m. w. N.

[1570] Vgl. exemplarisch zur Bedeutung dessen BVerfGE 84, 90 (127 f.): Hier hatte das Gericht seine Entscheidung maßgeblich auf die Aussagen des ehemaligen Staatssekretärs *Kastrup* gestützt, die sodann Anlass eines Strafverfahrens wegen Prozessbetrugs wurden (dazu OLG, NStZ 1996, 282). S. auch BVerfGE 118, 244 (274 f.), und die diesbezügliche Krit. von *Brink,* in: Linien, S. 3 (23 f.), an der (zumindest laut den verschriftlichten Entscheidungsgründen) fehlenden gerichtlichen Beurteilung der Glaubhaftigkeit einer Aussage eines damaligen Bundeswehrgenerals, die die Überzeugung des Gerichts (§ 30 Abs. 1 S. 1 BVerfGG) letztlich getragen hatte; s. zudem BVerfGE 93, 248 (252 ff.) – Sudanesen, mit dem Sondervotum von *Sommer* (a. a. O., 258 ff.).

[1571] So zutreffend aus Sicht des Verwaltungsprozessrechts *Breunig,* in: Posser/Wolff, VwGO, § 108 Rn. 14.

[1572] Allg. M. im Verfahrensrecht, vgl. nur zur ZPO *Foerste,* in: Musielak/Voit, ZPO, § 286 Rn. 11; sowie zur VwGO *Breunig,* in: Posser/Wolff, VwGO, § 108 Rn. 15.

[1573] In diese Richtung auch *Voßkuhle,* NJW 2013, 1329 (1334): Sowohl die Auswahl der Auskunftsperson als auch die Würdigung der Aussage erfordere „einen kritischen Blick" (welcher indes in Senatssachen durch das „16-Augen-Prinzip" geschärft werde); s. zur möglichen Parteilichkeit der Auskunftspersonen ferner *Haberzettl,* in: B/D/S, § 27a Rn. 7. Krit. zur unzureichenden Würdigung seitens des Verfassungsgerichts in

tischer Würdigung erstreckt sich zudem grundsätzlich sowohl auf die seitens des Sachkundigen behaupteten Hilfstatsachen als auch auf dessen Schlussfolgerung. Will das Gericht von der Einschätzung des Sachkundigen abweichen, muss es seine gegenteilige Überzeugung in sich schlüssig und plausibel begründen.[1574]

Kommen verschiedene Sachkundige zu unterschiedlichen Ergebnissen, ist das Gericht wie dargelegt[1575] zunächst gehalten, Unterschiede in Grundlagen oder Wertung aufzuklären (die Verkennung dessen bedeutet einen Verstoß gegen die Untersuchungspflicht des § 26 Abs. 1 S. 1 BVerfGG[1576]). (Erst) wenn solche Bemühungen erfolglos geblieben sind,[1577] dürfen Diskrepanzen frei gewürdigt werden, indem einem Gutachten bzw. einer Stellungnahme mit logisch nachvollziehbarer Begründung der Vorzug gegeben wird; selbiges gilt bei fundierten Einwänden eines Beteiligten gegen die Stellungnahme eines Sachkundigen. Im Ergebnis darf und muss das Gericht mit eigenen sachgerechten Erwägungen in Ausübung seines prozessualen Ermessens prüfen, welcher sachkundigen Meinung es sich zur Bildung seiner Überzeugung anschließt.[1578]

Nach isolierter Bewertung der einzelnen Ergebnisse von Verhandlung und Beweisaufnahme i.S.d. § 30 Abs. 1 S. 1 BVerfGG hat das Gericht, ob seiner Pflicht zu *erschöpfender* Würdigung derselben, eine „Gesamtwürdigung" durch inhaltliche Verknüpfung jener Ergebnisse vorzunehmen.[1579] Insofern kommt es denn auch nicht darauf an, ob eine einzelne Hilfstatsache allein den Schluss auf die

---

diesem Kontext etwa *Brink,* in: Linien, S. 3 (23 f.); *Haberzettl,* NVwZ-Extra 2015, 1 (4 f.).

[1574] Vgl. zu den Grenzen freier Beweiswürdigung in diesem Kontext auch *Berchtold,* in: ders./Richter, Sozialsachen, § 11 Rn. 62; ähnlich *Breunig,* in: Posser/Wolff, VwGO, § 108 Rn. 15.

[1575] S. oben S. 304.

[1576] So überzeugend, wenngleich aus Sicht des Verwaltungsprozesses, *Breunig,* in: Posser/Wolff, VwGO, § 108 Rn. 15.1. Auch dies gilt freilich nur bis zu den Grenzen des faktisch Möglichen, s. BVerfGE 149, 407 (Rn. 20): „Gerichte sind nicht in der Lage, fachwissenschaftliche Erkenntnislücken selbständig zu schließen, und auch nicht verpflichtet, über Ermittlungen im Rahmen des Stands der Wissenschaft hinaus Forschungsaufträge zu erteilen."

[1577] Dieser Gedanken kommt auch in BVerfGE 149, 407 (Rn. 27), zum Ausdruck: „Von weiterer Kontrolle abzusehen kommt von vornherein nur dann in Betracht, wenn es tatsächlich an entscheidungsrelevanter, eindeutiger wissenschaftlicher Erkenntnis fehlt." Vgl. zum Problem fehlender geeigneter Sachkundiger in der Praxis, *Huber,* in: Musielak/Voit, ZPO, § 404 Rn. 4a: Hat das Gericht bei Suche und Auswahl eines geeigneten Sachverständigen alle bekannten Erkenntnisquellen ergebnislos ausgeschöpft, kann es insofern von einer Beweisaufnahme absehen.

[1578] Allg. M. im Verfahrensrecht; statt aller zur ZPO *Foerste,* in: Musielak/Voit, ZPO, § 286 Rn. 11; zur VwGO *Breunig,* in: Posser/Wolff, VwGO, § 108 Rn. 15.1; zum SGG *Berchtold,* in: ders./Richter, Sozialsachen, § 11 Rn. 62.

[1579] Vgl. etwa zur ZPO BGH, NJW 1970, 946 (949); zum Strafprozessrecht *Eisenberg,* Beweisrecht, Rn. 98, 100.

fragliche Haupttatsache zulässt, sondern genügt es, wenn die richterliche Überzeugung auf der Gesamtwürdigung aller Indizien beruht.[1580]

Eine weitere Begrenzung erfährt der Grundsatz der freien Beweiswürdigung durch im Verfassungsprozess geltende Beweisverwertungsverbote. Dem Verbot unterliegende Sachverhalte und Beweisergebnisse dürfen nicht zum Gegenstand der Beweiswürdigung und damit auch nicht zur Grundlage der Sachentscheidung gemacht werden, weshalb das Verfassungsgericht gehalten ist, derartige Kenntnisse bei der Entscheidungsfindung vollständig „auszublenden".[1581]

Im Übrigen sei darauf hingewiesen, dass etwa die Beweisregeln der § 415 ff. ZPO betreffend die Beweiskraft förmlicher Urkunden sowie § 314 ZPO, der die Beweiskraft des gerichtlichen Tatbestands regelt, mangels entsprechenden Verweises im BVerfGG im Verfassungsprozessrecht keine Bindungswirkung entfalten.[1582]

III. Tatsächliche Vermutungen

Keine Einschränkung der freien Beweiswürdigung, sondern eine Beweiserleichterung aufgrund der Verschiebung des Bezugspunktes jener Würdigung stellen tatsächliche Vermutungen dar:[1583] Greift im Einzelfall eine solche Vermutung, genügt es, wenn das Gericht i. S. d. § 30 Abs. 1 S. 1 BVerfGG vom Vorliegen der Vermutungsbasis überzeugt ist, um auf die vermutete Haupttatsache selbst schließen zu können.[1584] Hauptanwendungsfall der Rechtsfigur der tatsächlichen Vermutung ist der – gewohnheitsrechtlich anerkannte – sog. Anscheinsbeweis (auch prima-facie-Beweis oder Beweis des ersten Anscheins genannt), der aufgrund allgemein anerkannter Erfahrungssätze in besonders konsequenter und stringenter Weise eine richterliche Überzeugung herbeizuführen vermag:[1585] So-

---

[1580] S. nur zur ZPO BGH, NJW 1970, 946 (949); zur StPO m.w.N. *Eisenberg,* Beweisrecht, Rn. 101.

[1581] S. zu Beweiserhebungs- und Beweisverwertungsverboten oben S. 294 f. Zur Bedeutung von Beweisverwertungsverboten für die Beweiswürdigung aus strafprozessualer Sicht etwa *Eisenberg,* Beweisrecht, Rn. 109.

[1582] Freilich ist es dem Verfassungsgericht im Rahmen der freien Beweiswürdigung möglich, den Rechtsgedanken jener Normen heranzuziehen und Urkunde bzw. Tatbestand vor diesem Hintergrund im Einzelfall einen erhöhten Beweiswert zuzusprechen; in diese Richtung wohl auch *Klein/Bethge,* in: Maunz u.a., § 30 Rn. 10.1 (Stand: September 1979); *Lechner/Zuck,* § 30 Rn. 5.

[1583] Die Rechtsfolgen der Figur der tatsächlichen Vermutung sind im Fachprozessrecht zwar nicht gänzlich unumstritten, im Grundsatz ist sie indes allgemein anerkannt (s. dazu nur *Dawin,* in: Schoch/Schneider/Bier, VwGO, § 108 Rn. 67 u. 72 f. [Stand: April 2013]). Zu dieser Figur auch bereits oben S. 170.

[1584] Im Grunde handelt es sich bei der Zugrundelegung tatsächlicher Vermutungen sonach um einen Indizienbeweis (dazu S. 298 ff.).

[1585] Vgl. dazu aus dem Verwaltungsprozessrecht *Dawin,* in: Schoch/Schneider/Bier, VwGO, § 108 Rn. 64 (Stand: April 2013); *Kothe,* in: Redeker/von Oertzen, VwGO, § 108 Rn. 14; *Unger,* in: Gärditz, VwGO, § 108 Rn. 26; aus dem Zivilprozessrecht ausführlich *Rosenberg,* Zivilprozess, § 114 Rn. 16 ff.

weit ein Vorgang *allgemein* nach einem durch Regelmäßigkeit, Üblichkeit und Häufigkeit geprägten „Muster" abzulaufen pflegt, darf das Gericht danach auch im Einzelfall von diesem Vorgang ausgehen, sofern keine die Vermutungsbasis erschütternden Anhaltspunkte vorliegen.[1586]

In der Rechtsprechung des Bundesverfassungsgerichts spielen tatsächliche Vermutungen soweit ersichtlich zwar keine wesentliche Rolle respektive begründet das Gericht seine Überzeugung im Einzelfall jedenfalls nicht ausdrücklich mit dieser Figur (obschon durchaus zu vermuten ist, dass das Gericht seine Überzeugung vielerorts mittels Erfahrungssätzen stützt[1587]). Dennoch ist die Beweiswürdigung unter Zugrundelegung tatsächlicher Vermutungen auch im Verfassungsprozess zulässig, soweit selbige anerkannt sind.[1588]

Darüber hinaus ist auch für das Verfassungsgericht die Würdigung derjenigen allgemeinen Erfahrungssätze zwingend, auf die sich die Vermutungsregel im Einzelnen stützt; ob dessen Pflicht zu Rationalität darf das Gericht jene Erfahrungssätze jedenfalls nicht ohne sachliche Begründung umgehen.[1589]

IV. Sachtypischer Beweisnotstand

Auch sachtypische – das heißt in der Eigenart der beweisbedürftigen Tatsache begründete – Schwierigkeiten, diese zu beweisen (sog. Beweisnot), rechtfertigen nach den Grundsätzen des allgemeinen Prozessrechts eine gewisse Beweiserleichterung: Dabei bewirken jene Schwierigkeiten keine Reduzierung des Beweismaßes, sonders gestattet es § 30 Abs. 1 S. 1 BVerfGG dem Verfassungsgericht in derartigen Fällen, das Fehlen „klassischer" Beweismittel als eine typische Erscheinung zu sehen und zu würdigen.[1590] Den verbleibenden Möglichkeiten der Sachaufklärung – die freilich zugunsten wirksamen Rechtsschutzes ihrerseits

---

[1586] S. auch *Müller,* JuS 2014, 324 (326).

[1587] Dazu – zu Recht krit. – *Bull,* in: FS Koch, S. 29 (52 f.); zur frühen Rspr. des Gerichts *Philippi,* Tatsachen, S. 51. Zur Krit. am unbegründeten Rückgriff auf Erfahrungssätze s. auch oben S. 133 ff.

[1588] Die einer Vermutungsregel zugrunde liegenden Erfahrungssätze sind also ihrerseits krit. zu hinterfragen; es gilt auch insofern die Prämisse, dass tradierte Prinzipien nicht „ohne irgendwelche Zweifel in den Entscheidungsprozess eingeführt" werden dürfen; begründete Krit. an der Rechtsprechungspraxis auch des Bundesverfassungsgerichts übt in diesem Kontext *Bull,* in: FS Koch, S. 29 (53, Zitat ebd.).

[1589] S. auch *Rosenberg,* Zivilprozess, § 114 Rn. 35, der den Anscheinsbeweis zutreffend als „konsequent praktizierte Beweiswürdigung" beschreibt.

[1590] Ausführlich dazu, auch zu den Gründen, die gegen eine Beweismaßreduzierung in diesem Kontext sprechen, aus Sicht des Verwaltungsprozessrechts etwa *Dawin,* in: Schoch/Schneider/Bier, VwGO, § 108 Rn. 55 ff. (Stand: April 2013); *Rixen,* in: Sodan/Ziekow, VwGO, § 108 Rn. 95 ff.; *Unger,* in: Gärditz, VwGO, § 108 Rn. 24 f.; zur FGO *Seer,* in: Tipke/Kruse, AO/FGO, § 96 FGO Rn. 74 (Stand: August 2018); zum SGG *Berchtold,* in: ders./Richter, Sozialsachen, § 6 Rn. 508; zur ZPO BGHZ 110, 363 (365 f.); *Huber,* in: Musielak/Voit, ZPO, § 448 Rn. 6 ff. Anderes gilt freilich im Strafprozess, der durch die Unschuldsvermutung beherrscht ist.

vollständig auszuschöpfen sind – kommt insofern eine vergleichsweise hohe Beweiskraft zu. So gewinnt etwa hinsichtlich typischerweise kaum nachweisbaren inneren Tatsachen[1591] oder bezüglich regelmäßig undurchsichtiger Auslandssachverhalte in Asylsachen das Parteivorbringen als verbliebene Erkenntnisquelle an Gewicht.[1592] Soweit *unmittelbare* Beweismittel bereits „strukturell" nicht zur Verfügung stehen, was wie dargelegt jedenfalls für zukünftige Tatsachen gilt, darf das Gericht zudem dem Indizienbeweis erhöhte Beweiskraft beimessen.[1593] Die Möglichkeit einer den sachtypischen Beweisschwierigkeiten angepassten Beweiswürdigung kann mithin gerade beim Beweis zukünftiger, aber auch genereller Tatsachen relevant werden. Letzteres gilt indes nur, soweit sich die konkret erhebliche generelle Tatsache ob ihres spezifischen Inhalts tatsächlich *typischerweise* nur erschwert beweisen lässt.

V. Nicht- oder Schlechterfüllung von Mitwirkungslasten

Besondere Bedeutung kommt im Rahmen der Beweiswürdigung ferner der Nicht- oder Schlechterfüllung bestehender prozessualer Mitwirkungslasten zu.[1594] Nach dem Grundsatz freier Beweiswürdigung ist es dem Verfassungsgericht in derartigen Fällen möglich, jene Nichterfüllung als Indiz für das Nichtvorliegen der fraglichen Tatsache zu werten;[1595] auch wird der Indizwirkung hier regelmäßig erhöhte Beweiskraft zukommen, soweit der zur Mitwirkung Verpflichtete nicht „unverschuldet" in Unkenntnis über die Entscheidungserheblichkeit der fraglichen Tatsache geblieben ist.[1596] Eine Berücksichtigung im Rahmen

---

[1591] Vgl. hierzu etwa *Unger,* in: Gärditz, VwGO, § 108 Rn. 25. Bedeutung als Tatbestandsmerkmal kommt der inneren Tatsache z.B. im Anwendungsbereich des Art. 4 Abs. 1–3 GG zu; zur inneren Tatsache auch oben S. 47.

[1592] H.M. auch im Verwaltungsprozessrecht; s. etwa *Dawin,* in: Schoch/Schneider/Bier, VwGO, § 108 Rn. 55 (Stand: April 2013); *Rixen,* in: Sodan/Ziekow, VwGO, § 108 Rn. 101, jew. m.w.N. Vgl. zu Art. 16a GG, in dessen Rahmen angesichts nur begrenzter Möglichkeiten zur Ermittlung von Auslandssachverhalten regelmäßig ein sachtypischer Beweisnotstand anerkannt wird, ferner *Gärditz,* in: Maunz/Dürig, GG, Art. 16a Rn. 482 ff. (Stand: April 2018).

[1593] S. dazu oben S. 298 ff. Ebenso *Rixen,* in: Sodan/Ziekow, VwGO, § 108 Rn. 100.

[1594] Hierzu oben S. 211 ff. Ausführlich dazu aus Sicht des Verwaltungsprozessrechts auch *Nierhaus,* Beweismaß, S. 344 ff.

[1595] Vgl. konkret auch *P. Klein,* DÖV 2013, 584 (593), der die verfassungsgerichtliche Würdigung der Nichterfüllung der Obliegenheit einer Vereinigung zur Beibringung von Beweismitteln im Nichtanerkennungsbeschwerdeverfahren (Art. 93 Abs. 1 Nr. 4c GG, §§ 13 Nr. 3a, 96a BVerfGG) *zulasten* dieser Vereinigung anerkennt, „wenn sich diese beharrlich und ohne erkennbaren oder nachvollziehbar dargelegten Grund weigert, die […] zumutbaren Unterlagen und Beweise beizubringen".

[1596] S. auch *Nierhaus,* Beweismaß, S. 344 f. Zu der Hinweispflicht des Verfassungsgerichts in diesem Kontext oben S. 239 f. Vgl. ferner aus dem Verwaltungsprozessrecht für einen Fall negativer Würdigung einer Beweisvereitelung BVerwG, NVwZ 2014, 530 (531), m.w.N.; dazu *Rixen,* in: Sodan/Ziekow, VwGO, § 86 Rn. 69 ff.

der Beweiswürdigung scheidet insofern nur dann (von vorneherein) aus, wenn der Mitwirkungsbelastete *kein erkennbares Interesse* an der Feststellung jener Tatsache hat. Dies ist namentlich denkbar in prinzipalen wie inzidenten Normenkontrollverfahren, denen etwa die Bundesregierung beigetreten ist (z. B. gemäß § 94 Abs. 5 S. 1, Abs. 4 oder § 82 Abs. 1, 2 jeweils i. V. m. § 77 Nr. 1 BVerfGG). Nach den dargelegten Grundsätzen der allgemeinen Mitwirkungslast ist die Regierung hier zum Vortrag derjenigen „legislativen" Tatsachen angehalten, von denen sie in Ansehung des Gesetzgebungsverfahrens unmittelbar Kenntnis erlangt hat. Bedeutet die Feststellung der fraglichen Tatsache für die Bundesregierung dabei jedoch keinen „Vorteil" im Verfahren respektive stützt sie gerade nicht die Rechtsauffassung der Regierung, lässt sich ein Zusammenhang zwischen der mangelnden Mitwirkung und dem (Nicht-)Vorliegen jener Tatsache nicht herstellen. Eine Würdigung, der zufolge die Regierung durch ihr Handeln zu erkennen gegeben habe, sie „fürchte" das Ergebnis einer Beweisaufnahme, verstieße hier mithin gegen Denkgesetze.

Die Möglichkeit der negativen Indizwirkung besteht auch und vor allem dann, wenn der Gesetzgeber seiner prozessualen Mitwirkungslast in Normenkontrollverfahren nicht nachkommt.[1597] Soweit dem Verfassungsgericht die Aufklärung der das Gesetz stützenden Tatsachen vor diesem Hintergrund deutlich erschwert ist – dies wird zumal der Fall sein, wenn sich schon der Gesetzesbegründung keine in tatsächlicher Hinsicht fundierte Darlegung etwa der erwarteten Auswirkungen des Gesetzes entnehmen lässt –, kann der „Mitwirkungsunwilligkeit" des Gesetzgebers im Einzelfall eine derart hohe Beweiskraft zukommen, dass das Gericht aufgrund eben dieser zu der Überzeugung des (Nicht-)Vorliegens der erheblichen Tatsache gelangt (§ 30 Abs. 1 S. 1 BVerfGG).[1598] Sonach lässt sich mithilfe der Grundsätze der Beweiswürdigung überdies dem Risiko begegnen, dass das Bundesverfassungsgericht ob seiner Aufklärungspflicht (§ 26 Abs. 1 S. 1 BVerfGG) veranlasst wird, die unzureichende Sachaufklärung des Gesetzgebers im Gesetzgebungsverfahren nachgerade hilfsweise „auszugleichen" und damit dem fraglichen Gesetz erst seine tatsächliche Rechtfertigung zu liefern.[1599]

Soweit das Gericht einen Verfahrensbeteiligten bzw. den Gesetzgeber im Übrigen nach der hier vertretenen Präklusionslösung zu konkretem Sachvortrag unter Fristsetzung aufgefordert hat, kann jenes bei erfolglosem Fristablauf ferner grundsätzlich ohne Weiteres im Rahmen der Beweiswürdigung vom Nichtvorliegen des erbetenen Beweismittels bzw. der darzulegenden Tatsache ausgehen.[1600]

[1597] S. dazu oben S. 271 f.

[1598] So zur Nichterfüllung der Mitwirkungslast eines *Verfahrensbeteiligten Nierhaus,* Beweismaß, S. 347.

[1599] Vgl. dazu bereits oben Fn. 1344 mit dem dazugehörigen Text. S. zu der unzureichenden Sachaufklärung durch den Gesetzgeber i. Ü. auch *Nagel,* DÖV 2010, 268, 273.

[1600] S. dazu oben S. 246 ff., insb. 253 f.

Zu einer Reduzierung des Beweismaßes führt die Nicht- oder Schlechterfüllung von Mitwirkungslasten dagegen schon mangels entsprechender Rechtsgrundlage nicht.[1601]

VI. Beweiswert tatsächlicher Feststellungen anderer Staatsorgane

Fraglich ist, ob Besonderheiten hinsichtlich der Würdigung tatsächlicher Behauptungen anderer Staatsorgane (einschließlich anderer Gerichte) bestehen. So
könnte das Bundesverfassungsgericht berechtigt oder gar verpflichtet sein, jenen
im Rahmen der Beweiswürdigung einen erhöhten Beweiswert zuzusprechen.
Einer entsprechenden Pflicht steht indes das Prinzip der *Gleichrangigkeit der
Beweismittel* entgegen.[1602] Zudem lässt sich gewiss nicht schon qua Amtes eine
besondere Verlässlichkeit der Staatsorgane begründen. Vielmehr werden diese –
soweit sie nicht ohnehin verfahrensbeteiligt sind – ob der besonderen rechtlichen
wie politischen Dimension verfassungsgerichtlicher Entscheidungen regelmäßig
einem bestimmten Verfahrensausgang gerade zugeneigt, möglicherweise also gar
„befangen" sein.[1603]

Freilich können im Einzelfall namentlich die besondere Sachkunde des vortra-
genden Organs sowie dessen rechtliche (Art. 20 Abs. 2, 3 GG) wie politische[1604]
Verantwortlichkeit im Rahmen der freien Beweiswürdigung berücksichtigt werden. Eben diese Auffassung vertritt, soweit ersichtlich, auch das Bundesverfassungsgericht; so heißt es in dem – insoweit verallgemeinerungsfähigen – Sondervotum des Richters *Sommer* zu BVerfGE 93, 248 – Sudanesen: „Vielmehr hat das
Bundesverfassungsgericht gemäß § 30 Abs. 1 Satz 1 BVerfGG das Ergebnis seiner Tatsachenfeststellungen und Beweiserhebungen – nach Gewährung rechts-
lichen Gehörs für die Verfahrensbeteiligten – umfassend zu würdigen. Dabei ist
freilich die besondere Sachkunde und Sachnähe des Auswärtigen Amtes angemessen zu berücksichtigen; auch die politische Verantwortlichkeit der Bundesregierung für eine Einschätzung der Verläßlichkeit eingeholter Zusicherungen im
völkerrechtlichen Verkehr kann eine Rolle spielen. Letztlich muß es aber bei einer *vom Bundesverfassungsgericht* zu verantwortenden Würdigung und Entscheidung verbleiben."[1605]

[1601] Zur Beweismaßreduzierung sogleich S. 325 ff. Hierzu auch *Nierhaus*, Beweismaß, S. 115, 335, der eine solche Reduzierung aus Sicht des Verwaltungsprozessrechts
ebenfalls ablehnt.

[1602] Vgl. dazu oben S. 313 f.

[1603] S. zu dem Problem „parteiischer" Sachkundiger in diesem Kontext auch *Brink*,
in: Linien, S. 3 (23); *Geiger*, Besonderheiten, S. 22; *Haberzettl*, in: B/D/S, § 27a Rn. 7;
Meskouris, in: Barczak, § 26 Rn. 28.

[1604] Die besondere politische Verantwortung des Gesetzgebers betonen in ähnlichem
Kontext etwa *Augsberg/Augsberg*, VerwArch 2007, 290 (301).

[1605] BVerfGE 93, 248 (260) (Sondervotum *Sommer*).

Dabei verdient indes gerade der zuletzt genannte Aspekt Beachtung: Das Verfassungsgericht ist wie dargelegt gemäß § 30 Abs. 1 S. 1 BVerfGG verpflichtet, sämtliche Beweismittel einer kritischen Würdigung zu unterziehen respektive darf es sich nicht ohne sachliche Begründung einem Tatsachenvortrag schlicht „anschließen". Dies gilt uneingeschränkt auch für den Vortrag anderer Staatsorgane.[1606] Soweit in einem Prozess Stellvertreter eben dieser Organe (im Übrigen auch solche Auskunftspersonen, die einem Staatsorgan erkennbar nahestehen) im weitesten Sinne „angehört" werden, hat das Gericht mithin die Glaubwürdigung der Person sowie die Glaubhaftigkeit ihrer Aussage – gerade auch vor dem Hintergrund einer etwaigen Nähe jenes Staatsorgans zu dem jeweiligen Verfahrensgegenstand – kritisch zu prüfen und darüber hinaus besonders zu begründen, wenn es jenen Aussagen im Ergebnis eine erhöhte Beweiskraft beimisst (denkbar ist dies z. B. in Fällen besonders gründlicher Ermittlungsmaßnahmen seitens des Gesetzgebers).[1607] Wird dabei die politische Verantwortlichkeit als Kriterium der Verlässlichkeit einer Sachverhaltsannahme herangezogen, bedarf auch dies einer spezifischen Begründung, mag es doch politisch durchaus „sinnvoll" sein, zugunsten eines in der Bevölkerung ausgemachten Stimmungsbildes kurz- bzw. mittelfristige „Lösungen" für vermeintliche Missstände zu präsentieren, obgleich diese bzw. jene tatsächlich nicht begründet sind.[1608] Die Notwendigkeit der kritischen Würdigung etwa legislativer Sachverhaltsannahmen zeigt sich insofern denn auch anhand solcher Verfahren, in denen die Fehlerhaftigkeit jener Annahmen letztlich eindeutig belegt werden konnte.[1609]

C. Beweismaß

I. Regelbeweismaß

Die Beweiswürdigung als Verfahren der Prüfung, ob eine entscheidungserhebliche Tatsache erwiesen ist, bedarf eines Kriteriums für das „Erwiesensein" (sog. Beweismaß[1610]). Dieses Kriterium muss – da es eine Frage abstrakt-genereller Bewertung ist, ab welchem Punkt ein Gericht überzeugt sein darf – grundsätzlich rechtssatzmäßig festgelegt sein im Gegensatz zu der konkreten Beweiswürdi-

---

[1606] Vgl. insofern auch den Rechtsgedanken des § 33 Abs. 2 BVerfGG; ausführlich dazu oben S. 141 ff.

[1607] Krit. zu Fällen, in denen das Gericht dies nicht getan hat, etwa *Brink,* in: Linien, S. 3 (23 ff.).

[1608] Vgl. zu den zuweilen irrationalen Motivlagen etwa des Gesetzgebers *Nagel,* DÖV 2010, 268, 273.

[1609] S. exemplarisch BVerfGE 36, 47 (60 ff.); 71, 364 (392 f.); 106, 62 (159 ff.), zu diesem Urteil auch *Bull,* in: FS Koch, S. 29 (49). S. ferner *Grupp,* in: FS Stern S. 1099 (1099 ff., insb. 1101), zu fehlerhaften Sachverhaltsannahmen des Gesetzgebers im Rahmen der kommunalen Gebietsreformen der 1970er Jahre.

[1610] Synonym verwendet werden zuweilen die Begriffe Beweisstärke, Beweiskriterium oder Beweisquantum; vgl. dazu m. w. N. *Rixen,* in: Sodan/Ziekow, VwGO, § 108 Rn. 65.

gung, welche die Einschätzung der im Einzelfall zutage getretenen Umstände betrifft.[1611]

Im Verfassungsprozessrecht findet sich eine entsprechende Regelung in § 30 Abs. 1 S. 1 BVerfGG, welcher auf die „Überzeugung" des Gerichts abstellt. Obgleich deren Bezugspunkt nicht ausdrücklich benannt ist, ergibt sich sowohl aus dem Sinnzusammenhang der Norm („Ergebnis der Beweisaufnahme") als auch aus der Systematik des Gesetzes, dass sich jene Überzeugung auf die (mittels Beweis zu erforschende) Wahrheit bezieht (vgl. § 26 Abs. 1 S. 1 BVerfGG). Mithin besteht das Beweismaß aus dem subjektiven Element der „Überzeugung" sowie dem objektiven Element der „Wahrheit"[1612].[1613]

Geht es sonach um die richterliche „Überzeugung" vom Vorliegen der entscheidungserheblichen Tatsachen, stellt sich weiter die Frage nach deren Bedeutungsgehalt.[1614]

Grundsätzlich ist das Kriterium der Überzeugung dabei rechtlich sowohl „nach oben" als auch „nach unten" begrenzt:

So ist richterliche Überzeugung *einerseits* nicht mit absoluter Gewissheit gleichzusetzen, kann es diese doch bereits naturgemäß – zumal in einem zeitlich wie sachlich begrenzten Verfahren – nicht geben.[1615] Dass § 30 Abs. 1 S. 1 BVerfGG keine absolute Gewissheit einfordert, ergibt sich zudem aus dem übrigen Prozessrecht, welches dem Gericht etwa bei Nichterfüllung der Mitwirkungslast eines Beteiligten oder aufgrund einer besonderen Verfahrensart (vgl. § 32 Abs. 2 S. 2 BVerfGG im einstweiligen Rechtsschutz) die Möglichkeit gewährt, trotz seitens des Gerichts erkannter Unsicherheiten bezüglich der Tatsachengrundlage im Sinn des § 30 Abs. 1 S. 1 BVerfGG zu einer Überzeugung zu gelangen.[1616] Dabei be-

---

[1611] Allg. M. im Prozessrecht; vgl. statt aller zur ZPO *Prütting,* in: MüKo-ZPO, § 286 Rn. 17; zur VwGO *Dawin,* in: Schoch/Schneider/Bier, VwGO, § 108 Rn. 38 (Stand: April 2013); *Rixen,* in: Sodan/Ziekow, VwGO, § 108 Rn. 66.

[1612] So für den Verwaltungsprozess *Dawin,* in: Schoch/Schneider/Bier, VwGO, § 108 Rn. 38 (Stand: April 2013).

[1613] Dies entspricht zudem den Regelungen der übrigen Prozessordnungen, vgl. nur §§ 286 Abs. 1 S. 1 ZPO, 108 Abs. 1 S. 1 VwGO, 128 Abs. 1 S. 1 SGG, 37 FamFG.

[1614] Diese Thematik wird für das Verfassungsprozessrecht weder in der Rspr. noch in der Lit. behandelt; schweigsam etwa *Burkiczak,* in: B/D/S, § 30 Rn. 7; *Hennecke,* in: U/C/D, § 30 Rn. 6; *Benda/Klein,* Rn. 326; *Grünewald,* in: Walter/ders., § 30 Rn. 11; eine positive Ausnahme stellen insofern die – freilich ihrerseits marginalen – Ausführungen von *Klein/Bethge,* in: Maunz u.a., § 30 Rn. 10.2 (Stand: September 1979), sowie *Lechner/Zuck,* § 30 Rn. 5, dar.

[1615] In diesem Sinne auch *Klein/Bethge,* in: Maunz u.a., § 30 Rn. 10.2 (Stand: September 1979); sowie *Lechner/Zuck,* § 30 Rn. 5. Vgl. ferner *Petersen,* Verhältnismäßigkeit, S. 82 (mit Fn. 155 für weitere Nachweise): „In der Gerichtspraxis werden Entscheidungen nie unter vollständiger Sicherheit getroffen".

[1616] Gleiches gilt in Ansehung der nach hier vertretener Auffassung bestehenden Möglichkeit, Sachvortrag im Prozess wegen Verfristung zu präkludieren, s. dazu oben S. 246 ff.

deutet die richterliche Überzeugung ferner nicht die persönliche Überzeugung des einzelnen Richters. Dies bedingt schon die Stellung des Bundesverfassungs-gerichts als Kollegialorgan, welche stets nur eine Mehrheitsentscheidung des Ge-richts, nicht hingegen „die" Gewissheit der Kammer oder des Senats einzufor-dern vermag.[1617]

Andererseits verlangt bereits das Gebot umfassender Nachprüfung nach einem hinreichenden Grad an Gewissheit.[1618] Insbesondere bloße Wahrscheinlichkeit genügt mithin nicht, um von Überzeugung sprechen zu können.

Richterliche Überzeugung ist folglich die prozessordnungsgemäß gewonnene Erkenntnis der Mehrheit des Kollegiums, dass die vorhandenen Eigen- und Fremdwahrnehmungen sowie möglichen Schlüsse ausreichen, um vom Vorliegen der erheblichen Tatsachen auszugehen; es darf dabei „weder der besonders leicht-gläubige Richter noch der generelle Skeptiker sein rein subjektives Empfinden als Maß der Überzeugung setzen, sondern jeder Richter muss sich bemühen, unter Beachtung der Prozessgesetze, Ausschöpfung der gegebenen Erkenntnisquellen und Würdigung aller Verfahrensergebnisse in gewissenhafter und vernünftiger Weise eine Entscheidung nach seiner Lebenserfahrung darüber zu treffen, ob im Urteil von der Wahrheit einer Tatsachenbehauptung auszugehen ist."[1619]

Im Ergebnis verlangt auch das Verfassungsprozessrecht – in Übereinstimmung mit dem Prozessrecht der Fachgerichte – als Regelbeweismaß damit die Gewiss-heit des Gerichts im Sinne *voller Überzeugung,* wobei ein „für das praktische Leben brauchbarer Grad an Gewissheit ausreicht, der Zweifeln Schweigen gebie-tet, ohne sie völlig auszuschließen" (sog. Vollbeweis).[1620]

II. Ausnahmen

Ungeachtet dieses Regelbeweismaßes sind auch im Verfassungsprozessrecht Reduzierungen desselben nicht per se ausgeschlossen.[1621] Diese bedürfen in An-sehung sowohl der Regelung des § 30 Abs. 1 S. 1 BVerfGG als auch des Gebots umfassender Nachprüfung, welches insbesondere willkürliche Absenkungen der Sachaufklärungspflicht verbietet,[1622] allerdings einer besonderen Legitimation.

[1617] Vgl. zu Vorstehendem aus zivilprozessualer Sicht auch bereits *Prütting,* in: MüKo-ZPO, § 286 Rn. 18 f.

[1618] S. dazu oben S. 123 ff.

[1619] *Prütting,* in: MüKo-ZPO, § 286 Rn. 19.

[1620] In diesem Sinne auch bereits *Klein/Bethge,* in: Maunz u. a., § 30 Rn. 10.2 (Stand: September 1979); sowie *Lechner/Zuck,* § 30 Rn. 5. Aus dem Fachprozessrecht grundlegend BGH, NJW 1970, 946 (948); s. auch *Burschel,* in: Hahne u. a., FamFG, § 37 Rn. 10; *Glaser,* in: Risiko, S. 61 (72 f.); *Müller,* JuS 2014, 324 (326), jew. m.w.N.

[1621] Vgl. zu Ausnahmen vom Regelbeweismaß im Verwaltungsprozessrecht *Rixen,* in: Sodan/Ziekow, VwGO, § 108 Rn. 85 ff.; sowie *Nierhaus,* Beweismaß, S. 64 ff.

[1622] S. dazu oben S. 123 ff.

Abweichungen vom Regelbeweismaß kommen danach durch Gesetz oder richterliche Rechtsfortbildung in Betracht, soweit ein (grundsätzlich) über den Einzelfall hinausweisender Sachgrund besteht.

1. Beweismaßreduzierungen im Prozessrecht

Dem geschriebenen Verfassungsprozessrecht lässt sich – obschon nicht ausdrücklich, so doch mittels Auslegung – eine entsprechende Beweismaßreduzierung allein in Verfahren des einstweiligen Rechtsschutzes gemäß § 32 Abs. 1 BVerfGG entnehmen. Angesichts der besonderen Eilbedürftigkeit desselben greift hier das Beweismaß sogenannter *Glaubhaftmachung*.[1623] Die Absenkung des Beweismaßes in Eilverfahren stellt insofern einen in §§ 920 Abs. 2 ZPO, 123 Abs. 3 VwGO, 51 Abs. 1 S. 2 FamFG zum Ausdruck kommenden allgemeinen Prozessgrundsatz dar,[1624] welcher – angesichts der vergleichbaren Prozesssituation in Eilverfahren einerseits vor dem Verfassungsgericht sowie andererseits vor den Fachgerichten und mangels spezieller Regelung im Verfassungsprozessrecht – auch vor dem Bundesverfassungsgericht entsprechend zur Anwendung gelangt. Danach genügt für die Annahme richterlicher Überzeugung i. S. d. § 30 Abs. 1 S. 1 BVerfGG die *überwiegende Wahrscheinlichkeit*, dass die entscheidungserheblichen Tatsachen im Rahmen des § 32 Abs. 1 BVerfGG vorliegen.[1625]

Zwar lässt sich aus ähnlichen Sachgründen eine Beweismaßreduzierung in Nichtanerkennungsbeschwerdeverfahren erwägen, ist dieses doch ebenfalls beschleunigt zu führen.[1626] Dagegen spricht jedoch maßgeblich, dass jenem Verfahren – anders als im einstweiligen Rechtsschutz – gerade kein weiteres, die Sachaufklärung garantierendes („Hauptsache-“)Verfahren folgt.[1627] Insofern bedeutete die Reduzierung des Beweismaßes also eine nicht gerechtfertigte Verkürzung des Rechtsschutzes (Art. 19 Abs. 4 S. 1 GG).

[1623] Allgemein zur Glaubhaftmachung als reduziertem Beweismaß im Eilverfahren *Schoch,* in: ders./Schneider/Bier, VwGO, § 80 Rn. 404 (Stand: September 2011), m. w. N.

[1624] Hierzu stellvertretend aus Sicht der ZPO *Huber,* Musielak/Voit, ZPO, § 920 Rn. 9; aus Sicht der VwGO *Puttler,* in: Sodan/Ziekow, VwGO, § 123 Rn. 87 ff.

[1625] Davon geht auch das Bundesverfassungsgericht aus, vgl. für einen Anwendungsfall – zumal zur Glaubhaftmachung zukünftiger Tatsachen – etwa BVerfG, NVwZ 2003, 725 (726): „glaubhaft gemacht“; sowie BVerfGE 93, 248 (252): „überwiegende Wahrscheinlichkeit“; s. ferner den in BVerfGE 143, 216 (Rn. 38) zum Ausdruck kommenden Gedanken reduzierter Prüfung. Aus der Lit. wie hier wohl auch *Graßhof,* in: Maunz u. a., § 32 Rn. 155 (Stand: Juli 2002). Unklar *Berkemann,* in: U/C/D, § 32 Rn. 146.

[1626] In diese Richtung denn auch *P. Klein,* DÖV 2013, 584 (592). S. zu jenem Verfahren ferner oben S. 71 ff.

[1627] Zu diesem für die Zulässigkeit einer (nur) summarischen Prüfung maßgeblichen Kriterium auch *Lechner/Zuck,* § 96a Rn. 29.

2. Beweismaßreduzierungen im materiellen Recht: Bezugnahme auf zukünftige Tatsachen

Auch im materiellen Recht finden sich Reduzierungen des Beweismaßes.[1628] Zwar statuiert das materielle Verfassungsrecht diese nicht ausdrücklich, dennoch lassen sich einzelnen Normen im Wege der Auslegung entsprechende Reduzierungen entnehmen.

So ist das Regelbeweismaß stets herabgesetzt, soweit eine Norm ein (geschriebenes oder ungeschriebenes) Tatbestandsmerkmal enthält, das sich (auch) auf eine zukünftige Tatsache bezieht.[1629] Exemplarisch genannt seien insofern die Merkmale der drohenden Gewalt in § 32 Abs. 1 BVerfGG, der Gefahr in Art. 11 Abs. 2, 13 Abs. 2, 3, 4, 5, 7, 87a Abs. 4, 91 GG, der Erforderlichkeit in Art. 11 Abs. 2, 35 Abs. 3, 72 Abs. 2 und 4 GG sowie der Erforderlichkeit und Geeignetheit gemäß dem Verhältnismäßigkeitsgrundsatz. Der Zusammenhang zwischen materiellem Tatbestandsmerkmal und prozessualer Beweismaßreduzierung folgt insoweit aus einer verfassungskonformen Auslegung jener Normen: Da sich die (richterliche) Überzeugung vom Vorliegen einer zukünftigen Tatsache ex ante naturgemäß nicht zur Gewissheit verdichten kann, bedeutete ein Festhalten am Regelbeweismaß hier zwingend einen non liquet im Prozess. Wollte man mithin die Absenkung jenes Beweismaßes hinsichtlich Normen, die tatbestandlich an den Eintritt zukünftiger Umstände anknüpfen, verneinen, ließen sich eben diese Normen bereits wesensmäßig nicht wirksam gerichtlich durchsetzen. Eine solche Auslegung verstieße ersichtlich gegen das Rechtsstaatsprinzip, insbesondere in seiner Ausprägung als Gebot wirksamen Rechtsschutzes,[1630] und ist damit abzulehnen.

Soweit das materielle Gesetz dem Rechtsanwender aus heutiger Sicht eine „gesicherte" Einschätzung darüber abverlangt, wie sich die Dinge in Zukunft entwickeln werden, Unsicherheit also bereits ein Element des Rechts ist[1631], kann –

[1628] Vgl. dazu aus Sicht des Verwaltungsprozessrechts *Rixen,* in: Sodan/Ziekow, VwGO, § 108 Rn. 88 f.

[1629] So auch die h. M. etwa im Verwaltungsprozessrecht, vgl. nur *Rixen,* in: Sodan/ Ziekow, § 108 Rn. 90, der sich in Rn. 89 zudem überzeugend gegen die teilweise vertretene Auffassung, materiell-rechtliche Vorschriften, die der Sache nach von Wahrscheinlichkeit sprechen, statuierten damit keine Beweismaßsenkung, sondern allein ein Tatbestandsmerkmal, positioniert: „Die Überzeugung von einer Wahrscheinlichkeit und Für-Wahrscheinlich-Halten sind identisch. Daraus folgt, dass, wann immer ein Tatbestandsmerkmal mit einem Wahrscheinlichkeitsgrad in einer Norm verbunden wird, zugleich eine Absenkung des Regelbeweismaßes vorliegt."; wie hier (jew. m.w.N.) ferner *Dawin,* in: Schoch/Schneider/Bier, VwGO, § 108 Rn. 62 (Stand: April 2013); *Kraft,* in: Eyermann, VwGO, § 108 Rn. 8; vgl. auch BVerwG, NVwZ 1985, 658 (660): „beachtliche Wahrscheinlichkeit"; ebenso aus Sicht des Verfassungsrechts *Kokott,* Beweislast, S. 30 ff. u. 423 f. A. A. *Unger,* in: Gärditz, VwGO, § 108 Rn. 22, der die Annahme eines zukünftigen Sachverhalts wenig überzeugend als reine Rechtsfrage klassifiziert.

[1630] S. dazu oben S. 123 ff.

[1631] So treffend *Rixen,* in: Sodan/Ziekow, § 108 Rn. 90; nach *Dürig,* Beweismaß und Beweislast, S. 73; vgl. auch *Prütting,* in: MüKo-ZPO, § 286 Rn. 46.

und muss[1632] – auch das Gericht lediglich ein Urteil über die Wahrscheinlichkeit des Eintritts des zukünftigen Sachverhalts treffen. Welchen Grad an Wahrscheinlichkeit das Gericht in Hinblick auf die Schlussfolgerung der in diesem Zusammenhang stets anzustellenden Prognose[1633] erlangen muss, lässt sich dabei nicht allgemeingültig bestimmen, sondern hängt davon ab, welches Maß an Ungewissheit das materielle Recht akzeptiert[1634] – materiell-rechtlicher Wahrscheinlichkeitsgrad und richterlicher Überzeugungsgrad sind insofern kongruent.[1635]

Da sich die Beweismaßreduzierung bereits teleologisch auf den Beweis der zukünftigen Tatsache als solches beschränkt, verbleibt es im Übrigen hinsichtlich vergangener wie gegenwärtiger Tatsachen, die als Prognosebasis einen Schluss auf jene zukünftige Tatsache zulassen sollen, bei der Geltung des Regelbeweismaßes.[1636]

Anders als in Einzelfällen zuweilen vertreten,[1637] lassen sich dem materiellen Verfassungsrecht darüber hinaus keine weiteren Beweismaßreduzierungen entnehmen;[1638] insbesondere gilt eine solche Reduzierung nicht auch in Bezug auf vergangene wie gegenwärtige generelle Tatsachen.[1639] Obgleich die Feststellung selbiger häufig nur mittels Induktion sowie in Kenntnis komplexer wissenschaftlicher Kausalitäten möglich ist (so z.B. die Feststellung, ob das Unkrautvernichtungsmittel „Glyphosat" krebserregend ist), wohnt die tatsächliche Unsicherheit

---

[1632] S. zum Justizverweigerungsverbot oben S. 123 f.

[1633] S. oben S. 297 ff.

[1634] So gestattet etwa Art. 13 Abs. 4 S. 1 GG den Einsatz technischer Mittel zur akustischen wie optischen Wohnraumüberwachung nur zur Abwehr *dringender* Gefahren für die öffentliche Sicherheit, was eine erhöhte Wahrscheinlichkeit des Schadenseintritts fordert, vgl. dazu etwa *Wolff*, in: Hömig/ders., GG, Art. 13 Rn. 21, m.w.N.

[1635] So auch *Rixen*, in: Sodan/Ziekow, VwGO, § 108 Rn. 90 sowie *Kokott*, Beweislast, S. 424, die darauf verweisen, dass die Anforderungen an die Wahrscheinlichkeit eines Schadenseintritts im Allgemeinen umso geringer seien, je größer der zu erwartende Schaden sei; vgl. auch BVerfGE 49, 89 (138).

[1636] Ebenso (obschon aus Sicht der VwGO) *Dawin*, in: Schoch/Schneider/Bier, VwGO, § 108 Rn. 63 (Stand: April 2013); *Rixen*, in: Sodan/Ziekow, VwGO, § 108 Rn. 91, jew. m.w.N.; vgl. auch BVerwG, NVwZ 1985, 658 (659); teilweise a.A. im Asylrecht *Kokott*, Beweislast, S. 359 ff. S. zum Begriff der Prognosebasis oben S. 181; es handelt sich bei den Tatsachen der Prognosebasis um Indiztatsachen.

[1637] So etwa *Kokott*, Beweislast, S. 359 ff., 369, die in Bezug auf asylrelevante „ausländische Basistatsachen" wegen der verfassungsrechtlich gebotenen Effektuierung des Grundrechts als Beweismaß ein „Fürwahrscheinlichhalten" genügen lassen will.

[1638] Anders ist dies im Fachrecht; vgl. exemplarisch § 162 Abs. 1 S. 1 AO, der die Möglichkeit der Schätzung tatsächlicher Besteuerungsgrundlagen normiert; sowie § 36 Abs. 1 S. 1 BAföG, der die Glaubhaftmachung der Nichtleistung eines elterlichen Unterhaltsbeitrags vorsieht.

[1639] Zu der vergleichbaren Fragestellung im Verwaltungsprozessrecht vor dem Hintergrund einer sog. Beweisnot *Dawin*, in: Schoch/Schneider/Bier, VwGO, § 108 Rn. 55 ff. (Stand: April 2013); *Rixen*, in: Sodan/Ziekow, VwGO, § 108 Rn. 95 ff.; *Unger*, in: Gärditz, § 108 Rn. 24 f.

hier – anders als bezüglich zukünftiger Tatsachen – nicht bereits naturgemäß dem Tatbestandsmerkmal, welches an den generellen Sachverhalt anknüpft (etwa dem Merkmal der körperlichen Unversehrtheit in Art. 2 Abs. 2 S. 1 GG), inne. Mithin fehlt es insofern an einem sachlichen Grund für die Annahme einer Beweismaßreduzierung. Soweit in Bezug auf *bestimmte* generelle Tatsachen sachtypische Beweisschwierigkeiten herrschen, verbleibt es bei der Möglichkeit einer diese Schwierigkeiten berücksichtigenden Beweiswürdigung.[1640]

Auch ergibt sich aus der Figur tatsachenbezogener Entscheidungsspielräume der Legislative bzw. Exekutive keine Beweismaßreduzierung. Zwar weist das materielle Verfassungsrecht (in seiner Auslegung durch das Bundesverfassungsgericht) wie dargelegt insbesondere dem Gesetzgeber häufig Beurteilungs- sowie Prognosespielräume zu.[1641] Allerdings wirken selbige ihrer Natur nach nicht auch auf das Beweismaß betreffend diejenigen Tatsachen fort, die – unter Geltung eben dieser Spielräume – im Verfassungsprozess weiterhin entscheidungserheblich sind. Das Gericht muss mithin sowohl von denjenigen Tatumständen, die den Beurteilungs- bzw. Prognosespielraum im Einzelfall eröffnen, als auch von Tatsachen, die die Grundlage der eigentlichen Beurteilungs- bzw. Prognoseentscheidung des Gesetzgebers oder der Regierung bilden (insbesondere also von der Prognosebasis[1642]), voll überzeugt sein.[1643] Die uneingeschränkte Geltung des § 30 Abs. 1 S. 1 BVerfGG wird insofern auch und vor allem durch das Gebot wirksamen Rechtsschutzes[1644] gestützt, welches gerade in Fällen, in denen das Gericht seine Kontrolle materiell reduziert hat (zumal zugunsten *tatsachenbezogener* Spielräume), die vollständige Aufklärung in Bezug auf den verbliebenen Verfahrensgegenstand vorschreibt.

D. Fazit: Freie Beweiswürdigung
als prozessuales Regulativ

§ 30 Abs. 1 S. 1 BVerfGG normiert mit dem Grundsatz freier Beweiswürdigung ein Regulativ, welches sowohl die im Verfassungsprozess häufig auftretenden (gar strukturellen) Beweisschwierigkeiten auszugleichen als auch die besondere Rolle der am Verfahren im weitesten Sinne Beteiligten sachgerecht, in einer das Gericht entlastenden Weise, zu berücksichtigen vermag. Dabei lässt es das Gebot umfassender Nachprüfung[1645] – anders als etwa die Argumentationsfigur

---

[1640] S. dazu zuvor S. 320.

[1641] S. dazu bereits oben S. 185 ff.

[1642] S. zum Begriff der Prognosebasis oben S. 181.

[1643] In diesem Sinne betreffend Ermessens- und Beurteilungsspielräume der Verwaltung auch bereits *Rixen,* in: Sodan/Ziekow, VwGO, § 108 Rn. 92.

[1644] S. dazu oben S. 123 ff.

[1645] Vgl. dazu oben S. 123 ff.

des tatsachenbezogenen Entscheidungsspielraums[1646] – nicht schon im Kern leer-laufen, sondern baut vielmehr auf jenem auf.

Mittels des Regulativs der freien Beweiswürdigung kann das Gericht die (zu-weilen kompetenzrechtlich aufgeladene) Mitverantwortlichkeit der Verfahrensbe-teiligten sowie des Gesetzgebers für eine (zügige) Sachaufklärung im Prozess be-rücksichtigen. Dabei beugt diese Möglichkeit insbesondere auch dem Risiko vor, dass der Gesetzgeber das Gericht in einer funktionell-rechtlich nicht zulässigen „Rochade" veranlasst, Aufklärungsdefizite im Gesetzgebungsverfahren nachträg-lich auszugleichen. Zugleich kann das Gericht im Einzelfall sachlich begründe-tes (!) „Vertrauen" insbesondere in die fachliche Expertise eines anderen Staats-organs, etwa des Gesetzgebers oder eines Fachgerichts, als solches würdigen re-spektive dem Vortrag dieses Organs erhöhte Beweiskraft zusprechen.

Die Konzeption des Beweisrechts, genauer der Grundsatz freier Beweiswürdi-gung, ermöglicht es dem Verfassungsgericht mithin, in einem auf wirksamen Rechtsschutz ausgelegten, methodisch abgesicherten Verfahren, das das Gebot umfassender Sachaufklärung achtet, auf tatsächliche Unsicherheiten sowie Be-weisnöte zu reagieren, ohne die nötige Flexibilität für eine sachgerechte Verfah-rensgestaltung einzubüßen.[1647]

Ungeachtet dieser Vorzüge wählt das Gericht den beweisrechtlichen Ansatz jedenfalls in seiner jüngeren[1648] Rechtsprechung in aller Regel weder ausdrück-lich noch in der Sache stringent. Insbesondere nimmt es in seinen Entscheidungs-gründen nur selten erkennbar eine Beweiswürdigung vor;[1649] überwiegend schweigt es zu den Gründen seiner Überzeugung.[1650]

[1646] Hier nimmt das Gericht seine Kontrolle schon materiell zurück, s. dazu oben S. 185 ff. Insofern lässt sich denn auch mit *Bickenbach,* Einschätzungsprärogative, 482, konstatieren: „Die Pflicht des Bundesverfassungsgerichts, den entscheidungserheblichen Sachverhalt aufzuklären, steht in der Regel im Schatten seiner Interpretationsmacht."

[1647] Jene Konzeption wäre damit dem verfassungsgerichtlichen Instrument der „dogmatischen Unschärfe" als Mittel „situationsadäquate[r] Rechtsprechungspraxis" re-spektive größtmöglicher Flexibilität wohl überlegen, vgl. zu diesem Mittel i.Ü. *Kranen-pohl,* Der Staat 2009, 387 (393 ff., Zitat: 408).

[1648] Vgl. zu den Anfangsjahren des Gerichts dagegen die Untersuchung von *Philippi,* Tatsachen.

[1649] So werden insb. die umfassend eingeholten Stellungnahmen sowie sachkundigen Auskünfte nach der Darstellung der Verfahrensgeschichte in den eigentlichen Entschei-dungsgründen regelmäßig nicht mehr erwähnt (und auch i.Ü. die Überzeugungsbildung nicht dargelegt), vgl. nur aus jüngerer Zeit BVerfGE 125, 260 (307 ff.); 133, 59 (Rn. 39 ff.); 146, 71 (Rn. 124 ff.); 147, 1 (Rn. 35 ff.). Keine erkennbare Beweiswürdi-gung findet sich ferner in BVerfGE 102, 224 (242 ff.); 120, 378 (397 ff.). Die richter-liche Würdigung gerade der Glaubwürdigkeit der maßgeblichen Auskunftsperson fehlt z.B. in BVerfGE 118, 244 (273 f.); krit. dazu *Brink,* in: Linien, S. 3 (23). Ein positives Beispiel bildet dagegen BVerfGE 130, 76 (119 f.) – Maßregelvollzug: „Diese Entwick-lung entspricht einem von den in der mündlichen Verhandlung angehörten sachverstän-digen Auskunftspersonen bestätigten bundesweiten Trend (vgl. auch Volckart/Grüne-baum, Maßregelvollzug, 7. Aufl. 2009, Rn. 533; Grünebaum, R&P 2006, S. 55 [57]),

Dies ist schon deshalb rechtlich zweifelhaft, da das Verfassungsgericht gemäß § 30 Abs. 1 S. 2 BVerfGG grundsätzlich dazu verpflichtet ist, seine Entscheidungen – vorbehaltlich gesetzlich geregelter Ausnahmen (vgl. § 24 S. 2, 93d Abs. 1 S. 3, 97d Abs. 2 S. 4 BVerfGG) – zu begründen. Selbige Begründungspflicht erstreckt sich, obschon nicht expressis verbis, so doch mittels Auslegung ersichtlich, auch auf die richterliche Beweiswürdigung,[1651] schließt doch „die Entscheidung" (§ 30 Abs. 1 S. 2) das Ergebnis der Beweiswürdigung als zwingenden Bestandteil der Entscheidungsfindung ein. Zwar entscheidet das Bundesverfassungsgericht über den Umfang der konkreten Begründung mangels gesetzlicher Vorgaben nach seinem Ermessen;[1652] dennoch erscheint es kaum mit dem Telos der Begründungspflicht vereinbar, wenn sich das Gericht in Bezug auf seine Überzeugungsbildung jeglicher Begründung enthält: Neben den Funktionen, befriedend gegenüber den Verfahrensbeteiligten zu wirken, Akzeptanz in der Bevölkerung zu schaffen sowie mittels Rechtsklarheit die Bindungswirkung des § 31 BVerfGG abzusichern,[1653] dient die Begründung im Verfassungsprozess vornehmlich dem Zweck „rationalisierend und damit selbstdisziplinierend" auf das Gericht selbst zu wirken.[1654]

---

der – so die übereinstimmende Auffassung nicht nur der hessischen Landesregierung, sondern auch der in der mündlichen Verhandlung gehörten Leiter von zwischenzeitlich privatisierten Maßregelvollzugseinrichtungen – nicht zu qualitativen Verschlechterungen in Bezug auf die Wahrnehmung der gesetzlichen Vollzugsaufgaben geführt hat [...]. Solche Einschätzungen einzelner Organe und Personen sind, insbesondere wenn es um die Bewertung der Folgen von Privatisierungsentscheidungen geht, angesichts der Komplexität der zu bewertenden Zustände und ihrer Veränderungen im Zeitverlauf und angesichts möglicher Standpunktabhängigkeiten der Beurteilung mit Vorsicht zu würdigen. [...]"; im Wesentlichen sorgfältig ausgewertet wurden die Äußerungen der Beteiligten sowie Sachkundigen auch in BVerfGE 92, 91 (110); 106, 62 (159 ff.); 121, 317 (350 ff.) (krit. dazu indes *Brink*, in: Linien, S. 3 [24 ff.]); s. ferner die Beweiswürdigung von *Sommer* in BVerfGE 93, 248 (261 ff.) – abw. M.

[1650] Zu dieser Einschätzung gelangt bereits *Haberzettl*, in: B/D/S, § 26 Fn. 100 (mit Verweis auf BVerfGE 133, 59; 133, 168)); vgl. ferner *ders.*, NVwZ-Extra, 2015, 1 (4 f.); sowie *Bull*, in: FS Koch, S. 29 (49 ff.); deutliche Krit. übt auch *Zuck*, JZ 2008, 287 (293): „Wie und in welchem Umfang sich das BVerfG sachkundig macht, liegt ohnehin nicht verlässlich zu Tage."; sowie früh *Redeker*, NJW 1976, 2111 (2113): „Feststellungen, von denen man sich vergeblich fragt, wie das Gericht sie [...] hat treffen können, obwohl ihm insoweit sicher die notwendige Sachkunde fehlt".

[1651] Zu dieser Frage äußert sich das Schrifttum soweit ersichtlich nicht; schweigsam etwa *Bleiler*, in: Barczak, § 30 Rn. 14 f.; *Burkiczak*, in: B/D/S, § 30 Rn. 21 ff.; *Hennecke*, in: U/C/D, § 30 Rn. 9 f.; *Lechner/Zuck*, § 30 Rn. 9. Wie hier aber die allg. M. im Fachprozessrecht, vgl. statt aller zur ZPO *Foerste*, in: Musielak/Voit, ZPO, § 286 Rn. 67; zur StPO *Eisenberg*, Beweisrecht, Rn. 100a; dies ist hier freilich bereits aus Gründen der Revision zwingend.

[1652] So auch *Hennecke*, in: U/C/D, § 30 Rn. 9; sowie das Gericht selbst, s. BVerfGE 22, 267 (274); 96, 205 (216 f.).

[1653] S. zur Notwendigkeit dessen bereits oben S. 24 ff.

[1654] Vgl. nur *Burkiczak*, in: B/D/S, § 30 Rn. 22 (Zitat ebd.); sowie *Hennecke*, in: U/C/D, § 30 Rn. 10, jew. m.w.N.

Sämtliche Aspekte gewinnen dabei angesichts der Unanfechtbarkeit verfassungsgerichtlicher Entscheidungen wesentlich an Bedeutung.[1655] Insbesondere zur Erleichterung der Selbstkontrolle, aber auch zu Zwecken einer (jedenfalls faktischen) Überprüfbarkeit der verfassungsgerichtlichen Entscheidung durch die Öffentlichkeit ist sonach grundsätzlich zu fordern, dass das Gericht die wesentlichen tatsächlichen Gesichtspunkte seiner Überzeugungsbildung in den Entscheidungsgründen nachvollziehbar darlegt.[1656] Obgleich dies nicht „Vollständigkeit im Detail" meint[1657] – selbige würde dem Ziel der (Rechts-)Klarheit und Nachvollziehbarkeit der Entscheidung eher noch im Wege stehen[1658] – wird man insofern zudem vertreten können, dass die Anforderungen an die Begründung mit der Schwierigkeit der Beweiswürdigung steigen.[1659] Denn gerade in komplexen Sachverhaltsfragen respektive schwierigen Beweissituationen wird allein eine profunde Begründung der Überzeugungsbildung des Gerichts dessen Entscheidung zu stützen vermögen. Mithin verlangt hier bereits das Telos des § 30 Abs. 1 S. 2 BVerfGG dem Verfassungsgericht eine sorgfältigere Begründung seiner Beweiswürdigung ab. Dabei darf vermutet werden, dass eben diese Begründung zuweilen auch der Kritik, das Gericht treffe funktionswidrig eigene politische Entscheidungen,[1660] Einhalt gebieten könnte.

[1655] Nicht gänzlich von der Hand zu weisen ist insofern wohl die (in anderem Kontext) geäußerte Forderung von *Benda/Klein,* Rn. 200 Fn. 51, nach einer „verfahrensrechtliche[n] Disziplinierung" des Gerichts; vgl. zur fehlenden Kontrolle des Gerichts auch *E. Klein,* in: 50 Jahre BVerfG I, S. 507 (531).

[1656] Im Wesentlichen ebenso für die ZPO BGH, NJW 1991, 1894 (1895 f.); BGH, NJW-RR 2004, 45 (46); *Foerste,* in: Musielak/Voit, ZPO, § 286 Rn. 67.

[1657] So für die ZPO *Foerste,* in: Musielak/Voit, ZPO, § 286 Rn. 67 (Zitat ebd.); vgl. ferner den Rechtsgedanken des § 313 Abs. 3 ZPO.

[1658] Zu der Neigung des Gerichts zu „langen Begründungen, die zu ihrer Lektüre ein zeitaufwändiges Studium erfordern" und damit „Klarheit und Nachvollziehbarkeit" der Entscheidung gefährden können, auch *Lenz/Hansel,* § 30 Rn. 15.

[1659] Vgl. aus dem Fachprozessrecht etwa BGH, NJW 1991, 1894 (1895); BGH, NJW 1994, 2289 (2291); *Foerste,* in: Musielak/Voit, ZPO, § 286 Rn. 67; BAG, NJW 1993, 612 (615).

[1660] S. etwa die Kritik aus der Politik betreffend die Entscheidung des Ersten Senats zur Sukzessivadoption in 2013 (BVerfGE 133, 59), die insb. auch das Ergebnis der gerichtlichen Tatsachenfeststellung betraf; vgl. dazu https://www.zeit.de/politik/deutschland/2013-03/union-verfassungsgericht-homoehe (zuletzt aufgerufen am 02.02.2020); zum Ganzen auch *Haberzettl,* NVwZ-Extra 2015, 1 (4), der die Kritik, „politisch motivier[t], jedoch sachlich völlig unsubstantiier[t]" nennt (a. a. O., Fn. 53). Vgl. ferner *Burkiczak,* in: B/D/S, § 30 Rn. 23, der das richterliche Begründungsdefizit als „Indiz" dafür sieht, „dass das BVerfG den Bereich des Rechtlichen zugunsten des Politischen verlassen ha[be]".

Neunter Teil

Entscheidung bei Nichterweislichkeit der erheblichen Tatsache

A. Pflicht zur Entscheidung nach der einschlägigen Beweislastregel

Ungeachtet der bestehenden Möglichkeiten des Verfassungsgerichts zur Sachaufklärung unter Einschluss vorhandener Beweiserleichterungen vermag sich dieses nicht in jedem Fall eine hinreichende Überzeugung i. S. d. § 30 Abs. 1 S. 1 BVerfGG vom Vorliegen oder Nichtvorliegen der entscheidungserheblichen Tatsachen zu bilden.[1661] Als methodisches Instrument der Entscheidungsfindung dienen dem Gericht – welches gemäß den Grundsätzen des Rechtsstaatsprinzips in seiner Ausprägung als Justizverweigerungsverbot (Art. 20 Abs. 3 GG) auch im Falle der Nichterweislichkeit einer Tatsache (das heißt eines non liquet) zur Sachentscheidung verpflichtet ist – in eben diesen Fällen die Regeln der objektiven Beweislast.[1662]

Selbige Regeln ermächtigen und verpflichten das Gericht dazu, die einschlägige materiell-rechtliche Norm trotz Ungewissheit über die Erfüllung ihrer Tatbestandsvoraussetzungen anzuwenden, indem die zweifelhaft gebliebene Tatsache entweder als vorliegend oder nicht vorliegend behandelt wird.[1663] Mithin

---

[1661] Vgl. exemplarisch BVerfGE 37, 104 (118); 56, 244 (246); 72, 299 (301 f.); 112, 226 (244 ff.); aus jüngster Zeit BVerfG, Urt. v. 05.11.2019 – 1 BvL 7/16 – juris Rn. 60 ff., 205 ff. S. auch BVerfGE 149, 407 (sowie dazu bereits S. 197 ff.). Die seitens *Nierhaus*, Beweismaß, S. 15, aufgeworfene Frage, ob derartige Fälle nicht „weitgehend von den Regeln der gerichtlichen Kontrollkompetenz – vor allem gegenüber dem Gesetzgeber – verdrängt" sind, ist insofern klar zu verneinen, wenngleich ein niedriger Kontrollmaßstab freilich weniger Tatsachenfragen aufwirft (s. auch S. 188 f.). Vgl. i. Ü. zur Differenzierung zwischen (die gerichtliche Kontrolle reduzierenden) materiellen Spielräumen bei der Tatsachenfeststellung und der Regelung der objektiven Beweislast, obschon aus Sicht des Unionsrechts, *Dammann*, Grundfreiheiten, S. 122 Rn. 559.

[1662] Allg. M.; s. zum Verfassungsprozessrecht *Benda/Klein*, Rn. 317 ff.; *Brink*, in: Linien, S. 3 (9 f.); *Dollinger*, in: U/C/D, § 26 Rn. 8; *Haberzettl*, in: B/D/S, § 26 Rn. 17; *Klein*, in: Maunz u. a., § 26 Rn. 3 (Stand: Januar 1987); *Lechner/Zuck*, § 26 Rn. 6; *Meskouris*, in: Barczak, § 26 Rn. 31; *Walter*, in: ders./Grünewald, § 26 Rn. 12; *Weber-Grellet*, Beweislast, passim, insb. S. 38 ff.; vgl. auch *Zuck*, Verfassungsbeschwerde, Rn. 1037. S. ferner aus dem Fachprozessrecht *Nierhaus*, Beweismaß, S. 35 ff.; *Prütting*, in: MüKo-ZPO, § 286 Rn. 124 ff.; *Seer*, in: Tipke/Kruse, AO/FGO, § 96 FGO Rn. 79 (Stand: August 2018), jew. m. w. N. S. auch bereits S. 123 f.

[1663] Ebenso *Nierhaus*, Beweismaß, S. 196.

legen sie im Wege einer Fiktion[1664] fest, zu wessen Nachteil der Prozess bei ungewissem Sachverhalt zu entscheiden ist, wirken sich also unmittelbar auf die Rechtsdurchsetzung im Einzelfall aus. In der Folge bedürfen Beweislastregeln einer *abstrakt-generellen Normierung,* anders gewendet verbietet sich die Beweislastentscheidung nach billigem richterlichem Ermessen. Dieser, im fachgerichtlichen Verfahrensrecht allgemein anerkannte Grundsatz[1665] muss auch im Verfassungsprozess zur Anwendung gelangen.[1666] Eine andere Auffassung verbietet sich schon ob des damit verbundenen – dem Gebot der Rechtssicherheit sowie der Gleichheit der Rechtsanwendung (Art. 20 Abs. 3 i.V.m. 3 Abs. 1 GG) zuwiderlaufenden – unkalkulierbaren Prozessrisikos für die Beteiligten, welches unter Umständen das materielle Recht selbst beschneidet.[1667]

Insbesondere der Zusammenhang zwischen prozessualer Beweislastregel und materieller Rechtsdurchsetzung verlangt ferner grundsätzlich nach einer *Rückkoppelung* Ersterer *an die im Prozess anzuwendenden materiell-rechtlichen Normen.*[1668] Da der Anwendung von Beweislastregeln naturgemäß das Risiko einer Fehlentscheidung innewohnt, diese also die Gewährleistung des materiellen Rechts gefährdet, kann die Frage, welche der möglichen Fehlentscheidungen gemessen an den Wertvorstellungen der Verfassung „noch am ehesten hinzunehmen

---

[1664] Vgl. dazu m.w.N. *Nierhaus,* Beweismaß, S. 191 f., der den Begriff der Fiktion indes selbst in einem engeren Sinne versteht; wie hier etwa *Stecher,* Ursachen, S. 58 m.w.N.; *Weber-Grellet,* Beweislast, S. 30.

[1665] S. statt aller *Dawin,* in: Schoch/Schneider/Bier, VwGO, § 108 Rn. 96 (Stand: April 2013); *Nierhaus,* Beweismaß, S. 196 ff.; *Prütting,* in: MüKo-ZPO, § 286 Rn. 100; *Seer,* in: Tipke/Kruse, AO/FGO, § 96 FGO Rn. 79 (Stand: August 2018); *Stecher,* Ursachen, S. 56 ff., jew. m.w.N. auch aus der Rspr.

[1666] Das Schrifttum äußert sich zu bestehenden Beweislastregeln im Verfassungsprozessrecht nur rudimentär; dabei wird insb. die Rechtsgrundlage selbiger Regeln überwiegend nicht näher thematisiert; vgl. etwa *Benda/Klein,* Rn. 317 ff.; *Brink,* in: Linien, S. 3 (9 f.); *Dollinger,* in: U/C/D, § 26 Rn. 8; *Haberzettl,* in: B/D/S, § 26 Rn. 17; *Klein,* in: Maunz u. a., § 26 Rn. 3 (Stand: Januar 1987); *Lechner/Zuck,* § 26 Rn. 6; *Meskouris,* in: Barczak, § 26 Rn. 31; *Walter,* in: ders./Grünewald, § 26 Rn. 12. Eine Ausnahme bilden *Weber-Grellet,* Beweislast; sowie *Kokott,* Beweislast, die sich im Ergebnis ebenfalls für eine Beweislastverteilung anhand abstrakt-genereller Normen aussprechen.

[1667] Vgl. auch BGH, NJW 2004, 2011 (2013), dessen, obschon im Kontext der Beweislastumkehr im Zivilprozess angestellte, Erwägungen in diesem Punkt ohne Weiteres auf die Beweislastverteilung im Verfassungsprozess übertragen werden können. S. ferner zur Bedeutung der Beweislastregeln *Nierhaus,* Beweismaß, S. 20 f.

[1668] So auch *Kokott,* Beweislast, S. 70, 113. Vgl. auch *Augsberg/Augsberg,* VerwArch 2007, 290 (296): „Richtigerweise sind die entscheidenden Kriterien allein dem Grundgesetz zu entnehmen." Auf die hiermit eng verbundene Grundfrage, ob die Beweislastnormen dem Prozessrecht zuzuordnen sind oder dem Rechtsgebiet, dessen tatsächliche Voraussetzungen unklar geblieben sind (also in aller Regel dem materiellen Recht), – die überdies im Fachrecht noch immer umstritten ist – kommt es aus praktischer Sicht nicht an, vgl. dazu z.B. aus dem Zivilprozessrecht (auch im Ergebnis überzeugend) *Prütting,* in: MüKo-ZPO, § 286 Rn. 137 ff.; s. auch BVerfGE 52, 131 (145): „Beweislastregeln, die als Entscheidungsnormen im Schnittpunkt von sachlichem und Verfahrensrecht stehen".

wäre", vernünftigerweise nur unter Berücksichtigung des konkret zu schützenden Rechtsguts beurteilt werden.[1669] Mangels ausdrücklicher gesetzlicher Regelungen der Beweislast im Verfassungs(prozess)recht[1670] sind diese dem einschlägigen materiellen Recht sonach mittels Auslegung zu entnehmen.[1671] Dabei ist im Grundsatz von der „materiellen Interessenwertung" des Gesetzes auf die Risikozuteilung im Falle der Beweislosigkeit zu schließen.[1672] Anders gewendet muss die Beweislast „aus den materiellen Komponenten des Interessenausgleichs freigelegt werden [...]. Hier wie auch in anderen Zusammenhängen ist es nicht der einzelne Tatbestand allein, sondern es ist das gesamte einschlägige Normengefüge einschließlich der angewandten Regelungstechnik, das die Beweislastregelung erschließt."[1673]

Die Verteilung des Risikos tatsächlicher Ungewissheit mag sich danach etwa im staatsorganisatorischen Bereich relativ eindeutig anhand der materiellen Kompetenzzuweisungen beurteilen lassen.[1674] Exemplarisch verwiesen sei hier auf Art. 72 Abs. 2 GG, der das Gesetzgebungsrecht des Bundes auf bestimmten Gebieten davon abhängig macht, dass dieses zur Herstellung gleichwertiger Lebensverhältnisse im Bundesgebiet oder zur Wahrung der Rechts- oder Wirtschaftseinheit im gesamtstaatlichen Interesse erforderlich ist; im Übrigen verbleibt es bei der Gesetzgebungskompetenz der Länder (Art. 70 Abs. 1 GG). Diesem „Regel-Ausnahme-Schema" folgend obliegt die objektive Beweislast betreffend die Er-

---

[1669] *Kokott,* Beweislast, S. 113 (Zitat ebd.).

[1670] In diese Richtung auch *Dollinger,* in: U/C/D, § 26 Rn. 17; *Walter,* in: ders./Grünewald, § 26 Rn. 12. Vgl. für ausdrückliche Beweislastregeln in anderen Rechtsgebieten exemplarisch die §§ 179 Abs. 1, 345, 363, 619a, 2336 Abs. 3 BGB.

[1671] Allg. M. im Fachprozessrecht, soweit auch hier ausdrückliche Regelungen fehlen, vgl. etwa *Dawin,* in: Schoch/Schneider/Bier, VwGO, § 108 Rn. 96 (Stand: April 2013); *Seer,* in: Tipke/Kruse, AO/FGO, § 96 FGO Rn. 79 (Stand: August 2018). Ebenso für das Verfassungsprozessrecht *Kokott,* Beweislast, S. 70, 123 ff. sowie *Weber-Grellet,* Beweislast, S. 75 ff., die exemplarisch einzelne Grundrechte hinsichtlich der diesen zu entnehmenden Beweislastverteilung untersuchen.

[1672] Vgl. die allgemeinen, den Rechtsschutz gegen Akte der öffentlichen Gewalt betreffenden Ausführungen von *Schmidt-Aßmann,* in: Maunz/Dürig, GG, Art. 19 Abs. 4 Rn. 228 (Stand: Juli 2014), die sich ohne Weiteres auf die Ermittlung verfassungsrechtlicher Beweislastregeln übertragen lassen.

[1673] *Schmidt-Aßmann,* in: Maunz/Dürig, GG, Art. 19 Abs. 4 Rn. 228 (Stand: Juli 2014). Soweit *Benda/Klein,* Rn. 317, vertreten, der einschlägigen Verfassungsnorm lasse sich zumeist keine Aussage in Hinblick auf die Beweislastverteilung im Verfassungsprozessrecht entnehmen, und insofern „allgemeine" Beweislastregeln erwägen (a. a. O., Rn. 320 ff.), kann dem mithin nicht gefolgt werden; vielmehr sind mit den Beweislastnormen gerade „hinter den Tatbestandsmerkmalen des materiellen Rechtssatzes stehende ungeschriebene Rechtssätze" (*Schmidt-Aßmann,* ebd.) zu ermitteln.

[1674] Ebenso *Augsberg/Augsberg,* VerwArch 2007, 290 (297). Soweit *Weber-Grellet,* Beweislast, S. 50, die Beweislast im „organisatorischen Teil des Grundgesetzes" dagegen nach den „allgemeinen Beweislastregeln" (konkret: der Erhaltung des status quo, der Beweisnähe und der Beweisvereitelung, a. a. O., S. 38) verteilen will, kann dem mithin nicht gefolgt werden.

forderlichkeit einer bundeseinheitlichen Regelung nach zutreffender Auffassung dem Bund.[1675]

Weniger deutlich fällt die objektive Beweislastverteilung im Rahmen der gerichtlichen Durchsetzung der Grundrechte aus. Da im Anwendungsbereich der Grundrechte in aller Regel unterschiedliche Freiheitssphären verschiedener Grundrechtsträger, also eine Vielzahl materieller Interessen, voneinander abzugrenzen sind,[1676] richtet sich auch die Beweislastentscheidung im Falle der Nichterweislichkeit eines Tatbestandsmerkmals einer Grundrechtsnorm danach, wessen Interessen (Individual- oder Allgemeinwohlinteressen) eben diese Norm, genauer die Verfassung, im Kollisionsfall den Vorrang einräumt.[1677] Wenngleich

---

[1675] In diesem Sinne bereits *Augsberg/Augsberg,* VerwArch 2007, 290 (296); deutlich zudem BVerfGE 26, 281 (297); ebenso wie das Sondervotum von *Huber* in BVerfGE 134, 33 (Rn. 160) (unter Verweis auch auf BVerfGE 61, 149 [174]; 106, 62 [143]; 111, 226 [247]). I. Ü. nehmen indes *Augsberg/Augsberg,* ebd., offenkundig an, im Verhältnis von Staat und Bürger übertrüge die Verfassung die Beweislast stets dem Gesetzgeber, was wiederum zu einer „de-facto-Blockade des Staatshandelns" führen könne; zur Vermeidung dessen sei die Möglichkeit einer Beweislastentscheidung im Prozess bereits materiell durch die Gewährung legislativer Einschätzungsprärogative auszuschließen (dem folgend *Petersen,* Verhältnismäßigkeit, S. 87 f.). Diese Auffassung, die schon vor dem Hintergrund des Gebots wirksamen Rechtsschutzes nicht überzeugen kann, verkennt zudem, dass die konkreten Beweislastregeln in den unterschiedlichen Grundrechtsbereichen gerade variieren (können); vgl. dazu nur *Kokott,* Beweislast, S. 100 ff., 125 ff.

[1676] So bereits *Benda/Klein,* Rn. 318; sowie *Petersen,* Verhältnismäßigkeit, S. 88, der aus der Vielzahl gesetzlich tangierter Freiheitssphären indes den unzutreffenden Schluss zieht, eine Beweislastentscheidung sei in Normenkontrollverfahren grundsätzlich unsachgemäß. S. zu den kollidierenden Freiheitssphären im Anwendungsbereich der Grundrechte ferner *Möllers,* in: Entgrenztes Gericht, S. 281 (347 f.). Grundlegend i. Ü. BVerfGE 4, 7 (15 f.): „Das Menschenbild des Grundgesetzes ist nicht das eines isolierten souveränen Individuums; das Grundgesetz hat vielmehr die Spannung Individuum – Gemeinschaft im Sinne der Gemeinschaftsbezogenheit und Gemeinschaftsgebundenheit der Person entschieden, ohne dabei deren Eigenwert anzutasten."; ähnlich BVerfGE 12, 45 (51).

[1677] So bereits profund *Kokott,* Beweislast, S. 100 ff., 113, s. auch S. 426: „[J]ede einzelne Grundrechtsbestimmung [muss] auf den in ihr zum Ausdruck gebrachten Lösungsversuch der Spannung zwischen Allgemeinwohl und Individualinteresse hin ausgelegt werden."; ähnlich zum öffentlichen Recht *Schmidt-Aßmann,* in: Maunz/Dürig, GG, Art. 19 Abs. 4 Rn. 228 (Stand: Juli 2014). Die Analyse von *Weber-Grellet,* Beweislast, S. 45 ff., 72, 155, wonach sich die Beweislast im Bereich der Grundrechte nach der dem Gesetz zu entnehmenden „legislatorischen Konkretisierungs- und Qualifikationskompetenz" richten soll, widerspricht dem nicht, denn eben diese „Beweislastverteilungsregel" setzt ihrerseits die Auslegung der einzelnen Grundrechtsnormen erst voraus; vgl. auch *Grabitz,* AöR 1973, 568 (606 f., 616). Hingewiesen sei an dieser Stelle i. Ü. darauf, dass die von *Weber-Grellet* neben der Beweislast herangezogene Figur der sog. Proferenzlast betreffend Prognoseentscheidungen (a. a. O., S. 69 ff.) nach hiesigem Verständnis des Tatsachenbegriffs (s. S. 39 ff., insb. 49) obsolet ist. Gleiches gilt letztlich für die Figur der „Argumentationslast", soweit sie sich auf Wertungen bei der Feststellung genereller Tatsachen beziehen soll (in diese Richtung wohl *Kokott,* a. a. O., S. 48); soweit sich diese Figur auf den Subsumtionsvorgang bezieht (so *Weber-Grellet,* a. a. O., S. 55 ff.), ist sie bereits im Ansatz nicht Teil dieser Untersuchung.

auch in diesen Fällen „die Norm [bestimmend bleibt], nicht der Einzelfall"[1678], lassen sich allgemeingültige Aussagen hier umso weniger treffen.[1679]

Angesichts der Notwendigkeit, die Beweislastregeln stets aus den einschlägigen Verfassungsnormen sowie unter Berücksichtigung deren besonderer Struktur abzuleiten, gilt im Verfassungsprozessrecht im Ergebnis – entgegen einer nicht näher begründeten, indes im Schrifttum verbreiteten Meinung – denn auch *keine beweislastrechtliche „Grundregel"*: Weder trifft die Beweislast grundsätzlich den Antragsteller,[1680] noch den Staat, soweit dieser die Freiheit des Einzelnen einzuschränken gedenkt (sog. „in dubio pro libertate"-Grundsatz),[1681] noch den eine Rechtsverletzung behauptenden Bürger (sog. Grundsatz des „in dubio pro auctoritate")[1682].[1683] Soweit *Benda* und *Klein* im Verfassungsprozess einer „modifizierten" Übernahme der für das Zivilprozessrecht entwickelten sog. Normentheorie *Rosenbergs*[1684] zugeneigt sind, der zufolge die Beweislastverteilung da-

---

[1678] *Schmidt-Aßmann,* in: Maunz/Dürig, GG, Art. 19 Abs. 4 Rn. 228 (Stand: Juli 2014), obschon allgemein zur Beweislast im öffentlichen Recht.

[1679] Vgl. i. Ü. auch BVerwGE 13, 36 (40): „Allgemeine Regeln über die Verteilung der materiellen Beweislast lassen sich im verwaltungsgerichtlichen Verfahren ebenso wie im Zivilprozess nicht aufstellen". In diese Richtung wohl auch *Zuck,* Verfassungsbeschwerde, Rn. 1037, der eine „aktuelle Analyse der Rechtsprechung des Gerichts zu der Frage, wen, je nach Gegenstand der Verfassungsbeschwerde/einstweiligen Anordnung, die Folgen fehlender Überzeugung von der Richtigkeit bestimmter Tatsachen treffen", als ausstehend bezeichnet.

[1680] So aber (sämtlich ohne Begründung) *Brink,* in: Linien, S. 3 (9 f.); *Haberzettl,* in: B/D/S, § 26 Rn. 17; *Klein,* in: Maunz u. a., § 26 Rn. 3 (Stand: Januar 1987); *Meskouris,* in: Barczak, § 26 Rn. 31. Wie hier dagegen *Benda/Klein,* Rn. 319; ausführlich auch *Kokott,* Beweislast, S. 71 ff., insb. 75 ff. zum sog. „Angreiferprinzip".

[1681] In diese Richtung etwa *Ossenbühl,* in: 25 J. BVerfG I, S. 458 (486) m.w.N.; zumindest im Ansatz so wohl auch *Korinek,* in: 40 J. GG, S. 107 (115). Dagegen mit Recht *Augsberg/Augsberg,* VerwArch 2007, 290 (297); *Benda/Klein,* Rn. 318; *Dürig,* Beweismaß, S. 106 f.; *Kokott,* Beweislast, S. 84 ff.; *Petersen,* Verhältnismäßigkeit, S. 88; *Weber-Grellet,* Beweislast, S. 41 f. Auch das Bundesverfassungsgericht geht ersichtlich nicht vom Grundsatz „in dubio pro libertate" aus, vgl. nur BVerfGE 50, 290 (332); soweit *Petersen* (a. a. O., S. 87) unter Verweis auf BVerfGE 13, 97 (105), anderes vertritt, ist dies nicht nachvollziehbar, heißt es hier doch insb.: „doch darf sich der Richter über die Erwägungen und Wertungen, die den Gesetzgeber zu einer nach seiner Auffassung notwendigen Freiheitsbeschränkung geführt haben, nur dann hinwegsetzen, wenn sie sich, am Maßstab des Grundgesetzes gemessen, als unhaltbar erweisen."; dies ließe sich allenfalls in Richtung einer Geltung des „in dubio pro auctoritate"-Grundsatzes deuten.

[1682] So *Hillgruber,* in: HStR, Bd. IX, § 201 Rn. 71. Generell gegen die Beweislastregel „in dubio pro auctoritate" in hiesigem Kontext auch *Kokott,* Beweislast, S. 86 ff.; sowie *Weber-Grellet,* Beweislast, S. 42, auf deren Ausführungen insofern ergänzend Bezug genommen werden kann.

[1683] Vgl. zur fehlenden Übertragbarkeit weiterer herkömmlicher Beweislastregel auf den Anwendungsbereich der Grundrechte ausführlich *Kokott,* Beweislast, S. 71 ff.

[1684] Vgl. *Rosenberg,* Beweislast, S. 98 ff. Nach wohl h. M. gilt die Normentheorie in Form des sog. Günstigkeitsprinzips als Grundregel der Beweislast auch im Verwaltungsrecht: Danach geht die Nichterweislichkeit von Tatsachen, aus denen eine Partei

nach vorzunehmen sei, ob der Einzelne „den ihm gesichert zustehenden Rechtskreis gegen Eingriffe verteidigt oder ob er daraus hervortritt"[1685], kann dies
ebenfalls nur insofern überzeugen, als es die Beweislastregeln von den den Verfahrensgegenstand jeweils rechtlich konstituierenden Normen abhängig macht.[1686]
Darüber hinaus vermag es die Normentheorie auch in ihrer modifizierten Form
nicht, die im materiellen Verfassungsrecht gebündelten Interessen über einzelne
Anwendungsfälle hinaus hinreichend zu berücksichtigen.[1687] Im Übrigen käme
jene Theorie gerade in Normenkontrollverfahren dem von *Benda* und *Klein*
selbst abgelehnten Grundsatz des „in dubio pro libertate" gleich, wird sich das
angegriffene Gesetz doch stets auch als „Eingriff" in den gesicherten Rechtskreis
Einzelner darstellen, mit der Folge, dass dem Gesetzgeber danach grundsätzlich
die Beweislast für die seinem Gesetz zugrunde liegenden Tatsachen obläge.[1688]
Dagegen bzw. gegen die Geltung des „in dubio pro libertate"-Grundsatzes
spricht bereits, dass dies die – verfassungsrechtlich verbürgte – Gesetzgebungs-
befugnis der Legislative in Bereichen tatsächlicher Unsicherheit faktisch aushebeln würde.[1689] Zudem übergeht jener Grundsatz, dass der Gesetzgeber in aller
Regel „Grundrechtssphären voneinander abzugrenzen hat und mit den Schranken, die dem einen gezogen werden, die Freiheit anderer gesichert werden
soll"[1690]. Diese „Interessenkonflikte" verbieten generelle, einseitige Aussagen
hinsichtlich der Beweislastverteilung im Anwendungsbereich der Verfassung.

Mithin verbleibt es bei der Pflicht des Bundesverfassungsgerichts, eine aus der
im jeweiligen Verfahren einschlägigen Norm abgeleitete Beweislastentscheidung
zu treffen (obschon Parallelen etwa in der Auslegung verschiedener Grundrechtsnormen freilich nicht ausgeschlossen sind).[1691]

---

ihr günstige Rechtsfolgen herleitet, zu deren Lasten; vgl. dazu statt aller *Glaser*, in:
Risiko, S. 61 (69 ff.); *Kraft*, in: Eyermann, VwGO, § 108 Rn. 52 m.w.N.; *Rixen*, in:
Sodan/Ziekow, VwGO, § 108 Rn. 114 f. Zur fehlenden Geeignetheit dieser Theorie im
Öffentlichen Recht *Kokott*, Beweislast, S. 70 f.

[1685] *Benda/Klein*, Rn. 320; i.d.S. für das Asylrecht *Dürig*, Beweismaß, S. 122 ff.

[1686] Vgl. *Schmidt-Aßmann*, in: Maunz/Dürig, GG, Art. 19 Abs. 4 Rn. 228 (Stand:
Juli 2014).

[1687] Vgl. hierzu auch die berechtigte Kritik an einer Übernahme der allgemeinen
Normentheorie im Verfassungsprozessrecht von *Kokott*, Beweislast, S. 71 ff.

[1688] *Benda/Klein*, Rn. 320.

[1689] In diesem Sinne auch *Augsberg/Augsberg*, VerwArch 2007, 290 (297); sowie *Petersen*, Verhältnismäßigkeit, S. 88, demzufolge die „Entscheidung über gesellschaftliche
Risikopräferenzen grundsätzlich eine politische Entscheidung" sei. Das Gesetzgebungsrecht auch bei tatsächlicher Ungewissheit betonend BVerfGE 50, 290 (332).

[1690] *Benda/Klein*, Rn. 318. In diesem Sinne auch *Dürig*, Beweismaß, S. 106 f.; *Kokott*, Beweislast, S. 85; *Petersen*, Verhältnismäßigkeit, S. 88; *Weber-Grellet*, Beweislast,
S. 41 f.

[1691] Vgl. insofern auch den berechtigten Hinweis von *Kokott*, Beweislast, S. 434, wonach eine Einteilung der Grundrechte in verschiedene Kategorien je nach den ihnen
innewohnenden Beweislastentscheidungen „ein falsches Bild geben [würde], wenn sie

Diese Pflicht zu abstrakt-genereller Beweislastverteilung – die sich nicht erst während des Prozesses ergeben oder sogar ändern darf – hat auch Auswirkungen auf die Frage der Beweislast im Falle der Nichterfüllung bestehender *Mitwirkungslasten* seitens der Verfahrensbeteiligten bzw. des Gesetzgebers. Nach hier vertretener Auffassung ist diese grundsätzlich (nur) im Rahmen der Beweiswürdigung zu berücksichtigen.[1692] Führt die Beweiswürdigung auch unter Berücksichtigung der konkreten Mitwirkungsunwilligkeit nicht zu einem eindeutigen Aufklärungsergebnis, entscheidet die jeweils einschlägige Beweislastregel, die ohne Berücksichtigung eben dieser Unwilligkeit zu ermitteln ist.[1693] Dem entspricht die wohl herrschende Meinung jedenfalls im Verwaltungsprozessrecht, die namentlich eine Beweislastumkehr selbst im Falle der vorsätzlichen Beweisvereitelung des „Anspruchsgegners" ablehnt.[1694]

Im Ergebnis kann sich das Mitwirkungsverhalten der Beteiligten danach nur insoweit auf die Beweislastverteilung auswirken, als eine solche Wirkung materiell-rechtlich und damit betreffend bestimmte Sachverhalte *in abstrakt-genereller Form* indiziert ist.[1695] Im Verfassungsrecht ist eine Koppelung von Mitwirkungslastverletzung und Beweislastverteilung mangels entsprechender ausdrücklicher Regelungen somit allenfalls im Wege der Rechtsfortbildung durch das Bundesverfassungsgericht für bestimmte Sachverhaltskonstellationen denkbar.[1696]

[...] dazu verleiten würde, aus ihr Regeln abzuleiten, die dem Grundsatz widersprechen würden, wonach jedes Grundrecht den ihn konkret betreffenden Bereich der Beweislastverteilung und Prognoseentscheidung selbst regiert". Vgl. ferner exemplarisch *P. Klein,* DÖV 2013, 584 (592), der sich betreffend die die Parteieigenschaft gem. Art. 21 GG, § 2 Abs. 1 S. 1 PartG begründenden Tatsachen im Nichtanerkennungsbeschwerdeverfahren die der betroffenen Interessen für eine Beweislastentscheidung zulasten des Bundeswahlausschusses ausspricht; a. A. insofern *Bechler/Neidhardt,* NVwZ 2013, 1438 (1441 f.): Beweislast obliegt Vereinigung.

[1692] S. oben S. 320 ff.

[1693] So zum Verwaltungsprozess *Nierhaus,* Beweismaß, S. 372 f.

[1694] Dazu ausführlich m. w. N. *Dawin,* in: Schoch/Schneider/Bier, VwGO, § 108 Rn. 80 ff. (Stand: April 2013); vgl. beispielhaft aus dem Steuerrecht auch BFHE 156, 38 (38, Ls. 1).

[1695] Es verbleibt bei der Pflicht zur Beweislastentscheidung „im Lichte des Grundgesetzes" (*Weber-Grellet,* Beweislast, S. 48). In diesem Sinn für das Verwaltungsprozessrecht *Nierhaus,* Beweismaß, S. 370 ff., insb. 385 ff. Vgl. exemplarisch für eine entsprechende Regelung im Steuerverfahrensrecht § 159 Abs. 1 S. 1 AO: „Wer behauptet, dass er Rechte, die auf seinen Namen lauten, oder Sachen, die er besitzt, nur als Treuhänder, Vertreter eines anderen oder Pfandgläubiger innehabe oder besitze, hat auf Verlangen nachzuweisen, wem die Rechte oder Sachen gehören; *anderenfalls sind sie ihm regelmäßig zuzurechnen.*" Hier hat der Beweisbelastete grds. die nachteiligen Rechtsfolgen der Unerweislichkeit in der Form zu tragen, dass ihm Sachen oder Rechte, die der Besteuerung zugrunde gelegt werden, zuzurechnen sind, dazu allg. *Seer,* in: Tipke/Kruse, AO/FGO, § 159 AO (Stand: Oktober 2017).

[1696] Vgl. zu entsprechender Rechtsfortbildung im Fachrecht *Nierhaus,* Beweismaß, S. 377 ff.

B. Beweislastentscheidungen in der Rechtsprechung des Bundesverfassungsgerichts

Das Bundesverfassungsgericht trifft seine Entscheidungen, soweit ersichtlich, auch in tatsächlicher Unsicherheit nicht *ausdrücklich* auf der Grundlage von Beweislastregeln.[1697] Seiner Rechtsprechung lassen sich mithin auch die Kriterien, nach denen das Gericht in Fällen des non liquet entscheidet, nicht zweifelsfrei entnehmen. Jedenfalls scheint es – in Übereinstimmung mit der hier vertretenen Rechtsauffassung – (auch innerhalb der einzelnen Verfahrensarten) keiner allgemeinen Beweislastregel zu folgen, sondern die Nichterweislichkeit einer entscheidungserheblichen Tatsache in Abhängigkeit der jeweils einschlägigen Normen respektive der zur Entscheidung stehenden Interessen aufzulösen.

So legte das Bundesverfassungsgericht z. B. in einem einstweiligen Rechtsschutzverfahren betreffend ein Versammlungsverbot die fehlende Kenntnis der „maßgeblichen Umstände" des Versammlungsvorhabens dem Antragsteller zur Last, wobei es dies offenkundig mit den jedenfalls nicht auszuschließenden Gefahren für die öffentliche Sicherheit und Ordnung im Falle der Versammlung begründete.[1698]

In einem anderen Eilverfahren, mit dem sich die Antragstellerin gegen die sofortige Vollziehbarkeit des Widerrufs ihrer Apotheker-Approbation wandte, ging die „nur schwach fundiert[e]" Gefahrenprognose der zuständigen Behörde, im Ergebnis also die Nichterweislichkeit der möglichen negativen Folgen einer zeitlichen Verzögerung des Approbationswiderrufs für die Allgemeinheit, zulasten der Behörde; dies rechtfertigte das Gericht wohl mit der gesteigerten Intensität des Eingriffs in die Berufsfreiheit der Antragstellerin.[1699]

Eine frühe Verfassungsbeschwerde gegen staatsvertraglich festgelegte Kriterien der Zulassung zum Medizinstudium scheiterte wiederum maßgeblich an der Unerweislichkeit der für die Beschwerdeführerinnen günstigen Tatsachen, denen insofern also die objektive Beweislast zufiel: „Was aber auch immer die wirklichen Ursachen für das Notengefälle zwischen den Ländern sein mögen, jedenfalls hat sich die Annahme der Gesetzgebungsorgane, es beruhe wesentlich auf Unterschieden in der Leistungsbewertung, bislang nicht entkräften lassen. Diese Annahme ist daher für die verfassungsrechtliche Beurteilung zugrunde zu legen"[1700]. Dabei

---

[1697] Vgl. exemplarisch die Nachweise in Fn. 1661.

[1698] BVerfGE 72, 299 (301 f.); ähnlich bereits E 56, 244 (246).

[1699] BVerfG, NJW 2003, 3617 (3618).

[1700] BVerfGE 37, 104 (118), vgl. weiter S. 119: „Daß die strittige Regelung objektiv ungeeignet wäre, derartige Benachteiligungen einigermaßen aufzufangen, kann nicht festgestellt werden." Noch weitergehend (und damit rechtlich fraglich) BVerfGE 7, 377 (412) – Apothekenurteil: „wo sie nicht entkräftet werden, dürfen [Erfahrungsgrundlagen, Erwägungen und Wertungen des Gesetzgebers] die Vermutung der Richtigkeit für sich in Anspruch nehmen".

begründete das Gericht die Beweislast der Beschwerdeführerinnen betreffend die
– im konkreten Fall festgestellte – Nichterweislichkeit der (Un-)Geeignetheit der
staatsvertraglichen Regelung zur Erreichung des angestrebten Ziels (hier: der
„gerechten Zulassung zum Studium nach dem Grad der Qualifikation der Be-
werber") offenbar mit der Struktur eben dieses Tatbestandsmerkmals: So ist eine
gesetzliche Regelung nach ständiger Rechtsprechung des Bundesverfassungsgerichts regelmäßig bereits dann „geeignet" (respektive möglicherweise verhältnismäßig i. w. S. und damit verfassungskonform), wenn sie nicht objektiv bzw.
schlechthin ungeeignet ist; danach genügt die abstrakte Möglichkeit der Zweck-
erreichung; nicht erforderlich ist die *positiv* festgestellte Geeignetheit (in diesem
Fall läge die Beweislast für jenes Merkmal wohl beim Gesetzgeber); hier strahlt
mithin der dem Gesetzgeber in Bezug auf die Geeignetheit seiner Maßnahmen
bereits materiell zugebilligte Beurteilungsspielraum auf die Beweislastverteilung
aus.[1701]

In einem gegen das Hochschulrahmengesetz gerichteten abstrakten Normenkontrollverfahren aus 2005 wies das Gericht – um ein letztes Beispiel zu nennen
– (implizit) dem Bund die objektive Beweislast dafür zu, dass konkrete Tatsachen
vorlagen, die die Erforderlichkeit der angegriffenen bundesgesetzlichen Regelung
i. S. d. Art. 72 Abs. 2 GG zu begründen vermochten.[1702]

Ungeachtet der (im Rahmen der vorliegenden Untersuchung nicht zu beantwortenden) Frage, ob einzelne Beweislastentscheidungen des Gerichts verfassungsrechtlich überzeugen können, erweist sich jedenfalls die mangelnde Begründung
eben dieser als rechtlich problematisch. Dass das Gericht Entscheidungen auf
ungesicherter Tatsachenbasis – die der Sache nach zweifelsohne Beweislastentscheidungen darstellen – nicht als solche kenntlich macht, erschwert jedenfalls

---

[1701] BVerfGE 37, 104 (118): „Auch bei der Frage, ob das vom Gesetzgeber gewählte
Mittel zur Erreichung des mit dem Gesetz verfolgten Zweckes geeignet erscheint, ist
Zurückhaltung geboten."; s. zur Beweislast in Bezug auf das Kriterium der Geeignetheit
im Rahmen der Verhältnismäßigkeitsprüfung auch *Grabitz,* AöR 1973, 568 (616). Eine
strengere Auslegung der Geeignetheit findet sich dagegen z. B. in BVerfG, Beschl. v.
29.01.2019 – 2 BvC 62/14 –, juris Rn. 94, betreffend Eingriffe in das Wahlrecht: „[…]
nur dann geeignet, falls die Regelung eine Personengruppe betrifft, bei der die Möglichkeit zur Teilnahme am demokratischen Kommunikationsprozess nicht in hinreichendem
Umfang *besteht.*" (Kursivsetzung durch Verf.). Für eine strengere Auslegung des Geeig-
netheitsmaßstabs ferner BVerfG, Urt. v. 05.11.2019 – 1 BvL 7/16 –, juris Rn. 132 f.,
205 ff. – Sanktionen im Sozialrecht: In der Konsequenz hat das Bundesverfassungsgericht hier letztlich (abermals implizit) eine Beweislastentscheidung zulasten des Gesetzgebers getroffen. S. allgemein zum Kriterium der Geeignetheit *Merten,* in: Handbuch
Grundrechte, Bd. III, § 68 Rn. 65, m.w. N.

[1702] BVerfGE 112, 226 (244): „Aus den im Gesetzgebungsverfahren dokumentierten
Erwägungen und dem Vorbringen der Bundesregierung im Normenkontrollverfahren ergibt sich die Erforderlichkeit einer bundesgesetzlichen Regelung über die Erhebung von
Studiengebühren unter dem Aspekt gleichwertiger Lebensverhältnisse nicht."; vgl. dazu
auch *Augsberg/Augsberg,* VerwArch 2007, 290 (293 ff.).

deren dogmatische Einordnung.[1703] Insofern lässt sich die bereits im Kontext der Beweiswürdigung geäußerte Kritik wiederholen.[1704]

Indes – und dies gilt es besonders herauszustellen – verdeutlichen die zitierten Entscheidungen des Bundesverfassungsgerichts, dass die Auflösung tatsächlicher Unsicherheiten *im Wege des Beweisrechts*[1705] auf einer Linie mit der verfassungsrechtlichen Kompetenzordnung steht: Insofern bedarf es insbesondere keiner tatsachenbezogenen Einschätzungsspielräume des Gesetzgebers, um eine „[Usurpation der] Position des Entscheidungsträgers" durch das Bundesverfassungsgericht zu verhindern.[1706] Die in Fällen des non liquet zwingend zu treffende – aus dem materiellen Recht abgeleitete – Beweislastentscheidung berücksichtigt vielmehr gerade auch eine nach selbigem Recht im Einzelfall dem Gesetzgeber zukommende „Letztentscheidungsbefugnis" (dies belegt namentlich die zitierte Entscheidung betreffend die Zulassung zum Medizinstudium). Anders gewendet muss in Fällen tatsächlicher Unsicherheiten, in denen das Gericht „kaum etwas anderes als eine – ebenso unsichere – [Vermutung] zustande brächte", wie der Gesetzgeber, nicht bereits die „judikative Kontrolle zurücktreten", um eine in diesem Kontext zuweilen befürchtete „Kompetenzanmaßung" vonseiten des Bundesverfassungsgerichts auszuschließen.[1707] Soweit im konkreten Fall tatsächlich keine hinreichende Gewissheit (i. S. d. § 30 Abs. 1 S. 1 BVerfGG) über das Vorliegen einer erheblichen Tatsache erlangt werden kann,[1708] setzt das Bundesverfassungsgericht – ob seiner Bindung an die gesetzlichen Beweislastregeln – seine Sachverhaltsannahme nicht etwa willkürlich an die Stelle der gesetzgeberischen Annahmen, sondern weist es die „Letztentscheidung" in Bezug auf die streitige Tatsache vielmehr nach den jeweils einschlägigen Beweislastregeln einer „Verfahrensseite" respektive einer Partei (i. w. S.) zu.

C. Fazit: Aus den einschlägigen Verfassungsnormen abzuleitende abstrakt-generelle Beweislastregeln

In Fällen eines non liquet ist das Bundesverfassungsgericht verpflichtet, anhand abstrakt-genereller Regeln der objektiven Beweislast zu entscheiden. Diese Regeln sind nach hier vertretener Auffassung zwingend den im jeweiligen Ver-

---

[1703] Vgl. insofern auch die Ausführungen zu BVerfGE 149, 407, auf S. 197 ff.

[1704] S. dazu oben S. 330 ff.

[1705] Vgl. dazu im Kontext materieller Einschätzungsspielräume des Gesetzgebers bereits S. 193 ff.

[1706] A. A. *Meßerschmidt,* Ermessen, S. 993 (Zitat ebd.); sowie *Meskouris,* in: Barczak, § 26 Rn. 7.

[1707] So aber *Meßerschmidt,* Ermessen, S. 992 f. (sämtliche Zitate ebd.), m. w. N.; ähnlich *Meskouris,* in: Barczak, § 26 Rn. 7.

[1708] Und nur in diesem Fall (!), will man den Grundsätzen wirksamen Rechtsschutzes sowie materieller Gerechtigkeit gerecht werden (s. oben S. 123 ff. u. 127).

fahren einschlägigen materiell-rechtlichen Normen (mittels Auslegung) zu entnehmen. Zwar lässt sich das Risiko einer Fehlentscheidung aufgrund unzutreffender Sachverhaltsannahmen auch durch die „materiell-rechtliche" Herleitung der
Beweislastregeln nicht reduzieren; indessen ermöglicht es jener Ansatz, die Auswirkungen einer solchen Fehlentscheidung in einem Maß zu halten, dass sich mit
den verfassungsrechtlichen Wertvorstellungen (noch) vereinbaren lässt.

Auch das Bundesverfassungsgericht scheint dieser Auffassung zu folgen. Jedenfalls unterstellt es den Verfassungsprozess ausweislich seiner Rechtsprechung
keiner beweislastrechtlichen „Grundregel". Verlässliche Aussagen zu den Kriterien, anhand derer das Bundesverfassungsgericht in Fällen des non liquet entscheidet, lassen sich den gerichtlichen Entscheidungen dagegen nicht entnehmen.
Diesen ermangelt es vielmehr soweit ersichtlich schon an einer ausdrücklichen
Bezugnahme auf die Regeln der objektiven Beweislast, was erneut sowohl zulasten einer klaren Dogmatik geht als auch die Nachvollziehbarkeit der Rechtsprechung im Einzelfall erschwert.[1709]

Ungeachtet dieser Kritik erweisen sich die untersuchten Entscheidungen des
Bundesverfassungsgerichts als Beleg dafür, dass tatsächliche Unsicherheiten im
Wege des Beweisrechts „ausgeräumt" werden können, ohne dabei die verfassungsrechtliche Kompetenzordnung zu beschneiden. Insbesondere vermögen es
die gerichtlichen Beweislastentscheidungen, „Letztentscheidungsbefugnisse" des
Gesetzgebers, soweit diese im konkreten Fall bestehen, sachgerecht zu berücksichtigen.[1710]

Zuletzt ergeben sich aus der Verpflichtung, die objektive Beweislast im konkreten Verfahren nach abstrakt-generellen Regeln zu verteilen, Folgen für die Frage
der Beweislast bei Nicht- oder Schlechterfüllung verfassungsprozessualer Mitwirkungslasten: Da auch in diesem Fall die jeweils einschlägige, abstrakt-gene-
relle Beweislastregel zwingend anzuwenden ist, verbietet sich jede „Modifika-
tion" dieser Regel *im Einzelfall* aufgrund mangelhafter Mitwirkung eines Verfahrensbeteiligten bzw. des Gesetzgebers.

[1709] S. zur vergleichbaren Kritik im Kontext der Beweiswürdigung oben S. 330 ff.
[1710] Zum Verhältnis von tatsachenbezogenen Einschätzungsspielräumen und Beweisrecht insb. oben S. 185 ff.

Zehnter Teil

Schlussbetrachtung

1. Das verfassungsprozessuale Beweisrecht ist in der Rechtswissenschaft deutlich unterrepräsentiert. Dies mag einer gewissen Verkennung der Bedeutung klarer und zuverlässiger Beweisregeln in den Verfahren vor dem Bundesverfassungsgericht ebenso geschuldet sein wie bestehenden Missverständnissen hinsichtlich dessen Rolle als „Hüter der Verfassung". Darüber hinaus erweist sich die – den wissenschaftlichen Diskurs leitende – verfassungsgerichtliche Judikatur selbst als Hemmschuh einer „florierenden" Dogmatik. Grund hierfür ist die in weiten Teilen zu konstatierende Intransparenz derselben, soweit es um Fragen der Überzeugungsbildung des Gerichts betreffend die seinen Entscheidungen zugrunde liegenden Tatsachen geht (§ 30 Abs. 1 S. 1 BVerfGG).

2. Ungeachtet des fehlenden wissenschaftlichen Diskurses ist die Bedeutung des verfassungsprozessualen Beweisrechts indes nicht zu unterschätzen.

Dies ergibt sich bereits praktisch daraus, dass das Gericht – auch als „Hüter der Verfassung" – entgegen einer verbreiteten Auffassung im Schrifttum uneingeschränkt *Tatsachengericht* ist. So hat die vorliegende Untersuchung zunächst ergeben, dass dem Bundesverfassungsgericht im Grunde *in jedem Verfahren*[1711] die Aufgabe der (zumeist Verfassungs-)Rechtsanwendung auf einen spezifischen Sachverhalt zugewiesen ist. Dabei entscheidet das Gericht über diesen Sachverhalt, unter Anwendung des jeweils einschlägigen Rechts, *in erster (und zugleich letzter) Instanz*. Folglich hat das Bundesverfassungsgericht die insofern entscheidungserheblichen Tatsachen eigens festzustellen, ehe es eine valide Sachentscheidung treffen kann (§§ 30 Abs. 1 S. 1, 26 Abs. 1 S. 1 BVerfGG). Die These des Bundesverfassungsgerichts als Tatsachengericht wirkt sich damit auch in Bezug auf die Kompetenz- bzw. Funktionsordnung der deutschen Gerichte aus: Denn wenn das Bundesverfassungsgericht Tatsachengericht ist, greift es – anders als zuweilen postuliert – gerade nicht in die Kompetenz der Fachgerichte ein, indem es den seiner Entscheidung zugrunde liegenden Sachverhalt selbst ermittelt. Vielmehr muss es dies tun – und weicht damit insbesondere auch von der Rolle eines Revisionsgerichts deutlich ab.[1712]

3. Aus verfassungsrechtlichen Gesichtspunkten ist es zwingend, dass die gerichtliche Sachverhaltsfeststellung nicht willkürlich einzelfallbezogen, sondern

---

[1711] Mit Ausnahme des – bisher praktisch irrelevanten – Divergenzverfahrens.

[1712] S. zum Ganzen den Dritten Teil (S. 63 ff.) der Untersuchung.

nach rechtsstaatlichen, namentlich eine wirksame Rechtsdurchsetzung gewährleistenden (Beweis-)Regeln erfolgt. Das den Vorgang richterlicher Tatsachenfeststellung determinierende Beweisrecht muss mithin *abstrakt-generell* sowie hinreichend bestimmt ausgestaltet sein.

Von der Einhaltung dieser „möglichst eindeutige[n], präzise[n] und voraussseh-
bare[n] Regeln der Entscheidungsfindung"[1713] hängt zugleich die Überzeugungskraft der verfassungsgerichtlichen Sachentscheidungen und damit ihre *Akzeptanz*
in der Bevölkerung ab. Auf eben diese ist das Bundesverfassungsgericht in ge-
steigertem Maße angewiesen.[1714]

4. Da das Beweisrecht vor dem Bundesverfassungsgericht im BVerfGG un-
vollständig kodifiziert ist, kommen insofern den, vielfach verfassungsrechtlich
verankerten, allgemeinen Beweisgrundsätzen[1715] sowie der – gesetzgeberisch
vorgesehenen – Möglichkeit der Schließung einfachgesetzlicher Lücken durch
das Bundesverfassungsgericht besondere Bedeutung bei der Statuierung beweisrechtlicher Regeln zu, wobei von letzterer Möglichkeit vorrangig im Wege eines
Rückgriffs auf bewährte Regeln des allgemeinen Prozessrechts Gebrauch zu machen ist.[1716]

5. Die vorliegende Untersuchung hat unter Berücksichtigung eben dieser
Rechtsquellen die Geltung namentlich *folgender allgemeingültiger Beweisregeln*
in den Verfahren vor dem Bundesverfassungsgericht ergeben:

a) Das Bundesverfassungsgericht ist in sämtlichen Verfahren ungeachtet der
Verfahrensart von Amts wegen zur Beweiserhebung verpflichtet; es gilt der sog.
Untersuchungsgrundsatz (§ 26 Abs. 1 S. 1 BVerfGG).[1717]

b) Dabei sind grundsätzlich, ungeachtet der Frage des „Wie", *sämtliche im
konkreten Verfahren entscheidungserhebliche (Subsumtions-)Tatsachen durch Beweiserhebung* zu ermitteln; entscheidungserheblich ist eine Tatsache, sofern sie
nicht hinweggedacht werden kann, ohne die gerichtliche Entscheidung ihrer Begründung zu berauben.[1718]

c) Der Rechtsbegriff der Beweiserhebung i. S. d. § 26 Abs. 1 S. 1 BVerfGG ist
entgegen der wohl herrschenden Lehre *funktional* zu verstehen: Er erfasst jede
Tätigkeit, die dem Gericht die Überzeugung von einer entscheidungserheblichen
Tatsache vermitteln soll, sodass jede seitens des Verfassungsgerichts ergriffene
Maßnahme der „Informationsbeschaffung" in Bezug auf eine solche Tatsache als

---

[1713] *Voßkuhle,* in: v. Mangoldt/Klein/Starck, GG, Art. 94 Rn. 26.
[1714] S. dazu oben S. 24 f.
[1715] Die in den Verfahren vor dem Bundesverfassungsgericht geltenden allgemeinen
Beweisgrundsätze wurden im Vierten Teil der Untersuchung auf S. 100 ff. ermittelt.
[1716] Dazu oben S. 97 ff.
[1717] Dazu S. 103 ff.
[1718] S. S. 129 f.

eine Maßnahme der Beweiserhebung zu qualifizieren und damit den Rechtsregeln des verfassungsprozessualen Beweisrechts zu unterwerfen ist. Die gerichtliche „Ermittlung" entscheidungserheblicher Tatsachen außerhalb des Beweisrechts scheidet als eine Umgehung desselben zwingend aus.[1719]

d) Der Begriff der Tatsache ist im verfassungsprozessualen Sinne zu definieren
als ein *objektiv klärbarer Sachverhalt*. Davon erfasst sind *sowohl Sachverhalte
jeden zeitlichen Ursprungs als auch konkrete sowie generelle Tatsachen*.

Trotz beweisrechtlicher Schwierigkeiten namentlich im Umgang mit zukünftigen sowie generellen Tatsachen lassen sich diesbezügliche Eingrenzungen des
Begriffs der Tatsache als dem Gegenstand des Beweises im Verfassungsprozess
weder aus der Natur der Sache noch aus rechtlichen Erwägungen begründen. Insbesondere stellen zukünftige Tatsachen keine Wertungen dar und sollten daher im
Prozess nicht grundsätzlich anders behandelt werden als vergangene oder gegenwärtige Tatsachen. Letztlich darf die Beweiserhebung des Bundesverfassungsgerichts schlicht nicht bei vergangenen oder gegenwärtigen Einzeltatsachen „Halt
machen", wenn die Sachentscheidung im konkreten Fall von zukünftigen (generellen) Tatsachen abhängt (Art. 20 Abs. 3 BVerfGG). Eben dies ist im Verfassungsprozess regelmäßig der Fall, bilden doch gerade generelle und/oder zukünftige Tatsachen häufig einen Teil des unter die einschlägigen Verfassungsnormen
zu subsumierenden Sachverhalts (sog. Subsumtionstatsachen) ab.

Im Ergebnis wirkt sich das Begriffsverständnis namentlich auf die verfassungsgerichtliche Kontrolle von Gesetzen aus, die sich danach ohne Weiteres auf
die Prüfung der prognostizierten *tatsächlichen* Auswirkungen eines Gesetzes erstreckt (stellen selbige doch gerade keine – dem Gesetzgeber vorbehaltenen –
Wertungen dar).

Mit dem terminologischen Gleichlauf zukünftiger wie sonstiger Tatsachen löst
sich die vorliegende Untersuchung im Übrigen von der in Rechtsprechung und
Lehre überwiegend vorgenommenen (in ihrer rechtlichen Relevanz nicht immer
klaren) Differenzierung zwischen „Tatsachenfeststellungen" und „Prognoseentscheidungen". Die Prognose bildet nach dem hier vertretenen Begriffsverständnis
die „Methode" der Feststellung zukünftiger Tatsachen; Prognoseentscheidung
und Tatsachenfeststellung verschmelzen mithin.[1720]

e) Die *Beweisbedürftigkeit* einer entscheidungserheblichen Tatsache entfällt
nur in Ausnahmefällen. Dies gilt namentlich bei *Allgemein- oder Gerichtskundigkeit* der jeweiligen Tatsache sowie bei Vorliegen diesbezüglicher Feststellungen
eines anderen Gerichts i. S. d. *§ 33 Abs. 2 BVerfGG*.[1721] In diesen Fällen kann

---

[1719] S. S. 279 ff.
[1720] Zu Vorstehendem oben S. 35 ff.
[1721] S. dazu S. 130 ff.

das Gericht seiner Entscheidung die fragliche Tatsache ohne vorherige Beweiserhebung und -würdigung zugrunde legen.

Den genannten Ausnahmeregeln kommt erhebliche praktische Bedeutung zu. Gerade die Regelung des § 33 Abs. 2 BVerfGG wird im Schrifttum indes vielfach fehlinterpretiert: Entgegen einer verbreiteten Auffassung[1722] ist das Bundesverfassungsgericht danach *nicht stets berechtigt,* seiner Entscheidung Feststellungen der Fachgerichte zugrunde zu legen. Vielmehr knüpft § 33 Abs. 2 BVerfGG einen solchen Rückgriff an strenge, im Fünften Teil dieser Arbeit analysierte Voraussetzungen und scheidet selbiger namentlich in den sog. Vorlageverfahren gänzlich aus. Darüber hinaus ist das Bundesverfassungsgericht *in keinem Fall zur Übernahme* fachgerichtlicher Tatsachenfeststellungen *verpflichtet.*[1723]

f) Mit Ausnahme der genannten Fälle des § 33 Abs. 2 BVerfGG kennt das Verfassungsprozessrecht *weder Verpflichtung noch Befugnis des Bundesverfassungsgerichts zur ungeprüften Übernahme entscheidungserheblicher Tatsachenfeststellungen anderer Staatsorgane.*

Zwar gehen den Verfahren vor dem Bundesverfassungsgericht häufig Sachverhaltsfeststellungen anderer Verfassungsorgane (namentlich des Gesetzgebers) voraus, was kompetenzielle Spannungsverhältnisse bedingt; diese sind indes dergestalt aufzulösen, dass *sämtliche entscheidungserhebliche Tatsachen* (außerhalb des Anwendungsbereichs des § 33 Abs. 2 BVerfGG) *zwingend vom Bundesverfassungsgericht selbst zu bestimmen und durch ein rechtsförmiges Beweisverfahren aufzuklären* sind.[1724]

Gerade im Schrifttum nicht immer sauber vom Beweisrecht abgegrenzt werden in diesem Kontext insbesondere die in Urteilsverfassungsbeschwerdeverfahren greifende Formel des „spezifischen Verfassungsrechts" sowie die Rechtsfigur des Einschätzungsspielraums, der sowohl der Legislative als auch der Exekutive im Bereich tatsächlicher Unsicherheiten zuweilen gewährt wird. Weder Erstere noch Letztere bedeuten jedoch eine Bindung des Verfassungsgerichts an die Tatsachenfeststellungen der Fachgerichte einerseits bzw. der Legislative oder Exekutive andererseits, soweit es um die Aufklärung des der verfassungsgerichtlichen Entscheidung konkret zugrunde liegenden Sachverhalts geht. Vielmehr reduzieren die genannten Rechtsfiguren bereits die materielle Kontrollkompetenz des Verfassungsgerichts, wirken sich auf das Beweisrecht also (nur) insofern – mittelbar – aus, als gewisse Tatsachen im Prozess ob des (begrenzten) materiell-rechtlichen Prüfungsmaßstabs schon nicht entscheidungserheblich werden.[1725]

[1722] Vgl. die Nachweise in Fn. 916.
[1723] Zum Ganzen S. 141 ff.
[1724] S. S. 173 ff.
[1725] S. S. 152 ff. u. 185 ff.

g) Weiter hat die vorstehende Untersuchung (Sechster Teil) ergeben, dass das Verfassungsprozessrecht trotz der Geltung des Untersuchungsgrundsatzes *umfangreiche Mitwirkungslasten Dritter bei der richterlichen Sachaufklärung* kennt.

Neben der Antragsbegründungslast des jeweiligen Antragstellers sowie der Vorlagebegründungslast des vorlegenden Fachgerichts[1726] ist insofern besonders hinzuweisen auf die *allgemeine Mitwirkungslast der Verfahrensbeteiligten*. Diese erlegt es den Beteiligten auf, – über die Antragsbegründung hinaus – durch Sachvortrag unmittelbar an der Sachaufklärung im Prozess mitzuwirken und ergibt sich nach hier vertretener Auffassung aus einer analogen Anwendung der §§ 86 Abs. 1 Hs. 2 VwGO, 76 Abs. 1 S. 2 FGO, 103 S. 1 Hs. 2 SGG.[1727]

Darüber hinaus kommt nach dem Ergebnis der vorstehenden Untersuchung in Normenkontrollverfahren auch dem *Gesetzgeber* – ungeachtet seiner formalen Verfahrensstellung – eine entsprechende *prozessuale Mitwirkungslast* zu. Diese hält den Gesetzgeber im Gerichtsverfahren neben dem Sachvortrag unter Umständen auch zur Ermittlung konkreter gesetzesrelevanter Tatsachen an.

Die prozessuale Mitwirkungslast des Gesetzgebers ist dabei strikt *von dessen möglicherweise bestehenden Pflicht zur Sachaufklärung bzw. tatsächlichen Begründung im Gesetzgebungsverfahren* zu unterscheiden und davon *unabhängig*.

h) Die *Nicht- bzw. Schlechterfüllung* der unmittelbar die Sachaufklärung des Gerichts betreffenden Mitwirkungslasten darf grundsätzlich *im Rahmen der Beweiswürdigung* als ein gegen das Vorliegen der betreffenden Tatsache sprechendes Indiz besonders berücksichtigt werden.[1728]

Damit reduzieren selbige Lasten (mittelbar) die Untersuchungspflichten des Bundesverfassungsgerichts gemäß § 26 Abs. 1 S. 1 BVerfGG, können dieses also von gewissen (aufwendigen) Sachaufklärungsmaßnahmen entlasten.

i) Das darin liegende Potential der Verfahrensbeschleunigung darf seitens des Gerichts freilich nur nach Maßgabe der geltenden Beweisregeln ausgeschöpft werden. Keinesfalls darf es „Geschmacksfrage"[1729] sein, zu welchen Tatsachen

---

[1726] S. zur Antragsbegründungslast S. 212 ff. sowie zur Vorlagebegründungslast und insb. zu deren Inhalt, die im Schrifttum vielfach nicht differenziert genug betrachtet wird, oben S. 256 ff.

[1727] Ferner erweist sich im Verfassungsprozessrecht eine analoge Anwendung der §§ 79b FGO, 87b VwGO, 106a SGG als grundsätzlich zulässig, welche es ermöglicht, den Verfahrensbeteiligten spezielle Mitwirkungslasten mittels verfassungsgerichtlicher Anordnung aufzuerlegen sowie deren Nichterfüllung durch Präklusion des Sachvortrags zu „sanktionieren". Da sich der verfassungsgerichtlichen Judikatur ein entsprechender Analogieschluss bisher nicht entnehmen lässt, kommt dergleichen jedoch allenfalls de lege ferenda im Wege der richterlichen Rechtsfortbildung in Betracht. Dies wäre vor allem aus Gründen der Rechtsklarheit zu begrüßen. S. dazu S. 246 ff.

[1728] Vgl. dazu S. 236 ff. u. 271 f.

[1729] *Barczak*, in: ders., § 92 Rn. 10b.

und in welcher Form das Gericht Sachvortrag der Beteiligten fordert. Anders gewendet darf sich das Verfassungsgericht seiner *Amtsermittlungspflicht nicht willkürlich entledigen,* indem es den Beteiligten, zumal unausgesprochene, „zufällig" erscheinende Mitwirkungslasten auferlegt.

j) Hinsichtlich des Beweisverfahrens ist zu konstatieren, dass das Bundesverfassungsgericht nach geltendem Recht *in sämtlichen Verfahren befugt* ist, Beweise im sog. *Freibeweisverfahrens* zu erheben.

Einzige Ausnahme vom Grundsatz des Freibeweisverfahrens normiert § 28 Abs. 1 BVerfGG (i.V.m. ZPO bzw. StPO), demzufolge *Zeugen- und Sachverständigenbeweis* im Strengbeweisverfahren erhoben werden müssen.

k) Über die Auswahl der im Verfahren herangezogenen *Beweismittel* entscheidet das Bundesverfassungsgericht nach *pflichtgemäßem Ermessen,* wobei es sich maßgeblich von der potentiellen Beweiskraft des jeweiligen Beweismittels leiten lassen muss.

Besonderheiten gelten in Bezug auf *generelle sowie zukünftige Tatsachen,* die grundsätzlich im Wege des sog. *Indizienbeweises* zu ermitteln sind.[1730]

l) Erhebt das Gericht Beweise im Freibeweisverfahren, bedarf es *keiner förmlichen Beweisaufnahme* und existiert *kein geschlossener Katalog zulässiger Beweismittel.* In der Folge ist das Bundesverfassungsgericht – anders als die überwiegende Zahl der Fachgerichte – insbesondere befugt, auch informale Auskunftspersonen zur Sachaufklärung heranziehen sowie eigene Studien durchzuführen und sodann als Beweismittel zu würdigen.

Zudem muss die Beweisaufnahme *nicht in mündlicher Verhandlung* und überdies *nicht unmittelbar vor dem erkennenden Senat* stattfinden. Dies erlaubt es dem Bundesverfassungsgericht ohne Weiteres, die *Ermittlungsergebnisse seiner wissenschaftlichen Mitarbeiter* im Wege der Beweiswürdigung zu verwerten.[1731]

Die genannten Besonderheiten werden in weiten Teilen der Literatur nicht klar herausgestellt (oder gar bestritten), was auf eine Fehleinschätzung der Funktionsweise des Freibeweisverfahrens bzw. dessen Wirkungen im verfassungsgerichtlichen Verfahren schließen lässt. Unzutreffend ist insofern auch die gängige Einschätzung, das Bundesverfassungsgericht lasse „[d]ie Möglichkeiten des § 26 BVerfGG [...] in aller Regel ungenutzt"[1732] oder nutze sie nur „spärlich"[1733]. Tatsächlich erhebt das Verfassungsgericht in beachtlichem Umfang Beweis; allein auf die Durchführung eines förmlichen Beweisverfahrens respektive den Strengbeweis verzichtet es weitestgehend.

1730 Speziell zum Beweis genereller wie zukünftiger Tatsachen S. 296 ff.
1731 Zum Ganzen S. 277–304.
1732 *Schlaich/Korioth,* Rn. 60.
1733 *Bryde,* in: 50 Jahre BVerfG I, S. 533 (535). Ähnliche Einschätzungen finden sich in der Lit. häufig; vgl. statt aller auch *Zuck,* JZ 2007, 1036 (1039).

m) Auch im Freibeweisverfahren gelten die *allgemeinen Beweisgrundsätze* (mit Ausnahme des Grundsatzes der Mündlichkeit sowie der formellen Unmittelbarkeit), die *Grundsätze der Beweiswürdigung* sowie die *objektiven Beweislastregeln.*

n) Insbesondere hat das Gericht im (Frei-)Beweisverfahren die *Beteiligtenrechte* auf Information, Befragung von Auskunftspersonen und das Beweisantragsrecht uneingeschränkt zu wahren.

Das *Befragungsrecht* gilt dabei über den Wortlaut des § 29 S. 2 BVerfGG hinaus für sämtliche Personenbeweise.

Dem *Beweisantragsrecht* folgt die Pflicht des Gerichts zu sachgerechter Bescheidung: Insofern gilt es zu betonen, dass die Beteiligten danach zwar kein Recht auf *förmliche* Bescheidung ihrer Beweisanträge haben, deren Ablehnung materiell-rechtlich indes nur dann zulässig ist, wenn sie auf einem rechtlich anerkannten Sachgrund beruht.[1734]

o) Gemäß § 30 Abs. 1 S. 1 BVerfGG gilt im Verfassungsprozessrecht weiter der *Grundsatz freier Beweiswürdigung,* demzufolge das Gericht bei der Beweiswürdigung keinen gesetzlichen Beweisregeln unterliegt sowie vom Prinzip der generellen Gleichrangigkeit der Beweismittel auszugehen ist.

Ungeachtet dessen ist das Gericht bei seiner Würdigung nicht gänzlich frei, sondern namentlich zu *Rationalität* verpflichtet. Ferner besteht die *Pflicht zu umfassender und erschöpfender Würdigung* sämtlicher Ergebnisse der gerichtlichen Verhandlung sowie Beweisaufnahme. Dabei hat das Gericht den Wert jedes einzelnen Beweismittels, das heißt vor allem die *Glaubwürdigkeit* herangezogener Auskunftspersonen ebenso wie die *Glaubhaftigkeit* der eingeholten Auskünfte, (kritisch) zu würdigen.[1735]

Tatsächlichen Feststellungen anderer Staatsorgane, etwa des Gesetzgebers, kommt insofern nicht per se ein erhöhter Beweiswert zu, jedoch kann z.B. die spezifische Sachkunde des jeweiligen Organs besonders berücksichtigt werden.[1736]

p) Das Verfassungsprozessrecht legt als *Regelbeweismaß* die Gewissheit des Gerichts im Sinne voller Überzeugung fest, wobei ein für das praktische Leben brauchbarer Grad an Gewissheit ausreicht, der Zweifeln Schweigen gebietet, ohne sie völlig auszuschließen (sog. *Vollbeweis*).

[1734] Freilich ist hier zunächst die Praxis aufgerufen, solche Beweisanträge überhaupt zu stellen. Zu den Beteiligtenrechten insb. S. 305 ff.

[1735] Gerade in diesem Punkt ist das Gericht immer wieder Kritik ausgesetzt; vgl. etwa *Brink,* in: Linien, S. 3 (23 f.); *Haberzettl,* NVwZ-Extra 2015, 1 (4 f.).

[1736] Wie zuvor erwähnt kann zudem die Nicht- bzw. Schlechterfüllung von Mitwirkungslasten negative Indizwirkung entfalten. Zum Ganzen S. 312–323.

Darüber hinaus lassen sich dem Verfassungs(prozess)recht mittels Auslegung gewisse *Beweismaßreduzierungen* entnehmen:

So greift nach hier vertretener Auffassung in den *Verfahren des einstweiligen Rechtsschutzes* gemäß § 32 Abs. 1 BVerfGG das Beweismaß sogenannter Glaubhaftmachung.

Auch das materielle Recht reduziert zuweilen das Regelbeweismaß und zwar, sofern es ein (geschriebenes oder ungeschriebenes) Tatbestandsmerkmal enthält, das die konkrete Rechtsfolge (auch) von einer *zukünftigen Tatsache* abhängig macht. Hier kann und muss das Gericht betreffend die zukünftige Tatsache selbst (nicht jedoch betreffend herangezogene Hilfstatsachen) lediglich ein Urteil über die *Wahrscheinlichkeit* von deren Eintritt treffen, wobei der konkrete Wahrscheinlichkeitsgrad der jeweiligen materiellen Norm zu entnehmen ist.[1737]

q) Wie jedes Tatsachengericht muss auch das Bundesverfassungsgericht als Folge des Justizgewährungsanspruchs unter Umständen Entscheidungen auf ungesicherter Tatsachengrundlage nach den *Regeln der objektiven Beweislast* treffen. Diese müssen, namentlich aus Gründen der Rechtssicherheit, abstrakt-genereller Natur sein. Eine Beweislastentscheidung nach billigem richterlichen Ermessen verbieten sind.

Ob des Zusammenhangs zwischen prozessualer Beweislastregel und materieller Rechtsdurchsetzung bedarf es darüber hinaus grundsätzlich einer Rückkoppelung Ersterer an die im Prozess anzuwendenden materiell-rechtlichen Normen. Mangels ausdrücklicher gesetzlicher Regelungen der Beweislast im Verfassungs-(prozess)recht sind diese also *dem einschlägigen materiellen Recht mittels Auslegung* zu entnehmen.

Eine *beweislastrechtliche „Grundregel"* gilt im Verfassungsprozessrecht nach zutreffender Auffassung *nicht.*[1738]

6. Die genannten Rechtsregeln lassen sich – soweit eine Beurteilung anhand der Entscheidungsgründe möglich ist – im Wesentlichen mit der Judikatur des Bundesverfassungsgerichts in Einklang bringen.

Insbesondere hinsichtlich komplexer genereller sowie zukünftiger Tatsachen, die in förmlicher Beweisaufnahme unter Heranziehung allein klassischer Beweismittel kaum sachgerecht ermittelt werden können, lässt sich die Beweiserhebung des Gerichts, das hier im Wege des Freibeweisverfahren regelmäßig eine Vielzahl sachkundiger Dritter sowie vom jeweiligen Verfahrensgegenstand Betroffener zu den erheblichen Tatsachen befragt, gar als im Grundsatz beispiellos hervorheben.

Auch sind die Herausforderungen des Gerichts in diesem Punkt nicht zu unterschätzen. Gleiches gilt für den sachlichen Umfang nicht weniger verfassungsge-

---

[1737] S. zum Beweismaß S. 323 ff.
[1738] Zur objektiven Beweislast S. 333 ff.

richtlicher Verfahren. Vor diesem Hintergrund ergibt sich ein erheblicher Aufwand bei der Entscheidungsfindung sowie anschließenden Verschriftlichung der Entscheidungsgründe.

Es ist daher durchaus verständlich, dass die schriftliche Darstellung der richterlichen Überzeugungsbildung bezüglich der konkreten Subsumtionstatsachen hinter den der Maßstabsbildung dienenden materiell-rechtlichen Ausführungen[1739] der Entscheidung in aller Regel deutlich zurücktritt.

Indes ist das Bundesverfassungsgericht, soweit es seine Entscheidung begründen muss (§ 30 Abs. 1 S. 2 BVerfGG), auch dazu verpflichtet, die *tatsächlichen Grundlagen* derselben respektive seine Überzeugungsbildung zumindest in Kernpunkten in der schriftlichen Entscheidung zum Ausdruck zu bringen.

Die in der vorliegenden Untersuchung vielerorts festgestellte, weitgehende *Intransparenz* des Gerichts in Tatsachenfragen – die im Laufe der Jahrzehnte ersichtlich zugenommen hat – ist mithin schon danach rechtlich problematisch.

Auch lässt die mangelnde Transparenz die Vermutung zu, dass bereits während des Verfahrens zumindest Ungenauigkeiten bei der Beachtung der Grundsätze des verfassungsprozessualen Beweisrechts auftreten. Selbiges begegnet aus rechtsstaatlicher Sicht durchgreifenden Bedenken.

Dies gilt zunächst, soweit das Bundesverfassungsgericht auf Beweiserhebungen verzichtet, ohne die Gründe hierfür – etwa die Annahme von Allgemeinkundigkeit oder einen Rückgriff gemäß § 33 Abs. 1 BVerfGG – mitzuteilen. Letzteres führt gar dazu, dass bereits im Ansatz undurchsichtig bleibt, welche fachgerichtlichen Feststellungen bzw. welche fachgerichtlich festgestellten Tatsachen das Verfassungsgericht schon mangels Entscheidungserheblichkeit selbiger „unangetastet" lässt, welche Tatsachenfeststellungen es gemäß § 33 Abs. 2 BVerfGG zur Erleichterung der ihm im Rahmen seiner Zuständigkeiten obliegenden Aufgabe der Beweiserhebung (§ 26 Abs. 1 S. 1 BVerfGG) übernimmt und welche es im Wege des Freibeweises – faktisch – „nachprüft", indem es zum Zwecke seiner Überzeugungsbildung (§ 30 Abs. 1 S. 1 BVerfGG) eigene Ermittlungen (bezüglich der bereits fachrichterlich erforschten Tatsachen) anstellt. Dies geht zulasten einer klaren Abgrenzung der Aufgabenbereiche des Bundesverfassungsgerichts einerseits sowie der Fachgerichte andererseits, birgt aber auch und vor allem die Gefahr, die *Verfahrensrechte der Beteiligten* zu beschneiden.[1740]

So drohen die Rechte der Verfahrensbeteiligten ganz grundsätzlich verletzt zu werden, soweit wichtige Entscheidungsgrundlagen *bereits während des Verfahrens* für die Beteiligten intransparent bleiben.

[1739] Vgl. zu der beachtlichen „Breite des materiell-rechtlichen Maßstabsteils" der Entscheidungsgründe früh *Mahrenholz,* in: Lehre, S. 167 (169), der die verfassungsgerichtliche Rechtsprechung insofern „eher Rechtsfortbildung als Subsumtion" nennt.

[1740] S. zu § 33 Abs. 2 BVerfGG S. 141 ff.; zur fehlenden Offenlegung von Allgemein- oder Gerichtskundigkeit S. 133 ff. u. 140.

Denn angesichts typischerweise abstrakter Verfassungsmaßstäbe, die das Verfassungsgericht darüber hinaus oft erst im Verfahren entwickelt bzw. fortschreibt, lassen sich die jeweils entscheidungserheblichen Tatsachen vielfach ohne Information seitens des Gerichts für die Beteiligten nicht erkennen. Ob bzw. wozu eine (vertiefte) Äußerung im Prozess sinnvoll – gar zwingend – erscheint, bleibt hier im Dunkeln. Diesem Umstand kommt besonderes Gewicht zu ob der (allgemeinen) Mitwirkungslast, die den Verfahrensbeteiligten bei der Sachaufklärung im Verfassungsprozess wie dargelegt obliegt.

Insofern lässt sich freilich konstatieren, dass die fehlende Transparenz des Bundesverfassungsgerichts im Umgang mit eben diesen Mitwirkungslasten selbst in hohem Maße rechtsschutzgefährdend ist. Auch birgt sie wie dargelegt die Gefahr der willkürlichen Entledigung eigener Ermittlungspflichten seitens des Gerichts.[1741]

Darüber hinaus werden in den Entscheidungen des Gerichts, soweit ersichtlich, überwiegend weder die Beteiligtenrechte ausdrücklich behandelt noch lassen sich die im Einzelfall herangezogenen Beweismittel als solche erkennen. Ferner stellt das Gericht seine Beweiswürdigung in den Entscheidungsgründen nur selten eindrücklich dar (und adressiert etwa gegen gewisse Auskunftspersonen bestehende Befangenheitsbedenken ausdrücklich); zudem trifft es seine Entscheidungen in tatsächlicher Unsicherheit nicht expressis verbis auf der Grundlage objektiver Beweislastregeln.[1742]

All dies erschwert die *Nachvollziehbarkeit* der Überzeugungsbildung des Gerichts und damit der Sachentscheidung selbst. Kritisch zu sehen ist ferner, dass die Einhaltung beweisrechtlicher Direktiven im Rahmen des Beweisverfahrens sowie bei der Überzeugungsbildung aufgrund fehlender Transparenz *nicht überprüft* werden kann. Dies wiegt auch deshalb besonders schwer, da die richterliche Praxis wegen der „überragenden Stellung"[1743] des Bundesverfassungsgerichts ohnehin wenig rechtlicher Kontrolle begegnet.

In Ansehung tatsachenbezogener Einschätzungsspielräume lässt sich überdies eine gewisse Tendenz des Bundesverfassungsgerichts erkennen, jene als einen „Hebel der Reduzierung" des Amtsaufklärungsbedarfs in Fällen komplexer werdender Sachverhalte und damit korrelierender Beweisschwierigkeiten einzusetzen und so die richterliche Untersuchungspflicht (§ 26 Abs. 1 S. 1 BVerfGG) willkürlich zu umgehen. Ein solches Vorgehen verstieße gegen die Verfassungsgrund-

---

[1741] S. insb. S. 240 ff. u. 273 ff. Gerade die Mitwirkungslasten sind i. Ü. als praktisch besonders relevant zu erachten und sollten damit in Rechtsprechung und Lehre einer gesicherten, über die hier erforschten Grundlagen hinausweisenden Dogmatik zugeführt werden.

[1742] Dazu insb. S. 309 ff., 329 ff. u. 340 ff.

[1743] *Benda/Klein,* Rn. 200.

sätze wirksamen Rechtsschutzes, materieller Gerechtigkeit sowie rechtlichen Gehörs.

In jedem Fall spricht aber der Zusammenhang zwischen Einschätzungsspielräumen namentlich des Gesetzgebers einerseits sowie dem faktischen (partiellen) „Wegfall" der Untersuchungspflicht des Bundesverfassungsgerichts andererseits gegen die Statuierung neuer sowie für die restriktive Handhabung bereits anerkannter Spielräume, soweit damit primär tatsächlichen Unsicherheiten begegnet werden soll: Systematisch und in der Sache erscheint hier überzeugend, entsprechende Unsicherheiten nicht zum Anlass zu nehmen, die Sachaufklärung des Gerichts von vorneherein (mittels materiell kontrollfreier Räume) auszuschließen, sondern erst im Rahmen der richterlichen Ermittlung auf konkret auftretende Beweisschwierigkeiten mit den Mitteln des Beweisrechts zu reagieren.[1744]

Eben dieses Recht ermöglicht nach den Ergebnissen der vorliegenden Untersuchung ein methodisch abgesichertes Verfahren zur Aufklärung des entscheidungserheblichen Sachverhalts, welches der objektiven Wahrheitsfindung ebenso wie der Verwirklichung wesentlicher Verfahrensrechte dient, dabei auf tatsächliche Unsicherheiten sachgerecht zu reagieren vermag und – nicht zuletzt – die nötige Flexibilität des Bundesverfassungsgerichts für eine zweckmäßige Verfahrensgestaltung erhält.

Die konsequente Anwendung der genannten Beweisregeln seitens des Bundesverfassungsgerichts, flankiert durch eine erweiterte, nachvollziehbare Darlegung derselben in den schriftlichen Entscheidungsgründen, wäre sonach zu begrüßen. Damit könnte gewiss auch dem – nach hier vertretener Auffassung zumindest in dieser Generalität schlicht unzutreffenden – Eindruck begegnet werden, das Gericht ermittele die entscheidungserheblichen Tatsachen entweder gar nicht oder in einer „für ein rechtsgebundenes, zumal für ein Verfassungsorgan"[1745] ungenügenden Art und Weise.

***

[1744] Zu Vorstehendem S. 193 ff.

[1745] *Brink,* in: Linien, S. 3 (29): Dieser spricht zudem drastisch von einem „Rückzug des Bundesverfassungsgerichts von der Wahrheitsermittlung, zumindest aber von jeder berechenbaren Praxis der Beweiserhebung" (a. a. O., S. 28).

Literaturverzeichnis

Alewell, Dorothea (Hrsg.), Rechtstatsachen und Rechtswirkungen im Arbeits- und Sozialrecht, München 2013 [zitiert: *Alewell,* Rechtstatsachen]

Alleweldt, Ralf, Bundesverfassungsgericht und Fachgerichtsbarkeit, Tübingen 2006 [zitiert: *Alleweldt,* Fachgerichtsbarkeit]

André, Achim, Beweisführung und Beweislast im Verfahren vor dem Europäischen Gerichtshof, Köln 1966 [zitiert: *André,* Beweisführung]

Arndt, Adolf, 1. Vergleiche im Strafverfahren? – 2. Das Bundesverfassungsgericht und die Wahrheitsfrage, NJW 1962, S. 783–785

Aswege, Hanka von, Quantifizierung von Verfassungsrecht, Zahlenverwendung im Verfassungstext und Zahlengenerierung durch das Bundesverfassungsgericht im Spannungsfeld natur- und geisteswissenschaftlicher Rationalität, Berlin 2016 [zitiert: *von Aswege,* Quantifizierung]

Augsberg, Ino/*Augsberg,* Steffen, Prognostische Elemente in der Rechtsprechung des Bundesverfassungsgerichts, VerwArch 2007, S. 290–316

Austermann, Philipp, Die rechtlichen Grenzen des Bundesverfassungsgerichts im Verhältnis zum Gesetzgeber, DÖV 2011, S. 267–272

Bader, Johann/*Funke-Kaiser,* Michael/*Stuhlfauth,* Thomas/*von Albedyll,* Jörg (Hrsg.), Verwaltungsgerichtsordnung, 7. Auflage, Heidelberg 2018 [zitiert: *Bearbeiter,* in: Bader u. a., VwGO]

Barczak, Tristan (Hrsg.), BVerfGG, Mitarbeiterkommentar zum Bundesverfassungsgerichtsgesetz, Berlin 2018 [zitiert: *Bearbeiter,* in: Barczak]

Bechler, Lars/*Neidhardt,* Stephan, Verfassungsgerichtlicher Rechtsschutz für Parteien vor der Bundestagswahl: Die Nichtanerkennungsbeschwerde zum BVerfG, NVwZ 2013, S. 1438–1442

Becker, Peter, Skeptisches zum Beurteilungsspielraum, in: Brandt, Willy/Gollwitzer, Helmut/Henschel, Johann Friedrich, Ein Richter, ein Bürger, ein Christ, Festschrift für Helmut Simon, Baden-Baden 1987, S. 623–663 [zitiert: *Becker,* in: FS Simon]

Benda, Ernst/*Klein,* Eckart/*Klein,* Oliver, Verfassungsprozessrecht, Ein Lehr- und Handbuch, 3. Auflage, Heidelberg 2012 [zitiert: *Benda/Klein*]

Benzing, Markus, Das Beweisrecht vor internationalen Gerichten und Schiedsgerichten in zwischenstaatlichen Streitigkeiten, Heidelberg 2010 [zitiert: *Benzing,* Beweisrecht]

Berchtold, Josef/*Richter,* Ronald (Hrsg.), Prozesse in Sozialsachen, Verfahren, Beitrag, Leistung, 2. Auflage, Baden-Baden 2016 [zitiert: *Bearbeiter,* in: Berchtold/Richter, Sozialsachen]

Bettermann, Karl August, Die konkrete Normenkontrolle und sonstige Gerichtsvorlagen, in: Starck, Christian (Hrsg.), Bundesverfassungsgericht und Grundgesetz, Festgabe aus Anlass des 25jährigen Bestehens des Bundesverfassungsgerichts, Erster Band, Tübingen 1976, S. 323–373 [zitiert: *Bettermann,* in: 25 J. BVerfG I]

Bickenbach, Christian, Die Einschätzungsprärogative des Gesetzgebers – Analyse einer Argumentationsfigur in der (Grundrechts-)Rechtsprechung des Bundesverfassungsgerichts, Tübingen 2014 [zitiert: *Bickenbach,* Einschätzungsprärogative]

Brandt, Kerstin, Präklusion im Verwaltungsverfahren, NVwZ 1997, S. 233–237

Breidenstein, Matthias, Zur Methodik der Verfahrensrechtsvergleichung, Tübingen 2012 [zitiert: *Breidenstein,* Verfahrensrechtsvergleichung]

Brink, Stefan, Tatsachengrundlagen verfassungsgerichtlicher Judikate, in: Rensen, Hartmut/Brink, Stefan (Hrsg.), Linien der Rechtsprechung des Bundesverfassungsgerichts, Band I, Berlin 2009, S. 3–33 [zitiert: *Brink,* in: Linien]

Brunn, Bernd, Der Indizienbeweis im Öffentlichen Recht, Die entscheidungstragende Bildung tatsächlicher Vermutungen sowie deren revisionsgerichtliche Überprüfung, NJOZ 2011, S. 1873–1883

Brunn, Bernd, Prognosen mit rechtlicher Bedeutung, Höchstrichterliche Rechtsprechung zu Prognoseentscheidungen durch Gesetzgeber, Verwaltungen und Gerichte, NJOZ 2014, S. 361–380

Bryde, Brun-Otto, Tatsachenfeststellungen und soziale Wirklichkeit in der Rechtsprechung des Bundesverfassungsgerichts, in: Badura, Peter/Dreier, Horst (Hrsg.), Festschrift 50 Jahre Bundesverfassungsgericht, Erster Band, Verfassungsgerichtsbarkeit – Verfassungsprozeß, Tübingen 2001, S. 533–561 [zitiert: *Bryde,* in: 50 Jahre BVerfG I]

Bull, Hans Peter, Tatsachenfeststellungen und Prognosen im verfassungsgerichtlichen Verfahren, in: Ewer, Wolfgang/Ramsauer, Ulrich/Reese, Moritz/Rubel, Rüdiger (Hrsg.), Methodik – Ordnung – Umwelt, Festschrift für Hans-Joachim Koch aus Anlass seines siebzigsten Geburtstags, Berlin 2014, S. 29–55 [zitiert: *Bull,* in: FS Koch]

Bumiller, Ursula/*Harders,* Dirk/*Schwamb,* Werner, FamFG, Gesetz über das Verfahren in Familiensachen und in den Angelegenheiten der freiwilligen Gerichtsbarkeit, 11. Auflage, München 2015 [zitiert: *Bumiller/Harders/Schwamb,* FamFG]

Bundesverfassungsgericht, Denkschrift des Bundesverfassungsgerichts vom 27. Juni 1952: Die Stellung des Bundesverfassungsgerichts, in: Leibholz, Gerhard (Hrsg.), Jahrbuch des öffentlichen Rechts der Gegenwart, Band 6, Tübingen 1957, S. 144–148 [zitiert: *Bundesverfassungsgericht,* in: JöR 1957]

Burkiczak, Christian, Klage- und Antragsbegründung im sozialgerichtlichen Verfahren, NZS 2011, S. 326–330

Burkiczak, Christian/*Dollinger,* Franz-Wilhelm/*Schorkopf,* Frank (Hrsg.), Bundesverfassungsgerichtsgesetz, Heidelberg 2015 [zitiert: *Bearbeiter,* in: B/D/S]

Campbell, Bert, Tucholsky-Zitat „Soldaten sind Mörder", NStZ 1995, S. 328–329

Cornils, Matthias, Zur Rücknahme der Verfassungsbeschwerde – Verfassungsprozessuale Anmerkungen zum Rechtschreibreform-Urteil, NJW 1998, S. 3624–3626

Dammann, Jens, Materielles Recht und Beweisrecht im System der Grundfreiheiten, Tübingen 2007 [zitiert: *Dammann,* Grundfreiheiten]

Davis, Kenneth Culp, An Approach to Problems of Evidence in the Administrative Process, Harvard Law Review 1942, S. 354–425

Detterbeck, Steffen, Streitgegenstand und Entscheidungswirkungen im Öffentlichen Recht, Grundlagen des Verfahrens vor den allgemeinen Verwaltungsgerichten und vor dem Bundesverfassungsgericht, Tübingen 1995 [zitiert: *Detterbeck,* Streitgegenstand]

Diakonis, Antonios, Grundfragen der Beweiserhebung von Amts wegen im Zivilprozess, Zugleich ein Beitrag zur Auslegung der §§ 142 ff. und 448 ZPO, Tübingen 2014 [zitiert: *Diakonis,* Beweiserhebung]

Diederichsen, Uwe, Das Bundesverfassungsgericht als oberstes Zivilgericht. Ein Lehrstück der juristischen Methodenlehre, AcP 1999, S. 171–260

Dreier, Horst (Hrsg.), Grundgesetz, Kommentar, Band III, Art. 83–146, 3. Auflage, Tübingen 2018 [zitiert: *Bearbeiter,* in: Dreier, GG]

Dürig, Julia, Beweismaß und Beweislast im Asylrecht, München 1990 [zitiert: *Dürig,* Beweismaß]

Eisenberg, Ulrich, Beweisrecht der StPO, Spezialkommentar, 10. Auflage, München 2017 [zitiert: *Eisenberg,* Beweisrecht]

Engelmann, Klaus, Prozeßgrundsätze im Verfassungsprozeßrecht, Zugleich ein Beitrag zum materiellen Verständnis des Verfassungsprozeßrechts, Berlin 1977 [*Engelmann,* Prozeßgrundsätze]

Engisch, Karl, Logische Studien zur Gesetzesanwendung, 2. Auflage, Heidelberg 1960 [zitiert: *Engisch,* Studien[2]]

Engisch, Karl, Logische Studien zur Gesetzesanwendung, 3. Auflage, Heidelberg 1963 [zitiert: *Engisch,* Studien[3]]

Eschelbach, Ralf/*Gieg,* Georg/*Schulz,* Hansjürgen, Begründungsanforderungen an die Urteilsverfassungsbeschwerde in Strafsachen, NStZ 2000, S. 565–574

Eyermann, Erich/*Fröhler,* Ludwig (Begr.), Verwaltungsgerichtsordnung, Kommentar, 15. Auflage, München 2019 [zitiert: *Bearbeiter,* in: Eyermann, VwGO]

Faller, Hans Joachim, Das Ringen um Entlastung des Bundesverfassungsgerichts, in: Klein, Eckart (Hrsg.), Grundrechte, soziale Ordnung und Verfassungsgerichtsbarkeit, Festschrift für Ernst Benda zum 70. Geburtstag, Heidelberg 1995, S. 43–66 [zitiert: *Faller,* in: FS Benda]

Fischer, Thomas, Strafgesetzbuch mit Nebengesetzen, 66. Auflage, München 2019 [zitiert: *Fischer,* StGB]

Frau, Robert, Nochmals zum Rechtsschutz für Kleinstparteien: Nichtanerkennungsbeschwerden bei der Bundestagswahl 2017, DÖV 2018, S. 152–157

Gärditz, Klaus Ferdinand, Funktionswandel der Verwaltungsgerichtsbarkeit unter dem Einfluss des Unionsrechts – Umfang des Verwaltungsrechtsschutzes auf dem Prüfstand, Gutachten D, in: Ständige Deputation des Deutschen Juristentages (Hrsg.), Verhandlungen des 71. Deutschen Juristentages, Essen 2016, Band I: Gutachten, München 2016, S. D 1–104 [zitiert: *Gärditz,* in: DJT 2016, Bd. I]

Gärditz, Klaus Ferdinand, Gerichtliche Feststellung genereller Tatsachen (legislative facts) im Öffentlichen Recht, in: Paeffgen, Hans-Ullrich/Böse, Martin/Kindhäuser, Urs/Stübinger, Stephan/Verrel, Torsten/Zaczyk, Rainer (Hrsg.), Strafrechtswissenschaft als Analyse und Konstruktion – Festschrift für Ingeborg Puppe zum 70. Geburtstag, Berlin 2011, S. 1557–1578 [zitiert: *Gärditz,* in: FS Puppe]

Gärditz, Klaus Ferdinand, Verwaltungsgerichtsordnung (VwGO) mit Nebengesetzen, Kommentar, 2. Auflage, Köln 2018 [zitiert: *Bearbeiter,* in: Gärditz, VwGO]

Geiger, Willi, Einige Besonderheiten im verfassungsgerichtlichen Prozeß, Heidelberg 1981 [zitiert: *Geiger,* Besonderheiten]

Geiger, Willi, Gesetz über das Bundesverfassungsgericht vom 12. März 1951, Kommentar, Berlin 1952 [zitiert: *Geiger,* BVerfGG]

Geimer, Reinhold, Internationales Zivilprozessrecht, 8. Auflage, Köln 2020 [zitiert: *Geimer,* Zivilprozessrecht]

Gercke, Björn/*Julius,* Karl-Peter/*Temming,* Dieter/*Zöller,* Mark (Hrsg.), Strafprozessordnung, 6. Auflage 2019 [zitiert: *Bearbeiter,* in: Gercke u. a., StPO]

Germelmann, Claas-Hinrich/*Matthes,* Hans-Christoph/*Prütting,* Hanns (Begr.), Arbeitsgerichtsgesetz, Kommentar, 9. Auflage, München 2017 [zitiert: *Bearbeiter,* in: Germelmann u. a., ArbGG]

Glaser, Andreas, Die Europäisierung des Risikoverwaltungsrechts am Beispiel des Beweisrechts, in: Scharrer, Jörg/Dalibor, Marcel/Rodi, Katja/Fröhlich, Katja/Schächterle, Paul (Hrsg.), Risiko im Recht – Recht im Risiko, 50. Assistententagung Öffentliches Recht, Greifswald 2010, S. 61–84 [zitiert: *Glaser,* in: Risiko]

Gottwald, Peter, Revisionsinstanz als Tatsacheninstanz, Berlin 1975 [zitiert: *Gottwald,* Revisionsinstanz]

Grabitz, Eberhard, Der Grundsatz der Verhältnismäßigkeit in der Rechtsprechung des Bundesverfassungsgerichts, AöR 98 (1973), S. 568–616

Gräber, Fritz (Begr.), Finanzgerichtsordnung mit Nebengesetzen, Kommentar, 9. Auflage, München 2019 [zitiert: *Bearbeiter,* in: Gräber, FGO]

Graf, Jürgen-Peter (Hrsg.), Beck'scher Online-Kommentar StPO mit RiStBV und MiStra, 32. Edition, Stand: Januar 2019 [zitiert: *Bearbeiter,* in: Graf, StPO]

Gruber, Joachim, Die Anwendung ausländischen Rechts durch deutsche Gerichte, ZRP 1992, S. 6–8

Grunsky, Wolfgang, Grundlagen des Verfahrensrechts, Eine vergleichende Darstellung von ZPO, FGG, VwGO, FGO, SGG, 2. Auflage, Bielefeld 1974 [zitiert: *Grunsky,* Verfahrensrecht]

Grupp, Klaus, Rechtsfragen der abschließenden Überprüfung prognostischer Entscheidungen bei der kommunalen Gebietsreform, in: Burmeister, Joachim (Hrsg.), Verfassungsstaatlichkeit, Festschrift für Klaus Stern zum 65. Geburtstag, München 1997, S. 1099–1115 [zitiert: *Grupp,* in: FS Stern]

Gusy, Christoph, Die Verfassungsbeschwerde, in: Badura, Peter/Dreier, Horst (Hrsg.), Festschrift 50 Jahre Bundesverfassungsgericht, Erster Band, Verfassungsgerichtsbarkeit – Verfassungsprozeß, Tübingen 2001, S. 641–671 [zitiert: *Gusy,* in: 50 Jahre BVerfG I]

Gusy, Christoph, Parlamentarischer Gesetzgeber und Bundesverfassungsgericht, Berlin 1985 [zitiert: *Gusy,* Gesetzgeber]

Haberzettl, Kai, Die Tatsachenfeststellung in Verfahren vor dem BVerfG, NVwZ-Extra 2015, S. 1–8

Häberle, Peter, Das Bundesverfassungsgericht als Muster einer selbständigen Verfassungsgerichtsbarkeit, in: Badura, Peter/Dreier, Horst (Hrsg.), Festschrift 50 Jahre Bundesverfassungsgericht, Erster Band, Verfassungsgerichtsbarkeit – Verfassungsprozeß, Tübingen 2001, S. 311–331 [zitiert: *Häberle,* in: 50 Jahre BVerfG I]

Häberle, Peter, Die Eigenständigkeit des Verfassungsprozeßrechts: Zum Beschluss des BVerfG vom 29. Mai 1973 – 2 BvQ 1/73, JZ 1973, S. 451–455

Häberle, Peter, Diskussionsbeitrag, VVDStRL 34 (1975), S. 136 [zitiert: *Häberle,* in: VVDStRL 1975]

Hahne, Meo-Micaela/*Schlögel,* Jürgen/*Schlünder,* Rolf (Hrsg.), Beck'scher Online-Kommentar FamFG, 33. Edition, Stand: Januar 2020 [zitiert: *Bearbeiter,* in: Hahne u. a., FamFG]

Hamm, Rainer, Die Revision in Strafsachen, 7. Auflage, Berlin 2010 [zitiert: *Hamm,* Revision]

Hebeler, Timo, Ist der Gesetzgeber verfassungsrechtlich verpflichtet, Gesetze zu begründen?, DÖV 2010, S. 754–762

Hecker, Wolfgang, Verweigerung der Stadthallennutzung gegenüber der NPD, NVwZ 2018, S. 787–791

Helmes, Sebastian, Anmerkung zu BVerfG, Beschl. v. 23.10.2018 – 1 BvR 2523/13, 1 BvR 595/14, NVwZ 2019, S. 56–57

Henschel, Johann Friedrich, Zulässigkeit und Darlegungslast im Verfahren der Verfassungsbeschwerde, in: Brandt, Willy/Gollwitzer, Helmut/Henschel, Johann Friedrich (Hrsg.), Ein Richter, ein Bürger, ein Christ, Festschrift für Helmut Simon, Baden-Baden 1987, S. 95–102 [zitiert: *Henschel,* in: FS Simon]

Henssler, Martin/*Willemsen,* Heinz Josef/*Kalb,* Heinz-Jürgen (Hrsg.), Arbeitsrecht Kommentar, 8. Auflage, Köln 2018 [zitiert: *Bearbeiter,* in: Henssler u. a., Arbeitsrecht]

Herdegen, Gerhard, „Soldaten sind Mörder", NJW 1994, S. 2933–2934

Hergenröder, Curt Wolfgang, Zivilprozessuale Grundlagen richterlicher Rechtsfortbildung, Tübingen 1995 [zitiert: *Hergenröder,* Rechtsfortbildung]

Heun, Werner, Normenkontrolle, in: Badura, Peter/Dreier, Horst (Hrsg.), Festschrift 50 Jahre Bundesverfassungsgericht, Erster Band, Tübingen 2001, Verfassungsgerichtsbarkeit – Verfassungsprozeß, S. 615–639 [zitiert: *Heun,* in: 50 Jahre BVerfG I]

Hilgendorf, Eric, Tatsachenaussagen und Werturteile im Strafrecht entwickelt am Beispiel des Betrugs und der Beleidigung, Berlin 1998 [zitiert: *Hilgendorf,* Tatsachenaussagen]

Hillgruber, Christian/*Goos,* Christoph, Verfassungsprozessrecht, 4. Auflage, Heidelberg 2015 [zitiert: *Hillgruber/Goos*]

Hippeli, Michael, Grundrechtsschutz von Büros internationaler Kanzleien in Deutschland, Anmerkung zu BVerfG, Nichtannahmebeschluss vom 27. Juni 2018 – 2 BvR 1287/17, jurisPR-HaGesR 9/2018, Anm. 1

Hölscheidt, Sven, Europa 1992 – Die Organe der Europäischen Gemeinschaften, Teil 2, JA 1990, S. 253–259

Hömig, Dieter/*Wolff,* Heinrich Amadeus (Hrsg.), Grundgesetz für die Bundesrepublik Deutschland, Handkommentar, 12. Auflage, Baden-Baden 2018 [zitiert: *Bearbeiter,* in: Hömig/Wolff, GG]

Hoffmann-Riem, Wolfgang/*Schmidt-Aßmann,* Eberhard/*Voßkuhle,* Andreas (Hrsg.), Grundlagen des Verwaltungsrechts, Band III: Personal, Finanzen, Kontrolle, Sanktionen, Staatliche Einstandspflichten, 2. Auflage, München 2013 [zitiert: *Bearbeiter,* in: GVwR]

Holterhus, Till Patrik, Beweisführung in der Europäischen Fusionskontrolle, Regelungserfordernis und Regelungsbestand im Spannungsfeld von Wahrheit und Wahrscheinlichkeit, Tübingen 2014 [zitiert: *Holterhus,* Beweisführung]

Hoppe, Werner, Gerichtliche Kontrolldichte bei komplexen Verwaltungsentscheidungen – Ein Beitrag zu „zieldiktierten" Planungs- und komplexen Prognoseentscheidungen, in: Bachof, Otto/Heigl, Ludwig/Redeker, Konrad (Hrsg.), Verwaltungsrecht zwischen Freiheit, Teilhabe und Bindung, Festgabe aus Anlaß des 25jährigen Bestehens des Bundesverwaltungsgerichts, München 1978, S. 295–312 [zitiert: *Hoppe,* in: 25 J. BVerwG]

Isensee, Josef/*Kirchhof,* Paul (Hrsg.), Handbuch des Staatsrechts der Bundesrepublik Deutschland, Band III, Demokratie – Bundesorgane, 3. Auflage, Heidelberg 2005 [zitiert: *Bearbeiter,* in: HStR, Bd. III]

Isensee, Josef/*Kirchhof,* Paul (Hrsg.), Handbuch des Staatsrechts der Bundesrepublik Deutschland, Band V, Rechtsquellen, Organisation, Finanzen, 3. Auflage, Heidelberg 2007 [zitiert: *Bearbeiter,* in: HStR, Bd. V]

Isensee, Josef/*Kirchhof,* Paul (Hrsg.), Handbuch des Staatsrechts der Bundesrepublik Deutschland, Band VIII, Grundrechte: Wirtschaft, Verfahren, Gleichheit, 3. Auflage, Heidelberg 2010 [zitiert: *Bearbeiter,* in: HStR, Bd. VIII]

Isensee, Josef/*Kirchhof,* Paul (Hrsg.), Handbuch des Staatsrechts der Bundesrepublik Deutschland, Band IX, Allgemeine Grundrechtslehren, 3. Auflage, Heidelberg 2011 [zitiert: *Bearbeiter,* in: HStR, Bd. IX]

Isensee, Josef/*Kirchhof,* Paul (Hrsg.), Handbuch des Staatsrechts der Bundesrepublik Deutschland, Band XII, Normativität und Schutz der Verfassung, 3. Auflage, Heidelberg 2014 [zitiert: *Bearbeiter,* in: HStR, Bd. XII]

Jacob, Thomas/*Lau*, Marcus, Beurteilungsspielraum und Einschätzungsprärogative, Zulässigkeit und Grenzen administrativer Letztentscheidungsmacht am Beispiel des Naturschutz- und Wasserrechts, NVwZ 2015, S. 241–248

Jäckel, Holger, Das Beweisrecht der ZPO, Ein Praxishandbuch für Richter und Rechtsanwälte, 2. Auflage, Stuttgart 2014 [zitiert: *Jäckel*, Beweisrecht]

Janz, Norbert/*Rademacher*, Sonja, Die Last der Begründung – Nachschieben von Gründen und Untersuchungsgrundsatz im Verfassungsprozess, NVwZ 2004, S. 186–187

Jarass, Hans/*Pieroth*, Bodo (Hrsg.), Grundgesetz für die Bundesrepublik Deutschland, Kommentar, 15. Auflage, München 2018 [zitiert: *Bearbeiter*, in: Jarass/Pieroth]

Jestaedt, Matthias, Phänomen Bundesverfassungsgericht – Was das Gericht zu dem macht, was es ist, in: Jestaedt, Matthias/Lepsius, Oliver/Möllers, Christoph/Schönberger, Christoph (Hrsg.), Das entgrenzte Gericht: Eine kritische Bilanz nach sechzig Jahren Bundesverfassungsgericht, Berlin 2011, S. 77–157 [zitiert: *Jestaedt*, in: Entgrenztes Gericht]

Jestaedt, Matthias, Verfassungsrecht und einfaches Recht – Verfassungsgerichtsbarkeit und Fachgerichtsbarkeit, DVBl. 2001, S. 1309–1322

Joecks, Wolfgang/*Miebach*, Klaus (Hrsg.), Münchner Kommentar zum Strafgesetzbuch, Band 4, §§ 185–262, 3. Auflage, München 2017 [zitiert: *Bearbeiter*, in: MüKo-StGB]

Kahl, Wolfgang, Die Konkretisierung verwaltungsrechtlicher Sittlichkeitsklauseln – Zugleich ein Beitrag zur Bedeutung der Demoskopie für die Rechtsanwendung –, VerwArch 2008, S. 451–480

Kahl, Wolfgang, Droht die Entmachtung der Verwaltungsgerichtsbarkeit durch die Zivilgerichte?, Tübingen 2016 [zitiert: *Kahl*, Entmachtung]

Kahl, Wolfgang, Hochschulräte – Demokratieprinzip – Selbstverwaltung, Unter besonderer Berücksichtigung des Aufsichtsratsmodells in Baden-Württemberg, AöR 130 (2005), S. 225–262

Kenntner, Markus, Das BVerfG als subsidiärer Superrevisor?, NJW 2005, S. 785–789

Kiesel, Manfred, Die Liquidierung des Ehrenschutzes durch das BVerfG, NVwZ 1992, S. 1129–1137

Kirchhof, Paul, Verfassungsverständnis, Rechtsprechungsaufgabe und Entlastung des Bundesverfassungsgerichts, in: Bogs, Harald (Hrsg.), Urteilsverfassungsbeschwerde zum Bundesverfassungsgericht, Ein Grundrechts-Colloquium, Baden-Baden 1999, S. 71–80 [zitiert: *Kirchhof*, in: Urteilsverfassungsbeschwerde]

Klatt, Matthias/*Schmidt*, Johannes, Spielräume im Öffentlichen Recht, zur Abwägungslehre der Prinzipientheorie, Tübingen 2010 [zitiert: *Klatt/Schmidt*, Spielräume]

Klein, Eckart, Verfahrensgestaltung durch Gesetz und Richterspruch: Das „Prozeßrecht" des Bundesverfassungsgerichts, in: Badura, Peter/Dreier, Horst (Hrsg.), Festschrift 50 Jahre Bundesverfassungsgericht, Erster Band, Verfassungsgerichtsbarkeit – Verfassungsprozeß, Tübingen 2001, S. 507–531 [zitiert: *E. Klein*, in: 50 Jahre BVerfG I]

Klein, Eckart, Verfassungsprozeßrecht – Versuch einer Systematik an Hand der Rechtsprechung des Bundesverfassungsgerichts, Teil 1, AöR 108 (1983), S. 410–444

Klein, Eckart, Verfassungsprozeßrecht – Versuch einer Systematik an Hand der Rechtsprechung des Bundesverfassungsgerichts, Teil 2, AöR 108 (1983), S. 561–624

Klein, Hans, Bundesverfassungsgericht und Staatsraison, Frankfurt a. M. 1968 [zitiert: *H. Klein,* Staatsraison]

Klein, Pascal, Rechtsschutz gegen die Nichtanerkennung als Partei bei Bundestagswahlen, DÖV 2013, S. 584–594

Kley, Dieter, Zur Bindung des Bundesverfassungsgerichts an die tatsächlichen Feststellungen des Fachgerichts bei der Entscheidung über die Urteilsverfassungsbeschwerde, VerwArch 2016, S. 359–379

Kluth, Winfried, Beweiserhebung und Beweiswürdigung durch das Bundesverfassungsgericht, NJW 1999, S. 3513–3519

Knies, Wolfgang, Auf dem Weg in den „verfassungsgerichtlichen Jurisdiktionsstaat"? Das Bundesverfassungsgericht und die gewaltenteilende Kompetenzordnung des Grundgesetzes, in: Burmeister, Joachim (Hrsg.), Verfassungsstaatlichkeit, Festschrift für Klaus Stern zum 65. Geburtstag, München 1997, S. 1155–1182 [zitiert: *Knies,* in: FS Stern]

Koch, Hans-Joachim/*Rüßmann,* Helmut, Juristische Begründungslehre, Eine Einführung in Grundprobleme der Rechtswissenschaft, München 1982 [zitiert: *Koch/Rüßmann,* Begründungslehre]

Koehl, Felix, Die Sachverhaltsfeststellung im Verwaltungsprozess, JA 2017, S. 541–546

Kokott, Juliane, Beweislastverteilung und Prognoseentscheidungen bei der Inanspruchnahme von Grund- und Menschenrechten, Berlin 1993 [zitiert: *Kokott,* Beweislast]

Kopp, Ferdinand/*Schenke,* Wolf-Rüdiger (Hrsg.), Verwaltungsprozessordnung, Kommentar, 25. Auflage, München 2019 [zitiert: *Bearbeiter,* in: Kopp/Schenke, VwGO]

Korinek, Karl, Die Tatsachenermittlung im verfassungsgerichtlichen Verfahren, in: Stern, Klaus (Hrsg.), 40 Jahre Grundgesetz, Entstehung, Bewährung und internationale Ausstrahlung, München 1990, S. 107–117 [zitiert: *Korinek,* in: 40 J. GG]

Korioth, Stefan, Bundesverfassungsgericht und Rechtsprechung („Fachgerichte"), in: Badura, Peter/Dreier, Horst (Hrsg.), Festschrift 50 Jahre Bundesverfassungsgericht, Erster Band, Verfassungsgerichtsbarkeit – Verfassungsprozeß, Tübingen 2001, S. 55–81 [zitiert: *Korioth,* in: 50 Jahre BVerfG I]

Kothe, Peter/*Redeker,* Martin, Beweisantrag und Amtsermittlung im Verwaltungsprozess, Ein Leitfaden für die Praxis, Stuttgart 2012 [zitiert: *Kothe/Redeker,* Beweisantrag]

Kranenpohl, Uwe, Die Bedeutung von Interpretationsmethoden und Dogmatik in der Entscheidungspraxis des Bundesverfassungsgerichts, Der Staat 48 (2009), S. 387–409

Kranenpohl, Uwe, Hinter dem Schleier des Beratungsgeheimnisses, Der Willensbildungs- und Entscheidungsprozess des Bundesverfassungsgerichts, Wiesbaden 2010 [zitiert: *Kranenpohl,* Schleier]

Kreuder, Thomas, Praxisfragen zur Zulässigkeit der Verfassungsbeschwerde, NJW 2001, S. 1243–1248

Kudlich, Hans (Hrsg.), Münchner Kommentar zur Strafprozessordnung, Band 1, §§ 1–150 StPO, München 2014 [zitiert: *Bearbeiter,* in: MüKo-StPO]

Kunert, Karl, Anmerkung zu OLG Karlsruhe, Beschluss vom 17.01.1996 – 1 Ws 107/ 95, NStZ 1996, S. 283–284

Lackner, Karl/*Kühl,* Kristian, Strafgesetzbuch, Kommentar, 29. Auflage, München 2018 [zitiert: *Lackner/Kühl,* StGB]

Lames, Peter, Rechtsfortbildung als Prozeßzweck, Zur Dogmatik des Zivilverfahrensrechts, Tübingen 1993 [zitiert: *Lames,* Rechtsfortbildung]

Lamprecht, Rolf, Karlsruher Lotterie, NJW 2000, S. 3543–3545

Lange, Pia, Darlegungs- und Substantiierungspflichten im Verfassungsbeschwerdeverfahren, Baden-Baden 2012 [*Lange,* Substantiierungspflichten]

Larenz, Karl, Methodenlehre der Rechtswissenschaft, 6. Auflage, Berlin 1991 [zitiert: *Larenz,* Methodenlehre]

Larenz, Karl/*Canaris,* Claus-Wilhelm, Methodenlehre der Rechtswissenschaft, 3. Auflage, Berlin 1995 [zitiert: *Larenz/Canaris,* Methodenlehre]

Lechner, Hans/*Zuck,* Rüdiger, Bundesverfassungsgerichtsgesetz, Kommentar, 8. Auflage München 2019 [zitiert: *Lechner/Zuck*]

Leibholz, Gerhard, Bericht des Berichterstatters vom 21. März 1952 an das Plenum des Bundesverfassungsgerichts zur „Status"-Frage, in: ders. (Hrsg.), Jahrbuch des öffentlichen Rechts der Gegenwart, Band 6, Tübingen 1957, S. 120–137 [zitiert: *Leibholz,* in: JöR 1957]

Leibholz, Gerhard, Demokratie und Rechtsstaat, Bad Gandersheim 1957 [zitiert: *Leibholz,* Demokratie]

Leibholz, Gerhard/*Rupprecht,* Reinhard, Bundesverfassungsgerichtsgesetz, Kommentar, Nachtrag, Köln 1971 [zitiert: *Leibholz/Rupprecht,* Nachtrag]

Leibholz, Gerhard/*Rupprecht,* Reinhard, Bundesverfassungsgerichtsgesetz, Rechtsprechungskommentar, Köln 1968 [zitiert: *Leibholz/Rupprecht,* BVerfGG]

Lenz, Christofer/*Hansel,* Ronald, Bundesverfassungsgerichtsgesetz, Handkommentar, 2. Auflage, Baden-Baden 2015 [zitiert: *Lenz/Hansel*]

Lepsius, Oliver, Die maßstabsetzende Gewalt, in: Jestaedt, Matthias/Lepsius, Oliver/ Möllers, Christoph/Schönberger, Christoph (Hrsg.), Das entgrenzte Gericht: Eine kritische Bilanz nach sechzig Jahren Bundesverfassungsgericht, Berlin 2011, S. 159–279 [zitiert: *Lepsius,* in: Entgrenztes Gericht]

Lepsius, Oliver, Sozialwissenschaften im Verfassungsrecht – Amerika als Vorbild?, JZ 2005, S. 1–13

Lerche, Peter, Stil und Methode der verfassungsrechtlichen Entscheidungspraxis, in: Badura, Peter/Dreier, Horst (Hrsg.), Festschrift 50 Jahre Bundesverfassungsgericht, Erster Band, Verfassungsgerichtsbarkeit – Verfassungsprozeß, Tübingen 2001, S. 333–361 [zitiert: *Lerche,* in: 50 Jahre BVerfG I]

Mahrenholz, Ernst-Gottfried, Das richterliche Sondervotum, in: Hoppe, Werner/Krawietz, Werner/Schulte, Martin (Hrsg.), Rechtsprechungslehre, Zweites Internationales Symposium, Münster 1988, Köln 1992, S. 167–171 [zitiert: *Mahrenholz,* in: Lehre]

Mangoldt, Hermann von/*Klein,* Friedrich/*Starck,* Christian (Hrsg.), Grundgesetz, Kommentar, 7. Auflage, München 2018 [zitiert: *Bearbeiter,* in: v. Mangoldt/Klein/Starck, GG]

Mann, Thomas/*Sennekamp,* Christoph/*Uechtritz,* Michael (Hrsg.), Verwaltungsverfahrensgesetz, Großkommentar, 2. Auflage, Baden-Baden 2019 [zitiert: *Bearbeiter,* in: Mann/Sennekamp/Uechtritz, VwVfG]

Maunz, Theodor/*Dürig,* Günter (Begr.), Grundgesetz, Kommentar, Stand: 88. Ergänzungslieferung, August 2019 [zitiert: *Bearbeiter,* in: Maunz/Dürig, GG]

Maunz, Theodor (Begr.)/*Schmidt-Bleibtreu,* Bruno/*Klein,* Franz/*Bethge,* Herbert, Bundesverfassungsgerichtsgesetz, Kommentar, Stand: 57. Ergänzungslieferung, Juni 2019 [zitiert: *Bearbeiter,* in: Maunz u. a.]

Maurer, Hartmut, Staatsrecht I, Grundlagen, Verfassungsorgane, Staatsfunktionen, 5. Auflage, München 2007 [zitiert: *Maurer,* Staatsrecht]

Merten, Detlef, „Gute" Gesetzgebung als Verfassungspflicht oder Verfahrenslast?, DÖV 2015, S. 349–360

Merten, Detlef/*Papier,* Hans-Jürgen (Hrsg.), Handbuch der Grundrechte in Deutschland und Europa, Band III, Grundrechte in Deutschland: Allgemeine Lehren II, 2009 [zitiert: *Bearbeiter,* in: Handbuch Grundrechte, Bd. III]

Merten, Detlef/*Papier,* Hans-Jürgen (Hrsg.), Handbuch der Grundrechte in Deutschland und Europa, Band V, Grundrechte in Deutschland: Einzelgrundrechte II, 2013 [zitiert: *Bearbeiter,* in: Handbuch Grundrechte, Bd. V]

Meßerschmidt, Klaus, Gesetzgebungsermessen, Berlin 2000 [zitiert: *Meßerschmidt,* Ermessen]

Meyer-Goßner, Lutz/*Schmitt,* Bertram, Strafprozessordnung, Gerichtsverfassungsgesetz, Nebengesetze und ergänzende Bestimmungen, 62. Auflage, München 2019 [zitiert: *Bearbeiter,* in: Meyer-Goßner/Schmitt, StPO]

Meyer-Ladewig, Jens/*Nettesheim,* Martin/*von Raumer,* Stefan (Hrsg.), EMRK, Europäische Menschenrechtskonvention, Handkommentar, 4. Auflage, Baden-Baden 2017 [zitiert: *Bearbeiter,* in: HK-EMRK]

Möllers, Christoph, Legalität, Legitimität und Legitimation des Bundesverfassungsgerichts, in: Jestaedt, Matthias/Lepsius, Oliver/Möllers, Christoph/Schönberger, Christoph (Hrsg.), Das entgrenzte Gericht: Eine kritische Bilanz nach sechzig Jahren Bundesverfassungsgericht, Berlin 2011, S. 281–422 [zitiert: *Möllers,* in: Entgrenztes Gericht]

Morlok, Martin/*Bäcker,* Alexandra, Zugang verweigert: Fehler und fehlender Rechtsschutz im Wahlzulassungsverfahren, NVwZ 2011, S. 1153–1159

Muckel, Stefan, Begrenzung gerichtlicher Kontrolle durch den Erkenntnisstand der Fachwissenschaft, JA 2019, S. 156–159

Müller, Friedrich, Normstruktur und Normativität, Zum Verhältnis von Recht und Wirklichkeit in der juristischen Hermeneutik, entwickelt an Fragen der Verfassungsinterpretation, Berlin 1966 [zitiert: *Müller,* Normstruktur]

Müller, Friedrich/*Christensen,* Ralph, Juristische Methodik, Band I: Grundlegung für die Arbeitsmethoden der Rechtspraxis, 11. Auflage, Berlin 2013 [zitiert: *Müller/ Christensen,* Methodik I]

Müller, Henning, Der Amtsermittlungsgrundsatz in der öffentlich-rechtlichen Gerichtsbarkeit, JuS 2014, S. 324–328

Münch, Ingo von/*Kunig,* Philip (Hrsg.), Grundgesetz, Kommentar, 6. Auflage, München 2012 [zitiert: *Bearbeiter,* in: v. Münch/Kunig, GG]

Mummenhoff, Winfried, Erfahrungssätze im Beweis der Kausalität, Köln 1997 [zitiert: *Mummenhoff,* Erfahrungssätze]

Musielak, Hans-Joachim/*Voit,* Wolfgang (Hrsg.), Zivilprozessordnung mit Gerichtsverfassungsgesetz, Kommentar, 16. Auflage, München 2019 [zitiert: *Bearbeiter,* in: Musielak/Voit, ZPO]

Nagel, Peter, Problemaffinität und Problemvergessenheit – Eine Betrachtung zur Beobachtungspflicht des Gesetzgebers –, DÖV 2010, S. 268–275

Neutz, Wolfgang, Verfassungsprozessrecht – Untersuchung zur These von seiner Eigenständigkeit –, Mainz 1990 [zitiert: *Neutz,* Verfassungsprozessrecht]

Nierhaus, Michael, Beweismaß und Beweislast: Untersuchungsgrundsatz und Beteiligtenmitwirkung im Verwaltungsprozeß, München 1989 [zitiert: *Nierhaus,* Beweismaß]

Nolte, Jakob, Die Eigenart des verwaltungsgerichtlichen Rechtsschutzes, Grund und Grenzen der Anwendung des Zivilprozessrechts im Verwaltungsprozess, Tübingen 2015 [zitiert: *Nolte,* Eigenart]

Nußbaum, Arthur, Die Rechtstatsachenforschung, Programmschriften und praktische Beispiele, Berlin 1968 [zitiert; *Nußbaum,* Rechtstatsachenforschung]

Ohletz, Hilmar, Beweisrecht im Steuerverwaltungsverfahren unter besonderer Berücksichtigung des Beweisantrags, Berlin 2006 [zitiert: *Ohletz,* Beweisrecht]

Ossenbühl, Fritz, Die Kontrolle von Tatsachenfeststellungen und Prognoseentscheidungen durch das Bundesverfassungsgericht, in: Starck, Christian (Hrsg.), Bundesverfassungsgericht und Grundgesetz, Festgabe aus Anlass des 25jährigen Bestehens des Bundesverfassungsgerichts, Erster Band, Tübingen 1976, S. 458–518 [zitiert: *Ossenbühl,* in: 25 J. BVerfG I]

Pache, Eckhard, Tatbestandliche Abwägung und Beurteilungsspielraum, Zur Einheitlichkeit administrativer Entscheidungsfreiräume und zu deren Konsequenzen im verwaltungsgerichtlichen Verfahren – Versuch einer Modernisierung, Tübingen 2001 [zitiert: *Pache,* Abwägung]

Peters, Karl, Strafprozeß, Ein Lehrbuch, Heidelberg 1985 [zitiert: *Peters,* Strafprozeß]

Peters, Karl, Zentralismus im Strafverfahren?, JZ 1954, S. 182–184

Petersen, Niels, Verhältnismäßigkeit als Rationalitätskontrolle, Eine rechtsempirische Studie verfassungsrechtlicher Rechtsprechung zu den Freiheitsgrundrechten, Tübingen 2015 [zitiert: *Petersen,* Verhältnismäßigkeit]

Pfeiffer, Thomas, Methoden der Ermittlung ausländischen Rechts, in: Stürner, Rolf/Matsumoto, Hiroyuki/Lüke, Wolfgang/Deguchi, Masahisa (Hrsg.), Festschrift für Dieter Leipold zum 70. Geburtstag, Tübingen 2009 [zitiert: *Pfeiffer,* in: FS Leipold]

Philippi, Klaus Jürgen, Tatsachenfeststellungen des Bundesverfassungsgerichts, Ein Beitrag zur rational-empirischen Fundierung verfassungsgerichtlicher Entscheidungen, Köln 1971 [zitiert: *Philippi,* Tatsachen]

Pietzcker, Jost, Organstreit, in: Badura, Peter/Dreier, Horst (Hrsg.), Festschrift 50 Jahre Bundesverfassungsgericht, Erster Band, Verfassungsgerichtsbarkeit – Verfassungsprozeß, Tübingen 2001, S. 587–613 [zitiert: *Pietzcker,* in: 50 Jahre BVerfG I]

Posser, Herbert/*Wolff,* Amadeus (Hrsg.), Beck'scher Online-Kommentar VwGO, 51. Edition, Stand: Oktober 2019 [zitiert: *Bearbeiter,* in: Posser/Wolff, VwGO]

Prütting, Hanns/*Gehrlein,* Markus (Hrsg.), Zivilprozessordnung, Kommentar, 11. Auflage, Köln 2019 [zitiert: *Bearbeiter,* in: Prütting/Gehrlein, ZPO]

Prütting, Hanns/*Helms,* Tobias (Hrsg.), FamFG, Kommentar mit FamGKG, 4. Auflage, Köln 2018 [zitiert: *Bearbeiter,* in: Prütting/Helms, FamFG]

Puppe, Ingeborg, „Naturgesetze" vor Gericht, Die sogenannte generelle Kausalität und ihr Beweis, dargestellt an Fällen strafrechtlicher Produkthaftung, JZ 1994, S. 1147–1151

Rauscher, Thomas (Hrsg.), Münchner Kommentar zum FamFG, Band 1, §§ 1–270, 3. Auflage, München 2018 [zitiert: *Bearbeiter,* in: MüKo-FamFG]

Rauscher, Thomas/*Krüger,* Wolfgang (Hrsg.), Münchner Kommentar zur Zivilprozessordnung mit Gerichtsverfassungsgesetz und Nebengesetzen, Band 1, §§ 1–354 ZPO, 5. Auflage, München 2016 [zitiert: *Bearbeiter,* in: MüKo-ZPO]

Redeker, Konrad, 25 Jahre Bundesverfassungsgericht, NJW 1976, S. 2111–2113

Redeker, Konrad/*von Oertzen,* Hans-Joachim (Begr.), Verwaltungsgerichtsordnung, Kommentar, 16. Auflage, Stuttgart 2014 [zitiert: *Bearbeiter,* in: Redeker/von Oertzen, VwGO]

Reinhardt, Michael, Umweltschutz ist wesentlich, Verfassungsrechtliche Anforderungen an die Standardsetzung mit unbestimmten und unbestimmbaren Rechtsbegriffen, NVwZ 2019, S. 195–198

Rennert, Klaus, Legitimation und Legitimität des Richters, JZ 2015, S. 529–580

Rennert, Klaus, Referat N, in: Ständige Deputation des Deutschen Juristentages (Hrsg.), Verhandlungen des 71. Deutschen Juristentages, Essen 2016, Band II/1: Sitzungsberichte – Referate und Beschlüsse, München 2017, S. N 127–164 [zitiert: *Rennert,* in: DJT 2016, Bd. II/1]

Rietzler, Andreas, Verfassungsmäßigkeit der naturschutzfachlichen Einschätzungsprärogative im Artenschutzrecht, Anmerkung zu BVerfG, Beschluss vom 23. Oktober 2018 – 1 BvR 2523/13 und 1 BvR 2523/13, jurisPR-UmwR 1/2019, Anm. 1

Roellecke, Gerd, Diskussionsbeitrag, VVDStRL 34 (1975), S. 125–127 und S. 136 [zitiert: *Roellecke,* in: VVDStRL 1975]

Rosenberg, Leo, Die Beweislast, 5. Auflage, München 1965 [zitiert: *Rosenberg,* Beweislast]

Rosenberg, Leo/*Schwab*, Karl Heinz/*Gottwald*, Peter, Zivilprozessrecht, 18. Auflage, München 2018 [zitiert: *Rosenberg*, Zivilprozess]

Roth, Wolfgang, Die Überprüfung fachgerichtlicher Urteile durch das Bundesverfassungsgericht und die Entscheidung über die Annahme einer Verfassungsbeschwerde, AöR 121 (1996), S. 544–577

Rühl, Ulli F. H., Tatsachen – Interpretationen – Wertungen, Grundfragen einer anwendungsorientierten Grundrechtsdogmatik der Meinungsfreiheit, Baden-Baden 1998 [zitiert: *Rühl*, Tatsachen]

Sachs, Michael (Hrsg.), Grundgesetz, Kommentar, 8. Auflage, München 2018 [zitiert: *Bearbeiter*, in: Sachs, GG]

Sachs, Michael, Verfassungsprozessrecht, 4. Auflage, Tübingen 2016 [zitiert: *Sachs*, Verfassungsprozessrecht]

Sanders, Anne/*Preisner*, Damian, Begründungspflicht des Gesetzgebers und Sachverhaltsaufklärung im Verfassungsprozess, DÖV 2015, S. 761–771

Satzger, Helmut/*Schluckebier*, Wilhelm/*Widmaier*, Gunter (Hrsg.), StPO, Strafprozessordnung, Mit GVG und EMRK, Kommentar, 4. Auflage, Köln 2020 [zitiert: *Bearbeiter*, in: Satzger u. a., StPO]

Sauer, Heiko, Besprechung: Pia Lange: Darlegungs- und Substantiierungspflichten im Verfassungsbeschwerdeverfahren. Studien und Materialien zur Verfassungsgerichtsbarkeit, AöR 138 (2013), S. 294–301

Sauer, Wilhelm, Grundlagen des Prozeßrechts, 2. Auflage, Stuttgart 1929 [zitiert: *W. Sauer*, Grundlagen]

Schaal, Gary S., Crisis! What Crisis? Der „Kruzifix-Beschluss" und seine Folgen, in: van Ooyen, Robert Christian/Möllers, Martin H. W. (Hrsg.), Handbuch Bundesverfassungsgericht im politischen System, 2. Auflage, Wiesbaden 2015, S. 261–280 [zitiert: *Schaal*, in: Ooyen/Möllers]

Schellhammer, Kurt, Zivilprozess, Gesetz – Praxis – Fälle, 15. Auflage, Heidelberg 2016 [zitiert: *Schellhammer*, Zivilprozess]

Schenk, Wolfgang, Neue Rechtsprechung zum Verwaltungsprozessrecht, NVwZ 2018, S. 1763–1767

Schenke, Wolf-Rüdiger, Die Verfassungsorgantreue, Berlin 1977 [zitiert: *Schenke*, Verfassungsorgantreue]

Schenke, Wolf-Rüdiger, Rechtsschutz bei überlanger Dauer verwaltungsgerichtlicher Verfahren, NVwZ 2012, S. 257–265

Scherzberg, Arno, Grundrechtsschutz und „Eingriffsintensität", Das Ausmaß individueller Grundrechtsbetroffenheit als materiellrechtliche und kompetenzielle Determinante der verfassungsgerichtlichen Kontrolle der Fachgerichtsbarkeit im Rahmen der Urteilsverfassungsbeschwerde, Berlin 1989 [zitiert: *Scherzberg*, Grundrechtsschutz]

Scherzberg, Arno, Wissen, Nichtwissen und Ungewissheit im Recht, in: Engel, Christoph/Halfmann, Jost/Schulte, Martin (Hrsg.), Wissen – Nichtwissen – Unsicheres Wissen, Baden-Baden 2002, S. 113–144 [zitiert: *Scherzberg*, in: Wissen]

Schick, Walter, Die Sachaufklärungspflicht des nach Art. 100 Abs. 1 Satz 1 GG vorlegenden Gerichts, NJW 1965, S. 730–733

Schlaich, Klaus/*Korioth,* Stefan, Das Bundesverfassungsgericht, Stellung, Verfahren, Entscheidungen, Ein Studienbuch, 11. Auflage, München 2018 [zitiert: *Schlaich/Korioth*]

Schlink, Bernhard, Der Grundsatz der Verhältnismäßigkeit, in: Badura, Peter/Dreier, Horst (Hrsg.), Festschrift 50 Jahre Bundesverfassungsgericht, Zweiter Band, Klärung und Fortbildung des Verfassungsrechts, Tübingen 2001, S. 445–465 [zitiert: *Schlink,* in: 50 Jahre BVerfG II]

Schmidt, Eike, Der Umgang mit Normtatsachen im Zivilprozeß, in: Broda, Christian/Deutsch, Erwin/Schreiber, Hans-Ludwig/Vogel, Hans-Jochen (Hrsg.), Festschrift für Rudolf Wassermann zum Sechzigsten Geburtstag, Darmstadt 1985, S. 807–818 [zitiert: *Schmidt,* in: FS Wassermann]

Schmidt, Thorsten Ingo, Der Anspruch auf Entschädigung wegen unangemessener Verfahrensdauer und die Verzögerungsbeschwerde, in: Breuer, Marten/Astrid Epiney/Haratsch, Andreas/Schmahl, Stefanie/Weiß, Norman (Hrsg.), Der Staat im Recht, Festschrift für Eckart Klein zum 70. Geburtstag, Berlin 2013, S. 485–506 [zitiert: *T. I. Schmidt,* in: FS Klein]

Schmidt, Thorsten Ingo, Die Geschäftsordnung der Verfassungsorgane als individuell-abstrakte Regelung des Innenrechts, AöR 128 (2003), S. 608–648

Schmidt-Bleibtreu, Bruno/*Hofmann,* Hans/*Henneke,* Hans-Günter (Hrsg.), Grundgesetz, Kommentar, 14. Auflage, Köln 2018 [zitiert: *Bearbeiter,* in: Schmidt-Bleibtreu/Hofmann/Henneke, GG]

Schneider, Gerhard, Die Heranziehung und prozeßrechtliche Behandlung sog. Rechtsfortbildungstatsachen durch die Gerichte, Köln 1993 [zitiert: *G. Schneider,* Rechtsfortbildungstatsachen]

Schneider, Hans-Peter, Die Vollstreckungskompetenz nach § 35 BVerfGG – ein Notverordnungsrecht des Bundesverfassungsgerichts?, NJW 1994, S. 2590–2594

Schneider, Hans-Peter/*Schwarz,* Kyrill-Alexander (Hrsg.), Parlamentarische Opposition zwischen Effektivität und Egalität, Dokumentation des Verfahrens über Oppositions- und Minderheitenrechte vor dem Bundesverfassungsgericht, Baden-Baden 2017 [zitiert: *Schneider/Schwarz,* Opposition]

Schoch, Friedrich, Einstweilige Anordnung, in: Badura, Peter/Dreier, Horst (Hrsg.), Festschrift 50 Jahre Bundesverfassungsgericht, Erster Band, Verfassungsgerichtsbarkeit – Verfassungsprozeß, Tübingen 2001, S. 695–723 [zitiert: *Schoch,* in: 50 Jahre BVerfG I]

Schoch, Friedrich/*Schneider,* Jens-Peter/*Bier,* Wolfgang (Hrsg.), Verwaltungsgerichtsordnung, Kommentar, München, Stand: 37. Ergänzungslieferung, Juli 2019 [zitiert: *Bearbeiter,* in: Schoch/Schneider/Bier, VwGO]

Schönberger, Christoph, Anmerkungen zu Karlsruhe, in: Jestaedt, Matthias/Lepsius, Oliver/Möllers, Christoph/Schönberger, Christoph (Hrsg.), Das entgrenzte Gericht: Eine kritische Bilanz nach sechzig Jahren Bundesverfassungsgericht, Berlin 2011, S. 9–76 [zitiert: *Schönberger,* in: Entgrenztes Gericht]

Schönke, Adolf/*Schröder*, Horst (Hrsg.), Strafgesetzbuch, Kommentar, 30. Auflage, München 2019 [zitiert: *Bearbeiter*, in: Schönke/Schröder, StGB]

Schorkopf, Frank, Die prozessuale Steuerung des Verfassungsrechtsschutzes, Zum Verhältnis von materiellem Recht und Verfassungsprozeßrecht, AöR 130 (2005), S. 465–493

Schulze-Fielitz, Helmuth, Wirkung und Befolgung verfassungsgerichtlicher Entscheidungen, in: Badura, Peter/Dreier, Horst (Hrsg.), Festschrift 50 Jahre Bundesverfassungsgericht, Erster Band, Verfassungsgerichtsbarkeit – Verfassungsprozeß, Tübingen 2001, S. 385–420 [zitiert: *Schulze-Fielitz*, in: 50 Jahre BVerfG I]

Schuppert, Gunnar Folke, Self-restraints der Rechtsprechung – Überlegungen zur Kontrolldichte in der Verfassungs- und Verwaltungsgerichtsbarkeit –, in: Hoppe, Werner/Krawietz, Werner/Schulte, Martin (Hrsg.), Rechtsprechungslehre, Zweites Internationales Symposium, Münster 1988, Köln 1992, S. 129–152 [zitiert: *Schuppert*, in: Lehre]

Schwab, Norbert/*Weth*, Stephan (Hrsg.), Arbeitsgerichtsgesetz, Kommentar, Mit Verfahren vor dem BVerfG, EuGH, Einigungsstelle und Kirchen-Arbeitsgerichtsbarkeit, 5. Auflage, Köln 2018 [zitiert: *Bearbeiter*, in: Schwab/Weth, ArbGG]

Seiter, Hugo, Beweisrechtliche Probleme der Tatsachenfeststellung bei richterlicher Rechtsfortbildung, in: Grunsky, Wolfgang/Stürner, Rolf/Walter, Gerhard/Wolf, Manfred (Hrsg.), Festschrift für Fritz Baur, Tübingen 1981, S. 573–593 [zitiert: *Seiter*, in: FS Baur]

Selmer, Peter, Bund-Länder-Streit, in: Badura, Peter/Dreier, Horst (Hrsg.), Festschrift 50 Jahre Bundesverfassungsgericht, Erster Band, Verfassungsgerichtsbarkeit – Verfassungsprozeß, Tübingen 2001, S. 563–585 [zitiert: *Selmer*, in: 50 Jahre BVerfG I]

Sodan, Helge/*Ziekow*, Jan (Hrsg.), Verwaltungsgerichtsordnung, Großkommentar, 5. Auflage, Baden-Baden 2018 [zitiert: *Bearbeiter*, in: Sodan/Ziekow, VwGO]

Sommerlad, Klaus/*Schrey*, Joachim, Die Ermittlung ausländischen Rechts im Zivilprozeß und die Folgen der Nichtermittlung, NJW 1991, S. 1377–1383

Starck, Christian, Die Bindung des Richters an Gesetz und Verfassung, VVDStRL 34 (1975), S. 43–88 [zitiert: *Starck*, in: VVDStRL 1975]

Starck, Christian, Verfassungsgerichtsbarkeit und Fachgerichte, JZ 1996, S. 1033–1042

Stecher, Heiner, Die Ursachenvermutungen des Umwelthaftungs- und des Gentechnikgesetzes im Gefüge der individualhaftungsrechtlichen Schadenszurechnung, Frankfurt a. M. 1995 [zitiert: *Stecher*, Ursachen]

Stelkens, Paul, Verwaltungsgerichtsbarkeit – Gerichtsbarkeit ohne Verwaltung?, NVwZ 1982, S. 81–84

Stelkens, Paul/*Bonk*, Heinz Joachim/*Leonhardt*, Klaus (Begr.), Verwaltungsverfahrensgesetz, Kommentar, 9. Auflage, München 2018 [zitiert: *Bearbeiter*, in: Stelkens/Bonk/Sachs, VwVfG]

Stern, Klaus, Das Bundesverfassungsgericht und die sog. konkrete Normenkontrolle nach Art. 100 Absatz 1 GG, AöR 91 (1966), S. 223–253

Stüer, Bernhard, Anmerkung zu BVerfG, Beschl. v. 23.10.2018 – 1 BvR 2523/13 – (Harzer Windmüller) und – 1 BvR 595/14 – (e.n.o. energie), DVBl. 2019, S. 47–49

Stürner, Michael, Effektivität des europäischen Kollisionsrechts und nationales Verfahrensrecht, in: Bruns, Alexander/Kern, Christoph/Münch, Joachim/Piekenbrock, Andreas/Stadler, Astrid/Tsikrikas, Dimitrios (Hrsg.), Festschrift für Rolf Stürner zum 70. Geburtstag, 2. Teilband, Internationales, Europäisches und ausländisches Recht, Tübingen 2013, S. 1071–1096 [zitiert: *M. Stürner,* in: FS R. Stürner]

Stuttmann, Hubertus A., Gesetzgeberische Gestaltungsfreiheit und verfassungsgerichtliche Kontrolle – die bundesverfassungsgerichtliche Kompetenz zur Überprüfung des einem Gesetz zugrundeliegenden Sachverhaltes am Beispiel des Erforderlichkeitsgrundsatzes, Köln 2014 [zitiert: *Stuttmann,* Gestaltungsfreiheit]

Thierfelder, Hans, Zur Tatsachenfeststellung durch das Bundesverfassungsgericht, JurA 1970, S. 879–903

Thomas, Heinz/*Putzo,* Hans (Begr.), Zivilprozessordnung, FamFG, Verfahren in Familiensachen, EGZPO, GVG, EGGVG, EU-Zivilverfahrensrecht, Kommentar, 40. Auflage, München 2019 [zitiert: *Bearbeiter,* in: Thomas/Putzo]

Tipke, Klaus/*Kruse,* Heinz Wilhelm (Begr.), Abgabenordnung – Finanzgerichtsordnung, Kommentar zur AO und FGO inkl. Steuerstrafrecht, Stand: 158. Ergänzungslieferung, Oktober 2019 [zitiert: *Bearbeiter,* in: Tipke/Kruse, AO/FGO]

Tondorf, Günter/*Tondorf,* Babette, Psychologische und psychiatrische Sachverständige im Strafverfahren, Verteidigung bei Schuldfähigkeits- und Prognosebegutachtung, 3. Auflage, Heidelberg 2011 [zitiert: *Tondorf/Tondorf,* Sachverständige]

Träger, Ernst, Zum Umfang von Prüfungsbefugnis und Prüfungspflicht des Bundesverfassungsgerichts in Verfassungsbeschwerde-Verfahren, in: Faller, Hans Joachim/Kirchhof, Paul/Träger, Ernst (Hrsg.), Verantwortlichkeit und Freiheit, Die Verfassung als wertbestimmte Ordnung, Festschrift für Willi Geiger zum 80. Geburtstag, Tübingen 1989, S. 762–781 [zitiert: *Träger,* in: FS Geiger]

Uerpmann, Robert, Annahme der Verfassungsbeschwerde zur Entscheidung, in: Badura, Peter/Dreier, Horst (Hrsg.), Festschrift 50 Jahre Bundesverfassungsgericht, Erster Band, Verfassungsgerichtsbarkeit – Verfassungsprozeß, Tübingen 2001, S. 689–693 [zitiert: *Uerpmann,* in: 50 Jahre BVerfG I]

Umbach, Dieter/*Clemens,* Thomas/*Dollinger,* Franz-Wilhelm (Hrsg.), Bundesverfassungsgerichtsgesetz, Mitarbeiterkommentar und Handbuch, 2. Auflage, Heidelberg 2005 [zitiert: *Bearbeiter,* in: U/C/D]

Vierhaus, Hans-Peter, Beweisrecht im Verwaltungsprozess, München 2011 [zitiert: *Vierhaus,* Beweisrecht]

Vorwerk, Volkert/*Wolf,* Christian (Hrsg.), Beck'scher Online-Kommentar ZPO, 35. Edition, Stand: Januar 2020 [zitiert: *Bearbeiter,* in: Vorwerk/Wolf, ZPO]

Voßkuhle, Andreas, Der Rechtsanwalt und das Bundesverfassungsgericht – Aktuelle Herausforderungen der Verfassungsrechtsprechung, NJW 2013, S. 1329–1335

Voßkuhle, Andreas/*Kaiser,* Anna-Bettina, Grundwissen – Öffentliches Recht: Der allgemeine Justizgewährungsanspruch, JuS 2014, S. 312–314

Walter, Christian/*Grünewald,* Benedikt (Hrsg.), Beck'scher Online-Kommentar BVerf-GG, 7. Edition, Stand: Juni 2019 [zitiert: *Bearbeiter,* in: Walter/Grünewald]

Weber-Grellet, Heinrich, Beweis- und Argumentationslast im Verfassungsrecht unter besonderer Berücksichtigung der Rechtsprechung des Bundesverfassungsgerichts, Baden-Baden 1979 [zitiert: *Weber-Grellet,* Beweislast]

Wessels, Johannes/*Hettinger,* Michael/*Engländer,* Armin, Strafrecht Besonderer Teil 1, Straftaten gegen Persönlichkeits- und Gemeinschaftswerte, 43. Auflage, Heidelberg 2019 [zitiert: *Wessels/Hettinger/Engländer*]

Wieckhorst, Arno, Verfassungsrechtliche Gesetzgebungslehre, DÖV 2018, S. 845–854

Windel, Peter, Der Beweis diskriminierender Benachteiligungen, RdA 2007, S. 1–8

Wolf, Gerhard, Allgemeine Prozeßgrundsätze im Verfahren vor dem Bundesverfassungsgericht, DVBl. 1966, S. 884–891

Wolff, Hans/*Bachof,* Otto/*Stober,* Rolf/*Kluth,* Winfried (Hrsg.), Verwaltungsrecht I, Ein Studienbuch, 13. Auflage, München 2017 [zitiert: *Bearbeiter,* in: Wolff/Bachof]

Zöller, Richard (Begr.), Zivilprozessordnung, Kommentar, 33. Auflage, Köln 2020 [zitiert: *Bearbeiter,* in: Zöller, ZPO]

Zuck, Rüdiger, Bundesverfassungsgericht und Fachgerichtsbarkeit, JZ 2007, S. 1036–1042

Zuck, Rüdiger, Das Recht der Verfassungsbeschwerde, 5. Auflage, München 2017 [zitiert: *Zuck,* Verfassungsbeschwerde]

Zuck, Rüdiger, Die Reduktion des Schutzgehalts der Grundrechte durch den Ersten Senat, Erörtert anhand der Entscheidung zur RVG-Streitwertbegrenzung, JZ 2008, S. 287–295

Zweigert, Konrad, Die Verfassungsbeschwerde, JZ 1952, S. 321–328

Sachregister